개정판

국제무역의 정치경제와 법

: 자유무역 이상과 중상주의 편향 사이에서

구민교

박영사

개 정 판 서 문

1999년 출판된 『무역정치경제론』이 20년 만에 『국제무역의 정치경제와 법』으로 거듭난 지 만 2년이 흘렀다. 그간 새 책으로 매 학기 학생들과 수업을 하면서 가장 많이 든 생각은 어떻게 하면 중상주의의 편향성을 낱낱이 밝히고 자유무역과의 '인지적' 균형을 이루게 할 것인가였다. 중상주의를 한마디로 정의하기는 어렵지만, 대략 '수출은 선한 것, 수입은 악한 것'이라는 인식을 중심으로 전개되는 (시장이나 사회의 상대 개념으로서의) '국가' 중심적 사고체계를 말한다. 학부생과 대학원생을 막론하고 자유무역을 머리로는 이해했지만 마음으로까지 이해하지는 못했다. 학교 울타리 밖으로 나갈수록 중상주의 편향성은 더 강해졌다.

중상주의는 무엇보다 우리의 두려움을 먹고 산다. 누구나 무역이 필요하고 중요하다는 것에는 동의하지만, 그래서 자유무역을 지지하는 것으로 보이지만, 무역이 야기하는 두려움, 예를 들면 '식량안보'나 '전략물자'라는 말 앞에서는 마음이 보호무역으로 가기 마련이다.

중상주의는 우리의 자기 보호본능을 자극한다. '나'와 '우리'의 생존을 위해서는 반드시 '남'이 필요하지만, 그 '남'은 자기 자신이 살기 위해 언제든지 등을 돌릴 수 있기 때문에 늘 최악의 상황에 대비해야 한다. 자급자족이 경제적으로는 능사가 아니지만 정치적으로는 언제나 매력적인 대안이다.

중상주의는 마치 중력과도 같다. 잡아당기는 힘이 어간 강한 것이 아니다. 우리가 움직이고 활동한다는 것은 그 힘을 이기는 과정이다. 중력에 매여 움직이지 못하면 살 수가 없다. 때로는 쓰러지고 주저앉기도 했지만, 인류의 역사는 곧 중력을 극복해 온 역사였다. 그렇다고 자유무역의 이상만을 좇아 땅에 발을 딛지 않고 살 수는 없는 노릇이다. 중상주의 관념을 없앨 수도 없고 없애서도 안 된다.

다만 지나침이 없도록 적절히 관리해야 하고, 자전거 페달을 계속 밟아야 쓰러지지 않듯이 자유무역을 위한 의도적 노력을 기울여야 한다.

지난 2년을 돌이켜 보면 무역을 둘러싼, '두려움', '보호본능', '중력의 법칙'이 더욱 강화되었다. 무엇보다 중요한 특징은 무역과 안보 이슈의 연계가 두드러졌다는 점이다. 예기치 못했던 코로나-19의 확산은 가뜩이나 어려운 국제무역 환경에 엎친 데 덮친 격이었다. 하지만 뜻밖에도 팬데믹은 비대면 디지털 무역의 시대를 앞당기는 역할을 하기도 했다.

먼저, 극적인 등장만큼이나 변칙적인 퇴장을 한 트럼프 대통령의 시대가 막을 내렸다. 하지만 그의 '미국 우선주의'의 후유증은 당분간 계속될 것이다. 이제 막 임기를 시작한 바이든 행정부가 대부분의 정책 분야에서 '탈(脫) 트럼프'를 선언했지만 미국의 이익에 가장 큰 위협으로 여겨지는 중국에 대한 공세 기조만큼은 그대로 유지할 전망이다. 특히 중국의 첨단산업에 대한 무역제재가 미중 간 '기술패권경쟁' 속에서 나온 것임은 주지의 사실이다. 심지어는 (가장 중상주의적 사고를 갖고 온갖 논란이 되는 조치를 시행하고 있는) 중국 시진핑 주석이 나서서 "일방주의, 보호주의, 극단적 이기주의나 협박, 봉쇄, 극한의 압력 행사 같은 방법은 통하지 않을 뿐더러 반드시 죽음의 길로 이어질 것"이라며 미국의 무역-안보 연계 전략에 강하게 반발할 정도다.

2019년 돌발한 일본의 핵심부품 수출규제 조치도 같은 맥락이다. 일본은 동 규제 조치가 '안보' 문제이며, 따라서 국제 규범에 위배되지 않는다는 입장을 견지한다. 물론 동 조치가 2018년 한국 대법원의 징용노동자 판결에 대한 보복이라는 점은 공공연한 비밀이다. 동시에 반도체 분야에서 오히려 한국에 대한 의존성이 높아지는 것에 대한 일본의 조바심도 엿보인다. 기술패권경쟁의 한일 버전인 셈이다. 한국 정부가 '소부장(소재, 부품, 장비)' 정책을 통해 자급자족을 추진하고 산업통상자원부 내에 '무역안보정책관(국장급)'을 신설해 무역안보 기능을 강화하겠다고 나선 것도 우연이 아니다.

무역이 국가 간 갈등의 단골 메뉴인 이유는 국제사회에서 무역의 중요성이 그만큼 크기 때문이다. 코로나-19 사태는 전통적 안보 이슈뿐만 바이러스와 백신과 같은 비전통 안보 이슈도 무역과 연계될 수 있음을 보여주고 있다. 아직은 초기 단계이지만 '백신패권경쟁'으로 비화될 조짐도 보인다. 이 책에서 누누이 강조하듯이 무역 의존성과 그에 따른 상대적 이득의 배분은 국가 간 권력관계를 만든다.

한편, 국제무역의 새로운 기회도 열리고 있다. 온라인 쇼핑, 소셜 미디어, 비대면 회의, 비디오와 영화 스트리밍이 증가함에 따라 기업 대 소비자(B2C) 거래가 급증하고, 기업 대 기업(B2B) 전자상거래도 크게 늘었다. 해외직구가 더 이상 낯설지 않은 풍경이다. 그다지 유쾌한 상상은 아니지만, 디지털 시대가 채 열리지 않은 상황에서 코로나-19와 같은 글로벌 팬데믹이 닥쳤다면 우리의 삶은 어땠을까?

물론 디지털 무역이 늘 장밋빛인 것만은 아니다. 국가 안팎으로 정보격차, 디지털 격차를 메워야 할 필요성이 대두되었다. 대내적으로는 사회적 약자, 대외적으로는 최빈개도국에게 디지털 무역은 새로운 기회이자 전대미문의 위기가 될 수 있다. 거대 디지털 다국적 기업의 독점, 부의 양극화, 인간이 기계에 종속당하는 디스토피아의 가능성을 차단하기 위한 새로운 무역규범의 수립이 필요하다.

이러한 변화 속에서 대한민국의 무역·통상정책은 어떻게 대응해야 할까?

첫째, 교역 상대국이 다양화와 다변화가 필요하다. 한국은 자신의 5대 교역국(중국, 아세안, 미국, EU, 일본)이 자신의 전체 무역에서 차지하는 비중이 70% 이상으로 너무 높다. 교역 상대국이 무역-안보 연계를 해오면 취약할 수밖에 없는 구조다. 특히 중국에 대한 무역의존도(홍콩 포함 약 27%)는 지속가능하지 않다. 제2, 제3의 사드(THAAD, 고고도미사일방어체계) 사태 발생 가능성에 취약하다.

둘째, WTO를 중심으로 하는 다자주의 규범뿐만 아니라 포괄적·점진적 환태평양 경제 동반자 협정(CPTPP)과 역내 포괄적 경제동반자 협정(RCEP)과 같이 메가 FTA로 불리는 복수국간 협정의 규범 형성과정에 적극적으로 참여해야 한다. WTO의 도하라운드가 실질적으로 큰 성과 없이 끝난 이후 새로운 규범 확립 노력이 이들 메가 FTA를 통해 이루어지고 있다. 그렇다고 해서 WTO 체제가 무력화된 것은 아니다. 많은 이들의 우려와는 달리 국제 교역량이 2020년 하반기부터 점차 회복세에 있다. 아직 긴 터널의 끝이 보이지는 않지만 20세기 중반 이후 뿌리를 내린 다자간 무역질서의 회복 탄력성을 보여준다. WTO 사무총장 선거에서 한국인 후보가 최종라운드까지 선전한 것도 소중한 경험이었다.

셋째, 안보와 디지털, 이 두 가지 키워드를 국내 통상정책 거버넌스에 어떻게 엮어낼 수 있을까? 현행 산업통상자원부/통상교섭본부 체제가 과연 최적일까? 논란의 여지는 있겠으나 지난 10년이 국제무역과 관련된 대내적 문제, 다시 말해 '통상정책의 민주화'에 천착한 시기였다면, 이제는 다시 대외적 불확실성에 초점을 맞춰야 한다.

이번 개정 작업에서는 여러 '팩트체크'뿐만 아니라 앞서 언급한 주요 트렌드를 책의 곳곳에 담아내기 위해 노력했다. 이번에도 저자의 조교들이 애를 많이 써주었다. 한정현, 차유진, 유수진, 이가은, 이채현, 정은지 등 현직 조교뿐만 아니라 미국 유학 중인 박려경, 정예준 등 전직 조교도 자료 정리에 온갖 정성을 다했다. 장아름 박사도 미국에서 학위를 받고 귀국하자마자 크고 작은 기여를 해주었다. 지난 2년간 통상정책론 수업에 참여해 적극적인 피드백을 해 준 행정대학원 학생들과 주제탐구세미나에 참여한 자유전공학부 학생들에게도 이 자리를 빌려 고마움을 전한다.

한 자라도 더 고치고 더하느라 개정판 원고를 너무 늦게 완성했는데도 저자의 까다로운 요구를 끝까지 들어준 박영사의 조성호 이사, 이영조 팀장께 감사의 마음을 전한다. 정성스레 표지를 도안해 준 박현정 씨에게도 감사드린다. 촉박한 일정에도 불구하고 최고의 솜씨로 편집과 교정을 맡아준 황정원 편집자께도 감사드린다.

끝으로 이 개정판에 큰 변화가 있다. 저자의 은사님이신 최병선 교수님께서 제자에게 더 큰 책임감을 부여한다는 뜻에서 이 책에서 하차하시기로 한 것이다. 지난 25년 동안 '거인'의 어깨 위에서 통상정책을 바라보다가 하루아침에 땅 위에 홀로 선 듯한 느낌이다. 고되지만 지적으로 즐거운 시간을 허락해 주신 최 교수님의 격려와 사랑에 조금이나마 보답하기 위해 앞으로 더 좋은 책을 만드는 수밖에 없다. 그런 마음으로 매진해 온 지난 2년 동안 한결같은 응원을 해 준 아내 은희와 삼남매 윤지, 수지, 준우에게 고마움을 전한다.

2021년 1월
관악 캠퍼스에서
구 민 교

서 문

감자나 고구마를 캐본 사람은 안다. 굵은 뿌리, 잔뿌리 다칠세라 조심스레 흙을 파내려가다 손에 잡히는 토실토실한 감자, 고구마를 캐며 느꼈던 재미와 감격을. 최병선이 그랬다. 고시 합격 후 별다른 전문지식 없이 (그러니 겁도 없이) 정부부처에서 무역정책 업무를 맡았다가 자신의 무식함을 처절히 깨닫던 중 우여곡절 끝에 오른 미국 유학길. 그제야 국제무역 분야의 연구가 산더미처럼 쌓이다 못해 큰 산맥을 이루고 있다는 것을 알게 되었다. 하버드 케네디스쿨에서 공부하는 동안 무역정책은 유난히도 그의 흥미를 유발했고, 좋은 논문을 읽고 강의를 들을 때마다 그는 지적 흥분에 휩싸이곤 했다. 이런 지적인 자극이 아니었다면 당시로선 전도유망한 공직생활을 접고 불확실성으로 가득 찬 학문의 길로 들어서지 않았을 것이다.

박사학위를 마치고 운 좋게 서울대학교 행정대학원에 자리를 잡은 최병선은 1988년 첫 학기에 국내 최초로 행정학과에서 통상정책 강의를 개설했다. 정치경제학 관점에서 무역정책을 체계적으로 다룬 교과서가 국내에 전무했던 터라 학생들이 전모를 파악하지 못해 애를 먹는 것을 본 최병선은 유학시절부터 모아놓은 방대한 양의 책과 논문을 다시 읽으며 집필을 시작했다. 하지만 당시 진행 중이던 우루과이라운드 협상 타결이 계속 천연되어 국제무역규범이 어떻게 변화할지 알 수 없는 상황이었고, 1992년 『정부규제론』 출판 이후 규제개혁 선분가도 행세하느라 그의 무역정책론 집필은 마냥 더디어졌다.

오랜 진통 끝에 1995년 세계무역기구(WTO)가 출범하자 최병선에게 무역정책론 집필은 더 이상 미룰 수 없는 과제가 되었다. 그의 문제의식은 분명했다. 한국의 중상주의적 무역정책은 더 이상 시대의 요청에 부합하지 못한다는 것이었다. 중상주의적 편견이 지배한 개발연대에 한국의 무역정책과 그 결정과정은 극도로 생산자 편향을 보였다. WTO가 출범하고 새로운 무역규범이 전 세계적으로 확산되는 시점이었는데도 관련 산업과 소비자의 이익을 도외시한 생산자 중심의 무역정책은 요지부동이었다. 중상주의 편향이 조장해 온 구조적 비효율성, 부조리, 불공평을 과감하게 걷어내지 않고서는 대한민국이 선진국으로 도약하기 어렵다는 신념 아래 그는 집필에 박차를 가했다.

그러나 글을 쓰다 부딪친 질문에 답하지 않고서는 단 한 줄도 넘어가지 못하는 성미 탓에 집필은 마냥 지체되었다. 쓰다가 읽고, 읽다가 쓰기를 반복한 끝에 새천년 직전인 1999년이 되어서야 『무역정치경제론』이 출판되었다. 의욕이 지나쳤던 탓일까? 그만 1,000쪽이 넘는 가공할 분량의 책이 되어버렸다. 감자와 고구마를 캘 때와 같은 재미와 흥분 속에 최병선 자신은 지적 호기심을 제대로 채웠지만 그토록 두꺼운 책을 반기는 이들은 그리 많지 않았다. 나름의 사명감을 갖고 쓴 책이 독자들의 외면을 받자 그의 마음에도 상처가 났다. 이런 책은 전무후무할 것이라는 그의 꺾인 자존심만 남았다.

최병선에게 구민교는 구원투수였다. 이 두 사람은 1995년 서울대학교 행정대학원에서 사제지간으로 처음 만났다. 2년간 무역정책론 집필을 거들다 유학을 간 구민교가 UC 버클리에서 학위를 마치고 포닥 생활을 한 후 10년 만에 다시 귀국했을 때 최병선은 이미 규제정책 쪽으로 애정과 관심을 돌려버린 뒤였다. 무역으로 먹고 사는 나라의 고위관료가 되겠다면서도 무역정책 공부는 요리조리 피하던 행정대학원 학생들에 대한 실망, 잔뜩 공을 들인 역작을 매정하게 외면한 독자들에 대한 서운함 때문이었다. 그런 스승의 마음을 알았던 제자는 스승이 묻기도 전에 책 개정을 도맡겠다고 나섰다.

하지만 남이 쓴 책을 고쳐 쓴다는 게 어디 그리 쉬운 일이겠는가. 구민교의 개정작업 역시 시작부터 난항에 빠졌다. 그 사이 구민교가 모교로 자리를 옮겨 최병선의 지근거리에 있게 되었지만 사정이 크게 달라지지 않았다. 구민교는 출판사로부터 책의 분량을 절반 이하로 줄여달라는 간곡한 주문을 받고 있었던 터라 1,000쪽이 넘는 스승의 책에 '칼질'을 할 수밖에 없었다. 동시에 그간의 새로운 내용을 추가해야 했다. '원적문제(圓積問題, Squaring the circle)', 즉 원과 같은 면적을 가진 정사각형을 자와 컴퍼스만으로 작도하는 문제처럼 불가능해 보이는 일이었다.

　구민교가 이 난제를 풀고 개정판 아닌 개정판인 이 책을 내기까지 꼬박 11년이 걸렸다. 이 책의 뼈대는 『무역정치경제론』이지만 내용을 압축해 재배열하고 새로운 내용을 추가하는 과정에서 책 전체를 다시 썼다고 해도 과언이 아니다. 무엇보다 무역정책에 관심이 있는 일반 독자도 쉽게 또는 약간의 '노력만으로 따라올 수 있는 책을 만들기 위해 애썼다. 원저의 출간 후 시간이 흐르는 동안 어색해진 표현들도 모두 고쳤다. 전작의 방대한 각주 서술은 꼭 필요한 것들만 남겼다. 그 사이 정년퇴임을 한 최병선은 식은 애정을 돌이켜 제자가 고쳐 쓴 원고를 읽고 수정하는 기쁨을 누렸다. 학문의 결이 매우 비슷하면서도 최병선의 원전에 난도질을 가한 구민교의 글에 최병선이 다시 예리한 흔적을 남겼음은 물론이다.

　정확히 20년 만에 절반의 분량으로 새롭게 태어난 이 책은 그간의 많은 국내외 변화를 잘 담아냈다고 자부한다. 무엇보다 한국은 이 기간에 통상국가(trading state)로 거듭났다. 2011년 한국은 전 세계에서 아홉 번째로 1조 달러 무역을 달성한 국가가 되었다. 1999년 2,636억 달러였던 총상품무역(수출액＋수입액), 4,454억 달러였던 국내총생산(GDP)은 2018년 현재 4배가량 증가했다. 같은 기간 전 세계 총상품무역이 3배가량, 전 세계 GDP가 약 2.5배가량 증가한 것에 비해 매우 빠른 속도이다. 1960년대 이후 과감하게 수출지향 산업화 정책을 편 이후 3저 호황기였던 1986－88년을 제외하고 1990년대 후반까지 줄곧 만성적 무역적자에 시달리던 한국은, 역설적으로 외환위기를 겪은 1998년 이후 (글로벌 경제위기를 겪었던 2008년을 제외하고) 상품무역 흑자를 이어가고 있다. 2017년에만 950억 달러(약 100조 원)의 흑자를 기록했고, 지난 20년간의 누적흑자는 7,300억 달러(약 810조 원)에 달한다. 전 세계적으로 흔치 않은 무역입국(貿易立國)의 성공 사례가 아닐 수 없다.

　그러나 이런 놀라운 양적 성장의 이면, 즉 경쟁적인 수출부문과 비경쟁적인 수입경쟁 산업이라는 서로 다르지만 연관된 두 영역이 만들어내는 무역정치경제의 본질적 속성은 바뀌지 않았다. 이 책이 강조하는 바와 같이 무역자유화는 국내적으로 승자와 패자를 만들어내는 대단히 복잡한 정치경제 현상이다. 반도체, 자동차, 선박, 섬유와 같이 국제경쟁력을 갖춘 부문에서의 자유무역은 국내적으로 쉽게 받아들여지지만, 농업과 일부 제조업 및 서비스업과 같이 국제경쟁력을 갖추지 못한 부문의 시장개방은 거센 반발에 가로막혀 있다.

한편, 국제무역질서와 환경이 크게 바뀌었다. 변화의 가장 큰 원인은 역시 중국이다. 중국의 등장으로 경쟁이 심화되고 보호무역주의 장벽이 높아졌다. 기존의 WTO 체제의 법적·제도적 한계도 고스란히 드러나고 있다. 국제무역질서에 새로운 규범과 기준을 주도하려는 미국, 유럽연합(European Union), 일본, 중국은 물론 인도, 브라질, 러시아 등 신흥거대경제국 간의 경쟁도 유례없이 심화되고 있다. 중견국인 한국이 지금까지의 성공에 안주할 수 없는 이유이다. 2019년 현재 상황은 1999년의 데자뷰(déjà vu)이다.

구민교의 조교들은 이 책의 숨은 공로자들이다. 한정현, 박유라, 박려경, 서혜빈, 정예준, 차유진 등 조교들은 자료 정리에서부터 오탈자 교정에 이르기까지 온갖 정성을 다했다. 이미 졸업해 사회인이 되거나 유학 중인 김인오, 장아름, 장윤정, 서단비, 이단비, 박정연, 김현범, 오유정, 도타 다카시 등도 이 책의 집필과정에서 크고 작은 기여를 한 고마운 조교들이다. 최병선의 뒤를 이어 지난 2년간 구민교가 강의한 통상정책론 수업에 참여해 적극적인 피드백을 해준 행정대학원 학생들, 특히 주영준과 박정민은 기억에 남는 제자들이다. 구민교의 대학동기이자 학문적 동반자인 뉴욕시립대 강명구 교수는 원고의 전체를 꼼꼼하게 읽고 귀한 논평을 해주었다. 서울대학교 윤영관, 강태진, 김화진, 안덕근, 이재민 교수, 연세대학교 손열 교수, UC 버클리의 비노드 아가왈(Vinod K. Aggarwal) 및 티제이 펨펠(T.J. Pempel) 교수, 그리고 2017년 작고하신 이홍영 교수로부터 각기 다른 인연과 계기로 많은 도움을 받았다.

1999년 당시 『무역정치경제론』의 출판에 기여했던 박영사의 조성호 이사의 새로운 노고에 감사의 마음을 전한다. 지난 수년간 변치 않았던 손준호 과장의 인내심과 무던함에도 찬사를 보내지 않을 수 없다. 정성스레 표지를 도안해 준 박현정 씨에게도 감사드린다. 촉박한 일정에도 불구하고 최고의 솜씨로 편집과 교정을 맡아준 마찬옥 편집위원께도 감사드린다.

끝으로 이번 집필 과정을 가장 가까이에서 지켜보며 격려를 해 준 구민교의 부모님, 동생 희연과 홍교, 그리고 아내 은희와 삼남매 윤지, 수지, 준우에게 고마움을 전한다. 최병선의 두 외손자인 정재헌과 재하, 그리고 구민교의 삼남매가장성한 뒤 읽더라도 여전히 유익한 책이 되기를 바라는 것은 지나친 욕심일 수 있겠지만 이 책이 전달하려고 한 핵심 메시지는 살아남을 것으로 믿는다. 그리고 20년 뒤에는 어떤 구원투수가 다시 나와 바통을 이어갈지 궁금해진다.

2019년 1월
관악 캠퍼스에서
최병선·구민교

목 차

제 2 부   국제무역의 국제정치경제

제 5 장   국제 자유무역체제의 등장

제 6 장   GATT/WTO 체제의 지배원리

제 7 장   다자간 무역협상의 의의와 주요 무역 라운드

제10장 상품무역 부수협정(2): 도쿄라운드 규약의 다자화

제11장 서비스무역 협정

제12장   무역관련 지식재산권 협정

제13장   무역 연계 이슈

제 4 부　한국 무역정책 결정구조와 체계

제14장　한국 무역·통상 정책의 재조명

〈표 차례〉

〈박스 차례〉

〈그림 차례〉

약 어 표

AD (Anti−dumping): 반덤핑

AfT (Aid for Trade): 무역을 위한 원조

AMS (Aggregate Measurement of Support): 감축대상보조

ASEAN (Association of Southeast Asian Nations): 동남아시아국가연합

ATC (Agreement on Textiles and Clothing): 섬유 및 의류 협정

B2B (Business−to−Business): 기업 간의 거래

B2C (Business−to−Customer): 기업과 소비자 간의 거래

B2G (Business−to−Government): 기업과 정부 간의 거래

C2C (Customer−to−Customer): 소비자 간의 직거래

CAP (Common Agricultural Policy): 공동농업정책

CBD (Convention on Biological Diversity): 생물다양성 협약

CET (Common External Tariffs): 공동역외관세

CITES (Convention on International Trade in Endangered Species of Wild
   Flora and Fauna): 멸종위기 야생동식물의 국제무역에 관한 협약

CPTPP (Comprehensive Progressive Trans−Pacific Partnership): 포괄적 · 점진
   적 환태평양 경제 동반자 협정

CTDDS (CTD Dedicated Session): 무역개발위원회 전담회의

CTDSS (Committee on Trade and Development Special Session): 무역개발위
   원회 특별회의

CTE (Committee on Trade and Environment): 무역−환경 위원회

CTESS (CTE Special Session): 무역−환경위원회 특별회의

CU (Customs Union): 관세동맹

CVD (Countervailing Duties): 상계관세

DDA (Doha Development Agenda): 도하개발아젠다

DOC (Department of Commerce): 상무부

DSB (Dispute Settlement Body): 분쟁해결기구

DSU (Understanding on Rules and Procedures Governing the Settlement of Disputes): 분쟁해결 규칙과 절차에 관한 양해각서

EC (European Communities): 유럽공동체

EEC (European Economic Community): 유럽경제공동체

EFTA (European Free Trade Association): 유럽자유무역연합

EU (European Union): 유럽연합

FAO (Food and Agriculture Organization of the United Nations): 유엔식량농업기구

FDI (Foreign Direct Investment): 외국인 직접투자

FTA (Free Trade Agreement): 자유무역협정

FTC (Federal Trade Commission): 연방거래위원회

GATS (General Agreement on Trade in Services): 서비스무역에 관한 일반협정

GATT (General Agreement on Tariffs and Trade): 관세 및 무역에 관한 일반협정

GE (Gene Editing): 유전자 편집

GMO (Genetically Modified Organism): 유전자조작식품

GSP (Generalized System of Preferences): 일반특혜관세제도

IBRD (International Bank for Reconstruction and Development): 국제부흥개발은행

ICJ (International Court of Justice): 국제사법재판소

ILO (International Labor Organization): 국제노동기구

IMF (International Monetary Fund): 국제통화기금

IP (Intellectual Property): 지식재산

IPR (Intellectual Property Rights): 지식재산권

IT (Information Technology): 정보통신기술

ITA (Information Technology Agreement): 정보기술 협정

ITC (International Trade Commission): 무역위원회

ITO (International Trade Organization): 국제무역기구

LCA (Large Civil Aircraft): 대형 민간여객기

LCR (Local Content Requirement): 국산품사용 요건

LTFV (Less Than Fair Value): 정상가격보다 낮은 가격

MAI (Multilateral Agreement on Investment): 다자간 투자협정

MEA (Multilateral Environmental Agreement): 국제환경협약

MES (Market Economy Status): 시장경제지위

MFA (Multi-fiber Arrangement): 다자간 섬유협정

MFN (Most Favored Nation): 최혜국대우

MMA (Minimum Market Access): 최소시장접근

MTN (Multilateral Trade Negotiations): 다자간 무역협상

MTO (Multilateral Trade Organization): 다자간 무역기구

NAFTA (North American Free Trade Agreement): 북미자유무역협정

NAMA (Non-agricultural Market Access): 비농산물 시장접근

NASA (National Aeronautics and Space Administration): 미국항공우주국

NGO (Non-governmental Organization): 비정부기구

NT (National Treatment): 내국민대우

NTB (Non-tariff Barrier): 비관세장벽

NTM (Non-tariff Measure): 비관세조치

OECD (Organization for Economic Cooperation and Development): 경제협력
    개발기구

OMA (Orderly Marketing Agreement): 시장질서 협정

OTDS (Overall Trade Distorting Domestic Support): 무역왜곡보조총액

PPM (Processes and Production Methods): 공정 및 생산방식

PSI (Agreement on Preshipment Inspection): 선적전 검사 협정

PTA (Preferential Trading Agreement): 특혜무역협정

RCEP (Regional Comprehensive Economic Partnership): 역내 포괄적 경제동반
    자 협정

RLI (Repayable Launch Investment): 상환가능 초기개발투자

RTAA (Reciprocal Trade Agreement Act): 상호무역협정법

SCM (Subsidies and Countervailing Measures): 보조금 및 상계조치

SDT (Special and Differential Treatment): 개발도상국에 대한 특별하고 차등적
인 대우

SPS (Sanitary and Phytosanitary Measures): 위생 및 식물위생 조치

SSM (Special Safeguard Mechanism): 특별세이프가드

STR (Special Trade Representative): 특별무역대표

TAA (Trade Adjustment Assistance): 무역조정지원

TBT (Technical Barriers to Trade): 무역기술장벽

TCA (Agreement on Trade in Civil Aircraft): 민간항공기 교역에 관한 협정

TNC (Trade Negotiations Committee): 무역협상위원회

TPP (Trans－Pacific Partnership): 환태평양 경제 동반자 협정

TPRM (Trade Policy Review Mechanism): 무역정책 심사제도

TRIPS (Trade Related Intellectual Properties): 무역관련 지식재산권

TRQ (Tariff－rate Quota): 관세율 쿼터

UNCTAD (United Nations Conference on Trade and Development): 유엔 무역
개발회의

UNECOSOC (UN Economic and Social Council): 유엔 경제사회이사회

UNFCCC (UN Framework Convention on Climate Change): 유엔 기후변화
협약

USMCA (United States－Mexico－Canada Agreement): 미국·멕시코·캐나다 협정

USTR (U.S. Trade Representative): 미무역대표부

VER (Voluntary Export Restraint): 수출자율규제

VIE (Voluntary Import Expansion): 수입자율확대

WCO (World Customs Organization): 세계관세기구

WIPO (World Intellectual Property Organization): 세계지식재산권기구

WTO (World Trade Organization): 세계무역기구

제 1 장 자유무역 대 보호무역, 3,000년간의 대치

1. 스미스 대 리스트

근대 경제학과 자유무역론의 창시자로 유명한 애덤 스미스(Adam Smith, 1723 – 1790)가 비난의 화살을 피해 쫓기는 장면을 상상해 보았는가? 미국의 대표적 문화 및 문학비평 월간지 *The Atlantic Monthly*(1857년 창간)의 1993년 12월호 표지가 그 상상을 삽화로 만들었다. 이 잡지의 표제기사인 "세계는 어떻게 움직이는가(How the World Works)"에서 당시의 대표적 진보 저술가이자 언론인 중 하나인 제임스 팰로우즈(James Fallows)는 세계경제가 더는 애덤 스미스의 자유무역론에 따라 돌아가지 않는다고 주장했다. 중상주의적 관리무역이 극에 달했던 1990년대 초의 분위기를 그대로 반영하여 팰로우즈는 독일과 일본 등 경쟁국을 이기기 위해서는 미국도 적극적으로 관리무역 정책을 펴야 한다고 주장했다.

그의 주장을 뒷받침하는 핵심 인물이 프리드리히 리스트(Friedrich List, 1789 – 1846)였다. 그의 1841년 저서 『국가정치경제세세(The National System of Political Economy)』는 출판 즉시 보호무역주의의 경전이 되었다. 다음 장에서 설명하는 바와 같이 그의 이론은 '유치산업(infant industry) 보호론'으로 요약된다. 유치산업 보호가 단기적으로는 국내 소비자의 후생을 줄이고 자원의 비효율적 이용을 촉진하지만 중장기적으로는 (보호를 받지 않았다면 성장하지 않았을) 제조업

〈그림 1.1〉 쫓기는 애덤 스미스, 쫓는 프리드리히 리스트

1723년 스코틀랜드에서 유복자(遺腹子)로 태어난 애덤 스미스는 평생을 독신으로 지내다가 67세를 일기로 1790년 세상을 떠났다. 약관의 나이였던 1751년에 글래스고대학(University of Glasgow)의 논리학 및 도덕철학 교수가 된 그는 (대학을 잠시 떠나있기도 했지만) 1787년 동 대학의 총장이 되었다. 1776년 『국부론(An Inquiry into the Nature and Causes of the Wealth of Nations)』의 출판과 더불어 그는 명실공히 당대 최고의 사상가로 존경을 받았다. 그랬던 그가 옆의 삽화에서는 『국부론』을 들고는 날아오는 사과와 돌멩이, 비난의 화살, 그리고 리스트의 책을 피해 황급히 달아나고 있다. "비키시오, 애덤 스미스! 경제대국들이 이제 (자유무역주의와는) 다른 철학으로 운영되고 있소. 미국, 당신도 주의해서 보는 게 좋을 거요"라는 설명이 달려 있다.

육성을 통해 더 큰 생산성 향상을 가져오므로 궁극적으로 국민의 후생을 증대시킬 수 있다는 것이다. 더 나아가 국가의 번영은 개인의 번영을 위한 필요조건이므로 단기적으로 개인의 이익이 침해되더라도 그것이 국가의 번영을 위한 디딤돌이 된다면 얼마든지 정당화될 수 있다는 주장이다. 다른 국가들이 이미 그런 시장개입을 하고 있다면 더더욱 자국 시장과 기업을 보호하기 위한 조치는 정당화된다. 자유무역론자들에게 리스트가 전형적인 국가주의자(statist)이자 보호무역주의의 유령(ghost of protectionism)으로 통하는 이유이다(Ebeling, 1994).[1]

그 보호무역주의의 유령이 다시 고개를 들고 있다. 2017년 1월 도널드 트럼프(Donald Trump) 미국 대통령의 취임과 더불어 촉발된 미국과 중국, 유럽연합,

---

1) 역설적으로 리스트의 사상에 가장 큰 영향을 미친 이는 스미스였다. 자유무역의 전제조건에 대한 비판적 시각에도 불구하고 리스트가 스미스의 자유무역론을 송두리째 부정한 것은 아니었다. 이 책에서는 자세히 다루지 않지만, 리스트만큼이나 자유무역에 비판적이었던 칼 마르크스(Karl Marx, 1818-1883) 역시 스미스의 지대한 영향을 받았다. 그의 『자본론(Das Kapital)』이 가장 많이 인용한 책이 『국부론』이라는 사실에서 잘 나타난다. 리스트와 마찬가지로 마르크스도 『국부론』을 비판적으로 검토·계승해 자신의 독특한 정치경제학 체계를 세운 것으로 평가된다.

캐나다 등 주요국 간 연쇄적 관세 폭등이 세계경제를 긴장시킨 바 있다. 엎친 데 덮친 격으로 2020년 초부터 전 세계를 강타한 코로나-19 감염병 사태는 국제무역을 더욱 얼어붙게 만들었다. 방방곡곡에서 자유무역이 더 큰 이득을 가져온다는 믿음이 무너지면서 다시 애덤 스미스가 쫓기는 형국이다. 1995년 출범한 세계무역기구(World Trade Organization: WTO) 체제가 송두리째 흔들린다는 우려도 나온다.

하지만 보호무역주의 유령의 출현은 이번이 처음이 아니다. 가깝게는 1990년대 초의 신중상주의로부터, 멀게는 1919년부터 1939년까지의 전간기(戰間期)를 피폐하게 만든 경쟁적 보호무역조치와 보복조치, 더 멀게는 1870년대 미국과 서유럽 국가 사이에 전염병처럼 퍼졌던 보호무역과 상호주의 운동 등이 대표적이다. 1846년 영국의 「곡물법」 폐지와 1860년 영국과 프랑스 간 「코브던-슈발리에 조약(Cobden-Chevalier Treaty)」 체결을 계기로 확산되었던 자유무역의 흐름은 지금까지 보호무역주의와 중상주의의 끊임없는 도전을 받아왔다(제5장 참조).

사실 보호무역과 중상주의는 자유무역보다 훨씬 오랜 역사를 갖고 있다. 자유무역과 보호무역 간 논란의 역사는 지금으로부터 3,000여 년 전인 고대 그리스 시대까지 거슬러 올라간다. 자유무역규범이 확산된 19세기 중반 이후에도 중상주의 사조는 한 번도 사라진 적이 없다. 때문에 21세기에 또다시 무역전쟁이 벌어지고 있다고 호들갑을 떨 일이 아니다. 물론 무역전쟁이 어떤 피해도 끼치지 않고 저절로 잘 마무리가 될 것이라거나, 보호무역과의 경쟁에서 궁극적으로 자유무역이 승리할 것이라는 막연한 기대도 금물이다.

이 책의 목적은 자유무역과 보호무역 -좀 더 정확하게는 중상주의- 간의 끊임없는 대치, 경쟁, 대립의 원인과 구조를 밝히는 데 있다. 자유무역이 옳은가 중상주의가 옳은가라는 당위론적이고 이분법적인 논쟁을 넘어, 이 둘 사이에 쫓고 쫓기는 관계는 왜 그리고 어떻게 형성되었는지, 그리고 그 결과는 무엇인지를 줄기차게 밝혀보려고 한다. 자유무역과 중상주의의 대결은 궁극적으로 어느 쪽이 이기고 질지 정해진 게임이 아니다. 새로운 경제적·정치적·제도적 균형은 둘 사이의 밀고 밀리는 관계 속에서 끊임없이 변화하기 때문이다.

국제무역의 원인과 질서의 형성과정을 설명하는 이 책 전반에 걸쳐 강조하는 가장 중요한 명제는 자유무역이건 보호무역이건 항상 승자(winner)와 패자

(loser)를 만든다는 사실이다. 자유무역이 모두를 승자로 만드는 것도 아니고 보호무역이 모두를 패자로 만드는 것도 아니다. 국내경제 차원에서도 그렇고 국제경제 차원에서도 마찬가지이다. 이 책은 "잠재적으로 누가 국제무역의 승자 또는 패자가 되는지는 경제(학) 논리로 설명할 수 있지만, 누가 궁극적인 승자 또는 패자가 되는지를 결정하는 것은 결국 정치(The economics determines the potential winners and losers and the politics determines who ultimately wins the contest)"라는 관점을 견지한다(Krugman, Obstfeld, and Melitz, 2018: 95-100).

한 걸음 더 나아가 이 책은 무역을 놓고 벌어지는 정치적 흥정과 협상 결과의 정당성과 지속성은 법과 제도에 의해 구현된다는 점을 강조한다. 협상 결과를 지속적으로 집행하는 데는 많은 비용이 들기 마련이다. 그래서 법과 제도를 만들고 이를 지키게 해 효율성과 안정성을 도모한다. *Pacta sunt servanda*("Agreement must be kept"), 즉 약속은 지켜야 한다는 라틴 법격언이 만들어진 것은 이 때문이며, 이는 오늘날 전 세계의 민법과 국제법의 대원칙이다.[2] 대부분의 국가 간 무역 및 통상 이슈는 이 법격언에 따른 국제규범의 해석(interpretation)과 적용(application) 문제로 귀착된다(김화진, 2017: 11-26).[3]

무역과 통상 이슈는 어느 한 관점에서만 이해될 수 있는 사안이 아니다. 지구상의 모든 국가에서, 길게는 3,000년 전부터, 짧게는 지난 수 세기 동안 국가 간 무역은 인간의 기본적인 경제활동의 중요한 한 부분을 구성해 왔다. 각국의 무역정책은 자국민의 경제적 후생만이 아니라 세계인의 후생과 복지에 점점 더

---

[2] 「조약법에 관한 비엔나 협약(Vienna Convention on the Law of Treaties)」 제26조는 "약속은 준수하여야 한다. 유효한 모든 조약은 그 당사국을 구속하며 또한 당사국에 의하여 성실하게 이행되어야 한다"고 규정한다.

[3] 이 책은 '무역(貿易, trade)' 개념을 주로 쓰지만 때때로 '통상(通商, commerce)'을 혼용한다. 두 개념 모두 국가 간에 재화, 서비스, 지식재산권을 거래하는 행위를 의미한다는 점에서는 본질적으로 같다. 혹자는 '통상'을 재화, 서비스, 지식재산권 거래에 수반되는 자본과 노동의 이동, 운송, 보험, 금융 등의 무역지원 간접행위를 포함하는 광의의 개념으로 정의하기도 한다. '국제무역' 개념이 확장되면서 이러한 간접 또는 보조 행위도 '무역'의 개념에 포함됨에 따라 '무역' 개념을 쓰는 것이 맞지만 국내에서는 점차 이 둘을 구분하지 않고 쓰는 추세이다. 사실상 둘 사이의 실질적 차이를 구분하기 어렵고 구분의 실익도 없다. '무역'을 사용하는 예로 자유무역, 보호무역, 세계무역기구(WTO), 자유무역협정(FTA), 특혜무역협정(PTA) 등이 있고, '통상'을 사용하는 예로는 산업통상자원부, 통상교섭본부, 「통상조약의 체결절차 및 이행에 관한 법률」(일명 「통상절차법」) 등이 있다. 물론 무역정책-통상정책, 무역마찰-통상마찰, 무역전쟁-통상전쟁, 무역협상-통상협상, 무역 전문가-통상 전문가 등으로 병기하는 사례도 많다.

큰 영향을 미쳐 왔다. 이에 따라 경제학만이 아니라 정치학, 행정학, 법학 분야에서, 그리고 개별 국가는 물론 국제사회 차원에서 국제무역과 통상정책은 중요한 정책 논의의 대상이자 연구 주제로 부각되어 왔고, 오늘날 가장 넓고 방대한 연구 결과를 축적한 분야가 되었다(Bernstein, 2008).

자유무역, 그것도 일방적인 자유무역(unilateral free trade)이 자원배분을 최적화하고, 국민소득을 극대화하며, 소비자에게는 선택의 여지를 확장함으로써 최대의 후생수준에 도달할 수 있도록 해 준다는 가설은 근대 경제학의 가장 강력한 명제로 확립되어 있다(Lake, 1993: xiii). Krugman(1993: 362)은 "경제학자들은 유난히 논쟁을 좋아하지만 자유무역이 바람직하다는 점에 대해서만큼은 늘 의견의 일치를 보인다"고 말한다. Bergsten and Cline(1983: 96)도 "고전파 경제학자, 케인즈주의자, 통화주의자, 공급중심 경제학자를 포함한 대부분 학풍의 경제학자들이 개방적 무역의 미덕에 대해서는 이견(異見)이 없는데, 이는 매우 특이한 일"이라고 지적한다.

이처럼 대부분의 경제학자들이 자유무역을 지지하지만 이들의 정책 처방은 정치적 필요와 편의가 우선하는 현실 세계에서 외면당하기 일쑤이다. 그 결과 우리가 보는 현실은 차라리 "자유무역은 예외, 보호무역이 원칙"이라고 말하는 것이 더 옳을 지경이다.[4] 사실 자유무역이론은 여러모로 일반인의 상식에 반한다. 역사적으로도 중상주의와 보호무역 사상이 자유무역 사상보다 먼저 등장했다. 자

---

[4] 오늘날 대부분의 정부는 어려움에 봉착해 있는 전통산업(예: 철강, 조선 등) 또는 자국의 기술 우위 확보에 긴요한 첨단산업, 그리고 농업에 대한 직접보조 및 지원정책을 시행하고 있다. 이러한 정부보조 및 지원의 추세를 정확하게 추정하기는 어렵다. 그러나 정부개입의 증가가 대세를 이루고 있고, 이로 인해 무역마찰이 증가추세에 있는 것은 분명하다. WTO 차원에서 보조금 협정의 강화가 가장 큰 쟁점이 되는 것도 그 때문이다. 최근 들어 논란의 중심에 서 있는 국가는 중국이다. 특히 중국 정부로부터 막대한 보조금을 받는 국영무역기업(state trading enterprise)을 둘러싼 논란이 거세다. 「관세 및 무역에 관한 일반협정(General Agreement on Tariffs and Trade: GATT)」 제17조가 국영기업의 투명성 확보를 위해 무차별원칙의 준수, 통보 의무 등을 부과하고 있는 것 외에 아직 WTO 차원에서 구체적인 개혁 논의가 이루어지기 않고 있다. 때문에 일부 국가들은 새로운 규범 형성을 위해 독자적인 움직임을 보이고 있다. 대표적으로 「환태평양 경제 동반자 협정(Trans-Pacific Partnership: TPP)」은 국영기업의 시장 교란행위가 타국의 경제적 이해관계를 침해하는 것을 방지하기 위해 국영기업 챕터를 따로 두고 체약당사국 정부가 자국 국영기업을 지원하는 조치를 제한한다(이재민, 2016). TPP와 그 후신인 「포괄적·점진적 환태평양 경제 동반자 협정(Comprehensive and Progressive Agreement for Trans-Pacific Partnership: CPTPP)」의 자세한 내용은 제14장 각주 13 참조.

유무역론이 일반균형이론이라면, 보호무역론은 부분균형이론이라서 좀 더 이해하기 쉽다. 자유무역의 목표와 가치가 추상적이라면, 보호무역의 목표와 가치는 좀 더 구체적이라서 납득하기도 쉽다. 트럼프 대통령의 반(反)자유무역적 중상주의 논리가 미국 밖에서는 식자들의 조롱거리가 되지만 국내적으로 강력한 지지를 받았던 것은 우연이 아니다.

　중상주의 사고와 정책이 뿌리를 깊게 내리고 있는 데는 크게 세 가지 이유가 있다. 첫째, (제3장에서 구체적으로 검토하는 것처럼) 자유무역이 경제적 효율성과 국민후생을 극대화할 수 있는 최적의 정책이라는 주장의 전제조건들이 현실적으로 충족되지 않는 경우가 많다. 둘째, (제2장과 제4장에서 고찰하는 것처럼) 자유무역의 지적 기반이 더 탄탄함에도 무역정책 결정과정에서는 좁게 집중된 생산자 이익(concentrated producer interests)이 널리 분산된 소비자 이익(diffused consumer interests)을 압도하는 '무역정치의 역설(paradox of trade politics)'이 지배한다(Everts, 2000: 1－2). 셋째, (제6장에서 살펴보는 바와 같이) 국제무역은 개인과 기업 간 행위이지만 언제나 국가 대 국가의 문제로 귀결된다. 개인이나 사회집단과 마찬가지로 국가도 상대적 이득의 문제(relative gains concerns)에 민감하다. 무차별원칙과 함께 상호주의원칙이 전후 국제무역질서의 지배원리로 자리 잡은 것도 그 때문이다.

　이 책은 이 퍼즐, 즉 자유무역과 중상주의 사이에 존재하는 끊임없는 경쟁과 대립관계에 초점을 맞추고 그 원인을 규명한다. 이를 위해 이 책은 독특한 방식을 취한다. 이 책의 접근방식은 하나의 일관된 분석틀이라기보다는 느슨한 개념들의 연합과 연계에 가깝다. 자유무역과 중상주의 사상이 어떻게 정책과정에서 작용하는지 살펴보기 위해서는 무역사상의 연원과 변천과정을 역사적으로 고찰하고, 그것의 파급과정을 정치경제학적으로 이해할 필요가 있다. 또한 무역정책을 둘러싼 이익집단과 주요 정책결정자의 정책선호 및 이해관계를 이해하기 위해서는 정책결정 구조, 의사결정 규칙과 절차 등 무역정책 결정과정과 관계된 각종 제도와 그 미시적 기초를 세밀히 고찰해야 한다. 거시적 차원에서 국제무역체제와 개별 국가 수준의 무역정책 간의 상관관계에 대한 규명도 필요하다. 이 책에서는 이러한 모든 논의를 때로는 이론적으로, 때로는 역사적 사례를 들어 상호 연결해 설명한다. 그것이 결코 간단한 작업이 아님에도 불구하고 (또한 독자로서도 따라잡기가 쉽지 않을 것임을 알면서도), 이 책이 이처럼 일견 복합적 접근방식을 취하는 이유는 경제사상–정치적 이해관계–법 제도 간의 '삼각관계'를 이해하지 않고서는 우리가 보는 현상과 처한 현실을 제대로 이해할 수 없다고 믿기 때문이다.

이 장은 독자들이 국제무역의 국내 및 국제 정치경제는 물론 이를 규율하는 무역규범에 대해 종합적인 이해와 안목을 갖출 수 있도록 돕기 위한 길잡이 역할을 한다. 무엇보다 국제무역의 정치경제학적 이해와 법경제학/제도주의적 이해가 각각 무엇을 의미하며, 국제무역을 각각의 측면에서 깊이 있게 분석하고 더 나아가 통합적으로 이해해야 하는 이유를 설명한다. 마지막 절은 이 책의 체계와 구성에 대해 소개한다.

2. 국제무역의 정치경제학적 이해

국제무역과 무역정책에 관한 정치경제학 연구에는 크게 두 흐름이 있다. 첫째 흐름은 자유무역의 최적조건이 성립하지 않는, 또는 자유무역이 전적으로 국익을 증진시킨다고 보기 어려운 특수상황이나 조건을 들어 보호무역의 부분적 정당성을 옹호하는 보호무역이론, 그리고 모든 면에서 이를 반박하는 자유무역이론의 대결을 다루는 연구들이다. 둘째 흐름은 국제무역이 일으키는 소득분배 효과에 주목하여 서로 다른 영향을 받는 이익집단이 무역정책 결정과정에 어떻게 작용하고, 주요 정책결정자들이 왜, 어떤 정책선호와 이해관계를 갖고 있어서 무역정책이 보호무역으로 쉽게 기울게 되는지를 분석하는 경험적 연구들이다. 전자가 국익의 극대화를 위해서는 무역정책이 어떠해야 하는지를 다루는 규범적 정치경제(normative political economy) 연구라면, 후자는 서로 다른 이해관계를 가진 집단들이 상호경쟁하고 대립하는 정치적 과정에서 보호무역정책이 왜, 어떻게 등장하고 지속되는가를 다루는 실증적 정치경제(positive political economy) 연구이다 (Dixit, 1986: 296).

우선 첫 번째의 흐름을 살펴보자. 완전경쟁 조건이 충족되는 한 자유무역이 파레토 최적(Pareto optimum)이라는 자유무역의 규범이론에 대해서는 아무도 문제를 제기하지 않는다. 그러나 현실적으로 완전경쟁시장이란 존재하지 않는다. 시장은 항상 불완전하기 때문에 자유무역은 쉽게 의혹의 대상이 되곤 한다. 유치산업 보호론이나 전략적 무역이론이 대표적인 반론이다.

역설적으로 바로 여기에 한 차원 높고 세련된 자유무역의 경제학적 논거가 존재한다(Krugman, 1993). 시장의 불완전성은 원천적으로 국내적 왜곡에 뿌리를 두는 문제이므로 그 왜곡, 그리고 그로 인한 시장실패 요인의 교정을 위해서는 무역정책이 아닌, 다른 적절한 정책수단을 강구하는 것이 올바른 접근이라는 주장이 대표적이다. 요컨대 무역정책은 시장의 불완전성을 치유하거나 극복하기 위한 수단이 되어서는 안 된다는 말이다. 예를 들어 유망한 유치산업의 육성을 위해서는 일정 기간 보호가 필수적이라는 주장을 흔히 접할 수 있다. 그러나 그 산업이 그토록 유망하다면 굳이 정부가 나서지 않더라도 자력으로 성장할 수 있다. 만일 이런 산업으로 금융자금이나 숙련노동이 잘 흘러 들어가지 않고 있다면 금융시장이나 노동시장의 왜곡을 바로잡는 것이 급선무다. 다른 시장실패 요인도 마찬가지다.

어떤 이들은 이 논리가 특정 보호무역정책의 반대 논거로서는 타당하지만 자유무역이 반드시 최선임을 보증해 주는 것은 아니라고 반박한다. 이런 반론에 대해 많은 학자들은 자유무역은 "비록 완전하지는 않지만 꽤 좋은 정책(pretty good, if not perfect, policy)"이며, 자유무역정책에서 벗어나려는 모든 노력은, 그것이 제아무리 정교할지라도, 결국 득보다 큰 실을 초래하게 될 것이라고 본다. 예컨대 최적관세이론(optimal tariff theory)이나 전략적 무역정책론(strategic trade policy argument)(제2장 참조)은 보호무역 옹호론으로서는 드물게 정교한 이론체계를 갖추고 있다. 하지만 현실적으로 어느 경우든 상대국이 어떤 반응을 보일지 정확하게 예측하기 어렵고 때에 따라서는 무역전쟁을 촉발한다. 또한 투명성이 부족한 정책의 도입은 결국 사회적으로 바람직하지 않은 지대추구 활동(rent-seeking activities)을 조장할 우려가 크다(Bhagwati, 1991).5)

---

5) 이 두 가지 지적은 최근의 미중 간 무역전쟁 사례에도 잘 들어맞는다. 우선 미국은 여러 무역 상대국으로부터 막대한 상품을 수입하는 (준)수요독점 지위를 이용하여 철강, 알루미늄, 자동차, 전기통신기기 등의 분야에서 10-25%에 달하는 관세부과 조치를 통해 수출자율규제와 같은 굴복을 상대국으로부터 받아낸 바 있다. 하지만 중국의 보복관세 조치와 그에 이은 미국의 추가적 보복조치에서 보듯이 미국의 일방적 관세부과 조치는 무역전쟁의 가능성을 높인다. 한편, 중국

　　제3장에서 자세히 다루는 바와 같이 자유무역에 관한 규범적 이론과 사상의 존재 의의는 크다. 그것은 더 나은 삶에 대한 인류의 이상을 담고 있을 뿐만 아니라, 사회현상에 대한 사고의 폭과 깊이를 확대하고 심화하는 데 매우 중요한 역할을 한다. 또한 자유무역이론은 정부의 개입을 부분균형이 아닌 일반균형론의 관점에서 평가할 수 있는 개념적 틀을 발전시켰으며, 보호무역 수단이 어떤 후생손실을 초래하는지를 계산할 수 있게 해 주었다. 무엇보다 자유무역사상은 인류 문명 발전의 원동력인 분업의 원리를 국제적인 차원으로 확대시켰고 매우 강한 정서적 호소력을 지닌 중상주의적 사고에서 지식인들이 벗어날 수 있게 해 주었다.

　　그럼에도 자유무역이론은 현실적으로 정치인이나 일반인에게 별다른 영향을 미치지 못하는 경우가 많다. 급속한 수입 증가에 따라 실업이 증가할 때 자유무역론자는 고용유지를 위해서 직접적 소득이전이나 직업 재훈련 등 무역조정지원책을 쓰는 것이 수입금지보다 낫다고 주장한다. 그러나 이런 주장은 직관적으로 이해하기 어렵다. 반면에 당장 수입을 억제해 해당 산업을 보호해야 한다는 주장은 일반 국민에게 훨씬 더 강력한 호소력을 갖기 마련이다.[6]

　　사실 자유무역정책은 정책결정과정의 가장 중요한 부분인 정치과정(political process)을 충분히 고려하지 않는다는 점에서 명백한 한계가 있다. 무수히 많은 이들이 참여하고, 따라서 대단히 복잡다단한 정치과정을 거칠 수밖에 없는 무역정책의 현실을 외면한 채, 마치 정책결정이 어떤 전지전능하고 자비로운 독재자에 의해 이루어지는 것처럼 믿는다는 비판으로부터 자유롭지 못하다(Dixit, 1996: 8).

　　이러한 맥락에서 정치경제학 연구의 두 번째의 흐름은 자유무역이냐 보호무역이냐 하는 문제를 규범적으로 무엇이 더 옳고 그르냐의 문제로만 보기보다는 각각이 왜, 언제, 어떻게 등장하고 얼마나 지속되는지에 관한 경험적이고 실증적 문제로 본다. 실증적 정치경제학 연구의 분석대상은 '정치시장(political marketplace)'이

　　정부가 야심차게 추진한 '중국제조 2025(Made in China 2025)'는 핵심 부품과 자재의 국산화율을 2025년까지 70%로 끌어올려서 10대 핵심산업을 세계 최고 수준으로 만들겠다는 산업 전략이다. 이 전략은 미국을 자극하여 무역전쟁의 원인을 제공하고 있다는 지적과 함께 중국 내에서 (가뜩이나 심한) 지대추구 활동을 더욱 부추길 것이라는 우려의 목소리를 낳았다.

6) 예를 들어 트럼프 대통령은 2018년 3월 자신의 트위터에 "미국은 매우 멍청한(very stupid) 무역 협정과 정책 때문에 연간 8,000억 달러(약 900조 원)에 달하는 무역적자를 보고 있다. 다른 국가가 우리의 일자리와 부를 거저 가져가고 있다"고 비난하는 등 틈만 나면 '자유무역 ＝ 일자리 감소'라는 등식을 대내외적으로 퍼뜨렸다(Steil and Rocca, 2018).

다. 이 시장은 서로 다른 사상, 이해관계, 힘을 지닌 개인과 집단이 서로 다투고, 경쟁하고, 갈등하고, 타협하는 장이다. 실증 연구자들은 정치시장에서 왜 특정 정책이 만들어져 나오는 것인지, 그 배경과 메커니즘이 무엇인지를 규명하는 데 관심을 기울인다.[7]

　　그런 까닭에 실증 연구의 대상은 흔히 우리의 상식에 반하는 역설인 경우가 많다. 예를 들어 무역정책 연구의 핵심적 이슈, 즉 왜 소수에 불과한 특수이익집단이 다수인 국민의 이익에 배치되는 보호무역정책을 성공적으로 끌어낼 수 있는가? 왜 다수인 일반 국민은 자신의 후생에 직·간접적으로 영향을 미치는 무역정책 결정과정에 별 관심을 기울이지 않는가? 왜 신생산업보다는 전통산업이 무역정책 결정과정에서 더 크고 호의적인 배려를 받게 되는가? 우리는 흔히 정치과정에서는 다수가 소수를 지배하고, 국민은 자신의 이해관계에 민감하고, 장래성이 없는 전통산업보다는 장래성 있는 신생산업이 좀 더 큰 정책적 배려를 받을 것으로 생각한다.[8] 이런 잘못된 통념의 허실을 밝히기 위해서는, 그래서 좀더 나은 무역정책을 취하기 위해서는 정치경제학적 관점에 선 정책연구가 필요하다.

　　실제로 보호무역정책의 경제적 후생효과를 계량적으로 분석한 학자들은 수입보호를 통해 경쟁력을 잃은 산업의 일자리를 유지하는 데 필요한 사회적 비용은 해당 노동자 임금의 몇 배에 달한다는 사실을 밝혀내고 있다(Hufbauer, Berliner,

---

7) 실증적 연구 가운데 이론적으로 가장 치밀한 것이 공공선택이론(theory of public choice)이다. 정치적 과정의 경제학적 해명을 시도하는 이 이론은 이해대립과 갈등으로 점철된 정치적 과정을 내생변수로 삼는다. 또한 정책과 제도의 결정에 관련된 규칙과 절차, 즉 정치제도의 근원을 규명하고, 구체적인 정책결정 상황에서 주요 행위자가 각자의 목적 달성을 위해 규칙과 절차를 어떻게 자기에게 유리하게 조작하거나 이용하는지를 잘 밝힌다(Buchanan, 1975, 1987). 공공선택이론 연구에서는 역사적으로 형성된 규칙과 제도, 정보의 비대칭성, 거래비용, 합리적 무지, 무임승차, 도덕적 해이, 기회주의 등이 매우 유용한 분석 개념으로 등장한다. 그런 개념은 그것이 도입되지 않았더라면 아무것도 아니거나 당연해 보이는 사실들 속에서 우리가 전혀 다른 의미를 발견할 수 있게끔 도와준다.

8) 이러한 이유로 실증적 정치경제학 연구에서 중심적인 위치를 점하고 있는 것이 바로 사회중심적 접근(society-center approach)방법이다. 흔히 이익집단정치 모형(interest-group politics model)으로 불리기도 하는 이 접근방법은 David Truman, Robert Dahl, Theodore Lowi, Charles Lindblom 등 자유주의적 다원론자(liberal pluralists)들에 의해 발전되어 왔다. 이 모형의 기본 관점은 "정책은 정책결정에 영향을 미치기 위해 이해관계를 지닌 집단이 경쟁적으로 벌이는 다툼의 산물"이라는 것이다(Ikenberry, Lake, and Mastanduno, 1988).

and Elliott, 1986; Hufbauer and Elliott, 1994; Messerlin, 2001; Hufbauer and Lowry, 2012). 예를 들어 Hufbauer and Lowry(2012)에 따르면 2009년 버락 오바마 (Barack Obama) 미국 대통령은 중국산 타이어에 대한 세이프가드 조치를 취했는데, 그 때문에 타이어 산업 노동자의 임금 4,800만 달러를 지켜냈지만, 타이어 가격의 상승에 따라 소비자 편에서는 연간 11억 달러 상당의 구매력이 하락하는 결과를 초래했다. 이는 결국 다른 재화의 소비를 줄였고, 1,200여 명의 일자리를 지킨 타이어 산업 노동자보다 훨씬 많은 3,371명의 소매업 종사자가 일자리를 잃었다고 한다. 그럼에도 이런 국민경제적 손실은 분산효과로 인해 정치적 이슈로 제기되지 않았다.

트럼프 대통령의 보호무역정책도 마찬가지다. 영국의 경제연구소인 옥스퍼드 이코노믹스(Oxford Economics)에 따르면 트럼프 대통령의 일방적 관세부과는 최악의 경우 미국 GDP의 0.1%를 감소시키고 연간 10만 개의 일자리를 앗아갈 것으로 전망했다(Martin, 2018).[9] 이처럼 국제무역 분야만큼 이론과 현실이 괴리되고, 잘못 선택된 정책으로 인해 큰 손실이 발생하는 분야는 없다.[10]

자유무역이론이 현실 세계에서 잘 수용되지 않는 이유는 국내정치경제뿐만 아니라 국제정치경제 차원에서도 찾을 수 있다. 이론적으로 다른 조건이 동일할 때 자유무역을 통한 개방경제(open economy)는 자급자족경제(autarky)에 비해 무역에 참여하는 모든 국가의 총후생을 증가시킨다. 모든 국가가 무역 이전보다 나은(better off) 상태에 도달할 수 있다는 것이다. 그러나 상대적 이득이란 측면에서 보면 얘기가 달라진다. 국내정치에서와 마찬가지로 국제정치에서도 승자와 패자가 생기기 마련이다. 절대적으로 보면 모두에게 이득일 테지만 상대적으로 더 큰 이득을 누리는 국가와 그렇지 못하는 국가가 생겨날 수밖에 없다. 상대적 이득이 한 해 두 해 쌓이다 보면 결국 국력의 차이로 나타나게 되고, 그렇게 해서 강대국이 된 국가가 약소국에 해를 끼칠 가능성이 커진다. 국제무역이 순수 후생경제

---

9) 물론 보호무역정책의 목적이 단순히 일자리를 유지하는 데만 있는 것은 아니기 때문에 이런 수치가 과장되어 있을 수 있다. 이 문제에 대해서는 제4장에서 자세히 다룬다.

10) Lake(1988: 19)는 "수많은 정치가들이 자유무역의 이득에 대해 배웠건만 자유무역 이론가의 가르침은 아주 드물게 지켜지고 있을 뿐이다 … 이런 면에서 경제이론과 정치현실 간의 격차가 이보다 큰 영역은 무역정책 분야 외에는 없을 것이다"라고 말한다. 한 걸음 더 나아가 Lal(1980: 151)은 정치인과 경제학자를 서로가 도저히 의사소통을 할 수 없는 청각장애인과 시각장애인에 비유한다.

적 이슈일 뿐만 아니라 국제정치경제적 이슈, 더 나아가 국가안보 이슈가 되는 것은 이 때문이다.[11]

대표적인 예로 미국 소비자의 후생손실이 명백히 예견됨에도 트럼프 행정부가 중국 때리기(China bashing)에 나섰던 것을 들 수 있다. 이는 다분히 중국을 전략적으로 견제하기 위한 조치였다. 중국과의 무역으로 미국이 이득을 누려온 것이 사실이지만, 미국은 상대적으로 더 큰 이득을 누리고 있는 측은 중국이라고 본다.[12] 상대적으로 더 많이 창출된 부를 국방부문에 투입하면서 중국이 미국의 실질적 안보위협으로 부상하고 있다고 판단하고 있다(Mearsheimer, 2001). 미국 프린스턴대학의 국제정치학자인 조앤 고와(Joanne Gowa)가 『동맹국, 적국, 그리고 국제무역(Allies, Adversaries, and International Trade)』에서 예견했듯이, 아무리 무역이 쌍방에 절대적 이득을 주더라도 중국을 더욱 이롭게 만드는 결과를 초래해서는 안 된다고 보고 이를 미연에 방지하기 위해 미국은 중국과의 무역전쟁도 불사한다는 입장인 것이다. 그야말로 리스트의 보호무역주의 사상에 뿌리를 둔 중상주의 편향(mercantilist bias)의 전형이 아닐 수 없다.[13]

---

11) 다음 장에서 소개하는 것처럼 왜, 그리고 어떻게 무역이 국력을 신장하는 수단으로 사용될 수 있으며, 무역관계로부터 의존, 영향력, 심지어 지배관계가 생겨날 수 있는가에 관해 흥미로운 분석을 제시하는 학자가 앨버트 허쉬만(Albert Hirschman)이다. 그의 분석에 힘입어 로버트 코헤인(Robert Keohane)과 조셉 나이(Joseph Nye)는 '복합적 경제적 상호의존성(complex economic interdependence)'이 개별 국가의 민감성(sensitivity)과 취약성(vulnerability)을 증가시킨다는 이론을 전개한다(Keohane and Nye, 1977).

12) 2019년 기준 상품무역에서 미국의 대중 무역적자는 전년 대비 737억 달러가 준 3,452억 달러(약 380조 원)로 전체 무역적자(8,544억 달러)의 40%가 넘었다. 같은 해 대한민국 정부예산(470조 원)의 80%에 달하는 막대한 액수다. 미국이 중국 다음으로 무역적자를 본 국가가 독일이었는데, 그 규모는 대중 무역적자의 1/5 수준인 674억 달러였다. 같은 해 한국은 미국과의 상품무역에서 209억 달러(약 23조 원)의 흑자를 기록했다(https://www.census.gov/foreign-trade/balance/c5700.html).

13) 물론 중국이 선의(善意)의 피해자라는 의미는 아니다. 중국도 미국과 마찬가지로 미중 무역관계를 '상호인질(mutual hostage)'이라는 전략적 관점에서 파악한다. 아울러 국제사회에서 중국의 불공정 무역관행에 대한 비판의 목소리도 높다. 2001년 WTO에 정식 가입한 중국은 그간 국제무역의 확대에 기여한 것이 사실이지만, 중국이 자유무역주의를 옹호하고 국제무역 규범을 존중하며 이를 성실히 준수할 것이라는 기대는 무너졌다는 견해가 지배적이다(The Economist, 2018a). 중국의 중상주의 정책과 관행은 전방위적으로 국제무역질서의 왜곡을 초래하고 자국 중심주의 경향을 가속화하고 있다. 미국, 유럽연합, 일본 등을 중심으로 WTO 차원에서 중국의 국가자본주의(state capitalism)를 견제하고 억제하기 위한 논의가 시작된 것도 그런 맥락에서다(〈박스 8.1〉 참조).

한 국가의 무역정책 선호와 전략은 결국 각국의 국제정치경제적 위상과 제약에 따라 결정되고, 이들 간의 상호작용 속에서 국제무역질서의 특징이 규정된다. 여기서 한 가지 흥미로운 사실은 그럼에도 국제무역질서가 일정한 안정성을 보인다는 것이다. 19세기 중반 근대적 국제 자유무역체제가 태동한 이후 지난 170여 년간 자유무역의 흐름은 보호무역주의와 중상주의의 끊임없는 도전 속에서도 놀라운 회복탄력성을 보여 왔다. 강대국 간 이해관계의 충돌로 붕괴 직전까지 가는 시련 앞에서도 국제무역체제가 끝내 무너지지 않고 정상을 회복하는 것은 물론 끊임없는 자기발견을 통해 발전해 온 것은 무슨 힘 때문일까?

이에 대한 답은 패권안정이론(hegemonic stability theory)에서 찾을 수 있다 (Kindleberger, 1973; Keohane, 1984). 이 이론은 국제무역체제의 성격은 세계경제에서 지배적인 위치에 있는 국가, 즉 패권국(hegemon)의 존재와 그 영향력의 크기에 따라 좌우된다고 본다. 패권국은 자유무역체제의 형성과 유지를 선호하고, 이를 위해 기꺼이 공공재를 제공하며, 자유무역체제에 반대하거나 소극적인 국가가 적극 참여하도록 유도하거나 강제할 수 있는 능력을 갖는다. 그러나 이 이론의 이론적 타당성과 현실 설명력에 대해서는 많은 논쟁이 있다. 특히 전후 자유무역체제의 구축과정에서 미국의 주도적인 역할, 그리고 1970−1980년대 이후 미국의 상대적 지위의 약화가 국제무역체제의 성격에 미친 영향에 관한 분석과 논의에서 핵심적 논제가 되곤 했다. 이에 관해서는 제5장에서 상세히 다룬다.

3. 국제무역의 법경제학적/제도주의적 이해

규범은 선악, 시비, 정의와 부정의 등의 분별 기준으로 기능하는 '원리화된 신념(principled beliefs)'이다(Goldstein and Keohane, 1993: 8−11). 이는 다시 철학적·종교적 신념(philosophical and religious beliefs)과 정치경제학적 신념(political economic beliefs)으로 구분된다(Inglehart, 1997). 철학적·종교적 신념은 대개 연역적 사유과정을 통해 일목요연하게 형성된 선험적·관념적 지식체계인 반면, 정치경제학적 신념은 역사의 흐름 속에서 많은 시행착오와 정치적 협상, 흥정, 합의를 통해 형성된 자생적·경험적·실천적 가치와 태도의 묶음이다. 아래에서는 정치경제학적 신념과 규범에 초점을 맞춰 논의를 전개한다.

지난 3,000년을 거치며 자생적·경험적·실천적 가치로서 형성된 '자유무역'은 '자본주의'와 더불어 근대 정치경제학적 신념의 대표적인 사례이다. 그러한 신념 체계로서의 자유무역은 시장에 대한 국가의 개입을 수단적 이슈(instrumental issue)로뿐만 아니라 도덕적 이슈(moral issue)로도 볼 수 있게 해 준다. 예를 들어 자유무역 규범은 국가의 과도한 개입이 불가침의 영역인 개인과 기업의 자유를 침범하고, 그 결과 개인과 기업의 정부 의존성과 무책임, 경제적 비효율성과 부정부패 등 각종 사회악을 조장한다는 것을 깨닫게 해 준다. 이러한 사회악의 근원이 정부의 부적절한 개입이라는 신념은 자유시장경제와 그에 따른 자유무역규범을 (국가중심경제와 그를 뒷받침하는 중상주의 사상의 일부가 아닌) 국내 및 국제 정치경제의 독립적 구성원리(independent organizing principle of domestic and international political economy)로 격상시켰다.

규범은 제도(institution)로 구체화된다. 제도는 사회세력 간의 경쟁조건 또는 그것을 규정하는 규칙으로서, 그 안에서 상호작용하는 개인과 집단의 능력을 확장하기도 하고 제약하기도 한다(Ikenberry, 1988: 223–26; North, 1990: 3). 제도의 이러한 속성은 법경제학의 가장 중요한 명제를 구성한다. 어떤 정책이나 제도를 순수하게 효율성의 관점에서만 볼 것이 아니라 정치경제학적 신념체계로서의 도덕과 정의, 그리고 정당성의 차원에서 이해해야 한다는 것이다.[14]

더 나아가 제도 안에서 상호작용하는 사회집단과 정부 관료제의 선호는 더 큰 제도적 맥락에 좌우되고, 더 큰 제도적 맥락은 정치·사회세력의 힘의 분포와 상호작용에 따라 달리 형성된다. 제도는 정치·사회세력의 반영(reflection)이기도 하지만, 더 적극적으로는 이들의 선호와 권력 관계를 굴절(refraction)시키는 역할도 한다.[15] 정책 역시 정치·사회세력들 간의 상호작용의 결과물이지만 이들 간의

---

14) 법경제학의 대표적인 정의는 "법적 제재(legal penalty)가 인간의 행위에 미치는 영향을 예측하는 과학적 이론 또는 법에 인간이 어떻게 반응하는가를 예측하는 데 필요한 행동이론과 정책을 평가하는 데 유익한 기준을 제공하는 학문"이다(Cooter and Ulen, 2008: 3–4, 김일중(2008: 16)에서 재인용).

15) 이런 맥락에서 미국 하버드대학의 정치경제학자 피터 홀(Peter A. Hall, 1986: 233)은 "제도는 특정 집단의 선호를 단순하게 전달하는 데 그치지 않고, 그것들을 조합하고 궁극적으로는 변화시키며 사회세력 간의 다툼을 굴절시킨다"고 주장한다. 미국 UC샌디에고의 정치학자 피터 거비

권력관계를 단순하고 직선적으로 반영하지는 않는다는 점에서는 제도와 유사한 속성을 가진다(Hall, 1986: 233). 이것은 제도와 정책의 양면성을 보여준다. 제도의 집합 또는 제도적 짜임새(institutional arrangements)는 정치·사회행위자 간의 상대적 힘의 관계와 정당성의 범위, 그리고 정치적 게임의 내용과 성격에 영향을 미친다. 그 결과 정책과정에서 어떤 집단이 다른 집단보다 우위 혹은 열위에 서게 되지만, 그로 인해 이들 간의 힘의 분포와 상호작용에 다시 영향을 미쳐 제도의 변화를 초래한다.

바로 이런 측면에서 Gourevitch(1989: 101)는 "어떤 제도도 권력 중립적이지 않다"고 말한다. Ikenberry(1988: 229)도 제도가 미치는 영향에 대한 분석과 그 제도의 저변을 형성하는 권력 및 이해관계의 기저적 구성에 대한 분석은 상호 분리될 수 없다고 말한다. 제도는 그 안에서 영향력을 다투는 여러 사회세력의 입지와 힘에 영향을 미치는 독립변수이자 그 사회세력의 영향력과 이해관계에 의해 규정되는 종속변수로서의 성격을 갖는다. North(1994: 360-61) 역시 "제도는 사회를 효율적으로 만들기 위해 생겨나는 것이 아니다. 오히려 그것(적어도 공식적 규칙)은 새로운 규칙을 만들어낼 수 있는 협상력을 지닌 집단이 이해관계에 봉사하기 위해 만들어진다"고 지적한다.

다만 여기서 우리가 주목해야 할 사실은 제도는 일단 수립되고 나면 그 저변에 있는 정치·사회세력의 구성이 변화되더라도 좀처럼 변하지 않는 속성을 보이기도 한다는 점이다(Ikenberry, 1988: 223). 제도는 대개 연속적이고 점증적으로 변화하는 것이 아니라 불연속적이고 고착적(episodic and sticky)으로 변화한다(Goldstein, 1993: 256).

제도의 불연속적이고 고착적인 속성은 다음과 같은 이유로 발생한다. ① 어떤 제도든 특정 개인과 집단에 특권적 지위를 부여하고, ② 조직 속의 개인은 조직을 태동케 한 특수 상황이 변해도 그들의 사명과 책임을 보존하고 보호하려 며, ③ 개혁이 추진되더라도 그것은 결국 기존의 조직과 구조 안에서 수행될 수밖에 없고, ④ 변화에 따른 비용과 편익의 불확실성이 높다. 이런 이유로 (역사적) 제도주의자들은 전쟁이나 불황과 같은 정치·경제적 위기상황 속에서 기존 제도

취(Peter A. Gourevitch, 1989: 89)도 "정치가와 경제 행위자 간의 상호작용은 제도를 통해 굴절된다"고 지적한다.

가 붕괴하거나 불신이 심화되거나 분쟁이 악화되어 제도의 기저세력과 기존 제도가 서로 분리되는 상황에 이르지 않는 한 제도는 쉽게 변하지 않는다고 본다. 요컨대 제도는 관성을 갖는다. 어떤 산업을 한 번 보호해 주기 시작하면 이를 그만두기가 어려운 것도 그 때문이다. 보호로 인해 국가경제 전체적으로 얼마나 큰 손실이 초래되는지는 문제가 되지 않는다.[16]

제도의 이런 특성은 국제무역제도에서도 동일하게 나타난다. 전후 국제무역 규범의 중심으로 기능해 온 GATT의 설립 협상에서 미국, 영국, 프랑스 등 주요국은 각자 국내적으로 특별히 보호해 주어야 할 산업과 집단이 있었고, 과거의 식민제국과의 특수한 관계를 고려할 필요가 있었다. 이에 따라 GATT는 무차별 원칙을 가장 핵심적인 원리로 채택하면서도 광범위한 예외를 인정하게 되었다. 우루과이라운드도 마찬가지였다. 예를 들어 미국은 섬유산업의 보호를, 유럽연합은 농업의 보호를, 개도국은 지식재산권을 인정해 주되 그 대가를 받아내는 일에 각각 관심을 기울였고, 그 결과 WTO는 이들의 관심사항을 부분적으로나마 모두 반영했다(Dixit, 1996: 23 − 24).

하지만 제도가 권력관계와 관성에 의해서만 구성되고 유지되는 것은 아니다. 제도의 보다 본질적인 속성은 합의된 지식(consensual knowledge)이다. 미국 UC 버클리의 정치학자이자 지식 및 신기능주의(neo − functionalism) 국제관계이론의 대가인 언스트 하스(Ernst B. Haas)는 합의된 지식을 "그러한 믿음의 궁극적 또는 최종적 진실 여부와 관계없이(irrespective of the absolute or final 'truth' of these beliefs) 관련된 행위자들 사이에서 광범위하게 받아들여지는(widely accepted) 여러 변수들 간의 인과와 목적−수단 관계(cause − effect and ends − means relation- ships)에 관한 믿음 체계(a body of belief)"로 정의한다(Rothstein, 1984: 736에서 재

---

16) 이처럼 제도는 지극히 경직적이고 변화하기 어려운 속성을 지니며, 한 번 정해진 길에서 벗어 나지 않으려는 경로의존성을 갖는다(North, 1990: 93 − 98). 특히 역사적 제도론자들(historical institutionalists)이 제도 변화를 설명할 때 역사적 순서와 단계를 매우 중시하는 이유가 바로 여 기에 있다. 한 시점에서의 종속변수는 다음 시점에서 독립 또는 매개변수가 되고, 한 시점에서의 선택이 다음 시점에서의 선택의 폭을 좁힌다고 보기 때문이다. Ikenberry(1988: 226)가 "과거의 역사적 상황이 현재 무엇이 가능하고 특정 시점에서 무엇이 바람직한 것으로 인지되는가에 중요 하게 영향을 미친다"고 말하는 것은 바로 이런 맥락에서다. March and Olsen(1984)도 정치적 결과는 단순히 어떤 집단의 수단적 행동(instrumental behavior)으로부터 도출되는 것도 아니고, 기능적 또는 효율적 사회화 과정(socialization process)으로 설명될 수 있는 것도 아니라면서, 선행적 사회관계의 구조와 그것의 비의도적 결과에 주목할 필요가 있음을 지적한다.

인용). 국내정치경제에서도 그렇지만 국제정치경제에서도 강압(coercion)이나 제도적 관성(institutional inertia)만큼이나 합의된 지식이 제도의 안정성과 지속성에 큰 영향을 미친다(Rothstein, 1984: 734).

바로 여기에 '규범에 근거한 국제무역제도(rules-based international trading institution)'의 미학이 있다. 전후 GATT는 타국 시장에의 접근을 보장받는 데 따르는 이득이 자국 시장을 개방하는 데 따르는 손실보다 크다는 사실을 회원국들이 납득할 수 있도록 함으로써 양허(concessions) 교환의 제도화를 이루어냈다. 합의된 지식으로서의 이러한 제도는 무역 상대국에 대한 회원국들의 기대와 예측 가능성을 높여주었고, 그 결과 때로는 상호주의적이고 때로는 일방적인 무역장벽의 철폐를 촉진할 수 있게 되었다. 이런 제도적 개입이 없이 국제무역이 약육강식의 무법천지에서 이루어졌다면 어느 국가도 자유무역에 선뜻 나설 수 없었을 것이다. 전후 국제무역제도는 '미래의 그림자(the shadow of the future)', 즉 ① 관계의 지속으로 인해 기대되는 잠재적 이익을 확장함과 동시에, ② 다른 국가가 이미 합의된 규칙을 어길지도 모른다는 걱정에서 벗어나게 해 주어 국가 간 거래 비용을 크게 낮추어준 것이다(Keohane, 1984).

이것이 바로 국제무역의 레짐이론(regime theory)과 신자유주의적 제도주의론 (neo-liberal institutionalism)의 요체이다. 이들 이론은 앞 절에서 설명한 패권안정 이론의 한계를 극복하기 위한 시도이기도 하다. 패권안정이론은 1970-1980년대에 미국의 패권적 지위가 쇠퇴할 기미를 보였음에도 국제사회가 거시적으로, 그리고 상대적으로 여전히 자유로운 무역을 향해 항진할 수 있었던 이유를 설득력 있게 설명하지 못했다.

다양한 국제관계 영역에서의 국제레짐의 존재와 성격을 규명하는 연구 프로젝트를 주도한 미국 스탠포드대학의 스티븐 크라스너(Stephen D. Krasner)는 국제 레짐을 "일정한 국제관계 영역에서 행위자들의 기대가 수렴되는 일련의 암묵적·명시적 원리, 규범, 규칙 및 의사결정절차(sets of implicit or explicit principles, norms, rules, and decision-making procedures around which actors' expectations converge in a given area of international relations)"로 정의한다(Krasner, 1982: 186). 이것이 오늘날 국제레짐의 표준적인 정의로 사용된다. 그에 따르면 레짐은 "권력이나 이해관계가 조금이라도 변화하면 그에 따라서 변화하고 마는 일시적인 협정 이상의 것"으로 이해되어야 하며, 이런 면에서 그때그때의 상황에 제약되는 개별 협정과는 구별된다. 레짐은 어떤 원리와 규범을 포괄하고, 행위자가 이런 일반적인 의무를 준수할 때 각자의 효용함수, 예를 들어 국제무역의 경우 자원배분의 효율성 확보가 극대화될 수 있다는 집단적 믿음을 반영한다.

신자유주의적 제도주의론은 크라스너의 레짐이론을 확장한 것이다. 이 이론도 패권이 쇠퇴한 이후에도 국제적으로 자유무역질서가 유지될 수 있는 이유를 국제무역레짐에서 찾지만, 그 레짐이 작동하는 핵심 기제가 무엇인가에 더 큰 관심을 기울인다. 신자유주의적 제도론자들은 이와 관련하여 국제무역레짐은 정보 비대칭성의 해소, 거래비용의 감소, 보복의 두려움(fear of retaliation)과 평판비용(reputation cost)을 통한 이행의 감시(monitoring compliance), 이슈의 연계 등을 통해 집단행동의 딜레마(collective action dilemma) 극복을 도와준다고 본다 (Keohane, 1984). 이 책의 제2부에서 자세히 설명하는 국제 자유무역질서의 태동, 다자간 무역라운드를 통한 무역 상대국 간의 양허와 약속의 걸어 잠그기 (locking-in), 그리고 이를 통한 현실 적합성과 예측 가능성 간의 조화 등은 이런 측면에서의 국제무역레짐 의의를 잘 말해 준다. 레짐이론에 따르면 오늘날 국제무역질서가 위태로운 것은 사실이지만, 가장 핵심적 메타레짐(meta regime)인 무차별 및 상호주의 원칙이 훼손되지 않았기 때문에 아직 본질적 위기에 처한 것은 아니라고 볼 수 있다.

이상에서 간략히 본 것처럼, 오늘날 국내정치경제와 국제정치경제 문제는 규범과 제도의 문제로 합류(confluence)된다. 양허의 교환을 두고 국가 간에 벌어지는 치열한 줄다리기가 정치경제 영역의 문제라면, 그렇게 합의된 양허가 어느 누구의 이익도 크게 훼손하지 않고 상호 간 균형을 이루며 유지되도록 돕는 것은 규범과 제도의 영역이다. 예를 들어 WTO는 예상치 못한 수입급증으로 국내 경제와 산업에 큰 타격이 예상될 때 수입국이 긴급수입제한(세이프가드) 조치를 취할 수 있도록 허용한다. 무역 상대국의 불공정한 무역관행이 자국의 이익을 침해하거나 무효화한다고 판단되면, 이를 분쟁해결절차를 통해 다툴 수도 있다. 이렇게 제도적으로 다투는 것이 무역관계를 아예 단절하거나 일방적인 보복조치를 취하는 것보다 낫다는 것을 모든 WTO 회원국은 경험을 통해 잘 알고 있기에 이런 제도가 유지되는 것이다.

한편, WTO 차원에서의 무역분쟁은 일방적 승자도 패자도 없는 싸움이다. 미국과 유럽연합이 중국을 제소하고 중국은 미국과 유럽연합을 제소하는 등 서로 물고 물리며 아군도 적군도 없는 규범전쟁(legal warfare or lawfare)이 벌어진다. 역설적으로 규범전쟁이 정해진 절차와 규칙에 따라 이루어지면 국제무역레짐은 오히려 강화된다. 다른 회원국에 대한 전시효과와 학습효과 때문이다. 따라서 국제규범과 제도가 강자의 전유물이라고 생각하는 것은 큰 오해다. 제8장에서 다루는 바와 같이, WTO의 분쟁해결절차는 선진국과 개도국을 막론하고 매우 활발하게 활용되고 있다. 특히 지금까지 전체 WTO 협의 건수 중 절반 가까이가 개도국이 제출한 건이라는 사실은 주목할 만하다. 이는 WTO 분쟁해결절차에서만큼은 강대국이 개도국에 부당한 보복조치를 취하거나 위협을 가하지는 못할 것이라는 개도국의 믿음을 반영한 것이다.

끝으로 정책과 제도의 변화를 진화론적 시각에서 파악해야만 할 이유를 언급하지 않을 수 없다. 제도는 상당한 시간을 두고 진화적으로 변화한다. 이 시간 동안 경험과 학습이 이루어지고, 그것에 기초해 제도는 변화하고 발전한다. 동태적 게임의 극치를 보여주는 무역정책 분야에서 제도 변화에 대한 이런 진화론적이고 점진적 시각은 더더욱 중요하다. 이 책이 국내 및 국제 양 수준에서 무역정책 결정과정, 구조, 체계를 분석하고, 그 저변에 깔려 있는 국제무역체제의 성격과 무역정책 관련 제도의 역사적 형성 배경, 그리고 그것의 진화과정에 천착하는 이유가 여기에 있다.

4. 이 책의 체계와 구성

이 책은 4부 14장으로 구성된다.

제1부는 무역의 국내정치경제 이론과 현실을 다룬다. 제2장은 중상주의와 보호무역주의 사상의 기원을 살펴보고 각각의 논리와 한계를 분석한다. 여기서는 특히 1980년대와 1990년대에 치열한 논쟁거리가 되었던 전략적 무역이론과 공정무역론 등이 소개되는데, 이는 최근 확산되는 중상주의 움직임과 미중 간 무역전쟁 분석에도 많은 시사점을 준다.

제3장은 자유무역사상의 기원을 살핀 후 주요 국제무역이론, 즉 정태적 및 동태적 비교우위이론, 국제무역과 소득분배에 관한 이론 등을 소개한다. 미시경제학 배경이 부족하다고 생각하는 독자에게는 그 내용이 낯설 수도 있겠으나, 가능한 한 쉽고 명확하게 이해할 수 있도록 노력했다. 이 장을 통해 독자들이 비교우위론의 의의와 한계를 정확히 이해할 수 있기를 바란다.

제4장은 경제학 분야에서 주로 논의되는 보호무역조치, 즉 관세, 쿼터, 수출자율규제, 수출보조금 등의 작동원리와 한계를 설명한다. 이어서 정치경제학 영역에서 주로 논의되는 긴급수입제한조치, 반덤핑관세, 상계관세, 무역조정지원제도 등 행정적 보호조치를 소개하고 그 의의를 평가한다. 끝으로 보호무역정책이 정치시장에서 어떤 수요 및 공급 요인에 따라 결정되는지를 이해하기 위해 공공선택론, 사회보험으로서의 보호정책, 거시경제 상황에 따른 무역정책 선호, 선거제도와 무역정책의 패턴, 관료제의 무역정책 성향 결정요인 등을 소개한다.

제1부가 주로 국내정치경제 차원에서 자유무역과 보호무역의 작동원리를 설명하는 이론에 초점을 맞췄다면, 제2부는 역사적·체제적 관점에서 무역의 국제정치경제 이론과 현실을 다룬다.

제5장은 영국의 곡물법 폐지, 영국 – 프랑스 간 무역협정 등에 초점을 맞추어 19세기 자유무역질서의 태동과정을 설명한 다음 전간기를 거쳐 제2차 세계대전 이후 왜 그리고 어떻게 다자간 국제무역질서가 형성되었는지를 심도 있게 분석한다. 이 장에서 강조하는 바와 같이 자유무역질서는 선형적 발전경로를 밟아온 것이 아니다. 자유무역은 보호무역주의, 그리고 중상주의의 끊임없는 도전을 받으며 때로는 사라질 위기에 처하기도 했으나 (19세기 후반과 전간기가 그랬다) 끊임없는 자기발견과 보완을 거치면서 지금까지 살아남았다. 이 장에서는 전후에 자유무역이라는 신념이 살아남을 수 있었던 원인이자 결과로 미국의 리더십과 다자주의 원칙의 확립을 꼽는다.

제6장은 오늘날 국제무역질서의 근간을 이루고 있는 1947년 관세 및 무역에 관한 일반협정(GATT 1947)의 지배원리를 설명한다. GATT는 선진국 간, 그리고 선진국과 후진국 간 정치적 타협의 산물이었다. 흔히 잘못 이해하고 있는 사실 중 하나가 GATT는 완전한 무역자유화를 목표로 삼고 그것을 지향한다는 것이다. 그러나 GATT 조문 어디에도 그런 문구는 없을 뿐더러 실제로 그에 가깝게

간 기간도 매우 짧다. GATT가 추구한 궁극적 목표는 회원국 간의 권리와 의무의 대체적 균형의 확보와 유지, 그리고 회원국 간의 호혜적이고 대칭적인 시장개방 이었다. 이 장은 GATT가 무차별원칙과 상호주의 간의 균형을 끊임없이 추구했다는 점을 강조한다. 물론 이러한 GATT의 사상과 지배원리는 1995년 출범한 세계무역기구(WTO) 체제 아래에서도 그대로 이어진다.

제7장은 GATT 체제 아래서 추진된 8차례의 다자간 무역협상라운드의 배경과 주요 이슈, 그리고 주요 협상결과를 체계적으로 정리한다. 우선 다자간 무역협상의 작동원리와 연계전략의 의의를 설명한 후 관세와 비관세 장벽 철폐를 위한 협상방식을 각각 평가한다. 다자간 무역협상라운드 중에서 케네디라운드, 도쿄라운드, 우루과이라운드가 특히 중요하기 때문에 핵심 이슈를 중심으로 이들라운드를 자세히 설명한다. 지난 역사에 관한 부분이기 때문에 다소 지루하게 느끼는 독자도 있겠으나, 이것을 단순한 역사적 서술로 보지 않고 그 속을 관통해온 규범과 제도의 특성에 초점을 맞춘다면 매우 유익한 장이 될 것이다. 끝으로 이 장에서는 WTO 체제 아래서 추진된 첫 다자간 무역협상라운드인 도하라운드의 경과와 주요 이슈를 평가한다. 2001년에 시작되어 2017년까지 무수한 개별협상과 11차례에 걸친 통상각료회의에도 불구하고 별다른 성과를 내지 못한 도하라운드는 WTO 체제의 한계를 고스란히 드러냈다. 하지만 WTO를 대체할 수 있는 새로운 무역레짐을 기대하기 어려운 것이 현재의 상황이기도 하다.

제3부는 1부와 2부의 정치경제학적 논의를 바탕으로 WTO가 배태적 자유주의, 무차별원칙, 상호주의 등의 기본원리를 어떻게 구체적인 제도와 협정으로 구현하는지 살펴본다. 앞서도 강조한 바와 같이 무역 규범과 제도는 개인, 사회조직, 그리고 더 넓게는 국가의 경제적 이해관계를 둘러싼 정치적 타협의 산물이다. 따라서 어떤 규범이나 제도도 권력관계로부터 자유롭지 않으며, 특히 무역규범과 제도는 경제적 효율성만을 추구하기보다는 협상력을 지닌 집단의 이해관계에 봉사하기 위해 만들어진다는 사실에 유의해 주기 바란다. 동시에 모든 WTO의 제도와 협정은 (정도의 차이는 있지만) 그것이 회원국 모두의 이익에 봉사한다는 합의된 믿음에 기초한다.

이러한 관점에서 제8장은 국제기구로서의 WTO의 출범과정, WTO의 구조와 의사결정 방식을 살펴본다. 여기에는 물론 미국과 유럽연합 등 선진국의 이해관계가 잘 반영되어 있는 것이 사실이지만, 그렇다고 해서 WTO의 규범과 제도가 모두 선진국에 일방적으로 유리하게 만들어져 있는 것은 아니다. 수많은 다자간 협상라운드를 통해 국제무역의 잠재적 또는 실질적 승자와 패자 모두가 동의할 수 있는 규범과 제도를 만들기 위해 쉼 없이 노력한 덕분에 이러한 이해관계의 균형(balance of interest)이 이루어진 것으로 보아야 한다. 정치적으로 과장된 측면이 있긴 하지만, 트럼프 전 미국 대통령이 WTO를 최악의 국제기구 중 하나로 꼽고 미국의 국익에 전혀 도움이 되지 않는다는 장광설을 늘어놓았던 것만 보더라도 WTO가 선진국의 이해관계만을 반영하지 않는다는 점을 잘 보여준다. 이런 특징은 분쟁해결절차와 무역정책 검토제도에서 두드러지게 나타난다.

제9장부터 제12장은 WTO의 각론을 구성하는 상품무역 협정(GATT), 서비스무역 협정(GATS), 지식재산권 협정(TRIPS)을 차례대로 설명한다. 제9장과 제10장은 WTO협정 중 실질적인 면에서 가장 중요한 협정으로 볼 수 있는 13개의 GATT 부수협정 중 2005년 1월 1일부로 만료된 섬유 및 의류 협정(Agreement on Textiles and Clothing)과 위원회를 구성하지 않는 선적전 검사 협정(Agreement on Preshipment Inspection)을 제외한 11개 부수협정을 체계적으로 분석한다. 이들 협정은 관세 및 비관세 장벽 철폐를 통한 시장접근 향상을 목적으로 다양한 무역규범을 관리하고 새로운 규범을 창출하는 역할을 한다.

제11장은 GATS가 규정하는 서비스무역 자유화의 기본원리를 고찰한다. 오늘날 서비스는 그 자체로 중요할 뿐만 아니라 제조업의 중간재적 성격을 갖고 있기 때문에 주목을 받는다. 고품질·저가의 서비스는 공산품의 생산성 증가와 경쟁력 향상은 물론이고, 경제 전체가 효율적으로 기능하는 데 결정적으로 기여한다. 그러나 선·후진국을 막론하고 서비스산업은 국내적으로나 국제적으로 경쟁에 가장 덜 노출되어 온 산업으로서, 아직도 정부 소유의 독점 공기업 상태를 벗어나지 못한 경우도 많다. 때문에 GATT와 비교할 때 서비스무역 부문의 기본원리 개발은 여전히 초보적 단계를 넘어서지 못하고 있다. 무엇보다 GATS의 기본원리가 대부분 회원국들이 시장개방을 약속한 특정 서비스 부문에 대해서만 적용되는 것은 GATS가 안고 있는 심각한 결함이다. 한편, 최근 들어 급속히 팽창하는 전자상거래(electronic commerce, e-commerce 또는 digital trade)는 서비스무역에 국한되는 것은 아니지만 기본통신, 정보기술 서비스 등의 시장개방 이슈를

중심으로 논의가 전개되어 온 만큼 이 장에서 다룬다.

제12장은 TRIPS가 규정하는 무역관련 지식재산권 보호의 기본원리를 고찰한다. GATS와 마찬가지로 TRIPS도 선진국의 이해관계가 많이 반영된 협정이다. 그렇다고 해서 개도국들이 이를 전적으로 준수할 의무를 지는 것은 아니다. 처음에 개도국들은 지식재산권의 보호문제를 다자간 무역협상 의제로 삼는 것에 강력히 반대했다. 그러나 한편으로는 미국과 유럽연합의 일방적인 보복위협에서 벗어나고, 다른 한편으로는 자국 업계에 선진국의 첨단기술을 획득할 수 있는 기회라고 생각하여 여러 개도국이 이 규범에 동의하게 되었다. 최초의 무역관련 지식재산권 레짐 구축이라는 성과와 여러 개선 노력에도 불구하고 TRIPS는 여전히 많은 숙제를 안고 있다. 상품무역 분야와 서비스무역 분야에서 법리적 해석과 적용의 문제가 주로 쟁점이 되는 것과는 달리 TRIPS는 체결 25년이 넘어서도 정교한 법리논쟁에 이르지 못하고 여전히 정치적 흥정과 타협의 대상이라는 인식이 팽배하다.

제13장은 무역-연계 이슈('trade and' issues)를 분석한다. WTO의 출범과 함께 논의되기 시작했지만 여전히 구체적인 합의에 이르지 못하고 있는 무역-환경, 무역-노동, 무역-인권, 무역-경쟁정책, 무역-개발에 관한 논의들로서, 이 장에서는 이들의 대두배경과 각 이슈의 정치경제적 의의를 평가한다. 이 이슈들은 모두 무역 및 무역 관련 협정뿐만 아니라 무역 외 협정과 깊은 관련이 있으며, 이들 협정 간의 위계와 조화가 핵심 쟁점이다. 또한 이들 이슈는 선진국과 개도국 간의 의견대립이 특히 첨예하고, 그렇다 보니 모두 '바닥을 향한 경주(race to the bottom)'의 우려를 낳고 있다. 이 장은 일부 이슈들은 왜 WTO 내에서 다루어지는 것이 적절치 않은지, 또 어떤 이슈들은 왜 WTO 차원에서 다루어질 수밖에 없는지 논의한다.

마지막으로 제4부에 속하는 제14장은 한국 무역정책의 결정구조와 체계를 소개하고 평가한다. 한국의 무역정책 및 무역정책 결정과정이 안고 있는 문제점들은 무엇인지, 그리고 신중상주의의 바람이 불고 있는 오늘날의 시대적 맥락 속에서 바람직한 무역정책의 방향과 목표는 무엇이며 이를 달성하기 위한 무역정책 결정구조와 체제를 어떻게 개선할 것인지에 대한 저자의 비판적 견해를 상세히 밝힌다.

제 1 부

국제무역의 국내정치경제

제2장 중상주의와 보호무역이론

1. 중상주의 사상의 기원

1.1 고대와 중세의 무역관념

여러 고고학 연구에 따르면 국제무역의 기원은 선사시대까지 거슬러 올라간다. 물론 당시에는 국가 개념이 없었으므로 여기서의 무역은 '근거리 물물교환'과 구분되는 '장거리 교역'을 의미한다. 현생 인류인 호모 사피엔스(Homo sapiens)가 지금으로부터 20만 년 전 등장한 이후 7만 년 전 인지혁명(Cognitive Revolution)을 거쳐 지구 역사의 주인공으로 등장했던 무렵에 이미 수백 킬로미터에 달하는 장거리 무역이 이루어졌던 것으로 보인다. 아프리카 동부 에티오피아 지역에서 처음 출현한 호모 사피엔스가 5만 년 전 중동지방을 거쳐 3만 년 전 유라시아 대륙으로 이주한 것도 해상 및 육상 교역로를 통해서였을 것으로 추정된다(Harari, 2014).

서양의 역사학자들은 '(서양) 역사의 아버지'로 불리는 고대 그리스 헤로도토스(Herodotus, 기원전 484년경－기원전 425년경)가 설명한 북아프리카의 카르타고(지금의 튀니지 일대)와 헤라클레스의 기둥(지금의 지브롤터 해협) 너머 서아프리카 지역 사이에 일어났던 '침묵 교역(silent trade)', 즉 이방인 간의 비대면 교역에서 본격적인 국제무역의 뿌리를 찾는다(Bernstein, 2008: 24－25).

물론 더 거슬러 올라가 기원전 4000년에서 기원전 2000년 사이에 발생한 세계 4대 문명(이집트, 메소포타미아, 인더스, 황하)에서 국제무역의 뿌리를 찾을 수도 있다. 다만 (유럽 편향성에도 불구하고) 이 장의 목표는 국제무역 그 자체보다 중상주의의 기원을 밝히는 데 있으므로 그 시간적 범위를 좁혀 고대 그리스 시대부터 논의를 시작한다.

고대 그리스는 단일한 국가 공동체가 아닌 수백 개의 도시국가로 구성된 느슨한 동맹체제였다. 발칸 반도 남쪽 끝에 위치한 그리스는 산악 지형이 내륙의 주를 이루었기 때문에 도시국가 간 그리고 인근 국가들과의 교역이 지중해를 중심으로 발달했다. 당시 지식인들은 외적의 침입을 쉽게 또는 어렵게 만들기도 하고 물건의 교환도 가능하게 하는 바다와 그 바다를 통해 이루어지는 무역의 필요성에 자연스런 관심을 보였다(Irwin, 1996: 11-25).

대표적으로 플라톤(Plato)은 기원전 380년경에 이미 분업의 이득과 국가 및 지역 간 교역의 필요성을 주창했다. 물론 그는 이 요소들을 체계적으로 연결해 설명하지는 못했다. 그러나 수입을 필요로 하지 않는 지역에 새로운 도시국가를 건설하는 것은 불가능하다고 여긴 것으로 보아 교역에 대해 긍정적 견해를 갖고 있었던 것으로 보인다.[1] 동시에 상업은 열등한 인간이나 할 일이라면서 이를 천시한 이중성을 보이기도 했다.

상업을 천시하기는 플라톤의 제자였던 아리스토텔레스(Aristotle)도 마찬가지였다. 자연적 경제활동과 인위적 경제활동을 구분했던 그는 금전 거래를 수반하는 (따라서 인위적 경제활동인) 상업은 전적으로 이방인에게나 맡길 일이지 참정권을 지닌 시민이 할 일이 아니라고 생각했다. 더 나아가 도시는 최대한 자급자족이 가능한 지역에 건설해야 한다고 주장했다. 외국과의 물물교환만큼은 자연스러운 것이지만 자급자족을 통해 이방인과의 접촉을 최소화해야만 국방을 튼튼히 하고 국민 도덕을 보존할 수 있다는 논리였다. 국내에서 생산되지 않는 긴요한 물자의 수입이나 국내에서 과잉 생산된 물건의 수출은 불가피한 일이지만, 이런 수준을 넘어서 이윤추구를 목적으로 하는 무역은 결코 허용하거나 장려해서는 안 된다고 본 것이다.

로마 시대에는 지중해 무역을 넘어 원거리 동방무역이 성행했다. 부유한 로

---

1) 전통적으로 그리스 농업 생산량은 자급자족 수준을 밑돌았다. 반면 지중해성 기후 덕분에 풍부하게 생산되었던 와인과 올리브유를 다른 지역에서 생산된 밀이나 보리와 교환할 수 있었다. 그리스인들에게 교역은 선택이 아닌 생존의 문제였다(Berstein, 2008: 40-42).

마인들은 중국의 비단, 인도양 연안의 향료, 아프리카의 상아, 아랍의 유향 등 동방의 특산물을 대량으로 수입했다. 제정 로마(Roman Empire, 기원전 27년 – 기원후 476년)에서 최고급 수입품은 단연 중국산 비단이었다. 하지만 로마인들은 정작 중국에 대해서는 잘 알지 못했다고 한다. 굳이 관심을 가질 필요가 없었기 때문이다. 팍스 로마나(Pax Romana), 즉 로마 제국이 영토 확장을 멈추고 오랜 평화를 누렸던 기원후 1 – 2세기경 5현제 시대에도 로마인들은 동방무역에 직접 참여하는 대신 아랍의 중개상인들에게 의존했다(Berstein, 2008: 9 – 10).

한편, 그리스에서 시작되어 기원후 2세기 로마 시대까지 활동한 스토아(stoicism) 철학자들은 세계주의적 관점에서 '우주경제의 원리(the doctrine of universal economy)'를 내세워 온건하게나마 자유무역을 옹호했다. 이들은 각종 자원과 상품이 세계 곳곳에 불균등하게 흩어져 있는 것은 서로 다른 국가와 지역 간에 교류를 촉진하려는 신의 섭리라고 보았다. 부존자원 상태가 서로 다른 국가와 지역들이 교역한다면 서로 이득을 얻을 수 있다고 보았다는 점에서 스토아 철학자들은 무역의 원리를 어느 정도 이해하고 있었다. 그러나 이들 역시 비경제적인 측면에서 무역의 악영향을 우려했고, 따라서 완전한 자유무역은 바람직하지 않다는 입장을 취했다(Froese, 2020).

결국 스토아 학파의 우려가 현실이 되었다. 2세기 무렵 로마인의 사치품 애호와 낭비가 절정에 달하면서 로마 제국의 힘은 (그 수입에 막대한 양의 은을 지출한) 유향(frankincense)과 몰약(myrrh)을 태운 연기와 함께 서서히 사라져갔다. 하지만 유향과 몰약 교역 덕분에 아랍 지역의 많은 도시와 마을이 번성했고, 이 지역에서 향료 무역은 이슬람교의 탄생과 확장을 촉진했다. 이슬람교의 선지자 무함마드(Muhammad) 역시 상인으로 성장했다. 610년 지브릴(Jibril, 영어로는 Gabriel) 천사가 메카 외곽에서 번민하던 무함마드에게 나타나 코란의 첫 구절을 지시했다고 전해진다. 이후 대대적인 개종과 정복 행위가 아시아, 아프리카, 유럽의 상당 지역에 퍼져나갔다. 서로마 제국이 멸망한 476년 이후에는 무슬림들이 중세시대의 장거리 교역을 지배했다(Bernstein, 2008: 47 – 65).

반면 중세 기독교 문명은 여전히 무역에 대한 이해가 낮았다. 9 – 16세기에 걸친 중세 기독교 교부철학(敎父哲學, patristic philosophy)이나 스콜라 철학자들에게 경제는 종교와 윤리 등에 부수된 주변적 관심사에 불과했다. 이들은 상업과 무역을 경멸했는데, 그것이 인간의 욕심, 사치, 사기, 부패, 세속적 관심을 부추긴다고 보았기 때문이다. 어쩌면 상업 활동에서 강력한 힘을 발휘하던 (신앙적 경쟁 상대인) 무슬림의 번영을 바라만 볼 수밖에 없었던 기독교인들의 자기합리화였는지도 모른다. 이런 면에서 이들은 고대 그리스-로마 철학자들과 비슷한 점이 있었지만 다른 점도 많았다. 예를 들면 13세기 신학자인 성 토마스 아퀴나스(St. Thomas Aquinas)는 모든 경제활동을 부정적으로 보는 사고에서 벗어나, 물건의 저장과 보관, 필요한 물건의 수입, 물자가 풍부한 지역으로부터 희소한 지역으로의 운반은 사회에 유익한 경제활동이라고 보았다. 또한 그는 경제활동의 도덕적 가치는 상인의 동기와 행동양식에 따라 판단해야 할 사항이라고 여겼다. 그러면서도 아리스토텔레스의 영향을 받은 듯, 국제무역보다 국내에서의 상업을 중시해 자급자족 경제가 바람직하다고 생각했다. 16세기 초·중반 마틴 루터(Martin Luther)나 장 칼뱅(Jean Calvin) 등 종교 개혁가들도 이들과 비슷하게 무역과 상업에 대해 이중적인 태도를 취했다.

무슬림이 장악한 중개무역의 판도에 큰 변화가 생긴 것은 유럽의 대항해 시대가 열리면서부터이다. 이를 이론적으로 뒷받침하려는 시도도 이어졌다. 특히 17-18세기의 자연법 철학자들은 아퀴나스의 자연법 사상을 국제관계에 적용했다. 물론 이들은 도덕적·법적 관점에서 국가 간에 적용될 적절하고 공정한 행동 규범을 정하는 데 관심이 있었다. 이들은 정당한 이유 없이 국가 간의 상거래를 금지하는 것은 국제법 위반이라면서 소위 '무역의 자유 원리(principle of freedom to trade)'를 수립했다. 무역을 거부하는 국가에 대해 전쟁을 선포하는 것도 정당화했다. 17세기 초의 유명한 국제법학자인 휴고 그로티우스(Hugo Grotius)가 동인도 무역(East Indies trade)에서 네덜란드를 배제시킨 포르투갈을 비판하면서, 모든 국가는 자유롭게 교역할 자연법적 권리를 갖고 있으며 누구도 이를 침해할 수 없다고 주장한 것도 같은 맥락에서였다(김화진, 2017: 4).[2]

---

2) 1609년 『자유해양론(Mare Liberum)』의 저술을 통해 그로티우스는 '인류 공동의 자산(res communis or common property of all)'인 바다가 누구에게나 열려 있어야 한다고 주장했다. 그의 자유해양론은 아프리카 남단의 희망봉과 동인도를 잇는 항로와 무역을 독점하던 포르투갈에 대한 도전이자 북해에서 어로행위의 자유를 확보하려는 신흥 해상강국 네덜란드의 국가이익과 직결되는 것이었다. 이러한 논리의 연장선에서 그는 1625년 『전쟁과 평화의 법(On the Law of War and Peace)』에서 정당방위, 자국 소유물의 탈환, 처벌 등과 같은 정당한 명분이 있는 경우에는 국가의 전쟁권(Jus ad bellum)을 인정할 수 있다는 주장을 폈다. 그러나 그의 논리는

1.2 고전적 중상주의

서양에서 국제무역이 국가정책의 중심에 등장하기 시작한 시대는 오늘날 우리가 중상주의 시대라고 부르는 16－18세기다.[3] 이 시대는 근대민족국가(modern nation－states)의 형성기이자 열강이 각축전을 벌이던 시대였다. 또한 국가의 최우선성(primacy of the state)이 확립되고, 국가안보와 국력이 가장 중요한 국가목표로 설정된 반면, 모든 경제·사회적 활동은 이 '성스러운' 목표달성을 위한 수단으로 인식되던 시대였다.[4] 중상주의는 한마디로 군주(지배자)의 이익을 국가나 국민의 이익과 동일시한 시대의 경제정책이었다. 중상주의 국가의 대내 및 대외 정책의 목표는 신민(臣民)의 복지증진이 아니라, 군주의 위세와 전쟁에서의 승리를 가능하게 만드는 국력의 증강에 있었다(Carr, 1968[1945]: 5).[5]

이 시대 유럽의 군주들은 국가를 왕조의 재산으로 간주했다. 외국과의 전쟁, 호화로운 궁정 유지 등으로 늘 재정적 압박에 시달린 이들의 최대 관심사는 재산

네덜란드의 또 다른 경쟁국이자 인접국인 영국의 견제를 받았다. 특히 1635년 『폐쇄해양론(*Mare Clausum*)』을 저술한 영국의 법학자 존 셀던(John Selden)은 영국의 근해에서 외국 선박이 어로행위를 금지하는 논리를 집대성했다. 이를 바탕으로 1651년 영국 정부는 「항해법(Act of Navigation)」을 제정해 영국 선박이나 수출국 선박이 아닌 제3국 선박을 통한 영국으로의 상품 수입을 전면적으로 금지함으로써 당시 북해에서의 조업과 중개무역에 크게 의존하던 네덜란드를 압박했다(구민교, 2011: 5－6).

3) 중상주의(mercantilism)라는 용어 자체는 1763년 미라보(Mirabeau)가 처음 쓰기 시작했다는 견해도 있으나, 그것이 하나의 독립된 경제사상 체계로 인정받게 된 것은 1776년 애덤 스미스가 『국부론』에서 17－18세기의 국제무역에 관한 국가정책을 중상주의 체제(mercantile system)로 정형화한 이후로 보는 것이 일반적이다.

4) 이 시대의 국민국가는 군주제 형태로서 국왕의 신권(神權) 사상에 의해 뒷받침되었다. 이 당시 '국민국가' 또는 '국민'은 오늘날과는 전혀 다른 의미로 사용되었다. "짐(朕)이 곧 국가"라는 루이 14세(Louis XIV)의 유명한 언명에서 잘 드러나듯이, 이 당시 '국민'은 개념상 절대군주 또는 지배자와 귀족을 의미했다(Carr, 1968[1945]: 2). 당시의 국가형태는 절대군주국(프랑스, 스페인)부터 부유한 상인들이 지배하는 도시 중심의 네덜란드연합(United Netherlands), 스위스, 한자동맹(Hanseatic League)에 이르기까지 다양했다. 중상주의 사조가 특히 성했던 국가는 영국, 네덜란드, 스페인, 프랑스, 독일, 플랜더스(Flanders; 벨기에안의 서부 벨기에 및 북부 프랑스 지역에 있던 준독립국), 스칸디나비아였다.

5) 중상주의 시대의 국가정책 목표는 대외적으로는 수출의 확대였고, 대내적으로는 지역시장을 해체하고 중세적 규제를 철폐함으로써 국가를 하나의 경제단위로 묶고 무역 및 제조와 관련된 문제에 대해 전 영토에 걸쳐 국가주권을 확인하고 행사하는 것이었다. 18세기 초까지 거의 모든 유럽 국가는 적어도 경제적인 면에서 볼 때, 여러 개의 대내 통행세 및 관세 지역으로 분할된 상태에 있었다. 이는 중세의 유산이자 지역 봉건세력의 잔재를 반영한 것이었다(Irwin, 1993: 92).

의 관리와 증식에 있었고, 왕조들 사이의 경쟁이 격화될수록 군주들은 국력, 즉 영토와 재산의 증식에 더욱 집착했다. 근세 초기인 15-16세기에 영토와 재산을 획득하고 증식하는 가장 일반적이고 정당한 방법은 왕조 간 정략혼인에 의한 상속과 증여였는데, 여러 왕조 간 촘촘한 혈연 네트워크를 구성한 동기도 여기에 있었다(김준석, 2018: 27-31).

15세기부터 16세기까지는 또한 지리상 발견의 시대였다. 고대부터 발달한 인도양을 통한 동방무역 항로에 더해 유럽인들에 의한 항해술의 발달로 대서양을 가로질러 북아메리카와 남아메리카로 가는 항로는 물론 세계일주 항로까지 개척된 것이다. 기존 동방무역의 확대와 금은이 풍부한 신대륙의 발견에 따라 상업활동이 창출하는 부가 점차 커지기 시작했다. 왕조 간 잦은 상속전쟁의 폐해를 뼈저리게 느끼던 여러 군주들도 재산 증식을 위한 새로운 수단으로 국가 간 상업활동, 즉 무역에 서서히 눈을 돌리기 시작했다.

15-16세기의 상업혁명에서 산업혁명 시대로 넘어가던 17-18세기는 신흥 자본가 계급은 물론 군주들이 유럽 내의 급속한 경제적 변화에 발맞춰 상업에서 제조업으로 눈을 돌리고, 신대륙과 무한한 자원의 발견에 크게 고무되면서 무역의 중요성이 더욱 강조된 시기였다. 특히 아메리카 대륙의 식민지에서 막대한 양의 금은을 반출할 수 있었던 스페인과는 달리, 금은이 없는 식민지를 갖고 있던 영국, 프랑스, 네덜란드는 무역을 금은의 확보를 위한 유일한 수단으로 보았다 (Cameron, 1993: 132-34). "무역은 국가재정의 원천이요, 국가재정은 전쟁의 중추신경"이라는 프랑스 재상 콜베르(Jean-Baptiste Colbert)의 말에서 단적으로 나타나듯이, 이 당시 국가들은 무역이 국고를 부유하게 만들고, 견실한 국고야말로 국력, 특히 전쟁 수행능력의 원천이라는 관점에서 무역을 진흥했다(Irwin, 1996: 44).[6] 이런 국가 형성기, 그리고 자본주의의 맹아기에 국가정책을 지배했던 상인 친화적이고 국가중심적인 사고가 중상주의 사상의 요체였다.[7]

---

6) 귀금속의 축적을 중시한 것은 두 가지 이유에서였다. 정치적으로는 전쟁과 같은 국가적 위기 사태에 대비하고, 경제적으로는 금은과 같은 정화(正貨, specie)의 유입을 통해 국내 유동성을 확대해 이자율을 낮추어 상인들이 좀 더 쉽게 투자 자금을 조달할 수 있도록 하기 위함이었다.

7) 애덤 스미스의 콜베르에 대한 평가가 흥미롭다. 그는 『국부론』에서 "특히 프랑스 사람들은 그들의 상품과 경쟁이 될 수 있는 외국 상품의 수입을 제한함으로써 자국의 제조업을 우대해 왔다. 콜베르의 정책의 대부분은 이러한 것이었는데, 그는 뛰어난 능력에도 불구하고 이런 경우에는 자기들의 동포들에 대한 독점을 항상 요구하는 상인·제조업자의 궤변에 속아 넘어갔던 것

근대 중상주의자들의 무역관은 고대 우주경제관이나 자연법적 무역관과 유사했다. 이들은 신이 국가마다 서로 다른 자원을 부여해 준 것은 인류가 서로 의존하고 조화롭게 살도록 하기 위한 섭리의 표현이라며 국제무역의 필요성을 인정했다. 동시에 자국에서 생산 가능한 물건을 수입해 쓰는 것은 신의 섭리에 거스르는 일이라고 주장하는 이중성을 보였다. 또한 이들은 상업과 무역을 국부증진의 주요 수단으로 치켜세우면서도, 상인이나 제조업자의 사적인 이익과 국가 전체의 이익이 일치하지 않을 수 있으므로 상업과 무역에 대한 규제가 필요하다고 보았다. 국가에 이로운 상업 활동이 있는가 하면 해로운 활동이 있고, 국가에 이로운 무역이 있는가 하면 해로운 무역이 있으므로, 국가는 전자를 촉진하고 후자를 억제해야 한다고 본 것이다.

이들은 무역으로부터 얻는 이익은 수입이 아니라 수출에서 주로 발생한다고 믿었다. 따라서 수출증가를 위해 국가는 해상 무역활동의 안전 확보, 해상교통로 개척, 수출관세의 철폐 등에 주력해야 한다고 주장했다.[8] 그러나 이들은 국가가 별달리 뾰족한 수출증진 방안을 갖고 있지 않다는 사실을 자각하게 되면서 결국 수입금지와 제한에 초점을 맞추게 되었다. 특히 대부분의 중상주의자들은 수입금지는 비현실적일 뿐만 아니라 밀수를 조장할 가능성이 있기 때문에 이보다는 관세부과를 통한 수입제한이 바람직하다고 보았다. 이러한 맥락에서 중상주의 초기에 무역수지 개념은 무엇이 이로운 무역이고 해로운 무역인가를 분별하는 가장 중요한 기준이었다. 17세기 말에 이르러서 중상주의자들은 무역상품의 구조 (structure of commodities)에 더 큰 관심을 보이기 시작했다. 무역이 국가에 이로운지 여부는 무역의 내용, 즉 수출 품목과 수입 품목을 비교해야만 판단가능하다고 여기기 시작한 것이다. 이러한 인식의 변화는 중상주의자들이 무역을 경제발전을 촉진하고 고용을 창출하는 효과적인 수단으로 인식하고 경제정책 차원에서

같다. 현재 프랑스의 가장 총명한 사람들의 의견은, 이러한 종류의 조치들은 자국(프랑스)에 유리하지 않았다는 것이다"라고 하고 있다(Smith, 2007[1776]: 567).

8) 이런 면에서 해운업과 수산업도 중요한 육성 대상이었다. 중상주의 국가들은 대상선(big merchant ships)을 소중히 여겼다. 이것은 해운을 통한 외화획득뿐만이 아니라 자국 수출상품에 대한 값싼 해운 서비스 제공이 중요했고 전시에 쉽게 전함으로 전용할 수 있었기 때문이다. 이러한 이유로 대부분의 국가가 수출입 물품의 자국선 이용을 의무화했고, 해운을 육성하기 위한 항해법을 제정·시행했다. 같은 맥락에서 수산업도 육성했다. 수산업은 식품 공급원이자 수출산업이었을 뿐만 아니라 평시에 선원을 양성하고 조선술을 연마하는 국방산업이었다.

무역문제에 접근하기 시작했음을 말해 준다(Irwin, 1996: 37 – 38).9)

1.3 중상주의와 경제민족주의

중상주의는 시대에 따라 조금씩 다른 모습으로 무역·통상·산업 정책은 물론 경제정책 전반에 걸쳐 지대한 영향을 끼쳐왔다.

우선 상업혁명기에 무역의 진흥과 국제수지 흑자의 달성을 강조했던 고전적 중상주의는 산업혁명기를 거치면서 농업보다 제조업의 중요성을 강조하는 쪽으로 선회했다.10) 고전적 중상주의자들의 세계관에 따르면 세계의 총무역량은 고정되어 있고, 따라서 무역으로부터의 이득도 고정적인 것이었다. 국제무역을 영합게임(zero – sum game)으로 간주한 이들은 한 국가 몫의 증가는 불가피하게 다른 국가 몫의 감소를 초래한다고 보았다. 프랑스의 절대군주 루이 14세(1643 – 1715년간에 재위)의 명재상 콜베르는 유럽의 총무역은 20,000척의 배로 운반될 수 있는 양이며, 이 중 3/4을 네덜란드가 차지하고 있는바, 프랑스 몫을 키우기 위해서는 네덜란드 몫을 줄이는 수밖에 없다고 생각해 네덜란드와의 전쟁도 불사했다(Cameron, 1993: 131).

17세기 초반 동인도 무역을 둘러싸고 벌어진 영국과 네덜란드 간의 주도권 쟁탈 역시 이러한 중상주의적 세계관을 잘 보여준다. 일단의 영국 상인들은 아시아 항로 개설 직후인 1600년 12월 31일 이 지역과의 교역을 위해 동인도회사

---

9) 중상주의자들은 상품의 제조 및 가공은 반드시 국내에서 이루어져야 하고, 국내에서 제조·가공업이 번창하기 위해서는 원료를 수입하고 완제품을 수출하는 방향으로 경제구조를 짜야 한다고 주장했다. 한마디로 공산품의 수출은 이롭지만 외국의 제조업에 이용되는 원재료 수출은 해롭고, 국내 제조업을 위한 원재료의 수입은 이롭지만 공산품 수입은 해롭다는 것이 이들의 한결같은 생각이었다. 따라서 이들은 바람직한 무역정책 방향으로서 ① 원재료 수입에 대해서는 저관세를 부과하고, ② 완제품 수입에 대해서는 고관세를 부과하며, ③ 국내 제조업에 대한 원료 조달을 원활하게 하고 외국의 제조업이 이런 원료를 쉽게 얻을 수 없도록 하기 위해 국내에서 생산되는 원료의 수출에 대해서 높은 수출관세를 부과할 것을 제시했다. 한편, 당시에 주기적으로 발생하던 기근을 감안하여 ④ 곡물과 식품의 국내 생산과 공급은 확대하고 수출은 금지할 것을 주장했다.

10) 애덤 스미스는 『국부론』을 집필하기 전에 프랑스 중농주의 학파는 물론 제조업의 중요성을 강조한 중상주의의 영향도 많이 받았다. 그러나 분업의 원리를 충분히 구현하기 어려운 농업에서 눈을 돌려 제조업의 중요성을 강조했다는 점에서 중농주의와 결별했다. 또한 제조업의 육성과 보호를 통한 귀금속의 축적이 아니라 비교우위에 입각한 제조업의 생산성 향상과 국민후생 증진이야말로 국부의 근본적 원천임을 밝혀 중상주의를 뛰어넘었다.

(East India Company)를 설립했다. 이에 영국 여왕 엘리자베스 1세(Elizabeth I)는 동인도회사에 15년간 독점적 무역권을 부여했고, 이후의 왕들은 이를 계속 연장해 주었다. 유럽 국가 간 무역에 제한을 두지 않았던 영국 정부가 동인도회사에 독점적 권한을 부여한 것은 네덜란드와의 경쟁을 의식한 결과였다. 네덜란드 상인들이 1602년 네덜란드 정부의 주도로 결성된 동인도회사, 그리고 정부가 부여한 많은 권한을 활용하여 인도네시아 향료무역에서 영국 상인들을 앞지르기 시작했고, 양국은 이 때문에 1617-1619년 전쟁을 치르기도 했다. 결국 향료시장에서 밀려난 영국은 이후 인도로 눈을 돌려 면화무역에 주력했다(주경철, 2000).[11]

19세기 들어 알렉산더 해밀턴(Alexander Hamilton, 1755-1804)과 프리드리히 리스트의 사상에서도 이런 자국 중심적 중상주의 관념이 부각되었다. 미국의 조지 워싱턴(George Washington, 1789-1797년간 재임) 정부 시절 초대 재무장관을 역임한 해밀턴은 "국부는 물론이고 국가의 독립과 안보가 실질적으로 제조업의 번영과 밀접하게 관련되어 있다"고 주장했다. 19세기 중반 독일의 경제적 통일을 주장한 경제학자 리스트도 ① 영국이 주장하는 자유무역론은 강대국의 경제정책일 뿐으로서, 영국이 자유무역 옹호자가 된 것은 군사력으로 경쟁국을 제압하고 자국의 유치산업을 보호·육성함으로써 기술과 산업우위를 확보할 수 있었기 때문이고, ② 국제 분업은 경제·정치적 힘의 역사적 산물이기 때문에 비교우위원리에 따른 '자연스러운' 국제 분업이란 있을 수 없다고 주장했다(Gilpin, 1987: 31-34, 180-83).

모든 경제활동이 국가의 이익에 종속되어야 하며 호혜적 국제주의보다 개별국가의 안보와 이익이 우선이라는 관념이 우세해진 20세기 초 중상주의는 자국 중심적 경제민족주의(economic nationalism)와 더욱 밀착되었다. 20세기 중반 이후에는 첨단기술의 개발과 경제성장을 위한 산업정책, 농업 보호주의 정책 등 좀 더 다각적이고 정교한 형태의 정부개입을 특징으로 하는 신중상주의(neo-mercantilism)로

---

11) 영국 정부는 동인도회사에 징병권과 교전권 등 막대한 권한을 부여하고 이를 통해 인도를 간접적으로 통치하기 시작했다. 그러나 동인도회사의 전횡에 대한 비난 여론이 일기 시작하자 인도 식민행정을 점차 영국 의회의 감독 아래 두는 조치를 취했다. 급기야 1857년 동인도회사 소속 인도인 용병이었던 세포이들이 반영(反英)항쟁을 일으키자 영국 정부는 그 책임을 물어 1874년에 동인도회사를 해산시켰다. 세포이 항쟁을 진압한 이후 영국 정부는 좀 더 직접적이고 효율적인 식민통치를 위해 영국령 인도제국을 출범시켜 본국 직할체제를 수립함으로써 동인도회사는 역사의 뒤안길로 사라졌다(신윤길, 2004).

계속 탈바꿈해 왔다(Gilpin, 1987: 31-34).

고전적 중상주의로부터 신중상주의에 이르기까지 이들은 왜 국제무역을 경제적 또는 정치적인 영합게임으로 간주할까? 20세기의 가장 중요한 정치경제학자 중 하나인 앨버트 허쉬만(Albert Hirschman, 1915-2012)은 왜 그리고 어떻게 무역이 국력의 신장수단으로 사용될 수 있으며, 무역관계에서 의존, 영향력, 심지어 지배관계가 파생되는지에 관해 흥미로운 분석을 제시한다. 그는 국력을 "한 나라가 다른 나라에 행사할 수 있는 강제력"으로 정의하는데, 그 방법은 군사적일 뿐만 아니라 평화적일 수 있으며, 무역은 중요한 평화적 국력증강 수단이라고 보았다. 그에 따르면, 무역은 국력과의 관계에서 두 가지 효과를 가진다(Hirschman, 1980[1945]: 13-40).

첫째, 간접 공급효과(indirect supply effect)이다. 어떤 상품의 공급을 풍부하게 하거나 국력 차원에서 덜 필요한 상품을 좀 더 필요한 상품으로 대체함으로써 무역은 국가의 잠재적 군사력을 증강시킬 수 있다. 예를 들면 ① 전쟁수행에 필요한 물자의 수입에 집중하거나, ② 전략적 물자를 대량으로 비축하거나, ③ 무역 상대국을 자국과 우호관계에 있는 국가로 전환하거나, ④ 무역항로를 확보하는 정책들은 모두 무역의 공급효과에 주목한 국력 증강정책들이라는 것이다.

둘째, 직접 영향효과(direct influence effect)이다. 무역은 국가 간에 단순한 상호의존 관계를 넘어서 한 국가가 다른 국가에 강제력을 행사할 수 있는 관계를 만들어내기도 한다. 의도적으로 또는 비의도적으로 상대국이 자국에 의존하도록 만듦으로써 상대국에 대해 영향력을 행사할 수 있게 된다는 것이다. 여기에서 특히 중요하게 부각되는 개념이 무역단절(interruption of trade)이다. 무역이 단절되면 무역관계에 있는 국가는 기존의 시장과 원료공급원을 대체할 수 있는 국가를 찾거나 경제적 구조조정을 해야 한다. 따라서 무역단절 시 타격을 적게 받는 국가는 타격을 더 많이 받는 국가에 대하여 상대적으로 강한 영향력과 강제력을 보유하고 행사할 수 있게 된다.

다음 절에서 다루는 보호무역론은 이상에서 살펴본 바와 같이 오랜 시간을 거쳐 형성된 중상주의에 사상적 기반을 두고 있다. 그럼에도 보호무역론은 엄밀한 이론적 체계를 갖춘 자유무역론을 전면적으로 부정하는 대안적 이론체계를 갖추고 있지 못하다. 보호무역론을, 자유무역론을 적용하기 어려운 특수한 상황을 기초로 한 특수이론, 혹은 자유무역이론의 예외로밖에 볼 수 없는 이유가 바로 여기에 있다. 대체적으로 보호무역론은 주장(argument)의 수준을 넘어서지 못하고 있다. 정교한 논리적 체계를 갖추고 검증을 거친 이론이 아니다. 아래 두 절에서는 이 가운데 비교적 타당성을 인정받고 있고 경험적으로 검증해볼 만한 가치가 있는 몇 가지 유형의 보호무역론을 검토한다.

2. 주요 보호무역이론의 검토와 평가

2.1 유치산업보호론

국가가 새로운 산업을 일으키기 위해서는 그 산업이 선진국의 산업과 대등한 위치에서 경쟁할 수 있을 때까지 한시적으로 수입을 제한하고 보호할 필요가 있다는 것이 유치산업보호론(infant industry protection argument)의 골자다. 이런 생각은 일찍이 중상주의 시대에 그 싹을 찾아볼 수 있으나, 이것이 하나의 이론으로 전개되기 시작한 것은 19세기 이후의 일이다. 유치산업보호론은 많은 논란에도 불구하고 아직까지 명확한 결론에 도달하지 못한 채 국제무역이론의 영원한 숙제 중 하나로 남아 있다(Irwin, 1996: 116-37).

유치산업보호론은 '유치'산업이라는 용어 자체가 갖고 있는 호소력과 '어린이'라는 상징적 비유에 힘입어 폭넓은 지지를 확보해 왔다. 애덤 스미스 이전의 학자들도 대체로 유치산업의 보호를 당연시했고, 극히 예외적으로 몇몇 학자만이 유치산업보호는 반드시 한시적으로 이루어져야 하고, 보호수준도 너무 높아서는 안 된다고 경고했을 뿐이다. 누구보다 스미스는 유치산업보호론의 타당성에 강한 의문을 제기했다. 그는 보호무역이 자원배분을 왜곡시킬 뿐만 아니라 국민소득을 감소시켜 자본축적에 이용될 수 있는 저축을 감소시키기 때문에, 비록 정부가 보호하고 육성한 산업이 외국 기업보다 값싸게 상품을 생산하게 되더라도, 국민경제 관점에서 바람직하지 않다고 보았다.

그러나 이런 비판은 당시의 신흥공업국이었던 미국, 캐나다, 독일의 강력한 도전을 받았다. 이들 국가의 식자들은 국내에서의 생산을 가능하게 하는 자원과 능력을 갖고 있는 공산품을 군이 영국으로부터 수입할 이유가 없다고 생각했다.

자국의 산업이 영국의 산업보다 취약하다면, 그것은 오로지 영국만큼 해당 산업에 대한 경험과 전문성을 축적하지 못했기 때문일 뿐이었다.

먼저 해밀턴은 1791년에 쓴 유명한 "공산품에 대한 고찰(Report on the Subject of Manufactures)"이란 논문에서 정부의 간섭 없이도 산업은 그것이 가장 이롭다고 생각하는 분야에서 자연스럽게 발전할 수 있다는 스미스의 주장을 집중적으로 반박했다. 해밀턴은 새로운 산업의 발전을 저해하는 요소로서 ① 습관의 무서운 힘과 모방 성향, ② 처음 해 보는 일의 실패에 대한 두려움, ③ 이미 완숙한 경지에 도달한 강력한 경쟁자에게 처음 도전할 때의 어려움, ④ 보조금 등 외국 정부가 해당 산업에 베풀고 있는 각종 지원책 등을 들고, 이런 장벽을 극복하기 위해서는 정부의 적극적인 장려 및 보호정책이 필요하다고 주장했다. 흥미로운 것은 그가 유치산업의 육성을 위한 정책수단으로서 보호관세, 수입금지, 원자재에 대한 수출관세, 보조금 지급 등 네 가지를 상호 비교한 후 가장 이상적인 정책수단은 보조금이지만, 재정압박을 고려한다면 수입품에 관세를 부과하고 거기서 얻은 재정수입을 해당 산업에 대한 보조금으로 사용하는 것이 가장 현실적인 대안이라고 주장했다는 사실이다(Hamilton, 1966[1791]: 266-99).

유치산업보호론자로서 당시 유럽의 신흥공업국들에게 가장 큰 영향을 미친 사람은 역시 독일의 경제학자 프리드리히 리스트였다. 그는 1841년 저서 『국가정치경제체계』에서 자유무역은 항상 이롭다는 주장에 대하여 경종을 울리면서, 한 국가에게 적절한 무역정책은 그 국가가 처해 있는 경제발전의 단계에 따라 다르다는 주장을 펼쳤다. 또한 스미스와 그 지지자들이 말하는 국제정치경제는 인류의 공동번영을 추구하는 것 같지만, 실제로는 국가 간에 상충되는 이해관계로 인해 늘 불안정한 상태에 놓여 있을 수밖에 없다고 보았다. 때문에 리스트는 전쟁을 대비한 자국 산업의 독립성 확보, 노동의 숙련, 자본축적의 가속화를 위한 분업의 확대 등 여러 측면에서 제조업이 갖고 있는 장점과 중요성을 누차 강조했다. 이는 "국부와 국력은 국가가 얼마나 많은 공산품을 수출하고, 원자재를 수입하며, 주로 농산품인 열대상품을 수입하는가에 비례한다"는 그의 주장에서 잘 나타난다(Gilpin, 1987: 181-83).

제조업의 중요성을 강조했다는 점에서 스미스의 영향을 받은 것이 확실하지만 리스트는 초기단계의 제조업은 정부가 당연히 지원하고 육성해야 한다고 본

점에서 스미스와는 확연히 구분된다. 또한 제조업의 국내기반 강화를 통한 생산력 증대로부터 기대되는 이익은 동 제조업의 보호에 따른 단기적 손실을 충분히 보상하고도 남는다는 주장을 폈다.

그러면서도 리스트가 모든 국가가 모든 산업을 유치산업으로 간주하여 보호하고 육성할 것을 권고하지는 않았다는 점은 주목할 만하다. 그는 제조업이 온대성 지역의 국가에서 번성하므로 열대성 지역의 국가가 인위적으로 제조업을 육성해서는 안 된다는 것, 그리고 모든 국가가 자국의 경제발전 단계와 무관하게 농산물과 원재료는 자유무역에 맡겨두어야 한다는 것 등을 주장했다. 더 나아가 위와 같은 조건을 갖춘 국가는 경제발전 단계에 따라 다음과 같이 무역정책을 적절히 조정할 필요가 있다고 본 것도 주목할 만한 부분이다. ① 먼저 초기단계에서는 선진국에 대해 자유무역 정책을 채택함으로써 야만적 상태에서 벗어남과 동시에 농업을

〈그림 2.1〉 프리드리히 리스트

오스트리아 화가 요제프 크리후버(Josef Kriehuber)가 그린 이 석판화는 사망 1년 전인 1845년 리스트의 모습이다. 57세에 자살로 비극적인 생을 마감할 때까지 그의 개인사는 굴곡의 연속이었다. 1817년 28세의 나이에 튜빙겐대학의 정치학과 교수로 임용되었으나 어수선한 정국 속에서 30세 되던 해 쫓겨나고 말았다. 당시 독일 남서부의 한 주(州)였던 뷔르템베르크(Württemberg) 정부에 비판적이었던 그는 1825년 징역형을 피해 미국으로 망명했다. 1832년 함부르크의 미국 영사로 귀국한 리스트는 1841년 『국가정치경제체계』를 집필하는 등 독일의 정치적·경제적 통일을 열망하며 왕성한 저술 및 강연 활동을 했다. 그의 사상은 후일 철혈 재상 비스마르크(Bismarck)에 의한 독일 통일의 사상적 기반이 되었으나(제5장 참조), 자신의 꿈이 실현되는 것을 보지 못한 채 갖은 비난과 병마와 싸우다 1846년 자살로 생을 마감했다.
이미지 출처: https://en.wikipedia.org/wiki/Friedrich_List#/media/File:Friedrich_List_1845_crop.jpg

선진화해야 한다. ② 그 다음 단계에서는 보호무역을 통해 제조업, 어업, 해운업, 무역업의 성장을 촉진해야 한다. ③ 고도의 국부와 국력을 달성한 마지막 단계에서는 외국 시장은 물론이고 국내 시장에서도 점진적으로 자유무역 및 무제한적인 경쟁원리가 적용될 수 있도록 해야 한다. 그의 이런 관점과 주장은 그가 결코

세계적 차원의 자유무역이라는 궁극적 목표를 부정하지 않았음을 말해 준다. 다만 그는 자유무역을 전적으로 받아들이기 위한 전제조건으로 "영구적인 세계평화를 보장하기 위한 모든 국가의 보편적 동맹"이 필요하다고 보았다. 이처럼 리스트는 궁극적으로 자유무역론자였다(Kindleberger, 1975: 35-36).

　유치산업보호론과 관련해 지속적으로 제기되는 질문은 수입보호를 통한 유치산업 육성의 이익이 수입보호로 인한 총후생의 손실보다 충분히 클 것인지의 여부이다. 이는 실증적인 연구를 통해서만이 답할 수 있는 문제로서, 학자들은 아직 확실한 결론을 내리지 못하고 있다. 유치산업보호론은 경제적 이해관계뿐만 아니라 정치적 논리도 함께 얽혀 있어서 보호에 따른 비용과 편익을 계산하기가 매우 어렵다. 그럼에도 다음과 같은 잠정적 결론을 내릴 수 있다. 각국이 처한 경제적 상황과 발전단계에 따라 유치산업보호는 단기적으로 국민경제의 순후생을 증대시킬 수도 있으나, 중장기적으로는 상대국의 무역보복뿐만 아니라 유치산업보호 자체의 사회적 비용이 증가함에 따라 순후생이 감소할 개연성이 크다. 무엇보다도 중요한 점은 유치산업보호론은 어디까지나 한시적 보호를 전제로 하지만 일단 보호정책이 시행되면 해당 산업은 갖가지 이유를 들어 무한정 보호를 받으려고 하는 제도적 관성이 매우 강하다는 것이다. 때문에 불필요한 자원의 낭비 등 사회적 비용을 야기할 가능성이 크다.

2.2 전략적 무역이론

　전략적 무역이론은 불완전경쟁(imperfect competition)이 지배하는 세계시장에서 정부가 보호주의 정책수단을 써서 자국 기업에 유리한 방향으로 시장경쟁 조건을 조성해 주면 외국 기업으로부터 자국 기업으로 초과이윤을 이전시킬 수 있다는 주장이다. 이 이론은 상대국 정부와 기업의 움직임을 동시에 고려한다는 점에서 이를 전혀 고려하지 않는 유치산업보호론보다 정교한 것이 사실이지만, 보호정책을 통해 자국 산업을 육성하려 한다는 점에서 근본적으로는 그 궤를 같이한다. 유치산업보호론이 19세기 독일과 미국 등 후발산업국에서 유행한 중상주의 사상에 기초했다면, 전략적 무역이론은 20세기 후반 국제무역의 강자로 등장한 일본과 신흥공업국의 중상주의적 무역정책에 대한 이론적 조명작업이 만들어낸 결과였다.

전략적 무역이론은 반도체, 항공기, 자동차, 철강, 통신 산업 등 초기설비에 막대한 투자가 필요하고, 따라서 규모경제 효과가 상당히 큰 산업에 대한 보호무역이론이다. 이 이론은 이런 산업이 독과점적 시장구조를 형성하기 쉽고, 따라서 한 정부의 지원정책이 자국 기업뿐만 아니라 외국 경쟁기업의 의사결정에까지 영향을 미칠 수 있다는 점에 주목한다. 예를 들어 어떤 국가가 자국 기업에 보조금을 지급하면 외국의 경쟁기업은 동 산업에의 진입을 포기할 수 있다. 고전적 무역이론이 전체로서의 국가 간 상품교환에만 주목해 경쟁기업 간 우열다툼에 주의를 기울이지 못한 빈틈을 파고든 것이 전략적 무역이론이다.[12]

이 이론은 1970년대에 눈부시게 발전한 산업조직론과 게임이론을 토대로 한다. 전략적 무역정책의 범주에 들어가는 정책수단으로는 수출촉진을 위한 수입보호 정책과 보조금 지급정책이 대표적이다. 수입보호 정책은 자국 기업이 국제경쟁력이 있는 가격과 품질을 확보할 때까지 시장개방을 허용하지 않음으로써 국내 수요 증가를 밑거름 삼아 단기간에 규모경제를 이룩하고 비교우위를 달성한 뒤 수출 드라이브를 거는 전략을 말한다. 보조금 지급정책은 자국 기업의 생산비를 줄이거나 외국 시장에서의 점유율을 높이고 이윤을 증대하는 등 여러 가지 목적으로 사용될 수 있다. 이러한 정책수단의 사용으로 국제무역에서 비교우위가 점점 동태적으로, 그리고 인위적으로 조작되는 경향이 강해지고, 세계시장이 소수의 다국적기업에 의해 지배되는 양상이 강하게 나타난 1980년대에 이 이론이 등장해 주목을 끈 것은 우연의 일치가 아니다(Helpman and Krugman, 1985).

물론 세계시장에서 독과점 구조가 1980년대에 처음 나타난 것은 아니다. 그러나 이 시기는 국제경쟁에서 비가격요인(non-price factors)의 중요성이 증가했고, 거대 다국적 기업이 속속 출현했을 뿐만 아니라, 각국 정부가 이런 기업을 지원하고 이들 간의 게임규칙에 노골적으로 영향을 미치려는 경향이 강해졌다는 점에서 그 이전 시기와 다른 특색이 있다(Gilpin, 1987: 216). 전략적 무역이론은 말하자면 자유무역론에 회의를 품고 좀 더 능동적인 무역정책을 추구한 당시의 산업계, 관료, 그리고 산업정책 논자의 막연했던 생각을 이론적으로 뒷받침해 주었다.

폴 크루그먼(Paul Krugman, 1953-)은 미국의 보잉사(Boeing)와 유럽의 에어

12) 여기서 '전략적'이라는 형용사는 과점적 경쟁이론에서 말하는 과잉시설이나 연구·개발에 대한 투자 등과 같이 상대방의 전략과 행동에 영향을 미치는 행동, 즉 전략적 행동(strategic move)과 유사한 역할을 정부정책이 수행한다는 점에서 붙여졌다(Krugman, 1987: 135).

버스사(Airbus) 간의 가상적 시장게임을 사례로 삼아 전략적 무역이론을 잘 설명한다(Krugman, 1987). 〈표 2.1〉에서 보잉과 에어버스는 각각 어떤 비행기를 생산할 것인지, 아니면 생산하지 않을 것인지의 두 가지 선택지를 갖고 있다. 보수표(payoff matrix)의 각 셀에서 왼쪽 아래편 숫자는 보잉의 이윤을, 오른쪽 위편 숫자는 에어버스의 이윤을 가리킨다. 만일 에어버스가 결정을 못 내리는 상황에서 보잉이 먼저 특정 기종의 생산계획을 선언하고 사업에 착수하면 보잉은 에어버스의 시장진입을 저지하여 100이라는 이윤을 얻을 수 있다. 이처럼 불완전 경쟁 상황 속에서 미국 정부나 유럽 정부는 상대국이 어떤 행동을 취하기 전에 자국의 제조사에 선제적으로 보조금을 지급함으로써 상대국 제조사의 진입을 저지하고 자국 기업이 이윤을 취하도록 도울 수 있다.

　유럽이 이런 의도에서 에어버스에 10만큼의 보조금을 주기로 결정하고 이를 공표했다고 가정하자. 이때의 보수를 보여주는 것이 오른쪽 표이다. 이 표가 보여주듯이 에어버스는 보조금 지급에 따라 어떠한 상황에서도 최소한 손해는 보지 않게 되므로 생산을 시작하게 될 것이다. 반면에 선수를 빼앗긴 보잉은 자기도 생산을 하겠다고 나설 수는 있겠으나, 에어버스가 생산을 중단하지 않을 것이 명백한 이상 손해(-5)를 보게 될 것이므로 결국 생산에 뛰어들지 않을 것이다. 그 결과 에어버스는 110이라는 이윤을 얻을 수 있게 된다. 여기에서 놀라운 사실은 유럽의 10이라는 보조금이 에어버스의 이윤을 0으로부터 110으로 끌어올리고 있다는 점이다.

〈표 2.1〉 보잉사와 에어버스사의 게임

ㅇ 보조금 제공 전

		에어버스	
		생　산	비생산
보잉	생　산	-5 / -5	0 / 100
	비생산	100 / 0	0 / 0

ㅇ 보조금 제공 후

		에어버스	
		생　산	비생산
보잉	생　산	5 / -5	0 / 100
	비생산	110 / 0	0 / 0

전략적 무역이론에서 규모경제 효과 개념과 더불어 중요하게 등장하는 개념이 긍정적 외부효과(positive externalities)이다. 사실 긍정적 외부효과를 발생시키는 경제활동을 촉진하기 위해 보호무역정책을 펴는 것이 바람직할 수 있다는 주장은 일찍부터 제기되었다(Krugman, 1987: 137). 외부경제효과는 동태적 규모경제(dynamic economies of scale)의 중요한 원천이다. 그러나 긍정적 외부효과의 공공재적 속성으로 인해 그에 대한 적절한 보상이 이루어지기 어렵고, 따라서 그 외부효과를 발생시키는 경제활동이 과소 공급될 개연성이 높다. 이런 현상은 연구·개발 투자비중이 큰 산업에서 현저하게 나타난다. 바로 여기서 정부는 전후방 연관효과가 클 것으로 예상되는 산업을 집중적으로 육성함으로써 국내의 다른 산업부문에 긍정적 외부효과를 확산시키고 세계시장에서 경쟁우위를 확보하려는 유인을 갖게 된다.

전략적 무역이론에 대한 반론도 만만치 않다(Krugman, 1987: 138-41). 첫째, 지식과 기술 투자에서 발생하는 외부효과가 한 나라에 국한되지 않고 타국으로 쉽게 파급된다면 외부효과에 기초한 전략적 무역정책의 논거는 약화될 수밖에 없다. 아울러 과점적 시장에 대한 새로운 기업의 진입 가능성을 고려하지 않는 점도 이 이론의 약점이다. 만약 이 시장에 몇 개 기업이 성공적으로 진입한다면 독점이윤은 줄거나 사라질 것이기 때문이다. 보조금을 지원받는 산업이 매우 큰 규모경제 효과를 갖고 있다면, 이는 국내 생산자의 초과이윤을 극대화시키기보다는 수입국 시장에서의 판매가격을 더욱 하락시켜 수입국 소비자만을 이롭게 할 수도 있다.

둘째, 세계경제 차원에서 독점적 시장의 존재는 이론적으로 가능하지만 실제로 이 이론이 거론하는 이득을 가져다줄 산업은 극소수에 불과하다. 흔히 거론되는 민간항공기 산업의 경우를 보더라도 산업집중도는 대단히 높지만 소수의 경쟁사 간 경쟁은 매우 치열한 양상을 보인다. 이 경우 시장구조와 더불어 시장행동을 고려하지 않는다면 정부와 기업 모두 오판할 가능성이 있다. 실제로 프랑스, 독일, 영국, 스페인 4개국(지분순)이 연합체를 형성하여 추진한 에어버스 사업이 미국의 보잉과 맥도넬 더글라스(McDonnell Douglas)사가 지배해 온 세계의 민간항공기 산업부문에서 양측의 경쟁과 이윤율에 미친 영향을 분석한 결과 중에는 부정적인 것들이 많다. 비록 독점이윤의 가능성이 높더라도 이 이윤을 자국으로 이전하기 위해 정부가 이 시장에 개입하는 것이 과연 최선인가라는 물음에 대해서도 부정적인 견해가 우세하다.

셋째, 일반균형이론(general equilibrium theory)의 관점에서도 전략적 무역이론은 약점을 가진다. 전략적 무역정책의 득실은 경제 전체적 차원에서 판단되어야 함에도 특정 산업에 대한 지원은 다른 산업의 희생 위에서만 가능하다는 사실은 흔히 간과된다. 한 산업의 성장을 지원하는 정부의 정책은 필연적으로 그 산업뿐만 아니라 다른 산업에서 생산요소의 가격을 높인다. 중요한 차이점은 전자는 요소가격 상승에도 불구하고 정부의 지원으로 그 생산량이 증가하지만 후자는 생산량이 감소할 수밖에 없다는 것이다. 때문에 전략적 무역정책이 국민경제의 총후생을 증가시킨다는 확실한 근거는 없다.

넷째, 전략적 무역이론을 적절히 사용하기 위해서는 많은 양의 정보가 필요하다. 정부와 기업이 자신의 전략적 행동의 결과를 사전에 정확히 알 수 있어야 적절한 정책을 실행할 수 있기 때문이다. 그러나 현실적으로 정부나 기업이 이러한 양과 수준의 정보를 갖기 어렵다. 정부의 개입이 어느 시점에 이루어져야 하는지, 어떤 규모와 강도로 개입을 선언해야 외국 정부와 기업이 이를 믿을 만한 신호로 받아들여 시장진입을 포기할 것인지 등의 문제 역시 대단히 복잡하고 불확실하다.

다섯째, 전략적 무역이론은 타국의 희생 위에 자국의 후생을 증진하려는 인근궁핍화정책(beggar-thy-neighbor policy)의 전형이기 때문에 상대국의 보복을 초래하여 무역전쟁으로 번질 수 있다. 특히 전략적 무역이론에서 규모경제 효과가 큰 것으로 간주되는 지식집약적 첨단기술산업은 어느 국가나 중요하게 생각하기 때문에 어느 한 국가의 개입은 다른 국가의 무역보복을 불러올 개연성이 높다.

여섯째, 국내정치적 측면에서 전략적 무역정책은 특수이익집단이 무역정책 과정을 포획할 여지를 만든다. 정부개입은 소수의 운 좋은 집단, 즉 정부의 지원과 보호를 받는 산업에 큰 이익을 부여하는 반면, 다수의 분산된 집단, 즉 납세자에게 그 비용을 전가한다. 집단행동의 딜레마 이론이 지적하는 바와 같이 대개 전자 집단이 더 많은 지식과 영향력을 갖기 때문에 잘못된 정부개입과 그로 인한 자원의 낭비가 발생할 위험성이 크다.

　결론적으로 전략적 무역이론의 정책적 함의는 매우 복합적이다. 이 이론의 주창자인 크루그먼 역시 "자유무역이론은 결코 시대에 뒤떨어진 이론이라고는 말할 수 없으나 더 이상 과거와 같이 지고지순의 이론일 수는 없다는 점을 인정해야 한다. 그러나 시장 못지않게 불완전한 정치시장에서 자유무역정책은 여전히 우리가 의존할 수밖에 없는 '경험칙(rule of thumb)'"이라고 요약한다(Krugman, 1987: 132, 143).

〈박스 2.1〉 보잉과 에어버스의 대결

　현실 세계에서 보잉과 에어버스는 세계 민간항공기 시장을 양분, 즉 복점 (duopoly)해 왔다. 양사는 2000년대 초반까지는 신사협정(gentlemen's agreement) 에 의거해 비교적 안정적 관계를 유지해 왔으나, 2004년에 미국 정부가 유럽연합(EU)과 맺은 「상업용 여객기에 대한 정부규제에 관한 1992년 협약」을 파기하고 WTO에 유럽연합을 제소하면서 기나긴 무역분쟁이 시작되었다.

　1992년 협약은 생산과 판매에 대한 직접보조금 지원은 금지했지만, 정부가 새로운 여객기 프로젝트에 응기해 줄 수 있는 여지는 남겨두었다. EU의 직접지원은 새로운 비행기 전체 개발비의 33%를 넘지 못하게 제한되었고, 융자 금리는 정부대출 수준으로 규제되었다. 미국의 대형 민간여객기(large civil aircraft: LCA) 산업에 대한 주정부의 간접지원도 매출액의 3%를 넘지 못하게 되었다. 이 신사협정에 따라 미국은 EU가 초기개발지원(launch aid)을 점차 줄일 것으로 기대했다. 그러나 2004년 에어버스의 전 세계 시장점유율이 절반을 넘어섰음에도 그럴 기미를 보이지 않자, 보잉은 미국 정부를 설득해 WTO 제소를 진행했다(The Economist, August 13, 2009).[13]

　2004년 10월 미국이 WTO 분쟁해결기구에 제기한 주장의 핵심은 유럽의 보조금 지원이 WTO의 보조금 및 상계조치 협정(Subsidies and Countervailing Measures Agreement: SCM Agreement)과 GATT 규정을 위반했다는 것이었다(WT/DS316: European Communities and Certain Member States—Measures Affecting Trade in Large

---

13) 최근까지 에어버스와 보잉의 시장점유율은 55:45의 비율을 유지해 왔다. 그러나 주력 판매 기종이었던 '737맥스'가 2018–2019년 사이 잇따른 추락사고로 운항이 중단되는 수모를 겪으면서 보잉사의 신용도가 크게 떨어졌다. 설상가상으로 코로나–19로 국제 여행 수요가 급감하자 에어버스와 보잉의 격차는 더 크게 벌어질 것으로 보인다(김승현, 2020).

Civil Aircraft).14) 미국은 초기개발지원에 해당하는 새로운 여객기의 개발·생산·판매에 대한 EU의 보조금은 물론 유럽투자은행(European Investment Bank)의 특혜대출, 보편적 사회기반시설이 아닌 특정 산업부지의 제공, 공항 항공로 연장 등 특정한 재화와 서비스를 위한 시설 제공도 금지보조금(prohibited subsidies)에 해당한다고 주장했다. 또한 연구·개발에 대한 EU의 지원과 주식투자에 대한 특권 제공도 불법이라고 보았다.15)

EU도 즉시 보잉사가 미국 정부기관으로부터 부당한 보조를 받았다고 주장하며 두 개의 맞소송(WT/DS317: United States−Measures Affecting Trade in Large Civil Aircraft와 WT/DS353: United States−Measures Affecting Trade in Large Civil Aircraft−Second Complaint)을 제기했다.16) EU가 주장한 내용의 핵심은 보잉사가 주정부와 연방정부로부터 200억 달러 상당의 금지보조금을 받았다는 것, 미국 항공우주국(National Aeronautics and Space Administration: NASA)과 국방부로부터 부당한 연구·개발 보조금을, 그리고 미국 수출입은행과 워싱턴(Washington), 캔사스(Kansas), 일리노이(Illinois) 주정부로부터 부당한 세금 우대조치 등을 받았다는 것이다.

미국의 제소(DS316)에 대한 2010년 6월 WTO 분쟁해결패널의 주요 판정 결과는 다음과 같다. ① EU의 보조금은 대형 민간여객기 산업을 육성하는 데 결정적으로 기여했으며, 유럽 및 제3국의 시장을 점유하는 과정에서 SCM 협정의 제5조(c)와 제6조 3항을 위반해 보잉사에 심각한 손상(serious prejudice)이라는 부정적 효과(adverse effect)를 입혔다. ② 제5조(a)에 따라 미국이 제기한 자국 산업에 대한 '실질적 피해(material injury)'는 증거 불충분으로 인정할 수 없다. ③ 에어버스에 지급된 특정 기반산업 지원 및 연구 보조금은 SCM 협정 제3조 1항에 따른 금지보조금에 해당되지만 유럽투자은행의 대출은 그렇지 않다. ④ 미국이 에어버스의 보조금 때문에 입은 피해에 대해서는 SCM 협정의 제7조(구제)와 8조(허용보조금의 정의)에 따라 "적정한 단계를 거쳐 부당한 효과를 없애 나가거나 보조금을 철회하라"고 권고했다. EU는 전반적으로 패널의 결정을 받아들일 수 없다며 상소기구(Appellate Body)에 즉시 상소했고, 그에 따라 설치된 상소기구는

---

14) https://www.wto.org/english/tratop_e/dispu_e/cases_e/ds316_e.htm 참조.

15) 2006년 1월 미국은 EU의 지원이 보조금에 관한 GATT 제16조 1항 등에도 위반된다며 추가 제소(DS347: European Communities and Certain Member States—Measures Affecting Trade in Large Civil Aircraft (Second Complaint))를 했다. 동년 6월 패널이 구성되었으나 10월 미국이 소를 취하하면서 이 사건은 종료되었다(https://www.wto.org/english/tratop_e/dispu_e/cases_e/ds347_e.htm).

16) 이 두 건의 제소 사례는 2006년 2월 패널 설치 이후 DS353으로 통합되어 진행되었다.

2011년 5월 패널 판정을 뒤집어 특정 기반산업 지원 및 연구 보조금이 수출과 연계된 금지보조금으로 볼 수 없다고 판단했다.

이에 다시 미국은 「분쟁해결절차에 관한 양해각서(Understanding on Rules and Procedures Governing the Settlement of Disputes: DSU)」 제21조 5항에 따라 판정 결과에 대한 이의를 제기했다(European Communities—Measures Affecting Trade in Large Civil Aircraft—Recourse to Article 21.5 of the DSU by the United State). 2016년 9월과 2018년 5월에 각각 내려진 패널과 상소기구의 판정에 따르면 ① A350XWB 등 에어버스 일부 기종에 제공된 초기개발지원은 SCM 협정 제1조과 2조에 따른 특정성 원칙에 위배되지만, ② A350 등의 기종에 제공된 보조금과 지원은 금지된 수출보조금에 해당되지 않는다.[17]

2011년 3월, EU의 제소(DS353)에 대해 WTO의 분쟁해결패널은 미 국방부와 NASA에 의한 연구·개발 보조금은 WTO 규정에 위반된다고 밝혔다. 특히 NASA의 직접적 연구계약을 통한 보조금인 100억 달러 중 1/4은 WTO의 규정에 어긋난다고 지적했다. 미국의 워싱턴, 캔사스, 일리노이와 지자체들 내부의 지원 중 40억 달러의 세금 면제도 불법이라고 결정했다. 또한 1989−2006년 기간 동안 총 53억 달러에 달하는 보조금이 시장경쟁을 왜곡시켜 에어버스에게 손해를 입혔다고 보았다. 2012년 3월 상소기구는 세금 면제가 불법이라는 결정을 제외하고 기존 패널 결정을 대부분 지지하는 결정을 내렸다.

보잉과 에어버스 간의 법률전쟁은 아직 끝나지 않았다. 양측 모두 지난 수십 년간 자국 LCA 산업에 금지보조금을 제공해 상대측에 피해를 입힌 사실이 드러났고, 따라서 양측 모두 피해의 원인을 제거할 의무를 지게 되었다. 그 의무를 이행하지 않으면 상대국의 합법적 보복을 감수해야 한다(제8장 WTO 분쟁해결절차 부분 참조). 실제 WTO는 2019년 10월에 미국이 EU에 대해, 2020년 10월에 EU가 미국에 대해 각각 상대국에 보복 관세를 부과하는 것을 허용했다. 하지만 양측 모두 보복관세만으로는 상대를 확실히 제압할 수 있는 상황이 아니기 때문에 '협상을 통한 분쟁의 해결'과 '전면적인 무역전쟁' 사이의 회색지대에서 출구전략을 고민하고 있다. 양측 모두 "보복 관세는 분쟁 해결을 위한 협상이 나쁘게 끝날 경우의 수단"이라며 "우리가 바라는 것은 협상을 통한 해결"이라는 입장을 피력하는 것도 그러한 맥락에서이다(김규환, 2020).

민간여객기에 대한 보조금을 두고 미국과 EU라는 무역 선진국이 이처럼 20년

---

17) https://www.wto.org/english/tratop_e/dispu_e/cases_e/1pagesum_e/ds316sum_e.pdf 참조.

가까이 지루한 송사를 벌이고 있는 것은 제3자의 입장에서 보면 언뜻 이해하기 어렵다. 하지만 양측의 이해관계가 맞아떨어지는 부분도 있음에 주목할 필요가 있다. 이들의 법률전쟁 덕분에 최소한 민간여객기 분야에 관한 한 보조금 관련 규범이 그 어느 때보다 명확해졌다. 이는 곧 정부의 초기개발지원 없이는 국제경쟁력을 가질 것으로 기대하기 힘든 LCA 산업에 후발주자들이 진입하기 어렵게 되었다는 것을 뜻한다. 정부의 막대한 지원을 받고 있는 중국의 LCA 산업도 예외는 아닐 것이다.

2.3 상호주의에 입각한 보호무역론과 공정무역에 입각한 관리무역론

고전적 자유무역이론에 따르면 한 국가의 무역정책은 그 국가의 총무역(=수출+수입) 기회에 영향을 미칠 수 없다. 따라서 각국은 그 무역기회를 외생적으로 주어진 것으로 보고 각자의 총후생을 극대화하는 전략을 취하는 것이 최선이다. 다시 말해 타국이 어떤 무역정책을 취하든지 관계없이 일방적·무조건적으로 자유무역을 추구하는 것이 최선이다. 마치 완전경쟁시장에서 개별 기업은 시장가격에 영향을 미칠 수 없으므로, 그 가격을 주어진 것으로 받아들여 생산비용을 극소화하고 이윤을 극대화하는 것이 최적화 전략이 되는 것과 같은 맥락이다.

그러나 현실은 반드시 이와 같지는 않다. 한 국가의 무역기회는 그 국가의 무역정책의 함수일 때가 많다. 예를 들어 A국이 B국의 상품에 수입관세를 부과하기 시작했다고 하자. B국이 아무런 대응을 하지 않으면 현상이 유지되겠지만 B국이 A국에 대해 보복관세를 부과하면 타격을 입은 A국은 B국에 대한 관세부과를 자진해서 철폐할 가능성이 높아진다. B국의 보복조치가 자국의 무역기회를 보호할 뿐만 아니라 결과적으로 자유무역을 옹호하게 된다는 것이다. 이것이 상호주의에 입각한 보호무역론의 논거다.

제6장에서 자세히 설명하는 바와 같이 상호주의에는 두 가지 유형이 있다. 먼저 전통적 의미의 상호주의는 상대국이 자유화 조치를 취하면 자국도 이에 상응하는 자유화 조치를 취하는 것을 말한다. 다음으로 공격적 상호주의(aggressive reciprocity)가 있다. 1980년대 중반에 등장한 이 유형은 한 국가가 불공정한 무역관행을 이유로 상대국에게 제공한 기존의 양허를 철회하거나 새로운 무역제한조

치를 취하는 등의 보복위협을 가하고, 이를 통해 상대국으로부터 일방적 양허 (unrequited concessions)를 얻어내는 것을 말한다.

상대국이 호혜적으로 시장을 개방하지 않는다는 이유로 일방적 보복조치를 취하는 것이 과연 정당하고 바람직한가? 더 나아가 일방적 자유무역정책은 바람직하지 않은가? 이런 질문들에 관한 애덤 스미스의 생각은 명확하다. 자유무역은 남을 위해서 하는 것도 아니고, 남이 안 한다고 해서 포기해야 하는 것도 아니라는 것이다.

> "어떤 외국 상품의 수입 자유를 언제까지 계속하는 것이 적당한가 하는 것이 고려의 대상이 되는 경우는, 어떤 외국이 우리(영국) 제조품의 수입을 높은 관세나 금지조치로 제한하는 때이다. 이런 경우 복수심은 당연히 보복을 명령하며, 우리도 우리나라로 수입되는 그 나라 제조품의 일부 또는 전부에 대해 유사한 관세나 금지조치를 부과할 것을 명령한다 … 불만의 대상인 외국의 높은 관세나 금지조치를 취소시키는 것이 가능하다면, 이러한 종류의 보복은 좋은 정책이라고 할 수 있다 … [그러나] 이와 같은 보복이 그러한 효과를 낼 수 있을 것인가에 대한 판단은 이미도, 일정불변의 일반원칙에 따라 사고하는 입법자의 과학(the science of a legislator)에 속하기보다는, 정세의 순간적인 변화에 따라 자신의 의견을 결정하는 음흉하고 교활한 동물(insidious and crafty animal), 속된 말로 정치가나 정책이라 불리는 사람들의 수완에 속한다. 그와 같은 취소를 얻어낼 가능성이 없다면, 국민의 일정한 계급이 입는 손해를 보상하기 위해서 우리 자신이 그 계급뿐만 아니라 모든 계급에게 또 다른 손해를 입히는 것은 좋지 않은 방법이다"(Smith, 2007[1776]: 566−68).

19세기 말 많은 논란에도 불구하고 영국이 일방적 자유무역정책을 쉽게 포기하지 않았던 것은 바로 스미스의 이런 논리와 주장 덕이었다(Bhagwati, 1988: 27−33). 19세기 중반 이래 일방적 자유무역을 추구한 영국은 19세기 말 독일과 미국의 급부상에 따라 국제경제질서에서 그 상대적 지위가 약화되기 시작했다. 이때 등장한 것이 상호주의 무역론이었다. 독일이나 미국이 영국 상품에 관세를 부과한다면 이제 영국도 이들로부터의 수입품에 관세를 부과해야 마땅하다는 것이었다. 다만 여기서 말하는 상호주의는 상대국의 관세의 수준이나 적용의 폭 등에 비례해 자국의 관세수준과 적용 폭을 결정해야 한다는 비례적 상호주의로서, 당시 영국 내에서 광범위한 지지를 얻었다. 물론 자유무역론자들의 주장은 달랐다. 이들은 자유무역정책을 고수하는 영국의 경제적 성과가 보호무역을 고수하는 독일과 미국 등의 경제적 성과보다 낮다는 사실이 이들 국가의 여론에 긍정적 영향을 미칠 것이라고 보았다. 더 나아가 이들 국가에 자유무역을 강요하는 것은 자유무역이 영국의 국익에만 부합하기 때문이라는 오해를 불러일으킬 수 있다면서 다른 국가의 무역정책과 관계없이 자유무역을 추구하는 것이 최선이라고 역설했다.[18]

이러한 논란은 오늘날까지 이어지고 있다. 다른 조건이 동일하다면(ceteris paribus) A국이 보조금이나 관세의 부과를 통해 자국 산업을 보호하든 말든 B국의 관점에서 자유무역은 항상 바람직하다. 완전히 개방된 B국 시장에 수출되는 상품에 대해 A국이 보조금을 주거나 A국 기업들이 덤핑을 해 B국 시장에 싼 값으로 물건을 수출하면 결국 소비자의 후생이 증가하기 때문에 B국은 그만큼 이득이다(제4장의 수출보조금 관련 설명 참조). 그러나 이 경우 A국의 산업과 경쟁관계에 있는 B국의 산업은 타격을 입게 되고, 타격을 입은 이들은 수입보호를 요청하게 될 터인데, B국 정부가 이를 무시하기는 정치적으로 힘든 일이다. A국이 약탈적 의도(predatory intention)를 갖는 경우(또는 그렇다는 믿음이 광범위하게 퍼진 경우)도 B국 정부는 쉽게 상호주의에 입각한 보호무역의 유혹에 빠진다.

1947년 출범한 GATT는 고전적 자유무역론에 입각해 관세 및 비관세 장벽의 철폐와 함께 보조금 지급에 대한 상계관세(countervailing duties) 제도와 덤핑 행위에 대한 반덤핑 관세(anti-dumping duties) 제도를 강화해 왔다. 이는 상호주의에 입각한 보호무역의 대두를 사전에 차단하려는 의도에서 비롯된 것이었다. GATT의 이런 노력에도 불구하고 상호주의에 입각한 보호무역 주장과 논리는 후퇴하지 않았고, 급기야 1980년대 들어서는 '공정무역(fair trade)' 논리로, 더 나아가 '관리무역(managed trade)' 논리로 확대되었다.

관리무역은 말 그대로 정부의 직·간접적인 통제와 관리하에서 이루어지는 무역을 총칭하는 개념이다. 관리무역의 범주에 드는 정책수단은 국제규범에 부합되지 않으나 관행적으로 인정된다는 의미에서 소위 회색지대조치(gray area

---

18) 영국이 결국 일방적 자유무역정책을 포기할 수밖에 없었던 자세한 사정은 제5장에서 다룬다.

measures)에 해당되는 것이 많다. 애로를 호소하는 국가로 하여금 무역 흐름을 관리하도록 용인하는 것이 극단적 보호무역으로 역행하도록 방치하는 것보다는 낫다는 의미에서 본다면 회색지대조치는 보호무역과 자유무역의 완충지대 역할을 한다. 하지만 관리무역은 수출국의 무역기회를 일방적으로 차단함으로써 호혜적 무역자유화를 추구하는 다자간 무역질서와 정면으로 충돌한다. 또한 공정무역을 앞세운 관리무역은 관계국 간의 (불평등) 협상을 통해 이루어지는 경우가 많고, 상대국의 시장개방을 목표로 한다는 점에서 일방적 보호무역조치와 구별되지만, 실제로는 보호무역 세력에게 포획되어 결국 보호무역적으로 운용되는 경우가 대부분이다.

관리무역은 이처럼 실제적으로는 보호무역적 성격을 강하게 띨 개연성이 높지만, 순수한 보호무역과는 여러 차원에서 구분된다. 보호무역은 국내 산업의 보호에 주안점을 두는 것이 보통이다. 반면, 관리무역은 국제수지 불균형의 시정과 국제무역의 안정적 발전, 자국 경제와 산업에 대한 무역영향의 적절한 조절, 국가안보나 공중도덕의 보호 등 좀 더 다양하고 복합적이어서 그 성격이 모호한 경우도 많고, 명목상 목적과 실제 목적이 다를 때도 많다. 관리무역의 형태를 거시적 관리무역과 미시적 관리무역으로 나누어 자세히 살펴보면 아래와 같다(Tyson, 1990: 146-50).

우선 거시경제적 관리무역은 양자간 무역수지 불균형 시정을 목적으로 하는 경우가 많다. 1980년대에 고질적 무역수지 불균형 문제의 해소를 목적으로 흑자국인 일본이 적자국인 미국으로부터 (자율적으로) 수입을 확대하도록 양자협정을 체결한 것이 전형적인 예이다. 이런 형태의 관리무역의 경제적 합리성은 매우 낮다. 무역수지 흑자나 적자는 역사적 유대관계, 산업구조와 특성, 비교우위, 상대국에 대한 수입수요의 차이는 물론 거시경제 요인 등이 복합적으로 작용한 자연스런 결과로 보아야 하기 때문이다. 물론 장기간 무역수지 적자인 국가의 정부는 국제수지 균형의 확보를 위해 무역에 개입할 필요를 느낄 수 있다. 그러나 거시경제적 관점에서 문제가 되는 국제수지는 총무역수지이지 특정국과의 양자간 무역수지가 아니다. 개개 교역국별로 무역수지가 꼭 균형을 이루어야 하는 것도 아니고 현실적으로 그렇게 될 수도 없다. 그럼에도 국제수지 균형을 이유로 한 관리무역은 해당국이 극심한 불황에 처해 있는 경우 강한 정치적 호소력을 갖는다.

2008년 미국발 세계경제위기가 닥쳤을 때 미국이 막대한 규모의 대미 무역흑자를 누리는 중국을 환율조작국(currency manipulator)으로 규정하고 전방위적 압력을 가한 경우가 대표적이다. 이때 야기된 미중 간의 논쟁은 세계 거시경제 불균형에 관한 근본적인 논란을 초래하기도 했다(제3장 참조).

한편, 미시적 또는 부문별 관리무역 협정은 특정 산업의 모든 또는 개별 상품의 무역을 규제하거나 관리하는 데 목적이 있다. 부문별 관리무역 협정에는 다시 두 가지 유형이 있다. 하나는 특정산업 분야의 무역과 해외직접투자에 관한 규칙을 정립하려는 규칙지향적 관리무역 협정이고, 다른 하나는 관리무역을 통해 달성하려고 하는 목표치를 수립하는 결과지향적 관리무역 협정이다.

규칙지향적 협정의 예로는 정부조달 협정, 농산물 협정, 반덤핑 협정, 원산지 규정, 통신 및 금융 등 각종 서비스산업에 대한 개별 국가의 규제와 경쟁정책 관련 협정 등이 있다. WTO 체제 아래서 무역규범이 아직 확립되어 있지 않거나 애매모호한 상태에 있어서 강력한 집행이 이루어지지 않는 영역에서는 국가가 무역의 결과를 관리하려는 경향을 보인다. 이때 수입국이 일반적으로 무역을 제한하거나 무제한적으로 규제를 하지 못하도록 수입국 정부가 준수해야 할 규칙과 행동지침을 규정하는 방식이 규칙지향적 관리무역 협정이다. 이런 협정은 그 협상과정에서 수출국과 수입국이 매우 격렬하게 대립하기도 하고 극적으로 타협을 도출하기도 하면서 양자협정, 복수국간 협정, 다자간 협정의 형태로 발전한다.[19)]

반면, 결과지향적 관리무역 협정은 특정 산업이나 상품 분야에서 양자무역이 궁극적으로 지향하는 수량적 목표치를 설정하는 방식의 협정이다. 소위 시장질서협정(orderly marketing agreement: OMA)이 대표적이다. OMA는 특정국으로부터의 특정 상품의 수출 또는 수입 한도를 설정함으로써 자국의 생산자를 보호하거나 자국 생산자에게 수출시장을 확보해 주려는 목적을 갖는다. 전자의 예로 수출자율규제(voluntary export restraint: VER) 협정, 후자의 예로 수입자율확대(voluntary import

---

19) 일반적으로 규칙지향적 관리무역 협정은 결과지향적 관리무역 협정에 비해 그 부작용이 훨씬 작다. 말 그대로 양자간 또는 복수국간 무역확대를 궁극적 목표로, 이를 촉진하기 위한 규칙과 행동지침을 제정하기 때문이다. 사실 모든 GATT/WTO 규범은 역사적으로 이런 과정을 밟아 발전해 왔다. 규칙지향적 관리무역 협정은 새로운 규칙의 수립을 지향하기 때문에 단기적으로는 일방에 유리하거나 불리할 가능성이 없지 않으나, 이런 불공평 문제는 장기적으로 지속되기 어렵다. 특히 그것이 다자간 협정의 형태를 취할 때는 더욱 그렇다.

expansion: VIE) 협정을 들 수 있다. 자동차와 철강의 수출자율규제, 섬유 및 의류무역을 규율하는 다자간 섬유협정(Multi-Fiber Arrangement: MFA, 1974-2004) 등이 VER의 대표적인 예이다.[20]

미국 트럼프 행정부의 보호무역정책은 거시적·미시적 관리무역 요소를 두루 갖췄다. 우선 미국이 2000년대 이후의 고질적 무역수지 불균형 시정을 목적으로 중국에 막대한 관세폭탄을 부과하자 중국은 2019년부터 6년에 걸쳐 1조 달러 상당의 미국 제품을 수입해 2024년까지 대미 무역흑자를 '제로(0)'로 만들겠다고 제안한 바 있다.[21] 아울러 미국은 부문별 관리무역 전략도 구사했다. 2018년 3월 캐나다, 멕시코, 한국, 독일, 호주 등 철강과 알루미늄 생산국들에 고율의 반덤핑관세를 부과하겠다고 선언한 후 개별국가들과의 협상을 통해 자발적 수출규제를 이끌어낸 것이 그것이다.[22]

WTO가 긴급수입제한조치(일명 세이프가드) 등 정당한 이유와 방법으로 필요한 경우 수입을 제한할 수 있도록 규정하고 있음에도 수입국의 입장에서 이런 회색지대조치로 문제를 해결하려고 드는 이유는 무엇일까? 그 답은 규범의 양면성에서 찾을 수 있다. 예컨대 어떤 회원국이 세이프가드를 발동하려면 이해관계가 있는 모든 수출국을 대상으로 보상(compensation)을 제공해야 하고, 기왕에 약속한 협정상 의무를 철회하기 위해서는 모든 회원국과 재협상해야 한다. 이런 규정은 세이프가드를 남발하지 않도록 하기 위한 안전장치이지만, 당사국의 입장에서

---

20) VER은 그 성격이나 효과 면에서 수입쿼터와 유사하다. 다만 수입국 정부가 상대국에 허용할 수 있는 품목별 총수입량을 수출국 정부와 협의해 정하고, 쿼터의 배분도 수출국 정부의 재량에 맡기는 형식을 취한다는 점에서는 일방적 수입쿼터와 차이가 있다. VIE는 수입국 정부가 어떤 방법을 동원해서든지 특정 수출국으로부터 특정 제품의 수입을 쌍방이 합의한 목표치까지 확대하도록 요구하는 내용의 협정이다. VIE는 일단 수입 감소가 아니라 수입 확대, 다시 말하면 국제무역의 확대를 지향하고 있다는 점에서 보호무역과는 거리가 있다고 볼 수 있다. 그러나 VIE는 특정국으로부터의 수입확대를 강요하는 것이어서 GATT의 무차별원칙, 특히 최혜국대우원칙에 위배되며 무역전환 효과를 가져와 제3의 수출국들에 피해를 준다는 점에서 결코 자유무역 친화적이라고 할 수 없다.

21) https://www.bloomberg.com/news/articles/2019-01-18/china-is-said-to-offer-path-to-eliminate-u-s-trade-imbalance 참조. 그러나 코로나-19 사태의 원인을 둘러싸고 미중 관계가 악화되면서 2020년 1월 양국 정상이 서명한 '무역전쟁 완화 1단계 합의안'이 흐지부지되었고, 결과적으로 중국의 제안도 없던 일이 되어버렸다.

22) 한국 정부도 미국의 압력에 굴복하여 25%의 철강관세를 부과 받는 대신 2015-2017년 평균 대미수출 물량의 70%만 허용하는 쿼터, 실질적으로는 수출자율규제에 합의했다.

보면 매우 까다롭고 번거로운 일이다. 바로 여기에 국제규범의 존재를 무색하게 만드는 회색지대조치의 생명력이 있고, 규범과 편법 사이에 영원히 쫓고 쫓기는 싸움이 있다. 결국 관리무역은 지극히 현실적인 국제정치경제의 산물이다. 모든 국가가 자유무역원리에 따른 다자간 무역협정을 준수하는 것이 이상적이지만, 무역규범이 모호하거나 미흡한 경우 관리무역의 유혹에서 벗어나기 어렵다. 지금까지 관리무역조치는 호혜적 무역자유화로 가는 징검다리 역할을 수행하기도 했지만 우회적인 보호무역 수단으로 악용된 예도 많았던 만큼 각별한 주의가 요구된다.

3. 기타 보호무역이론에 대한 평가

3.1 최적관세론

일반적으로 관세는 수입품의 국내 가격을 상승시켜 수입국의 국민후생을 감소시킨다. 하지만 특수한 상황하에서 관세의 부과는 수출품과 그 수출품으로 구매할 수 있는 수입품의 교환비율, 또는 수입품으로 평가한 수출품의 구매력, 즉 교역조건(terms of trade)을 개선시켜 수입국에 유리한 결과를 가져다준다는 것이 최적관세론이다.[23]

마치 국내 시장에서 수요독점자(monopsonist)가 존재하고 시장가격에 영향을 미칠 수 있듯이, 세계시장에서도 특정 상품에 대하여 대단히 큰 구매력을 가진 국가가 존재할 수 있다. 이런 국가는 수요독점적 시장지배력을 행사해 일방적으로 세계시장 가격에 영향을 미칠 수 있다. 예를 들어 미국의 자동차 시장 규모는 막대하다. 따라서 미국은 수출국 생산자의 대미 자동차 수출가격에 영향을 미칠 수 있다. 최적관세론은 바로 이런 상황에서 관세를 이용한 교역조건의 개선이 가능하다고 본다.

일반적으로 수입상품에 관세를 부과하면 가격조정을 거쳐 수입국의 소비자 가격은 수출국 생산자의 수취가격을 관세액 만큼 상회한다(제4장 참조). 그런데

---

23) 일반적으로 교역조건지수에는 수출상품 1단위의 가격과 수입상품 1단위의 가격 간의 비율(= 수출단가지수/수입단가지수)로 수출 1단위로 수입할 수 있는 상품의 양을 나타내는 '순상품교역 조건지수'와 수출총액으로 수입할 수 있는 상품의 양을 나타내는 지표(= 순상품교역조건지수× 수출물량지수)인 '소득교역조건지수'가 있다.

수요독점적 시장지배력을 갖는 국가가 관세를 부과하면 소비자 가격은 약간만 상승하지만 생산자의 수취가격은 훨씬 큰 폭으로 하락한다. 관세 부과액을 수입국 소비자와 수출국 생산자가 분담하는 일반적 상황과 달리, 그 부과액의 대부분을 수출국 생산자가 부담하게 되는 수준의 관세를 최적관세라고 부른다.[24] 이런 관세의 귀속 결과가 나타나는 것은 수출기업이 수출을 포기하기보다는 가격을 인하해서라도 수출시장을 유지하려 하기 때문이다. 수입상품의 가격을 성공적으로 낮춘 수입국의 교역조건이 크게 개선됨은 물론이다.

최적관세론은 보호무역이론 중 가장 탄탄한 이론적 토대를 갖춘 것으로 평가된다. 그러나 현실적으로 그 예를 찾기가 매우 어렵다는 단점이 있다. 이 이론이 잘 적용되려면 한 국가가 관세부과를 통해 해당 상품의 세계시장 가격에 영향을 미칠 수 있어야 하는데, 현실적으로 어떤 국가가 관세부과를 통해 특정 상품의 세계시장 가격에 영향을 미치기는 매우 힘들다. 세계시장에서 한 국가의 수입시장 비중은 이런 수준의 영향을 미치기에는 너무 작기 때문이다.

3.2 국가안보 및 사회적 안전 차원의 보호무역론

국가안보를 이유로 한 보호무역론은 앞으로 있을지 모르는 경제·군사적 분쟁에 대비해 주요 물자의 국내 생산능력을 갖추어야 하므로, 이들 물자의 수입을 제한할 필요가 있다는 주장이다. 이런 주장의 역사적 뿌리는 깊어, 16-18세기 중상주의 시대에 지배적인 무역정책 사조로 크게 유행한 바 있다. 앞 절에서 언급한 바와 같이 영국은 전시를 대비해 평화시에 조선업과 해운업을 육성하고 선원을 양성하는 것이 중요하다고 보고, 영국을 드나드는 모든 교역물자는 반드시 영국이나 수출국 국적 선박을 이용하도록 「항해법」을 제정·시행했다. 중상주의 무역정책을 맹렬히 비판했던 애덤 스미스조차 국방을 이유로 이 법을 지지했을

---

24) 수입국이 수요독점 지위를 갖더라도 관세부과 이전에 비해 수입량은 감소하고 소비자 가격은 높아지게 되므로 수입국의 소비자잉여는 결국 감소한다. 그런데 만일 관세가 매우 낮은 수준이라면 관세를 부과하는 국가의 수입량은 별 영향을 받지 않으면서 수입상품의 가격이 떨어지므로 교역조건은 향상되고 관세부과로 인한 소비자잉여의 손실은 최소화될 수 있다. 이와 달리 아주 높은 수준의 관세를 부과하면 아예 수입이 금지되어 수입국 정부의 관세수입이 사라질 뿐만 아니라 소비자잉여의 손실도 커지게 된다. 따라서 국민후생을 극대화할 수 있는 관세수준은 이 중간 어딘가에 있을 것이다.

정도였다.25)

제6장에서 다루는 바와 같이 GATT 제21조도 국가의 안전보장을 위해 무역제한적이거나 차별적 조치를 취할 수 있도록 허용한다. 문제는 '국가안보'에 대한 판단이 대단히 자의적일 수밖에 없고 정치적으로 악용될 소지가 많다는 것이다. 트럼프 행정부는 「1962년 무역확장법(Trade Expansion Act of 1962)」에서 거의 사문화되었던 제232조(Section 232)를 부활시켜 "수입제품이 미국의 국가안보를 위협하는 경우(if an article is being imported into the United States in such quantities or under such circumstances as to threaten or impair national security)" 일방적 수입제한조치를 취한 바 있다.26)

전시 또는 무역봉쇄와 같은 비상시를 대비해 국가안보와 직·간접적으로 연관된 산업을 육성하거나 전략적으로 중요한 물자를 충분히 확보하는 것이 중요

---

25) 자유무역의 창시자이자 근대 경제학의 아버지로 추앙받지만 '사다리 걷어차기'의 원조로 비판받기도 하는 스미스의 다음 주장에 많은 독자들이 놀랄 것이다. 하지만 줄기차게 자유무역을 옹호한 스미스 역시 '국가안보'로부터 자유로울 수 없었다는 점은 그것이 얼마나 집요한 논리인지 잘 말해 준다. 스미스의 이러한 측면은 제3장에서 다시 다룬다.
"영국의 국방은 선원·선박의 수에 크게 의존하고 있다. 그러므로 외국 선박에 대해 때로는 절대적으로 금지하는 방법으로, 때로는 무거운 세금을 부담시키는 방법으로, 「항해법」이 영국의 선원·선박에게 영국 해운업의 독점권을 주려고 한 것은 지극히 정당하다. (이 법이 만들어졌을 때) 잉글랜드와 네덜란드는 실제 전쟁상태는 아니었으나 양국 간에 매우 격렬한 적대감이 존재했다 … (이 법의) 일부 규정이 국민적 적대감으로부터 나왔다는 것은 있을 수 있는 일이다. 그러나 그것들은 가장 사려 깊은 지혜로 만들어진 것처럼 현명하다. 그 특정 시기에 국민적 적대감은 가장 사려 깊은 지혜를 가진 사람이 추천했던 것과 똑같은 목적, 즉 영국의 안전을 위협하는 유일한 해상국인 네덜란드의 해군력을 감축시키는 것에 모아졌던 것이다 … (결국) 국방이 풍요보다 훨씬 더 중요하기 때문에 「항해법」은 아마도 영국의 모든 무역규제 중에서 가장 현명한 규제일 것이다"(Smith, 2007[1776]: 561−63).

26) 국가안보상의 이유는 다음의 사항을 고려하여 상무부(Department of Commerce: DOC)가 판단한다. ① 해당 상품의 미국 내 생산량, ② 미래에 필요한 생산능력(production capacity), ③ 노동력(manpower), 원자재, 생산설비, 기타 국가안보에 필요할 것으로 예상되는 생산요소, ④ 투자, 탐사, 개발 등과 관련된 성장요건(growth requirements), ⑤ 그 밖의 관련 사항(any other relevant factors) 등이 그것이다. 이에 따르면 국가안보상 중요하다고 판단되는 국내 산업의 경제적 복지(welfare of individual domestic industries), 즉 설비가동률, 고용률, 시장점유율 등이 수입품으로 인해 감소할 경우 미국 국가안보에 위협을 끼친다고 판단할 수 있다. 실제 DOC는 2018년 3월 철강과 알루미늄에 대한 추가관세 부과조치의 이유로 이러한 논리를 전개했다. 연방법원에 의한 제232조 권한 범위의 제한에도 불구하고 트럼프 전 미국 대통령은 자동차와 자동차 부품 수입에 대해 높은 관세를 부과하겠다고 으름장을 놓았으나 그 권한 만료로 찻잔 속의 태풍에 그쳤다.

한 것은 사실이다. 그러나 국가안보를 위해 수입제한이 필요하다는 주장의 이론적 근거는 매우 취약하다. 우선 평화시에 수입을 제한한다고 해서 전시에 사용될 주요물자가 비축되는 것은 아니다. 이것은 단지 국내 생산 물자의 소비량을 증가시킬 뿐이다. 또 국가안보를 명분으로 삼는 보호무역론은 국가가 주요물자의 수입을 제한하면 그 물자의 국내 생산이 촉진될 것이라는 추론에 입각하고 있다. 그러나 다른 조건이 동일하면, 해당 산업은 평화시의 수요를 충족시킬 정도의 생산능력만 갖추려고 하지 비상시에 필요한 능력까지 갖추려고 하지는 않을 것이다(Lindert and Kindleberger, 1982: 149–50). 만일 비상시를 대비해 추가생산 능력을 갖출 필요가 있다면 그 물자의 수입을 제한하는 것보다 이를 생산하는 국내 기업에 보조금을 지급하는 편이 낫다.

전략물자의 비축도 마찬가지다. 만일 주요 물자가 비축될 수 있는 성질의 것이라면, 가장 효율적인 비축방법은 평화시에 외국으로부터 가장 싼 값에 사들여 비축하면 그만이다. 다시 말하면 자국은 비교우위 품목의 생산에 특화해 외화를 벌어들이고, 이 돈으로 해당 물자를 사두는 것이 훨씬 경제적이다. 앞서 허쉬만이 말한 무역의 간접적 공급효과가 그것이다. 비교우위가 없음에도 국방력 강화 차원에서 무리하게 관련 산업을 육성하는 것은 어떤 상황에서도 바람직하지 않다. 희소자원의 낭비만 초래할 뿐이다.

한편, 아주 오랜 역사를 갖고 있는 경제제재(economic sanction), 좁게는 무역제재(trade sanction)의 성공률은 상당히 낮은 것으로 평가된다(Hufbauer and Schott, 1983). 무역제재의 성공률이 낮은 이유로 ① 제재수준의 미흡성, ② 제재 대상국의 국내적 단결, ③ 오히려 적절한 대처방안 마련을 촉진하는 제재의 역설, ④ 제재 대상인 국가의 동맹국의 지원, ⑤ 제재국 내에서 제재에 불만을 가진 수출 이익집단의 로비활동 등을 들 수 있다.

끝으로 국가안보를 이유로 한 보호무역의 논리를 어느 정도 받아들인다 할지라도 그 논리들은 고무줄처럼 탄력적이어서 남용의 가능성이 매우 크다. 물론 국가안보에 긴요한 품목이 있을 수 있지만, 과연 누가 어떤 품목이 긴요하고 어떤 품목이 그렇지 않다고 단언할 수 있겠는가? 특히 오늘날과 같이 전쟁의 양상이 재래전에서 전면전, 더 나아가 사이버전으로 변화한 시대에 유사시 전쟁과 무관한 산업이란 존재할 수 없게 되었다. 국가안보에 중요한 것은 총체적인 국가의 경제능력이지, 소위 방위산업으로 일컬어지는 특정 산업만의 성장이 아니다. 국가안보를 이유로 한 보호무역의 논리는 언뜻 보면 강력하지만, 경제적으로는 허점투성이고 정치적으로는 남용의 가능성이 매우 높다.

〈박스 2.2〉 한일 간 백색국가 리스트 분쟁과 GATT 제21조 안보상의 예외[27]

2020년 기준으로 한국은 일본의 3대 교역국이고 일본은 한국의 5대 교역국(수입액 기준으로는 3위)이다. 같은 해 일본의 GDP 규모는 미국과 중국에 이어 3위이고 한국은 9위다. 한일 양국 모두 명실상부한 글로벌 경제대국이다. 심화된 상호의존성에 따르는 부작용에도 불구하고 전후 한일 양국의 경제관계는 상생의 관계였다. 그러나 그 관계가 위기에 빠져 있다. 가장 최근 양국 관계의 경색은 2018년 10월 대한민국 대법원의 강제징용 피해자 배상 및 미쓰비시 중공업 등 전범 기업의 한국 내 자산 압류 판결에 일본이 강하게 반발하면서 시작됐다. 일본 정부는 2019년 여름 한국으로의 수출관리 규정을 개정해 포토레지스트(감광액), 고순도 불화수소 등 스마트폰 액정과 반도체의 제조에 필요한 3개 품목의 수출규제를 강화한다고 발표했다. 일본은 동 조치가 2018년 한국 대법원 판결에 대한 보복이 아니라 한국이 일본의 전략물자를 제3국에 밀수출한 사례가 적발되는 등 "한일 양국 간 신뢰관계가 현저히 훼손"되었고, 한국에 대한 수출규제 강화조치는 '안보' 문제이기 때문에 WTO 규범에 위배되지 않는다는 입장이다.

일본은 핵심 소재 및 부품의 수출과 관련하여 '수출절차 간소화 국가군', 일명 '백색국가 리스트' 제도를 운영하고 있다. 그로부터의 일방적 배제는 액정과 반도체 제조에 필요한 장비 수입의 상당 부분을 일본에 의존하는 한국으로서는 매우 충격적인 조치였다. 하지만 장기적으로는 일본 수출 기업에도 역풍으로 작용할 수 있는 조치였다. 일본으로서는 최악의 경우 한국 반도체 기업이 자급자족을 달성하거나 거래처를 다변화할 경우 일본 소재 기업들은 삼성전자와 SK하이닉스와 같은 최대 고객을 잃을 수도 있기 때문이다. 그런데도 일본 정부는 왜 이러한 무리수를 두었던 것일까? 물론 일본의 규제조치가 핵심 소재의 수출 자체를 막는 것은 아니었다. 하지만 수출절차 간소화로부터 한국을 제외함으로써 수출을 위한 절차와 기간이 길어지면서 실질적으로는 수출을 막는 것과 같은 효과가

---

27) 이 박스 글은 구민교 (2021), "무역－안보 연계 관점에서 본 한일 무역 갈등: GATT 제21조 안보상의 예외를 중심으로," 『일본비평』 제24호에서 관련 부분을 발췌·요약한 것이다.

발생했다. 일본의 이슈연계 전략은 무역의 권력적 속성을 잘 보여준다. 그 표면적인 이유는 한국이 일본의 전략물자를 수입하여 북한 등 적성국에 밀수출함으로써 일본의 안보를 위협한다는 것이다. 하지만 더 근본적으로는 한국이 민감성과 취약성을 동시에 갖고 있는 핵심 소재 및 부품의 수출에 제한조치를 가함으로써 한국에 대해 '직접 영향효과'를 과시한 것이었다(제2장 참조).

〈그림 2.2〉 일본의 수출규제 조치에 따른 한일관계의 경색을 다룬 일본 NHK
　　　　　　방송의 시사논평

출처: 저자가 2019년 8월 9일 방송 화면 갈무리. 이 만평에서 아베 신조(Abe Shinzo) 총리
(임기 2012년 12월–2020년 9월)는 안전보장상 필요에 따라 수출관리 조치를 취한 것인데
문재인 정부가 왜 그렇게 반발하는지 의아하다는 제스처를, 문재인 대통령은 (대법원 판결
에 대한) 정치적 보복이라며 대항조치를 취하겠다는 강경한 표정을, 반일 시위를 벌이고 있
는 한국 시민들은 "모두 일본의 책임"이라고 주장을 하고 있다.

2019년 9월 요청한 일본과의 협의가 실패하자 한국 정부는 2020년 6월 WTO 분쟁해결기구에 패널 설치를 요청했고, 동 기구는 곧 패널을 설치했다. 한국 정부는 일본의 조치가 GATT 제1조(일반적 최혜국대우), 제8조(수입과 수출에 관련된 수수료 및 절차), 제11조(수량제한의 일반적 철폐), 제13조(수량제한의 무차별 시행), 제23조(무효화 또는 침해) 외에노 무역원활화 협정, 무역 관련 투자조치 협정, TRIPS와 GATS 협정의 관련 조항에 위배된다는 논리를 전개했다. 여기서 주목할 점은 한국이 의도적으로 제21조를 제소의 근거로 삼지는 않았지만 일본이 무역－안보 연계 입장을 고수하는 만큼, 앞으로 패널의 검토 과정에서 제21조의 적용과 해석을 둘러싼 공방이 거셀 것으로 예상된다. 그 핵심은 한국이 일본의 전략물자를 수입하여 적성국에 밀수출한 사실관계가 성립하는지와 한일 양국 간 신뢰관계가 일본의 국가안보를 위협할 정도로 현저히 훼손되었는지의 여부를 가리는 것이다. 아직 조심스러운 판단이기는 하지만, 일본 정부가 수출규제 조치를 취하기에 앞서 한국 정부와의 합의 도출을 위해 성실하게 노력하지 않았다는 점은 분쟁해결절차에서 일본에 불리하게 작용할 것으로 보인다.

이와 관련하여 러시아의 우크라이나 화물경유 제한 조치에 대한 WTO 분쟁해결기구의 2019년 4월 판례(DS512: Russia—Measures Concerning Traffic in Transit)를 살펴볼 필요가 있다. 이는 무역-안보 연계와 관련된 WTO 최초의 판례이다. 동 사건은 러시아가 2016년 1월 카자흐스탄과 키르기스스탄으로 가는 우크라이나 화물의 자국 경유를 금지하자 우크라이나가 이를 동년 9월 WTO에 제소하면서 개시되었다. 2017년 3월 패널 구성 이후 2년여 만에 나온 판정에서 WTO의 분쟁해결기구 패널은 러시아를 포함한 모든 WTO 회원국은 "핵심 안보이익(essential security interests)이 걸린 문제에 대해 교역에 제한을 둘 수 있으며 WTO는 이때 그 제한이 선의(good faith)로 이뤄졌는지를 살펴봐야 한다"고 밝혔다. 이어 동 패널은 러시아는 우크라이나와의 관계에서 2014년 분쟁과 같이 전쟁이나 무력충돌의 핵심요인("hard core" of war or armed conflict)에 준하는 상황에 놓여 있기 때문에 GATT 제21조에 따라 자국의 핵심 안보이익을 지키기 위해 우크라이나 화물의 자국 경유를 금지하는 조치를 취할 수 있다고 판단했다. 여기서의 쟁점은 '핵심 안보이익'을 어떻게 볼 것이냐이다. WTO 패널은 이를 "국가의 핵심적 기능과 관련된 이익(those interests relating to the quintessential functions of the state)"으로 규정한 후 구체적인 이익의 판단은 "특수한 상황과 해당 국가의 인식(the particular situation and perceptions of the state in question)"에 달려 있고, 동시에 "변화하는 상황에 따라 달라질 수 있으므로(can be expected to vary with changing circumstances)" 일반적으로 모든 회원국이 자국의 핵심 안보이익을 어떻게 정의하느냐가 중요하다고 보았다.

러시아-우크라이나 사례와는 달리 한일 양국 간 무력 충돌의 위험이 매우 낮은 상황에서 과연 수출 규제조치가 국가안보상 반드시 필요한 조치였는지를 일본이 입증하기는 어려울 것으로 보인다. 다만 러시아-우크라이나 사례에서 WTO가 핵심 안보이익에 관한 '자기판단'의 중요성을 인정한 만큼 일본의 주장이 받아들여질 가능성도 완전히 배제할 수는 없다.

4. 신중상주의의 부활 움직임과 그 전망

오늘날 어떤 주요 무역국도 공개적으로 중상주의, 보호무역, 관리무역을 지지하지 않는다. 지난 1980년대와 1990년대 미국의 중상주의적 무역정책과 관리무역정책이 '공격적 일방주의(aggressive unilateralism)'로 크게 비난받은 것을 익히 알고 있기 때문이다. 당시 자유무역적 수사(rhetoric)로 치장된 미국의 상호주의와 공정무역 논리는 이내 정치논리에 휘말리게 되었고, 급기야 전후 국제무역질서의 근간인 다자주의 원칙을 위협할 지경에 이르렀다. 미국은 '평평한 운동장(level playing field)', 즉 공평한 경쟁조건의 확보를 명분으로 불공정 무역국에 대해 규칙지향적 관리무역 차원에서 미국의 수준에 상응하는 규제완화를 요구하는 것에 만족하지 않고 결과지향적 관리무역 형태의 시장개방까지 강요했다. 이러한 행태는 전후 국제무역 규범과 질서의 창출과정에서 주도적인 역할을 한 미국의 리더십을 크게 훼손했다.

무역의 규칙뿐만 아니라 결과에도 개입하려는 유혹은 선·후진국을 막론하고, 비록 그 형태가 다를지라도 여전히, 그리고 은밀히 계속되고 있다. 2016년 6월 영국의 유럽연합 탈퇴 결정, 즉 브렉시트(Brexit)나 동년 가을 미국 대선과정에서 공화당 후보인 도널드 트럼프와 민주당 후보인 힐러리 클린턴(Hillary Clinton)이 경쟁적으로 약속한 보호무역 공약, 그리고 당선 이후 트럼프 대통령이 추진했던 보호무역주의 정책은 공정무역으로 치장한 관리무역 논리의 국내정치적 호소력이 막강하다는 사실을 보여준다.

2008년 세계경제를 강타한 금융위기는 중상주의가 대중정치인의 인기영합주의와 재결합하게 만든 결정적인 계기였다. 글로벌 금융위기 속에서 불가피하게 추진된 구조조정은 특히 미국과 서유럽 국가들의 노동자들에게 큰 고통을 안겨주었고, 이런 국가들에서 보호무역주의적인 사고가 다시 고개를 들게 된 것은 놀라운 일이 아니다. WTO 자료에 따르면 2015년 전 세계 무역량 증가율은 2.7%로 정체 국면에서 벗어나지 못하고 있고, 상품교역액은 14%나 감소했다. 이런 가운데 WTO 회원국이 취한 무역제한조치의 횟수가 크게 증가한 것도 전혀 이상한 일이 아니다(WTO, 2016: 66).

2017년 1월 20일 출범해 2021년 1월 20일까지 집권한 트럼프 행정부가 '미국 우선주의(America First)'를 표방하며 벌인 공세적이고 중상주의적인 통상정책은 국제무역질서에 큰 상처를 입혔다. 미국의 비대칭적 권력관계를 최대한 활용한 트럼프의 정책은 미국의 교역상대국들을 큰 혼란에 빠뜨렸다. 그는 취임 직후 미국의 환태평양 경제 동반자 협정(TPP) 탈퇴를 공식화했고, 협정 폐기를 불사하며 상대국을 압박한 끝에 2018년 9월 북미자유무역협정(North American Free Trade Agreement: NAFTA)과 한미 FTA의 재협상 타결을 반강제로 이끌어냈다.[28] 중국, 일본, 한국 등 미국에 큰 폭의 무역수지 흑자를 기록하고 있는 국가에게는 환율조작국 지정을 위협하면서 시정 압력을 가했다. 가히 1980년대 공격적 일방주의의 부활이라고 할 수 있는 상황이 재현되었던 것이다. 트럼프 유산(Trump's legacy)의 청산을 선언하며 2021년 1월 20일 백악관에 입성한 조 바이든(Joe Biden) 미국 대통령이 미중 무역분쟁의 양상을 어느 정도 바꿀 수는 있겠지만, 미국의 중상주의 기조가 쉽게 사라지지는 않을 전망이다. 신중상주의의 부활! 이것은 자유주의적 무역질서와 국제무역체제에 어떤 함의를 갖고 있는가? 다음 여러 장에 걸쳐 자세히 살펴보도록 하자.

---

28) 미국-멕시코-캐나다 3국은 2018년 11월 최초 서명에 이어 2019년 12월 수정안에 합의함으로써 미국-멕시코-캐나다 협정(United States-Mexico-Canada Agreement: USMCA)을 2020년 7월부터 출범시켰다. NAFTA의 주요 규정을 승계해 'NAFTA 2.0'으로도 불리는 USMCA는 환경과 노동 기준, 그리고 지식재산권 규정을 더 강화하고 자동차와 트럭의 국내 생산을 장려하는 구체적인 인센티브를 제공하는 것이 특징이다. 또한 (트럼프 행정부의 미국이 탈퇴했음에도) TPP와 CPTPP의 여러 규정을 포함하고 있다. 더 나아가 중국을 겨냥한 조항도 담고 있다. 즉 어느 한 회원국이 비시장 경제와 FTA를 체결하면 다른 회원국이 USMCA에서 탈퇴할 수 있다는 조항을 포함한 것이다. 중국이 명시되지는 않았지만 비시장 경제가 중국을 의미한다는 것은 전후 맥락으로 볼 때 틀림이 없다. 한편, 트럼프 행정부가 내세운 '미국 우선주의' 4대 통상 어젠다 중 하나였던 한미 FTA 재협상이 약 1년여의 협상을 거친 끝에 2018년 9월 24일 타결되었다. 그 개시와 진행 과정은 다소 거칠었지만 그 최종 결과물은 자동차, 규범, 이행 관련 사안 등 양측의 관심 사항을 합리적으로 반영했다는 평가를 받는다.

제3장 자유무역사상과 비교우위론

1. 자유무역사상

1.1 자유무역의 논거

오늘날 주류 국제무역이론은 애덤 스미스 이후 형성된 신고전파 경제학에 사상적 뿌리를 둔다. 스미스는 1776년에 발간된 『국부론』에서 중상주의 제도와 정책을 맹렬히 공격하면서 대부분의 보호조치와 규제는 자원배분의 효율성을 저해하고 국민후생을 감소시킨다는 주장을 설득력 있게 제시했다.[1] 특히 그는 통화량의 결정요소에 불과한 귀금속 양을 생산적인 물적 자본인 국부(國富)로 혼동했던 중상주의자들은 마치 상인이 수입(收入)의 극대화와 지출의 극소화를 통해 개인의 부를 축적하는 것과 똑같이 수출은 최대한으로 늘리고 수입(輸入)은 최대한으로 줄여서 무역수지를 흑자로 만들면 국가가 부강해지는 것처럼 착각했다고 혹평했다. 스미스에게 중상주의는 경제논리를 잘 모르는 정치가들을 기만하기 위

---

[1] 다만 스미스도 국가안보 차원에서 절대적으로 필요한 산업이 육성을 위해서는 보호무역이 예외적으로 허용될 수 있다고 보았다. 이는 경제적 자유주의를 집대성한 스미스 역시 국가주의적 관점, 즉 중상주의로부터 완전히 자유롭지 않았음을 의미한다. 그 밖에도 국방을 이유로 항해법을 지지한 것, 당시 경쟁 상대였던 프랑스와 네덜란드를 해롭게 하는 정책을 간접적으로 지지한 것, 그리고 영국 등 서구열강의 착취적 식민지정책에 대해 비판적이지 않았던 것 등은 그의 경제적 자유주의가 낭만적인 사해동포주의(cosmopolitanism)보다는 경제민족주의에 뿌리를 두었음을 의미한다.

한 상인의 술책에 지나지 않았다.[2]

　스미스는 다른 모든 경제정책과 마찬가지로 무역정책의 경제적 효과도 기회비용 개념에 입각해 전체 경제의 시각에서 평가해야 한다고 주장했다. 기회비용의 관점에서 보면 수입억제와 수출촉진이 핵심인 중상주의 무역정책은 국가로부터 보호와 지원을 받는 산업의 발전을 촉진하는 반면에 그렇지 못한 산업은 위축시켜 경제 전체적으로는 자원의 비효율적 사용을 초래하고 실질국민소득을 감소시킬 개연성이 높다. 때문에 그는 제조업의 육성을 목적으로 한 보호무역정책이 경제성장에 기여한다거나 무역수지의 흑자 확보를 위해 정부가 무역에 개입해야 한다거나 상대국이 보호무역으로 나오면 자국도 보호무역으로 대응해야 한다는 등의 주장을 부정하면서 일방적 자유무역정책을 지지했다.

　스미스의 중상주의 무역정책에 대한 비판과 그 대안으로 제시한 자유무역론은 개인의 경제적 자유를 존중하고 '보이지 않는 손(invisible hand)'에 의한 사익과 공익의 조화를 믿는 그의 경제철학에 기초를 두고 있다.[3] 경제활동의 주된 목적이 국민의 필요와 욕구를 충족시키는 데 있다고 본 스미스는 이런 목적이 사익 추구적인 개인이 아무런 제약도 받지 않고 다른 개인에게 상품과 서비스를 공급할 수 있는 자연적 자유(natural liberty)를 누릴 수 있을 때 가장 잘 달성될 수 있

---

2) 스승이자 선배로서 스미스에게 많은 영향을 미친 데이비드 흄(David Hume, 1711－1776)도 무역수지 흑자를 신봉하는 중상주의 논리는 잘못되었다고 비판했다. 가격－정화 흐름 메커니즘(price－specie flow mechanism) 이론에 기초해 흄은 무역수지 흑자를 통해 정화(正貨), 즉 금이나 은의 축적이 무한히 지속될 수 있다는 중상주의의 믿음은 중대한 착각이라는 점을 밝혔다. 예컨대 영국의 무역수지가 흑자를 기록하면 영국으로 금이 유입되지만, 그에 따라 국내 통화량이 증가하기 때문에 가격 상승(수출품 가격도 상승)이 일어나고 결국 영국 수출품의 가격 경쟁력이 떨어지게 되며, 그 결과 수출이 감소하면서 국제수지의 흑자는 줄어들 수밖에 없다. 이때 무역 상대국에서는 영국과는 반대의 조정과정이 일어난다.

3) 그 유명세에 비해 『국부론』에서 '보이지 않는 손'이라는 표현이 단 한 번만 등장한다는 사실은 참으로 역설적이다. 일부 학자들은 스미스가 "상징적으로" 사용한 표현을 후세 경제학자들이 너무 심각하게 받아들인 나머지 자유방임주의(laissez－faire)를 뒷받침하는 성우(聖牛, sacred cow), 즉 지나치게 신성시되어 비판이나 의심이 허용되지 않는 도그마(dogma)가 되었다고 비판한다(Rothschild, 2002). 물론 『국부론』 전반에 걸쳐 스미스가 국가의 간섭에서 벗어난 시장의 자율성을 중시했다는 점에서 '보이지 않는 손'이 한 번밖에 언급되지 않았다고 해서 그의 자유주의사상을 폄하해서는 안 된다. 그러나 앞서 각주 1과 다음 각주 4에서 언급하는 바와 같이 그가 시장만능주의자(free market fundamentalist)가 아니었다는 점은 분명하다. 스미스가 '시장'을 이념적 및 기능적으로 '국가'로부터 분리해 정치경제의 독립적 구성원리로 격상시킨 것은 맞지만, 그렇다고 해서 그가 '국가', 더 나아가 '공동체'의 의의를 완전히 부정하거나 무시한 것은 아니었다.

다고 보았다. 이때 효율적으로 자원이 배분되면서 국민총생산도 최고수준에 도달할 수 있다고 주장했다. 요컨대 국민경제의 번영은 분업을 통한 생산의 전문화와 인간의 본성적 거래성향(natural propensity to truck, barter, and exchange)에서 비롯되는 시장교환이 최대한으로 활성화될 때 이룩된다는 것이다.[4]

스미스의 자유무역이론은 이런 경제논리의 연장선에 있다. 그는 국내 경제활동과 국제무역은, 단지 그것이 이루어지는 시장의 범위를 제외한다면, 아무런 차이가 없다고 보았다. 한 국가 안에서 모든 개인과 가계가 분업, 생산의 전문화, 상호거래를 통해 경제적 이득을 얻듯이, 국가도 생산의 전문화와 교환을 통해 경제적 이득을 얻을 수 있다는 것이다.[5] 무역은 국경을 넘어 전개되는 국제적 차원의 분업, 그 이상도 이하도 아니라는 것이 스미스의 핵심 관점이었다. 자국 기업과 국민에게 비교우위가 있는 산업에 특화해서 생산을 효율화하고, 이것을 다른 국가의 기업이 효율적으로 생산한 것과 교환할 수 있는 기회를 확장한다면 양국

---

4) 『국부론』의 제1편 제1장이 분업, 제2장이 분업을 야기하는 원리로 시작하는 것은 의미심장하다. 스미스는 국부의 궁극적인 원천이 거시적 단위인 '국가'가 아니라 미시적 단위인 '개인'에게 있다는 점을 독자들에게 분명히 이해시키고자 했다. 그는 정치경제학자이기 이전에 도덕철학자(moral philosopher)였다. 특히 그는 감성주의적 도덕론을 펼쳤다. 연민, 동정심, 측은지심(惻隱之心), 인애(仁愛) 등 인간의 도덕감정(道德感情, moral sentiment)이 이기심과 자애심(自愛心)과 같은 인간의 또 다른 본성을 사회적 덕(德, virtue)으로 만들어낼 수 있다고 본 것이다. 이는 도덕감정이란 인간의 감각기관에 의존한 주관적 결과에 지나지 않기 때문에 자신으로부터의 '의무' 개념을 도출할 수 없고, 따라서 '도덕'은 신의 계시나 절대이성, 또는 이기적 계약으로부터 형성된다고 본 임마누엘 칸트(Immanuel Kant, 1724–1804)와 게오르크 헤겔(Georg Wilhelm Friedrich Hegel, 1770–1831) 등의 합리주의적 도덕론과 대비된다(황태연·김종록, 2015). 1776년에 출판된 『국부론』에 앞서 1759년에 출판되어 그가 죽던 해인 1790년까지 여섯 번 개정할 정도로 심혈을 기울였던 『도덕감정론(The Theory of Moral Sentiments)』에서 스미스는 인간 공동체(『도덕감정론』의 탐구대상)에서 개인의 이기심이 도덕적으로 사회화되는 것은 '공평한 관찰자(impartial spectator)' 때문인 것처럼, 시장(『국부론』의 탐구대상)에서 개인의 이기심이 공익과 조화를 이루는 것은 '보이지 않는 손'의 존재로 인한 것이라고 설파했다. 다만 앞서 각주 1과 각주 3에서 언급한 바와 같이 스미스가 일관되게 자유방임적이고 개인주의적인 논리를 전개한 것은 아니었다

5) "현명한 가장(家長)의 좌우명은, 구입하는 것보다 만드는 것이 더욱 비싸다면 집안에서 만들려고 하지 않는다는 것이다. 재봉사는 자신의 구두를 만들려 하지 않고 제화공에게서 산다. 제화공은 자신의 의복을 만들려 하지 않고 재봉사를 이용한다 … 모든 개별 가구에 대해서 현명한 행동(prudence)이 대국(great kingdom)에 대해서는 어리석은 행동이 될 수는 없다. 만약 외국이 우리(영국)가 스스로 제조할 때보다 더욱 값싸게 상품을 공급할 수 있다면, 우리가 비교우위를 가진 국산품의 일부로 그것을 사는 것이 유리하다"(Smith, 2007[1776]: 553).

의 소비자는 공히 더 싼 값에, 더 많은 생산물을 풍족하게 누리게 된다고 본 것
이다. 스미스의 이런 관점은 중상주의 사고에 젖어 있던 당시의 사람들에게는 가
히 혁명적인 발상이 아닐 수 없었다. 앞 장에서 살펴본 바와 같이, 국제무역을 서
로가 이득을 보는 정합게임(positive-sum game)이 아니라 영합게임, 즉 한 국가
의 이득이나 손해는 다른 국가의 손해나 이득으로 귀결된다고 굳게 믿었던 중상
주의자들에게 국제적 수준의 분업은 국내적 수준의 분업과 마찬가지로 호혜적이
라는 주장은 몹시 낯설었다.

　바로 여기에 애덤 스미스 사상의 혁명적인 기여가 있다. 자유무역에 따른 무
역이득(gains from trade)은 다양하고, 그것이 내포하는 경제학적 의미는 심오하다.
우선 자유무역은 무한히 넓은 시장을 제공해 주므로 어느 국가나 최대한의 분업
과 전문화를 추구할 수 있다. 누구나 가장 생산성을 높일 수 있는 분야에 종사하
게 되므로 자유무역은 자원의 효율적인 배분을 보장한다. 생산 측면에서뿐만이
아니라 소비 측면에서도 자원배분의 효율성이 높아진다. 수입품 덕분에 선택의
범위가 무한히 넓어짐에 따라 소비자는 가장 합리적으로 소비생활을 할 수 있고,
따라서 일정한 소득으로 최대의 효용을 얻을 수 있게 된다. 경제활동의 궁극적
목적이 생활수준의 향상이라고 볼 때, 자유무역이야말로 세계인 모두의 후생 극
대화를 보장하는 최선의 길이다.6)

　자유무역이 이런 효과를 내기 위해서는 모든 국가의 시장이 완전히 개방되
어 있어야 한다. 그러나 시장이 불완전하게 개방된 상태, 즉 보호무역이 이루어
지고 있는 상태에서는 국가마다 자원배분의 효율성에 차이가 생긴다. 상품과 서
비스의 상대가격이 시장마다 다르기 때문이다. 한 국가 차원에서 보면 지극히
필요하고 타당하지만, 세계시장과 견주어볼 때는 타당하지 못한 생산이나 소비

---

6) 자유무역이 무역에 참여하는 모든 국가의 총후생을 증가시킨다는 것은 '최대다수의 최대행복
(the greatest happiness of the greatest number of people)'과 '다다익선(多多益善, the more
the better)'을 지향하는 공리주의(功利主義, utilitarianism) 관점에서는 '최선의' 결과이다. 이러
한 세계관은 주류 경제학의 사상적 근간이 되어 왔고, 오늘날 대부분의 국가가 이 목표를 추구
하고 있다. 물론 이러한 경제발전 지상주의 사고가 논란의 여지가 없는 것은 아니다. 경제성장의
대가로 발생한 환경의 파괴, 생물다양성의 감소, 물신주의의 만연 등은 결국 인류를 파멸로 이끌
수도 있다는 비관론도 만만치 않다(Harari, 2014; Raworth, 2017). 인간계가 자연계를 지나치게
침범한 결과 발생한 코로나-19 사태는 전후 자유무역질서가 빠져 있는지도 모르는 '성장 중독'
과 함께 지구가 처한 생태적 한계에 대한 경각심을 불러일으켰다.

활동이 얼마든지 있을 수 있다. 시장의 개방도가 낮은 국가일수록 상대가격 구조의 왜곡현상은 심해지며, 그 나라 경제의 자원배분 효율성은 떨어질 수밖에 없다.

독점과 자유무역의 관계는 이 점을 단적으로 보여준다. 국내 시장이 협소할 때 개별국가 수준에서 보면 독점이 합리적일 수 있다. 주로 규모경제 효과가 큰 산업, 즉 자연독점 산업이 그렇다. 그러나 개방경제 아래서는 규모경제 효과에도 한계가 있다. 세계시장에서 독점적 지위를 누릴 수 있는 기업이 존재하기 어렵고, 비록 단기적으로 독점적 지위를 누리더라도 장기적으로 그것을 유지하기는 거의 불가능하기 때문이다. 시장개방이 독점 문제의 해소 및 완화책으로서 가장 강력한 수단으로 거론되는 것은 이 때문이다. 실제로 많은 국가들이 시장개방을 경쟁 극대화의 수단으로 활용해 왔다. 외국으로부터 값이 싸고 질이 좋은 제품과 서비스가 무제한으로 수입된다면 국내의 독점기업이 횡포를 부릴 수가 없다. 물론 국내적으로 새로운 경쟁사업자가 시장에 진입해 독점사업자와 경쟁하도록 할 수 있겠지만, 신규 사업자가 강력한 독점력을 행사하는 기존 사업자의 적수가 되기란 쉽지 않다. 설사 그것이 가능하더라도 상당한 시간이 걸리기 마련이다. 오히려 이 경우 관련 기업들이 담합할 가능성이 높다. 이에 반해 외국 기업과 국내 독점기업의 담합 가능성은 매우 낮다. 세계시장의 치열한 경쟁압력을 활용하는 것만큼 국내 산업이 끊임없이 신기술을 개발하고 경영을 혁신하도록 유도하고 압박하는 효과적인 정책수단은 없다.

완전경쟁의 세계에서 장기적으로 독과점적 이윤을 누릴 수 있는 능력을 가진 기업은 하나도 없다. 세계 굴지의 기업도 한순간에 밀려나고 도태되는 것이 세계시장이다. 포브스(Forbes)나 포춘(Fortune)지가 발표하는 글로벌 기업순위가 한 해가 멀다 하고 요동치는 것이 이를 말해 준다. 시장경쟁의 원리가 지배하는 가운데 나태와 안일, 불합리, 부정부패, 협잡이 끼어들 자리는 없다. 그 속에서 정당하지 못한 부의 축적과 분배가 이루어질 수 없고, 그런 상태가 장기간 지속될 수도 없다. 자유무역이 인류문명 진보의 근본요인이라고 말하는 이유도 이 때문이다(Hayek, 1973; 최병선, 1998).

이런 모든 면에서 자유무역정책의 우월성은 확고하다. 이론적으로는 물론이고 실증적으로도 많은 사례가 이를 뒷받침한다. 우선 전후 GATT 체제 아래 추진된 무역자유화는 세계경제의 성장과 번영을 이끈 기관차였고, 세계경제의 성장은 다시 무역의 성장을 견인해 왔다. 전후 무역증가율은 경제성장률을 항상 웃돌았다(Bhagwati, 1988: 1-9). 여러 실증 연구는 무역자유화가 수출증가를 유발하고, 그것이 다시 경제성장에 이바지하는 선순환을 한다는 사실을 밝히고 있다(Yanikkaya, 2003; Awokuse, 2008). 더 나아가 지속적인 경제성장을 통한 부의 재분배는 무역자유화 과정에서 불가피하게 발생하는 부작용, 즉 경쟁력이 약화된 수입경쟁산업의 위축과 그 파급효과를 상쇄하고도 남을 만큼 컸고, 이는 다시 지속적인 무역자유화의 추진을 가능하게 했다. 특히 전후 선진국의 경제성장은 산업내 무역(intra-industry trade)을 촉진하고, 산업내 무역의 융성은 무역자유화에 수반되는 정치적 비용을 감소시킴으로써 무역자유화의 가속적 추진을 가능케 해주었다. 수입대체 산업화 전략을 고집한 남미의 개도국들과 달리 수출지향적 성장 전략을 추구했던 동아시아의 개도국들은 치열한 경쟁의 장인 세계시장에서 습득한 경험과 기술이 경제성장에 매우 중요하다는 사실을 잘 입증해 준다(World Bank, 1993; Evans, 1995; Woo-Cumings, 1999; Rodrik, 2008).

〈박스 3.1〉 위대한 만남: 제임스 와트와 애덤 스미스

스코틀랜드 글래스고대학(University of Glasgow)의 수학기계설비사(mathema-tical instrument maker)였던 제임스 와트(James Watt, 1736-1819)는 증기압력으로 피스톤의 상하운동을 일으키는 복동식 증기기관을 개발했다. 그의 증기기관은 양수기에만 사용되던 그 이전의 증기기관과는 달리 방직산업 등 제조업에 사실상 무한대의 동력을 공급했을 뿐만 아니라 선박과 증기 기관차에도 응용되는 등, 산업혁명을 사실상 견인하는 역할을 수행했다. 와트(w)는 인류 역사상 가장 위대한 발명 중의 하나로 꼽히는 그의 공적을 기리고자 전기공학 분야에서 일의 양과 힘을 표시하는 단위로 채택되었다.

이런 와트의 공학적 발명도 그보다 13살이 많았던 글래스고대학의 동료이자 여생의 친구, 애덤 스미스의 정치경제학과 만나지 못했다면 산업혁명의 꽃을 피우는 데까지는 이르지 못했을 것이다. 와트가 그의 동업자와 '볼턴 앤 와트(Boulton & Watt)사'를 설립해 증기기관의 양산에 돌입한 해가 1775년이고, 스미스가 『국부론』을 펴낸 것은 이듬해인 1776년이었다. 스미스의 자유주의사상 및

〈그림 3.1〉 제임스 와트

출처: https://en.wikipedia.org/wiki/James_Watt#/media/File:James—watt—1736—1819—engineer—inventor—of—the—stea.jpg

〈그림 3.2〉 애덤 스미스

출처: https://upload.wikimedia.org/wikipedia/commons/0/0a/AdamSmith.jpg

분업의 원리는 동 시대의 윌리엄 피트(William Pitt) 수상 등 정치지도자의 통치철학으로 승화되었고, 영국의 정치경제제도를 산업화시대에 걸맞게 바꾸는 데 결정적으로 기여했다.

흥미롭게도 평생 도덕철학자로 살아온 스미스에게 제조업의 힘, 공학의 경이로움을 지근거리에서 일깨워준 사람이 바로 제임스 와트였다. 스미스가 제조업에서의 분업의 원리를 설명하기 위해 사용한 '핀(pin) 공장의 사례'는 와트의 영향을 받은 것으로 보인다. 내연기관을 통한 지치지 않는 동력의 획득과 분업의 원리에 입각한 효율적인 산업조직화는 폭발적인 생산성 향상으로 나타났다.

와트와 스미스의 '위대한 만남'은 학문의 세계에도 엄청난 변화를 가져왔다. 16－17세기에 걸쳐 진행된 과학혁명은 수학과 역학이론의 진보를 가져왔고, 이는 다시 군사공학(military engineering) 분야에 많이 활용되었다. 18세기 들어 군사공학과 대비되는 민간공학(civil engineering)으로 시작된 근대 공학은 20세기에 이르러 토목, 건축, 기계, 금속, 전기, 전자, 컴퓨터 공학 등 다양한 분야로 세분화되있다. 이디힌 힉문의 진문화는 자연과힉에 그지지 않고 인문·사회과힉 분아로 파급되었다. 산업혁명 이후 과학의 발전 속도는 대략 1만 2천 년 전 농업혁명을 통해 인류의 문명이 출현한 이후 산업혁명 이전까지의 과학의 발전 속도보다 훨씬 빨랐는데, 이는 증기기관의 발명과 분업 원리의 '연계'에 기인한다고 해도 과언이 아닐 것이다(강태진, 2014).

4차 산업혁명이 한창 논의되는 오늘날의 제임스 와트와 애덤 스미스는 누구일까? 기술공학 및 기업가 측면에서는 소프트웨어 산업의 급속한 발전을 이끈 마이크로소프트(Microsoft)의 창업자 빌 게이츠(Bill Gates, 1953-), 플랫폼 기술을 스마트폰에 탑재함으로써 일상생활에 혁명적인 변화를 가져온 애플(Apple)의 창업자 스티브 잡스(Steve Jobs, 1955-2011), 빅데이터 혁명을 이끌고 있는 구글(Google)의 창업자 래리 페이지(Larry Page, 1973-)와 세르게이 브린(Sergey Brin, 1973-), 혁신적 전기자동차 회사인 테슬라(Tesla)의 창업자 일론 머스크(Elon Musk, 1971-) 등이 쉽게 떠오른다. 그러나 정치경제학의 새로운 패러다임을 제시할 21세기의 애덤 스미스는 쉽게 떠오르지 않는 이유는 무엇일까? 혹시 사람이 아니라 딥러닝(Deep Learning)과 같은 기계학습(Machine Learning)으로 무장한 인공지능(Artificial Intelligence)이 그의 자리를 차지하게 되는 것은 아닐까?

1.2 자유무역이론의 전제조건과 현실적 한계

누차 강조했듯이 자유무역은 이론적으로 흠잡기가 어렵다. 그럼에도 자유무역이론은 그저 이론의 수준에 머물러 있을 뿐, 현실에서는 거의 언제나 중상주의와 보호무역주의의 뒷전 신세를 면치 못해 왔다. 이론적으로 월등하고 경험적으로 타당성이 입증된 자유무역정책이 열세에 몰리는 이유는 무엇일까? 자유무역이론을 상세히 고찰하기에 앞서, 이 절에서는 자유무역이론의 주요 가정과 그것들의 현실 타당성 혹은 실현 가능성 측면에서의 문제제기를 살펴본다. 또한 자유무역의 결과로 나타나는 상대적 이득의 분배와 관련된 정치적 차원의 문제를 고찰함으로써 자유무역이론을 좀 더 깊이 이해하기 위한 출발점으로 삼으려 한다.

1.2.1 거시경제의 불균형과 자유무역이론

자유무역이론의 중요한 가정은 모든 자원이 완전고용 상태에 있다는 것이다. 그렇지 않으면 가격구조의 왜곡이 불가피해지기 때문이다. 여기서 완전고용이 토지, 자본, 노동 등 모든 생산요소가 항상 완전한 고용상태에 있어야 함을 뜻하는 것은 아니다. 신기술이 등장하고 수요가 변화하는 동태적인 경제에서 완전고용 상태는 가능하지도 바람직하지도 않다. 대부분의 생산요소가 대체적으로 고용된 상태에 있고, 구조조정이 이루어지는 단기간으로 비고용 상태가 국한되는 정도면 족하다. 이런 수준으로 자원의 완전고용이 이루어지지 않는 상황에서는 자유무역이 반드시 최선이라고 말하기 어렵다.

그렇다고 해서 실업과 같은 거시경제 불균형이 보호무역을 정당화하는 것은 아니다. 특히 재정·금융정책 등 거시경제 관리능력이 향상된 선진국의 경우 고용 유지를 위해 정부가 수입을 제한하거나 수출을 촉진해야 할 경제적 필요성은 크게 낮아졌다. 재정·금융정책이 실업 문제를 단시일에 완전히 해소하기는 어렵지만 실업으로 인한 가격구조의 왜곡을 상대적으로 빠르게 시정하고, 그에 따른 사회적 비용도 낮출 수 있다. 실업으로 인한 가격구조의 왜곡을 보호무역정책으로 해결하려는 시도는 바람직하지 않다는 말이다.

거시경제 차원에서 보호무역이 주된 정책수단으로 동원되는 또 다른 경우가 무역수지 적자 문제가 발생할 때이다.[7] 무역수지 적자는 흔히 실업 이슈와 연계되어 그 파급력이 크다. 무역수지 적자를 마치 수출국이 수입국 국내의 시장과 일자리를 빼앗아간다는 것을 입증하는 지표인 양 호도하면서 보호무역을 정당화하는 것을 흔히 볼 수 있다. 국내의 고용문제, 더 나아가 무역수지 문제를 해결하는 데 있어서 보호무역만큼 정치인들에게 매력적인 정책수단도 없다(Bergsten and Williamson, 1983: 102-03). 대표적 사례가 미국 트럼프 대통령이다. 그는 임기 중 "중국이 미국의 일자리를 훔쳐간다(China steals American jobs)"는 정치적 수사를 즐겨 사용했다.[8]

---

7) 자유무역이론의 가정 중 하나는 경상수지(current account)가 장기적 균형상태에 있을 때 자유무역이 최선이고 유지 가능하다는 것이다. 그러나 현실 세계에서 경상수지가 항상 균형상태에 있기는 불가능하다. 장기적으로는 안정성을 가질 수 있지만, 단기적으로는 흑자이거나 적자이거나 할 수밖에 없다. 경상수지는 무역수지, 투자소득, 이전수지의 합을 말하는데, 이 가운데 무역수지가 일반적으로 가장 큰 부분을 차지하기 때문에 경상수지 적자는 무역수지의 적자를 반영하고, 따라서 무역수지는 무역장벽 여하에 따라 좌우되는 것으로 잘못 생각하는 경향이 있다. 그러나 거시경제 관점에서 보면 경상수지는 그저 한 나라의 저축과 투자의 차이를 반영할 뿐이다. 투자가 저축을 상회하는 국가는 그 차이만큼의 자원을 외국에서 얻을 수밖에 없으므로 경상수지의 적자를 기록하게 되고, 저축이 투자를 상회하는 국가는 경상수지 흑자를 기록하게 되는 것이다. 따라서 비록 경상수지 적자를 기록하고 있다고 하더라도, 투자가 적절하게 이루어지고 있다면 경제성장이 촉진될 것이므로 외채문제가 발생할 염려가 별로 없다.

8) 미국의 무역 상대국이 미국의 일자리를 빼앗아간다는 인식(The Myth of Stealing American Jobs)이 본격화된 것은 리차드 닉슨(Richard Nixon) 대통령 시절(1969-1974)로 거슬러 올라간다. 베트남 전쟁으로 인해 미국의 무역수지 적자가 눈덩이처럼 커지고 전비조달을 위한 통화량

2007년 미국발 금융위기를 전후로 촉발된 글로벌 거시경제 불균형(global imbalances) 논란도 이와 관련이 있다. 2007년을 전후해서 미국과 남유럽 국가들이 수년간 막대한 경상수지 적자를 기록한 반면에 중국 등 신흥경제국들이 지속적으로 경상수지 흑자를 기록하면서 이러한 세계경제 차원에서 불균형 문제가 제기되었다. 먼저 미국 연방준비제도이사회(Federal Reserve Board: FRB) 의장 (2006－2014)을 지낸 벤 버냉키(Ben S. Bernanke)가 2005년 제시한 '저축 과잉설 (savings glut hypothesis)'을 중심으로 전개된 주장이 있다. 이 주장에 따르면 중국 등 지속적인 경상수지 흑자국, 즉 저축 과잉국으로부터 미국 자본시장으로 끊임없이 자본이 유입되었기 때문에 미국의 긴축 통화정책에도 불구하고 미국 내에서 저금리가 유지되었고, 따라서 서브프라임 모기지 사태(sub－prime mortgage crisis)와 같은 금융위기가 왔다는 것이다. 결국 불균형의 근본적인 해결을 위해서는 흑자국들이 저축을 줄이는, 즉 이들이 대외수입을 확대하는 정책을 펴야 한다는 주장으로 요약된다.[9]

이처럼 현실 국제정치경제에서 무역수지 문제가 무역분쟁으로 비화될 개연성은 언제나 높다. 특히 미국과 중국 간의 국제수지와 무역정책을 둘러싼 긴장과 갈등은 현재진행형이다. 이 두 국가의 관계는 자유무역정책의 유지가 왜, 그리고 얼마나 힘든 일인지를 잘 보여준다.

1.2.2 무역의 소득분배 효과와 자유무역이론

무역은 언제나 대내적으로 절대적 또는 상대적 의미에서의 승자와 패자를 만들어내고 분배적 정의 문제를 야기한다. 아래 제4절에서 자세히 검토하는 스톨

증가로 달러 가치가 급락하자 닉슨 대통령은 1971년 8월 15일 전격적으로 금태환 정지선언을 했다. 이 조치에 따라 금 1온스를 35달러에 고정시켰던 전후 브레튼우즈체제의 통화 부문이 붕괴되었다. 당시 미국의 실업률은 6.1%, 인플레이션율은 5.8%에 달했다. 그는 달러화를 보호하고 무역수지를 개선하며 미국 시민을 위한 일자리를 늘리기 위해(to protect the dollar, to improve our balance of payments, and to increase jobs for Americans) 10%의 추가 관세 부과를 선언했다(Richard Nixon, "Address to the Nation Outlining a New Economic Policy: The Challenge of Peace", http://www.presidency.ucsb.edu/ws/?pid＝3115).

9) 이에 대항하듯 중국을 중심으로 '유동성 과잉설(money glut hypothesis)'이 유포되었다. 이에 따르면 글로벌 거시경제 불균형의 근본적 원인은 기축통화인 달러를 마구잡이로 찍어온 미국 금융당국에 있다. 따라서 기축통화로서의 미국 달러화의 영향력을 줄이고 그 대안, 예를 들면 IMF 의 특별인출권(Special Drawing Right: SDR)의 확대를 모색해야 한다는 주장이다(Wolf, 2008).

퍼-사뮤엘슨 정리(Stolper-Samuelson theorem)에 따르면, 무역의 확대는 수출산업 부문에 집약적으로 사용된 생산요소의 소득을 증가시키고, 수입대체산업 부문에 집약적으로 사용된 생산요소의 소득을 감소시킨다. 제1장에서 예시한 바 있듯이, 수출 확대에 따른 생산자잉여의 증가와 질 좋고 값싼 수입품을 통해 얻을 수 있는 소비자잉여의 증가분의 합계는 수입품과의 경쟁에서 밀려나 도태되는 기업과 근로자들이 입는 손해보다 크다. 그러나 이렇게 생긴 무역이득은 국가경제 전체적 차원의 얘기일 뿐, 도태된 기업이나 실직한 노동자에게는 전혀 위로가 되지 않는다.

이론적으로 본다면 국제무역을 통해 국가경제 전체적으로는 순이득(net gains)이 발생되므로 소득이 증가한 집단으로부터 감소한 집단으로 소득 재분배가 가능하다. 무역이득을 많이 얻은 집단에 높은 세금을 부과하고, 이를 재원으로 피해집단에 이면보상(side payments)을 한다면 후자의 불만을 어느 정도 완화할 수 있다. 여기서 자유무역과 보호무역의 차이가 발생하는데, 자유무역의 이득집단은 피해집단의 손실을 보상한 후에도 전보다 높은 수준의 후생을 달성할 수 있지만, 보호무역으로 이익을 얻는 집단은 피해집단에 보상을 제공하고 나면 전보다 후생이 감소한다.

이런 까닭에 자유무역이론은 무역의 결과 발생하는 소득분배 문제가 잘 해결된다는 전제를 깔고 있다. 하지만 현실 정치경제에서는 이런 소득 재분배 기능이 제대로 작동하지 않는 경우가 많다는 데 문제가 있다. 이때 자유무역의 피해집단은 당연히 자유무역의 정통성에 대해 의문을 제기하면서 보호무역을 요구할 것이고, 이들이 정치인들과 관료들에게 집요하게 로비를 할 때 자유무역정책을 유지하기가 어려워지는 것은 불문가지다(Baldwin, 1985: 7).

국제무역과 관련한 적절한 소득 재분배 정책의 추구 여부는 기본적으로 각국의 정치 수준에 달린 문제이기도 하고 소득 재분배 정책수단의 선택과 직결된 문제이기도 하다. 전통적인 소득 재분배 수단은 조세나 정부지출 등의 재정정책이다. 다만 모든 소득 재분배 정책수단은 자원배분을 왜곡시키는 부작용을 안고 있다는 점에서는 차이가 없다. 따라서 재정정책과 보호무역정책 중 더 경제적인 또는 덜 비효율적인 정책수단을 활용하는 것이 바람직하다. 하지만 유감스럽게도 정치인들은 국내정치적으로 저항이 덜한 보호무역정책을 선호하는 경향이 강하다. 정치적 저항이 따르기 마련인 세금을 거두어 피해집단을 재정적으로 돕기보다는 보호무역정책을 통해 피해 발생의 일부 또는 전부 막는 방식이 정치적으로나 행정적으로나 쉽고 편리하기 때문이다.

1.2.3 국가 간 상대적 이득의 문제

자유무역이론의 또 다른 가정은 다른 조건이 동일하다면 모든 무역 참여국의 후생이 증가한다는 것이다. 아래에서 비교우위이론으로 설명하는 바와 같이, 아무 산업 분야에서도 절대적 우위를 누리지 못하는 국가일지라도 절대적 열위가 상대적으로 덜 한 분야가 곧 자국이 비교우위를 갖는 분야가 된다. 이 분야에서 전문화를 추구하고 다른 분야에서는 수입에 의존한다면 이 국가도 자유무역의 수혜국이 될 수 있다.

이처럼 총후생의 관점, 즉 절대적 무역이득의 관점에서 자유무역을 본다면 경제(학)적으로는 아무런 문제가 없다. 그러나 이를 국제정치경제학 관점에서 보면 그 함의는 그리 간단하지 않다. 제2장에서 언급한 허쉬만의 주장처럼, 무역은 상대국에 대한 의존을 낳고, 국가 간 권력관계를 변화시킨다. 자유주의자들은 무역의 확대가 국가 간 의존관계를 긴밀하게 만들어 분쟁을 억제할 것이라고 보지만, 현실은 그 반대인 경우도 많다. 무엇보다 무역 강대국이 약소국을 무역관계에 있어서뿐만 아니라 군사적으로 침탈하고 착취한 사례가 적지 않다. 국제무역규범이 확립되기 이전에는 특히 그랬다. 물론 오늘날의 사정은 다르다. 제아무리 강대국이라 할지라도 국제규범을 위반하면서까지 약소국의 이익을 침해하는 것은 규범적으로 용인되지 않는다. 최소한 위신과 체면이라도 깎이지 않으면 안 된다.[10]

---

10) 그러나 여전히 보복의 가능성만으로도 상대국과의 무역에 의존적인 국가가 불안에 떨어야 하는 경우가 많다. 2016년 7월 한국 정부가 주한미군의 고고도 미사일 방어체계(Terminal High Altitude Area Defense: THAAD) 배치를 결정한 이후 중국이 안보 영역에서의 불만을 통상 분야에서 쏟아내지는 않을까 하는 불안감이 많았던 것도 같은 맥락이다. 실제로 사드배치 이후 중국인 관광객들이 급감했고 한류 콘텐츠 수출도 크게 줄어들었다. 국내의 대표적 중국 유통업 진출 기업인 롯데마트는 중국 정부로부터 소방·위생·환경 규정 위반을 이유로 영업정지 처분을 받아 매출이 급감했고, 제조업의 대표주자인 현대자동차 역시 중국 정부와 기업의 직·간접적인 조치로 인한 피해를 입은 것으로 알려졌다. 물론 이들 피해는 대개 서비스 분야에 국한되었고, 중국이 본격적인, 즉 상품무역 분야에서 무역보복을 하지 않은 상황에서 입은 것이다. 2015년 당시 한국의 대중국 무역의존도(=[수출+수입]/GDP)는 16.5%로 대미 무역의존도(8.4%)와 대

그럼에도 무역은 여전히 상대적 이득의 문제에서 자유롭기는 힘들다. 무역을 통한 이득이 국가 간에 동일하지 않은 이상, 무역으로 인한 후생 증가가 다른 국가보다 더 빠른 국가는 상대적으로 더 많이 창출된 부를 국방에 투자할 수 있고, 이는 후자에게 안보위협을 야기할 수 있다. 따라서 절대적으로 보면 무역을 하는 것이 서로에게 이득일지라도 상대적 관점, 즉 현실주의적 관점에서는 경쟁국을 더욱 이롭게 만드는 일은 회피하든가, 이런 국가와의 무역 관계를 아예 단절하려는 경우가 있다(Gowa, 1995: 31).

데이비드 리카도(David Ricardo, 1772－1823)의 비교우위론에 입각한 주류 국제무역이론은 '남북문제(North－South problem)', 즉 부유한 선진국과 빈곤한 후진국의 경제적 차이를 고착시킬 위험을 안고 있다는 지적도 있다. 이런 지적은, 후술하는 바와 같이, 자연적 부존요소(natural endowment)에 따라 비교우위가 정해진다고 보는 고전파 무역이론의 약점이 되기도 한다. 이 이론에서는 애초에 부가가치가 낮은 비숙련 노동집약적 산업에 특화한 국가는 나중에 이 산업에서 헤어나올 수 있는 길을 찾을 수 없다는 결론에 도달하게 된다.

이상에서 자유무역이론이 현실 정치경제에서 수세에 몰리는 이유를 살펴보았다. 20세기 후반 이후 고전파 자유무역이론의 한계와 약점은 기술과 혁신을 이론에 도입한 '신무역이론(new trade theory)'이나 '자기발견(self discovery)' 요소를 강조하는 '신산업정책이론(new industrial policy)' 등의 논의를 통해 부분적으로나마 보완되어 왔다. 그럼에도 제2장에서 인용한 크루그먼의 말처럼 자유무역이론

유럽연합 무역의존도(7.3%)의 두 배 또는 그 이상이었다. 같은 해 기준으로 한국의 총 교역 규모는 1조 달러였는데 이 중 23%인 2,300억 달러를 중국과 교역했고, 전체 흑자 900억 달러의 52%에 달하는 468억 달러를 중국으로부터 거두는 등 중국에 대한 의존도는 한국 경제의 양날의 칼이 되고 있다. 한편, 코로나－19 사태 속에서 벌어진 호주－중국 간 무역 갈등은 서비스가 아닌 상품에 대한 보복을 중심으로 전개되었다는 점에서 사드사태와는 사뭇 같은 듯 다르다. 2020년 한 해 동안 호주 정부는 중국 정부를 꽤나 자극했다. 특히 바이러스 발원지인 우한(Wuhan)을 포함한 확산 경로에 대한 조사 요구, 홍콩과 위구르(신장)의 인권탄압 비난, 화웨이(Huawei)의 5G 사업 불허, 중국의 세력 확장을 역제하기 위한 4자산 사억안보 협의체 쿼드(Quad)' 참여 등 미국 주도의 대중 압박전략에 적극적으로 동참한 것이다. 중국은 즉시 무역보복에 나섰다. 호주산 와인에 212%의 반덤핑 관세 부과는 물론 상계관세까지 부과했다. 호주산 보리에는 80%의 관세를 매겼고 쇠고기·석탄·목재 등에도 수입제한 조치를 가했다(김성윤, 2020; 안용현, 2020). 호주는 중국의 조치가 WTO 규범 위반이라며 분쟁해결기구에 즉시 제소하였으나 막대한 피해를 막기에는 역부족이었다. 중국 조치의 불법성은 논외로 하더라도 40%에 달하는 과도한 대중국 수출의존도가 부른 화였다.

은 아무런 흠결도 없는 지고지순의 정치경제학적 신념체계는 아니다. 하지만 그런 한계와 약점 때문이 아니라(not because of), 그런 한계와 약점에도 불구하고 (but in spite of) 자유무역이론은 여전히 우리가 의존할 수밖에 없는 인식체계이자 세계관이다. 다시 말해 자유무역이론의 요체인 비교우위론의 사상적·이론적 토대는 여전히 굳건하다.

아래의 절들에서는 비교우위론을 각각 정태적 관점과 동태적 관점에서 살펴본 후 국제무역의 소득분배 효과를 이론적으로 검토한다. 이어서 비교우위론에 대한 일반적 오해를 비판적으로 검토한다.

2. 정태적 비교우위론

2.1 리카도의 비교우위론

1817년에 발간된 저서 『정치경제학 및 조세원리(The Principles of Political Economy and Taxation)』에서 영국의 데이비드 리카도는 비교우위에 따른 전문화와 교환을 통해 무역에 참여하는 모든 국가들이 이득을 얻을 수 있다는 사실을 명쾌하게 설명했다.[11] 그는 그 유명한 영국-포르투갈 간의 옷감-포도주 교역 사례를 통해 영국은 두 재화의 생산 모두에서 포르투갈보다 절대적인 열위에 서 있지만, 만일 영국이 비교우위가 있는 옷감 생산에 특화하고 그 잉여생산물을 포르투갈에 수출하는 반면에 포도주는 전량 포르투갈로부터 수입하면 영국의 총후생 수준은 전보다 향상된다는 사실을 입증했다.

영국과 포르투갈은 각각 2단위의 생산요소(여기서는 노동이라고 하자)를 부존자원으로 갖고 있고 각각 1단위의 생산요소를 사용해 옷감과 포도주를 생산하고

---

11) 여기서 주의할 점은 리카도의 비교우위 개념이 스미스가 사용한 절대우위 개념과 구분된다는 점이다. 스미스는 모든 국가가 적어도 한 산업에서는 우위를 지녀 그 국가가 수입하는 만큼 수출할 수 있는 능력을 갖고 있는 것으로 단순 가정했다. 하지만 실제로는 어떤 산업에서도 우위를 지니지 못한 국가가 있을 수 있는데, 과연 이런 국가도 무역을 통해 이득을 얻을 수 있는지에 대해 명쾌한 설명을 제시하지 못했다. 사실 스미스가 말한 국가의 우위는 비교우위가 아니라 절대우위를 지칭하는 것이었다. 다시 말해 더 적은 요소투입으로 동일한 재화 한 단위를 생산해 낼 수 있는 국가가 그 재화 생산에서의 우위를 지닌다는 '절대적 생산성 우위(absolute productivity advantage)'를 뜻하는 것이었다.

이를 모두 자국 내에서 소비한다고 가정하자.[12)

〈표 3.1〉 자급자족경제에서 각국의 생산량과 소비량

	옷감	포도주
영국	100	120
포르투갈	150	210
합계	250	330

〈표 3.1〉에서 보는 바와 같이 자급자족경제에서 영국은 각각 1단위의 생산요소로 100단위의 옷감과 120단위의 포도주를 생산해 이를 모두 국내에서 소비한다. 포르투갈은 각각 1단위의 생산요소로 150단위의 옷감과 210단위의 포도주를 생산하고 이를 모두 국내에서 소비한다. 포르투갈과 비교할 때 영국은 1단위의 옷감을 생산하기 위해 포기해야 하는 포도주의 단위가, 포르투갈이 1단위의 옷감을 생산하기 위해 포기해야 하는 포도주의 단위보다 작다([120/100] < [210/150]). 반대로 포르투갈은 1단위의 포도주를 생산하기 위해 포기해야 하는 옷감의 단위가 영국이 1단위의 포도주를 생산하기 위해 포기해야 하는 옷감의 단위보다 작다 ([150/210] < [100/120]). 따라서 영국은 포도주보다 옷감의 생산에서, 포르투갈은 옷감보다 포도주의 생산에서 상대적 생산성이 높다는 사실을 알 수 있다. 이때 우리는 영국은 옷감 생산에, 포르투갈은 포도주 생산에 각각 비교우위를 지니고 있다고 말한다.

여기서 주목할 점은 포르투갈이 옷감과 포도주 생산 모두에서 영국보다 생산적이고, 따라서 절대우위를 갖고 있다는 사실이다. 다시 말하면 포르투갈만이 두 재화를 생산해 영국에 수출할 수 있고, 이를 통해 이득을 얻을 수 있을 것처럼 보인다는 점이다. 이것이 일반적인 생각이다. 그런데 리카도는 아마도 이런 논리만 가지고서는 영국이 포르투갈에 옷감을 수출하고, 포르투갈은 영국에 포도주를 수출하는 현실을 설명할 수 없다는 점에 착안했던 것 같다.

---

12) 원전의 예에서는 포르투갈이 영국에 비해 더 적은 노동시간을 투입해 옷감과 포도주를 각각 한 단위씩 생산한다고 가정한다. 즉 포르투갈이 두 재화 모두를 좀 더 효율적으로 생산할 수 있다는 것이다. 이 절에서는 설명의 편의를 위해 생산비용 대신 이를 반영한 생산량 개념을 사용한다.

그의 비교우위론은 비록 어떤 국가가 두 재화 모두의 생산에서 절대우위를 갖고 있고, 상대국은 그 두 재화의 생산 모두에서 절대열위에 있을지라도 양국이 상대적으로 우위인 (또는 상대적으로 열위가 덜한) 재화의 생산에 주력해 무역을 한다면 양국이 공히 무역이득을 얻을 수 있다는 것을 설명해 주는 이론이다.

〈표 3.2〉를 통해 이를 밝혀보자. 영국과 포르투갈 양국의 생산함수가 규모수익 불변(constant returns to scale)의 특성을 갖고 있고, 국내에서 생산요소의 산업 간 이동이 자유로우며, 포도주로 표시된 옷감 생산의 기회비용(옷감 1단위를 추가로 생산하기 위해 포기해야 하는 포도주의 수량)이 고정불변이라고 가정하자.13) 이 경우 영국이 2단위의 생산요소를 오로지 옷감 생산에 투입하면 200단위의 옷감을 생산할 수 있고, 포르투갈이 2단위의 생산요소를 오로지 포도주 생산에 투입하면 420단위의 포도주를 생산할 수 있다.

〈표 3.2〉 전문화에 따른 생산량의 변화

	옷감	포도주
영국	200	0
포르투갈	0	420
합계	200	420

이제 전문화 전후의 총생산량을 비교해 보자. 자급자족 상황에서 영국과 포르투갈이 생산하는 옷감은 모두 250단위이고 포도주는 330단위이다. 반면에 각국의 비교우위에 따라 생산의 전문화가 이루어지면 옷감은 모두 200단위, 포도주는 모두 420단위가 생산된다. 옷감의 생산은 50단위 감소하지만 포도주의 생산은 90단위가 증가함을 알 수 있다. 영국에서 50단위의 옷감은 60단위의 포도주로 환산되고, 포르투갈에서 50단위의 옷감은 70단위의 포도주로 환산된다. 따라서 영국과 포르투갈 두 국가 모두에서 포도주 생산의 증가분(90단위)은 옷감 생산의 감소분(50단위)을 (기회비용의 관점에서) 상쇄하고도 남는다.

이때 양국 모두에게 생산의 전문화를 유인하는 기제는 상대가격의 차이와

---

13) 이것은 생산가능곡선(production possibility curve)이 X축과 Y축과 만나는 우하방의 일직선임을 뜻한다.

그 차이에서 오는 변화이다. 포도주와 옷감의 상대가격(=포도주 가격/옷감 가격)은 영국이 포르투갈보다 높다. 영국의 경우 비교우위를 갖는 옷감이 상대적으로 싸고 비교열위를 갖는 포도주가 상대적으로 비싼 반면, 포르투갈은 포도주가 상대적으로 싸고 옷감이 상대적으로 비싸기 때문이다. 무역의 개시와 더불어 영국의 상대가격은 내려가고 포르투갈의 상대가격은 올라갈 것이다. 무역 이후에는 잉여생산되어 수출이 될 옷감의 가격은 올라가고 생산이 이루어지지 않아 전량 수입될 포도주의 가격은 내려가기 때문이다. 포르투갈의 경우는 반대로 옷감의 가격은 내려가고 포도주의 가격은 올라가서 상대가격이 높아진다. 수출과 수입이 균형을 이루는 시점에서 양국의 상대가격의 변화는 멈추고 하나의 균형 상대가격에 수렴한다. 일직선인 생산가능곡선을 가정하는 리카도 모형에서 상대가격이 변할 때 옷감 또는 포도주에 완전 전문화(complete specialization)를 하는 것이 비용극소화 전략 차원에서 유리하다.

이제 각국은 잉여생산물을 교환할 동기를 갖게 된다. 영국은 옷감을 포르투갈로 수출하는 대신 포르투갈로부터 포도주를 수입할 것이다. 결과적으로 교역은 외국으로부터 값싼 물건의 수입을 가능하게 하므로, 양국 소비자의 예산선(budget line), 즉 소비가능곡선(consumption possibility curve)을 자국의 생산가능곡선 바깥쪽으로 확장시키는 효과를 갖는다. 예산선의 기울기는 곧 두 재화의 상대가격이므로 상대가격이 낮아지는 영국의 경우 포도주의 소비 가능성을 증가시키는 방향으로, 상대가격이 높아지는 포르투갈의 경우 옷감의 소비 가능성을 증가시키는 방향으로 각각 소비가능곡선이 확장된다. 따라서 양국 소비자는 새로운 소비가능곡선 상에서 두 재화의 조합을 선택할 수 있게 되어 자급자족경제 아래서보다 좀 더 높은 후생수준에 도달할 수 있게 된다.

〈그림 3.3〉은 무역 전후로 영국의 일반균형이 어떻게 변화하는지 보여준다. X축과 Y축은 각각 포도주와 옷감의 생산량을 나타내며 〈표 3.1〉과 〈표 3.2〉의 수량적 예시와 같다. 자급자족 상황에서 영국은 A^H에서 생산하고 소비한다. Y절편(0, 200)과 X절편(240, 0)을 관통하는 우하향의 일직선은 영국 경제의 생산가능곡선인데, 이는 포도주와 옷감의 상대가격곡선의 기울기(P_X/P_Y)와 정확히 포개진다. 따라서 영국의 옷감 생산자와 포도주 생산자는 생산가능곡선 상의 어느 점에서 조합을 이루더라도 이윤극대화 조건을 충족한다. 생산자의 입장에서 상대가격

곡선은 곧 등수입곡선(iso-revenue curve)을 의미하고, 생산가능곡선과 등수입곡선이 접하는 지점에서 생산자의 이윤이 극대화되기 때문이다. 반면에 소비자의 후생극대화 점은 무차별곡선과 상대가격곡선이 접하는 A^H에서만 이루어진다. 여기서 주목할 점은 A^H가 생산자 균형과 소비자 균형이 동시에 이루어지는 일반균형이라는 것이다.

한편, 영국이 비교우위에 따라 포르투갈과 교역을 개시하면 앞서 설명한 바와 같이 상대가격곡선의 기울기가 평평해진다. 따라서 A^H는 더 이상 비용극소화 및 이윤극대화 점이 아니다. 다시 말해 ① 새로운 생산자 균형은 새로운 상대가격곡선과 생산가능곡선이 접하는 유일한 점인 P^H에서 이루어진다. ② 이때 주목할 점은 평평한 상대가격곡선은 새로운 소비가능곡선을 의미한다는 것이다. 따라서 소비자는 이제 새로운 상대가격곡선과 무차별곡선이 접하는 C^H에서 효용을 극대화할 수 있게 된다. 이처럼 리카도 모형에서 무역의 이득은 두 단계, 즉 ① 전문화의 이득($A^H \rightarrow P^H$)과 ② 교환의 이득($P^H \rightarrow C^H$)으로 구성된다.

〈그림 3.3〉 리카도 모형의 작동원리(영국의 사례)

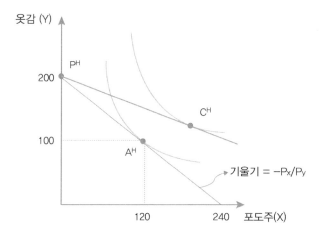

2.2 헥셔-올린 모형

리카도 모형은 교역이 발생하는 원인과 그 결과를 설명하는 데 아주 유용한 모형이지만, 이 모형을 현실에 그대로 적용하는 데는 많은 한계가 있다. 특히 리카도 모형은 극단적인 전문화를 예측하지만 실제 사례를 찾아보기는 어렵다. 이는 이 모형이 노동가치설에 입각해 생산요소를 노동이라는 단일요소로 국한해 생산가능곡선을 직선으로 상정했기 때문이다. 이 밖에도 여러 비판이 있지만, 그 가운데 가장 강력한 비판은 리카도 모형이 비교우위를 결정하는 요인으로 국가별 요소부존도(factor endowment)의 차이를 간과했다는 점이다.

1933년 스웨덴 경제학자 엘리 헥셔(Eli F. Heckscher, 1879-1952)와 그의 제자 버틸 올린(Bertil G. Ohlin, 1899-1979)은 리카도 모형의 한계를 극복할 수 있는 모형을 제시했다. 이들은 리카도 모형의 예측과는 달리 실제 영국과 포르투갈은 어느 한 재화의 생산에 완전 특화하지 않고 두 재화를 모두 생산했다는 사실에 주목했다. 헥셔-올린 모형은 노동과 자본이라는 두 가지의 생산요소를 갖춘 (따라서 원점에 대해 오목한 생산가능곡선을 가진) 두 국가 모두 한 가지 재화 생산에 완선 특화하기보다는 두 재화를 모두 생산하되, 자본이 풍부한 국가는 자본집약적 재화를, 노동이 풍부한 국가는 노동집약적 재화를 생산해 수출한다는 보다 현실적인 설명을 제시했다. 헥셔-올린 모형은 리카도 모형이 제시한 비교우위원리의 작동원리 그 자체를 부정하지 않는다. 리카도는 생산기술의 차이를 비교우위의 원천으로 본 데 반해, 헥셔-올린은 요소부존도의 차이를 비교우위의 원천으로 봤다는 점만 다를 뿐이다.

헥셔-올린 이론의 핵심은 두 국가(H국과 F국)가 두 가지 생산요소(자본[K]과 노동[L])로 두 가지 재화(X재와 Y재)를 생산하는 소위 '2×2×2'의 세계를 상정하는 것이다. 이 이론의 추가적인 다른 가정들, 그리고 그로부터 도출되는 예측을 정리하면 다음과 같다(Krugman, Obstfeld, and Melitz, 2018: Chapter 5).

첫째, 두 국가는 모두 자본과 노동을 보유하고 있는데 새로운 자본이나 노동의 유입 또는 유출이 없다고 가정하면, 두 자원의 상대적 부존상태(relative factor endowment)는 다르다. 편의상 H국은 자본이 상대적으로 풍부한 반면 노동이 상대적으로 희소하고 F국은 그 반대라고 가정한다.

둘째, 두 국가는 자국의 자본과 노동으로 X재와 Y재를 동시에 생산하지만

상대적 요소집약도(relative factor intensity)는 다르다. 또한 이들 생산요소는 자국
산업 내에서만 이동이 가능하며 항상 완전고용 상태에 있다고 가정한다. 여기서
X재는 노동을 더 집약적으로 사용하는 재화이고, Y재는 자본을 더 집약적으로
사용하는 재화라고 가정하자.

셋째, 이런 상태에서 두 국가는 각기 상대적으로 풍부하게 보유하고 있는 생
산요소를 집약적으로 사용하는 재화의 생산에 비교우위를 갖는다. 즉 H국은 Y재
의 생산에, F국은 X재의 생산에 각각 비교우위를 갖는다. 두 재화의 상대가격
(=X재 가격/Y재 가격)이 F국보다 H국에서 더 높기 때문이다. 다시 말해 H국은 상
대적으로 풍부하게 갖고 있는 자본을 더 집약적으로 사용해 더 저렴하게 생산할
수 있는 Y재의 생산에, F국은 상대적으로 풍부하게 갖고 있는 노동을 더 집약적
으로 사용해 더 저렴하게 생산할 수 있는 X재의 생산에 비교우위를 갖는다. 이러
한 상대가격 체계는 앞서 리카도 모형에서 본 옷감과 포도주의 사례에서 설명한
바와 동일하다.

넷째, 이러한 비교우위에서의 차이에 따라 각국은 자국이 풍부하게 보유하고
있는 생산요소를 집약적으로 사용해 생산하는 상품을 수출하고, 대신에 희소하게
보유하고 있는 생산요소를 집약적으로 사용해 생산하는 상품을 수입할 것이다.
H국은 비교우위가 있는 Y재 생산에 특화하고 그 생산을 늘리게 되는데, 이때 Y
재 생산에 집약적으로 사용되는 자본의 요소가격이 상승하고, 그로 인해 Y재의
생산단가가 올라가면 두 재화의 상대가격은 하락한다. 그 결과 H국의 소비자들
은 상대적으로 비싸진 Y재의 소비를 줄이게 되므로 잉여생산물이 생기고, 이 잉
여생산물은 Y재 가격이 상대적으로 높은 F국으로 수출된다. 여기서 운송비용 등
은 없다고 가정한다. 같은 논리에 따라 F국은 X재의 생산을 늘리고 그 잉여생산
물을 H국에 수출할 수 있게 된다. 여기서 양국 소비자는 동일한 선호체계를 갖는
다고 가정하면, 양국의 소비자는 상대적으로 가격이 비싸진 자국 수출품의 국내
소비는 줄이지만, 대신에 값싸게 들어오게 된 수입품의 소비를 늘릴 수 있게 되
므로 소비자 후생은 증가한다.

이상을 그림으로 설명하면 〈그림 3.4〉와 같다.

〈그림 3.4〉 헥셔–올린 모형의 작동원리

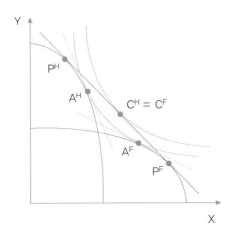

　　우선 XY 평면에서 H국과 F국의 생산가능곡선은 원점에 대해 오목한 곡선 형태를 취한다. Y재에 비교우위를 갖는 H국은 상대적으로 Y축에 치우친 생산가 능곡선을, X재에 비교우위를 갖는 F국은 상대적으로 X축에 치우친 생산가능곡선 을 가질 것이다. A^H와 A^F는 각각 무역 개시 이전의 자급자족 상황에서의 H국과 F국의 일반균형을 나타낸다. 다른 조건이 동일하면 이들 점에서 두 국가의 생산 자는 생산비용 극소화 및 이윤 극대화를, 소비자들은 효용 극대화를 달성한다. 이 두 점을 통과하는 두 국가의 상대가격곡선의 기울기가 다르다는 점을 주목하 자. 앞서 언급한 바와 같이 H국의 상대가격곡선은 F국의 상대가격곡선보다 가파 른 것을 알 수 있다.

　　P^H와 P^F는 두 국가가 무역을 개시한 이후 H국과 F국의 생산자 균형을 나타 낸다. 두 국가의 생산자는 각각의 점에서 새로운 생산비용 극소화 및 이윤 극대 화를 달성한다. 새로운 균형은 상대가격곡선의 변화를 통해 달성된다. 즉 무역이 개시된 이후 양국의 상대가격 곡선은 P^H와 P^F를 동시에 지나는 새로운 상대가격 곡선으로 수렴한다. H국의 입장에서는 상대가격 곡선이 낮아지고, F국의 입장에 서는 상대가격곡선이 높아지는 셈이다. 여기서 주목할 점은 자급자족 상황과는 달리 소비자들의 효용 극대화가 이루어지는 점과 생산자의 이윤극대화가 이루어 지는 점이 일치하지 않는다는 사실이다. 이는 무역이 개시된 이후에 양국의 소비 자는 자국의 생산가능곡선을 넘어서 소비할 수 있게 됨에 따라 전보다 높은 후생

수준인 C^H와 C^F를 달성할 수 있게 됨을 뜻한다.

여기서 무역이득은 앞서 리카도 모형과 마찬가지로 다음 두 과정을 거쳐 발생한다.

첫째, 전문화의 이득이다. H국과 F국은 각각 자국의 비교우위에 따라 각기 Y재와 X재의 생산에 특화함으로써 더 높은 생산성을 달성할 수 있다($A^H \rightarrow P^H$와 $A^F \rightarrow P^F$로의 이동).

둘째, 교환의 이득이다. 무역을 통해 소비자는 새로운 상대가격곡선에서 소비를 결정할 수 있게 된다. H국의 소비자는 점차 그 가격이 상승하는 수출상품 Y재의 소비를 줄이는 대신에 가격이 상대적으로 낮아진 수입상품 X재의 소비를 늘림으로써, 또 F국의 소비자는 H국 소비자와는 반대되는 결정을 함으로써 각각 효용을 극대화시킬 수 있다($P^H \rightarrow C^H$와 $P^F \rightarrow C^F$로의 이동).

헥셔-올린 모형은 그것이 발표되자마자 리카도 모형을 뛰어넘는 대표적 비교우위론으로 각광을 받았지만, 1953년에 미국의 경제학자인 와실리 레온티에프(Wassily Leontief)의 치명적 비판에 직면하게 되었다. 레온티에프는 실증연구를 통해 다른 어느 국가보다도 자본이 풍부하다고 알려진 미국의 수출상품이 수입상품보다 더 노동집약적이라는 사실을 발견했다. 이런 놀라운 사실은 레온티에프의 역설(Leontief paradox)로 불리면서 이후 무역패턴에 대한 많은 연구를 자극했다. 후속 연구들 중 일부가 미국의 수출상품이 수입상품보다 좀 더 '숙련노동(skilled labor)'집약적이라거나 '기술'집약적이라는 등의 사실을 밝혀내긴 했지만 지금까지도 레온티에프의 역설은 말 그대로 역설로 남아 있다.

더 나아가 헥셔-올린 모형은 대체로 농업과 천연자원 등 원재료의 무역패턴, 그리고 전자제품 조립과 같은 노동집약 산업의 후진국 입지 등에 대해서는 상당한 설명력을 갖는다. 그러나 공산품 무역이나 산업내 무역이 주를 이루는 선진국 간 무역패턴은 잘 설명할 수 없다는 비판도 받았다. 또한 여러 산업부문에서 불완전경쟁이 지배하고, 규모경제가 작동하며, 토지를 제외한 거의 모든 생산요소의 국제적 이동이 가능해지는 등 지극히 복잡하고 다양하게 전개되고 있는 오늘날 무역 현실을 모두 다 설명하기에는 역부족이라는 평가가 지배적이다.

그러나 한 가지 분명한 사실은 비교우위론은 국제무역의 원인과 효과에 대한 가장 기초적인 이론인 동시에 일반성이 대단히 높은 이론이며, 비교우위이론으로서 리카도 모형과 헥셔-올린 모형은 수많은 학자들에 의해서 보완되어 왔음에도 그 이론적 기초는 아무것도 수정된 바 없다는 것이다. 다음 절에서는 리카도와 헥셔-올린 이론의 정태성을 비판하고 그 외적 정합성(external coherence)을 보완하려는 시도들에 대해 살펴본다.

3. 동태적 비교우위론

3.1 규모경제이론

지금까지 살펴본 정태적 비교우위론은 다음 두 가지 기본 가정을 갖고 있다. 하나는 시장은 완전경쟁적이고, 따라서 언제 어디서든 새로운 경쟁기업이 참여할 수 있어서 독점이윤이 발생하지 않는다는 가정이다. 다른 하나는 생산량은 생산요소 투입에 비례해 증가한다는 '규모수익 불변'의 가정이다. 이런 가정하의 정태적 비교우위원리만으로 다양한 국제무역의 패턴을 설명하기 어렵다. 이를 잘 보여주는 사례 중 하나가 규모경제가 무역에 일으키는 효과이다. 국제무역에 관한 규모경제이론은 특히 위의 두 번째 가정에 대해 의문을 제기한다. 현실 세계에서는 생산요소 투입의 증가보다 생산량이 더 큰 비율로 증가하는 규모수익 체증(increasing returns to scale) 산업 또는 생산량이 증가함에 따라 단위 생산비가 점점 낮아지는 비용체감(decreasing cost) 산업, 즉 규모경제의 효과를 지니는 산업이 있다는 것이다.

규모경제 효과를 갖는 산업에서는 보통 생산규모가 큰 대기업이 소기업보다 유리하기 때문에 결국 독점이나 소수의 기업에 의한 과점이 나타나게 된다. 이는 이들 산업에 특화할 때 독과점적 이윤을 누릴 수 있게 된다는 뜻으로, 여러 국가가 규모경제 효과가 큰 산업에 특화하려고 하는 것은 이 때문이다. 규모경제에 따라 국가마다 생산을 전문화하면 자동적으로 국제무역이 일어난다. 자국이 생산을 전문화하는 상품은 수출하고, 전문화를 하지 않은 상품은 이를 특화 생산하는 국가로부터 값싸게 수입하는 것이 국내 생산보다 이롭기 때문이다.[14]

---

14) 여기서 한 걸음 더 나아간 것이 제2장에서 설명한 전략적 무역이론이다. 동 이론에 따르면, 규모경제가 존재하는 산업의 경우 둘 이상의 기업이 같은 산업 분야에 뛰어들 때 그 이윤이 매

이 이론에 입각한 설명이 적절한 대표적인 예가 글로벌 자동차와 휴대폰 시장이다. 글로벌 자동차 시장은 소수의 다국적기업이 여러 나라의 군소 자동차 업체들을 지배하는 시장이다. 2015년 전 세계 자동차 생산량은 약 9,000만 대로 추정되는데, 이 중 절반 가까운 4,300만 대를 도요타, 폭스바겐, GM, 현대/기아차, 포드 등 5대 메이커가 생산했다. 이런 구조를 가진 글로벌 자동차 시장은 다른 어떤 산업분야보다 경쟁이 치열하고, 시장도 대형 승용차, 소형 승용차, 대형트럭, 경유차, 전기차, 휘발유차 등으로 세분화되고 차별화되어 있다. 이 시장에서 미국은 벤츠나 BMW 등 유럽의 고급 승용차를 수입하고, 유럽 국가들은 GM과 포드의 소형차를 수입하는 일이 자연스레 일어난다. 애플의 아이폰과 삼성의 갤럭시가 주류를 이루는 스마트폰 시장도 이와 유사하다.

규모경제가 만들어내는 특이한 무역패턴이 바로 산업내 무역(intra－industry trade)이다. 산업내 무역은 지금까지 살펴본 산업간 무역에서 발생하는 이득에 더해 추가적인 이득을 발생시킨다. 다른 조건이 동일하다면 산업내 무역은 항상 더 큰 시장, 특히 더 큰 소비시장을 만들어내기 때문이다. 예를 들어 각각 15개 모델의 자동차를 생산하는 두 국가가 교역을 시작하여 모델 수를 각각 10개로 줄인다고 하자. 양국의 자동차 생산자는 더 높은 규모경제를 달성함으로써 생산성을 높일 수 있어 이득이고, 소비자는 20개 모델 가운데 하나를 선택할 수 있어 이득이 된다.

3.2 국가경쟁우위론

미국의 하버드 경영전문대학원 교수인 마이클 포터(Michael Porter, 1947－)는 기업 외적인(external to firms) 규모경제가 어떻게 국제무역을 일으키고 교역국 모두에게 호혜적 이득을 가져다주는지에 주목했다. 여기서 규모경제가 기업 외적이라는 말은 기업의 생산성이 기업이 아니라 그 기업이 속한 산업의 크기에 비례함을 뜻한다. 예를 들어 과거 부산지역의 신발산업은 전통적으로 다른 지역보다 우

우 적어질 수밖에 없다. 따라서 먼저 누가 진입하면 다른 경쟁자는 투자를 포기할 가능성이 높아진다. 이때 정부가 수출보조금 등의 정책을 통해 국내 기업을 지원하면 다른 국가의 동업종 기업이 진입을 포기하게 되어 궁극적으로는 다른 국가로부터 자국으로 이윤을 이전시킬 수 있게 된다.

위를 점했다. 부산이 신발산업의 메카처럼 된 것은 한국전쟁 중 신발업체들이 부산에 집중되면서부터다. 신발에 관한 시장정보가 빠르고 손쉽게 유통되고, 기능인력을 구하기 쉬우며, 고무 등 수입 원자재의 조달이 용이하게 이루어지는 등 부산이 신발산업의 최적지로 부상했기 때문이다.

이런 사례를 이론적으로 잘 설명해 주는 것이 포터의 클러스터 이론(cluster theory)이다. 어떠한 이유에서든 특정지역에 특정산업이 자리를 잡기 시작하면 그 지역에 있는 해당 산업의 모든 기업의 생산성이 올라가는 규모경제를 만들어낸다는 것이 이 이론의 핵심이다. 이는 특정지역 입지의 이점이 널리 알려지면서 집중현상이 가속화되고, 그러면서 산업기반이 팽창하고, 다시 이 과정은 선순환하기 때문이다. 이때의 규모경제는 기업외적 성격의 규모경제이므로 기업의 규모와는 무관하다. 대기업이라고 해서 소기업보다 반드시 더 큰 이득을 누리는 것은 아니라는 뜻이다.

이와 유사한 현상은 국제적 차원에서도 발견된다. 역사적인 이유로 어떤 국가에서 특정산업이 크게 성장했다면, 이 국가의 기업들은 생산성 면에서 타국의 동종 산업의 기업보다 경쟁력 우위를 지닐 수 있다. 이렇게 지역적으로 나타나는 경쟁력 우위는 자기강화적 속성을 지닌다. 이런 산업은 계속 확장되면서 더 큰 외부효과를 만들어내고, 결국 이 국가가 전적으로 이 산업에 특화하도록 만들고, 그래서 더 강한 경쟁력을 갖게 만드는 '특화의 가속화 과정'을 밟게 된다.

클러스터 효과로 인해 발생하는 무역은 교역국 모두에게 이득을 준다. 수출국은 무역을 통해 시장을 확대해 해당 산업의 규모경제를 더 크게 할 수 있어서 이득이고, 규모경제에 입각한 무역이 확대되면 누구든 가장 낮은 비용으로 생산하는 수출국으로부터 수입해 소비할 수 있으므로 수입국 입장에서도 이득이다. 따라서 규모경제를 갖는 산업이 하나도 없는 국가도 클러스터 효과로 인해 생겨나는 무역의 이득을 볼 수 있다.

포터의 클러스터 이론은 국가, 산업, 또는 생산요소 등 추상적 수준의 분석단위에 초점을 맞췄던 기존 무역이론을 구체적인 기업단위의 사례연구에 적용하여 이론적 논의를 더 풍부하게 했다는 점에서 높이 평가된다(Porter, 1990).15) 더

---

15) 포터는 다이아몬드 모델(Diamond model)로도 잘 알려져 있다. 이 이론은 기업이 경쟁력을 갖기 위한 요소를 ① 생산(요소)조건, ② 수요조건, ③ 관련 및 지원 산업, ④ 기업의 전략, 구조, 경쟁관계의 네 가지로 구분한다. 이는 정태적 비교우위를 뛰어넘는 새로운 '경쟁우위(com-

나아가 그의 이론은 산업 클러스터를 통해 기업 수준에서의 경쟁력이 산업 전체의 혁신으로 파급되고, 그것이 다시 국가경쟁력의 원천을 이룬다는 점을 설득력 있게 보여주었다.

4. 국제무역과 소득분배

자유무역이 누구에게나 이득이 된다면 자유무역을 반대할 사람은 아무도 없을 것이다. 그러나 앞에서 자유무역이론의 한계를 논하며 지적했듯이 국제무역도 승자와 패자를 만들어낸다.[16] 이 피할 수 없는 사실에서 국제무역에 대한 가장 우선적이고 기본적인 정치경제적 문제의식이 출발한다. 무역이 국가경제 전체에 미치는 영향뿐만 아니라 개인과 집단의 소득분배에 미치는 효과를 고찰하지 않으면 국제무역 정치경제의 기본을 이해하기 어렵다. 아래에서는 무역이 각각 다른 생산요소의 보유자에게 어떤 소득분배 효과를 야기하는지를 고찰하고, 이어서 생산요소의 이동성과 소득분배의 관계를 살펴본다.

petitive advantage)' 패러다임을 도출하기 위해 고안되었다. 이 모델에 따르면 풍부한 생산요소 그 자체보다 이를 효율적으로 처리하는 과학기술과 기능이 더 중요하다. 기업 경쟁력의 핵심인 '혁신'은 부존자원이 풍부할 때보다는 선택적으로 희소한 경우, 즉 선택적 요소열위(selective factor disadvantage)를 극복하는 과정에서 나온다는 역설적인 주장은 그의 혜안 중 하나이다. 다이아몬드를 구성하는 나머지 '조건'들도 세분화된 시장, 고급 소비자, 차별화된 상품, 규모경제, 클러스터 등을 포함한 풍부한 경쟁 개념을 반영한다. 다만 그의 '이론'이라는 것이 정교하고 검증 가능한 가설을 만들어내는 진정한 의미에서의 이론이 아닌, 여러 개념들의 단순한 집합에 불과하다는 비판도 존재한다. 한편, 포터는 '몸값'이 높기로도 유명하다. 지난 2009년 한국을 방문했을 때 1등석 항공료와 특급 호텔 숙박료를 제외한 순수 하루 강연료가 15만 달러(당시 환율로 약 1억 7,000만 원)에 달했다고 한다.

16) 여기서 소득분배 효과가 특별히 국제무역에만 나타나는 것은 아니라는 점을 잘 이해할 필요가 있다. 사실 국민경제의 모든 변화 -예를 들면 기술혁신, 소비자 기호의 변화, 자원의 고갈, 새로운 자원의 개발 등- 는 소득분배 효과를 일으킨다. 만일 이런 것들이 소득분배에 악영향을 미친다는 이유로 저지된다면 경제적 진보는 아예 불가능해지고 말 것이다.

4.1 스톨퍼-사뮤엘슨 정리

우리는 위에서 국제무역의 패턴을 설명하는 이론으로서 헥셔−올린 모형에 관해 살펴보면서 이 이론이 20세기 이후 신고전파 무역이론의 중심 위치를 점해 온 것은 사실이지만 실증적으로 상당한 한계점을 노정했음을 지적했다. 그럼에도 헥셔−올린 이론은 오늘날 무역과 무역정책의 정치경제학 연구에서 없어서는 안 될 중요한 이론이 되었으니, 그것은 이 이론의 다른 축, 즉 무역의 소득분배 효과에 관한 이론 부분에서 탁월성을 발휘하기 때문이다. 오늘날 헥셔−올린 이론은 무역패턴에 관한 이론으로서보다는, 무역과 무역정책의 소득분배 효과를 설명하고 예측하는 이론으로서 더 널리 사용되고 있다(Krugman, Obstfeld, and Melitz, 2018: 124−136).

헥셔−올린 이론을 응용해 무역의 소득분배 효과를 이론화한 학자들이 볼프강 스톨퍼(Wolfgang Stolper, 1912−2002)와 폴 사뮤엘슨(Paul Samuelson, 1915−2009)이다. 이들은 우선 헥셔−올린 모형의 기본 가정에 입각해, 교역이 이루어지면 재화의 상대가격이 변화한다는 사실에 주목했다. 이를 바탕으로 무역이 수출품의 생산에 집약적으로 사용된 생산요소의 실질임금(real return)은 증가시키는 반면에 수입경쟁산업에 집약적으로 사용된 생산요소의 실질임금은 감소시킨다는 가설을 정립했다.

예를 들어 H국이 Y재를 수출하기 시작하면 H국 내에서 Y재 가격은 상대적으로 올라가는 반면, 수입국인 F국에서는 상대적으로 내려간다. X재의 흐름(H국 수입, F국 수출)은 그에 상반되는 상대가격의 변화를 일으키며 새로운 균형가격으로 수렴된다. 이처럼 국제무역은 각국의 상이한 상대가격이 중간의 어느 한 점으로 수렴하도록 만든다. 물이 높은 곳에서 낮은 곳으로 흐르듯이 가격도 높은 곳에서 낮은 곳으로 흐른다. 각국의 비교우위를 반영하는 상대가격의 차이는 국가 간에 교역을 일으키며, 교역이 개시된 이후 각국의 상대가격은 새로운 균형 상대가격에 도달할 때까지 상승하거나 하락한다.[17]

더 나아가 교역상품의 상대가격의 변화는 그 상품생산에 사용된 생산요소의 소득에 즉각적인 영향을 미친다. 이때 요소소득의 변화는 상품가격의 변화폭보다 훨씬 큰 폭으로 나타난다. 자유무역에 따라 교역상품의 상대가격이 점차 균등해

---

17) 이처럼 무역에 대한 제한이 없을 때 국가 간 상대가격의 조정을 통해 특정 재화의 균형가격이 하나로 수렴되는 현상을 일물일가의 법칙(law of one price)이라고 한다.

지고, 그에 따라 생산요소의 상대가격(=자본의 가격/노동자의 임금)이 한 점으로 수렴하는 것을 요소가격 균등화 정리(factor price equalization theorem)라고 한다. 이와 같은 상품가격의 변화에 따른 생산요소가격의 변화를 '확대효과(magnification effect)' 또는 스톨퍼–사무엘슨 효과라고 부른다.

헥셔–올린 모형의 기본 가정에 따라 상대적으로 노동이 풍부한 F국은 노동집약적인 X재를 특화 생산하고 이를 수출하는 대신 자본집약적인 Y재는 수입한다고 하자. 이때 수출국인 F국에서 X재의 가격이 상승하고 X재 가격 상승보다 더 큰 폭으로 노동자의 명목임금이 상승한다. 수출을 위한 잉여생산을 위해 X재 산업은 더 많은 노동자를 고용해야만 하고, 이에 따라 요소시장에서 노동에 대한 수요가 증가함으로써 명목임금이 상승하는 것이다. 반면에 Y재가 수입됨에 따라 F국에서는 Y재 가격이 하락하고, 이때 위축되는 Y재 산업에서 집약적으로 사용되던 생산요소인 자본이 그로부터 방출되면서 자본의 명목소득은 Y재 가격의 하락보다 더 큰 폭으로 하락한다. 이와 반대의 소득분배 효과가 H국에서 진행됨은 물론이다.

스톨퍼–사무엘슨 정리를 자본–노동비율(K/L)과 생산요소의 한계생산물(marginal product) 개념을 통해 보다 논리적으로 증명해 보자. 생산자이론에서 비용극소화 조건 중 하나는 명목요소가격(노동 L의 명목요소가격은 w, 자본 K의 명목요소가격은 r)이 그 생산요소의 한계생산물(노동의 한계생산물은 MP_L, 자본의 한계생산물은 MP_K)에 재화의 가격을 곱한 값과 같아질 때까지 그 생산요소를 고용하는 것이다. X재 산업과 Y재 산업 각각의 요소시장에서는 자본과 노동의 이동이 완전히 자유롭다고 가정하기 때문에 어느 산업의 요소시장에 고용되더라도 명목임금(w)과 명목자본소득(r)은 동일하다. 이상을 식으로 나타내면 다음과 같다(P_X와 P_Y는 각각 X재와 Y재의 가격).

$$w = P_X \times MP_L^X$$
$$w = P_Y \times MP_L^Y$$
$$r = P_X \times MP_K^X$$
$$r = P_Y \times MP_K^Y$$

이 식들을 이항해 재구성하면 X재와 Y재의 생산에 투입된 노동과 자본의 한계생산물은 각각 X재 또는 Y재의 가격으로 표시된 노동과 자본의 실질소득임을 알 수 있다.

$$MP_L^X = w/P_X$$
$$MP_L^Y = w/P_Y$$
$$MP_K^X = r/P_X$$
$$MP_K^Y = r/P_Y$$

한편, 다른 조건이 동일하다면 노동의 한계생산물(MP_L)은 자본-노동 비율, 즉 K/L의 증가함수인 반면, 자본의 한계생산물(MP_K)은 K/L의 감소함수이다. 일정한 노동 투입 대비 자본의 투입량이 늘어나면(줄어들면), 즉 K/L이 증가하면(감소하면) 단위 노동이 생산하는 생산물, 즉 노동의 한계생산물은 증가(감소)할 것이다. 반대로 일정한 자본 투입 대비 노동의 투입량이 늘어나면(줄어들면), 즉 K/L이 감소하면(증가하면) 단위 자본이 생산하는 물량, 즉 자본의 한계생산물은 늘어난다(줄어든다).

이러한 이해를 바탕으로, 무역이 일어나면 이러한 변수들이 어떻게 움직이는지 살펴보자. 우선 무역의 결과 Y재의 가격이 상승했다고 하자. 이제 Y재 생산자는 생산을 늘리려고 할 것이고, 기술진보는 없다고 가정하기 때문에 생산을 늘리기 위해서는 자본과 노동을 추가로 투입할 수밖에 없다. 그런데 (완전고용의 가정과 생산요소의 국가 간 이동이 없다는) 헥셔-올린 모형의 가정 아래서 추가적인 생산요소를 확보할 수 있는 유일한 방법은 X재 산업에 고용되었던 자본과 노동을 Y재 산업으로 유인하는 것이다. 이를 위해 Y재 생산자는 요소시장에서 전보다 높은 명목요소가격, 즉 w와 r을 지불할 용의가 있을 것이다.

그에 따라 X재 산업에서 Y재 산업으로의 생산요소의 이동이 일어난다. 여기서 중요한 점은 요소이동의 '상대적' 속도는 X재 산업과 Y재 산업에서 각각 다르다는 것이다. 즉 자본과 노동 모두가 X재 산업에서 방출되어 Y재 산업으로 이동하지만, 노동집약적인 X재 산업에서 노동은 가급적 적고 느리게 방출되는 반면, 자본은 가급적 많고 빨리 방출될 것이다. 따라서 X재 산업의 K/L은 하락한다. 자본집약적인 Y재 산업에서는 노동은 상대적으로 많고 빠르게 유입되는 반면, 정작 필요성이 큰 자본은 상대적으로 적고 느리게 유입될 것이다. 따라서 Y산업의 K/L도 하락한다.

이러한 변화는 곧 자본과 노동의 한계생산물을 변화시킨다. 앞서 언급한 바와 같이 K/L이 하락하면 노동의 한계생산물은 줄어들고 자본의 한계생산물은 늘어난다. 이는 노동의 실질임금은 하락하고 자본의 실질소득은 증가함을 뜻한다. X재 산업과 Y재 산업에서 공히 같은 결과가 나온다. 이상이 헥셔-올린 모형의 기본 가정 아래서 교역에 따른 재화의 상대가격 상승이 그 재화의 생산에 집약적으로 사용된 생산요소의 실질임금을 증가시키고 다른 생산요소의 실질임금은 감소시킨다는 스톨퍼-사뮤엘슨 이론의 핵심내용이다.

4.2 특정요소 모형

리카도 모형은 물론이고 헥셔-올린 모형과 스톨퍼-사뮤엘슨 정리도 한 국가 내에서 생산요소의 산업 부문 간 완전한 이동성을 가정한다. 어느 국가가 한 제품의 생산에 특화할 때 다른 제품의 생산에 투입된 생산요소가 아무 조정비용 없이 그 부문으로 이동할 수 있다고 전제한다는 것이다. 하지만 생산요소의 부문 간 완전한 이동이란 장기적으로는 가능하겠지만 단기적으로는 불가능에 가깝다. 생산요소가 일단 어떤 산업에 특화되었다가 다른 산업으로 이동하려면 재취업이나 재설비가 필요하고, 따라서 조정비용이 들어가기 때문이다. 또한 모든 생산요소는 이동성을 갖고 있지만, 그 정도는 모두 상이하다. 노동과 같이 비교적 이동성이 높은 생산요소가 있는가 하면, 특수 기계장치나 토지와 같이 이동성이 낮고 다른 용도로 전환하기 어려운 생산요소도 있다. 전자를 유동요소(mobile factor), 후자를 특정요소(specific factor)라고 부른다.

특정요소 모형(specific factors model)은 이 점에 착안한 이론이다. 특정요소 가정을 도입할 때 무역의 후생경제학적 의미가 달라진다. 2개의 특정요소와 1개의 유동요소 등 모두 3개의 생산요소를 가정하는 특정요소 모형에 따르면, 교역에 따른 상대가격의 상승은 그 재화의 생산에 특화된 생산요소의 실질소득을 증가시키고, 다른 재화의 생산에 특화된 생산요소의 실질소득은 감소시킨다. 유동요소의 실질소득 증감여부는 명확하지 않고 그 생산요소의 두 재화에 대한 선호에

달려 있다. 즉 노동자가 상대가격이 상승한 재화(앞선 예에 따르면 Y재)를 더 선호
하면 그 재화의 가격으로 표시된 실질소득(w/P$_Y$)은 감소하고, 가격이 하락한 재
화(X재)를 더 선호하면 그 재화의 가격으로 표시된 실질소득(w/P$_X$)은 증가한다.

이를 앞서와 같이 간단한 수식을 통해 살펴보면 다음과 같다. 우선 유동요소
인 L의 명목요소가격은 w, X재 산업에 특화된 요소인 R의 명목요소가격은 r, 그
리고 Y재 산업에 특화된 요소인 S의 명목요소가격은 s라고 하자. 생산요소의 한
계생산물(즉, MP$_L$, MP$_R$, MP$_S$)에 재화의 가격을 곱한 값과 같아질 때까지 그 생산
요소를 고용할 때 각 요소시장의 균형이 이루어진다. 이상을 식으로 나타내면 다
음과 같다.

$$w = P_X \times MP_L^X$$
$$w = P_Y \times MP_L^Y$$
$$r = P_X \times MP_R^X$$
$$s = P_Y \times MP_S^Y$$

이 식들을 이항해 재구성하면 X재와 Y재의 생산에 각각 투입된 노동과 자본
의 한계생산물은 X재 또는 Y재의 가격으로 표시된 노동과 자본의 실질소득임을
알 수 있다.

$$MP_L^X = w/P_X$$
$$MP_L^Y = w/P_Y$$
$$MP_R^X = r/P_X$$
$$MP_S^Y = s/P_Y$$

앞서 언급한 바아 같이, 다른 조건이 동익하다면 노동의 한계생산물(MP$_L$)은
자본-노동 비율, 즉 R/L과 S/L의 증가함수인 반면에, 자본의 한계생산물, 즉
MP$_R$와 MP$_S$는 각각 R/L과 S/L의 감소함수이다. 무역의 결과 X재의 가격이 상승
했다고 하자. 이제 X재 생산자는 생산을 늘리려고 할 것인데, 기술진보는 없다고
가정하면 자본과 노동을 추가로 투입할 수밖에 없다. 그런데 X재 산업의 입장에

서 보면 그 산업에 특화된 요소인 R은 이미 완전고용 상태이고 Y재 산업에 특화된 요소인 S는 쓸모가 없기 때문에, 유동요소인 L만 추가로 고용할 것이다. 따라서 X산업의 자본-노동비율인 R/L은 감소한다. 무역의 결과 위축될 Y재 산업의 경우는 그 반대이다. S는 Y재 산업에 특화되었기 때문에 방출할 수 없고, 결국 생산을 줄이기 위해서는 유동요소 L을 방출해야 한다. 따라서 Y재 산업의 자본-노동비율인 S/L은 증가한다.

이렇게 되면 자본과 노동의 한계생산물이 변화된다. R/L이 하락하는 X재 산업의 경우 노동의 한계생산물은 줄어들고 자본(R)의 한계생산물은 늘어난다. 따라서 노동의 실질임금은 하락하고 자본의 실질소득은 증가한다. 반대로 S/L이 증가하는 Y산업의 경우 노동의 한계생산물은 늘어나고 자본의 한계생산물은 줄어든다. 이는 곧 노동의 실질임금은 상승하고 자본의 실질소득은 감소한다는 것을 의미한다. 이로써 특정요소 모형의 기본 가정 아래서, 교역에 따른 재화의 상대가격 상승이 그 재화의 생산에 특화된 생산요소의 실질임금을 증가시키고 다른 산업에 특화된 생산요소의 실질임금은 감소시킨다는 가설을 증명할 수 있다. 여기서 주목할 점은 유동요소인 노동의 실질임금은 X재의 가격으로 표시할 때는 하락하고 Y재의 가격으로 표시할 때는 상승한다는 것이다. 앞서 언급한 바와 같이 궁극적으로 두 재화에 대한 노동자의 선호에 따라 실질임금의 증가 또는 감소가 결정될 것이다.

5. 비교우위론에 대한 오해와 진실

비교우위의 개념은 무역이득의 이해를 위한 필수적이건만 정확하지 않게 이해되거나 사용되는 경우를 많이 본다. 비교우위원리에 대한 오해와 논란은 크게 셋으로 분류할 수 있다.

첫째, 자유무역은 국제경쟁에서 살아남을 수 있을 만큼 생산성이 높은 국가에게만 이득이 된다는 것이다. 이 오해는 흔히 후진국은 어떤 산업에서도 국제경쟁력이 없으므로 국내 산업의 붕괴를 막기 위해서 비교우위와 관계없이 무역장벽을 높여야 한다는 주장으로 이어진다. 그러나 이것은 비교우위와 절대우위의 개념을 혼동하기 때문에 생기는 오해에 불과하다. 절대우위는 어떤 국가가 무역 이득을 얻기 위한 필요조건도 충분조건도 아니다. 생산의 기회비용 관점에서 보면 어떤 국가의 생산성이 다른 국가에 비해 절대적인 수준에서 낮더라도 산업 분야에 따라서는 반드시 그 생산성이 상대적으로 덜 낮은 분야가 있기 마련이고, 따라서 아무리 생산성이 낮은 개도국이라 할지라도 비교우위를 갖는 산업이 반드시 존재한다.

둘째, 저임금에 기초한 비교우위는 불공평할 뿐만 아니라 특히 임금수준이 높은 선진국 노동자에게 해를 끼친다는 오해이다. 종종 극빈노동론(pauper labor argument)이라 불리기도 하는 이 주장은 값싼 임금을 무기로 하는 후진국으로부터의 수입을 막으려는 의도에서 선진국 노동조합이 흔히 동원하는 논리이다. 그러나 앞선 예처럼 영국이 교역을 통해 이득을 보느냐의 여부를 따질 때 포르투갈의 임금수준이 영국보다 높은지 낮은지는 문제의 핵심이 아니다. 영국에 중요한 사실은 영국의 노동력으로 포도주를 직접 생산하는 것보다, 옷감을 생산하고 그것을 포르투갈산 포도주와 교환하는 것이 더 경제적이라는 것이다.

셋째, 후진국 노동자의 임금이 선진국 노동자의 임금보다 훨씬 낮은 상황을 고려할 때 무역은 선진국에 의한 후진국의 착취를 제도화하고 후진국으로부터 선진국으로 소득을 재분배시킨다는 오해이다. 위의 극빈노동론과는 반대 논리인 셈이다. 물론 아직도 많은 후진국에서 노동자들이 착취적 노동에 내몰리는 것이 사실이다. 그러나 후진국 노동자의 임금이 선진국 노동자 수준으로 올라야만 바람직하다는 주장은 비교우위에 입각한 자유무역이 바람직한 이유와 직접적인 관련이 없다. 비교우위원리 아래서 중요한 것은 과연 교역을 하기 이전인 자급자족 상황보다 교역을 한 이후에 후진국 노동자의 상황이 개선되느냐 여부이다. 이론적 관점에서 분명한 것은 후진국 노동자의 입장에서 자급자족경제나 보호무역은 결코 자유무역보다 더 바람직한 대안이 될 수 없다는 사실이다.

끝으로 이러한 한계에도 불구하고 비교우위론은 오늘날 산업간 및 산업내 교역 패턴을 설명하는 데 대단히 유용하다. 정태적 비교우위원리에 입각한 헥셔-올린 모형은 요소부존도의 차이가 국제무역의 원천임을 밝힘으로써 중대한 이론적 기여를 했다. 실증적으로 이 모형은 요소부존도의 차이가 뚜렷한 선진국과 후진국 간의 산업간 무역을 설명하는 데 유용하다는 평가를 받는다. 동태적 비교우위원리에 입각한 규모경제나 외부효과 이론은 정태적 비교우위론에 중대한 도전임과 동시에 그 외연의 확장이란 평가를 받는다.

정태적 비교우위론과 동태적 비교우위론의 연결고리는 자기발견(self-discovery)이라는 개념이다. 거의 동일한 부존요소를 가진 국가들이 서로 다른 종류의 상품 생산에 전문화하는 사례를 종종 볼 수 있다. 방글라데시는 의류산업에, 인도는 신발산업에 많은 노동력이 집중되어 특화된 경우가 그렇다. 두 국가 모두 상대적으로 노동이 풍부한 국가이고, 의류산업이나 신발산업 모두 상대적으로 노동집약적인 산업임에도 불구하고 두 국가가 서로 다른 길을 밟게 된 이유는 무엇일까? 하버드 케네디스쿨의 국제정치경제학자인 대니 로드릭(Dani Rodrik, 1957-)은 이러한 사례는 정태적 비교우위의 논리 못지않게 자기발견과 이를 모방하려는 기업의 등장이라는 동태적 과정이 중요함을 시사한다고 주장한다(Rodrik, 2008). 로드릭의 자기발견 관점은 일반적인 경제발전 단계론과 일맥상통한다. 흔히 경제발전은 '요소지향 단계', '투자지향 단계', '혁신지향 단계'의 세 단계를 거쳐 이루어진다고 보는데, 경제발전의 초기단계인 요소지향 단계에서는 정태적 비교우위론이 여전히 유효하고 설명력이 있다. 하지만 발전단계가 높아질수록 발전경로에 대한 '자기발견'을 중시하는 동태적 비교우위론이 중요해진다는 점에 주목할 필요가 있다. 다시 말해 자기발견 메커니즘은 정태적 비교우위론에 동태성을 제공하는 매우 중요한 역할을 한다고 하겠다.

제4장 주요 보호무역조치와 행정적 보호제도

1. 관세, 쿼터, 수출자율규제

오늘날 세계 각국은 다양한 보호무역조치를 시행한다. 보호무역조치는 시장기구와의 양립성, 보호의 확실성, 제도 운영의 투명성, 보호의 수혜자 등 여러 측면에서 차이를 보인다. 각각의 보호무역조치가 갖는 특성은 이해관계집단과 정책결정자의 행동유인에 영향을 미치고, 이는 무역정책 결정과정에 직간접적으로 환류된다. 무역의 국내정치경제를 제대로 이해하기 위해서는 여러 보호무역조치의 차이를 잘 이해해야 한다.

우선 관세와 쿼터는 가장 전형적인 보호정책 수단이다. 하지만 이 둘은 여러 면에서 대비된다. 관세는 수입상품의 가격에 정률로 부과되는 종가세(*ad valorem tariff*)와 수입상품에 대해 개당 일정액이 부과되는 종량세(specific tariff) 방식으로 구분된다.[1] 전형적인 가격정책 수단인 관세로 인해 수입량이 얼마나 감소하는지는 수입국 수요의 가격탄력성 등 시장의 특성에 따라 결정되며 인위적 조절이 어렵다. 반면에 쿼터는 전형적인 수량제한조치(quantitative restriction)로서 그것이

---

[1] 관세의 부과대상은 수입품만이 아니다. 수출품에 대해서도 부과될 수 있다. 그러나 수출관세가 부과되는 경우는 매우 드물기 때문에, 여기서 관세라고 하면 수입관세를 의미하는 것으로 이해해 주기 바란다. 쿼터의 경우도 마찬가지다.

수입량에 미치는 영향은 시장의 특성과는 무관하다. 이는 수입량을 인위적으로 설정한 목표치 아래로 조절하기 위한 목적에서 도입된다.

한편, 관세는 가장 투명한 보호무역조치이다. 관세는 수입품의 가격을 세계 시장 가격보다 높이기 때문에 누구나 그 효과를 쉽게 인지할 수 있다. 반면에 쿼터 등 수량제한조치는 그로 인해 나타나는 보호 효과가 잘 드러나지 않는 경향이 있다. 일반인들은 쿼터 등으로 수입량이 제한된다고만 생각하지, 그로 인해 누가 얼마나 이익을 누리게 되는지 쉽게 인식하지 못한다. 이런 현상은 수출자율규제 (VER)에도 동일하게 나타난다.

일반적으로 수입국 정부는 관세보다 수량제한조치를 선호한다. 그 이유는 투명성 수준의 차이에 있다. 투명성이 낮은 수단을 사용하는 것이 정치적으로 좀 더 용이하고 비용도 적게 들기 때문이다. 관세가 부과되면 외국의 모든 수출기업이 수입국 내의 시장가격을 금방 알 수 있다. 반면에 쿼터의 경우 대단히 복잡한 계산을 해야만 그것을 알아낼 수 있다. 쿼터의 배정시기, 배정량, 배정기준 등에 따라 수입국의 시장가격이 달라지고, 심지어 쿼터의 배정과정에 부정부패가 개입 될 여지마저 있기 때문이다. 투명성이 낮은 쿼터는 그것이 국민경제에 미치는 부정적 영향이 잘 드러나지 않아 정치적으로 남용되기 쉽다. 관세에 비해 국내 산업에 대한 경쟁압력이 약화되거나 제거됨으로써 산업의 구조조정도 지연된다.

후생경제적 효과 면에서 관세와 쿼터의 차이점을 좀 더 체계적으로 분석하면 다음과 같다. 우선 독자들이 이해하기 쉽도록 그림으로 설명하기 위해서는 수입국(H국)의 수입수요곡선(import demand curve: MD curve)과 수출국(F국)의 수출공급곡선(export supply curve: XS curve)을 도출해야 한다. 개념적으로 수입국의 수입수요는 수입국 내의 초과수요의 크기와 같고, 수출국의 수출공급은 수출국 내의 초과공급을 의미한다. 〈그림 4.1〉에서 보는 바와 같이 두 국가가 무역을 할 때 P_a에서는 수입국 시장 내에서 수요와 공급이 일치하기 때문에 수입수요가 없고, P_f에서는 수출국 시장 내에서 수요와 공급이 일치하기 때문에 수출공급이 없다. 새로운 세계 균형가격은 수입수요곡선과 수출공급곡선이 만나는 P_w에서 결정된다.

〈그림 4.1〉 수입수요곡선과 수출공급곡선

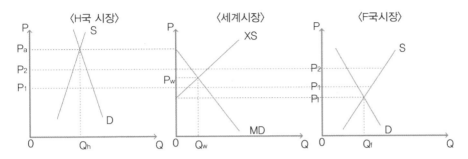

이제 수입국이 수출국의 수출품에 대해 t의 관세(종량세)를 부과할 때 수입국과 수출국에 미치는 영향을 살펴보자. t의 관세 부과는 〈그림 4.2〉의 좌측 그림에서와 같이 XS 곡선을 XS_t 곡선으로 상향 이동시키는 효과가 있다. 따라서 새로운 세계 균형가격도 P_w에서 P_t로 이동한다. 이때 주목할 점은 수입국 내의 생산자와 소비자가 새롭게 직면하는 가격인 P_t로 새로운 세계 균형가격이 형성될 때 실제로 F국의 수출업자가 공급하는 물량은 Q_t이며, 이때 수출업자가 직면하는 가격은 P_t^*라는 사실이다. 세계 균형가격의 이러한 변화가 수입국 국내 시장에 미치는 영향은 〈그림 4.2〉의 우측 그림과 같다. 이 그림에서 관세부과 이후의 새로운 균형가격은 수입국이 시장을 개방하기 전의 균형가격(P_a)보다는 낮지만, 이전의 세계 균형가격(P_w)보다는 높음을 알 수 있다. 따라서 수입국의 소비자는 소비를 줄일 것이고 생산자는 공급을 늘릴 것이므로 새로운 균형가격 P_t 아래에서의 수입량은 Q_1Q_2로 줄어들게 된다.

〈그림 4.2〉 관세부과에 따른 수입국 내 후생효과

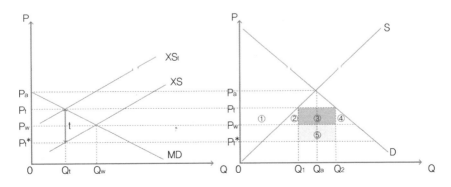

이때 발생하는 순후생효과의 크기는 〈그림 4.2〉의 우측 그림 각 영역의 크기를 비교해 파악할 수 있다. 우선 소비자는 후생손실을 감수해야 한다. P_w에서 누리던 소비자잉여(consumer surplus)는 가격이 P_t로 높아짐에 따라 [①+②+③+④] 영역만큼 줄어든다. 반면 생산자잉여(producer surplus)는 ①의 영역만큼 늘어난다. 증가된 생산자잉여는 국내 소비자로부터 국내 생산자로 이전되는 소득이기 때문에 사회 전체적으로 보면 순수한 국부의 유출은 발생하지 않는다.

한편, 수입국 정부는 관세부과에 따라 [수입량×관세]만큼, 즉 [③+⑤] 영역만큼의 관세수입을 얻게 된다. 따라서 수입국의 관세부과에 따른 순후생효과의 크기는 ([①+(③+⑤)]−[①+②+③+④]), 즉 (⑤−[②+④])의 크기에 따라 결정된다. 여기서 ⑤는 수입국이 관세를 부과함으로써 발생하는 교역조건이득(terms of trade gain)이고, [②+④]는 수입국의 관세부과에 따른 국내 소비량 감소와 국내 생산량 증가에 따른 자중손실(deadweight loss)이다. 이때 교역조건이득이 자중손실보다 크면 관세의 부과는 정당화될 수 있다. 다만 수입국의 교역조건이득은 수출국 수출기업의 희생으로 이루어졌다는 사실을 잊어서는 안 된다. 상대국의 관세부과로 인해 손해를 보게 된 수출기업은 십중팔구 자국 정부에 구제를 요청할 것이고, 그렇게 되면 무역분쟁이 발생할 가능성이 커진다.

같은 맥락에서 수입쿼터의 효과를 분석해 보자. 아래 〈그림 4.3〉은 t의 관세에 상응하는 쿼터(q), 즉 수입량을 동일한 수준으로 제한하는 쿼터(import−equivalent quota)가 부과되었을 때 세계시장과 수입국 시장의 변화를 나타낸다. 〈그림 4.3〉의 좌측 그림에서 보듯이 쿼터량 이내에서는 기존의 XS 곡선과 같지만 쿼터량을 소진한 이후에는 실질적으로 공급 절벽에 부딪혀 아무리 가격이 올라도 더 이상 수출공급이 늘지 않는 상황이 된다(XSq 곡선).

관세와 마찬가지로 쿼터로 인한 순후생효과의 크기는 우측 그림에서 볼 수 있다. 우선 P_w에서 수입국 내 소비자가 누리던 잉여는 가격이 P_q로 높아짐에 따라 [①+②+③+④] 영역만큼 줄어든다. 반면 생산자잉여는 ①의 영역만큼 늘어난다. 동상품의 가격이 높아짐에 따라 국내 생산을 증가시킨 결과이다.

한편, 정부로부터 쿼터를 허가받은 수입업자는 (수입량×쿼터[③+⑤]) 영역만큼의 쿼터지대(quota rent)를 누리게 된다.2) 따라서 수입국의 쿼터부과에 따른

2) Baldwin(1982: 270−71)은 보호주의 압력이 사양산업 혹은 불황산업(depressed industries)에

순후생효과의 크기는 (⑤ − [② + ④])의 크기에 따라 결정되며, 교역조건이득이 자중손실보다 크다면 쿼터의 부과는 정당화될 수 있다. 그러나 쿼터의 경우 수출국의 보복에 따라 무역분쟁이 발생할 가능성이 관세의 경우보다 더 높다.

〈그림 4.3〉 수입쿼터 부과에 따른 수입국 내 후생효과

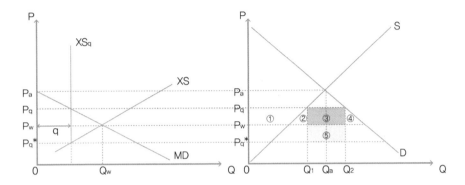

관세와 쿼터의 중요한 차이점은 바로 [③ + ⑤] 영역의 귀속 주체가 다르다는 데 있다. 관세의 경우 이 영역은 국고로 귀속되지만, 쿼터의 경우 이 영역은 정부로부터 쿼터수입권, 즉 쿼터 중 일정량을 수입할 권리를 얻은 개인 또는 기업에게 돌아간다. 따라서 쿼터 수입권을 놓고 지대추구 활동이 야기되고, 이 과정에서 부패의 문제가 끼어들 우려가 높아진다. 더 나아가 관세를 부과하는 수입국

서 특히 강하게 제기되는 이유를 보호무역정책의 외부효과 문제와 지대추구 활동의 관점에서 설명한다. 그에 따르면 보호무역정책(관세 또는 쿼터)은 공공재로서 비배타성이라는 특성을 갖고 있지만, 순수 공공재로서의 성격을 갖고 있지는 않다. 순수 공공재의 경우는 한 사람이 그것으로부터 좀 더 큰 이득을 본다고 해서 다른 사람의 이득이 영향을 받지 않는 비경합성(non−rivalry)을 갖고 있으나, 보호무역정책에는 이런 외부효과가 존재한다는 것이다. 그는 보호를 통해 국내 생산자가 얻는 이득은 일시적 지대(temporary rent)의 형태를 취한다고 본다. 따라서 기존 생산자가 보호로부터 얼마나 많은 이득을 얻느냐는 이들이 얼마나 빠르게 공급 측면의 변화에 대응하고 이 이득을 노려 새로운 생산자가 진입하느냐에 달려 있다는 것이다. 결국 로비활동을 통해 초과이윤을 확보할 수 있다는 사실 자체가 반드시 그런 지대추구 활동을 보장하는 것은 아니다. 이런 관점에서 볼 때 비록 보호정책이 취해질지라도 이윤이나 임금수준이 평균수준에 미치지 못하는 사양산업이나 불황산업에 신규투자를 하는 자본가나 일자리를 찾는 노동자는 없을 것이므로 이 산업의 자본가나 노동자는 보호정책을 통해 얻게 될 이득에 대해 좀 더 확신을 가질 수 있게 된다. 때문에 이들은 보호무역정책을 얻어내기 위한 로비활동을 더욱 활발히 전개하게 된다.

정부는 이 국고수입으로 피해집단(주로 소비자)의 피해를 어느 정도 보상해 줄 수 있다. 이에 반해 쿼터를 부과한 수입국 정부는 경매를 통해 수입허가권을 배분하지 않는 한, 쿼터지대를 사후적으로 회수할 방법이 없고, 따라서 피해집단의 피해를 완화시켜 줄 보상책을 펴기 힘들다. 이런 문제점에도 불구하고 정치인과 관료들이 수입제한조치로 쿼터를 선호하는 이유는 쿼터를 민간에게 배분하는 과정에서 경제적 지대의 일부를 나눠 가질 수 있기 때문이다.3)

경제학 관점에서 보면 이처럼 문제가 많지만, 쿼터는 수입경쟁산업의 보호효과 측면에서는 관세를 압도한다. 쿼터는 수량을 제한하는 보호조치이므로 수입량은 정확하게 쿼터량에 국한된다. 따라서 위험회피적인 국내 산업은 관세보다는 쿼터나 변형수입관세(variable import levies)를 선호한다(Hillman, 2013: 82-84). 세계시장 가격이 어떻게 변할지 모르는 상황에서 후자가 좀 더 큰 보상적 보호효과(compensatory protective effect)를 갖기 때문이다.4) 쿼터가 관세보다 보호효과가 확실하다는 것은 소비자의 입장에서는 관세보다 쿼터가 더 나쁘다는 것을 뜻한다.

수입쿼터 분석은 수출자율규제(VER) 조치의 후생효과 분석에도 그대로 적용된다.5) 다만 [③+⑤] 영역이 이번에는 수입국의 수입업자가 아닌 수출국의 생산

---

3) 쿼터는 그것의 소유권을 획정할 수 있고, 특정 수혜자(수입업자)에 대한 배정이 가능하며, 시장에서 거래가 가능한 재산권이지만 부정부패가 개입할 가능성이 크다는 점에서 관세보다 열등한 수입제한조치로 평가된다. 하지만 쿼터수입권이 경쟁입찰 방식에 따라 배정되고, 입찰금액이 국고에 귀속된다면 정치인이나 관료는 쿼터 배정으로부터 어떤 정치적 이득을 기대할 수 없게 된다.

4) 수입상품의 가격이 오르면 종가세도 오르고, 따라서 보호의 수준과 재정수입도 같이 증가한다. 종량세는 관세당국이 수입상품의 가격을 따질 필요 없이 수입상품에 대해 개당 일정액을 부과하면 되므로 편리하나, 인플레이션이 발생하면 보호효과가 약해지는 약점이 있다. 종가세와 종량세 모두 수요의 가격탄력성을 정확히 알 수 없기 때문에 수입량이 얼마나 감소할지 정확히 예측하기 어렵다.

5) VER은 수입경쟁산업의 보호 청원을 받은 수입국 정부가 문제가 되는 수출국을 상대로 양자협정을 맺어 수출국이 '자율적으로' 수출량을 조절토록 함으로써 수입국 시장의 교란을 최소화하려는 의도에서 비롯되는 수입제한조치이다. 이런 정책수단은 기본적으로 수출물량에 제한을 설정하는 방식으로 이루어지므로 위에서 고찰한 쿼터와 비슷한 경제적 효과를 유발한다. 수입경쟁산업의 피해를 막기 위해 관세나 쿼터로 수입을 제한하기 위해서는 GATT 제19조의 세이프가드 규정에 따라 이해관계가 있는 모든 수출국 정부와 이해조정을 위한 협의를 벌여야 할 뿐만 아니라 보상도 제공해야 한다. 적절한 보상이 제공되지 않으면 수출국은 수입국에 대해 보복조치를 취할 수 있다. 따라서 수입국 정부는 무차별원칙과 세이프가드 조항을 회피해 특별히 문제된 수출국에 대해 강력한 협상력을 배경으로 압력을 가해 GATT 체제 밖에서 문제해결을 시도하게 되는 것이다. 그러나 수입 정부가 이런 방식으로 문제해결을 추구하도록 만들려면 피해산업이

자에게 귀속된다는 점이 쿼터와 다르다. 따라서 국민경제의 총후생차원에서 수입국은 [②+③+④]만큼의 손실을 입게 된다. 이런 후생손실에도 불구하고 수출자율규제가 보호정책 수단으로 활용되는 이유는 무역정책 결정과정의 정치경제적 특성 때문이다. 즉 ①만큼의 이득을 얻는 국내 생산자는 강력한 대정부 로비활동을 벌이는 데 반해, 소비자집단은 [①+②+③+④]만큼의 소비자잉여를 박탈당하고도 집단행동의 딜레마, 그리고 합리적 무지에 빠져 아무런 대응을 하지 못하기 때문이다.[6]

현실 세계에서 한 가지 흥미로운 것은 언뜻 보기에 매우 부당하게 느껴지는 VER을 수출국 정부가 못이기는 척 받아들이는 경우가 많다는 사실이다. 여기에는 크게 두 가지 이유가 있다.

첫째, 수출을 스스로 규제하라는 압력을 거부하면 수입국이 반덤핑조치와 같은 더 강력한 조치를 취할지도 모른다는 우려가 크기 때문이다. 물론 수출국은 수입국의 반덤핑조치 등에 대해서 WTO의 분쟁해결절차를 통해 그 정당성을 다툴 수 있다. 그러나 여기에는 많은 시간이 소요될 뿐만 아니라 제소 과정에서 수입국과의 갈등이 심화되어 자국의 수출기업이 더욱 불확실한 상태에 놓이게 되면 피해를 보기는 매한가지라는 인식이 강하다.

둘째, 수출국의 입장에서 VER 협상이 오히려 유리한 측면이 있다. VER은 쿼터의 속성을 갖고 있을 뿐만 아니라 경쟁력이 있는 수출국으로부터 수입을 줄이기 위한 조치이므로, 그로 인해 생긴 공백이 제3국에 의해 완전히 메꾸어지지 않는 이상, 수입국 시장에 대한 전체 수출물량은 감소하게 된다. 이때 해당 상품의 가격이 상승해 수출국의 입장에서는 수출물량의 규제로 인한 손실분에도 불구하고 총수출액이 오히려 늘어날 수 있다. VER에 따른 가격 상승분은 경제적 지대

막강한 정치적 비중과 영향력을 지니고 있어야 한다. 미국에서 이런 방식으로 보호를 받았던 산업이 자동차, 철강, 섬유 및 의류, 반도체, 쇠고기, 설탕, 목재 등 6−7개 산업에 불과한 사실이 이를 뒷받침한다.

6) Olson(1965)은 산업 내 기업의 숫자가 비교적 적고, 보호를 통해 얻을 수 있는 이익이 기업 간에 균등하지 않은 산업이 무임승차의 성향을 좀 더 효과적으로 극복할 수 있기 때문에 자신들이 원하는 정책을 보다 효과적으로 얻어낼 수 있다고 본다. 같은 맥락에서 Pincus(1975)는 산업 집중도가 낮고 지역적으로 분산되어 있는 산업에서는 조정비용과 감시비용이 높기 때문에 로비 활동이 효과적으로 이루어지기 어렵다고 말한다. 이를 종합해 보면 기업의 수가 적고 산업집중도 및 지리적 집중도가 높은 산업일수록 보호수준이 높고, 양자 또는 다자간 관세인하 협상에서 정부가 이들 산업을 예외적으로 취급할 가능성이 높다.

에 해당하며, VER 조치를 취하는 수출국은 이 지대를 누리게 된다.

이처럼 VER 협정에 따라 발생하는 지대와 수입쿼터 설정에 따라 발생하는 지대의 귀속 주체는 다르다. 수입쿼터의 설정 시 지대의 귀속 주체는 수입국의 수입업자이고, VER에 따른 지대의 귀속 주체는 수출국의 생산자이다. 이는 경제적 지대의 이전에 해당한다. 여기에는 크게 네 가지의 이해관계가 얽혀 있다.

첫째, VER은 수입국 정부가 보호무역정책을 취하는 것에 대하여 수출국 정부가 이를 묵인한다는 것을 말한다.

둘째, VER 협상이 성공하면 수출국 정부는 그보다 더 강하거나 나쁜 수입제한 조치를 피할 수 있다. 이 측면에서 보면 VER로 발생하는 지대는 수입국이 수출국에 지불하는 보상적 이전(compensatory transfer)에 해당한다(Hillman, 2013: 88-89).

셋째, 수출국과 수출기업의 입장에서 볼 때 VER은 수출상품의 고급화를 자극하는 순기능을 할 수 있다. VER 체제 아래서 수출량을 증가시킬 수 없는 수출기업의 입장에서는 제품 고급화가 이윤극대화를 위한 최선의 대처방법이기 때문이다(Rhodes, 1993: 165).

넷째, 자국에 할당된 쿼터를 배분하는 과정에서 수출국 정부는 해당 산업과 관련한 각종의 산업정책 목적을 추구할 수 있다. VER 쿼터의 할당은 정부가 주는 수출보조금과 마찬가지다. 왜냐하면 이것은 재산권, 즉 '톡톡히 재미를 볼 수 있는 수출권리'에 해당하기 때문이다. 예를 들어 정부가 제품 고급화를 위해 열심히 노력하는 수출기업에 좀 더 많은 쿼터를 배분해 주면, 다른 기업들이 이에 자극을 받아 경쟁적으로 제품 고급화 노력을 배가하게 될 것이므로, 정부로서는 매우 유력한 정책수단을 얻게 되는 셈이다.

2. 수출보조금

관세, 쿼터, 그리고 VER은 수입국이 부과하는 무역제한조치다. 수출보조금은 외견상 정반대이지만 이들 수입제한조치 못지않게 흔하고 사회후생과 국제무역질서를 몹시 왜곡하는 조치이다. 때문에 WTO의 보조금 및 상계조치 협정은 국

〈그림 4.4〉 수출보조금 지급에 따른 수출국 내의 후생효과

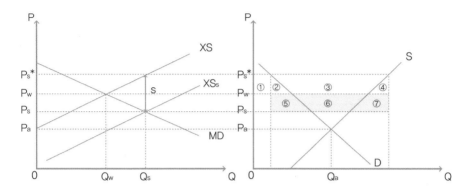

산부품 사용의무(local content requirement: LCR)와 더불어 수출보조금을 금지보조금으로 규정하고 있다.

수출국이 수출보조금을 제공할 때 나타나는 후생효과의 변화를 설명해 주는 것이 〈그림 4.4〉이다. 좌측 그림은 수출국인 F국이 보조금을 지급할 때 수출공급곡선이 실질적으로 하향 이동하는 것을 보여준다. 여기서 세계 균형가격은 공급의 확대를 반영하여 P_w에서 P_s로 이동한다. 이때의 수출공급량은 보조금 지급이 없었다면 수출국 생산자가 P_s^*에서 반응했을 생산량으로부터 도출된다. 〈그림 4.4〉의 우측 그림은 수입국과 수출국의 후생변화를 보여준다. 보조금 지급 이후의 새로운 세계 균형가격은 수출국이 자유무역을 하기 전의 균형가격(P_a)보다는 높지만 자유무역에서의 세계 균형가격(P_w)보다는 낮다. 따라서 P_w보다 낮은 가격에 반응해 수입국의 소비자는 수입을 늘릴 것이고, 수출국의 생산자는 P_s^*에 반응해 공급을 늘릴 것이다.

자유무역이 이루어질 때의 순후생효과와 수출보조금 지급 이후의 순후생효과의 크기는 〈그림 4.4〉 우측 그림에서 각 영역의 크기를 비교함으로써 파악할 수 있다. 우선 수출국의 소비자는 후생손실을 감수해야 한다. P_w에서 F국 소비자가 누리던 소비자잉여는 수출국 내에서의 가격이 실질적으로는 P_s^*로 높아짐에 따라 [①＋②] 영역만큼 줄어드는 반면에 수출국의 생산자잉여는 [①＋②＋③]의 영역만큼 늘어난다. 수출국 정부는 [수출량×보조금]만큼, 즉 [②＋③＋④＋⑤＋⑥＋⑦] 영역만큼의 재정지출을 해야 한다. 따라서 수출보조금 지급에 따른 수출국의 순후생손실 크기는 ([①＋②＋③]−[①＋②]−[②＋③＋④＋⑤＋⑥

+⑦]), 즉 [②+④+⑤+⑥+⑦] 영역이다. 여기서 [②+④]는 수출국이 보조금 지급을 통해 국내 소비를 억제하고 국내 생산을 늘림으로 인해 발생하는 자중손실이고, [⑤+⑥+⑦]은 보조금 지급으로 인해 수입국 소비자 가격이 P_s로 떨어짐에 따라 발생하는 교역조건손실(terms of trade loss)이다. 따라서 수출보조금은 수출국의 소비자와 납세자의 부담으로 수입국 소비자의 후생을 증가시키는 결과를 초래한다.

그렇다면 수출국 정부는 왜 자국의 생산자들에게 보조금을 주는 것일까? 그 이유로 크게 두 가지를 들 수 있다.

첫째, 보조금은 그것의 수혜를 노리는 이익집단의 로비와 그에 따른 정치적 개입의 원인이자 결과이다. 이것을 잘 설명해 주는 것이 제임스 윌슨(James Q. Wilson)의 규제정치모형이다(Wilson, 1980; 최병선, 1992). 그의 네 가지 규제정치 상황모형 중 수출보조금 지급은 '고객정치(client politics)'에 해당된다. 편익은 소수의 잘 조직된 집단에게 집중되지만 비용은 널리 분산되어 조직화되지 못한 집단에 귀속된 결과 후자가 집단행동의 딜레마에 빠져 전자에 대항할 힘이 없는 경우가 그것이다. 수출국의 소비자와 납세자가 바로 후자에 해당한다. 한편, 경제전체적으로 보면 자원배분의 왜곡에 따른 사회적 비용, 즉 자중손실이 발생하지만 편익을 추구하는 집단에게는 하등 문제될 것이 없다. 이러한 자원배분의 왜곡현상은 관세, 쿼터, VER 등 모든 수입제한조치에서 동일하게 나타난다.

둘째, 수출국은 이런 단기적 후생손실에도 불구하고 수출보조금 지급을 통해 수입국 시장점유율을 높여나가서 중장기적으로는 수입국의 수입경쟁기업을 도태시킬 수 있다는 판단을 할 수 있다. 소위 약탈적 의도를 가진 보조금에 대한 유혹을 느끼는 것이다. 수출국이 보조금에 힘입은 저가경쟁을 통해 수입국 시장을 장악한 후에 독점적 지위를 달성하게 되면 그간의 손실을 보전할 수 있는 가능성이 열린다고 보는 것이다. 그러나 현실 세계에서 이런 수출국 정부의 의도가 뜻대로 실현되기는 어렵다. 앞 장의 전략적 무역이론에 대한 논의에서 살펴본 바와 같이, 이런 접근이 성공하기 위해서는 막대한 정보비용이 소요된다. 또한 재정지출 부담도 크고 보조금 획득을 위한 지대추구 행위 및 부정부패의 가능성도 높다. 더 나아가 수출보조금은 상대국의 보복을 불러옴으로써 무역갈등을 유발하고 국제무역질서를 왜곡한다. 제10장에서 자세히 살펴보는 바와 같이 수출국의 보조

금 지급, 그리고 그에 대한 대응조치인 수입국의 상계관세 부과로 인한 무역분쟁
은 오늘날 가장 대표적인 WTO 분쟁사례로 부상하고 있다.

3. 행정적 보호제도

　관세, 쿼터, VER, 수출보조금 등은 수입국 또는 수출국이 자국 산업의 보호
나 진흥을 목적으로 선제적으로 부과 또는 제공하는 것들로서 무역 상대국의 반
발을 불러온다는 공통점이 있다. 국내정치경제도 그렇지만 국제정치경제도 '정치
적 진공상태(political vacuum)'에서 이루어지지 않는다. 작용과 반작용이 있다. 이
런 반작용적 성격을 가장 잘 보여주는 것이 반덤핑(anti-dumping: AD), 상계관세
(countervailing duties: CVD) 조치 등 소위 불공정무역을 제재하기 위한 수입제한
조치이다.

　반덤핑이나 상계관세 조치는 보호 요청이 사전에 법으로 정해 둔 조건에 합
치되기만 하면 보호를 제공해 주도록 되어 있다는 뜻에서 '조건합치 판정식 보호
(contingent protection)' 제도에 속한다. 또한 보호조치의 허용 여부는 일정한 법적
기준에 따라 불공정무역으로 인한 피해 여부를 행정적으로만 판정하고 피해에
대한 구제조치를 취한다는 의미에서 '행정적 보호(administered protection)' 제도라
고도 부른다. 행정적 보호제도에는 반덤핑 및 상계관세 제도 외에도 긴급수입제
한조항(escape clause) 또는 세이프가드(safeguards)에 의한 수입피해구제(import
relief)가 있다.

　행정적 보호제도는 사전에 정해진 법적 절차에 따라 보호 여부가 거의 자동
적으로 결정되도록 되어 있는 제도이므로 제도의 운영과정에서 정책결정자의 재
량이 개입될 소지가 없을 것으로 생각하기 쉽다. 그러나 보호기준의 충족 여부에
대한 판단, 그리고 보호수준의 결정 등 여러 단계와 측면에서 주무관청이 상당한
재량권을 행사하는 것이 일반적이다. 아래에서는 동 제도의 원형을 제공한 미국
의 무역구제법과 제도를 중심으로 행정적 보호제도의 법적 기준과 절차가 어떤
식으로 규정되는지, 제도의 운영과정에서 주무관청은 어느 정도의 재량권을 행사

하는지, 이런 제도 아래서 이해관계집단과 정책결정자는 어떤 전략을 구사하고 어떻게 서로 대응하는지 등에 관해 살펴본다.

3.1 긴급수입제한조치(세이프가드)

긴급수입제한조치(이하 세이프가드)는 미국의 「1974년 무역법(Trade Act of 1974)」 Section 201, 204, 421에 규정되어 있는데, 무역자유화 과정에서 수입이 급증해 국내의 동종 산업이 심각한 피해(serious injury)를 입거나 그럴 위협을 받을 때 동 산업의 적극적 구조조정(positive adjustment)을 촉진하기 위해 일정한 조건에 따라 수입을 한시적으로 제한하는 제도이다. 이 제도는 ① 덤핑이나 보조금 지급과 같은 불공정 무역행위에 대해 발동하는 것이 아니라 '공정한' 수입에 대한 규제조치이며, ② 수입국(미국)이 관련되는 수출국 기업들과 협의하고 보상을 제공해야 한다는 점에서 반덤핑이나 상계관세 조치와는 구분된다. 이 제도의 운영 방식을 설명하면 다음과 같다.

수입급증에 따라 심각한 피해를 보거나 그럴 위협을 받는 미국의 산업은 미국 무역위원회(International Trade Commission: ITC)에 원활한 구조조정의 도모 또는 경쟁력 강화를 목적으로 피해구제를 요청하는 청원(petition)을 낼 수 있다. 상황에 따라서는 대통령, 미무역대표부(U.S. Trade Representative: USTR), 하원의 세입세출위원회(Committee on Ways and Means), 상원의 재무위원회(Committee on Finance)가 ITC에 조사(investigation)를 요구할 수도 있고, ITC가 직권으로 조사를 개시할 수도 있다.

ITC는 문제 상품의 수입이 급증했는지, 그것이 국내의 동종 및 수입경쟁 산업이 겪는 심각한 피해나 피해 위협의 '실질적 원인(substantial cause)'이 되는지 여부를 판정한다. 여기서 실질적 원인이란 "중요하고 다른 어떤 요인보다 적지 않은 원인(a cause that is important and not less than any other cause)"을 뜻한다. ITC는 조업률의 급격한 감소, 이윤율의 저하, 실업의 증가 등 법에 구체적으로 규정된 요인은 물론, 관련된 모든 경제적 요인(all relevant economic factors)을 감안해야 한다. 또한 이해관계자가 참여하는 공청회도 개최해야 한다. ITC가 긍정적 피해판정(affirmative injury determination)을 내리면 국내 산업의 피해방지와 적극적 구조조정의 촉진을 위해 적절한 구제조치를 담은 건의 및 조사 보고서를 대통령에게 제출하고, 일반 공중이 열람할 수 있도록 해야 한다. ITC가 건의할 수 있는 구제조치로는 관세의 조정 또는 재인상, 관세율 쿼터(tariff-rate quota: TRQ),[7] 쿼터 등 수입제한조치, 구조조정 지원조치 등이 있다.

미국 대통령이 ITC의 긍정적 판정과 구제조치 건의를 받으면, USTR이 의장이 되는 각료급 무역정책위원회(Trade Policy Committee)의 건의를 받아 60일 이내에 해당 산업의 구조조정 노력을 촉진하고, 비용보다 큰 경제사회적 이익을 줄수 있는 적절하고 실현성 있는 조치를 취한 후 의회에 그 이유서를 송부해야 한다. 다만 대통령이 취하는 구제조치는 해당 산업의 심각한 피해 예방과 치유를 위해 필요한 선을 넘지 않아야 한다. 또 해당 산업의 구조조정 계획이나 약속, 조치의 효과성, 기타 국가경제 및 안보와 관련된 국익을 고려해야 한다. 여기서 주의할 점은 대통령이 취할 수 있는 조치는 ITC의 건의 내용에 구애받지 않는다는 점이다. 대통령은 ITC의 건의를 그대로 수용할 수도 있고, ITC의 건의와 다른 조치를 취하거나 아무런 조치를 취하지 않을 수도 있는 재량권을 갖는다. 다만 대통령이 ITC 건의와 다른 조치를 취할 때에는 의회에 그 이유를 설명해야 하고, 이때는 30일 이내에 상하 양원 관련 위원회의 합동결의안(joint resolution)으로 대통령의 결정을 번복하거나 대통령에게 ITC의 건의를 수용하도록 요구할 수 있다 (Goldstein, 1988: 188-92).[8]

세이프가드는 일견 강력한 무역구제조치로 보이지만 전통적으로 미국 대통령은 ITC의 건의에 대해 거부권을 행사하는 사례가 많았고, 따라서 미국 기업들은 이 제도를 실질적 구제장치로 보지 않는 경향이 있었다. 세이프가드의 운영에 있어서 미 대통령은 그의 결정에 수반되는 정치적 함의와 파급효과를 고려하여

---

7) TRQ는 수입기회를 주기 위해 사전에 정한 수입량의 단계에 따라 일정 물량에 대해서는 낮은 관세를 적용하고 그 물량을 넘어서면 높은 관세율을 적용하는 방식으로 운영된다. 예를 들어 쌀에 대해 100만 톤까지는 5%의 낮은 관세를 적용하고 100만 톤이 넘는 물량은 120%의 관세를 적용하는 방식을 말한다. 여기서 5%의 관세를 in-quota tariff라고 하고 120%의 관세를 out-of-quota tariff라고 한다.

8) 세이프가드의 운영과 관련하여 대통령과 의회 간의 상호작용 방식이 크게 변하지 않은 것은 주목할 만하다. 미 의회는 비록 피해구제를 용이하게 하기 위해 ITC의 판정기준을 완화시키는 방향으로 규정을 손질한 적은 있지만, 세이프가드가 적용되는 사례에 대한 대통령의 최종적 재량권을 제한하거나 회수하려는 어떠한 움직임도 보이지 않았다. 이 점은 ITC의 건의에 대해 대통령이 거부권을 행사할 때 미 의회가 이를 번복할 수 있는 권한을 갖고 있음에도 불구하고 실제로 이 권한을 한 차례도 행사한 적이 없다는 사실에서 잘 나타난다(Goldstein, 1988: 188-92).

무의사결정(non-decision making), 즉 아무런 결정도 내리지 않는 것이 상책이라고 판단하거나 성급한 구제조치 결정을 내리기보다는 다른 정책대안을 찾으려 하는 경향이 강했다. 실제로 세이프가드에 따른 구제조치는 트럼프 대통령이 집권하기 전까지는 매우 드물게 사용되었다. 조지 W. 부시(George W. Bush) 대통령이 2002년 미국 철강산업을 보호하기 위해 내린 것이 가장 마지막 조치였는데, 그나마도 2003년 WTO 분쟁해결절차에서 패소하자 부시 행정부는 이를 곧 폐지했다.

그러나 트럼프 대통령 시절 미국 기업은 세이프가드에 의존했다. 대표적인 사례가 한국과 관련된다. 2017년 10월 5일 ITC는 미국 최대 가전업체 중 하나인 월풀(Whirlpool)이 삼성전자와 LG전자의 대형 가정용 세탁기에 대해 제기한 세이프가드 청원 심사에서 자국 산업의 피해가 인정된다는 예비판정을 내놓은 이후 동년 12월 4일 최종적으로 '긍정적 피해 판정'을 내리고 '세탁기 세이프가드 권고안' 보고서를 트럼프 대통령에게 제출했다. 이에 트럼프 대통령은 2018년 1월 22일 태양광 제품과 함께 세탁기에 대해 세이프가드 조치를 최종 결정했다. 종래 월풀이 삼성전자와 LG전자 등 한국 가전업체를 상대로 주로 반덤핑 제소를 해 왔던 사실을 고려하면, 이는 매우 기습적인 조치였다. 과거와는 달리 트럼프 대통령이라는 든든한 후원자를 둔 월풀의 전략적 고려의 산물이었다. 한국 정부는 2018년 5월 동 세이프가드 조치의 부당성을 들어 WTO 분쟁해결기구에 제소했다.

한편, 지금까지 한국 정부가 취한 세이프가드 조치 중 가장 대표적인 것이 "한중 마늘파동"으로 불리는 사례이다. 이 사례는 아래 〈박스 4.1〉에서 보다 자세히 소개한다.

〈박스 4.1〉 한중 마늘파동

2000년 6월 1일 한국 정부는 전격적으로 중국산 마늘에 대한 관세율을 30%에서 315%로 10배 이상 올리는 세이프가드 조치를 취했다. 한국 정부가 고심 끝에 중국과의 마늘전쟁을 선포한 것은 1992년 한중수교 이후 중국산 마늘의 수입 급증으로 한국의 마늘 재배농가가 많은 피해를 보고 있다고 판단했기 때문이었다. 중국산 마늘 수입은 1998년 5,400톤에서 1999년에는 2만 2,600톤으로 4배 이상 폭증했다. 당시 중국산 마늘 수입 규모는 1억 달러 정도였고, 그중에서 특히 문제가 된 깐마늘과 절인 마늘의 수입규모는 1,000만 달러 정도였다(최성락, 2016).

당시 총선을 앞둔 여당(새천년민주당)이 분노한 마늘 농심을 잡아보려는 의도에서 당정회의도 제대로 거치지 않은 채 깐마늘과 절인 마늘에 대한 세이프가드 발동을 밀어붙였고, 중국의 보복을 우려해 세이프가드 발동에 미온적이었던 관계 부처도 마지못해 그에 따라갔다. 중국은 한국이 대중무역으로 연간 100억 달러 이상의 흑자를 내면서도 1,000만 달러에도 미치지 못하는 일부 마늘 수입을 막아버린 것에 대해 크게 반발해 일주일도 되기 전에 (조치대상 마늘 수출액의 50배가 넘는) 5억 달러 상당의 한국산 휴대폰과 폴리에틸렌 수입을 중단하는 초강경 조치를 취했다.

다급해진 한국 정부는 중국 정부에 협상을 요청했다. 동년 6월 29일 베이징에서 개시된 협상에서 한국 정부는 중국 정부에 내내 끌려 다닌 끝에 7월 15일에 백기항복 수준의 협상 결과를 받아들였다. 중국산 마늘 3만 톤의 수입을 재개하는 대신 휴대폰과 폴리에틸렌의 수입금지를 풀겠다는 중국의 약속을 받아낸 것이다.

여기서 끝난 줄 알았던 마늘파동은 2001년 4월, 중국이 2000년 7월 협정문을 근거로 마늘 1만 톤을 추가로 수입하라며 한국 정부를 압박하면서 불거진 제2차 마늘파동으로 이어졌고, 2002년 7월 중국산 마늘에 대한 세이프가드 연장 불가에 관한 부속합의서 내용이 밝혀지면서 불거진 굴욕협상 파동, 즉 제3차 마늘파동으로 꼬리에 꼬리를 물었다. 1980년대와 1990년대를 거치면서 미국의 시장개방 압력에도 (비록 중상주의적이었지만) 능동적으로 잘 대응했고, 1993년 타결된 우루과이라운드에서 갖은 압박에도 불구하고 쌀시장을 지켜냈다는 한국 통상외교의 자부심은 산산이 깨졌다.

이러한 굴욕적 결과는 세이프가드의 발동 이전부터 이미 예견된 것이었다.

첫째, 동 조치 발동과 관련된 결정은 국내정치적 논리에 따라 졸속으로 내려졌다. 수입급증이 국내 산업 피해의 '실질적 원인'이라는 객관적 근거의 제시는 물론, 국내 산업의 적극적 구조조정을 촉진하기 위한 적절한 구제조치에 대한 논의도 전혀 없었다. 세이프가드의 종주국이라고 할 수 있는 미국에서조차 긴급수입제한조치는 무역 상대국에게 직접적인 피해를 입혀 외교적 문제로 비화될 수 있기 때문에 매우 신중하게 다루는 것이 관행인데, 당시 한국 정부와 여당은 오로지 총선을 앞둔 시점에서 국내정치적 고려에 따라 앞뒤를 가리지 않고 긴급관세 조치를 내린 것이다.

둘째, 당시 중국은 아직 WTO에 가입하기 전이었다. WTO 체제에서 무역 상대국이 긴급수입제한조치를 취하면 이에 상응하는 긴급관세를 부과하거나 WTO에 제소하는 것으로 대응하는 것이 기정사실이나 마찬가지였다. 그러나 중국은 아직 회원국이 아니었다. 중국은 1986년 GATT에 가입신청을 한 이후 미국과 유럽의 주요 국가들과 양자 및 다자 협상을 거쳐 2001년이 되어서야 최종적으로 WTO에 가입했다. 2000년 마늘파동에 앞서 중국이 예비 회원국으로서 WTO 규범을 준수할 것이라고 막연하게 기대한 것은 한국 정부의 패착 중 패착이었다. 중국이 한국 측에 비슷한 피해를 줄 수 있는 유사 농산물 품목 대신 그 피해의 규모가 훨씬 큰 제조업 품목에 긴급관세를 부과한 것은 WTO의 등가성 원칙(principle of equivalence)에 엄연히 위배되는 것이었지만, 중국이 아직 WTO에 가입하기 전인지라 한국 정부로서는 아쉬움을 곱씹을 수밖에 없었다.

하지만 달리 생각해 본다면 당시 한국 정부는 중요한 협상카드 사용 기회를 놓친 것이었다. WTO 가입을 목전에 두고 회원국들의 여론을 두루 살필 수밖에 없었던 중국의 입장에서는 등가성 원칙 위배라는 초강수를 두면서까지 한국 정부를 압박하는 것이 부담스러웠을 것이라는 말이다. 여러 모로 한중 마늘파동은 한국의 통상외교와 대중외교의 아픈 상처로 남아 있다.

3.2 불공정무역에 대한 보호조치: AD와 CVD

미국의 반덤핑(AD) 제도는 「1930년 스무트─홀리 관세법(Smoot─Hawley Tariff Act of 1930)」에 기초하고 있는데, 수출국 국내 시장에서의 정상판매가격 혹은 제3국 시장에 대한 수출가격보다 낮은 가격으로(less than fair value: LTFV) 미국 시장에 판매되는 수입상품을 대상으로 덤핑마진에 상당하는 반덤핑 관세를 부과하는 제도이다.[9] 상계관세(CVD) 제도는 AD 제도와 마찬가지로 「1930년 관세법」에 기초하고 있는데, 외국의 정부나 공공기관으로부터 상계 가능한 보조금(counter-vailable subsidy)을 받은 제조업자나 수출업자가 불공정한 경쟁우위(unfair com-

---

[9] 여기서 주목할 점은 '가격'을 price가 아닌 value로 표현한 점이다. 제10장에서 살펴보는 WTO의 반덤핑 협정에서도 마찬가지이다. 이는 덤핑마진을 산정할 때 단순히 액면가격만을 보는 것이 아니라 그 액면가격이 나오기까지 투입원가 등 일련의 과정은 물론 동종 상품의 다른 시장에서의 가격 등을 폭넓게 비교한다는 의미이다.

petitive advantage)를 누릴 때 이것을 상쇄하기 위해 기존 관세에 추가해 수출보조금에 상당하는 금액을 상계관세로 부과하는 제도이다. AD와 CVD 제도는 그 운영절차와 방식 면에서 거의 동일하므로, 특별히 필요한 경우가 아니면 구분 없이 설명하기로 한다.

두 제도는 미국이 처음 창안한 제도로서 긴 역사를 갖고 있다. CVD 제도는 일찍이 「1897년 관세법」의 한 조문으로, AD 제도는 「1916년 반덤핑 관세법」이라는 특별법 형태로 처음 그 모습을 드러냈다. 두 제도는 공정한 조건 아래서의 자유경쟁은 보장되어야 하지만, 보조금 수령이나 덤핑은 기만행위이므로 결코 용납해서는 안 된다는 미국식 자유주의 이념에 기초해 있다(Goldstein, 1988: 199). 1947년 GATT에서 보조금과 덤핑이 전형적인 불공정무역으로 규정된 것도 미국의 강력한 주장이 수용된 결과였다.

〈박스 4.2〉 AD와 CVD 제도의 운영절차와 방식

ITC가 심각한 피해의 존재 여부를 조사해 긍정판정을 내리고 대통령에게 구제조치를 건의하면 대통령이 재량에 따라 최종적으로 적절한 조치를 취하게 되어 있는 세이프가드 제도와 달리, AD와 CVD 제도는 대통령의 재량이 개입될 여지가 거의 없다. 상무부(DOC)와 ITC가 정해진 절차에 따라 청원을 조사하고 필요한 조치를 내린다는 점에서 행정적 보호제도의 본래 의미에 좀 더 가깝게 설계되어 있다. 여기서 주목할 점은 DOC와 ITC의 분업체계이다. DOC는 덤핑이나 보조금 '지급 여부'에 대한 예비 및 최종 판정을 내리고 ITC는 '피해 여부'에 대한 예비 및 최종 판정을 내린다. 필요한 조치는 AD 부과명령과 CVD 부과명령의 형태로 이행된다. 아래에서는 두 제도의 운영절차와 방식을 간단히 살펴본다(USITC, 2018).

(1) AD와 CVD 조사는 외국의 제소업사나 수출업사의 불공성 부역행위로 '실질적인 피해(material injury)'나 '실질적 피해의 위협(threat of material injury)'을 받고 있는 기성 산업이나 그로 인해 실질적으로 지체되고 있는(being materially retarded) 신생 산업의 청원으로, 또는 DOC 직권으로 개시된다. 이해관계자의 청원은 DOC와 ITC에 동시에 접수된다.[10] 여기서 '실질적인' 피해는 "무시할 수준

이거나, 별것이 없다거나, 중요하지 않다고 볼 수 없는(not inconsequential, im-material or unimportant)" 피해를 지칭한다.

(2) 청원을 접수한 ITC는 45일 이내에 이용이 가능한 가장 좋은 정보에 입각하여(on the basis of the best information available) '실질적인 피해' 또는 '실질적 피해의 위협' 또는 '실질적 지체'의 존재를 인정할 만한 합리적 근거가 있는지 판정해야 한다.

(3) ITC의 예비 피해판정(preliminary ITC injury determination)이 긍정적이면 DOC는 덤핑이나 보조금 지급이 이루어지고 있는지 여부(whether dumping or subsidizing exists)를 판정해야 한다. 이를 상무부의 예비판정(preliminary DOC determination)이라고 한다.11)

(4) DOC는 예비판정 이후 75일 이내에 최종 덤핑마진 판정(final LTFV determination) 또는 최종 보조금 판정(final subsidy determination)을 내려야 한다. 이를 DOC 최종판정(final DOC determination)이라 한다.

(5) ITC는 DOC의 긍정적 예비판정 후 120일 이내에 또는 DOC의 긍정적 최종판정 후 45일 이내에 최종단계 피해조사(final phase injury investigation)를 마쳐야 한다. 이를 ITC의 최종 피해판정(final ITC injury determination)이라고 한다. 다만 DOC는 수출국 또는 수출기업과 미국 정부가 문제가 된 불공정 무역행위의 철폐 또는 그 피해의 제거에 대해 원만한 합의에 도달하면 조사를 중지시킬 수 있다.

(6) DOC와 ITC의 최종판정이 모두 긍정적이면 DOC는 7일 이내에 관세당국(U.S. Customs Service)에 AD 부과명령(AD duty order) 또는 CVD 부과명령(CVD order)을 내리고 필요한 조치를 이행토록 한다.

(7) DOC와 ITC의 최종판정 후 30일 이내에 판정에 불만이 있는 이해당사자는 미무역재판소(U.S. Court of International Trade)에 사법심사(judicial review)를 요

---

10) AD와 CVD 관련 업무는 미 재무부(Treasury Department) 소관이었으나, 카터 대통령은 1979년 정부조직개편법을 통해 동 업무를 일반적으로 국내 산업의 입장과 처지에 좀 더 동정적이고 호의적인 태도를 갖고 있는 것으로 인식되어 온 상무부로 이관하여 오늘에 이르고 있다.

11) DOC의 예비판정은 다음 두 가지 효과를 발생시킨다. 첫째, DOC는 문제의 외국 상품의 판매를 중지시키고 향후 수입되는 상품에 대한 예비마진(preliminary margin)에 해당하는 만큼을 현금예치(cash deposit), 담보(bond) 등의 공탁(posting)을 명령한다. 둘째, ITC는 최종 피해조사(final injury investigation)에 착수해야 하고, DOC는 피해여부 판정에 필요한 모든 이용 가능한 정보를 ITC에 제공해야 한다.

청할 수 있다.

(8) ITC는 AD 부과명령 또는 CVD 부과명령 발동 이후 5일 이내에 AD 또는 CVD 조치가 취소되면(revoked) 상대국의 덤핑행위나 보조금 지급이 계속 이루어져 실질적 피해가 계속될지의 여부에 대해 조사해야 한다.

미국의 AD 제도와 CVD 제도의 실제 운영 및 제도의 변화 과정, WTO 규범과의 관계 등에 관해서 많은 연구가 축적되어 왔다. 그 연구 대상의 범위, 시기, 상대국에 있어서는 많은 차이가 있으나 대개의 연구가 공통적으로 지적하는 바는 다음과 같다(Finger et al., 1982; Baldwin, 1988; Goldstein, 1988; Baldwin and Moore, 1991; Boltuck and Litan, 1991; Irwin, 2005; Prusa and Vermulst, 2013).

첫째, AD와 CVD 사례에 있어서 DOC나 ITC는 낮은 수입가격으로 인해 후생이 증가할 국내 소비자의 입장보다는 거의 전적으로 청원자인 국내 생산자의 입장에 서서 과연 이들의 청원이 관련법 절차와 기준 등 소정의 요건을 충족하고 있는지 여부만을 판단해 보호 여부를 결정하는 경향이 있다. 여기서 주목할 점은 관련법 절차와 기준 그 자체가 정책결정자로 하여금 청원자의 편에서 사안을 검토하도록 요구하는 방식으로 규정되어 있다는 사실이다. 제도가 그렇게 설계되어 있는 이상 AD와 CVD 제도는 태생적으로 보호주의 편향성을 띨 수밖에 없다.

둘째, AD와 CVD 제도가 처음부터 이처럼 편향되게 설계된 이유는 이들 제도의 편향적 속성에 기인한다. 일반 소비자는 AD와 CVD 제도가 불공정한 무역으로부터 국내 산업을 보호하기 위해 마련된 제도라는 명분론에 쉽게 넘어가고 만다. 반면에 이 제도가 남용됨으로써 국내 생산자를 공정한 경쟁으로부터도 보호해 주는 부당한 결과를 초래할 수도 있다는 측면은 이해하지 못하는 편이다. 더구나 이런 제도의 기술(description)은 매우 복잡하고 불명확해서 일반인이 이해하기 힘들다. 따라서 정책결정자에게는 제도가 설계된 대로 결정을 내리고 이행하는 것이 정치적 저항과 비용을 최소화할 수 있는 길이다. 경쟁에서 밀리는 국내 산업이 이 약점을 파고들 것은 뻔한 일이다.

셋째, 특히 1979년 이후 미국의 AD와 CVD 사례가 급증하고 있는데, 이것은 두 제도 운영 방식이 변화했기 때문이다. 우선 전통적으로 자유무역정책을 선호한 재무부로부터 국내 산업에 동정적이고 보호주의적인 성향의 상무부로 제도의 운영권한이 이관되었다. 또한 의회, 특히 상원의 재무위원회를 포함한 상원 전체가 두 제도를 관장하는 DOC의 고위관리와 ITC 위원의 인준과정에서 관련법 시행에 적극적인 인사가 해당 직위에 임명될 수 있도록 노력하고 있다. AD와 CVD 조치의 청원건수의 급증은 미국 기업들이 과거보다 더 강한 수입경쟁 압력에 노출되자 두 제도를 가장 유력한 무기로 삼기 시작했고, 그에 따라 국내 산업의 입장을 두둔하는 두 제도의 경향성이 강화되고 있음을 시사한다. 중국이 미국 시장의 최대 수출국이 되고 미국의 대중국 무역적자가 눈덩이처럼 불어난 2000년대에 들어 중국을 겨냥한 AD 및 CVD 사례가 크게 늘고 있는 것이 이를 방증한다. 더욱이 2007년 이후에는 중국에 대해 AD와 CVD를 동시에 부과하는 사례도 늘어나는 추세이다.

3.3 무역조정지원 제도

이상에서 사전적 보호무역조치와 사후적 무역구제 제도의 성격에 대해 살펴보았다. 무역자유화 과정에서 예기치 않게 특정 산업부문이 겪게 되는 특별한 구조조정의 어려움을 완화하고 불공정무역으로 인한 국내 산업이 입는 부당한 피해를 구제한다는 이유로 수입을 제한하는 일은 정치적으로 정당화될 수 있다. 하지만 이런 제도들은 남용될 가능성이 매우 크고, 따라서 국민경제 전체의 후생을 감소시키는 결과를 낳기 쉽다는 점을 거듭 확인했다.

이 절에서 고찰하는 무역조정지원(Trade Adjustment Assistance: TAA) 제도는 광의의 행정적 보호제도에 속하지만 수출국의 기업을 대상으로 하는 수입제한조치와는 구분된다. TAA는 수입국 정부가 경쟁력이 약화된 국내 산업의 구조조정을 지원하고 이 산업에 고용된 노동자들이 달라진 환경에 적응할 수 있도록 도와줌으로써 궁극적으로 보호주의 압력을 최소화하기 위한 제도이다. 1962년 도입된 미국의 TAA가 대표적이다. 이 제도는 무역자유화의 결과로 피해를 입은 산업이나 집단에 대해 사후적으로 실시된다는 점에서도 관세, 쿼터, VER 등의 수입제한조치와 구분된다. 무역 상대국의 수출기업에 대한 직접적인 조치가 아니라, 수입국 내의 기업과 집단에 대한 조치라는 점에서 상대국의 보복의 가능성도 거의 없다. 실제로 대부분의 국가에서 TAA는 세이프가드나 AD 및 CVD 제도의 보완적 조치로 사용된다.

경쟁력 약화에 따라 국내 산업이 심각한 위기에 직면하면 정책결정자는 해당 산업의 급격한 위축을 막고 생산요소의 산업 간 이동을 촉진함으로써 구조조정이 적절히 이루어지도록 해야 한다. 그 과정에서 발생하는 조정비용을 개인이나 특정 기업이 부담하지 않고 공적 부조(public assistance)를 통해 해결해야 한다는 것이 TAA의 철학이다. 배태적 자유주의, 즉 자유무역을 추구하되 시장개방으로 피해를 입은 집단에 사회적 안전망을 제공해야 한다는 인식이야말로 전후 자유무역 질서의 보편적 확산에 기여한 일등공신이었다(Ruggie, 1982).12)

그렇다고 무역조정지원제도의 철학, 내용, 시기, 수단 등에 관해서 논란이 전혀 없는 것은 아니다(Lawrence and Litan, 1986: 1-11). 순수 자유무역론자들은 경쟁력 약화에 직면한 산업과 이 산업의 노동자가 시장경제의 원리에 따라 자구책을 찾도록 내버려두지 않고 정부가 인위적으로 개입하게 되면 이들의 자발적 구조조정 노력은 오히려 약화될 수밖에 없다고 주장한다. 물론 구조조정 과정에서 시장실패의 존재가 심각한 장애요인이 될 수도 있지만, 그렇다고 정부개입이 효과를 발휘할지는 미지수이고, 오히려 문제를 더욱 악화시킬 수도 있다고 본다. 또한 무역에 의해서만이 아니라 기술변화 등 여러 가지 원인으로 구조조정은 일상적으로 이루어지는 것이므로, 무역으로 인해 구조조정이 필요해진 경우에만 정부가 특별한 지원을 베풀어야 할 이유는 없다고 본다. 만일 정부의 지원이 필요하다면 그것은 금융시장의 개혁, 직업훈련 지원 등과 같이 모든 구조조정 상황에 공통적으로 필요한 조치로 국한되어야 한다는 입장이다.13)

결론적으로 무역조정을 위한 정부의 지원은 음성적 산업정책의 수단으로 전락되어서는 안 되며, 어디까지나 보호주의 요구를 극복하기 위한 방파제 역할을

---

12) 전후 국제무역질서의 형성에서 배태적 자유주의가 미친 영향에 대한 자세한 논의는 이 책의 제6장을 참조.

13) 대표적인 TAA 조치가 직업훈련 프로그램이다. 그러나 직업훈련을 통해 성공적인 이직을 준비한다는 것이 그리 쉬운 일은 아니다. 미국 직업훈련 프로그램에 대한 미국 노동부의 2012년 조사에 따르면 참여자 중 37%만이 원래 목표로 한 산업에 조사 당시 종사하고 있었다. 대부분의 참여자는 직업훈련이 끝난 후 다시 실직 상태에 빠진 것으로 나타났다. 심지어 직업훈련보다는 실업급여를 받는 것이 소득이나 새로운 직장을 찾는 데 더 많은 도움이 된 사례도 있었다. 실업급여나 주거보조금, 의료보험 차원에서 독일, 네덜란드, 스웨덴, 덴마크와 같은 선진 유럽 국가 실직자의 사정은 미국 실직자보다 나은 편이다. 하지만 무역협상은 유럽연합 전체 차원에서 이루어지는 반면 무역조정지원은 개별 회원국 차원에서 이루어지고 있어 국가 간 편차가 심한 것이 문제이다(Goodman, 2016).

하도록 설계되어야 한다. 이런 차원에서도 무역조정지원을 위한 정책수단으로 관세나 쿼터와 같은 간접적인 보조수단보다는 직접적인 현금보조가 경제적인 면에서 더 타당성이 높다고 볼 수 있다(Lawrence and Litan, 1986: 114 - 16). 물론 현금보조가 현실적으로 완벽한 정책수단은 아니다. 보조금 정책은 집행과정에서 정치적 고려가 개입되기 쉽고, 그에 따라 자원배분이 왜곡될 수 있다. 또한 보호주의 압력이 가장 거센 시기는 경제가 불황에 빠져 있을 때인데, 이때는 재정적자가 극에 달하는 시기이기도 하므로 충분한 재원 마련이 어려울 수도 있다.

현금보조와 관련해서는 제14장에서 한국의 자유무역협정(FTA) 정책과 관련해 보다 자세히 살펴본다. 2000년대 이전까지 배태적 중상주의 무역정책을 취해왔다고는 하지만 한국에서 무역조정구제 제도는 대단히 미흡했다. 상대국에 보호무역의 비용을 전가하는 방식의 보호무역조치에 주로 의존해 온 반면, 자유무역의 피해집단에 대한 구조조정과 사후적 지원의 필요성에는 크게 주목하지 않았기 때문이다. 그러나 2000년대 들어 한국 정부가 적극적이고 공격적으로 FTA를 통한 무역자유화 정책을 펼치기 시작하면서 무역조정구제 제도에 대한 인식과 정책수요가 증가했다. WTO를 통한 다자간 무역협상과는 달리 양자 또는 복수국간 FTA 협상은 무역자유화에 대한 보편적 예외를 허용해 주기가 쉽지 않고, 더 즉각적이고 구체적인 시장개방 압력이 따르기 때문이다. 예를 들어 노무현 정부(2003 - 2008)가 2006년 2월에 한미 FTA 추진을 선언한 직후, 국내 도처에서 한미 FTA는 경제의 양극화를 심화시킬 것이라는 볼멘소리가 터져 나왔다. 이에 노무현 정부는 여러 이면보상을 마련해 한미 FTA에 따른 잠재적 피해집단을 달래고자 했다. 협상단계에서보다 더 큰 진통을 겪었던 동 협정의 국회 비준과정에서 이명박 정부(2008 - 2013)가 보여준 태도도 마찬가지였다(Koo, 2010; Koo, 2013; Koo and Hong, 2014).14)

---

14) 2004년 한 - 칠레 FTA의 비준을 위해 정부는 농업과 어업 부문에 대한 잠재적 피해를 보상하기 위하여 고안된 특별법을 통과시켜 향후 10년 동안 8조 원 이상의 공공 및 민간 기금을 조성해 농업과 어업의 구제 프로그램에 배정하기로 약속했다. 한미 FTA 협상 과정에서도 정부 보조금 형태의 일련의 이면보상이 약속되었다. 2006년 3월 스크린 쿼터의 감축에 대한 보상으로 한국 영화산업은 4,000억 원의 지원을 약속받았다. 그 밖에도 ① 한미 FTA의 발효에 따를 농어민의 소득 손실의 85%까지 보상하기 위해 7년간 현금수당 제공, ② 폐업 시 농어민을 위한 5년간 정부 보조금 지급 약속, ③ 농업의 투자를 장려하기 위하여 민간 농업투자기금의 형성을 장려하기로 약속, ④ 농업 관련 기업들이 산업 밖에서 최고경영자를 데려올 수 있도록 허용, ⑤ 한미

2000년대 들어 추진된 한국의 동시다발적 FTA 전략은 세계적으로 경쟁력 있는 부문을 위해 무역을 더욱 개방하고, 대신에 무역자유화의 피해집단에 관대한 이면보상을 제공하는 이원적 체제 위에 구축된 것이었다. 물론 이 전략은 산업부문 간 형평성, 과도한 재정지출, 잠재적 수혜집단의 지대추구 행태(예를 들면 이면보상의 크기를 늘리기 위해 FTA의 국회비준 과정에서 격렬한 저항을 하는 것) 등의 부작용도 양산했다. 그럼에도 무역조정지원 제도가 2000년대 들어 가속화된 한국 자유무역정책의 정치적 지지대가 되었음은 부인할 수 없는 사실이다(Koo, 2010).

4. 보호무역정책의 결정요인에 관한 이론

보호무역정책의 수준과 내용은 산업별로 큰 차이가 있다. 어떤 산업은 아주 오래 보호를 받아왔는가 하면, 어떤 산업은 뒤늦게 보호무역에 편입되기도 하고, 또 어떤 산업은 보호무역에서 벗어나기도 한다. 무엇이 이러한 차이를 만들어내는가? 보통 특정 시점의 거시경제적 상황, 산업조직적 요인, 세계시장에서의 경쟁력, 국제무역체제의 구조와 성격, 그리고 정당, 의회, 선거제도와 같은 정치시장의 구조와 특성, 행정부처의 기관적 구조 등 많은 요인들이 거론된다.

4.1 공공선택이론적 접근

보호의 정치경제(the political economy of protection) 연구의 주류 중 하나는 공공선택이론이다. 정부정책이 과연 시장실패를 치유하고 파레토 최적의 자원배분을 달성할 수 있는 수단인가라는 문제의식을 갖고 있는 공공선택이론은 Downs

---

FTA로 인해서 매출의 25% 이상을 잃는 기업들을 위하여 시니의 융자금 제공, ⑥ 다른 산업으로 전환하거나 근로자들을 재배치할 때 1년간 급여의 75%까지 보조금을 제공, ⑦ 직업을 잃은 농어민을 고용하는 기업에게 한 달에 60만 원까지 현금 인센티브 제공을 약속했다. 이와 유사한 경향을 일본이나 중국에서도 발견할 수 있다. 물론, 일본이나 중국은 한국과는 달리 피해가 예상되는 집단들에게 현금이나 보조금 같은 직접보상책을 제공하기보다는 정치적으로 민감한 품목들은 협상 대상에서 아예 배제하는 네거티브 리스트 전략을 구사하지만, 이러한 전략도 광의에서는 이면보상책의 일종이라고 할 수 있다(Koo, 2010).

(1957), Buchanan and Tullok(1962), Mueller(1976) 등의 개척적 연구에 힘입어 오늘날 정치, 경제, 사회 현상에 대한 이해의 증진에 크게 기여했다. 이 이론의 기본 가정은 투표자(국민)나 선출된 국민의 대표자(정책결정자) 모두 사익추구적인 존재라는 가정이다. 정치시장이라고 해서 일반적인 시장과 하등 다를 게 없다고 본다. 차이가 있다면 정치시장에서는 선호가 투표함에서의 투표(ballot box voting)로 표현되는 반면에 경제시장에서는 돈 투표(dollar voting)를 통해 표현되는 것뿐이라고 본다.

공공선택이론가들은 생산자 등 특정 집단을 보호무역정책의 수요자로 가정한다. 이들은 수입제한에서 발생하는 추가적인 소득, 즉 생산자잉여나 쿼터지대 등의 현재가치를 극대화하려고 하는 유인을 가진다고 본다. 보호무역정책의 공급자인 선출직 역시 자신의 후생 극대화, 특히 재선 가능성의 극대화를 추구한다고 전제한다. 이런 가정 아래서 공공선택이론가들은 만일 ① 정보가 완전하고, ② 투표비용이 없으며, ③ 큰 정치적 비용 없이 소득재분배를 실현할 수 있다는 조건이 갖추어지면 다수결에 의해 파레토 효율적 정책, 즉 자유무역정책이 선택될 가능성이 크다는 것을 인정한다. 그러나 이들은 현실적으로 이런 조건이 충족되지 않기 때문에 보호무역정책이 만연하고 자유무역정책은 오히려 예외가 되는 현상이 나타난다고 주장한다(Baldwin, 1982: 267).

공공선택이론의 시각에서 볼 때 선출직들이 사회적으로 가장 효율적인 무역정책을 채택하지 않을 가능성이 생기는 것은 투표비용, 정보의 비대칭성 등으로 인해 국민의 선호가 일의적으로 정의되지 못하기 때문이다. 선출직들은 우선 정보의 비대칭성으로 인해 선거구민의 경제적 이해관계를 충분히 알지 못하는 반면, 선거구민은 선출직들의 정책입장이 자신들의 이해관계에 영향을 미칠 수 있지만 이들의 입장을 정확히 모르거나 파악하려고 시도하지 않는다. 오직 특정 정책에 커다란 이해관계를 갖는 집단만이 강력한 로비활동을 통해 선출직들의 정책선호에 영향을 미치려 할 것이다. 한편, 재선을 노리는 선출직들은 선거운동 지원이나 지지표를 필요로 하며, 이런 면에서 조직력과 자금력으로 무장한 로비집단이 요구하는 정책을 공급하려는 유인을 갖는다는 것이다.

4.2 사회보험으로서의 보호정책

일반적으로 위험회피적 개인들은 보호무역을 지지함으로써 자유무역이 야기하는 가격변동에 따른 불확실성을 최소화하고 기대효용을 높이려는 유인을 갖는데(Eaton and Grossman, 1985; Dixit, 1987; Hillman, 2013), 이런 의미에서 보호무역정책은 사회보험적 성격을 띤다. 이 주장에 따르면 어떤 산업의 보호정책은, 자유무역이 누구에게 이득을 주고 누구에게 피해를 줄지가 명확히 드러나지 않은 상태에서 이루어진, 사전적(*ex ante*) 합의일 뿐이다. 앞에서 본 특정요소모형이 잘 들어맞는 산업의 경우가 이에 해당한다. 이 산업에서 특정요소 소유자의 선호는 비교적 명확하지만, 이동성이 높은 생산요소 소유자의 선호는 모호하다. 바로 이런 상태에서 후자가 위험회피적이라면, 결국 대부분의 생산요소 소유자가 기대효용의 극대화를 위해 보호무역정책을 선호하게 된다(Hillman, 2013: 107).

이타적 동기에서 보호무역정책에 대한 합의를 설명하는 방식도 이와 비슷하다. 공공선택이론에서 개인의 후생은 오로지 그가 직접적으로 소비하는 상품과 서비스에 달려 있다고 가정하지만, 형평성과 정의 등의 관념도 정책선택에 영향을 미칠 수 있다는 점에 주목한다(Baldwin, 1985: 18-19). 여러 선진국에서 저숙련 (따라서 저소득) 근로자를 많이 고용하는 섬유산업, 좀 더 넓은 의미에서 사양산업을 보호하는 것이 대표적이다. 여성, 낙후지역, 그 밖의 어떤 차원에서든지 소외된 집단의 소득보장은 무역정책 결정과정에서 매우 중시되는 요인이라는 주장도 같은 부류에 속한다. 더 나아가 어떤 개인이 자신이 속하지 않은 다른 산업의 보호정책을 지지하는 것은 이 행동이 장차 자신이 속한 산업이 비슷한 처지에 빠질 때 보호를 받을 가능성을 높여준다고 생각하기 때문일 수 있다. 예컨대 한국에서 쌀 수요가 지속적인 감소추세를 보이고 쌀시장 개방의 지체로 인하여 높은 쌀 가격을 지불하면서도 일반 소비자들이 쌀시장 전면개방에 대한 거부감을 갖는 이유도 이타적 동기가 작용하는 것으로 볼 수 있다.

이런 주장들은 상당한 설득력을 갖고 있지만 치명적인 약점도 있다. 우선 위험의 분산기능을 담당하는 사적 보험시장이 기능하지 않고 있다고 해서 사회보험 차원에서 보호정책이 필요하다는 것을 의미하지는 않기 때문이다. 경제적 효율성 면에서 보더라도 사회보험으로서의 보호무역정책의 합리성을 찾기 어렵다. 예를 들어 사양산업에 대한 보호는 정치적 지지를 극대화하려는 정치인의 사익

추구적 행동으로도 얼마든지 설명이 가능하다. 더 강력한 반론은 모든 사양산업이 보호를 받고 있는 것도 아니라는 사실에서 쉽게 찾을 수 있다.

4.3 거시경제 상황과 무역정책 선호

높은 실업률만큼 강한 보호주의 압력은 없다. 실업이 크게 늘면 구조조정 속도를 늦추라는 정치적·경제적 요구가 강력해진다. 예를 들어 1981－1982년 미국은 전후 최고의 실업률을 기록했다. 이때 늘 찬반논란을 몰고 다니는 철강과 자동차에 대한 수입규제가 강화되었다. 2008년 미국발 금융위기 이후 세계적인 거시경제 불균형이 해소되지 않자, 주요국들이 동시다발적으로 보호무역주의로 회귀하려는 움직임을 보인 것도 마찬가지이다. 경기가 침체하고 실업이 급증하는 상황에서 수출을 강화함으로써 경기회복을 꾀하려고 시도하지 않는 국가를 찾기 어렵다. 그 결과는 좁아진 시장에서 일어나는 첨예한 수출경쟁이고, 경쟁이 치열해질수록 보호주의 요구는 국민들에게 설득력을 갖는다. 다만 수입확대로 일자리를 잃은 사람들에게 새로운 일자리를 제공하거나 보상을 제공하는 무역조정지원제도가 잘 갖추어져 있다면 보호주의 압력이 완화될 수 있다.

제3장에서 살펴본 바와 같이 실업과 더불어 국제수지의 장기적 불균형, 환율의 불균형, 또는 이 두 상황이 공존할 때도 보호주의 압력이 강화된다. 국제수지 적자의 누적에 따른 외환보유고의 고갈을 막기 위해서라도 수입제한을 하지 않을 수 없는 처지에 빠지는 경우가 흔하다. GATT 제12조도 회원국이 국제수지 방어를 위해 필요한 경우 쿼터 등 수량적 수입제한조치를 취할 수 있도록 허용한다. 다만 선진국이 국제수지를 이유로 GATT 제12조에 의거하여 수입제한조치를 취한 사례는 매우 드물다. 대신 세계시장의 거시경제적 불균형에 대한 논란은 상대국의 환율조작에 대한 비판으로 이어지고, 이런 비판을 수용하지 않는다는 이유로 보호주의 압력을 더욱 강화하는 경우가 많다. 2010년대 들어 미국이 중국을 환율조작국으로 지정하고 중국 위안화의 평가절상 압력과 더불어 보호무역 압력을 병행하는 것이 이를 잘 보여준다.

한편, 실업의 증가가 '실업의 수출'을 위한 보호주의적 무역정책, 즉 수입규제나 수출보조금을 촉발하듯이, 인플레이션 해소가 중요한 경제정책 목표가 되면 '인플레이션의 수출'을 위해 수입자유화, 수출통제, 환율의 평가절상 등의 정책이

채택되기도 한다. 물론 인플레이션 문제가 심각하다고 해서 모든 국가가 무역자
유화를 지향하지는 않는다. 예를 들어 어떤 한 국가만이 급격한 인플레이션을 경
험하는 상황에서는 국제수지 악화에 따라 보호주의정책이 더욱 강화될 수도 있
다(Bergsten and Cline, 1983: 92).

4.4 선거제도와 무역정책 패턴

한 국가의 무역 의존도와 선거제도 간에는 자연적 친화성(natural affinity)이
있다고 보는 학자들도 있다. 예를 들면 무역 의존도가 높은, 따라서 비교적 자유
무역 지향적인 국가는 대체로 대선거구제, 비례대표제, 내각제를 채택하고 있다
는 주장이 대표적이다(Rogowski, 1987: 206－12). 무역의존도가 높고 무역에 개방
적인 베네룩스 3국(벨기에, 네덜란드, 룩셈부르크), 북유럽 4국(덴마크, 노르웨이, 스웨
덴, 핀란드)과 스위스, 오스트리아 등이 이에 속한다. 이들처럼 어떤 이유에서든
무역이득이 대단히 크고, 따라서 무역제한에 따른 비용도 대단히 높은 국가는 철
저하게 비교우위를 추구하지 않고서는 경제가 번영할 수 없다. 때문에 이런 국가
들은 자유무역을 잘 뒷받침할 수 있는 정치제도, 즉 대선거구제, 비례대표제, 내
각제를 채택한다는 것이다.

그러나 이런 주장의 경험적 증거는 미흡하다. 소선거구제 또는 대통령 중심
제 국가가 자유무역 지향적인 정책을 추구하는 사례도 많기 때문이다. 다만 자유
무역 지향적인 무역정책을 지속하기 위해서는 의도적이든 비의도적이든 보호주
의 압력을 이겨낼 수 있는 정도의 국가의 자율성을 확보하는 제도적 장치가 필요
하다는 주장은 큰 설득력이 있다.

한 걸음 더 나아가 입법부와 행정부 간의 세력균형이 무역정책에 미치는 영
향에 주목하는 학자들도 있다. 미국은 대통령 중심제 국가이지만 미 의회는 내각
제 국가의 의회만큼 강하고, 영국은 내각제 국가지만 행정부가 대통령제 국가의
행정부만큼 강하다는 주장이 대표적이다(Milner, 1997). 이런 관점에 따르면 무역
정책 결정구조와 과정 측면에서 입법부와 행정부의 관계를 규정하는 요소로서
입법권한의 분배(distribution of legislative powers)에 주목할 필요가 있다.

4.5 관료제의 무역정책 성향

실제 무역정책 결정과정에서 고위관료들은 정치인 못지않게 중요한 역할을 수행한다. 이런 현상은 영국이나 미국보다는 대륙의 유럽 국가들, 그리고 개도국의 경우에 더욱 현저하다. 이들 국가에서 고위관료들이 상당한 정도의 자율성을 누리고, 국가발전의 주도자로서 중요 정책에 관한 결정권한을 장악하고 있는 것은 잘 알려진 사실이다.

Lake(1988: 66-67)는 무역정책 측면에서 국가의 주요 행위자를 대의적 기관과 외교정책기관의 두 범주로 구분한다. 전자의 예로서는 의회가 대표적이다. 또한 미국을 예로 들면 농무부, 상무부, 노동부 등과 같이 특정 산업이나 집단을 산하에 두고 있는 행정부처도 이에 속한다. 이들은 국가와 사회를 연결하는 기초 연결망으로서 우선적으로 선거구민이나 산하업계의 이익을 대변한다. 또한 이들은 국가기구 중 가장 자율성이 낮고, 독자적인 기관적 이익(institutional interests)을 갖기보다는 선거구민이나 산하 업계의 이익, 특히 보호무역 이익에 쉽게 포획되는 경향이 있다.15)

다음으로 외교정책 담당기관은 대통령과 국무부, 국방부 조직 또는 이런 조직의 고위관료를 지칭한다. 이들은 대의적 기관과는 달리 국민 전체를 정책대상으로 인지하며, 이익집단의 직접적인 압력으로부터 벗어나 있고, 따라서 상대적으로 높은 수준의 자율성을 누린다. 외교정책 담당기관은 국제경제의 구조적 제약과 기회에 특히 민감하고, 이런 거시적이고 체제적인 유인이 국내의 정치경제 영역으로 전달되는 통로로서의 역할을 수행한다. 다시 말해 이들은 국제경제구조의 제약요인과 기회를 무역전략으로 전환하는 중요한 연결고리이자 대리인이다(Lake, 1988: 87, 219). 물론 외교정책 담당기관이라 해서 일방적으로 행동할 수 있

---

15) 다만 이때의 포획은 부정부패와는 무관하다는 사실에 주의할 필요가 있다. 산하업계가 관료조직을 자연스럽게 포획할 수 있게 되는 중요한 이유 가운데 하나는 관련 조직이 동 산업에 대한 무역정책에 관한 의사결정을 준비하는 과정에서 그 산업에 제공하는 자료와 정보에 의존하지 않을 수 없고, 자신이 검토하는 무역정책의 대안에 대해 산하 업계가 어떻게 생각하고 있는지를 파악하지 않으면 안 된다는 데 있다. 이것은 빠르고 강력하게, 그리고 미처 예상하지 못했던 수준으로 시장잠식(market penetration)이 이루어질 경우 무역정책 주무부서가 산업에 포획될 가능성이 그만큼 더 커지게 됨을 시사한다. 다음으로 보호무역 정책수단이 복잡한 것일수록(예: 원산지증명) 산하 업계로부터 좀 더 많은 정보의 투입과 전문인력의 지원이 필요해져 포획의 가능성이 커진다.

는 것은 아니다. 이들 역시 정치적으로 동원된 사회집단이나 대의기관과 협상해
야 한다. 그러나 이들은 자신의 영향력을 강화하기 위해 여러 가지 국내정치적
전략을 사용할 수 있고, 이런 전략은 때로 매우 성공적이다.

5. 자유무역 옹호집단에 관한 연구

　이상에서 보호무역을 요구하는 산업의 특성, 정부가 이들의 요구를 비교적
쉽게 받아들이는 산업의 특성, 정책결정 과정상의 정치경제적 요소에 대해 고찰
했다. 이와는 대조적으로 Destler and Odell(1987)은 보호무역에 반대하는 집단의
특성, 그리고 어떤 경우에 이들의 로비활동이 보호무역의 강화를 저지할 수 있는
가를 사례연구를 통해 제시한다.[16] 무역정책의 결정과정에서 보호무역집단에 대
한 연구가 주를 이룬 반면, 보호무역에 반대하는 집단의 특성이나 이들의 대응방
식 등에 대해서는 그동안 연구가 태부족한 점을 감안해 보면 이들의 연구는 새로
운 지평을 연 것으로 평가된다.
　우선 이들은 수입제한조치로 인한 피해가 집단마다 다르다는 점에 주목하여,
특정 제품에 대한 수입제한조치의 피해집단 가운데 정치적으로 활발하게 반대운
동을 전개하는 집단은 소비자가 아니라, 수입제한조치가 시행되기 이전에 그 제
품의 무역에서 가장 큰 이익을 얻고 있던 이익집단이라는 점을 밝혔다. 대표적인
예로서 ① 수입품을 중간재로 사용하는 산업수요자(industrial users), ② 수입소비
재 소매상, ③ 수입규제 대상국이 자사상품 주요 수출국인 수출업자, ④ 수입규
제 대상국 정부와 기업을 꼽는다.
　무역의존도와 무역관련 이익에 대한 위협의 크기는 반보호무역 활동의 범위
와 정도를 결정하는 두 가지 요소이다. 다른 조건이 동일하다면, 무역의존도가
높을수록 보호무역으로 인한 기회비용이 크므로 보호무역에 대한 반대활동도 강
해지는 경향이 있다. 한편, 보호무역정책 옹호집단의 활동이 자신의 무역관련 이
익에 미치는 영향과 위협이 클수록 반보호무역집단의 활동이 강화된다. 반보호무

---

16) 이들이 연구대상으로 삼은 산업은 1970-1980년대에 보호무역정책의 대상이 되었던 산업들로
　서, 여기에는 설탕, 신발, 철강, 자동차, 섬유, 구리 산업 등이 포함되어 있다.

역집단의 무역관련 이익은 인플레이션과 실업률 등 거시경제적 요인에 영향을 받기도 하고 시장경쟁의 강도에 따라 결정되기도 한다. 예를 들어 중간재를 수입하여 완제품을 만드는 산업은 완제품의 시장경쟁이 치열하면 할수록 수입중간재(부품)에 대한 보호 강화에 강력히 반발할 것이다.[17]

이와 관련해 흥미로운 연구를 한 학자가 헬렌 밀너(Helen Milner)다. 그녀는 1920년대와 1970년대는 경제침체가 심각하고, 패권국이었던 영국과 미국의 패권적 지위가 급격히 저하된 시기라는 면에서 공통점이 있으나, 1920년대에는 보호무역이 극성한 반면, 1970년대에는 보호주의 압력이 비등했음에도 불구하고 보호주의가 억제되었다는 사실에 주목했다. 그녀는 주요 산업에 대한 사례연구에서 두 시기 사이의 기간에 국제경제의 상호의존성이 증가했고, 이것이 수출지향 대기업들의 무역정책 선호에 영향을 미쳤으며, 그것이 다시 무역정책 결과상 차이를 만들어냈다고 주장한다. 즉 1970년대 들어 수출의존도가 증가하고 다국적화가 진행된 미국의 대기업이 미국 정부의 보호주의정책에 반대하는 선봉에 섰고 보호무역 확산을 막았다는 것이다(Milner, 1988).

이상에서 보호무역정책의 주요 수단과 행정적 보호제도를 검토하고 보호무역정책의 주요 결정요인에 대해 살펴보았다. 이것으로 국내정치경제 차원에서 자유무역과 보호무역의 경쟁과 갈등과 각각의 작동원리를 설명하는 이론 및 그 현실적 한계를 고찰한 제1부가 마무리되었다. 이어지는 제2부에서는 역사적·거시적·규범적 관점에서 무역을 둘러싼 국가들 간의 국제정치경제에 초점을 맞춘다. 제5장부터 제7장까지 19세기 이후 자유무역질서의 형성과 전후 자유무역체제의 등장과정을 역사적 관점에서 검토한 후 GATT의 사상과 지배원리가 무엇인지, 그로부터 파생된 주요 규범이 다자간 무역협상라운드를 거치며 어떻게 진화해 왔는지를 살펴본다.

---

17) Destler and Odell(1987)의 사례연구는 반보호무역 옹호집단이 비록 그 숫자가 작음에도 불구하고 상당히 강력한 정치적 로비활동을 전개할 때 보호무역정책이 거부되거나 보호의 수준을 낮추는 결과가 초래되었다는 것을 보여준다. 특히 이들은 반보호무역 집단의 활동이 우방과의 유대관계를 중시하고 보호무역과 정부의 시장개입에 대해 거부감을 갖는 행정부 고위관료가 보호무역 압력에 효과적으로 저항하도록 돕는 역할도 한다는 사실을 강조한다.

제 2 부

국제무역의 국제정치경제

제5장 국제 자유무역체제의 등장

1. 19세기 자유무역질서의 형성과정

1.1 자유무역체제의 태동

서유럽을 중심으로 세계경제의 높은 상호의존성과 국제평화가 유지되었던 1815－1914년의 100년은 최초의 세계화 시대였다. 프랑스 혁명(1789－1799), 나폴레옹 전쟁(1803－1815)을 거치면서 자본주의·자유주의·민주주의가 동시에 만개한 19세기 중반 이후의 서유럽 열강은 중상주의 시대와는 다른 안목에서 국제무역을 바라보게 되었다. 이들은 저마다의 발전단계와 산업경쟁력을 감안해 자유무역 또는 보호무역을 추구해 왔으나, 이 시기에 이르러서는 거의 모든 국가가 기본적인 무역정책 방향으로 자유무역을 포용했다. 중대한 예외라면 미국과 러시아뿐이었다. 19세기 자유무역을 주도한 국가는 산업혁명의 발원지로서 나폴레옹 전쟁 후 패권국의 위치를 공고히 한 영국이었다.

19세기를 진정한 자유무역의 황금기라고 부를 수 있는지에 대해서는 오늘날까지도 논란이 있다. 그러나 그 이전 수 세기를 지배해 온 중상주의의 잔재가 빠른 속도로 사라진 것은 분명하고, 영국과 네덜란드 등은 인류 역사에서 유례를 찾아볼 수 없을 정도로 자유무역의 원리에 충실했다. 19세기 서유럽 국가의 무역정책은 우여곡절 속에서도 끊임없이 진화했다. 1846년 영국의「곡물법」폐지, 1860년의

「코브던-슈발리에 조약」 체결 등은 19세기 국제무역체제 형성의 이정표였다.

오늘날의 관점에서 보면 이해하기 쉽지 않지만, 19세기 초반까지도 유럽에서 중요 품목에 대한 수출세(export tax) 부과나 절대적 금지(prohibitions)는 아주 보편적이었다. 18세기에서 19세기 초까지 영국은 양모와 석탄을, 독일은 회(灰), 넝마조각, 규사와 땔나무를, 오스트리아는 선박용 목재를, 네덜란드는 장미물감을, 이탈리아는 누에고치를 대표적인 수출금지 품목으로 지정했다. 이들 품목의 수출금지는 주로 자국용 원료 확보와 절약이 주목적이었으나, 기술이 파급되는 것을 막기 위해 기술자의 이민, 기계류의 수출이 금지되기도 했다. 18세기 중반까지만 해도 중상주의적 사고가 맹위를 떨칠 때여서 대부분의 유럽 국가는 외국과의 호혜적 상업협정 체결에 큰 관심을 갖지 않았다. 다른 한편으로 이 시기에는 식민지와의 교역이 활발했기 때문에 치열한 수입경쟁을 유발하고 국내 산업에 악영향을 미칠 수도 있는 이웃국가들과의 교역을 확대할 필요성이 크지 않았다(Irwin, 1993: 92-93).

이런 상황은 영국과 프랑스가 북미대륙 식민지를 상실한 1770년대에 들어 크게 바뀌기 시작했다. 영국은 1772-1773년, 1780-1781년 사이에 수출이 20% 가량 감소하는 큰 타격을 입자 북서부 유럽시장으로 관심을 돌리게 되었고, 이에 따라 이 지역에 대한 수출비중은 15%에서 28%로 급증했다. 프랑스에서는 농산물 수출금지의 완화를 목적으로 자유방임, 자유통행을 주장하는 중농주의 사조가 득세했다. 영국과 프랑스 간에 「1786년 영불 협정」이 체결된 것은 바로 이런 상황에서였다. 이 조약은 각종 무역규제와 관세장벽을 완화함으로써 밀수를 막고 관세수입을 늘리는 데 목표를 두었으나 큰 성과를 거두지는 못했다. 조약이 체결된 지 3년이 안 되어 프랑스 혁명이 발발했고, 그 후폭풍으로 인해 사실상 폐기되었기 때문이다(Irwin, 1993: 93).

나폴레옹 전쟁을 치르고 난 후 유럽은 그 이전의 중세적인 관념과 서서히 그러나 확실하게 결별했다. 1815년 이후 적어도 수출관세와 수출금지 정책은 자취를 감추었고, 중세의 지배적 생산양식인 길드체제도 붕괴를 면치 못했다. 1830년대에 영국에서 기계류 수출금지와 기술자의 이민금지 조치를 철폐한 사례는 당시의 사정을 잘 보여준다. 첫째, 밀수의 성행으로 기계와 기술자의 유출을 막는 것은 현실적으로 불가능하다는 인식이 자리 잡았다. 둘째, 다른 국가가 영국산

기계와 장인을 수입하여 경쟁력을 얻는다 하더라도 영국의 앞선 사회간접자본과 장인정신은 결코 따라잡을 수 없을 것이라는 논리가 설득력을 얻었다. 셋째, 기술자의 이민을 금지하는 조치가 현실적으로 기술자의 유출을 막지 못했을 뿐만 아니라 오히려 이들을 범법자로 만들어 귀국하지 못하도록 하는 역효과를 낳았다. 넷째, 기계류의 수출금지는 밀수비용을 증가시켜 가격을 상승시켰고, 대륙유럽에서 기계류 생산을 촉진하는 역설적인 결과를 낳았다(Taylor, 1988: 345).

1830년 이후에는 프랑스의 주요 수출생산자와 해운업자, 항구의 무역 관련 업자 등 수출관련 이익집단도 공공연히 자유무역을 요구하고 나섰다. 철도회사 등 대규모의 철강 수요자는 철강 관세인하를 요구했다. 1830년대 초 공산품 관세인하 문제를 놓고 보호무역주의가 득세하던 의회가 내분과 갈등에 휘말린 틈을 타서 당시 내각은 의회를 해산함과 동시에 철강, 구리, 질산비료, 기계류, 말(馬) 등에 대한 관세인하를 단행했다. 1840−1850년대의 호황기에도 프랑스 정부는 일부 품목에 대한 관세인하를 꾸준히 단행했다(Thomson, 1966: 180−84).

한편, 프러시아는 관세행정의 효율화와 재정수입의 확대를 위해 프러시아 전 지역을 대상으로 1818년부터 공동관세제도를 시행했다. 이를 시발점으로 프러시아 주변의 소국들이 프러시아의 관세제도에 참여했고, 1833년에는 오스트리아를 제외한 남부 독일의 대국들이 합세하면서 소위 독일관세동맹(Zollverein)이 완성되었다. 독일관세동맹의 결성은 적어도 경제적인 면에서 독일의 통일을 의미하는 것이었다. 말 그대로 관세동맹(Zoll=toll or tariff, Verein=union)을 뜻하는 Zollverein은 두 가지 기능을 했다. 첫째, 역내의 모든 통행세 및 관세장벽을 철폐함으로써 독일 공동시장을 형성했다. 둘째, 프러시아의 관세를 공동역외관세로 채택했다. 1818년에 제정된 프러시아 관세율은 이 당시 유럽에서 가장 낮은 수준이라는 평가를 받았다. 바다를 통해 독일국가들로 들어오는 대부분의 상품이 직접 혹은 네덜란드를 경유하여 프러시아로 들어온 것도 이 때문이었다. 프러시아가 추구한 궁극적인 목표는 독일의 통일이었고, 이 목표를 달성하기 위해 프러시아는 상당한 경제적 부담을 감수할 용의와 능력을 갖고 있었다(Cameron, 2003: 238−39).

1.2 영국의 「곡물법」 폐지

1841년 재집권한 토리(Tory)당의 로버트 필(Robert Peel, 1788−1850) 수상은

기계류 수출금지를 완전히 철폐했을 뿐만 아니라 모든 수출관세를 폐지해 영국 제품의 수출경쟁력을 강화했다. 동시에 520개 품목에 대한 수입관세를 폐지했는데, 여기에는 많은 낙농제품이 포함되었다. 그 결과 영국 국민은 고기, 설탕, 치즈, 버터, 감자 등의 식료품을 전보다 싼 값에 소비할 수 있게 되었다. 곧이어 거의 모든 농산물에 대한 관세가 철폐되었고, 곡물(corn)만이 거의 유일한, 그러나 두드러진 관세부과 대상품목으로 남게 되었다(Kindleberger, 1975: 27).

영국에서 곡물의 수출입은 15세기부터 엄격한 규제대상이었다. 나폴레옹 전쟁 직후 곡물가격이 폭락하자 영국 의회는 밀 가격이 일정 수준에 도달할 때까지 대부분의 외국산 곡물의 수입을 금지하는 「1815년 곡물법(The Corn Law of 1815)」을 제정했다. 이에 빵 가격이 급등했고, 서민들의 불만은 커져갔다. 해가 갈수록 문제가 심각해지자 의회는 「1828년 곡물법」 제정을 통해 곡물 수입을 부분적으로 허용했지만 문제는 해결되지 않았다. 급기야 1833년에는 곡물법 폐지청원이 의회에 잇따랐고, 1839년에는 반곡물법연맹(Anti-Corn Law League)이 중심이 되어 곡물법의 폐지와 완전한 자유무역을 요구하는 대규모 캠페인이 전개되었다. 곡물법의 유지를 원하는 지주계급 등은 이에 질세라 반연맹(Anti-League)을 조직해 대항했다. 당시 필 수상은 곡물법 폐지와 관련해 딜레마에 빠져 있었다. 내심 곡물법 폐지에 찬동하고 있었으나 자신의 소속당인 토리당은 지주계급의 강력한 영향력 아래서 곡물법을 옹호했기 때문이었다(Kindleberger, 1975: 30-32).

때마침 1845년에 아일랜드(Ireland)에 닥친 미증유의 감자 대기근(Irish Potato Famine)[1]과 영국에서의 밀농사 흉작으로 식량난이 가중되자 곡물법의 즉각적이고 완전한 폐지를 요구하는 압력이 더욱 거세졌다. 이에 필 수상은 곡물법 폐지를 적극적으로 추진하기 시작했다. 정치적 혼란 속에서 1845년 12월 5일 사임 의사를 표하기도 했으나, 보름 후인 12월 20일 다시 수상 자리를 유지하게 된 필 수상은 전격적으로 곡물법 폐지를 결정했다. 총선을 거쳐 새로 구성된 하원은 드디어 1846년 5월 16일 곡물법 폐지안을 통과시켰다. 1836년부터 10년간의 격렬한

---

[1] 감자는 영국인들의 지배 아래서 핍박받던 아일랜드의 가난한 농부들에게 사랑을 받았던 구호 식품이었다. 그러나 1845년부터 1849년까지 지속된 대기근 때문에 먹거리의 대부분을 감자에 의존하던 아일랜드인들이 100만 명 가까이 아사했다. 그 충격은 곧 영국 전체로 확산되었고, 수많은 아일랜드인이 기근을 피해 목숨을 걸고 북미대륙으로 이주하기 시작한 계기가 되기도 했다(전수미, 2004: 15).

정치적 공방 끝에 이루어진 곡물법 폐지는 영국이 자유무역, 그것도 일방적인 자유무역을 추진한다는 의지를 대내외적으로 천명한 일대사건이었다(Kindleberger, 1975: 31).

곡물법 폐지를 둘러싸고 제기된 여러 주장은 자유무역 대 보호무역 논쟁의 전형을 보여준다. 1840년대의 자유무역론이란 경험적으로 뒷받침되지 않는, 그야말로 주장에 불과했다. 그럼에도 각 진영이 경제적 논리와 함께 각자의 정당성을 강조하기 위해 자유무역과 보호무역의 대결을 선과 악의 대결로 묘사한 것 등은 지금의 시각에서 보아도 매우 흥미진진하다. 곡물법 폐지를 주장한 신흥자본가나 이에 반대하는 지주 모두 노동자와 농민의 이익, 그리고 공익을 앞세웠다. 곡물법 폐지 문제는 당시 제조업을 바탕으로 급성장하기 시작한 신흥자본가 계급과 이미 쇠퇴의 길에 들어선 지주계급 간의 경제적·정치적 갈등을 대변하는 중대한 이슈였다.

곡물법 폐지를 둘러싼 주요 논쟁을 정리하면 아래와 같다(Schonhardt−Bailey, 1996: xi−xxiii).

첫째, 신흥자본가 계급이 주도한 반곡물법연맹은 지주계급에 대항하여 농민과 소작농의 이익을 수호하는 단체로 자신의 이미지를 부각시키기 위해 노력했다. 이들은 곡물법 폐지가 결코 제조업만의 이익 신장을 위한 운동이 아니라, 농민과 소작농의 이익도 고루 대변하는 운동임을 강조했다. 특히 곡물법으로 인해 곡물의 가격이 높으면 소작농도 이득을 볼 것 같지만, 이들이 계약을 갱신할 때 지대가 상승하기 때문에 그 이익은 모두 상쇄되어 결국 지주들만 이득을 보게 된다는 점을 소작농들에게 설득하기 위해 애썼다. 한편, 지주들은 전체 인구 가운데 극소수를 차지하는 신흥자본가 계급이 여론을 오도한다고 비난을 퍼부었다. 아울러 이들은 과중한 세금부담을 지고 있는 지주계급에 대한 이면보상으로 국가가 농업을 보호해 주는 것은 당연하다는 주장도 폈다.

둘째, 곡물법 폐지를 둘러싼 논쟁에서의 승패가 노동자와 서민의 지지 확보 여부에 달려 있었던지라 빵 가격과 임금의 상관관계가 큰 쟁점으로 부각되었다. 반곡물법연맹 회보와 반연맹 팸플릿은 지상논쟁을 벌이며 서로 맹공을 퍼부었다. 보호무역론자들은 은근히 이런 논쟁을 부추기면서 식료품값이 비싸지면 임금도 높아지지만 식료품값이 싸지면 임금도 낮아진다는 억지 논리를 펴는가 하면, 농업의 쇠퇴로 이농이 늘어나면 제조업 부문으로 노동의 공급이 증가하여 임금은 더욱 하락할 것이라면서 노동자와 서민을 자기편으로 끌어들이려고 안간힘을 썼다.

셋째, 곡물의 자유무역은 곧 식량의 대외의존을 의미한다는 점에서 식량안보 문제도 큰 논란거리였다. 영국이 공산품 생산에 특화하기 위해 농산물의 자급자족을 포기하는 것은 국가안보에 큰 위협이라는 주장이 제기된 것이다. 특히 곡물법 폐지 반대론자들은 공산품 수출시장이 고갈되거나 농산물 수출국이 전시와 같은 위기 시에 식량공급을 중단한다면 영국이 무슨 수로 식량을 구할 것이냐며 폐지론자들을 압박했다. 반면에 자유무역론자들은 나폴레옹 전쟁이 한창이던 1810년 당시 영국이 유럽으로부터 많은 양의 밀을 수입했는데, 그중 1/3이 적대국인 프랑스로부터 들어온 것이었다는 역사적 사실을 들어 안보논리의 허구성을 파헤쳤다.

넷째, 1846년 당시 재정수입의 38%를 관세수입이 차지하고 있었기 때문에 곡물법 폐지로 인한 재정수입의 감소도 중요한 문제로 떠올랐다. 보호주의자들은 당시 영국 정부가 8,000만 파운드의 국채를 안고 있는 상태에서 곡물법 폐지는 그 이자 지불에 차질을 초래할 것이라고 주장했다. 자유무역을 지지하던 당대의 경제학자들도 관세가 재정에서 차지하는 중요성을 인정하면서 수입관세는 재정수입 목적에서만 부과할 것을 주장하기도 했다. 곡물법 폐지론자들은 곡물법이 임금의 인상, 생산비의 상승, 무역의 제한이라는 연쇄효과를 일으켜 오히려 관세수입을 감소시킨다고 반박하면서 곡물법 폐지에 따라 제조업이 번창하고 수출이 확대되면 소득세가 늘어 재정수입이 확대될 것이라는 주장을 전개했다.

다섯째, 필 수상의 관세개혁으로 공산품의 무역자유화가 이루어지긴 했으나, 이 당시 영국은 아직 보편적 자유무역정책으로 이행하지 않은 단계였다. 이런 상황에서 영국이 곡물법을 폐지하고 전면적인 무역자유화를 실현해 나갈 때 과연 다른 국가들이 이러한 일방적 무역자유화 조치에 발맞추어 자국 시장을 개방할 것인지가 또 다른 쟁점이 되었다. 필 수상은 "외국과 성공적으로 무역협정을 체결하려는 우리의 헛된 노력에 이제 지쳤다. 이제 우리는 우리 스스로의 이익만을 고려하고, 외국이 영국 공산품에 고관세를 부과할지라도 보복조치를 취하지 않기로 결심했다"고 선언하면서, 영국의 경제적 번영은 다른 국가들이 자유무역원리

〈그림 5.1〉 반곡물법연맹의 회원카드

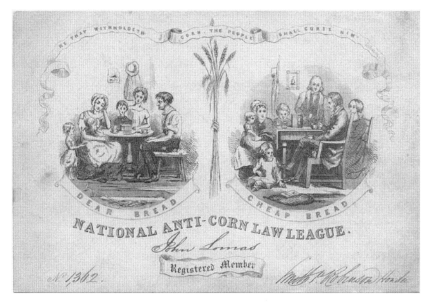

이 그림에서 왼쪽은 빵 가격이 비쌀 때, 오른쪽은 빵 가격이 쌀 때의 상황을 그린 것이다. 카드의
맨 위쪽에는 "곡식을 내지 아니하는 자는 백성에게 저주를 받을 것이나 파는 자는 그 머리에 복이
임하리라"라는 구약성서 십인의 일부가 인용되어 있나(He that withholdeth corn, the people shall
curse him: but blessing shall be upon the head of him that selleth it).
출처: http://www.historyhome.co.uk/peel/cornlaws/acllmem.htm

에 동참하지 않을 수 없게 만드는 본보기가 될 것이라고 주장했다(Irwin, 1993:
94–95). 이에 대해 보호주의자들은 상호주의적 자유무역을 기대하기 어려운 상
황에서 아무런 대가 없이 일방적으로 자유무역정책을 추구하는 것은 양자 조약
에서 개방압력을 불어넣는 협상카드를 스스로 내던지는 어리석은 행위라고 공
격했다.

1.3 「1860년 코브던-슈발리에 조약」과 자유무역 네트워크의 확산

이상과 같은 갑론을박 끝에 곡물법이 폐지된 이후 1850년대 영국 경제는 번
영을 구가했다. 식료품 가격이 하락하고, 고용은 증가했으며, 대중의 생활수준은
향상되었다. 한편, 곡물법의 폐지에도 불구하고 지주들의 소득은 감소하지 않았
다.[2] 1850–1860년대에 영국의 자유무역정책을 완성한 인물은 네 차례에 걸쳐

수상을 역임한 윌리엄 글래드스톤(William Gladstone, 1808-1898)이었다. 필 수상의 내각에서 무역장관을 역임한 그는 1852-1855년, 그리고 1859-1865년간 재무장관으로서 자유무역정책의 확립에 크게 기여했다. 그 당시 정치적 여건도 유리했다. 당대의 명망가였던 존 스튜어트 밀(John Stuart Mill)의 『정치경제학원리(Principles of Political Economy)』가 출간되어 자유무역에 대한 이론적 기초가 더욱 확고해졌을 뿐만 아니라 지속적인 영국 경제의 번영은 자유무역의 우월성을 확인시켜 주고도 남음이 있었다(Kindleberger, 1975: 28-33).

곡물법 폐지 이후 완전히 자유무역으로 선회한 영국은 다른 국가들이 영국의 예를 좇아 자유무역정책을 추구하기를 원했다. 상호주의에 입각한 양자간 무역협정의 체결은 영국이 지향하고 있는 일방적 자유무역 원칙에 위배될 수도 있다는 입장이었다. 이는 영국이 공산품 생산에서 절대적 우위를 점하고 있는 이상 영국 상품에 대한 무차별원칙이 지켜지기만 한다면 굳이 양자간 협상을 통해 특정 국가의 시장에 대한 특혜적 접근을 보장받아야 할 필요성을 크게 느끼지 못했기 때문이다. 물론 산업혁명을 주도하는 영국을 다른 유럽 국가들이 두려운 눈으로 바라보는 한, 이들이 영국과의 자유무역협정에 적극적으로 나서기 힘들다는 현실론도 이런 판단에 영향을 주었다.

1850년대 말 영국은 프랑스와 무역협정을 체결할 수 있는 특별한 기회를 잡게 되었다. 당시 프랑스의 나폴레옹 3세(Louis-Napoléon Bonaparte, 1808-1873)는 이탈리아로부터 오스트리아를 축출하기 위해 무력사용을 불사하는 입장이었지만 이탈리아가 자유롭고 통일된 국가로 발전해 프랑스와 오스트리아의 견제세력이 되기를 원했던 영국이 이에 반대하면서 양국의 외교적 관계가 경색된 상황이었다. 그러나 양국의 경제적 이해관계가 맞아떨어지는 상황이 전개되면서 무역협상이 급물살을 탔다. 영국은 프랑스 시장을 원했고, 프랑스도 영국과의 무역협정을 통해 의회의 반대로 계속 좌절되던 관세개혁을 추진하고자 했던 것이다. 1860년 1월 영국과 프랑스는 비밀리에 협상을 추진했던 양측 대표의 이름을 따 훗날「코

---

2) 이것은 지주들이 소위 고도기술농법(high farming)으로 대응했기 때문인데, 곡물법 폐지론자들의 주장과는 달리 농업의 효율성이 크게 증가하지도 않았지만 그렇다고 해서 지주들이 우려했던 것처럼 농업이 급속히 쇠퇴하지도 않았던 것이다(Kindleberger, 1975: 32). 사실 1850년대는 농업기술이 급속하게 진보된 영국 농업의 전성기였으며, 적어도 1870년대까지는 농업 생산성이 매우 빠른 속도로 증가했다.

브던-슈발리에 조약(Cobden–Chevalier Treaty)」으로 불리게 된 조약에 서명했다 (Kindleberger, 1975: 38–40).3)

　이 조약의 가장 큰 의의는 내수시장이 큰 프랑스를 중심으로 유럽 전역에서 자유무역을 급속히 확산시키는 중대한 계기가 되었다는 데 있다. 이 조약이 체결된 후 영국만이 프랑스의 특혜관세율을 향유할 수 있게 되자, 상대적으로 불리한 위치에 서게 된 다른 유럽 국가들은 영국으로의 무역전환(trade diversion)을 우려해 프랑스와 조약체결을 서두를 수밖에 없었다. 이런 추세는 특히 1863년 프랑스가 독일관세동맹과 조약을 체결한 이후 가속화되었다.4) 그 결과 프랑스는 1867년까지 벨기에(1861년), 이탈리아(1863년), 스위스(1864년), 노르웨이, 스페인, 네덜

---

3) 프랑스 자유무역운동의 지적 기반을 제공한 인물은 영국과 미국 등지를 장기간 여행하여 국제적 감각을 갖추고 있던 미셸 슈발리에(Michel Chevalier, 1806–1879)였다. 그는 영국과 독일관세동맹의 여러 국가들이 무역자유화를 통해 높은 경제성장을 기록하고 있다는 사실을 상기시키면서 프랑스의 경제성장을 위해서는 경쟁을 고취시킬 필요가 있고, 이를 위해서는 무역자유화를 추진해야 한다고 역설했다. 나폴레옹 3세의 지명으로 상원의원이 된 슈발리에는 영국과의 조약 체결이 프랑스를 위해 바람직하다고 황제를 설득하는 한편, 친구였던 리차드 코브던(Richard Cobden, 1804–1865)을 통해 당시 영국 재무장관이던 글래드스톤을 설득하는 등 영불 간 무역협정 체결을 위해 헌신적인 노력을 기울였다(Cameron, 2003: 292–293).

4) 독일과 프랑스 사이의 무역협정을 주도한 인물은 프러시아의 철혈 재상 오토 폰 비스마르크(Otto von Bismarck, 1815–1898)였다. 사실 비스마르크는 독일의 통일을 꿈꾸는 정치·외교가였지 자유무역주의자는 아니었다. 그는 무역협정을 단지 국가 간 우호의 표현 정도로 인식하고 있었다. 그가 프랑스와의 협정을 추진한 의도와 목적도 다분히 정치·외교적이었다. 특히 독일 통일을 방해하면서 프러시아가 지배하고 있는 북독일연합(North German Confederation)에서 영향력 확보를 꾀하는 오스트리아를 고립시킬 필요가 있었다. 프러시아의 예상은 적중했다. 프랑스와 독일관세동맹 간의 무역협정이 체결되자 관세인하에 불만을 품은 오스트리아는 독일관세동맹에서 탈퇴했다. 전통적으로 오스트리아의 영향권 내에 있던 남부 독일국가들은 잔류함으로써 프러시아는 독일관세동맹에서의 지위를 공고히 다질 수 있게 되었다(Irwin, 1993: 116). 그러나 비스마르크는 자신의 정치적 기반이었던 지주계급과 산업자본의 이해관계에 따라 후일 보호무역주의 정책을 취하게 된다. 기계류의 소비자로서 1875년까지만 해도 철강에 대한 관세부과에 극력 반대한 융커들은 미국 남북전쟁(1861–1865) 이후 미국의 대유럽 곡물수출의 급증으로 곡물가격이 하락하고 치열한 수입경쟁에 처하게 되자 종래의 자유무역주의에서 후퇴했다. 때마침 국내정치적으로 막강한 영향력을 지닌 철강산업과 지주계급의 정치적 지지를 확보할 필요가 있었던 비스마르크는 1876년 철강과 곡물의 관세를 인상하는 조치를 취했다. 흔히 '빵과 철(bread and iron)' 혹은 '철과 귀리(iron and rye)' 연합이라 불리는 그 유명한 독일의 보호주의연합은 이렇게 형성되었고, 독일의 관세수준은 1863년 이전 수준으로 복귀했다. 독일의 이러한 보호주의 운동에 리스트의 중상주의 사상이 지대한 영향을 미쳤음은 물론이다(Kingdleberger, 1975: 45–47).

란드(이상 1865년), 그리고 오스트리아(1866년) 등 11개국과 연속적으로 양자간 무역협정을 체결했다.[5]

처음에는 영국과 프랑스 간 협정에 불과했던 「코브던－슈발리에 조약」이 거의 모든 유럽 국가들이 참여하는 양자간 조약 네트워크의 촉매제가 되었고, 이를 통해 유럽에서 자유무역은 급속도로 확산되었다. 이 당시 양자간 조약 네트워크는 '실질적으로' 다자간 조약과 같은 효과가 있었다. 협정에 포함된 '무조건부 최혜국대우(unconditional most－favored nation treatment)' 조항 때문이었다. 이후 모든 국가의 양자간 협정에 도입된 최혜국대우 조항은 어느 한 국가가 다른 국가와 무역협정을 체결하고 관세를 인하할 때마다 그 효과가 즉각적으로 전 유럽 국가로 확산되게 만드는 놀라운 기능을 수행했다(Irwin, 1993: 95－97).

한편, 19세기 중반 이후 식민지도 자유무역질서에 편입되기 시작했다. 1840년대 중반에서 1850년대에 이르기까지 영국은 식민지에서 수입하는 원목, 사탕수수 등의 원자재에 대한 특혜관세를 모두 폐지했다. 동시에 자주적 식민지에 대해서는 관세 자율권을 부여하여 종주국인 영국의 공산품에 대한 우대조치를 폐지할 수 있게 허용했다. 인도 등 식민지에 대해서는 무차별적인 개방정책을 유지하여 영국 상품과 그 밖의 국가 상품에 대해 동일하게 저관세를 부과하도록 했다. 1860년 이후 체결된 유럽국들 간의 무역협정에서 최혜국대우원칙은 식민지 무역에도 당연히 적용되었다. 이에 따라 전통적으로 종주국과 식민지 간의 특혜적인 무역관계는 크게 변했고, 서유럽 국가의 식민지들도 자연스럽게 자유무역질서에 편입되었다(Irwin, 1993: 98).

1.4 자유무역질서에 대한 도전

서유럽에서 1850－1860년대를 풍미했던 자유무역 사조는 1870년대에 들어서 새로운 도전에 직면했다. 이 시기는 1871년 독일이 정치적 통일을 이룩해 유럽대륙의 강국으로 등장하고, 미국의 대유럽 수출이 급속한 신장세를 보임에 따라 영국의 패권적 지위가 도전을 받기 시작한 시기와 일치한다.

---

5) 일방적 자유무역원칙과 최혜국대우원칙에 충실했던 영국은 협정 상대국에게 제공할 만한 특별한 양허사항을 갖지 못했기 때문에 「영불 조약」 체결 이후 5년 동안 벨기에, 이탈리아, 오스트리아, 독일관세동맹 등과 4개의 양자협정을 체결하는 데 그쳤다.

돌이켜보면 서유럽에서 자유무역이 크게 확장될 수 있었던 이유는 무엇보다 도 영국이 자국 시장을 거의 완전히 개방했기 때문이었다. 영국은 당시 가장 넓 게 열려 있는 상품 수입시장이었고, 런던은 금융, 해운, 보험, 국제자본 그리고 무역, 특히 재수출의 중심지였다(Carr, 1968[1945]: 13 – 16). 그러나 1870년대에 들 어서 유럽의 철도망이 완성되고 선박의 기선화(汽船化)가 이루어짐에 따라 러시 아와 미국으로부터 값싼 농산물이 유럽으로 쏟아져 들어왔고, 결국 농산물 가격 이 폭락하면서 유럽에서는 농업 보호주의가 급속하게 확산되기 시작했다. 1860 년대 이후 연쇄적인 양자간 무역협정의 체결로 전반적인 관세인하가 이루어졌는 데, 그중에서 특히 농산물의 관세인하가 많이 이루어진 탓에 1870년대에 들어서 농업문제의 심각성이 가중되었다. 유럽국들 간에 체결된 무역협정의 만료시점이 1880년대 말에서 1890년대 중반 사이에 집중되어 있었던 것도 고관세 행보를 촉 진하는 요인이 되었다(Irwin, 1993: 101 – 02; Cameron, 2003: 296 – 98).

먼저 1860년대 자유무역을 선도했던 프랑스는 1870 – 1871년 보불(普佛)전쟁 에서 프러시아에 패배해 나폴레옹 3세가 퇴위하고 제3공화국이 등장하면서 보호 무역주의 성향으로 돌아섰다. 1872년에는 「1860년 코브던 – 슈발리에 조약」의 종 료를 선언했다. 영국 외 다른 국가들과의 양자 조약은 모두 갱신하고 또 다른 국 가들과는 새롭게 조약을 체결하기도 했다. 결국 1882년에 영국의 요구에 따라 동 조약을 갱신하기는 했지만, 자유무역에 대한 프랑스의 의지는 이미 쇠퇴한 상태 였다(Stein, 1984: 369 – 70).

미국의 곡물수출 급증에 따라 유럽의 곡물가격이 하락하자 독일도 보호무역 으로 회귀했다. 대표적인 사례로 전통적으로 자유무역 지지집단이던 대지주들이 보호주의적 성향이 강한 철강산업과 '철과 귀리 연합'을 형성하고 공산품은 물론 이고 농산물의 관세인상도 요구했다. 그 자신이 동프러시아의 융커(Junker)이기도 했던 비스마르크 수상은 이 연합의 요구를 들어줌과 동시에 프랑스 및 여타 국가 와 맺었던 무역협정의 갱신도 거부했다. 1879년에는 리스트의 유치산업보호론을 반영한 새로운 관세법을 제정하기도 했다(Carr, 1968[1945]: 17).

프랑스와 독일이 보호주의로 돌아서자 다른 국가도 뒤따라 관세를 인상했다. 그 결과 영국의 대유럽 수출은 둔화되었고 수입은 증가했다. 1870 – 1880년대 영 국에서 전국공정무역연맹(National Fair Trade League), 전영국산업보호회(National

Society for the Defense of British Industry), 상호주의자유무역연합(Reciprocity Free Trade Association) 등의 보호주의 단체가 우후죽순으로 등장했고, 1840년대 곡물법 폐지를 둘러싸고 벌어졌던 상호주의 논쟁을 방불케 하는 뜨거운 논쟁이 재연되었다. 이들은 종래의 일방적 자유무역정책을 포기하고 교역 상대국에 대한 보복위협, 관세인상, 상계관세조치 등을 통해 영국 산업을 보호하고 외국의 시장개방을 강력하게 촉구할 것을 주장하고 나섰다(Bhagwati and Irwin, 1987: 112).

상호주의자들의 이런 주장에 대하여 자유무역론자들은 즉각 반론을 제기했다. 글래드스톤 수상은 이들이 주장하는 상호주의는 보호주의의 완곡한 표현(euphemism)일 뿐이라면서, "30년 전에 죽어 파묻힌 보호주의가 무덤에서 나와 대낮에 활보하고 있는데, 지하에서 오래 생활해서인지 좀 더 근사한 새 이름을 갖고 부활했다. 그러나 이는 돌팔이 의사의 돌팔이 처방(quack remedy)에 지나지 않는다"고 비꼬았다(Bhagwati and Irwin, 1987: 113–20).

상호주의에 대한 강력한 반대 논리와 주장에도 불구하고 영국의 보수당(토리당의 다른 이름)은 결국 상호주의에 입각한 공정무역을 지지했고, 국민의 여론도 이를 지지하는 방향으로 기울었다. 19세기 말과 20세기 초 공정무역론자들은 제국주의자들과 연대하여 관세개혁연맹(Tariff Reform League)을 결성하기도 했다. 대륙유럽 국가들에 대한 관세부과를 주장한 공정무역론자들은 영국 식민지에 대한 '특혜관세제도'만큼은 지지했다. 식민지 국가와의 연대 강화를 모색하는 제국주의자들이 반길 사항이기도 했지만 자신들의 보호주의적 성향을 희석시킬 수 있기 때문이었다.

이들 연합은 1903–1906년간에 걸쳐 대대적인 관세개혁운동을 전개했다. 그러나 그 노력은 결국 수포로 돌아가고 말았다. 무엇보다 자유무역에 따른 값싼 식료품 소비라는 실질적 이득을 포기할 수 없었던 노동조합과 소비자 그룹, 그리고 값싼 원료를 필요로 하는 섬유산업 등의 반대가 만만치 않았다. 또한 보수당의 상당수 의원은 내심 자유무역주의자들이었으며, 역설적으로 보수당의 분열은 내분상태에 있던 자유당(휘그당의 다른 이름)의 단합을 촉진시키는 역할도 했다. 이들 대부분은 자유무역이 영국에 이롭다는 생각을 갖고 있었다. 이러한 대치 국면에서 관세개혁 문제가 1906년 총선의 뜨거운 이슈로 등장하자, 자유당은 보수당을 보호주의 정당으로 매도하면서 자유당의 자유무역 지지입장을 부각시켰다.

총선 결과 자유당이 압승하면서 공정무역운동은 제1차 세계대전 이후까지 뒷전으로 밀려났다. 이 시기의 논쟁은, 프랑스나 독일 등과는 대조적으로, 1846년 곡물법 폐지 이후 50여 년이 경과하는 기간 동안 일방적 자유무역주의가 영국 무역정책의 기조로 확고히 뿌리를 내렸음을 말해준다(Bhagwati and Irwin, 1987: 121–22).

2. 전간기(戰間期)의 국제무역체제

2.1 경제민족주의의 부활

유명한 영국의 역사가 Carr(1968[1945]: 17–34)는 19세기의 민족주의가 1870년경부터 그 모습과 내용에 변화를 일으키기 시작해, 제1차 세계대전이 끝난 1919년부터 제2차 세계대전이 발발한 1939년까지의 전간기에 최고조에 달했다고 본다. 민족주의의 고양기에 각국은 자국의 이익에 반한다고 생각할 때면 주저 없이 국제조약과 국제법을 파기하거나 무시하는 경향을 보였다. 그는 20세기에 들어서 국제주의(internationalism)가 파산하고 배타적이고 공격적인 민족주의가 "재앙적으로" 성장한 것은 다음과 같은 변화 때문이라고 설명한다.

첫째, 1870년 이전까지만 해도 유럽의 민주주의 사회는 중산층이 중심이었으나, 그 이후 점차 노동계급이 정치적 힘을 확보함으로써 민족주의와 사회주의가 긴밀히 결합되었다. 이에 따라 이전 시기의 국제적 사회주의가 붕괴되고, 한 국가 안에서의 사회주의 혹은 사회국가주의(social nationalism), 국가사회주의(national socialism)가 지배적 사조로 등장했다. 노동계급의 관심사항인 임금수준 및 고용의 유지도 중요한 국가정책으로 부각되었다.

둘째, 정치와 경제 영역이 인위적으로 구분되고 자유방임적 국제경제질서가 최우선적으로 작용했던 1870년대 이전과는 달리, 1870년대 이후 경제정책에 정치적 논리가 작용하면서 민족주의가 정치영역에서 경제영역으로 확장되었다. 이에 따라 제1차 세계대전이 끝난 1919년 이후 '국제경제질서' 또는 '하나의 세계경제' 관념은 사라지고, 각국은 자국민 복지를 최우선하는 배타적인 경제민족주의로 빠져들었다. 19세기에는 활발했던 국가 간 이민이나 난민의 수용이 1919년 이후 고용안정 차원에서 엄격하게 금지되었던 사실은 이 당시 노동자의 정치적 영향력을 보여주는 단적인 예이다. 심지어 유럽 국가 중 거의 유일하게 식료품 가격의 하락을 노려 자유무역 전통을 지지해 오던 영국 노동자들도 1931년에 이르러서는 임금안정을 목표로 삼으면서 산업자본가와 동조해 산업보호와 정부보조를 요구하기 시작했다. 국제무역의 독점, 계획경제 등은 경제민족주의 실현을 위한 효율적인 도구였다. 이 시대에 자유방임사상은 민족주의와 사회주의의 집중적인 포화에 무릎을 꿇었고, 사회적 격변 속에서 국내 및 국제 경제문제를 해결하기 위한 광범위한 국가개입이 이념적으로 정당화되었다(Irwin, 1993: 101－13).

셋째, 경제민족주의는 국가의 수가 급증하면서 더욱 강화되었다. 1871년 독일과 이탈리아가 통일되었을 때 유럽 국가는 14개국에 불과했으나, 1914년에는 20개국, 1924년에는 26개국으로 증가했다. 신생 독립국들은 자립적인 산업 생산능력의 확보와 자주의식의 고취를 위해 독자적인 경제발전 전략을 추구했다. 일찍이 리스트가 주장했던 유치산업보호론은 신흥국들에게 매력적이었다. 그 결과 국제무역은 축소되었고 갈수록 비좁아지는 수출시장에서 국가 간 경쟁은 더욱 치열해졌다.

19세기 말에 이르러 중상주의 정책은 부활하기 시작했고 20세기 초반에 이르러서는 맹위를 떨쳤다. 그 배경으로 두 차례의 세계대전을 겪으면서 거의 모든 국가에 전시 생산통제부서(wartime production boards)가 설치되었고, 특히 전간기 및 대공황기에 많은 국가가 중상주의적 조합주의(mercantilist corporatism)를 실험했다는 점을 들 수 있다. 중상주의정책은 특히 농업부문에서 만연했다. 거의 모든 국가가 농업의 보호를 위해 가격보조, 생산쿼터, 판매통제, 비축계획, 농민교육훈련에 이르기까지 갖가지 프로그램을 끌어들였다(Gourevitch, 1986: 50－53).

1930년대의 대공황과 뒤이어 닥친 국제통화체제의 붕괴도 중상주의와 뗄 수 없는 관계에 있었다. 1930년대의 심각한 국제적 경제위기 속에서 각국은 국제수지의 균형 유지를 위해 실업의 증가를 감수하며 긴축정책을 펴거나 무역지불의 제한 또는 환율의 조작 등을 통해 가까스로 국제수지의 균형과 고용을 유지하는 형편이었다. 19세기의 금본위제에 입각한 자유무역체제를 유지해야 한다는 고정관념에 사로잡혀 있었던 당시의 자유무역론자들에게 이러한 정책들은 상상조차 할 수 없는 수준의 것들이었다. 이 와중에 고정관념을 깨뜨리고 중상주의적 무역정책을 표방하고 나선 이가 바로 영국의 존 케인즈(John M. Keynes)였다.

그는 당시의 위급한 경제상황에서 환율절하가 불가능하거나 바람직하지 않다면 차선책으로서 수입품에 동률의 관세를 부과하거나 수출에 보조금을 지급하는 시책을 고려해야 한다고 주장했다. 재정수입을 증가시키고 교역조건 개선에 기여한다는 측면에서 관세가 좀 더 바람직한 정책수단이라는 논리도 제시했다. 앞선 몇몇 장에서 설명한 바 있는, 소위 '보호의 거시경제이론(macroeconomics of protection)'을 전개한 것이다. 원래 자유무역 신봉자였던 케인즈가 이처럼 보호무역정책을 옹호하고 나서자 신고전파 경제학자들은 매우 놀라고 당황했지만, 일반국민과 정치인들, 급진주의적 경제학자들은 보호무역이 실업의 확대를 방지하고 국제수지를 개선하는 데 효과적이라는 그의 주장을 환영했다.

이 시기의 중상주의자들은 그 이전 시기의 중상주의자들과는 달리, 부국강병의 의미를 국가 그 자체의 정치적·경제적 이익이 아니라 애덤 스미스 이후 재정립된 개념, 즉 국민소득과 부의 증진의 의미로 받아들였다. 이러한 점에서 케인즈에 의해 정립된 근대적 중상주의는 전통적 중상주의와는 사상적 기반을 달리했다고도 볼 수 있다. 하지만 무역정책을 수입경쟁으로부터 국내 산업을 보호할뿐만 아니라 효과적으로 고용을 확대하는 수단으로 삼으려 했다는 점에서, 또 국제수지 적자 해소를 위해 수입제한을 주장했다는 점에서 전통적 중상주의와 궤를 같이한다. 이런 약점에도 불구하고 케인즈의 근대적 중상주의는, 다음 장에서 좀 더 자세히 살펴보는 바와 같이, 당시의 시대적 상황과 어우러지면서 '배태적 자유주의' 사상의 출현에 중요한 기여를 했다.

2.2 제1차 세계대전과 국제무역질서의 와해

1914년 8월 제1차 세계대전이 발발하자 양자 조약에 기초했던 19세기의 자유무역질서는 급속히 와해되었다. 네덜란드를 제외한 유럽의 모든 국가들이 국가 안보를 핑계로 산업보호에 나서는 한편, 외환을 요긴하게 사용하려는 목적에서 수입관세를 인상하고 쿼터 등 수량적 제한조치를 도입했다. 심하게는 무역금지조치를 취하고 직접적으로 외환을 통제하기도 했다. 문제는 전쟁이 끝난 뒤였다. 엄청난 인적·물적 손실에 따른 경제활동의 위축 및 실업의 급증은 무역자유화 추진을 더욱 어렵게 만들었다. 전시에 보호를 받았던 산업들이 전쟁이 끝난 다음에도 계속 보호를 요구한 것이 큰 원인 중 하나였다(Irwin, 1993: 101).

　　이런 상황 속에서 무역장벽 축소를 위한 전후의 다자간 노력은 진척되기 힘들었다. 전후 독일의 취급 문제와 관련해 미국과 유럽 연합국이 견해를 달리한 것이 가장 큰 장애물로 작용했다. 전쟁이 한창이던 1916년 연합국 경제회담(Allied Economic Conference)에서 영국, 프랑스, 이탈리아는 전쟁이 발발하기 이전의 자유무역질서의 회복을 위해 상호 긴밀히 협력할 것을 다짐하면서도, 독일을 비롯한 적성국가에 대해서는 최혜국대우의 확대적용을 거부하는 등 이중적인 태도를 취했다. 국제무역의 새로운 강자로 부상한 미국만이 유럽 연합국의 의도를 경계하면서 어떠한 형태의 무역차별에도 반대한다는 입장을 천명했다. 1918년 우드로 윌슨(Woodrow Wilson) 대통령이 전후의 평화체제 구축을 위한 기본구상 14개조(Fourteen Points)를 발표하면서 "가능한 한 모든 무역장벽을 철폐하고, 국제평화에 동조하는 모든 국가 간에는 무역양허의 평등성이 확립되어야 한다"는 원칙(제3조)을 주창한 것이 좋은 예이다.

　　그러나 독일에 대한 적개심이 매우 컸던 유럽 연합국은 독일에 거액의 배상금을 부과했을 뿐만 아니라, 1919년의 「베르사유 조약(Treaty of Versailles)」을 통해 상대국의 최혜국대우 제공 여부와 관계없이 독일이 일방적 최혜국대우를 제공할 것을 강요했다. 독일은 전쟁부채의 상환과 배상금 지불을 위해 어떻게 해서든 국제수지를 흑자로 유지해야 하는 상황에서 극도로 수입을 제한할 수밖에 없는 처지였음에도 연합국의 독일에 대한 태도는 냉혹하기만 했다. 심지어 영국조차도 독일에 대해서는 수입제한을 목적으로 특별관세를 부과하는 예외적인 조치를 서슴지 않았다. 이처럼 연합국이 독일에 대한 무역차별을 한사코 고집하는 가운데 무차별적인 무역을 선언하는 최혜국대우원리는 망가졌고, 그것에 기초했던 19세기의 자유무역체제는 실질적으로 붕괴되고 말았다(Stein, 1984: 374−75).

　　전간기의 국제기구도 자유무역체제를 복구하기에는 역부족이었다. 1919년 국제연맹(League of Nations) 헌장은 윌슨 대통령이 주창한 '대우의 평등성(equality)'이 아니라 '공평한 대우(equitable treatment)'로 한발 물러섰다. 또한 무역장벽의 축소에 관한 아무런 규정도 두지 않은 채, 경기회복을 위해 '특별히 필요한' 경우 무역통제를 가할 수 있다고 규정함으로써 결과적으로 높은 무역장벽 유지를 위한 구실을 제공하는 우를 범했다. 결국 무역금지조치의 철폐, 관세인하, 그리고 최혜국대우 조약 네트워크의 재구축 등을 목표로 한 어떠한 공식적, 다자간 행동도 취해지지 않은 채 1920년대가 저물어갔다(Irwin, 1993: 104).[6]

2.3 대공황과 경쟁적 보호주의

1929년 미국에서 촉발된 대공황(Great Depression of 1929)은 전간기의 국제경제질서 재건 노력에 치명타를 가했다. 전 세계에 걸친 경기침체의 심화, 실업률의 급등, 그리고 금융위기의 확산으로 그나마 남아 있던 자유무역체제의 명맥조차 잇기 어려워졌다. 이 시기의 경쟁적 보호주의는 농산물 가격의 급락에서 비롯되었다는 점에서 일견 19세기 말-20세기 초의 보호주의와 유사했다. 하지만 관세장벽만이 문제였던 그 당시와는 비교할 수 없을 정도로 내용이 복잡해졌고 확산 속도도 빨랐다. 쿼터 등 수량제한조치는 물론이고 무역금지, 외환통제, 청산협정(clearing agreements) 등 과거에 볼 수 없었던 비전형적인 수단들이 삽시간에 퍼져나갔다(Irwin, 1993: 112).

국제연맹의 한 보고서(League of Nations, 1942: 101)에 따르면 1930년대를 전후로 국제회의 때마다 대부분의 국가들이 좀 더 자유롭고 확대된 무역을 추구하겠다고 선언했다. 하지만 이는 정치적 수사에 불과했다. 사실상 이들은 자국의 경기회복에만 골몰했고 자국의 자율성을 제약하는 어떠한 국제조약상 의무도 지지 않으려 했다(Irwin, 1993: 106). 무엇보다 그간 자유무역의 보루였던 영국이 보호무역의 압력에 굴복했다는 점에서 대공황 시기는 그 이전 시기와 뚜렷이 구분된다. 깊은 경기침체의 늪에 빠져 더 이상 자유무역을 고수할 능력도 의지도 없었던 영국은 「1931년 비정상수입규제법(Abnormal Importation Act)」, 「1932년 수입관세법(Import Duties Act)」, 같은 해 제국 관세제도(Imperial Preference System)를 부활시키는 내용의 「오타와 협정(Ottawa Agreements)」 등을 제정하거나 체결

---

6) 1920년대의 국제무역 현실에 대한 이견도 존재한다. 예를 들면 1927년까지는 대부분의 전시 무역금지 및 제한조치가 철폐되거나 안하되었지만, 영국을 제외한 유럽 주요국이 공산품 관세율, 그리고 특히 농산물 관세율은 전전에 비해 상당히 높은 수준에 있었다(Irwin, 1993: 105-06). 반면, 유럽 대륙국가의 공산품 평균 관세율은 1927년 24.9%로서 1913년의 수준인 24.6%와 비슷했다는 주장도 있다(Bairoch, 1995: 3-6). 이 주장에 따르면 1928-1929년경 거의 모든 선진국에서 공산품 관세율이 낮아졌고, 1924년에는 국제무역량이 전전 수준에 도달했으며, 세계의 수출량 또한 1924-1929년 기간 동안 연간 6%의 사상 유례가 없는 성장세를 보였다는 점에 비추어 1920년대는 결코 보호주의 시대가 아니었다.

함으로써 사실상 보호주의 대열에 합류했다(Stein, 1984: 375).

대공황기 보호주의의 백미는 역시 미국 역사상 최악의 보호주의 관세법으로 꼽히는 「1930년 스무트-홀리 관세법」이다. 이 법이 발효된 1930년 6월부터 1931년 말까지 1년 반의 기간에 무려 25개국이 미국 상품에 대한 관세를 대폭 인상하는 보복조치를 취했고, 미국은 맞대응하면서 보복이 보복을 낳는 연쇄적 관세인상 전쟁이 촉발되었다. 그 결과 세계무역은 급격히 감소했다. 1929년부터 1932년까지 세계 총생산의 20%가 감소한 것에 비해 전 세계 교역량은 40%나 줄어들었다. 1930년대 중반에 이르러 세계경제가 회복세를 보이기 시작한 후에도 세계 교역량은 여전히 국민소득의 증가추세를 따라잡지 못했다(Irwin and Kroszner, 1996).

한편, 경쟁적 보호주의의 등장은 국제통화체제, 즉 금본위제의 몰락과 깊은 관련이 있다(Eichengreen, 1992). 종래 국제금융의 중심지였던 영국은 제1차 세계대전의 발발과 함께 금본위제를 포기했었으나 전후에 국제사회로부터 금본위제로의 복귀 압력을 받았다. 영국 스스로도 금본위제로의 복귀가 필요하다는 점은 인식했지만 전쟁 기간 중 계속 금본위제를 유지해 온 미국의 달러화에 대한 파운드화의 등가(等價) 또는 평가(平價, parity) 문제를 놓고 고심에 고심을 거듭했다.[7] 전쟁 중 파운드화 가치가 크게 하락한 상황에서 그 이전 수준으로 평가를 책정하면, 즉 평가절상을 하면 미국은 물론이고 달러화와 평가를 유지해 온 다른 국가에 비해 영국 상품의 수출경쟁력이 약화될 것이 뻔했다. 반면에 현재의 구매력을 기준으로 평가를 책정하면, 즉 평가절하를 하면 파운드화에 대한 신뢰가 하락하고 해외투자의 가치가 감소한다는 데 영국의 고민이 있었다. 결국 1925년 당시 재무장관이었던 윈스턴 처칠(Winston Churchill)은 전전의 환율 수준(1파운드 대 4.86 달러)에서 금본위제로 복귀하는 결정(British Gold Standard Act of 1925)을 내렸다(Cameron, 2003: 346-47).

영국을 따라 많은 국가들이 금본위제로 복귀했지만 국제통화체제에 이미 일기 시작한 거대한 변화의 흐름은 멈출 수 없었다. 점증하던 압력은 먼저 미국에

---

7) 전후 영국의 경제문제는 심각하기 그지없었다. 전쟁 중 많은 수출시장, 해외투자, 상선 등 해외 소득원을 상실한 데다, 영국 산업의 수출경쟁력은 약해져 1921년에 실업률이 14%, 실업자가 100만 명에 달할 정도였다. 대공황기에는 실업률이 더욱 치솟아 25%에 달하기도 했다(Cameron, 2003: 346-47).

서 터졌다. 각국이 대공황의 언저리에 들어서고 있던 이즈음 국제금융시장의 큰
손이었던 미국의 투자자들이 해외투자를 회수해 대거 뉴욕주식시장에 투자했는
데, 폭발적인 장세를 보이던 뉴욕증시가 1929년 10월 24일, 소위 '검은 목요일
(Black Thursday)'에 돌연 폭락한 것이다.[8] 시중은행들은 서둘러 대출금 회수에 나
섰고, 투자자들은 헐값에라도 주식을 처분하려고 아우성치는 가운데 주가 폭락사
태는 진정될 기미를 보이지 않았다. 이듬해인 1930년 내내 미국의 투자자들이 유
럽으로부터 투자금을 회수하자, 오스트리아를 시작으로 헝가리, 체코슬로바키아,
루마니아, 폴란드, 독일 등의 은행들은 금지불(gold payments)을 중단할 수밖에
없었다. 이들 중 상당수의 은행들이 결국 파산하면서 국제금융시장이 일대의 혼
란에 빠진 가운데, 아르헨티나, 호주, 그리고 칠레의 뒤를 이어 1931년 9월부터
1932년 4월까지 24개국이 금본위제에서 이탈했다. 그중에는 영국과 캐나다도 있
었다. 그 밖의 많은 국가들도 사실상 금지불정지를 선언함으로써 19세기부터 유
지되었던 금본위제는 사실상 종말을 고했다(Cameron, 2003: 348-49).[9]

　　1930년대에 유럽에서 특징적으로 나타난 또 다른 현상은 지역주의의 강화였
다. 무역협정과 환율협정 등을 통해 지역 또는 국가 간에 배타적이고 특혜적인
무역차별이 난무했던 것이다. 가장 대표적인 사례가 앞서 언급한 1932년 「오타와
협정」이다. 영국은 이 협정을 통해 영연방제국과의 특혜적 무역확대를 꾀했다.

8) 19세기의 금본위제도에 기초한 국제통화체제가 심각한 무질서 상태에 빠져들게 된 직접적 계
　기는 제1차 세계대전이었다. 여기에 더해 전후 평화조약에 따른 독일의 전쟁 배상금과 연합국의
　전쟁부채 처리문제는 국제통화체제의 재구축을 매우 어렵게 만든 요인이었다. 영국과 프랑스는
　민간 피해에 대한 배상금뿐만 아니라, 연합국 정부가 전쟁수행 과정에서 지출한 모든 금액에 대
　한 배상을 요구했다. 미국은 독일에 대해 아무런 배상금도 청구하지 않았으나, 유럽 연합국에
　대해 전쟁부채의 상환을 요구하는 마당에 이를 중재할 입장도 아니었다. 우여곡절 끝에 1921년
　에 확정된 독일의 전쟁 배상금 총액은 약 1,320억 마르크로, 당시 독일 총국민소득의 2배에 달
　하는 엄청난 금액이었다(Cameron, 2003: 345). 사실 이 당시 유럽경제는 피폐할 대로 피폐해져
　프랑스, 영국 등 연합국은 독일로부터 배상금을 받아야만 미국에 전쟁부채를 상환할 수 있었다.
　독일로서는 천문학적 배상금을 상환하기 위해서 어떻게든 수출을 늘려야만 했으나 유럽 연합국
　이 가한 무역 및 경제적 제재로 인해 무역수지 흑자를 달성할 수 없었다. 1922년 여름부터 마르
　크화 가치가 폭락하기 시작하면서 독일은 곧 상환 중단사태에 빠지게 되었다.
9) 1930년대 초 경기불황 속에서 여러 국가가 봉착했던 문제는 외환과 금 보유고의 부족이었다.
　고정환율제인 금본위제 아래서 경제적으로 취약한 국가들은 끊임없이 유동성 위기에 시달렸다.
　결국 이들이 국제수지의 균형을 유지하고 경기를 회복하기 위해 취할 수 있는 조치란 (금본위제
　이탈을 통해) 자국 화폐를 평가절하하거나 수입을 제한하는 것밖에 없었다. 이 시기에 금본위제
　의 붕괴와 보호무역주의의 확산은 동전의 양면이었던 셈이다.

영국은 영연방국과 인도 등의 수출품을 무관세로 수입하는 한편, 이들과 경쟁관계에 있는 다른 국가들로부터의 수입은 차별했다(Stein, 1984: 375).

오스트리아, 헝가리, 폴란드, 유고슬라비아 등 중부 및 남동부 유럽국들과 독일의 무역관계도 날이 갈수록 고착화되었다. 독일은 금태환을 보장하는 통화로의 지불, 즉 금본위제를 요구하는 국가들로부터 독일의 마르크화를 결제수단으로 인정하는 중부 및 남동부 유럽국들로 수입선을 전환했다. 뿐만 아니라 독일에 필수적인 식료품과 원료의 수출비중을 더 높여주는 국가에 대해서는 그 대가로 독일시장을 개방하는가 하면, 그리스와 터키가 독일제국의 경제블록에 좀 더 많이 수출하도록 유도하는 데 독일의 정치적·경제적 영향력을 활용하기도 했다(Irwin, 1993: 107-08).10)

3. 전후 다자간 국제무역질서의 형성

3.1 미국의 적극적 역할과 다자주의 이상

1930년대 중반 세계경제가 대공황의 깊은 수렁에서 벗어나자 비로소 실질적인 의미에서의 국제협력이 가시화되기 시작했다. 가장 중요한 요인은 국제경제 및 무역문제에 대해 적극적 역할을 자임하고 나선 미국의 태도 변화였다. 사실 1930년대 중반까지 미국은 경제민족주의 내지 고립주의의 전통에서 벗어나지 못하고 있었다. 국제경제 문제에 별 관심을 보이지 않았을 뿐더러, 어쩔 수 없이 관심을 보여야만 할 때에도 독자적으로 행동하는 경우가 많았다. 「1930년 스무트-홀리 관세법」을 제정해 높은 관세장벽을 구축한 것이나, 제1차 세계대전 후 연합국으로부터의 전쟁부채 상환을 고집한 것, 그리고 국제경제보다 국내경제의 회

---

10) 유럽의 제국들과는 달리 당시 미국이 지역주의를 추구했는지 여부는 분명하지 않다 (Eichengreen and Irwin, 1993: 9). 「1930년 스무트-홀리 관세법」상의 관세는 무차별적으로 부과되었으나, 관세의 인하는 「1934년 상호무역협정법(Reciprocal Trade Agreement Act: RTAA)」에 의거해 각각의 양자협정이 규정하는 바대로 이루어졌기 때문이다. 1937년까지 미국은 17개국과 자유무역협정을 체결했는데, 그 대부분이 캐나다, 과테말라, 온두라스, 쿠바, 브라질, 프랑스, 베네룩스3국, 스웨덴, 스위스 등 중남미와 서반구(Western Hemisphere) 국가들이었다. 그 다음 3년간에는 에콰도르, 베네수엘라, 영국, 체코슬로바키아, 터키 등과 협정을 체결했는데, 이들 역시 대부분 서반구에 속해 있었다.

복을 우선함으로써 1933년의 런던 경제회의가 별 성과 없이 끝나게 만든 것 등이 대표적인 예이다.

그러던 미국의 태도가 조금씩 변하기 시작했다. 예를 들어 1933년 12월 「몬테비데오 협약(Montevideo Convention)」에서 미국은 중남미 국가들로부터 관세인하 협상 추진 약속을 받아냈다.[11] 또한 1934년 RTAA에 근거해 1937년까지 16개국과 무조건부 MFN 원칙에 기초한 양자협정을 체결했고, 이 과정에서 상호주의적으로 관세의 인하를 추진했다. 한편, 1936년 영국-프랑스-미국 간 3자 통화협정을 체결했는데, 이것은 이후 프랑스, 스위스, 네덜란드, 이탈리아 등 그때까지 남아 있던 금본위제 국가군이 환율을 평가절하하고 쿼터와 수입허가제 등 경직적 무역제한조치를 축소하는 발판이 되었다(Stein, 1984: 377).

미국은 1939년 제2차 세계대전이 발발한 직후부터 전후 새로운 국제정치와 경제 질서 수립을 위한 구상에 착수했다. 당시 미국의 대외경제정책 주역들의 사고를 지배한 것은 제1차 세계대전 이후 평화체제 구축 노력의 실패에서 얻은 세 가지 교훈이었다(Gardner, 1956: 4-12).

첫째, 제1차 세계대전의 승전국들과 패전국들 간의 평화조약을 협의하기 위해 개최된 1919-1920년 파리 강화회의(Paris Peace Conference)에서 미국이 적절한 역할 수행에 실패한 것은 준비 부족 때문이었다고 보고, 전후에 봉착하게 될 문제들의 처리 원칙이나 방향을 미리미리 치밀하게 검토해 두어야 한다고 생각했다.

둘째, 제1차 세계대전 후 미국이 국제연맹에 가입하지 않음으로써 엄청난 손실을 입었던 역사적 사실에 비추어, 전후에는 국제기구를 기반으로 미국의 외교정책을 펴나가는 것이 바람직하다고 생각했다. 이것은 미국이 다자주의에 기초를 두고, 지역적 또는 전통적인 유대관계에 기초한 특정 블록의 형성을 처음부터 배제하려는 의도가 있었음을 보여준다.

셋째, 제1차 세계대전 후 평화협정이 와해된 가장 중요한 원인이 경제 문제

---

11) 「몬테비데오 협약」은 독립국가의 지위와 인정에 관한 중남미 대륙 국가들 간의 협약이다. 우루과이 몬테비데오에서 미국을 포함한 20개국이 모여 협약에 서명했으며 1934년 12월에 발효되었다. 동 협약에서 미국의 프랭클린 루즈벨트(Franklin D. Roosevelt) 대통령과 코델 헐(Cordell Hull) 국무장관은 '선린외교정책(Good Neighbor Policy)'을 천명하며 독립과 주권 인정을 두고 식민모국이었던 서유럽 국가들과 갈등을 빚고 있던 중남미 국가들을 끌어안기 위해 노력했다.

의 미흡한 처리에 있었다고 보고, 전후 국제질서 구축은 국제경제정책에 중점을 두어야 한다고 믿었다.[12] 이 당시 미 행정부의 국제경제정책 방향은 한마디로 다자 간 세계무역체제의 구축, 특히 무차별적인 무역장벽의 최소화로 요약할 수 있다.

그렇다면 미국은 왜 다자주의를 전후 국제경제질서의 기본으로 삼았으며, 특히 무차별원칙의 확립에 그리도 강하게 집착했던가?

첫째, 미국은 제1차 세계대전 기간 중 매우 빠른 산업화를 이루어 1920년대에는 세계 최고의 공산품 생산국으로 발돋움했으나, 다른 국가들의 배타적인 특혜관세제도를 비롯해 다양한 형태의 무역차별에 취약했다. 따라서 미국의 입장에서 자국 상품이 타국에서 동등한 조건으로 접근할 수 있는 여건의 확보가 절실했다(Gardner, 1956: 12−13).

둘째, 전간기에 독일, 일본 등 추축국들(Axis Powers)이 실험했던 전체주의적 경제질서, 특히 배타적 경제블록 구축 시도에 대해 미국은 강한 적대감을 품고 있었다(Ruggie, 1993: 25). 추축국들은 영국과 프랑스 등이 긴요한 원자재 시장에 대한 접근을 철저히 봉쇄하고 있는 한, 자신들도 독자적인 블록을 구축하는 것은 당연하다는 논리를 폈다. 미국은 어떤 형태의 것이든 무역차별은 미국의 국익에 반하며, 결국은 군사안보 갈등으로 확산될 수 있다고 판단했다. 더 나아가 스스로 식민제국이 되기를 원치 않았던 미국은 유럽 주요국들이 여전히 식민지에 대한 미련을 버리지 못하고 이들과의 특수경제관계에 집착하는 것은 미국의 국익에 전혀 도움이 되지 않는다고 보았다.

셋째, 미국은 영국과 대영제국 간 특혜제도, 그리고 그에 따른 차별에 특히 불만이 컸다. 어려서부터 영국이 미국(과 그 밖의 식민지)에 대해 특혜의 제공을

---

12) 미국이 이처럼 전후 평화체제의 기초를 경제적 요인에서 찾으려 한 것은 당시의 미국 내 여론이 정치적 차원보다는 경제적 차원의 국제협력에 좀 더 호의적이었다는 이유도 있지만, 이보다는 이 당시의 주역들이 "상품이 국경을 건너지 못하면 군인이 건넌다(If goods can't cross borders, soldiers will)"는 명제를 신봉했기 때문이었다. 이러한 신조를 대표한 사람이 바로 당시 미국의 정·관계에 막강한 영향력을 행사한 국무장관 코델 헐이었다. 1933년부터 1944년까지 장기간 국무장관을 역임한 그는 "제약 없는 무역은 평화와 짝을 이루고, 고관세, 무역장벽, 불공정 경쟁은 전쟁과 짝을 이룬다"면서 무역장벽이 낮아지고 차별이 적어져야 모든 나라의 생활수준이 향상되고, 국가가 서로 시기하지 않게 되고, 경제적 불만이 사라져 국제평화가 유지될 수 있다고 주장했다. 그는 의회를 설득해 1934년 RTAA의 제정을 이끌어냈을 뿐만 아니라, 이 법에 기초해 무수한 양자간 무역협정 체결을 주도하는 등 그야말로 국무부가 중심이 된 무역외교(trade diplomacy)의 시대를 열었다(Gardner, 1956: 19−21).

강요했고, 그것이 미국 독립전쟁(1775–1783)의 도화선이 되었던 역사를 배우고 자란 미국인들이 영국의 특혜제도에 대해 강한 거부감을 가진 것은 어쩌면 당연했다. 미 의회가 과거 150년 이상 철저하게 고집해 왔던 조건부 MFN 원칙을 버리고 무조건부 MFN 원칙을 공식적으로 수용한 「1922년 관세법」 제317조는 영국의 식민지 특혜관세제도를 표적으로 삼은 것이 명백했다. 이 조문은 "외국(여기에는 제국, 식민지, 보호령 등 독자적인 관세권한을 가진 모든 형태의 국가가 포함됨)을 우대함으로써 미국을 차별하는 국가에 대해서는 대통령이 추가관세를 부과하든가 수입금지 조치를 취할 수 있다"고 규정했다. 이는 "대영제국 구성원 간의 특혜는 공식적인 정치적 유대관계에 기초한 국가 간 특혜이므로 차별적이 아니다"라는 영국 측 주장에 대한 정면 부정이었다(Gardner, 1956: 18–19). 한마디로 말해 「1934년 오타와 협정」은 대공황의 탈출구로서 외국 시장을 노리던 미국의 수출기업들에 많은 손해를 입혔고, 아무리 동맹국인 영국이 주도한 협정이었더라도 결과적으로는 미국에 대해 적대적인 행동과 다름이 없었다. 미국은 영국이 차별적인 무역장벽과 통화협정을 해체하고 관세를 낮춤과 동시에 식민지정책을 폐기함으로써 무역자유화의 길로 나서주기를 바랐다(Ruggie, 1993: 25–26).

3.2 「대서양 헌장」

제2차 세계대전이 한창이던 1941년 8월 캐나다의 뉴펀들랜드(Newfoundland)에서 미국의 프랭클린 루즈벨트 대통령과 영국의 처칠 수상의 정상회담이 개최되었다. 그 결과로 나온 「영미 공동선언(일명 대서양 헌장)」에는 이제껏 내부적으로만 검토되어 온 전후의 국제경제와 무역질서에 대한 미국의 구상이 처음으로 모습을 드러냈다. 이 회담을 제의한 미국의 의도는 다분히 정치적이었다. 참전이 불가피하다고 판단하고 있었으나 전쟁개입에 거부감을 갖는 국민들을 설득할 명분이 필요했던 루즈벨트 대통령은, 미국과 영국이 공공의 목적, 즉 국가의 자립, 비무장, 항행의 자유(freedom of navigation) 등을 추구하고 있는 마당에 미국이 교전 중인 우방 영국을 간접적으로나마 돕는 것은 당연하다는 논리를 폈다.[13] 반면에 처칠 수상은 이 기회를 이용해 유럽 전쟁에 미국을 끌어들이고 일본이 참전할

---

[13] 그 해 12월 7일 일요일 새벽 일본이 선전포고도 없이 하와이의 진주만을 기습 공격하자 미국은 그간의 중립적 입장을 버리고 제2차 세계대전에 본격적으로 참전하게 되었다.

경우 미국과 영국이 공동보조를 취할 것임을 대내외에 과시하고 싶었을 뿐, 전후 문제를 논의할 마음은 전혀 없었다(Gardner, 1956: 40-42). 이러한 양 정상의 뜻과는 별개로 전후 국제경제질서의 구상에 몰두했던 헐 국무장관을 비롯한 미국의 전후 정책 주역들은 이 기회를 이용해 그들의 구상을 구체화하고 싶어했다.

사실 무역장벽 축소 필요성에 공감하고는 있었지만, 영국은 미국이 구상하고 있는 전후 국제경제질서가 미심쩍었다(Gardner, 1956: 30-38). 무엇보다 영국은 미국이 추구하는 다자주의에 대영제국의 역사적 유대관계를 약화시키려는 저의가 있는 것으로 보았다. 영국은 대영제국의 특혜제도가 미국의 전후 구상의 표적이 되는 것 자체에 대해 강한 반감을 갖고 있었다. 또한 전후 세계경제를 좌우하게 될 미국의 경제가 (대공황기 때와 같이) 심각한 불황에 처하면 영국은 속수무책으로 피해를 입을 수밖에 없을 것이라는 인식이 강했다. 즉 전후 국제수지의 균형 유지를 위해서는 수입을 제한할 필요도 있을 텐데, 다자주의가 이런 측면에서 영국의 경제주권을 제약하게 되지 않을까 염려했던 것이다.

이런 문제들을 염두에 두고 양측은 팽팽한 긴장 속에서 치열한 외교전을 벌였으나, 결국 미국이 대영제국의 특혜제도를 인정하는 선에서 회담을 매듭지었다. 1941년 8월 12일, 「대서양 헌장」의 제4조는 다음과 같이 정리되어 발표되었다:

양국은, 각국의 기존의무를 인정하면서, 대국과 소국, 전승국과 패전국을 가릴 것 없이 모든 국가가 무역과 원재료에 대해 동등한 조건으로 접근해 이를 향유할 수 있도록 노력한다.

며칠간의 정상회담 끝에 나온 공동성명은 미국과 영국 양측 모두에서 환영을 받았다. 그러나 영국의 특혜제도 문제는 여전히 풀리지 않은 숙제로 남아 있었다. 미국은 이 조문이 다자주의를 표방하는 것으로 해석한 반면에, 영국은 영국의 기존의무, 즉 영국과 대영제국 간의 특혜관계의 지속을 미국이 공인한 것으로 해석했기 때문이다. 그럼에도 전쟁 중에 열린 영미 정상회담의 공동성명에 경제 관련 조항이 포함되었다는 사실 자체가 갖는 의미는 매우 컸다. 비록 매우 일반적인 문구로 표현되긴 했지만, 이 경제조항은 향후 양국의 외교정책 방향을 강력하게 시사해 주었기 때문이다. 무역과 원재료에 대한 동등한 접근을 약속한 것은 배타적 경제블록, 그리고 정치적 목적을 가진 전체주의적 무역관행의 배제를 의미했다. 또한 영국과 미국의 공동노력 약속은 전후 자유세계 모든 국가의 경제적 번영과 생활수준의 향상을 위해 양국이 공동보조를 취한다는 뜻을 담고 있었다(Gardner, 1956: 43-45).

3.3 국제무역기구(ITO) 설립 구상과 GATT의 탄생

1943년 봄 미 재무부의 해리 화이트(Harry D. White)와 영국의 존 케인즈가 전후 국제통화와 금융질서에 관한 논의를 성공적으로 이끎에 따라, 이와 긴밀한 보완관계에 있는 국제무역질서에 대한 논의도 빨리 진척시킬 필요성이 대두되었다. 특히 미 국무부는 연합국 간에 형성된 협력 분위기를 최대한 활용하려면 국제무역 프로그램이 전쟁이 끝나기 전에라도 가급적 빨리 착수되어야 한다고 주장하면서 영국에 회의 개최를 제안했다. 1943년 9월 워싱턴 디시에서 개최된 비공식 회의에서 양측은 ① 무역정책에 관한 다자간 협정의 제정, ② 이 협정을 해석하고 불만을 조사하며 회원국 간 분쟁을 해결하기 위한 국제무역기구(International Trade Organization: ITO) 설치 등 주요 원칙에 잠정적으로 합의했다(Gardner, 1956: 103-04).

그러나 워싱턴 회의 이후 전후 무역질서에 대한 논의는 답보상태에 빠졌다. 주로 영국의 사정 때문이었다. 예상했던 대로 영국에서는 특히 특혜무역제도의 폐지와 관련해 관계부처의 반대가 거셌다. 농업보호론도 고개를 들고 있었고 국제수지에 대한 우려도 커지고 있었다. 교착상태에 빠진 양자협의는 일본의 항복으로 제2차 세계대전이 완전히 종료된 1945년 9월이 되어서야 워싱턴에서 재개되었다. 미국은 이 회의에서 논의된 내용을 정리해 동년 10월에 창설된 국제연합(United Nations: UN, 이하 '유엔')에 "무역과 고용에 관한 국제회의의 검토를 위한 제안(Proposals for Consideration by the International Conference on Trade and Employment)"을 제출했다. 국제무역기구(ITO) 설립 구상이 처음 그 모습을 드러낸 것이다. 1946년 초 유엔 경제사회이사회(UN Economic and Social Council: UNECOSOC)는 이 제안을 받아들였다(Hudec, 1975: 9-10).

이 제안은 1943년 비공식 회의에서 논의된 것보다 후퇴한 수준의 내용을 담고 있었다. 수량제한조치는 전면적으로 철폐해 나가되 국제수지 방어와 농업보호를 위해서는 예외적으로 인정하기로 했다. 전쟁기간 중 양국에서 농업이 크게 확대되고, 농산물 가격 지지제도 등이 도입되어 있는 상태에서 갑작스럽게 농업에 대한 보호를 철회하기는 어렵다는 이유에서였다. 관세인하와 특혜철폐 문제도 원래의 합의에서 크게 후퇴했다.

더 중요하게는 국제통화기금(International Monetary Fund: IMF)과 국제부흥개발은행(International Bank for Reconstruction and Development: IBRD) 설치에 관한 논의가 구체적 문건을 토대로 빠르게 진전되었던 것에 비해, 국제무역 분야에서는 이에 상응하는 문건도 없이 지지부진한 논의만 계속되었다. 그러던 중 1946년 2월 유엔 경제사회이사회는 '무역과 고용에 관한 국제회의(UN Conference on Trade and Employment: UNCTE)'에 상정할 국제무역에 관한 협약 초안을 기안할 준비위원회를 구성했다. 이 위원회의 첫 번째 회의가 1946년 10월 런던에서

<그림 5.2>　해리 화이트와 존 M. 케인즈

1946년 3월 8일 미국 조지아주에서 열린 IMF 총회(Board of Governors)의 설립 모임에서 만나 담소를 나누고 있는 화이트 차관보(Assistant Secretary)와 케인즈 영국 명예고문(Honorary Advisor to the U.K.). 브레튼우즈 회의 당시 케인즈는 이미 세계적으로 명성이 자자한 경제학자였지만 미국 대표로 동 회의에 참석한 화이트는 차관보에 불과해 여러모로 케인즈의 상대가 되지 않을 것으로 보는 시각이 우세했다. 그러나 미국의 국력을 등에 업은 화이트는 케인즈에게 결코 만만한 상대가 아니었다. 전후 브레튼우즈체제는 이 두 사람의 치열한 공방 끝에 탄생했다고 해도 과언이 아니다. 하지만 이후 이들의 여생은 순탄치 않았다. 심장질환이 있던 케인즈는 위의 회의가 열린 뒤 한 달 보름여 만인 1946년 4월 21일 62세의 나이로 사망했다. 화이트는 매카시즘에 연루되어 소련의 스파이란 혐의로 조사를 받는 등 고초를 치르다 56세의 나이로 생을 마쳤다.
이미지 출처: https://commons.wikimedia.org/wiki/File:WhiteandKeynes.jpg

열리게 되자, 미국은 '1945년 제안'을 보충한 국제무역기구 헌장안(Suggested Charter for an International Trade Organization)을 제시했고, 이를 기초로 ITO 헌

장의 초안 작성 작업이 시작되었다(Hudec, 1975: 13-14).

동 런던 회의에는 모두 18개국이 참가했지만, 미국과 영국이 회의를 주도했고, 논의 내용도 그동안 영미 간에 논의되었던 내용을 반복하는 수준에서 크게 벗어나지 않았다. 관세와 특혜문제에 대해서는 1945년의 제안에서 영미 간에 타결된 내용이 그대로 유지된 반면, 수량제한조치 문제에 대해서는 추가적으로 많은 논의가 이루어졌다. 런던 회의 결정에 따라 준비위원회는 세계 23개 주요 교역국 대표들이 참여한 가운데, 훗날 GATT의 제1차 라운드로 불리게 된 제네바 회의에서, 관세인하 협상과 ITO 헌장 초안 작성 작업을 병행했다. 이 관세인하 협상이 성공적으로 진행되면 협상 결과는 참가국 간 협정에 포함되고, 동 협정의 시행은 기본적으로 ITO의 무역정책 관련 부분 규정을 원용할 계획이었다.

그러나 이후의 사태는 이런 계획과 무관하게 돌아갔다. 미국 대표들은 이 협상을 위해 의회로부터 미국의 관세율을 1945년 수준의 50%까지 인하할 수 있는 권한을 부여받았고, 이 정도면 대영제국 특혜제도의 완전한 철폐는 몰라도, 미국의 수출에 지장을 주어 온 개별 특혜제도들을 철폐할 수 있을 것으로 기대했다. 무엇보다 1946년 의회선거에서 보호주의적 성향이 강한 공화당이 승리함에 따라 미 행정부로서는 상호무역협정 체결을 위한 프로그램이나 장차 성안될 ITO 헌장에 대한 의회 비준이 심히 걱정되는 상황이었기 때문에 어떻게 해서든 영국으로부터 대영제국 특혜제도의 부분적인 철폐라도 얻어내야 했다. 대영제국 특혜제도의 철폐는 ITO의 성공적 출범을 위한 필요조건이었던 셈이다(Hudec, 1975: 14-15).

하지만 영국은 대영제국의 특혜제도는 결코 폐지할 수 없다는 입장을 굳히고 있었다(Gardner, 1956: 351-54). 영국 정부는 제네바 회의 직전에 열린 의회에서 어떠한 경우에도 특혜제도를 양보하지 않겠다고 다짐한 마당이었다. 영국이 이토록 강경한 자세를 취한 것은 이즈음 미국 내에서 일어나고 있던 세 가지 사태에 대한 판단이 작용했다.

첫째, 고관세 정당의 복귀를 의미하는 미 공화당의 승리는 영국이 차별적 관행을 포기하기 위한 전제조건이 사라진 것을 의미했다. 이제 야당 지도자로 변신한 처칠이 하원 연설에서 "과연 미국의 공화당 의회가, 오랜 역사를 갖고 있으며 경제적 측면에서보다는 영연방의 상징으로서 더 큰 의미를 갖고 있을 뿐인 대영제국의 특혜제도에 대해 의문을 제기할 만큼, 전심을 다해, 열정적으로, 그리고 완전하게 자신의 관세장벽을 허물어뜨린다면 그것은 대단히 놀라운 일이 될 것이다"라고 조롱을 섞어 평가할 정도였다.

둘째, 1947년 2월 해리 트루먼(Harry Truman) 대통령은 의회에 1934년 RTAA의 갱신을 요청하면서 "차후의 모든 무역협정에는 반드시 긴급수입제한조치 조항을 포함시킬 것"이라고 약속했는데, 이를 본 영국은 미국이 관세인하 품목의 수입이 증가하기가 무섭게 보호조치를 취할 것이므로 관세인하가 무의미하게 될 것이라고 내다보았다.

셋째, 1946년에 체결된 미국 – 필리핀 간 무역협정은 미국 – 쿠바 간 특혜제도와 더불어 미국이 과연 영국에 대해 특혜제도의 폐지를 요구할 자격이 있는가에 대해 의문을 품게 만들었다. 이 협정은 독립 전 미국의 관세지역에 속해 무관세로 미국에 수출할 수 있었던 필리핀에 대해 미국이 향후 20년에 걸쳐 해마다 5%씩 관세를 현실화해 나가기 위한 것으로서 비록 잠정적인 것이라고는 하나 이역시 특혜제도임에는 의심의 여지가 없었다.

예상대로 미국과 영국은 대영제국의 특혜제도 폐지문제를 놓고 팽팽한 줄다리기를 계속했고, 그 결과 협상은 다시 교착상태에 빠졌다. 미 의회가 대영제국의 특혜제도 폐지를 가능한 것으로 믿고 있는 한, 대영제국의 특혜제도 폐지는 미국 대표들이 결코 양보할 수 없는 사항이었다. 반면에 영국으로서는 이 제도의 유지가 절체절명의 과제였다. 결국 이 문제에 대해 당장 결판을 낼 수는 없다고 판단한 미국이 먼저 최종 협상안을 제시했다. 동 특혜제도의 폐지를 3년 동안 동결하되, 10년 이내에 단계적으로 이를 폐지하자는 내용이었다. 영국은 이 최종안조차 거부했다. 이렇게 되자 미국은 지금까지 이루어진 여타의 협정결과들을 수용하거나 협정 자체를 무산시키는 두 가지 대안 중 하나를 선택해야만 하는 궁지에 몰렸고, 고심 끝에 전자를 택했다. 협정 자체를 무산시키는 것은 특혜제도 폐지를 얻어내지 못하는 것보다 더 큰 재앙이라고 판단했기 때문이다(Gardner, 1956: 357 – 58).

이러한 우여곡절 속에서 진행된 23개국 간의 관세협상은 성공적으로 타결되었고, 1947년 10월 23일 참가국들은 「관세 및 무역에 관한 일반협정(GATT)」 최종안에 서명했다. 1948년 1월 1일자로 발효된 이 협정으로 미국은 1939년을 기준으로 볼 때 전체 수입의 78%에 해당하는 수입품목의 관세를 최고 50%까지 인하했고, 이로써 미국의 관세율은 「1913년 언더우드 관세법(Underwood Tariff Act)」 이후 가장 낮은 수준으로 떨어졌다. 물론 그 대가로 미국은 상당수의 수출품목에 대해 상대국의 관세양허를 받아냈다. 특혜관세제도에 따라 영국이 영연방국으로 부터 받아오던 특혜의 약 70%는 영향을 받지 않았던 반면, 영연방국이 영국으로 부터 받아온 특혜는 더 큰 폭으로 감소되었다(Gardner, 1956: 359－60).[14]

이처럼 제네바 회의에서 GATT가 탄생했다. 그러나 여기서의 GATT는 관세 인하 협상 결과를 담보함과 동시에, 동 협상에서 이루어진 관세양허의 효과성을 확보하기 위해 ITO 헌장의 국제무역정책 관련 부문에 담길 규정을 포함하는 하나의 협정문서에 불과했다. 장차 ITO 헌장이 확정되면 GATT는 그것에 의해 대체될 예정이었다. 하지만 ITO의 진로는 예측불허였다. GATT가 1948년 1월 1일자로 발효되려면 각국에서 비준절차가 신속히 진행되어야 했는데, 미국이 큰 문제였다. 동 협정을 발효시키기 위해서는 의회의 비준을 받아야 했으나 그러할 시간적 여유가 없었다. 이에 미 행정부는 의회의 승인 없이 동 협정을 발효시키기 위해 동 협정을 1934년 RTAA가 규정하는 '무역협정(trade agreement)'에 해당하는 것으로 축소해석할 수밖에 없었다. GATT에 저촉되는 기존의 국내법 규정을 수정할 시간적 여유는 더더욱 없었고, 이런 사정은 다른 국가들도 마찬가지였다.

그 결과 GATT에 두 가지 중대한 제약이 생겼다(Hudec, 1975: 45－46).

첫째, GATT의 법적 의무를 오로지 "잠정적으로(provisionally)" 받아들이고, 관세양허와 MFN 의무를 제외한 다른 의무에 대해서는 단지 "각국의 기존의 국내법과 저촉되지 않는 범위 내에서만 최대한" 수용한다는 원칙에 합의하는 데 만족해야 했다. 이에 따라 참가국들은 GATT의 「잠정적 적용에 관한 의정서(Protocol of Provisional Application)」에 별도 서명하는 방식으로 GATT를 발효시켰다. 주목할 점은 이 때문에 기존 법률에 의거해 취하는 각국의 무역제한조치는 GATT 의무위반으로 간주되지 않게 되었다는 사실이다.

둘째, 참가국들은 아직 합의가 이루어지지 않은 ITO에 관한 논의에 자칫 편견이 생길 수 있다는 이유에서 GATT의 국제기구화에 반대했다. 하지만 GATT의 실체적 규정을 시행하기 위해서는 의사결정을 하고 이를 집행할 조직이 어떤 형

---

14) 이러한 차이는 대영제국의 특혜제도와 관련해 영국의 이해관계가 영연방국의 이해관계보다 훨씬 컸으며, 특혜제도의 폐지 문제도 기본적으로는 미국과 영국 간의 문제였음을 시사한다.

태로든 필요했다. 이 딜레마의 해결책으로 등장한 것이 바로 회원국들로 구성되는 체약국단(contracting parties)에 모든 의사결정을 일임하는 방식이었다. 별도의 상설기구나 조직을 두지 않고 때때로 모이게 될 체약국단이 그런 사무를 관장하게 한다는 임시방편은 머지않아 ITO 헌장이 채택되면 ITO가 공식적인 국제무역기구로서 이를 대체할 것이라는 기대 때문에 가능한 조치였다.

그러나 여전히 많은 것들이 순조롭게 진행되지 않았다. 1947년 11월 21일부터 1948년 3월 24일까지 쿠바의 수도 하바나(Havana)에서 열린 UNCTE 총회에서 참가국들은 ITO 헌장안에 대한 최종 협상을 진행했다. 이전의 회의들과 달리 하바나 회의에서는 많은 개도국이 협상에 참가했고, 이들은 무수히 많은 요구사항을 내놓았다. 그중에는 ITO의 기본정신에 반하는 사항도 다수 있었다.[15] 그동안 큰 논란의 대상이었던 국제수지 방어 목적의 수량제한조치에 대한 무차별원칙의 적용문제도 여전히 중요한 협상의제였다. 이를 두고 영국과 미국은 공방을 계속했고, 그 결과 무차별원칙에 관한 조문은 대단히 복잡해졌다. 한편, 미국의 요구에 따라 해외투자에 관한 규정들이 처음부터 다시 논의되다시피 했으나, 여전히 투자국인 선진국의 권리보다는 유치국인 저개발국의 권리를 보장하는 쪽으로 결론이 났다. 1948년 3월 23일 드디어 참가국 협상대표들은 ITO 헌장의 최종안, 즉 「하바나 헌장(Havana Charter)」에 서명했다. 그러나 이 헌장안에 대해 영국과 미국이 어떤 행동을 취할지는 여전히 불투명했다(Hudec, 1975: 7-18).

하바나 헌장에 대해 영국은 상당히 부정적이었다. 무역부 장관 해롤드 윌슨(Harold Wilson)은 의회에서 미국이 ITO안을 비준하기 전까지 영국은 ITO안을 의회에 상정하지 않을 것임을 다짐했다. 당시 영국민들은 ITO안이 일방적으로 미국의 의도만을 반영했다고 믿고 있었다. 전후 복구과정에서 국제수지 문제도 어려웠고, 영국 의회의 사정도 여의치 못했다. 의원들은 계속 영국 정부가 부분적으로나마 약속한 특혜제도의 폐지를 문제 삼았다. 때문에 미 의회가 ITO안을 비준하더라도 과연 영국 의회가 그 뒤를 따를지 심히 의문시되었다(Gardner, 1956:

---

15) 그 결과 이들이 실제로 미친 영향은 그리 크지는 않았으나, 몇 가지 사항은 새로운 규정으로 포함되었다. 우선 제네바 회의에서 ITO 회원국 2/3 이상 찬성으로 특혜관세지역을 설치할 수 있도록 하는 규정을 추가한 데 더해, 하바나 회의에서는 이 조건을 한층 더 완화해 특혜의 크기, 협정의 적용기간, 이해관계국과의 협의 등에 관한 소정의 기준에 부합되는 한 특혜관세지역 설정을 자동적으로 승인하도록 규정했다.

369-71).

핵심은 미 의회가 어떤 결정을 내릴 것인가였다. 무엇보다 하바나 헌장에 대한 미 의회의 우선순위가 높지 않았다. 하바나 회의가 끝날 즈음에는 유럽의 부흥을 앞당기고 소련의 위협을 막아낼 마셜플랜(Marshall Plan)이 초미의 관심사였고, 이듬해인 1949년에는 북대서양조약기구(North Atlantic Treaty Organization: NATO)의 설립이 가장 중요한 이슈였다. 미 의회가 참가국들이 헌장에 서명한 지 거의 2년이 지난 후인 1950년이 돼서야 하바나 헌장 청문회를 개최한 것도 우연이 아니었다. 엎친 데 덮친 격으로 마침 한국전쟁이 발발하자 의회의 논의는 지지부진함을 면치 못했다. 1948년에 「하바나 헌장」의 비준안이 미 의회에 상정되었더라도 사정은 마찬가지였을지 모른다. 당시 미 의회는 보호주의 성향이 강한 공화당이 장악하고 있었기 때문이다. 1949년에 민주당이 다시 다수당이 되었지만 쉽게 비준안을 통과시킬 정도로 다수의 의석을 확보한 것은 아니었다 (Gardner, 1956: 371-78).[16]

이런 상황에서 도저히 ITO의 비준을 기대할 수 없다고 판단한 미 국무부는 1950년 12월 6일 슬며시 다음과 같은 보도자료를 냈고, ITO는 국제무대에 제대로 서보지도 못한 채 뒤안길로 사라지고 말았다(Hudec, 1975: 53):

관계부처의 건의에 따라 대통령은 ITO 헌장 비준안을 의회에 다시 제출하지 않는 대신, 미국이 GATT에 좀 더 효과적으로 참여할 수 있도록 필요한 입법조

---

16) 미국의 경제여건도 여의치 않았다. GATT 협정 체결 이후 무역자유화의 효과가 나타나기 시작하면서 국내 산업이 타격을 받기 시작했기 때문이다. 무엇보다도 농업이 문제였다. 국무부의 반대에도 불구하고 미 농무부가 농업 구조조정 프로그램의 시행을 이유로 수입쿼터를 도입할 수 있도록 관련법을 개정했다. 이러한 수입제한조치는 '1945년 제안'에 따라 국내 생산과 판매를 제한하는 때에만 유효했다. 그러나 미 의회는 이를 무시하고 오히려 관련 규정을 개정해 거의 모든 농산물에 대해 수입쿼터 설정을 가능하도록 했고, 이에 따라 실제로 여러 품목의 수입에 쿼터가 실시되기 시작했다. 더 나아가 미 의회는 궁극적으로는 GATT 의무상 제약을 피하기 위해 "지금까지 체결된 또는 앞으로 체결될 어떤 무역협정이나 국제협정도 농업구조조정법(Agricultural Adjustment Act) 제22조에 영향을 주어서는 안 된다"는 수정법안을 통과시켰다. 또한 RTAA의 갱신이 어떤 의미에서도 단지 행정협정(executive agreement)에 불과한 GATT를 승인 또는 승인하지 않은 것으로 해석되어서는 안 된다는 점을 명백히 했다. 의회의 이런 태도만이 문제는 아니었다. 1949-1950년에 걸쳐 ITO와 GATT의 최대 수혜자라 할 수 있는 미국 기업들 단체인 전국제조업연합회, 국가무역위원회, 미상공회의소, 국제상공회의소 미국위원회 등이 일제히 반대 입장을 표명하고 나섰다(Gardner, 1956: 374-75).

치를 취해 주기를 요청했다.

한편, 앞서 이루어진 미 행정부의 GATT의 잠정적 적용에 관한 의정서에 대한 서명은 어디까지나 1934년 RTAA에 규정된 대통령의 권한에 기초한 것으로서, 그 이행에 관한 사항은 법률이 아닌 대통령령으로 규정할 수밖에 없었다. 때문에 미국 내에서 GATT의 법적 지위는 모호해졌지만, 대외적으로 미 행정부의 서명은 ITO 헌장의 가장 중요한 의무사항이던 관세, 특혜제도, 수량제한조치, 기타 무역장벽에 관한 GATT 규정을 이행하겠다는 약속으로 받아들여졌다.

모든 회원국의 서명에도 불구하고 GATT의 법적 구속력은 처음부터 상당히 제한되었다. 미국을 비롯해 어느 국가도 GATT가 오래 살아남을 것이라고는 생각하지 않았다. 역설적이게도 ITO에 비해 GATT가 좀 더 이슈의 범위가 좁고 잠정적이며, 엉뚱한 예외를 덜 인정했다는 점에서 모두가 GATT가 ITO보다 나은 대안이라고 생각했다(Hudec, 1975: 54-55). 이런 기구한 운명을 타고난 GATT는 주기적으로 개최될 체약국단 회의에서 제기되는 문제를 다룰 만한 제도나 행정 기반을 제대로 갖추지 못했다. GATT 협정문 어디에도 상설 사무국에 관한 규정이 없었고, 이는 GATT가 처음부터 국제기구로 구상된 것이 아니라 ITO의 한 부분이 될 협정문에 불과하였기 때문에 당연한 결과였다. 그러나 GATT는 놀랍게도 전후 세계 무역자유화의 견인차 역할을 훌륭하게 수행했다.

〈박스 5.1〉 유럽 공동체의 이상과 브렉시트

앞서 살펴본 바와 같이 전후 국제 자유무역질서의 출범을 견인한 것은 미국의 다자주의 이상이었지만 서유럽 국가들의 기여도 무시할 수 없었다. 전후 유럽 평화체제의 핵심이 '공동체'의 건설에 있다고 본 서유럽 국가들은 미국 중심의 다자주의 국제 무역질서에 원심력과 구심력을 동시에 제공해 왔다. 미국과 협력도 하고 대립도 하면서 고비 때마다 새로운 무역규범의 창출에 공헌해 왔지만 배타적 지역주의 질서의 구축으로 GATT의 무차별원칙에 심각한 위협을 가해 왔다(〈박스 6.1〉 참조).

유럽연합(EU)은 중앙 및 지방 정부, 시민단체를 연결하는 다층적 거버넌스 구조를 통해 국민국가의 한계를 넘어 새로운 통합방식을 지향한다. 유럽연합은 세계에서 가장 큰 단일시장이자 금융연합이며, 회원국 간 무역장벽을 완전히 철폐하고 상품과 서비스뿐만 아니라 사람과 자본의 자유로운 이동을 추구한다. 1993년 출범 당시 12개 회원국이었던 것이 2000년대 들어 동유럽 및 남유럽 국가에 문호를 개방하여 2021년 영국의 탈퇴 전까지 28개의 회원국으로 확대되었다.

전후 유럽 경제공동체 구상은 「1951년 파리 조약(Treaty of Paris)」에 의해 6개국가(프랑스, 독일, 이탈리아, 벨기에, 네덜란드, 룩셈부르크)를 중심으로 설립된 유럽석탄 철강 공동체(European Coal and Steel Community: ECSC)부터 시작되었다. 이후 「1957년 로마 조약(Treaty of Rome)」으로 유럽경제공동체(ECC)가 탄생했고 이는 유럽연합의 전신이 된다. 1968년 회원국 간 모든 관세가 철폐되었고, 공동 농업정책과 공동 무역정책의 기틀이 수립되었다. 1986년에 체결된 「단일 유럽의정서(Single European Act)」를 토대로 EEC가 유럽공동체(European Community: EC)로 탈바꿈했고, 유럽 단일시장이라는 이상에 한 걸음 더 다가갔다. 유럽연합 탄생의 근거가 된 「1993년 마스트리흐트 조약(Maastricht Treaty)」은 유럽 시민권, 단일화폐, 공동 외교 및 안보정책을 골자로 한다. 통합의 구심점 역할을 하는 유럽집행위원회(European Commission)의 권한이 크게 강화되었고, 유럽연합 시민권의 상징으로서 유럽의회(European Parliament)가 출범했다. 2002년에는 유로화가 출범해 유럽연합의 주요국 사이에서 단일화폐 사용이 시작되었다(정창화, 2004).

2009년에 발효된 「리스본 조약(Treaty of Lisbon)」은 전후 유럽통합의 역사에서 또 하나의 이정표가 되었다. 회원국 내 합의 도출에 실패해 원래의 목표에서는 다소 후퇴하긴 했지만, 이 조약을 통해 유럽연합은 단순한 국제기구에서 준연방국가(quasi-federal state), 더 나아가 유럽합중국(United States of Europe)으로 이행하려는 의지를 대내외적으로 선언했다. 그런 맥락에서 특히 유럽의회의 유럽연합 내 정책 결정 주체로서의 권한이 강화되었다. 「리스본 조약」 이후 유럽연합의 기관들은 정부간(inter-governmental) 기관에서 차츰 초국가적(supranational) 기관으로 변화되었다(이부하, 2014).

하지만 2009년 그리스에서 시작된 경제위기는 포르투갈, 아일랜드, 이탈리아, 스페인(일명 PIIGS 국가)으로 퍼졌고, 이로 인해 유로존이 큰 타격을 받았다. 이는 단일화폐와 유럽연합의 정당성 자체에 대한 위기로 이어졌고, 서유럽 국가들을 중심으로 한 유럽연합은 이를 해결하기 위해 여러 긴축 및 감시 정책을 도입했다. 그럼에도 경제위기와 함께 유럽연합 내에서는 각종 테러, 이민 및 난민 문제가 대두되면서 회원국 내에서 유럽회의론(Euroskeptic)을 표방하는 정치세력이 늘어났다(De Vries, 2018).

2016년 국민투표 결과 영국이 브렉시트를 추진하기로 결정한 것도 같은 맥락이다. 이 국민투표에서 영국 시민의 52%가 유럽연합의 탈퇴에 동의했지만, 영국 의회는 좀처럼 탈퇴 방식에 대한 합의를 이루지 못한 채 시간만 끌었다. 결국 보리스 존슨(Boris Johnson) 수상이 이끄는 보수당이 2019년 12월 과반 의석을 확보함으로써 최종적으로 브렉시트 합의안이 타결되었고, 2020년 1월 31일 영국은 공식적으로 유럽연합을 탈퇴했다. 이후 11개월의 전환 기간(transition period)이 끝나기 1주일 전인 12월 24일에 영국 정부와 유럽집행위원회가 극적으로 「자유무역 및 협력 협정(trade and cooperation agreement)」과 미래 관계에 관한 최종합의에 도달했다. 해가 바뀌기 직전 영국 의회가 「유럽연합미래관계법(European Union Future Relationship Act 2020)」을 통과시킴에 따라 2021년 1월 1일 자로 영국은 브렉시트를 최종적으로 완성하게 되었다.[17]

영국 내에서의 협상은 물론 영국과 유럽연합 간의 브렉시트 협상 과정은 전후 유럽의 통합과정에서 드러난 여러 정치, 경제, 사회 및 거버넌스 문제를 가감 없이 드러냈다. 앞으로 영국과 유럽연합은 '미래관계'라는 새로운 숙제를 안게 되었다. 한편, 브렉시트가 다른 회원국의 연쇄 탈퇴의 신호탄이 될 것이라는 전망은 기우였던 것으로 보인다. 오히려 브렉시트 결정 이후 탈퇴가 마무리될 때까지 50개월이 넘는 기간 동안 영국이 겪었던 혼란과 분열은 탈퇴를 고려하던 일부 회원국의 의지를 효과적으로 꺾었다는 평가도 있다(Walker, 2019). 다만 코로나-19 사태로 인해 유럽연합 차원에서의 공조체제에 많은 균열이 생긴 만큼 당분간은 통합의 구심력보다는 각자도생의 원심력이 크게 작용할 것으로 보인다.

---

17) https://europa.eu/european-union/about-eu/history_en 및 https://www.britannica.com/topic/European-Union 참조.

제6장 GATT/WTO 체제의 지배원리

1. 국제무역레짐으로서의 GATT/WTO

1.1 자유주의적 지향성

국제무역기구(ITO)의 탄생이 불발에 그치면서 임시조약에 불과했으나 사실상 국제기구로 기능해 온 GATT는 1995년 WTO의 출범과 함께 제 모습을 갖추게 되었다. WTO 체제하에서 GATT는 상품무역(trade in goods)을 관할하는 규범체계를 대표한다. WTO의 다른 두 축인 서비스무역(trade in services)이나 무역관련 지식재산권(trade-related aspects of intellectual property rights) 규범보다 더 정교하고 구속력 있는 체계를 갖추고 있다. 이런 면에서 GATT의 원리나 규범을 잘 이해하는 것은 매우 중요하다. 그것은 전후 국제무역질서의 형성과 전개과정을 이해하는 첩경이기도 하다.

전후 대표적인 국제레짐으로서 GATT가 갖는 의의에 대해서는 그 탄생 70주년이 넘은 오늘날까지도 일치된 견해는 없다. 19세기 후반에서 20세기 초반까지 세계무역을 이끌었던 양자간 자유무역 협정에 기초한 국제무역 네트워크와는 달리, 20세기 중반 이후 다자간 무역자유화를 안정적으로 이끄는 데 기여했다는 견해가 가장 일반적이다(Irwin, 1993). 그러나 세계은행(World Bank) 및 국제통화기금(IMF)과 더불어 GATT를 개발도상국의 발전을 저해하는 '사악한 삼총사(Unholy

Trinity)'로 규정하는 대중적 견해도 있다(Peet, 2003; 장하준, 2009).

이 장은 GATT의 성과에 대한 평가보다는 GATT가 추구해 온 원리, 규범, 규칙, 의사결정절차에 논의의 초점을 맞춘다. GATT의 기본원리인 자유주의(liberalism)를 뒷받침하는 규범인 무차별원칙과 상호주의, 그리고 가장 기본적인 절차적 규범인 다자주의(multilateralism)가 주된 탐구대상이다.

GATT는 자유롭고 무차별적인 무역(free and nondiscriminatory trade)을 지향해 왔다.[1] 그러나 이것은 전후 국제경제질서의 형성을 주도한 미국의 목표였지, 모든 회원국이 전폭적으로 지지한 목표는 아니었다. 만일 모든 회원국이 자유롭고 무차별적인 무역을 충실히 추구했더라면 국제무역을 둘러싼 오늘날의 복잡한 갈등은 처음부터 생기지 않았을 것이다. 미국을 비롯한 몇몇 국가는 전통적 무역이론에 기초해 무역을 통한 경제적 효율성 향상을 도모했다. 국제무역은 분업과 제한된 자원의 효율적 배분을 촉진하므로 모든 무역국의 생활수준을 향상시켜 줄 것으로 기대한 것이다. 따라서 이들은 GATT가 무역장벽의 최소화에 크게 기여해 줄 것을 바랐다. 반면에 대다수 국가는 경제적 효율성 향상 자체를 가장 중요한 목표로 여기지 않았다. 특히 산업화를 통한 경제개발에 역점을 두었던 개도국들은 자국의 산업화에 기여할 수 있는 범위와 한도 내에서만 무역의 중요성을 인정했다. 또 다른 국가들은 국가안보를 내세우며 자급자족을 중시하거나, 자급자족까지는 아니더라도 변덕스럽고 냉엄한 국제무역의 압력으로부터 국내 산업을 보호하는 것이 무엇보다도 중요하다고 믿었다(Dam, 1970: 7).

---

1) 흔히 GATT가 '자유무역'을 명시적 목표로 삼고 있다고 여기지만 이는 사실이 아니다. GATT (1947) 서문에는 "체약국은 완전고용을 이룩함으로써 삶의 질을 향상시키고 세계의 자원을 충분히 활용해 재화의 생산과 교역을 확대함으로써 실질소득과 유효수요를 증가시키는 것을 목표로 한다"고 밝히고 있을 뿐이다. GATT 조문 어디에도 궁극적으로 완전한 자유무역을 추구한다는 명시적 표현은 없다. 즉 자유무역은 그 자체가 목표가 아니라 실질소득과 유효수요를 증가시키기 위한 수단적인 의의만을 갖는다고 선언한 것이다. GATT가 추구한 궁극적 목표는 각 회원국의 일방적인 무역자유화가 아니라, 회원국 간의 권리와 의무의 대체적 균형(a broad balance of rights and obligations)의 확보와 유지, 그리고 회원국 간의 호혜적이고 대칭적인 시장접근(mutual and symmetric market access)이었다. 그러나 교역의 확대를 위해서는 이를 방해하는 무역장벽(barriers to trade)을 철폐해야 했기에 GATT가 좀 더 자유로운 무역에 실질적으로 기여해 온 것은 부인할 수 없다.

1.2 배태적 자유주의 사상의 등장

이처럼 국가마다 국제무역을 보는 시각과 국제무역을 통해 달성하려는 목표의 우선순위가 달랐기 때문에 GATT는 처음부터 무수한 타협으로 점철될 수밖에 없었다. 역설적으로 이러한 타협은 GATT가 성공적으로 역할을 수행할 수 있었던 가장 중요한 요소이기도 했다. GATT 레짐의 이러한 성격을 잘 규명한 대표적 학자가 존 러기(John G. Ruggie)이다. 크라스너(Krasner, 1982)의 표준적인 레짐 개념을 그대로 수용한 그는, 오란 영(Oran Young, 1980)과 동일하게, 레짐을 사회제도의 일종으로 보고, 어떤 이슈와 관련해 개별국가의 주권과 자율성에 일정한 제약을 가하는 데 레짐의 핵심이 있다고 보았다.

이러한 관점에서 볼 때 19세기의 자유무역과 20세기 중반 이후의 GATT 레짐 사이에는 중대한 차이가 있다. 19세기 자유무역이 국가마다 사회적 목적의 존재와 가치가 다르다는 사실을 고려하지 않는 '정통적(orthodox)' 혹은 자유방임적 자유주의를 대표한다면, 전후 GATT 레짐의 핵심은 '배태적 자유주의(embedded liberalism),' 즉 다자주의적 입장에서 국제무역의 자유화를 추구하되 국내 시장의 안정과 성장을 도모해야 하는 개별국가의 시상개입을 정당한 것으로 보고 이를 인정하는 새로운 자유주의를 추구했다(Ruggie, 1983).

러기는, 그 스스로도 인정하듯이, 칼 폴라니(Karl Polanyi)의 영향을 많이 받았다. 제2차 세계대전 중이던 1944년에 출간된 역작 『거대한 전환(The Great Transformation)』에서 폴라니는 "강대국 간 세력균형, 금본위제도, 자기규제적 시장, 자유주의적 국가라는 네 가지 제도적 기초 위에서"(Polanyi, 1944: 3) 국가가 시장 합리성을 신봉한 나머지, 시장을 규제하기보다는 이를 보호하는 것을 주된 역할로 삼게 되었다면서 근대 자본주의 체제를 맹렬히 비판했다. 그에게 자본주의 경제는 이전의 부족사회 시대, 봉건시대, 중상주의 시대에서는 찾아볼 수 없었던 일탈적 사례로, 국가–시장 관계, 더 나아가 국가–사회 관계를 뿌리째 흔드는 것을 의미했다. 폴라니에 따르면 19세기 밀–20세기 초에 각국 정부가 사회복지정책 차원의 시장개입을 확대한 것은 자기규제적이지만 사회파괴적인 속성을 동시에 가진 시장을 통제하기 위해서였다. 즉 '거대한 전환'은 모순적인 시장논리를 반대하고, 자연발생적이고 실용적이며 보편적인(spontaneous, practical, and universal) 국가–사회–시장 관계의 재정립을 의미하는 것이었다.

폴라니의 사상은 전후 브레튼우즈체제의 창설 주역인 해리 화이트와 존 케인즈의 사상에 지대한 영향을 미쳤다(제5장 참조). 이들은 전후 국제경제질서가 전간기의 재앙을 되풀이하지 않고 사회적 안정과 경제적 번영을 동시에 확보하기 위해서는 국가-사회-시장 간 균형의 변화를 명확히 인식할 필요가 있으며, 정부가 좀 더 직접적인 책임과 역할을 맡아야 한다고 보았다.

러기는 이들의 견해를 높이 평가했다(1983: 203-04). 동시에 경제적 민족주의와 자본주의적 국제주의의 양극단 사이에서 국가들이 상호파괴적인 결과를 야기하지 않고 국내적 안정을 추구할 수 있는 새로운 제도적 틀을 찾는 것이 전후 국제경제질서 재건의 최대 과제였다는 점을 분명히 인식했다. 국제적 안정과 국내적 안정이라는 두 요구를 양립시킬 수 있는 이념적 타협이 GATT 레짐의 본질이라고 본 러기는 이를 '배태적 자유주의의 타협(compromise of embedded liberalism)'이라고 명명했다.

한마디로 배태적 자유주의는 수정된 자유주의로의 타협을 의미한다. 1930년대의 경제민족주의나 차별주의를 배격하는 다자주의를 기본으로 삼으면서도 19세기 금본위제도나 자유무역주의와는 달리 국내적 안정 확보를 위해 정부개입을 용인하는 것이 배태적 자유주의의 핵심이다. 제5장에서 고찰했듯이, 전후 국제경제질서 구축을 위해 영국과 미국이 주도권을 쥔 ITO 헌장 협상과정에서 이미 배태적 자유주의는 그 모습을 드러내기 시작했다. 미국은 다자주의 원리에 강한 집착을 보였지만, 영국은 고용확대와 국제수지 안정을 위한 정부역할의 필요성을 고집했고, 미국은 이를 부분적으로나마 수용하지 않을 수 없었다. 미 의회가 ITO 헌장의 비준을 거부함에 따라 결국 일차상품 무역, 반경쟁적인 기업활동, 국제투자 등에 대한 규칙이 배제되고, 무역정책의 전통적 영역인 상품무역에 관한 규정, 즉 GATT만이 살아남게 되었지만, 상품무역 영역에서도 자유주의 원칙과 국내적 안정 보장을 위한 제도적 장치 간의 타협은 불가피했다. 특히 미국과 영국의 치열한 줄다리기 끝에 나온 터라 GATT는 많은 예외규정을 포함했다. 예를 들어 최혜국대우원리를 의무화하면서도 기존의 특혜협정을 인정한 것은 물론, 회원국이 자유무역지대(free trade area)나 관세동맹(customs union)을 결성할 수 있도록 허용했다(GATT 제24조). 또한 수량제한조치를 일반적으로 금지하면서도 국제수지 방어와 농산물 가격지지를 위한 수량제한조치는 제한적으로 허용했다. 그

밖에 대대적인 무역자유화의 필요성을 강조하면서도, 이 과정에서 발생하는 수입경쟁산업의 피해를 막는다는 명분으로 긴급수입제한조치를 허용했다.

GATT를 순수한 자유주의 레짐으로 파악하는 이들에게 이러한 예외규정은 GATT의 치명적인 약점이 된다. 하지만 러기는 이러한 입장이 배태적 자유주의의 타협이 내포하고 있는 복잡성을 충분하게 이해하지 못한 탓이라고 주장한다(Ruggie, 1983: 214). 요컨대 GATT 레짐이 성공적일 수 있었던 것은 그것이 순수한 자유무역주의를 표방하지 않았기 때문이고, 일견 자유주의로부터의 일탈로 보이는 정책과 행동도 잘 이해하고 보면 꼭 그렇지만은 않았다는 주장이다.

아래에서는 GATT의 주요 원리의 형성 과정을 추적하면서 어떤 예외규정과 일탈적 행동들이 이러한 GATT 레짐의 성격을 더욱 부각시켜왔는지 살펴보기로 한다.

1.3 무차별원칙과 상호주의의 조화

호혜적인 국제무역을 파괴하는 것이 무역차별(trade discrimination)이다. 1920－1930년대의 대공황을 거치며 지국의 단기적 이익에 집착한 주요국의 인근궁핍화 정책은 무역차별과 보복의 악순환을 낳았고, 결국 제2차 세계대전 발발의 원인을 제공했다. 이런 뼈아픈 경험을 거울삼아 GATT는 다자주의와 함께 무차별원칙(principle of non－discrimination)을 지도원리(guiding principle)로 확립했다.

GATT는 무차별원칙을 두 측면에서 규정한다. 하나는 GATT 제1조의 최혜국대우(Most－Favored Nation: MFN) 원칙이고, 다른 하나는 GATT 제3조의 내국민대우(National Treatment: NT) 원칙이다. 전자는 수출입 관세, 관세 부과방법, 수출입과 관련된 모든 규칙과 규정의 적용에서 어떤 회원국도 차별하지 못하도록 하려는 규정이라면, 후자는 자국과 외국의 상품 간의 차별을 금지하는 규정이다. 이 두 원칙은 표리의 관계에 있다. 한 국가가 특정국에 제공한 내국민대우는 최혜국대우원칙에 따라 모든 국가에게 동일하게 제공되어야 하고, 최혜국대우가 실질적으로 보장되기 위해서는 내국민대우원칙이 확립되어야 하기 때문이다. 그러나 정치경제적 내포와 외연 면에서 이 둘은 상당한 차이가 있다. 우선 최혜국대우원칙은 국가 간에 차별을 두지 않게 함으로써 모든 국가가 동등한 무역기회를 누릴 수 있게 하고 국제무역의 흐름이 왜곡되는 것을 막아 자원배분의 효율성을 극대화한다. 내국민대우는 회원국들에게 보장된 권리와 기회가 자국 상품 및 산업 편향적인 제도와 정책 등으로 인해 부당하게 침해되지 않도록 보장하려는 원칙으로서 국내의 제도와 정책에 대한 국가주권의 행사에 일정한 제약으로 작용한다.

무차별원칙은 전후 무역자유화에 큰 공헌을 했다. 특히 MFN 원칙은 전후 세계경제가 1920-1930년대의 차별과 보복의 악순환으로부터 탈피하는 데 결정적으로 기여했다. 하지만 무임승차 문제에 취약하다는 비판을 면치 못했다. 이 취약점을 보완하기 위해 등장한 개념이 상호주의(reciprocity) 원칙이다.

전통적 의미의 상호주의는 각국이 상호 간에 제공하는 양허(reciprocal concessions)가 국가 간에 전반적으로 균형을 이루게 하는 것이다. 그러나 상호주의 원칙의 확립은 생각만큼 쉽지 않다. '무역 양허의 등가성(equivalence of trade concessions)', 즉 어느 정도의 균형을 피차가 수용할 만한 대등한 균형으로 볼 것인가의 문제가 결코 간단하지 않기 때문이다. 여기에는 크게 두 가지 관점이 대립한다. '전면적 상호주의(full reciprocity)'는 일정 시점에서 모든 산업 또는 상품 부문에서 양국의 시장접근(market access), 즉 실질적인 시장개방 수준이 대등할 것을 요구한다. 이에 반해 '일차적(一差的) 상호주의(first-difference reciprocity)'는 기왕에 존재하는 협정 당사국 간의 시장접근성 또는 개방성의 차이를 불문하고, 협상개시 시점을 기준으로 당사국 간에 교환되는 양허의 균형만을 문제로 삼는다(Bhagwati, 1988: 35-37).

이 중에서 GATT가 지향한 상호주의는 '일차적 상호주의'였다. 특정 협상 라운드에서 협상 대상이 된 모든 산업 또는 상품 부문에서 각국이 제공한 부문별 양허수준을 종합적으로 평가할 때, 협상국 간에 대체적인 균형이 이루어지면 상호주의의 요건이 달성된다고 보는 것이다. 이것이 전통적 의미의 상호주의이고, GATT가 추구한 상호주의이다. '전반적 상호주의(overall reciprocity)'라고도 부르는 이 상호주의원칙은 무차별원칙을 훼손하지 않는 범위 내에서 일방적 무역자유화에 따른 무임승차 문제를 완화하는 데 중요한 역할을 해 온 것으로 평가된다.

다음 절에서는 무차별원칙과 상호주의를 둘러싼 다양한 논쟁을 비판적으로 검토한다. 다만 무차별원칙의 경우 이 장에서는 상호주의와 밀접한 관련 속에서 진화한 최혜국대우원칙만 다룬다. 내국민대우원칙은 1970-1980년대 이후 서비스무역과 국제투자가 활발해지고 무역 관련 지식재산권 보호가 중요한 문제로 등장하면서 주목을 받고 있으므로 서비스무역 협정(GATS)과 무역관련 지식재산권 협정(TRIPS)을 다루는 제11장과 제12장에서 자세히 살피도록 한다.

2. 최혜국대우원칙

2.1 조건부 대 무조건부 MFN 원칙

최혜국대우는 일반적으로 무조건부 최혜국대우(unconditional MFN)를 의미하지만, 예외적으로 조건부 최혜국대우(conditional MFN)를 적용한 국가도 있었다. 미국이 대표적인데, 자국 최초의 통상조약인 「1778년 미국-프랑스 협정」에서 조건부 MFN 원칙을 채택한 이후 1923년에 이르기까지 150여 년간 이 원칙을 고수했다(Viner, 1951: 103). 이외에도 1820-1860년간에 유럽 국가와 체결한 조약에서 조건부 MFN 조항이 널리 사용되었고, 남미 국가들과 일본이 미국의 예를 좇아 조건부 MFN 조항을 채택한 바 있다. 그러나 미국을 제외한 다른 국가들은 단일관세율체계(single-schedule tariffs)를 갖고 있었고, 제3국에 대해 특별한 양허를 제공하는 일이 거의 없었으며, 조건부 MFN 조항을 들어 최혜국대우의 제공을 거부한 사례도 없었다는 점에서 조건부 MFN 조항을 무조건부 MFN 조항과 별 차이 없이 운용한 것으로 볼 수 있다(Viner, 1951: 18).

아래 인용은 1923년 이전 미국이 체결한 대부분의 무역협정에 포함된 조건부 MFN 조항의 표준형을 보여준다. 여기에서 조건부 MFN 조항이 일반적인 형태의 무조건부 MFN 조항과 차이를 보이는 부분이 바로 이탤릭체로 표시된 단서조항(proviso)이다(Viner, 1924: 101).

> X국과 미국은, 상대국에 즉각적으로 통용되지 않을, 어떠한 상업 및 항해상의 *특혜도 제3국에 제공하지 않기로 상호 약속하나. 다만* (다른 일방이 제3국에 어떤 *특혜적인 양허를 제공한 경우)* 일방은, 그 양허가 무상으로 이루어졌으면 무상으로, 조건부로 이루어졌으면 *(제3국이 상대국에 제공한 것과)* 동등한 보상을 제공하는 조건으로 *(제3국에게 주어진 것과)* 동일한 특혜를 향유한다.[2]

---

2) 원문은 다음과 같다: "The most Christian King and the United States engage mutually not

조건부 MFN 조항을 정확히 이해하기 위해서는 이 조항을 고집한 국가의 의도가 무엇이었는지를 살펴보는 게 좋다. 예컨대 미국이 영국과 조건부 MFN 의무를 규정한 무역협정을 체결한 뒤 이어서 프랑스와도 무역협정을 체결했다고 하자. 이 경우 미국은 최혜국대우의 제공국이자 수혜국 입장에서 다음과 같은 의무와 권리를 갖는다.

먼저, 미국이 프랑스와의 협정에 따라 프랑스 상품(A)에 대해 영국의 동종 상품(A)에 적용하던 관세율 15%보다 낮은 10%의 관세율을 적용하기로 했다면 미국은 영국에 대해 다음과 같은 의무를 지게 된다. 만일 미국이 아무런 조건 없이 프랑스에 10%의 관세율을 제공했다면, 미국은 아무런 조건 없이 영국에게도 동일한 대우를 해 주어야 한다. 영국을 프랑스와 같은 최혜국으로 대우해야 한다는 말이다. 한편, 프랑스가 미국 상품(B)의 관세율을 낮추어주는 대가로 미국이 프랑스 상품(A)의 관세율을 10%로 낮춘 것이라면, 영국은 프랑스가 미국에게 제공한 혜택에 상응하는 보상을 제공한 후가 아니면 영국 상품의 관세율을 10%로 낮추어 달라고 요구할 수 없다. 두 경우 중 실제로 의미가 있는 것은 후자이다. 미국은 무역협정을 체결하면서 아무런 조건 없이 최혜국대우를 제공하는 일이 거의 없었기 때문이다.[3] 여기에서 우리는 조건부 MFN 조항의 목적이 기존의 협정국을 포함해 다른 국가로부터도 최소한 기존 협정국이 제공한 양허와 동등한 수준 이상의 추가적인 양허를 얻어내려는 데 있음을 알 수 있다.

다음으로 영국이 프랑스와 협정을 체결하면서 프랑스 상품(A)에 대해 동종의 미국 상품(A)의 관세율보다 낮은 8%를 적용하기로 했다면, 미국은 최혜국대우 수혜국 입장에서 다음과 같은 권리를 갖게 된다. 만일 프랑스가 아무런 조건 없이 영국으로부터 8%의 관세율을 적용받았다면, 미국은 당연히 아무런 대가의 제공 없이 동일한 수준의 대우, 즉 최혜국대우를 요구할 수 있다. 반면에 프랑스가 영국 상품(C)의 관세율을 낮추어주는 대가로 영국이 프랑스 상품(A)에 대해 미국

---

to grant any particular favor to other nations, in respect of commerce and navigation, which shall not immediately become common to the other party, who shall enjoy the same favor freely if the concession was freely made, or on allowing the same compensation if the concession was conditional."

3) 이것은 꼭 미국만이 이러한 관행을 유지하고 있었다는 의미는 아니다. 어떤 국가도 제3국과 무역협정을 체결하면서 기존 협정국에 제공한 것보다 나은 새로운 최혜국대우를 아무런 조건 없이 제공하지 않는 것이 일반적이다.

상품(A)보다 낮은 8%의 관세율을 적용하기로 했다면 이것은 양날의 칼이다. 미국은 프랑스가 영국에 제공한 것에 상응하는 보상을 영국에 제공한 후에야 최혜국대우를 누릴 수 있다. 영국의 입장에서는 스스로 어느 정도 부담을 지지 않는한, 즉 프랑스에 대한 추가적 양허를 제공하지 않는 한, 미국을 프랑스보다 불리하게 차별대우할 수 없다.

조건부 MFN 원칙의 매력은 엄격한 상호주의에 입각하지 않은 무조건부 MFN 원칙에 대한 많은 불만과 관련이 있다. 무조건부 MFN 원칙 아래에서는 어떤 국가들이 상호주의적으로 주고받은 양허를 제3의 국가가 아무런 보상 없이 요구할 수 있는 권리를 갖게 되는데, 이것은 불공정한 무임승차 행위를 야기한다. 이 무임승차를 배제하는 면에서 조건부 MFN이 우월하다는 주장이 등장했고, 미국이 애당초 조건부 MFN 원칙을 채택한 것도 바로 그 때문이었다.

그러나 조건부 MFN의 실제 운용은 이러한 추론의 근거가 박약함을 보여준다. 국제무역에서 무임승차자가 되기는 말처럼 쉽지 않다.

첫째, 한 국가가 특정 국가에 대해서는 조건부 MFN 원칙을 적용하면서 동시에 다른 국가에 대해서는 무조건부 MFN 원칙을 적용할 수는 없다는 점을 이해할 필요가 있다. 왜냐하면 특정 국가에 대한 무조건부 MFN의 제공은 결국 모든국가에 대한 무조건부 MFN의 제공으로 귀결되기 때문이다. 예를 들어 A국이 C, D국과 조건부 MFN 조약을, E국과는 무조건부 MFN 조약을 맺고 있는 상태에서일정한 보상을 받고 B국에 새로운 양허를 제공했다고 하자. 이때 C, D국은 B국이 A국에 제공한 양허에 상응하는 보상을 제공하지 않는 한 자국 상품에 대한 A국의 최혜국대우를 요구할 수 없다. 그러나 E국은 무조건부 MFN 원칙에 따라 이를 요구할 수 있다. 이때 E국의 요구대로 A국이 E국에 대해 무상으로 최혜국대우를 제공해 주면, 이제 A국은 C, D국에 대해서도 무상으로 최혜국대우를 해 줘야 한다(Viner, 1951: 104).

둘째, 특정 국가가 맺은 무역협정이 모두 조건부 MFN 의무를 규정하고 있을때의 상황은 실제로 어떠한 형태의 MFN도 제공하지 않는 상황과 차이가 없다. 예를 들어 A국과 B국이 조건부 MFN 협정을 맺고 있다고 하자. A국이 C국에게일정한 보상의 대가로 MFN 대우를 제공한 경우, A국은 그와 동일한 수준의 양허를 대가로 받고 B국에 최혜국대우를 제공해야 한다. 그러나 B국의 입장에서 볼 때 이러한 A국의 의무는 무용지물일 수 있다. 보상의 등가성(equivalence) 판정이 쉽지 않기 때문이다. 만일 A국이 B국에게 최혜국대우를 부여할 의사가 없다면 B국이 제공하는 보상이 C국이 제공한 보상에 미치지 못한다고 주장할 수 있다. 더 나아가 A국이 C국에 제공한 최혜국대우를 어떻게든 얻어내기 위해 B국이 A국에 충분한 보상을 제공할 용의가 있더라도 A국은 '특별한 상황'을 이유로 B국의 요구를 여전히 거부할 수 있다. 따라서 조건부 MFN이 보편화되어 있는 상황에서 조건부 MFN을 내세우는 것은 결과적으로 최혜국대우의 제공을 점잖게 거부하는 방편으로 사용되기 쉽다(Viner, 1951: 105).

미국이 조건부 MFN 조항을 따르고 있었던 기간의 상황이 바로 그러했다. 모든 국가에 무조건부 MFN 대우를 제공하고 있던 유럽 국가들과 조건부 MFN 협정을 맺은 미국은 이들이 제공하는 모든 최혜국대우를 부여받았다. 반면에 미국은 이들 국가에게 아무런 특혜도 제공하지 않았다. 특정국에 일정한 보상을 대가로 특별한 양허를 제공할 때에도 미국은 제3국이 어떠한 조건을 제시하든 보상의 등가성 문제를 들어 그 국가에 대한 양허의 확대 적용을 즉각적으로 거부했다. 제3국이 미국과 MFN 협정을 맺고 있는지에 관계없이 별도의 협상을 통해 미국이 원하는 사항에 대한 양보를 얻어낸 경우에만 최혜국대우를 제공하기도 했다. 그 결과 아주 드문 예외를 제외하고는 어느 국가도 미국과의 MFN 협정에 따라 양허를 얻지 못하는 상황이 벌어졌다. 이러한 미국의 태도는 무임승차의 전형이었다.

그러나 1920년대 들어 여러 상황이 미국에게 불리한 방향으로 전개되기 시작하자 미국은 과거 150년간 유지해 온 조건부 MFN 정책을 결국 포기하게 되었다. 첫째, 이즈음 미국은 조건부 MFN에 기초해 기존 협정을 연장하거나 새로운 협정을 체결할 때마다 점점 더 큰 어려움에 직면했고, 이에 따라 무역협정을 체결하지 않고 무역하는 경우가 늘어나면서 심각한 차별을 받았다. 둘째, 미국의 무역 상대국들도 조건부 MFN 원칙을 채택하겠다고 위협함에 따라 미국만 조건부 MFN 원칙을 채택할 때의 이익을 누리기 어려워졌다. 셋째, 이 당시 미국의 수출품목 구성이 크게 변하면서 과거보다 외국의 관세 보복으로 인한 피해의 심각성이 커졌다. 그간 수입국들은 미국의 주요 수출품목인 원자재와 식료품 수입이 불가피했기 때문에 무관세나 저관세를 부과하는 경향을 보였다. 그러나 공산품이 미국의 주요 수출품이 되자 무역 상대국들은 높고 차별적인 관세를 부과하기 시작했다(Cline, 1982: 17; Keohane, 1986: 18).

이러한 상황에 처한 미 의회는 「1922년 관세법」을 개정하고 탄력관세(flexible tariff) 제도를 도입했다. 1923년에는 워런 하딩(Warren G. Harding) 대통령이 "차후의 모든 무역협정에 무조건부 최혜국대우 조항을 삽입해야 한다"는 행정명령에 서명했다. 무조건부 MFN 원칙이 미국의 새로운 무역정책 기조로 공식화된 것이다. 이후 미국은 무조건부 최혜국대우를 자유주의적 국제무역체제 구축을 위한 중요한 지렛대로 사용하기 시작했다. 1923년부터 1934년까지 약 10년 동안 미국이 10개국과 무조건부 최혜국대우를 규정한 통상조약을, 그 밖의 17개국과는 행정협정(executive agreement)을 체결했다는 것이 그 증거이다(Goldstein, 1993: 227–28). 무조건부 MFN 원칙은 이를 명문화한 「1934년 상호무역법(RTAA)」의 제정을 계기로 더욱 확고해졌다.4)

전후 국제경제질서의 설계자인 미국과 주요 연합국들이 무조건부 MFN 원칙을 GATT의 중심원리로 삼고 양자간 협정이 아니라 다자간 협정을 통해 세계 무역자유화를 추구해 나간 것은 참으로 다행한 일이다. MFN 원칙이 확립되어 있지 않은 상황에서 강대국은 자국의 단기 이익의 극대화를 위해 자국을 중심으로 한 경제블록의 형성을 추구하거나 양자간 협상 방식으로 국제무역을 차별화하려는 유혹을 끊임없이 받았다. 이때 차별대우를 받거나 경제블록에 속하지 못한 국가는 또 다른 차별조치로 맞서거나 보복조치를 취할 수밖에 없게 되어, 결과적으로는 모두가 손해를 입는 상황에 빠질 수밖에 없었다. 무조건부 MFN 원칙은 각국이 상호파괴적인 '죄수의 딜레마' 상황에서 빠져나올 수 있도록 도와주는 유력한 방법이었다. 무조건부 MFN 원칙이 적용되지 않으면 각국은 수많은 국가를 상대

---

4) 이 법은 미 의회가 행정부로 하여금 의회가 설정한 일정 한도 안에서 외국 정부와의 관세인하 협상을 적극적으로 전개해 나갈 수 있도록 행정부에 무역정책 결정권한의 상당부분을 위임한, 미국의 무역정책 역사상 분수령을 이룬 법이었다. 한편, 그 명칭에서 알 수 있듯이 상호주의를 미국이 추진하는 무역협상의 원칙으로 천명했으나 이 법에서 상호주의가 구체적으로 무엇을 의미하는지는 명확하지 않았다. 이러한 모호성은 특히 이 법이 상호주의와 무조건부 MFN 원칙을 동시에 수용했기 때문에 더욱 가중되었다. 적어도 자유무역주의자에게 상호주의는 사실상의 효과 면에서 조건부 MFN 원칙과 동일했다. 그러나 이 법의 제정을 주도했던 민주당 의원들이나 국무부의 관리들은 MFN 관세율은 미국을 차별하지 않는 국가에만 적용되므로, 미국을 차별하는 국가에 대한 보복과 다른 모든 국가에 대한 무조건부 MFN 원칙의 적용은 상호 모순되지 않는다고 보았다(Goldstein, 1993: 208).

로 상호주의에 입각한 양자간 협상을 통해 무역장벽을 낮출 수밖에 없다. 이때 막대한 거래비용을 피할 수 없음은 물론이다. 그러나 무조건부 MFN 원칙에 입각한 무역협상은 협상비용을 최소화해 줄 뿐만 아니라 협상결과의 안정성과 예측가능성을 증가시키는 역할을 한다. 게다가 무조건부 MFN 원칙은 특정국에 의한 양허가 모든 회원국에 폭넓게 적용되도록 하므로, 무역자유화 효과의 신속한 확산에 크게 기여한다.

GATT는 상호주의에 따라 이루어진 양자간 관세인하 협상의 결과가 즉각적으로, 또한 아무런 조건 없이 제3국에 확대적용되도록 하는 방식으로 협상을 마무리한 경험에 기초해 무조건부 MFN 원칙을 전폭적으로 수용했다.[5] 수많은 국가 간에 동시에 무역협상을 진전시켜야 하는 입장에서 주요 상품별로 그것의 수출입 확대에 깊은 이해관계를 갖는 주요 공급국 간에 양자협상을 먼저 성사시킨 뒤, 동일한 조건이 다른 모든 회원국에 공통적으로 적용될 수 있도록 하는 다자화 방식은 GATT의 협상 경험이 쌓이면서 진화한 일종의 집단지성이었다.

2.2 무임승차 문제와 MFN 적용 예외 규정

많은 장점에도 불구하고 무조건부 MFN 원칙은 무임승차의 유혹에 취약하고, 따라서 다자간 무역협상 방식으로 적합하지 않다는 시각이 있다. 그러나 국제무역 협상에서 무임승차 현상이 미친 영향을 분석한 여러 연구들은 그것이 세계 무역자유화의 진전을 가로막지 않았다고 보고한다. 오히려 상호주의 또는 조건부 MFN 원칙이 철저히 적용되었다면 이만큼의 무역자유화는 불가능했을 것이라고 말한다(Ludema, 1991).

GATT의 무역협상, 특히 관세인하 협상에서 특정국의 관세인하 제안(proposal)을 수용할지 여부에 대한 각국의 의사표시는 협정 당사국 모두의 의견이 제시되고 협정이 완전히 타결될 때까지는 결코 최종적인 것으로 간주되지 않는

---

[5] GATT 제1조 1항은 MFN을 다음과 같이 규정하고 있다: "수출입, 수출입 대금의 이전(transfer)에 대해 또는 그와 관련해 부과되는 관세 및 기타 모든 형태의 부과금 수준, 그것의 부과방법, 수출입과 관련된 모든 규칙과 규정의 적용, 그 밖에 제3조(내국민대우원칙)의 적용과 관련해, 한 회원국이 다른 회원국의 (수출입) 상품에 대해 부여한 모든 편의, 호의, 특권 또는 면제(any advantage, favour, privilege, or immunity)는 즉각적으로 그리고 무조건적으로 다른 모든 회원국의 (수출입) 상품에 적용되어야 한다."

다. 다시 말해 협상국은 그때까지 타결된 협상결과를 수용하든가, 만족스러운 협상결과가 도출될 때까지 협상을 계속할 것을 요구할 수 있다. 이는 모든 협상국이, 비록 차이는 있지만, 계속 협상을 요구할 수 있는 다소간의 능력과 힘을 지니고 있음을 의미한다. 그 결과 GATT 무역협상에서는 어떤 국가도 상대국을 일방적으로 이용(exploit)하거나 다른 국가 간에 타결된 협상결과에 무임승차할 수만은 없게 된다. 협상결과에 불만이 있는 국가는 만족스러운 결과가 도출될 때까지 상대국과 협상을 계속하거나 무임승차하려는 국가를 대상으로 추가적인 협상을 요구할 것이기 때문이다. 따라서 무조건부 MFN 규정이 적용되는 다자간 협상은 호혜적인 협정을 도출해 낼 가능성이 크다(Ludema, 1991: 11−18).

그럼에도 GATT는 국제무역을 둘러싼 복잡한 이해관계의 조정원칙으로서 MFN 원칙이 안고 있는 내재적 한계를 고려해 처음부터 MFN 원칙의 적용이 배제될 수 있는 예외를 인정해 왔다. 예를 들어 역사적으로 형성되어 온 무역관계나 국가의 주권을 존중하는 차원에서, 또는 입법 정책상 MFN 원칙의 예외 인정이 불가피하다고 판단될 때 예외를 인정하고 있다. 이를 MFN 원칙의 예외 규정이라고 부르는데, 이는 크게 ① GATT가 명시적으로 예외를 인정하고 있는 경우, ② GATT 규정과 마찰을 일으키면서 현실적으로 배제되고 있는 경우, ③ GATT 비회원국과의 교역 등 세 가지 유형으로 나누어볼 수 있다.

우선 명시적 예외규정으로 아래의 일곱 가지를 들 수 있다.

첫째, 역사적 특혜(historical preferences)이다. GATT 제1조 2항은 GATT 협정 체결 당시에 존재하던 ① 영연방 제국(호주, 뉴질랜드, 인도, 버마(미얀마), 실론(스리랑카) 등), ② 프랑스 및 과거 프랑스 식민국(카메룬, 소말리아, 모로코, 마다가스카르, 튀니지 등), ③ 관세동맹인 베네룩스와 과거 식민지국(뉴기니, 수리남, 인도네시아 등), ④ 미국과 미 식민국(필리핀 등), ⑤ 미국과 쿠바, ⑥ 인근 국가들인 칠레와 아르헨티나, 볼리비아 및 페루, ⑦ 레바논과 시리아 간의 특혜관세에 대해 MFN 원칙 적용의 예외를 인정했다. 대영제국특혜제도(Commonwealth Preference System)와 같이 이미 수십 년의 역사를 가진 기득권을 인정하고 적법성을 부여하는 소위 조부(祖父)조항(grandfather clause)을 적용한 것이다.6)

---

6) '조부조항'이라는 용어는 문맹시험, 투표권 행사를 위한 거주 및 재산등록 조항 등을 규정한 19세기 후반 미국 남부 여러 주의 법에서 유래한다. 이 주들은 남북전쟁 이전에 선조(할아버지)가 투표권을 가지고 있었던 주민에게는 동 조항의 적용을 면제해 주었다. 이러한 규정은 가난하

둘째, GATT 제24조 규정에 의거한 자유무역지대와 관세동맹이다. 이 둘은 지역경제통합 협정의 전형인데, 이런 협정의 회원국은 역외국에 대해 MFN 원칙의 적용을 배제할 수 있다. 다시 말해 역외국에 대해서는 적법하게 차별적인 관세 및 기타 비관세조치를 취할 수 있다. 다만 자유무역지대와 관세동맹이 적법성을 인정받기 위해서는 GATT 제24조 규정에 따른 일정 조건을 충족해야만 한다. 이는 일견 합리적으로 보이지만, 현실적으로 그 충족 여부에 대한 판단이 매우 어렵다는 문제가 있다. 지금까지 이 조건의 합치성 판단을 위해 설치된 작업단(working party)은 경제적 동기만 아니라 정치적 동기에 따라서도 결성되는 지역경제통합체에 대해 될 수 있으면 불리한 판단을 내리지 않았기 때문에 GATT 24조는 MFN 원칙에 대한 커다란 위협으로 작용해 왔다(〈박스 6.1〉 참조).

셋째, GATT는 1971년부터 주요 선진국이 개별적으로 시행해온 일반특혜관세제도(Generalized System of Preferences: GSP)에 대해 MFN 원칙의 의무면제(waiver) 결정을 내렸다. 이후 GSP는 도쿄라운드(1973－1979)의 GATT 기본협정(framework agreement)인 「개도국 우대, 상호주의, 그리고 개도국의 완전한 참여에 관한 양해각서」의 제2항(a), 즉 '권능부여 조항(enabling clause)'에 "GSP에 따라 선진국이 개도국에 부여한 특혜관세에 대해서는 GATT 제1조의 MFN 원칙을 적용하지 않는다"고 명시적으로 규정했다.

넷째, 국제수지 방어 목적의 수량제한이다. GATT 제13조(수량제한조치)는 국제수지 방어 목적으로 취하는 쿼터 등 수량제한조치를 허용하되, 이 조치는 무차별적으로 적용해야 한다는 조건을 달고 있다.[7] 그러나 GATT 제14조(무차별규칙에 대한 예외)는 GATT 제12조(선진국의 경우) 및 제18조 Section B(개도국의 경우)에 의거해, 국제수지상 문제로 수량제한조치를 취할 때 일시적으로 무차별원칙으

고 문맹인 (해방된) 흑인 노예들과 그 자손들이 투표권을 가지지 못하도록 막는 동시에 가난하고 문맹인 백인의 투표권은 인정하기 위해 고안되었다. 결국 이러한 조항은 그 인종차별적 요소 때문에 위헌판결을 받았지만 '조부조항'이라는 용어는 살아남아 대대로 내려오는 기득권은 보호한다는 의미로 사용되고 있다.

7) GATT가 관세와는 달리 수량제한조치에 대해 별도의 규정을 두고 있는 이유는 MFN 원칙을 곧바로 적용하기 어렵기 때문이었다. 수량제한조치는 성격상 수(출)입국이 총수(출)입량을 지리적 기준이나 기업 기준에 따라 관련 국가에 배분되므로 별도의 규정이 없이는 무차별원칙의 적용이 어렵다고 본 것이다. 그러나 이러한 명문의 규정에도 불구하고 쿼터 등 수량적 수입제한조치를 배분하는 과정에서 '사실상' 차별을 받는 국가가 생길 수밖에 없다. GATT는 이에 대해 침묵하고 있다.

로부터 이탈할 수 있다는 예외규정을 두고 있다. 다만 이 예외규정은 수량제한조치를 취하는 국가가 얻는 이득이 상대국의 피해보다 현저하게 크고 무역 규모 자체가 그리 크지 않은 경우에 국한된다.[8]

다섯째, 반덤핑과 상계관세 조치이다. GATT 제6조 규정에 따라 수입국은 덤핑수출에 대해 반덤핑조치를, 그리고 정부 및 공공기관의 보조를 받은 수출에 대해 상계관세조치를 취할 수 있다. 이들 조치는 그 성격상 문제가 된 국가의 기업에 선택적이고 차별적으로 적용된다.[9]

여섯째, 보복조치의 경우이다. GATT 제23조와 WTO의 분쟁해결절차에 관한 양해에 따라 정당하게 승인된 보복조치, 즉 의무면제는 해당국을 상대로 선택적으로 이루어지고, 당연히 무차별원칙이 적용되지 않는다.

끝으로 의무면제 조항이 있을 때이다. GATT 제25조 5항은 회원국들은 특별한 경우 투표국의 2/3 이상 그리고 전체 회원국의 1/2 이상의 동의를 얻어 특정 회원국의 협정상 의무를 면제할 수 있다고 규정한다. GSP도 1971 – 1981년 기간에는 바로 이 규정에 의거해 의무면제가 적용되었다. 우루과이라운드 협상에서 의무면제 조건은 한층 강화되었다. 「WTO 설립 협정」 제9조는 협정 발효시점 (1994년 4월 15일) 당시 유효한 모든 의무면제는 WTO 각료회담에서 3/4 이상의 찬성으로 연장되지 않는 한, 1997년 1월까지 종료되도록 규정했다. GATT에서와

---

8) 1970년대 이후 변동환율제가 보편화되기 시작하자 도쿄라운드에서 국제수지 목적의 수량적 수입제한조치의 사용을 제한하는 문제가 논의되었으나 별 성과를 거두지 못했다. 이후에도 선진국은 계속해서 개도국이 국제수지를 이유로 수량적 수입제한조치를 무제한적으로, 그리고 특정 품목에 선택적으로 취할 수 있도록 허용되는 한 이들의 GATT 참여나 이들이 제공하는 양허가 무의미하다고 주장했다. 많은 논란 끝에 우루과이라운드에서 「국제수지 관련 규정에 관한 양해」가 채택되었다. 그에 따라 GATT 제12조 및 제18조 Section B가 크게 수정되어 수량제한조치의 사용 폭이 축소되고 GATT 국제수지위원회(BOP Committee)의 철저한 감시를 받게 되었다.

9) 반덤핑 및 상계관세 조치는 그 대상이 명확하기 때문에 무차별원칙 적용의 예외를 둘러싼 논란이 없다. 그러나 반덤핑 및 상계관세 조치와 같이 행정적 보호제도(제4장 참조)의 하나인 세이프가드는 무차별원칙 적용의 예외 문제로 계속 논란이 되고 있다. 특히 수량제한조치 형태의 세이프가드는 그 특성상 차별대우가 쉽기 때문이다. GATT 제19조(긴급수입제한조치)에는 세이프가드가 무차별적으로 적용되어야 한다는 명시적 규정이 없다. 다만 GATT 제13조(수량제한조치)에 따라 무차별원칙이 세이프가드에도 관행적으로 적용되었다. WTO의 세이프가드 협정은 무차별원칙을 명시적으로 규정함으로써 관련 논란을 잠재우려 했다. WTO 분쟁해결기구도 '병행주의 요건'을 판례로 확립해 극히 예외적으로만 세이프가드 조치의 무차별원칙 의무면제를 인정하고 있다. 그럼에도 지역무역협정 등과 관련해 세이프가드 조치를 무차별원칙의 예외로 볼 수 있는지의 문제는 계속 논란이 되고 있다(〈박스 9.3〉 참조).

는 달리 WTO에서의 의무면제는 반드시 만료일을 사전에 정해야 하고, 의무면제
가 필요했던 특별한 상황이 계속 존재하는지 매년 검토받아야 한다.

다음은 MFN 원칙이 사실상 적용 배제를 받는 경우이다.

첫째, GATT 제21조는 (a) 공개 시 자신의 필수적인 안보이익에 반한다고 체
약당사자가 간주하는 정보를 제공하도록 체약당사자에게 요구할 수 없고, (b) 자
신의 필수적인 안보이익의 보호를 위하여 필요하다고 체약당사자가 간주하는 (i)
핵분열성 물질 또는 그 원료가 되는 물질에 관련된 조치, (ii) 무기, 탄약 및 전쟁
도구의 거래에 관한 조치와 군사시설에 공급하기 위하여 직접적 또는 간접적으
로 행해지는 그 밖의 재화 및 물질의 거래에 관련된 조치, (iii) 전시 또는 국제관
계에 있어서의 그 밖의 비상시에 취하는 조치를 체약당사자가 취하는 것을 방해
할 수 없으며, (c) 국제 평화 및 안보의 유지를 위하여 국제연합헌장 하의 자신의
의무에 따라 체약당사자가 조치를 취하는 것을 방해하지 않을 것을 규정하고 있
다. 일반적으로 이 조항은 특별한 경우에 국가의 안전보장을 이유로 취하는 차별
적 조치는 MFN 원칙의 적용을 받지 않는 것으로 해석된다.[10]

둘째, GATT 제20조는 회원국이 수입제한조치를 취할 수 있는 일반적 예외
(general exceptions)를 자세히 규정한다.[11] 다만 이 조항에 의거한 수입제한조치는
동일한 조건 아래에 있는 국가 중 특정국을 자의적으로 또는 부당하게 차별하거나

---

[10] 대표적인 사례가 철강과 알루미늄에 대한 트럼프 행정부의 수입제한조치이다. 2018년 3월 철강과 알루미늄의 수입증가가 미국 안보에 위협이 된다면서 「1962년 무역확장법(Trade Expansion Act of 1962」 232조(Section 232)를 근거로 유럽연합, 캐나다, 한국, 중국 등 12개국에 철강은 기존 관세에 25%, 알루미늄은 10%의 추가 관세를 부과한 것이다. 한국 등은 미국과의 개별 협상을 통해 수출자율규제에 합의함으로써 관세 부과를 피할 수 있었지만, 미국의 조치는 특정 국가들만을 대상으로 했다는 점에서 MFN 원칙의 중대한 위반이다. <박스 2.2>에서 다룬 바와 같이 2019년 여름에 불거진 한일 무역분쟁도 그 배경은 양국 간 고질적인 역사 문제였지만 분쟁을 시작한 일본이 내세운 명분은 자국의 조치가 국가 안전보장을 이유로 취한 정당한 차별적 조치라는 것이었다.

[11] 동 조항에 따르면 회원국은 ① 공중도덕의 보호, ② 인간, 동식물의 생명과 건강의 보호, ③ 금은의 수출입 통제, ④ 관세제도의 시행, 반독점제도의 시행, 특허·상표·저작권의 보호, 기만적 행위의 예방 등을 위한 법제도의 집행, ⑤ 수형 노동자(prison labor)가 생산한 상품의 수입 금지, ⑥ 예술·역사·고고학적 가치가 있는 국보의 보호, ⑦ 재생 불가능한 자연자원의 보존(다만 해당조치는 국내 생산 및 소비에 대해서도 병행적으로 시행되어야 함), ⑧ 정부 간 상품협정의 시행, ⑨ 가격안정 시책을 시행하고 있는 중요 물자의 수출통제, ⑩ 공급부족 상태에 있는 상품의 획득 또는 분배 등과 관련된 국내 정책목표의 달성을 위해 필요한 조치를 취할 수 있다.

국내적 정책목표를 빙자해 무역을 제한하려는 위장된 의도를 갖지 않아야 한다.[12]

셋째, 도쿄라운드의 부속 협정(side-agreements) 형태로 체결된 복수국간 각종 규약은 비서명국에 대해서는 MFN 원칙의 적용을 배제한다는 명문의 규정을 두지는 않았지만 조건부 MFN 원칙에 기초해 협상이 이루어진 만큼, 각 규약에 서명한 국가만이 권리를 누리고 의무를 부담하는 것이 당연한 것으로 해석된다. 이는 무임승차를 방지함과 동시에 비서명국들로 하여금 협정에 참여해 의무를 부담하도록 유도하려는 뜻을 담고 있다.

넷째, GATT가 비회원국에 대해 회원국의 의무인 동시에 권리인 무조건부 MFN 대우를 거부하는 것은 당연해 보인다. 그러나 실제로는 거의 모든 GATT 회원국이 러시아와 중국을 포함한 모든 비회원국에게 MFN을 제공했다(Willkie II, 1994: 123). 특히 미국은 공산권 국가에 대한 MFN 제공 여부를 해당국의 인권문제 등 미국의 외교정책과 연계해 운용하기도 했다.[13]

〈박스 6.1〉 특혜무역협정

앞에서 지적한 바와 같이 지역경제통합에 관한 GATT 제24조는 MFN 원칙에 대한 가장 큰 내재적 위협 중 하나다. 여기에서는 지역경제통합 협정(regional economic integration agreement) 또는 지역무역협정(regional trade agreement)보다 넓은 개념인 특혜무역협정(preferential trading agreement: PTA)을 중심으로 설명한

---

12) '일반적 예외'를 규정한 이 조항의 문제점은 그 규정이 매우 광범위하게, 그러나 매우 모호하게 규정되어 있다는 점이다. 이 조항에 근거해 수입제한조치를 취할 때는 보상도 승인도 필요 없다. 따라서 이 조항에 의거해 어떤 회원국이 수입제한조치를 취한 것에 대해 다른 회원국이 피해를 보거나 불만이 있을 때에는 분쟁해결절차에 따라 문제를 해결할 수밖에 없다.

13) 미국은 다른 공산권 국가와는 달리 중국에 대해서는 매우 호의적인 태도를 가졌다. 지미 카터 (Jimmy Carter) 행정부는 1979년 말 중국과 무역협정을 체결해 향후 10년간 중국에 대해 MFN 지위를 부여했다. 물론 중국의 인권상황과 관련해 간간이 갈등이 생기기도 했으나, 전국규모 노동조합단체인 미국노동총연맹-산업별조합회의(AFL-CIO)와 인권운동 단체들의 부분적 반발을 제외하고는 별다른 반대가 없어 미 의회는 슌탄하게 법안을 통과시킬 수 있었다. 이후 원만했던 미중 간 외교 및 무역 관계는 1989년 6월 4일 천안문사태 이후 돌변했다. 민주화를 요구하는 반체제 인사들에 대한 무참한 탄압 장면을 목격한 미국 국민과 의회가 중국의 인권탄압에 대한 강력한 제재조치의 일환으로서 MFN 지위 제공 중단을 요구했기 때문이었다. 그러나 당시 시니어 부시 대통령은 외교안보 및 경제 측면에서 장기적인 미국 국익에 부합되지 않는다는 이유로 이를 강력히 거부했다. 이후 중국에 대한 MFN 지위 제공 문제는 2001년 중국이 WTO에 공식 가입하기 전까지 해마다 미국과 중국 간의 중대한 외교 및 무역 문제가 되었다.

다. 이는 자유무역지대나 관세동맹뿐만 아니라 자유무역협정(free trade agree-
ment: FTA), 공동시장(common market), 경제공동체(economic union) 등을 총칭하
는 개념이다.

GATT가 출범한 1947년부터 WTO가 출범하기 직전인 1994년까지 GATT 회원
국이 통보한 특혜무역협정은 100여 개에 불과했다. 그러나 이후 그 수가 크게
늘기 시작해 2020년 말 기준 WTO 사무국에 통보된 누적 PTA 수가 총 496개에
달하고 있다. 이 중 많은 협정이 만료되었거나 아직 발효되지 않고 있어서 실제
발효 중인 PTA는 305개이다.[14) 현재 164개의 모든 WTO 회원국은 하나 이상의
PTA에 참여하고 있다.

〈그림 6.1〉 특혜무역협정의 지역별 분포 (2021년 1월 기준 발효 중)

출처: http://rtais.wto.org/UI/charts.aspx

1950년대에 특혜무역협정을 주도한 세력은 서유럽 국가들이었다. 1980년대
들어 북미와 남미 국가도 이 흐름에 가세했다. 1991년 아르헨티나, 브라질, 파라
과이, 우루과이 등이 중심이 되어 결성한 남미공동시장(Mercosur), 1994년 발효
된 캐나다-미국-멕시코 간 북미자유무역협정(North American Free Trade
Agreement: NAFTA)이 대표적이다.

1990년대 말까지 유독 동아시아 국가들은 지역주의(regionalism) 흐름에 동참
하지 않았다. 그러나 2000년대 들어 그 수가 급속히 늘기 시작하더니 오늘날에
는 이들이 실질적으로 PTA 흐름을 주도하고 있다고 해도 과언이 아니다(Koo,

---

14) http://rtais.wto.org/UI/PublicMaintainRTAHome.aspx

2010. 2013; Sohn and Koo, 2011; Lee, 2016a, 2016b; 최태욱, 2007; 이승주, 2015). 〈그림 6.1〉에서 보는 바와 같이 다른 지역 국가들보다 뒤늦게 이 흐름을 타기 시작했음에도 현재 발효 중인 PTA는 유럽에 이어 동아시아가 가장 많다. 2021년 1월 기준 동남아시아국가연합(Association of Southeast Asian Nations: ASEAN) 10개국, 한국, 중국, 일본, 대만, 홍콩 등 15개국이 역내외 국가와 체결한 양자 또는 복수 국가 간 PTA는 90개를 넘어섰다(Koo and Kim, 2018).

사정이 이렇다 보니 이제는 국제무역질서에서 WTO가 객(客)이고 PTA가 주(主)라는 자조적 목소리까지 나온다. 실제로 1990년대부터 2000년대 초까지 WTO 중심의 다자주의적 무역질서와 PTA 중심의 지역주의적 무역질서의 양립 가능성을 두고 많은 학자가 치열한 논쟁을 벌였다. 첨예한 쟁점 중 하나는 PTA의 무역창출(trade creation)과 무역전환(trade diversion) 효과에 관한 것이었다. 특혜무역협정은 그 속성상 협정 이전보다 회원국 간 무역량이 증가하는 반면에 기존 무역 상대국과의 교역은 감소할 개연성이 매우 높다. 다른 조건이 동일할 때 무역창출 효과가 무역전환 효과를 압도하면 경제적 효율이 증가하지만, 반대의 경우에는 감소한다(Viner, 1950).

애당초 GATT가 제24조 규정을 둔 것은 일부의 회원국이 역내에서 완전한 자유무역을 실현하면 이들은 단일국가로서의 특성(single nation characteristics), 그리고 그에 따른 준국가적 지위(quasi-national status)를 갖게 되므로 MFN 의무면제가 합리화될 수 있다고 보았기 때문이다(Bhagwati, 1991: 65-66). 또한 지역경제 통합은, 그것이 정치적으로 가능하기만 하다면, 보편적 자유무역으로 가는 보완적이고 실용적인 길이 될 수 있다는 인식도 작용했다. GATT 제24조가 전후 유럽경제의 재건이라는 정치적 고려 때문에 어쩔 수 없이 특혜무역협정을 허용하면서도 다음의 두 가지 조건을 단 것도 각각 무역전환 효과는 최소화하면서 무역창출 효과를 최대화하는 데 뜻이 있었다.

① 관세동맹이나 자유무역지대가 결성된 이후의 역외국(비회원국)에 대한 무역장벽의 수준은 '전체적으로(on the whole)' 이것이 결성되기 이전에 회원국들이 유지했던 수준보다 더 높거나 제한적이어서는 안 된다(제24조 5항 a, b).
② 관세동맹이나 자유무역지대로 인정받기 위해서는 역내 회원국 간의 무역 중 '실질적으로 모든 무역(substantially all the trade)'에 대해 취해지고 있는 모든 무역제한조치가 합리적 기간 안에 철폐되어야 한다(제24조 8항 a, b).

사실상 GATT 제24조는 '전체적으로'나 '실질적으로'와 같이 해석상 또는 적용상 모호하고, 따라서 오남용의 소지가 많은 표현을 사용함으로써 전간기의 자기 파괴적 특혜무역협정으로의 회귀 가능성을 완전히 차단하지 못했다는 비판에 늘 시달려야 했다. 일부 문제는 우루과이라운드 협상에서 'GATT 제24조 해석에 관한 양해'의 형태로 다소간 정리되었지만 PTA에 관한 WTO 규정과 절차는 아직도 미흡한 상태이다.

동 양해는 우선 GATT 1994의 제24조 4항, 즉 PTA의 목적이 회원국 간의 교역을 촉진하는 데 있어야지 비회원국에 대한 무역장벽을 높이는 데 있어서는 안 된다는 점을 재확인했다. 아울러 같은 조 5항의 해석과 관련해 PTA 결성 전후의 관세 및 무역규제의 수준에 대한 평가는 가중평균관세율(weighted average tariff rates)과 징수관세실적(customs duties collected)에 기초하도록 하는 등 좀 더 세부적인 기준과 절차를 마련했다. 같은 조 6항에 대해서는 PTA에 참가하는 국가가 기존의 고정관세율(bound tariffs)을 인상할 때에는 제28조(관세양허의 수정에 관한 조항) 소정의 절차를 적용하도록 했다. 다만 보상적 조정(compensatory adjustment)을 할 때에는 PTA에 참가하는 다른 회원국의 관세가 인하된 부분을 동시에 고려해야 한다고 규정했다. 만일 다른 회원국의 관세인하가 충분한 보상이 되지 않는다면 그 회원국이 속한 PTA는 다른 품목의 관세를 인하하거나 보상조치를 취해야 한다.

원산지규정에 관한 협정(Agreement on Rules of Origin)의 존재에도 불구하고 PTA에 대해서는 그 적용을 배제한 것이나(동 협정 제1조 1항), WTO 사무국에 PTA의 무역영향(trade impact)을 조사하거나 감시할 수 있는 권한을 부여하지 않은 것 등은 여전히 큰 약점으로 남아 있다. 이것은 WTO 체제 아래서도 PTA의 내재적 속성인 차별과 WTO의 무차별원칙 간의 긴장 해소가 얼마나 어려운지를 말해 준다(Srinivasan, 1998: 333).

그간의 많은 논쟁에 비하면 PTA의 무역창출과 무역전환 효과에 대한 실증연구는 그리 많지 않다. 글로벌 생산 네트워크의 확산으로 인해 무역패턴과 흐름이 과거보다 훨씬 복잡해진 데다가 많은 국가들이 복수의 PTA를 체결함에 따라 특정 PTA의 순수효과만을 분리해 내기가 쉽지 않기 때문이다. 이런 이유로 최근에는 WTO 규범과 PTA 규범의 조화와 균형에 관한 정치적·규범적 연구가 주를 이룬다. 경제블록(economic bloc)이 다자주의 무역질서 구현에 걸림돌(stumbling block)이 될 것이라는 여러 경제학자의 비관론은 과거보다 현저히 줄었다(Bhagwati, 1993; Krugman, 1993; Krueger, 1995; Bergsten, 1996; Panagariya and Findlay, 1996; Frankel, 1997; Srinivasan, 1998).

반면, 도하라운드가 실패로 끝남에 따라 25년 넘게 답보상태에 있는 WTO 체제에 새로운 규범적 활력(normative momentum)을 줄 수 있는 주춧돌(building block)로서의 PTA의 역할과 위상에 주목하는 정치학자들과 법학자들의 (신중한) 낙관론이 우세하다(Aggarwal and Koo, 2008; Hoekmand and Kostecki, 2009; Solis, Stallings, and Katada, 2009; Ahn, 2014). 다만 PTA가 분배적 정의의 실현을 저해한다는 우려의 목소리도 있다. 제3장에서 동태적 비교우위론을 설명하면서 소개한 대니 로드릭이 대표적이다. 그는 PTA가 관세나 비관세 장벽의 철폐를 넘어 규제 조화(regulatory harmonization)까지 추구하게 되면서 총후생 차원에서 무역창출과 전환 효과에만 주목하는 기존 경제이론이 한계에 부딪혔다고 지적한다. PTA가 거대 다국적기업의 지대추구 행위의 장이 된 현실을 외면하기 때문이다. PTA를 통해 국가 간 무역은 전보다 더 자유로워졌지만 소수에 의한 그 편익의 독점은 갈수록 심해진다는 것이 그의 진단이다(Rodrik, 2018).

결론적으로 특혜무역협정은 다자주의 무역질서에 대한 도전이자 기회이다. 다자적으로 다루지 못하는 이슈에 대한 돌파구를 마련할 수 있다는 점에서 PTA는 새로운 기회를 제공한다. 동시에 특혜적 접근이 다자적 규범을 위배하거나 벗어나지 못하도록 막고 국내적으로는 분배적 정의 실현에도 기여할 수 있는 제도적 장치를 갖추는 일은 앞으로의 큰 과제이다. 특히 CPTPP, '역내 포괄적 경제동반자 협정(Regional Comprehensive Economic Partnership: RCEP)'과 같이 여러 거대 경제권 또는 다수의 양자 협정을 묶는 거대 특혜무역협정의 출현은 국제무역의 국제정치경제는 물론 국내정치경제에도 큰 변화를 가져올 전망이다.

3. 상호주의

3.1 일차적 상호주의와 전면적 상호주의

지난 70여 년간 모두 9차의 다자간 무역협상 라운드에서 GATT의 주된 협상 원칙은 '일차적' 상호주의였다. GATT는 지금까지 어떤 라운드에서도 국가 간 시장 개방도 차이를 단숨에 제거하려고 시도한 적이 없다. 서로 다른 출발선에 서 있는 회원국들이 서로 납득하고 수용할 수 있는 수준에서 양허를 주고받는 방식을 취함으로써 점진적으로 세계무역을 자유화해 나가려 했다. 다만 예외적으로 GATT는 '전면적' 상호주의를 추구하기도 한다. GATT 제33조에 의거 새 회원국으로 가입하고자 하는 국가는 무조건부 MFN 원칙에 따라 기존 회원국이 제공해 온 양허를 한꺼번에 받을 수 있게 되므로, 그에 상당하는 수준으로 기존 회원국들에게 시장을 개방하도록 의무화하는 경우다.

상호주의는 중상주의에 그 뿌리를 두고 있는 것으로 보는 게 일반적이다. 무역자유화를 추진하기로 한 마당에 상호주의를 요구하는 것 자체가 일방적인 무역자유화를 일방적인 무장해제쯤으로 여기는 중상주의적 사고와 일맥상통한다 (Bhagwati, 1991: 51). 일차적 상호주의와 대비되는 개념인 전면적 상호주의의 경우 이런 성격이 더 강하다. 시장개방의 폭이 큰 국가 입장에서는 상대국도 자국과 동일한 수준까지 시장을 개방해야 한다고 주장하고 싶겠지만, 현실적으로 무역자유화 수준이 국가마다 천차만별인 오늘날, 전면적 상호주의는 채택하기 어려운 협상원칙이자 실현가능성이 낮은 목표이다.

단순히 생각한다면 전면적 상호주의가 공평한 듯 보이지만, 그 정치적 실현가능성은 낮다. 우선 이 원칙을 고집해서는 무역자유화 수준이 낮은 국가들이 협상에 참여하도록 유도하기 힘들다. 예를 들어 A국은 무역자유화 수준이 낮고 B국은 A국보다 무역자유화 수준이 높다고 할 때, A국은 B국에게 한꺼번에 많은 양허를 제공해야 한다. 이 경우 양허의 크기와 관계없이 시장 개방도가 높아짐에 따라 양국 모두에서 자원배분의 효율성이 향상되고, 따라서 두 국가 모두에게 이익이다. 하지만 이미 무역자유화 수준이 높은 B국 시장에서 다른 국가들과 경쟁해야 하는 A국이 누릴 이득보다 무역장벽이 크게 낮아진 A국 시장에서 B국이 (독점적으로) 누릴 이득이 훨씬 클 개연성이 높다. 그렇게 되면 십중팔구 A국에서는 B국에게 너무 많이 양보한 것이 아니냐는 부정적 여론이 들끓을 것이고, 보호무역 세력은 이를 빌미로 협상 자체를 완강하게 거부할 것이다.

일차적 상호주의의 타당성과 우월성이 여기에 있다. 일차적 상호주의에 입각한 무역자유화 추진은 A국에서 보호무역 세력의 강력한 저항을 완화하면서 자유무역을 지지하는 정치·경제집단이 보호무역 세력의 대항세력으로 성장할 수 있는 기회를 제공한다. 특히 무역자유화 수준이 낮은 국가의 경우 일차적 상호주의에 따른 무역협상은 그간 닫혀 있던 자국 시장을 일부 개방해 보호무역 세력이 경쟁압력에 노출될 수 있게 함과 동시에 타국의 시장개방을 환영하는 수출산업의 이익집단화와 정치세력화를 촉진한다. 일차적 상호주의에 따른 협상이 더 많은 국가가 무역협상에 참여할 수 있는 국내정치적 동력을 제공하게 되는 이치가 이와 같다(Destler and Odell, 1987; Milner, 1988; Bhagwati, 1991).

일차적 상호주의 원칙의 적용은 GATT가 많은 국가를 다자간 무역협상 테이블에 참여하도록 만들고 성공적으로 협상을 마무리할 수 있었던 가장 중요한 요인이었다. GATT 무역협상 라운드가 회원국들이 죄수의 딜레마 상황에서 벗어나 호혜적인 결과를 만드는 협력의 장이 될 수 있었던 것은 이 원칙 덕분이었다. 또한 회원국 정부들은 각 라운드가 개최될 때마다 자국의 수출이익집단을 효과적으로 동원해 보호무역 세력의 영향력을 견제할 수 있었고, 그런 의미에서 일차적 상호주의원칙에 입각한 협상은 회원국 정부에게 제공된 중요한 정치적 무기였다.

그럼에도 GATT 무역협상 라운드에서 이루어지는 국가 간 양허의 등가성을 확보함으로써 상호주의를 실현하는 일은 그리 간단하지 않다. GATT가 무조건부 MFN 원칙을 협상의 성공을 위한 또 다른 핵심적 지도원리로 삼았기 때문이다. 이 문제는 아래에서 자세히 다루도록 한다.

3.2 상호주의와 무조건부 MFN 원칙의 관계

상호주의와 무조건부 MFN 간의 긴장관계는 원래 양자간 협정 틀 속에서 사용되었던 MFN 원칙이 GATT 출범을 계기로 다자간 협정의 지도원리로 채택되면서 비롯되었다. 「1860년 코브던-슈발리에 조약」을 기점으로 유럽 전역으로 확산된 19세기의 양자간 무역협정은 상호주의에 입각해 양허를 교환하고, 차후에 협정국 일방이 제3국에 더 나은 대우를 제공하면 그것이 다른 협정국에게도 당연히 적용되도록 만드는 무조건부 MFN 원칙을 노입했다. 이런 협상방식에서 상호주의와 무조건부 MFN 원칙이 충돌할 여지는 별로 없었다.

그러나 GATT의 협상방식은 달랐다. 우선 GATT는 제1조에서 무조건부 MFN 원칙을 천명하고, 이를 모든 회원국에게 의무화함과 동시에 전문(preamble)에서는 무역장벽과 차별을 철폐하기 위해 회원국이 "상호적이고 호혜적인 협정 체결"에 최대한 협력할 것을 주문하고 있다. 이처럼 GATT는 두 가지 원칙을 동시에 수용했으나, 그 선후관계와 상관관계를 모호하게 남겨둠으로써 결국 두 원칙 간 긴장과 마찰은 불가피해졌다.

가장 심각한 문제는 역시 무임승차 문제였다. GATT 제1조의 무조건부 MFN 원칙에 따라 모든 다자간 협상에서의 양허는 협상 참여 여부 혹은 협상 상대국의 양허에 상응하는 양허의 제공 여부에 관계없이 모든 회원국에 자동적으로 확대 적용되어야 했다. 따라서 적절한 양허의 제공 없이 다른 국가의 양허를 향유하려는 유혹이 커지게 되었다. GATT는 이런 무임승차의 유혹을 최소화할 수 있는 전략을 개발하고 발전시켜 왔다. 예를 들어, 주로 관세협상에 한정되었지만, 다음 장에서 자세히 살펴볼 '주요공급자(principal suppliers)' 협상방식은 무임승차 문제를 억제할 수 있는 효과적인 수단이 되었다. 앞서 언급한 조건부 협상방식도 강력한 억제 수단이었다.15)

이런 협상수단의 활용이 일반화되면서 GATT 협상에서 주요 회원국, 특히 선진국의 무임승차 여지는 사실상 사라졌다. 그러나 개도국의 경우는 사정이 달랐다. 개도국은 우선 선진국이 주도하는 주요공급자 협상방식 아래서 협상 대상국이 되는 경우가 드물었을 뿐만 아니라, 다른 주요 협상에 직접 참여하지 않는 경우가 많아 무임승차 논란이 계속 제기되었다. 한편, 개도국들은 선진국들의 이런 불만을 이해하기 어려운, 무리한 요구라고 지적하며, 개도국을 대상으로 한 상호주의원칙의 무차별적 적용에 반발했다. 특히 1960년대에 개도국의 무역과 개발문제를 다루는 유엔 무역개발회의(United Nations Conference on Trade and Development: UNCTAD)의 출범 이래 개도국들은 상호주의원칙 배제를 아예 개도국의 당연한 권리로 보장해 줄 것을 요구했다. 결국 1965년 GATT에 제4부의 3개 조문이 신설(1979년 발효)되었고, 이에 따라 문제해결의 길이 열렸다. GATT 제36조 8항에 "선진국은 개도국으로부터 상호주의를 기대하지 않는다"는 내용이 추가된 것이다. 이어서 도쿄라운드에서는 권능부여 조항이 채택됨에 따라 일반특혜관세(GSP) 제도 등 선진국의 개도국에 대한 특혜제도의 법적 근거가 마련되었다.

이상에서 살펴본 바와 같이 상호주의는 무조건부 MFN 원칙을 기본철학 내

---

15) GATT 라운드에서 진행되는 모든 협상은 그것이 최종적으로 마무리되기 전까지는 여타 협정의 성공적 타결을 전제로 하며, 만약 이런 조건이 달성되지 않을 때는 기존의 약속을 철회할 수 있도록 보장되었다.

지는 중추적 원리로 삼는 GATT 체제에서 무역협상이 호혜적인 결과에 이를 수 있도록 보장하는 실질적인 협상원칙으로 기능했다. 상호주의는 동시에 무조건부 MFN 원칙에 입각해 이루어진 협상결과를 담보하고 각국이 협정에 따른 약속을 이행하도록 강제하는 메커니즘이기도 했다. GATT 체제에서 회원국 간의 권리와 의무의 균형을 유지해 주는 원리 역시 상호주의 원칙이었다. 무역분쟁이 야기되었을 때 GATT가 양자간 협상을 통한 문제해결을 권장하고 있는 것 등이 이를 잘 말해 준다.

상호주의는 GATT 회원국 간에 무조건부 MFN에 기초한 협력이 가능하도록 만드는 당근인 동시에 채찍이다. 각국이 상대방의 상호주의적 대응을 기대해 호혜적 협력관계를 형성하도록 유도하는 측면에서는 당근의 역할을, 상대방이 이런 협력관계를 파괴하거나 침해하는 행동을 취할 때는 반드시 보복이 뒤따르게 될 것임을 압박하는 측면에서는 채찍으로서의 구실을 했다. 중상주의 사고의 영향으로 무역자유화에 소극적인 국가들이 협상에 참여하고, 체결된 협정을 성실히 이행하도록 유도하기 위해 중상주의 시대의 유물인 상호주의의 채택이 불가피하다는 사실은 역설적이다.

무조건부 MFN과 상호주의 두 원칙 사이의 긴장과 갈등은 국제협력의 내재적 모순을 잘 보여준다. 지금까지 GATT는 기대 이상으로 이 모순을 잘 관리해 협상 동력으로 활용해 왔다. 그럼에도 상호주의에 내재하는 위험성을 결코 간과해서는 안 된다. 아래에서 살펴보는 바와 같이 무절제하게 상호주의를 추구하면 무역차별과 보복이 성행해 1920－1930년대의 상황으로 회귀할 위험성을 배제할 수 없다.

3.3 공격적 상호주의

공격적 상호주의는 미국의 발명품이라고 해도 과언이 아니다. 미국은 건국 초기부터 상호주의야말로 국제무역에서 지켜져야 할 석실한 행동기준이라고 믿어 왔다(Keohane, 1986: 3). 앞서 살펴본 바와 같이「1778년 미국－프랑스 협정」이 상호주의적 무역양허(reciprocal trade concessions)에 관한 규정을 두고 있었고, 1823년에는 상호주의에 입각한 보복위협을 가함으로써 영국이「상호주의 관세법(Reciprocity of Duties Act)」을 제정하도록 유도했다. 1830년 미국과 영국은 서인도

제도와의 무역을 둘러싸고 각각 상호주의에 입각한 보복위협을 앞세우면서 격돌하기도 했다. 남북전쟁(1861－1865) 발발 이전까지 미국 무역정책의 원칙이었던 상호주의 관념은 정치적 논쟁의 대상이 되기도 했는데, 예컨대 1860년 당시 보호주의적 성향의 공화당은 선거 강령에서 "보호무역과 상호주의는 공화당 정책의 쌍두마차"라고 공언하기도 했다. 이후 보호무역법으로 악명 높은 「1930년 스무트－홀리 관세법」이 제정될 때까지 미국에서 상호주의는 보호주의 무역정책과 강하게 결부되어 있었다.

   그러던 중 미국의 무역정책이 상호주의에 입각한 조건부 MFN 원칙에서 무조건부 MFN 원칙으로 이행하고 「1934년 상호무역협정법(RTAA)」이 통과되자, 상호주의 관념은 이제 자유무역정책과 짝을 이루기 시작했다. 그 배경에 세계경제에서 미국의 위상이 급부상하고 미국의 무역상품 구성이 변화함에 따라 무역전략 전환이 불가피했던 사정이 있었음은 앞서 설명했다. RTAA로 대표되는 미국의 자유주의 무역정책은 대공황으로 크게 위축되었던 1930년대에 세계경제의 숨통을 트는 데 크게 기여했다. 또한 다자주의와 무차별원칙을 기본이념으로 하는 GATT 체제의 구축과정에서 무조건부 MFN 원칙을 GATT의 중추적 원리로 삼아야 한다고 강력히 주장한 것도 미국이었고, 전후 30여 년간 자유무역체제를 수호하는 보루로서의 역할을 자임해 온 것도 미국이었다.

   그러나 1980년대 들어 눈덩이처럼 불어나는 국제수지 적자문제에 봉착하자 미국은 공정무역 논리를 앞세워 다시 보호무역주의적 상호주의를 강조하기 시작했다. 19세기 후반 패권국 영국이 그러했듯이, 20세기의 패권국 미국은 상대적 지위 저하와 국내경제의 어려움 속에서 보호주의로 회귀하는 소위 '왜소해진 거인 증후(diminished giant syndrome)'를 드러내기 시작한 것이다. 1980년대 중반 미의회에 무수히 제출된 상호주의 법안들, 특히 「1988년 종합무역법(Omnibus Trade and Competitiveness Act of 1988)」은 바로 이런 분위기와 정서를 짙게 반영했다. 이들 법안에 담겨 있는 Super 301조, Special 301조 등은 공격적 상호주의의 특성을 대변한다.16)

---

16) 공격적 상호주의는 미국이 신봉해 온 전통적 상호주의 관념이 새로운 내용과 형태로 재현된 것이다. 예를 들면 미국이 자유무역정책으로 전환한 분수령이 된 1934년 무역법의 명칭이 RTAA였다는 사실 자체가 상호주의에 대한 미국의 강한 집착을 보여준다. 미국이 계약주의적 개념에 기초해 GATT 체제의 구축을 주도한 것도 순전히 이타적인 고려에서 비롯된 것만은 아니

공격적 상호주의의 가장 두드러진 특징은 상대방에게 반대급부를 제공하지 않고 일방적인 무역양허를 요구하는 것이다. 최대한 공정하고 호혜적으로 양허를 교환하는 호혜적 시장개방 방식에 불만을 품고, 상대국의 일방적 양허를 요구함과 동시에 보복조치의 위협을 가하는 점 등은 공격적 상호주의의 중상주의적 색채를 숨김없이 보여준다.

물론 공격적 상호주의를 추구하는 국가 스스로는 이런 일방적 양허 요구가 중상주의적이라는 비판을 인정하지 않는다. 이들은 공격적 상호주의가 일방적으로 상대국 시장의 개방을 강요하는 것처럼 보일 수 있지만, 사실은 그동안 양허에 소극적이었던 상대국이 무조건적으로 양허를 제공하게 함으로써 진정한 의미에서 양허의 상호성(mutuality of concessions) 확보에 기여한다는 주장을 굽히지 않는다. 여기서 우리는 양허 등가성 비교의 출발점이나 양허의 등가성을 평가하는 주체 면에서 공격적 상호주의와 일차적 상호주의가 완전히 다른 입장에 서 있음을 보게 된다. 실제로 미국이 추구한 공격적 상호주의는 전면적 상호주의에 가까웠다. 지금까지의 시장개방 정도의 차이를 인정하고 새로운 협상을 통해 추가적 시장개방을 호혜적으로 추구하는 것이 아니라, 상대국의 현재 보호수준을 문제 삼으면서 일방적 양허의 제공을 통해 시장접근 면에서의 차이를 일거에 해소하려고 했기 때문이다. 또한 미국의 공격적 상호주의는 모든 부문에 걸친 시장접근의 종합적 균형이 아니라, 자동차와 반도체 등 불균형이 심한 특정 부문에서 시장접근의 대등성을 요구하는 부문별 상호주의의 특성을 갖고 있다(Aggarwal and Ravenhill, 2001).

공격적 상호주의는 외국 시장의 개방에 초점을 맞추고 있다는 점에서 전통적 보호무역주의와는 다르다. 특히 미국에서 1980년대 중반에 무역수지 적자가 폭증하자 무역정책의 초점이 수입규제 및 관리로부터 수출확대로 전환되면서 공격적 상호주의가 등장했다. 무역수지 적자가 급증하는 상황에서 의회로부터 적극적인 무역정책을 추구하라는 압력을 받은 로널드 레이건(Ronald Reagan) 대통령은 1985년 9월 무역정책 행동계획(Trade Policy Action Plan)을 발표했다. 일본, 브라질, 한국에 대한 Section 301 조사 개시명령은 미국의 공격적 상호주의의 개시

다. 이 점에서 "19세기의 영국과는 달리, 미국은 한 번도 일방적인 자유무역주의자가 되어 본 적이 없으며, 일반적으로 무역 양허 면에서 상호주의를 고집해 왔다"는 지적은 새겨볼 만하다 (Bhagwati and Irwin, 1987: 120; Bhagwati, 1990: 28).

를 알리는 신호탄이었다(Bhagwati, 1990: 5).17)

　미국의 공격적 상호주의의 여러 특징적 요소 가운데 GATT 위법성(GATT illegality) 측면에서 가장 큰 논란을 일으킨 것은 일방적 보복조치였다. 회원국 간 권리와 의무의 균형의 담보를 가장 중시하는 GATT 체제에서 보복조치는 GATT 제23조(무효화 또는 침해) 규정에 따라 ① 상대국이 협정상 의무를 위반하거나, ② 어떤 조치를 취하거나, ③ 어떤 특별한 상황의 존재로 인해 GATT 회원국으로서 기대하는 이익이 무효화 또는 침해된 경우에 한한다. 이 조항이 보장하는 회원국의 '이익'은 어디까지나 일차적 상호주의에 기초한 다자간 무역협상에서 이루어진 양허로부터 발생할 것으로 기대되는 이익이다. 회원국의 정책, 제도, 관행으로 인해 다른 회원국의 권리와 이익이 침해되고 있는지 여부, 그리고 보복조치의 정당성에 대한 판단은 객관적이고 공정한 GATT 패널 및 이사회의 관할권에 속하는 사항이다. 따라서 일국이 양허의 등가성이 확보되지 않고 있다는 일방적이고 자의적인 판단에 따라 다른 회원국에게 일방적이고 추가적인 양허를 요구하고, 그 요구가 관철되지 않는다는 이유로 보복조치를 취하는 것은 GATT 제23조는 물론이고, 제1조(일반적 최혜국대우), 제2조(양허표), 제28조(양허표의 수정) 등의 위반이다(Hudec, 1990: 118-25).

　이런 지적에 대해 미국은 농산물, 서비스 등에 대한 GATT 관련 규정의 미비, GATT 분쟁해결절차의 지체와 비효과성 등 GATT가 안고 있는 결함의 해결을 기대할 수 없는 이상, 스스로 나서서 문제를 해결할 수밖에 없다는 반론을 폈다. 마땅히 작동해야 할 GATT 규범이 제대로 작동하지 않는 상황에서 미국의 행동은 '정당한 불복(justified disobedience)'에 해당한다는 주장이었다. 그러나 GATT의 제 규범을 준수하고 다른 회원국의 권리를 존중하는 측면에서 그리 모범적이

---

17) 미국의 공격적 상호주의가 언제나 외국 시장 확대에 초점을 맞추지는 않았다. 예를 들어 지식재산권 및 근로자의 권리 침해 등 불공정 무역관행을 이유로 공격적 상호주의를 적용하기도 했다. 더 나아가 Section 301 등에 기초한 공격적 상호주의가 언제나 무역창출 및 확대효과를 가진다고 볼 수도 없다. 지식재산권 및 근로자의 권리 침해, 또는 외국 정부의 수출지원 시책 등을 문제 삼아 공격적 상호주의를 적용할 때 세계무역은 오히려 줄어들 가능성이 더 크기 때문이다. 거의 언제나 양자협상 방식에 의존해 이루어진 공격적 상호주의는 무역전환 효과를 야기할 가능성이 높았다. 국제무역이 다른 국가의 희생 위에 개방압력을 가하는 국가에게만 유리한 방향으로 전환되는 결과를 초래했다. 또한 공격적 상호주의는 부문별 상호주의나 수입자율확대(VIE) 요구와 결합되었다는 측면에서 볼 때 관리무역 요소도 많이 지녔다(Bayard and Elliott, 1994: 76-77).

라고 볼 수 없는 미국의 이런 주장은 아전인수에 가까웠다. 더 나아가 당시 미국의 일방적 양허 요구와 보복조치 위협에 맞대응을 할 수 있는 국가라고는 서유럽 국가를 제외하고는 없었다는 점, 그리고 미국의 그러한 권리 주장이 설득력을 갖기 위해서는 다른 국가에게도 동일한 권리를 인정해야 했지만 미국은 이에 대해서는 고려조차 하지 않았다는 점에서도 미국의 태도는 형평성을 잃은 것이었다 (Hudec, 1990: 125-36).[18]

한편, 이런 차원의 비판이 압도적이었지만, 미국의 공격적 상호주의가 무역자유화의 돌파구 역할을 했다면서 옹호하는 주장도 있다. 미국의 Section 301의 발동은 GATT 회원국이 1986년 우루과이라운드 협상 개시에 합의하도록 만들었고, 1980년대 초 GATT 분쟁해결절차의 붕괴를 막았으며, 우루과이라운드에서 한층 강화된 분쟁해결절차가 제도화되도록 만드는 데 상당한 기여를 했다고 보는 것이다.

공격적 상호주의가 국제무역질서의 원칙을 무시함으로써 GATT의 규범력을 크게 약화시켰다는 점은 부인할 수 없지만, 미국의 독자적 행동이 그와 관련된 일부의 GATT 규범을 강화하는 기제로 작용한 것은 사실이다. 예컨대 ① WTO가 농산물과 서비스, 해외직접투자 등 그동안 GATT가 규율하지 못한 영역의 무역문제를 어느 정도 규율할 수 있게 된 것, ② GATT 분쟁해결절차의 결함을 상당히 보완함으로써 무역분쟁의 신속하고 효과적인 해결을 기대할 수 있게 된 것, ③ 많은 국가가 미국의 일방적 시장개방 요구와 보복조치에 제약을 가할 것을 강

---

18) 공격적 상호주의가 수반하는 보복조치는 자의적이고 일방적인 판단에 기초했으며, 다분히 힘의 논리에 입각하고 있었다는 점에서 명백하게 GATT 위법적이고, 따라서 보복조치의 악순환이 야기될 가능성이 높았다. 실제로 미국이 공격적 상호주의에 따라 실제 보복조치를 취하고, 상대국이 맞보복하는 악순환으로 이어진 사례는 없었지만, Section 301의 위력은 대단해서 보복 위협을 제기하는 것만으로도 소기의 목적을 달성하는 경우가 많았다. Section 301에 따른 협상이 집중적으로 이루어진 1990년대 중반까지 미국이 협상 목적을 성공적으로 달성한 비율이 평균 50%(총 72개의 사례 중 35개)에 달했다. 특히 1985년 무역정책 행동계획이 발표된 이후 이 조치의 성공률은 31%에서 60%로 급증했고, Super 301에 관한 규정이 포함된 「1988년 종합무역법」이 통과되기 직전에 최고조에 달했다. Super 301의 성공률은 평균 63-68%로서 1985-1988년간의 Section 301의 성공률(76%)에는 못 미쳤다. 주로 한국과 대만 등 약소국들과의 관계에서 성공했을 뿐이다. 미국 시장에 대한 의존도가 대단히 높았던 이들 국가는 1989년 5월 25일로 예정되었던 미 무역대표부의 Super 301조 우선협상대상국 지정을 앞두고 미국의 일방적인 시장개방 요구를 받아들였다(Bhagwati, 1990: 17; Bayard and Elliott, 1994: 64-65).

력히 요구함으로써 소정의 절차에 따라 승인된 경우가 아니면 일방적인 조치를 취할 수 없도록 명백히 규정한 WTO의 「분쟁해결절차에 관한 양해각서(Under-standing on Rules and Procedures Governing the Settlement of Disputes: DSU)」가 채택된 것 등이 대표적이다.

물론 일각에서는 이런 해석이 과장되었다고 본다. 이들은 ① DSU는 실제로 미국의 Section 301을 부정하거나 수정을 요구하지 않는다는 점, ② 새로운 WTO 분쟁해결절차가 정하는 각종 시간적 제한은 오히려 미국 무역법의 규정에 더 가까워졌다는 점, ③ 미국 기업은 종전과 같이 Section 301에 근거해 미국 정부에 불만사항 해소를 청원하고, 미국 정부는 이를 WTO에 제소할 수 있게 되어 있다는 점, ④ 만약 관계국이 WTO 패널 결정에 따르지 않으면 보복조치를 취할 수 있고, '불공정무역 관행'에 대해서는 여전히 Section 301에 따라 문제를 해결할 수 있다는 점 등을 열거하면서, 미 행정부는 얼마든지 WTO의 분쟁해결절차 규정을 따르면서도 Section 301을 운용할 수 있다고 본다(Jackson, 1994: 74-75; Schott, 1994: 130-31).

그럼에도 다음 두 측면에서 미국의 Section 301 사용은 과거에 비해 상당히 제한을 받게 된 것이 사실이다. 우선 WTO의 관할범위 확대에 따라 미국이 WTO의 소정절차를 밟지 않고 일방적인 조치를 취할 수 있는 여지는 크게 감소했다. 이제 미국은 WTO에 대해 불만을 제기하고 다자적으로 승인된 절차에 따라서만 보복조치를 취할 수 있게 되었다. 미국이 취할 수 있는 행동과 조치의 범위도 패널 보고서의 권고사항에 따라 제한을 받게 되었다. 요컨대 WTO의 출범으로 다자간 무역분쟁 해결절차가 강화됨에 따라 미국이 일방적 행동에 의존해야만 할 필요성과 당위성은 그만큼 줄어들었다.

그러나 트럼프 대통령 시절에 미국의 일방적 무역정책이 다시 등장했다. 그는 자신의 선거공약대로 주요국, 특히 중국에 대한 환율정책, 수입제한조치 발동, Super 301조 적용의 고려 등 전방위적인 압박을 가했다. 바야흐로 미국의 공격적 상호주의가 부활한다는 신호탄이었다. 트럼프 행정부는 2017년 당시 3,700억 달러에 달하는 대중 무역적자와 중국의 지식재산권 위반 등을 이유로 2018년 7월 6일 중국산 제품 340억 달러에 대해 25%의 관세부과와 함께 중국과 사상 최대 규모의 무역전쟁에 돌입했다. 트럼프 대통령은 1980년대와 1990년대에 특히 그

랬던 것과 같이 아전인수의 해석으로 공격적 상호주의를 정당화했다.[19]

<박스 6.2> Super 301조

　　미국의 공격적 상호주의는 「1988년 종합무역법」에 의해 훨씬 강화되고 확대된 형태로 출현한 Super 301, Special 301 등으로 대표된다. Super 301조는 「1974년 무역법」 Section 301과 그 부가조항인 「1988년 종합무역법」 Section 301을 통칭한다. Super 301조는 외국의 불공정무역 행위(unfair trade practices)에 대한 전통적인 제재수단인 「1974년 무역법」 301조를 주로 절차적 측면에서 대폭 보강한 규정이다. 이를 근거로 미무역대표부(USTR)는 미국 정부가 추진할 무역확대 우선순위(trade expansion priorities)를 정하고, 의회 보고 후 21일 안에 불공정무역관행에 대한 조사를 개시하며, 이후 3년에 걸쳐 문제해결을 위한 관련국과의 협상을 추진해 나간다. 그러나 해당국이 협상에 성실히 임하지 않거나 협상의 진전이 없을 때에는 301조 (c)항 규정에 따라 일정 기간 동안 기존 협정에 따른 미국의 의무를 정지하거나, 해당국 상품에 대해 관세부과 등의 보복조치를 취하도록 규정하고 있다.

　　여기에 더해 301조 (a)항은 USTR이 대통령의 권한 내에 있는 모든 적절하고 이용 가능한 조치(all other appropriate and feasible action)-상품 및 서비스 무역 그리고 기타 해당국과 모종의 관계가 있는 모든 분야에 대해-를 취할 수 있다고 규정해 보복조치의 범위를 폭넓게 규정하고 있다. 여기에서 USTR의 보복조치는 의무적 조치(mandatory action)와 재량적 조치(discretionary action)로 구분된다. 전자는 외국의 행위, 정책, 관행이 구체적인 협정상 의무를 위반함으로써 미

---

19) 미국의 관세는 특히 중국의 '제조 2025'를 정조준하는 것으로 알려졌다. '중국 제조 2025'는 세계적 제조국이 되기 위해 중국 정부가 추진한 세 단계의 제조업 고도화 계획 중 첫 단계 행동강령이다. 중국 정부는 이 전략을 통해 '질적인 면'에서 제조 강대국이 되겠다는 목표를 천명했다. '중국 제조 2025'는 5대 프로젝트와 10대 전략사업으로 이뤄져 있다. 5대 프로젝트는 공업기초 깅회, 친친경제고, 고도기술장비허신, 스마트제조업육성, 국가 제조업 혁신센터 구축을 말한다. 10대 전략사업으로 지정된 분야는 차세대 정보기술, 고정밀 수치제어기와 로봇, 항공우주 장비, 해양 장비, 선진 궤도교통 장비, 에너지 절감·신에너지 자동차, 전력 장비, 신소재, 생물 의약과 고성능 의료기계, 농업기계 장비 등이다. 미국의 관세부과 조치는 대부분 이들 분야를 대상으로 했다. 트럼프 대통령은 관세부과 조치에 앞서 '중국 제조 2025'를 "미국과 많은 다른 나라들의 성장을 저해할 신흥 첨단기술 산업 지배계획"으로 규정하면서 "우리의 기술과 지식재산권을 잃는 일을 더는 용납할 수 없다"고 역설하기도 했다(뉴시스, 2018. 7. 8.).

국의 권리를 침해하거나 부당하게 미국의 무역에 제약을 가하는 경우에, 후자는 외국의 행위, 정책, 관행이 불합리하거나 차별적(unreasonable or discriminatory) 이어서 미국의 무역에 제약을 가하는 경우에 취할 수 있다.

미국이 불공정무역 관행으로 규정하는 외국의 행위, 정책, 관행에 대한 기준은 여전히 모호하고, 자의적이며, 일방적인 판단을 내포하고 있다. 그동안 미국은 자국의 정책, 제도, 관행이 표본이라고 보고, 이와 일치되지 않는 외국의 행위, 정책, 관행은 미국의 상호주의적 무역이익을 침해하는 것으로 간주하면서, 당연히 문제를 제기할 수 있고, 보복조치 또한 정당화될 수 있다고 믿었다. 사실 미국은 전통적으로 상호주의를 미국을 차별적으로 대우하는 국가에 보복을 가하는 수단, 즉 채찍으로 이해해 왔다.

미국의 이러한 태도와 접근은 GATT가 불공정무역 관행을 충분히 규제하지 못하고 있다는 미국의 인식을 반영한 것이기도 했다. 1980년대 중반 이후 미국의 공격적 상호주의는 미국이 1923년 이래 지켜온 무조건부 MFN에 기초한 무역정책으로부터 조건부 MFN에 기초한 정책으로 회귀한 것을 의미하는 것으로, 이는 다자주의와 무차별원칙에 입각한 GATT 체제에 대한 깊은 불신을 반영한다.

1995년 WTO 체제 출범 이후 미국의 불신은 상당히 완화된 것이 사실이다. 이후 25년이 넘는 기간 동안 Super 301조가 일방적 무역보복을 금지하는 WTO의 규범에 따라 사실상 사문화된 것이 이를 방증한다. 트럼프 대통령이 중국 압박용 카드로 Super 301조의 발동을 검토하기도 했지만 실제로 이행되지는 않았다.

제 7 장 다자간 무역협상의 의의와 주요 무역 라운드

1. 다자간 무역협상의 구조와 체계

1.1 다자간 무역협상의 의의

WTO는 무역이슈를 논의하고 합의를 도출하기 위한 협상포럼이다. WTO 협상에는 공식 및 비공식 협상이 있다. WTO 협상의 근간은 정기적으로 개최되는 다자간 무역협상(multilateral trade negotiations: MTNs)이다. 이 과정에서 양자간 또는 복수국간 협상이 수시로 또는 본 협상과 동시에 진행된다. 이때 각 협상의 결과는 MFN 원칙에 따라 다자화되어(multilateralized) 다른 회원국에도 적용된다. 다음 장에서 자세히 살펴볼 WTO의 일상적 운영에 관련된 협상도 있다. 신규가입과 관련된 가입조건 협상, 자유무역지대와 관세동맹의 결성과 관련된 보상협상 등이 그 예이다. 무엇보다 WTO의 다자간 무역협상은 국제무역의 제도 형성과 규칙 설정을 목표로 한다(Winham, 1986: 367).

앞서 살펴보았듯이 주류 무역이론에 따르면 자유무역은 무역에 참여하는 모든 국가의 총후생을 증가시킨다. 그러나 국내적으로 무역은 언제나 승자와 패자를 만들어내기 때문에 '무역의 정치(politics of trade)'를 피할 수 없다. 더 나아가 무역협상에 임하는 국가들은 예외 없이 자국 시장은 가급적 덜 개방하고 외국 시장은 더 넓게 개방하는 것이 국익이라고 믿는다. 누차 강조한 바와 같이 무역협상을 지배해 온 사상은 중상주의였다.

이러한 도전에 효과적으로 대처하기 위한 전략 중 하나가 무역협상의 지속적 추진이다. 개방을 위해 계속 노력하지 않으면 현상유지조차 어렵기 때문이다. 무역협상은 한 국가의 무역정책이 국내 시장의 방어라는 소극적 차원에서 외국 시장의 개방이라는 좀 더 적극적인 차원으로 확대될 수 있게 해 준다. 이런 면에서 다자간 무역협상은 무역정책이 보호주의로 뒷걸음질 치지 않도록 보장하는 제도적 장치로서, 무역협상이 진행되고 있다는 사실 자체가 보호무역 압력을 저지할 수 있다.

WTO 협상의 기본원리 가운데 하나인 상호주의도 중상주의 사고에 뿌리를 두고 있다. 상호주의는 각국이 무임승차의 유혹에 빠지지 않게 하며, 국내 보호주의 세력에 대항할 수 있는 새로운 이익집단의 형성을 촉진하는 등 무역자유화에 정치적 정당성을 부여하는 점에서 긍정적이다. 그러나 상호주의를 엄격히 적용하면 각종 무역왜곡이 발생하고 급기야는 무역의 근간인 비교우위원리까지 침해할 수 있다.

자유무역을 확대함으로써 전 세계 후생의 증진을 추구하는 WTO가 상호주의를 무역협상의 지도원리로 삼고 있다는 사실은 역설적이다. 그럼에도 WTO가 주도해 온 무역협상은 각국의 개방적 무역정책을 공고히 함으로써 지난 70년 넘게 여러 국가의 후생증진에 크게 기여해 왔다. WTO 협상에서 경제적 효율성뿐만 아니라 국가 간 형평성 확보가 중시되는 이유가 바로 여기에 있다. 제2부의 마지막 장인 이 장은 다자간 무역협상의 메커니즘, 실제 작동과정, 협상의 전략과 전술 등을 국제정치경제학적 시각에서 분석한다.

1.2 다자간 무역협상의 단계

일반적으로 다자간 협상은 다음의 네 단계로 전개된다(Hoekman and Kostecki, 2009: 151).

첫째, 촉매 단계(catalyst stage)에서는 협상 테이블에 올라갈 의제, 협상이 추구할 정책방향에 대한 비전 등이 제시된다. 이익집단, 정부, 그리고 전문가 그룹이 이 역할을 담당한다.

둘째, 협상 전단계(pre-negotiation stage)에서는 주로 의제설정이 이루어진다. 무역협상에서 의제설정은 대단히 중요하다. 의제설정 단계에서 회원국들은 협상 가능한 이슈를 찾고 중요도에 따라 우선순위를 정한다. 그리고 각 이슈의 바람직한 해결방향에 대한 최초입장(initial positions)을 정해 협상의제를 제안한다. 이 과정은 긴 시간과 많은 노력을 필요로 한다. 예를 들어 우루과이라운드 협상의 의제설정 과정은 1982년부터 1986년까지 무려 5년이 넘게 걸렸다. 각 의제에는 해결해야 할 수많은 경제적·법적·정치적 이슈가 포함되며, 각국의 협상대표는 이슈별로 양보할 것과 얻어낼 것을 신중히 고려한다.

셋째, 본협상 단계(negotiation stage)에서 정부 간 협상이 공식적으로 전개된다. 물론 여기에는 이익집단과 자문집단이 간접적으로 참여한다. 본 협상은 협상 전단계에서 합의된 의제에 따라 설정된 범주(parameters) 안에서 진행된다. 이 과정에서 이익집단들은 협상대표들에게 영향력을 행사하게 되며, 이로 인해 협상목표가 변하기도 한다. 협상이 시작되면 참가국 대표들은 '우선 협상의제'에 대한 각자의 선호를 확인하고, 가능한 협상대안과 연합형성의 가능성을 탐색하는 등 학습과정을 거친다. 본격적으로 협상이 시작되면 서로 요구사항과 제안사항을 주고받으면서 가능한 문제해결 방안을 모색한다. 이 단계에서 수많은 합의가 이루어질 수 있으나, 합의 결과는 최종단계에 가서야 확정된다. 그 전까지는 어디까지나 잠정적일 뿐이다. 최종 협상타결 종료시한이 가까워지면 막바지 협상이 진행되고, 막판 협상이 성공적으로 타결되면 협정문이 작성된다.

넷째, 협상 후 집행단계(post-negotiation, implementation stage)이다. 다자간 협정의 이행을 위해서는 협정이 회원국의 국내법에 반영되어야 한다. 이 과정에서 협정의 내용과 이행계획 간에 괴리가 흔히 나타난다. 공식협정 내용의 명확성 확보, 협정이행의 감시(surveillance) 체제의 확립, 분쟁해결절차의 효과적 운용이 중요한 것은 이 때문이다.

1.3 협상이슈 연계의 의의와 유형

무역협상은 대개 물물교환 형태로 이루어진다. 비관세 협상이 특히 그렇다. 무역협상에서는 돈과 같이 일반적으로 통용되는 교환수단을 사용할 수 없기 때문이다. 물물교환이 이루어지려면 잠재적인 거래자들이 한 시장에서 서로 만날 수 있어야 하고, 각자의 물건에 대한 한계평가(marginal valuation)가 달라야 한다.

이처럼 물물교환의 성격을 가진 무역협상은 ① 한 국가가 관심이 있는 사항을 제시하는 국가가 없거나, ② 그 국가가 원하는 것을 A국이 갖고 있으나, A국은 C국이 가진 것을 원하기 때문에 서로 원하는 사항이 달라 거래가 이루어지지 않거나, ③ 가격 메커니즘의 결여로 인해 협상자의 진정한 선호가 정확히 드러나지 않거나, ④ 협상이슈를 여러 부분으로 쪼개거나 나눌 수 없어 동등한 가치를 가진 거래가 이루어질 수 없는 등 무수한 문제들로 인해 모두가 만족할 만한 결과에 도달하기 쉽지 않다(Hoekman and Kostecki, 2009: 150).

무역협상에서 이슈연계(issue linkage)는 이러한 문제를 극복하고 합의를 촉진하는 중요한 역할을 수행한다. 이슈연계는 종전까지는 존재하지 않았던 상호이익의 장을 만들거나 기왕에 이루어진 합의 영역을 확장한다. 또한 교환의 등가성 확보를 위한 이면보상을 가능하게 해 무역협상이 좀 더 균형을 이룰 수 있게 하는 등 상호주의의 중요한 실현수단이 된다. 이슈연계는 거래에서 얻을 수 있는 잠재적 이득도 증가시킨다. 만족할 만한 협상결과에 도달한 쌍방은 보통 상대편을 불리하게 만들지 않고서는 자신이 더 나은 상태에 도달하기 어려운 상황, 즉 파레토 최적(Pareto optimum) 상태에 이르게 되는 것이다. 이런 점에서 이슈연계는 쌍방이 좀 더 나은 결과로 나아가는 '파레토 개선(Pareto improvement)'을 가능하게 해 준다(Hoekman and Kostecki, 2009: 153−55).

물론 이슈의 연계를 통해서 합의에 도달하지 못할 수도 있다. 절차적 제약조건이 걸림돌이 되거나 더 나은 해결책이 존재하지 않을 수 있기 때문이다. 그러나 무역협상에서 더 나은 합의에 도달하지 못하는 이유는 보통 이슈를 연계시킬 수 없거나 엉뚱한 이슈와 연계를 시도하기 때문이다. 같은 맥락에서 강대국이 약소국에 이슈연계를 강요하는 것은 호혜적 이득을 위한 것으로만 볼 수 없는 경우가 많다. 반면에 보복에 취약한 국가가 이슈연계를 추구하면 오히려 역효과만 초래할 수도 있다.[1]

---

1) 이슈연계는 크게 세 가지로 구분된다. 첫째, 전술적 연계(tactical linkage)는 그것을 연결 짓는 지식기반(knowledge base)이 취약할 때 이루어진다. 위에서 언급한 '연계시킬 수 없거나 엉뚱한 이슈와 연계를 시도하는' 경우가 여기에 해당한다. 전술적 연계는 타방이 연계에 관심이 없음에도 불구하고 일방의 '강압'이나 '매수'에 의해 이루어질 때가 많다. 따라서 전술적 연계는 제도적으로 불안정한 상태를 초래한다. 둘째, 실질적 연계(substantive linkage)는 두 가지의 상호 다른 이슈들이 확실한 지식기반에 의해 연계되는 경우이다. 때문에 실질적 연계는 매우 안정적인 이슈 영역을 형성한다. 셋째, 파편화된 연계(fragmented linkage)는 이슈연계에 관한 지식기반

다자간 무역협상에서 거래는 한 이슈 안에서(within an issue) 이루어지기도 하고, 이슈 간에(across issues) 이루어지기도 한다. 전자에 속하는 대표적 예가 관세협상이다. 관세협상에서 국가들은 특정 품목의 관세율, 또는 평균 관세율의 수준에 대해 요구하고 제안한다. 그러나 비관세협상은 주로 이슈 간에 거래가 이루어진다. 예를 들어 협상국들이 보조금의 정의에 관해 합의를 이루기 어렵지만, 그것을 상계관세 규정의 강화와 연계시키면 합의에 도달할 수 있는 것과 같다. 우루과이라운드에서 채택된 GATT 1994의 일괄타결(single undertaking) 방식, 즉 모든 협상결과가 모든 회원국에 대해 일시에 구속력을 갖는다는 원칙은 자국에 유리하다고 생각하는 부분협정에만 서명하는 것을 막아 폭넓은 이슈연계를 가능케 했다. 우루과이라운드에서 이슈 간 연계가 대대적으로 이루어진 것도 그 때문이었다. 만일 농산물, 무역관련 지식재산권, 섬유무역 협상 간의 이슈연계가 없었다면 이들 각각의 영역에서의 합의는 불가능했을 것이다.

협상대표가 흔히 봉착하는 문제는 언제, 무엇을 연계시킬 것인가이다. 각 이슈영역 안에서 쌍방이 협력해 호혜적으로 얻을 수 있는 충분한 이득이 있고, 그 이득이 어느 정도 대칭적으로 분배될 수 있다면 이슈연계는 필요 없다. 그러나 이슈영역 안에서의 협력으로 인한 이득이 작거나 그것의 배분이 지나치게 비대칭적일 때는 이슈 간 연계를 고려하게 된다. 이슈연계의 전형적 예로 도쿄라운드에서 허용보조금의 범위를 축소하는 대신 미국의 상계관세조치 절차에서 피해조사(injury test)를 도입한 것, 관세평가와 관련해 미국이 관련 관행을 개선하는 대신 EC가 관련 규정을 개정하기로 약속한 것, 미국이 캐나다에 관세인하를 제공하되 캐나다가 관세평가규약에 가입하도록 한 것 등을 들 수 있다(Hoekman and Kostecki, 2009: 155-56).

이슈연계가 특히 중요한 역할을 하는 단계는 다자간 협상 개시 단계와 막바지 단계다. 자국이 타국으로부터 약속받은 양허와 비교해 자국이 제공하기로 약속한 양허 준 과도하다고 생각되는 것을 골라내는 작업(squeezing out of concessions)이 진행되기 때문이다. 이 단계에서 이슈연계 전략이 가장 빈번하게 사용될 뿐만 아니라 성공 가능성도 가장 높다. 따라서 이 단계에서는 특히 이미 약

이 관련국 사이에 고르게 분포되어 있지 않을 때 발생한다. 일방은 두 이슈가 연계되어 있다고 생각하는 반면 타방은 그렇지 않다고 여기는 경우이다(Haas, 1980: 368-72; Aggarwal, 1998; Haas, 2003).

속한 양허의 철회 또는 철회의 위협이 상대방으로부터 상응하는 대가를 얻어내는 데 효과적일 수 있다.[2]

이슈연계와 관련해 한 가지 주의할 사항은 이슈연계가 협상타결에 항상 긍정적이지는 않다는 점이다. 이슈연계는 국가 간 거래 측면에서는 유용하지만, 국내정치적으로는 이득을 보는 집단과 손해를 보는 집단 간에 복잡한 거래 문제를 일으키기 때문이다(Winham, 1986: 372). 또한 앞서 언급한 바와 같이 객관적인 사실과 지식에 근거한 협상국 간의 합의가 아니라 힘 또는 강압에 의한 '전술적 연계'는 실패할 개연성이 높고, 설사 단기적으로 성공할지라도 중장기적으로는 서로에 대한 신뢰를 손상하기 때문에 부정적이다.

따라서 연계대상 이슈의 선택에 앞서 충분한 정치적 고려가 이루어져야 한다. 협상국은 당연히 각자가 더 중요하다고 생각하는 이슈에서 이득을 얻기 위해 덜 중요하다고 생각하는 이슈에서 양허를 제공하려고 할 것이다. 결국 어떤 이슈를 각국이 중요하게 또는 중요하지 않게 여기느냐는 국가 전체적 관점에서 본 비용과 편익의 상대적 크기의 함수인 동시에 국내 이익집단이 갖는 정치적 영향력의 함수이다. 일반적으로 생산자의 이해관계가 소비자의 이해관계보다 더 크고 집중적이기 때문에 이슈연계의 국내정치 과정에서 생산자의 영향력이 더 크게 작용할 것이고, 결과적으로 이슈연계로 인해 손해를 보는 집단은 소비자일 때가 많다. 같은 맥락에서 특정 이슈에 관해 선진국의 이해관계가 개도국의 이해관계보다 더 집중적인 경향이 있기 때문에 후진국이 이슈연계로 인해 손해를 감수해야 하는 경우가 많이 발생한다(Hoekman and Leidy, 1993: 223).[3]

---

2) 대개의 다자간 협상에서 "모든 것이 합의될 때까지는 아무것도 합의된 게 아니다(Nothing is agreed upon until everything is agreed upon)"라는 것이 불문율이다. 우루과이라운드는 그 전형을 보여주었다.

3) 이러한 맥락에서 선진국의 노조가 개도국의 노조를 적극적으로 후원하는 것을 이해할 수 있다. 노조 간 국제적 연대는 오랜 역사를 갖는다. 굳이 계급성을 들추지 않더라도 다른 조건이 동일하다면 노동자는 비슷한 처지의 노동자에게 동병상련을 느끼기 때문이다. 1950년대에는 미국노동총연맹-산업별조합회의(AFL-CIO), 철강노조(United Steelworkers) 등 거대 노조의 노력에 힘입어 미국 정부가 매년 900여 명의 개도국 노동자를 미국에 초청해 단기 연수사업을 지원했다. 이 프로그램을 통해 미국 노조 간부들이 개도국에 직접 방문해 협상, 노조 조직, 노사관계 등에 관한 컨설팅을 제공하기도 했다(Lodge, 1959). 오늘날에도 여러 미국 노조는 미국 정부가 개도국과 무역협상을 할 때 미국 시장 개방과 개도국 노동조건 향상을 연계시킬 것을 적극적으로 주문한다. 물론 이들이 이러한 연계전략을 사용하는 것은 개도국의 노동조건을 향상하기

다자간 협상에서는 이슈 간 연계가 이루어질 뿐만 아니라 참여국 간 연합 혹은 클럽이 형성된다. 연합형성은 협상비용 등 다자간 협상에 수반되는 여러 가지 거래비용을 줄이거나 무임승차 문제를 우회하려는 목적을 갖는 경우가 대부분이다. 협상 참가국 수가 많으면 견해 차이로 인해 합의에 이르지 못할 수 있지만, 참가국 수가 적으면 협상비용이 낮아져 합의에 도달하기가 그만큼 쉽다. 한편, 뜻을 같이하는 국가들이 그렇지 않은 국가가 협정의 이득을 누리는 것을 배제하기 어려운 상황에서 MFN 원칙을 강조하다 보면 협상 자체가 결렬될 가능성이 있다. 그러나 전자들 간에 합의를 이루는 데 따른 이득이 매우 큰 경우, 후자의 무임승차 문제를 고려하더라도, 연합이 형성될 수 있다.4) 비슷한 상황에 있는 국가들이 연합을 형성하는 또 다른 이유는 이를 통해 협상력을 키울 수 있기 때문이다. 특히 소국의 경우가 그렇다. 우루과이라운드 농산물 협상에서 주도적인 역할을 했던 케언즈그룹(Cairns Group)5)은 군소 수출국 연합의 전형을 보여주었다(Hoekman and Kostecki, 2009: 157−59).

위한 순수한 열망 때문이기도 하지만, 개도국의 노동조건 향상이 곧 생산비용 증가로 이어져 개도국 수출품의 가격 경쟁력을 떨어뜨릴 것이라는 계산 때문이기도 하다.

4) 도쿄라운드에서 일부 회원국만이 협상에 참여하고 서명했던 다자간 무역협상 규약(MTN Codes)이 좋은 예이다. 대부분 규약 서명국은 무임승차 문제에도 불구하고 이를 MFN 방식에 따라 적용했다.

5) 케언즈그룹은 우루과이라운드 개최(1986년 9월) 직전인 1986년 8월 호주 케언즈에서 호주, 뉴질랜드, 피지, 우루과이, 아르헨티나, 브라질, 칠레, 콜롬비아, 캐나다, 헝가리, 인도네시아, 말레이시아, 필리핀, 태국 등 14개국이 모여 공식적으로 결성되었다. 이후 볼리비아, 코스타리카, 과테말라, 파라과이, 페루, 남아프리카공화국, 파키스탄이 참여했다. 정치적으로나 경제적으로 매우 달랐던 이들은 주요 농산물 수출국이라는 공통점을 바탕으로 호주의 리더십 아래 우루과이라운드에서 한목소리로 새로운 농업 교역규범의 채택을 주장했고, 성공적으로 농업 교역규범의 개혁을 이끌어냈다. 이들의 노력 덕분에 국제무역체제에서 농산물에 대한 논의가 본격화되었을 뿐만 아니라, 1980년대 말 극단으로 치달았던 농업 보조금 전쟁을 끝낼 수 있었다. 케언즈그룹의 목표는 농산물 교역의 완전 자유화이며, 우루과이라운드 이후 WTO 협상에서도 이러한 목표를 달성하기 위해 농산물 교역 개혁에 강력한 목소리를 내고 있다. 특히 2001년 도하라운드를 발족하는 데 큰 역할을 했을 뿐만 아니라, 농업 교역 자유화에 반대하는 국가에 대항하기 위해 WTO 내 다른 그룹과 연합을 결성하는 등 매우 활발하게 활동하고 있다. 자세한 사항은 케언즈그룹 홈페이지(http://cairnsgroup.org/) 참조.

1.4 부문별 협상의 한계

물물교환 성격을 지닌 무역협상에서 협상국 간에 거래가 이루어지려면 협상 이슈의 수가 많을수록 유리하다. 그만큼 거래의 성사 가능성이 커지고 거래의 성사로 현상을 개선할 수 있는 여지가 생겨 협력을 쉽게 유도할 수 있기 때문이다(Haas, 1980). 그러나 GATT는 이슈마다 별도의 협상그룹을 구성하는 관행을 유지함으로써 회원국이 주로 부문별·품목별 이슈영역 안에서만 타협을 하도록 제한하는 결과를 초래했다. 특히 관세인하 협상이 그랬다. 더 나아가 서로 다른 부문 간 이슈연계가 구조적으로 제한된 적도 있었다. 케네디라운드와 도쿄라운드에서 철강, 화학제품, 목재 등 일부 품목에 한정해 시도되었던 부문별 협상이 그 예이다. 도쿄라운드에서의 민간항공기 및 부품무역에 관한 협정을 제외하고는 모두 실패했다(Trebilcock, Howse, and Eliason, 2013: 263). 특히 부문에만 협상의 초점이 맞춰진 결과 국내정치적으로 이해관계의 첨예한 대립이 일어났을 뿐만 아니라, 국제정치적으로도 다른 국가의 동일 부분 수출기업과의 영합게임 성격을 갖기 때문에 합의에 도달하기 어려웠다.

부문별 협상의 이러한 한계는 WTO 협정 체결 이후 금융, 기본통신 서비스(basic telecommunications service), 해운 서비스, 자연인(natural persons)의 이동을 통한 서비스 무역에 관한 부문별 후속협상에서도 그대로 나타났다. 이들 서비스 무역 자체의 복잡성, 개도국에 대한 선진국의 일방적 양허 요구 등이 협상을 근본적으로 어렵게 한 요인이었지만, 협상을 부문별로 진행함으로써 이슈 간 연계를 불가능하게 만든 것도 실패요인이었다.

역설적으로 부문별 협상은 섬유와 의류, 철강, 자동차, 반도체 협정 등에서 보듯이 무역장벽의 완화나 축소가 아니라 오히려 무역장벽을 높이기도 했다. 1980년대 중반 미국에서 상호주의 법안들이 대거 등장하면서 미국이 지속적으로 무역적자를 기록하고 있는 부문에서 주로 부문별 협상을 추진했는데, 이런 법안들이 모두 중상주의적 의도를 바탕에 깔고 있었음은 앞서 설명한 바와 같다. 무엇보다 부문별 협상은 정치적으로나 경제적으로 관련 집단의 유인체계를 왜곡할 위험성이 크다. 협상이 타결된 부문은 이제 더 이상 다른 부문의 무역자유화에 관심을 가지지 않게 될 것이고, 이는 곧 무역자유화에 대한 전반적인 지지의 확보에 악영향을 끼친다. 아울러 경쟁력이 있는 첨단 또는 전략산업 분야에 국한해 무역자유화 협상이 타결되면 경쟁력 없는 산업이나 사양산업은 어부지리로 보호를 받게 되고, 이 부문에 대한 국내외 자본투자가 오히려 증가하도록 만들어 자원배분의 왜곡을 가져올 수 있다(Aggarwal and Ravenhill, 2001).

2. 관세협상

2.1 관세협상과 상호주의

관세협상은 다른 어떤 이슈의 협상보다 치열하게 전개된다. 이는 관세협상의 두 가지 특성 때문이다(Winham, 1986: 67). 첫째, 관세협상은 국가 간 분배적 성격을 가진다. 수입국과 수출국 기업은 관세율이 약간만 변해도 커다란 손해나 이익을 본다. 수출국과 수입국 기업의 경쟁력이 비슷한 경우 관세율 변화의 효과는 더 크게 나타난다. 따라서 협상국은 미미한 수준의 관세율 인하문제를 두고서도 첨예하게 대립한다. 둘째, 관세는 다른 어떤 무역정책 수단보다도 정치적 주목도(political salience)가 높다. 이는 관세를 통한 보호가 다른 어떤 정책수단에 의한 보호보다도 이해하기 쉽고 투명하며 계산하기도 쉽다는 특성에서 비롯된다. 동시에 그만큼 정치적 비판의 표적이 되기도 쉽기 때문에 각국은 관세인하 협상을 둘러싸고 필요 이상으로 격돌하는 경향이 있다.

각국이 관세인하 협상과 관련해 이처럼 민감하게 반응할 수밖에 없는 상황에서 더욱 강조되는 것이 상호주의원칙이다. 관세인하 협상결과에 대해서는 최혜국대우원칙이 적용되어야 하기 때문이다. GATT 제1조는 모든 무역 양허가 MFN 원칙에 따라 모든 회원국에 무조건적으로 적용되어야 한다고 규정하고 있다. 따라서 회원국들은 무임승차의 유혹에 빠지기 쉽지만, 그렇다고 모든 국가가 이런 무임승차 유혹에 빠지면 무역협상은 이루어지지 않는다. 바로 여기에 무조건부 MFN 원칙과 상호주의 사이의 피할 수 없는 긴장이 있다. 이 긴장관계 속에서 무역협상을 지배하는 것은 결국 상대국의 양허가 없이는 자국의 양허를 제공하지 않으려는 상호주의이다. 아래에서 살펴보는 주요 공급자 협상방식이나 막바지 협상은 모두 MFN 원칙의 적용에 따른 무임승차 문제를 극복하기 위한 고민 속에서 고안된 협상방식이다.

2.2 주요공급자 협상과 막바지 협상

GATT는 무임승차 문제를 해결하기 위해 주요공급자 협상방식을 사용해 왔다. 이는 특정 상품의 최대 수출국만이 그 상품에 대한 양허를 요구할 수 있도록 하는 협상방식을 말한다. 이 방식에 따라 협상이 진행되면 관세협상이 양자화되고, 무조건부 MFN이 실질적으로는 조건부 MFN과 유사하게 기능해 무임승차 가능성을 낮추는 장점이 있다.

예를 들어 A국과 B국은 각자 수출 확대를 원하는 서로 다른 관심 품목의 관세를 인하해 줄 수 있는 주요공급자라고 하자. 이들은 반드시 상대방의 관심 품목을 자국의 관세인하 대상품목으로 골라 양허안을 제시해야 한다. 그래야 양자 간에 협상이 개시될 수 있다.[6] 그렇다고 주요공급자 간의 협상만으로 모든 무역협상이 타결되지는 않는다. 각자 상대국의 주요공급자 지위에 있는 두 국가가 상호주의에 부합하는 협상결과, 즉 양허의 등가성을 확보하기가 쉽지 않기 때문이다.

양허의 등가성 판단기준으로 보통 [관세 인하폭×수입액]으로 표시되는 무역영향 추정액(projected trade impact)이 사용된다. 예를 들면 A국이 주요공급자인 B국에서 상품(1)을 100만 달러어치 수입하고, B국은 주요공급자인 A국에서 상품(2)를 200만 달러어치 수입할 때, 양국의 양허가 등가성을 가지려면 A국 상품(1)의 관세율 인하폭이 B국 상품(2)의 관세율 인하폭의 2배에 달해야 한다. 만일 A국이 이를 수용하기 어렵다면 협상은 결렬된다. 주요공급자 협상 방식에 의한 품목별 협상이 필연적으로 다자간 균형(multilateral balancing) 과정을 거치지 않으면안 되는 이유가 바로 이것이다. 예컨대 C국이 상품(3)을 주요공급자인 A국에서 100만 달러어치 수입하고, A국은 상품(4)를 주요공급자인 C국에서 200만 달러어치 수입한다고 하자. 동시에 C국은 상품(5)를 주요공급자인 B국에서 200만 달러어치 수입하고, B국은 상품(6)을 주요 공급국인 C국에서 100만 달러어치 수입한

---

6) 무조건부 MFN 원칙이 적용되는 상황에서 어느 국가도 주요 공급국이 아닌 군소 공급국에게 양허를 제공할 유인을 갖지 않는다. 군소 공급국에게 제공된 양허는 MFN 원칙에 따라 결국 주요 공급국에도 적용되기 때문에 이는 차후 주요 공급국과의 협상에서 사용할 귀중한 협상카드를 포기하는 것이나 다름없다. 또한 자국이 수입하는 특정 상품의 주요 공급국이야말로 자국의 양허로부터 가장 큰 이득을 볼 수 있기에 자국에 가장 유리한 양허를 제공할 능력이나 용의를 가질 개연성이 높다는 사실도 주요 공급자 방식에 의한 협상을 촉진한다(Hoekman and Kostecki, 2009: 165).

다고 하자. 이때 상쇄효과로 인해 세 국가 간 양허의 균형이 좀 더 쉽게 이루어질 수 있다.

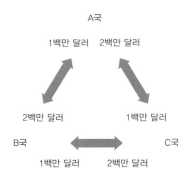

물론 이와 같은 과정을 거치더라도 여러 국가가 동시에 만족할 수 있는 상호주의적 협상결과에 도달하는 것이 불가능할 수도 있다. 그러나 수많은 국가가 순차적으로 협상에 임하게 되면 좀 더 많은 거래가 성립될 수 있고, 따라서 주요공급자 협상방식의 내재적 한계를 쉽게 극복할 수 있다. 요컨대 품목별 주요공급자 협상방식은 무조건부 MFN에 기초한 관세양허가 주요공급자 간에 전반적인 이익의 균형을 확보하도록 보장하는 장치로 기능했다(Hoekman and Kostecki, 2009: 165-66).

주요공급자 협상방식 아래에서 군소 공급자의 역할은 줄어들 수밖에 없지만, 그렇다고 이들이 아무런 역할도 하지 못하는 것은 아니다. 무역협상의 최종단계에 이르면 각국은 그 때까지 이루어진 모든 협상결과를 총체적으로 평가하며 최종 줄다리기에 들어간다. 이를 '막바지 협상(end-game or last-minute balancing)'이라 부른다. 이 과정에서 각국은 MFN 원칙에 따라 자국이 제공한 양허로 인해 다른 모든 회원국이 얻게 될 이득과 자국이 얻게 될 이득을 비교한다. 또한 자국의 양허료부터 간접적으로 이득을 볼 국가가 자국에 대해서는 아무런 이득도 주지 못하고 있음을 발견하고 이미 약속한 양허의 철회 여부를 검토할 수노 있나. 때문에 막바지 협상은 주요공급자 협상방식과 더불어 군소국의 무임승차 가능성을 낮추는 또 하나의 장치이다(Hoekman and Kostecki, 2009: 166).

2.3 GATT 관세인하 방식과 그에 대한 평가

주요공급자 간에 서로 양허를 요구하고 제공하는 방식으로 진행되는 품목별 관세협상은 케네디라운드 이전의 GATT 협상 라운드에서 주로 사용되었다. 협상 대표들이 양허에 따른 무역영향을 비교적 정확히 파악할 수 있다는 것이 이 방식의 최대 강점이지만, 이 방식은 회원국 수의 증가에 따라 대단히 복잡해졌고, 협상절차를 지연시키는 수단으로 악용되기 시작했다. 또한 정치적 영향력이 큰 산업이 협상대상 품목에서 제외되는가 하면, 주요공급자가 존재하지 않기도 하고 MFN 제공 의무를 교묘하게 회피할 수 있는 소지를 만드는 등 여러 부작용이 나타났다. 그 밖에도 협상대상이 된 품목의 양허폭은 크나 관세인하 품목 수는 줄어들게 되고, 군소국은 협상과정에서 소외되며 협상대상 품목의 국내 생산자의 정치적 반대를 부추겨 국내정치적으로 거래비용을 높이는 단점이 있었다(Trebilcock, Howse, and Eliason, 2013: 262). 따라서 케네디라운드와 도쿄라운드에서는 모든 공산품의 관세율을 일률적으로 일정 비율씩 삭감하는 방식으로 전환했다. 여기에는 기본적으로 선형삭감 방식과 관세구조 조화방식 두 가지가 있다(Hoekman and Kostecki, 2009: 167).

먼저 선형삭감 방식은 선형삭감 공식(linear cutting formula) 또는 단일 관세인하 공식(single tariff-cutting formula)을 적용해 모든 회원국이 모든 상품의 관세율을 일률적으로 몇 퍼센트씩 인하하는 방식이다. 이 방식을 수용한 케네디라운드에서 선진국은 민감 품목(sensitive items)을 제외한 모든 공산품의 관세율을 50%씩 감축하기로 약속했다. 농산물이 일률적 삭감방식 협상에서 완전히 제외되어 품목별 협상방식을 따르고, 공산품 중 알루미늄, 화학제품, 펄프와 종이, 철강, 섬유 등 민감 품목이 부문별 협상 대상으로 일률적 삭감방식에서 제외됨으로써 실질적으로 평균 관세 인하폭은 35%에 불과했지만 이것은 그때까지의 무역협상에서 가장 획기적인 성과로 기록되었다.7)

이 공식의 채택과 적용과정에서 논란도 많았다. 우선 일반적으로 이 공식은

---

7) 개도국은 GATT 제4부 제36조의 "선진국은 개도국에 대해 상호주의를 기대하지 않는다"는 규정에 따라 일률적 관세인하 협상에서 제외되었고, 선진국 중 상당수의 농산물 수출국가(호주, 뉴질랜드, 남아프리카공화국, 캐나다 등)도 이 방식에 의한 관세인하 협상에 참여하지 않았다. 그 결과 케네디라운드 참가국 중 36개국이 품목별 관세인하 협상방식을 따른 반면, 일률적 삭감방식에 참여한 국가는 16개국에 불과했다(Dam, 1970: 72-73).

고관세국에게 유리했다. 예를 들면 관세율 50% 인하공식을 채택하면 평균관세율이 60%인 고관세국의 평균관세율은 30%로 낮아지지만, 기존의 관세율이 높았기 때문에 인하된 관세율도 여전히 높은 수준이다. 반면 평균관세율이 10%인 저관세국의 평균관세율은 절대적으로나 상대적으로 더 낮은 수준인 5%가 된다. 이 방식에 따라 동일한 관세인하율을 일률적으로 적용하면 고관세국은 관세인하 이후에도 여전히 저관세국에 비해 높은 수준의 관세율을 유지하게 된다. 이러한 이유로 저관세국은 동일한 공식(percentage cut)의 적용에 반대하면서 고관세국에 대해서는 좀 더 높은 관세인하율을 적용해야 한다고 주장했다. 한편, 품목 간 복잡한 관세율 구조를 가진 국가는 이 방식을 선호했지만, 단일관세율 구조(uniform tariff structure)를 가진 국가는 이 방식에 불만을 제기했다.

이외에도 선형삭감 방식은 다음과 같은 단점을 보였다(Trebilcock, Howse, and Eliason, 2013: 262−63).

첫째, 실제적으로 모든 품목에 이 공식을 적용하기 어렵기 때문에 예외품목 리스트(exceptions list)에 관한 규정을 만들어 각국이 관심 품목을 선형삭감 방식에서 제외시켜 품목별 협상방식으로 협상해야 했다,

둘째, 이와 관련해 국가마다 섬유, 신발 등과 같은 민감 품목을 예외품목 리스트에 올려 관세인하를 회피하려고 했다.

셋째, 이 방식 아래서 관세인하 대상 품목의 포괄범위는 대폭 넓어지지만 양허 폭은 좁아지는 경향이 있다. 이는 관세인하 협상 대상 품목의 포괄범위와 관세 인하폭이 서로 상충적인 관계에 있음을 보여준다.

이러한 이유로 케네디라운드와 도쿄라운드에서 최종적으로 합의된 관세인하 방식은 저관세율 품목보다 고관세율 품목의 관세를 상대적으로 많이 삭감하는 방식이었다(Trebilcock, Howse, and Eliason, 2013: 262−63). 이를 회원국 간 '관세 조화(tariff harmonization)' 방식이라 한다. 이를 통해 GATT는 특정 관세율을 기준으로 그 이상인시 또는 그 이하인시에 따라 차등적 인하율을 적용함으로써 관세 격차를 좁히고자 했다.

일률적 공식을 적용해 관세인하를 추구하는 접근방법의 핵심 문제는 어떤 공식을 사용할 것인지와 그 예외를 언제, 얼마나 인정할 것인지로 요약된다. 특히 문제가 되는 것은 후자로, 예외가 많아질수록 공식 적용의 의의는 퇴색되기

마련이다. 사실 케네디라운드와 도쿄라운드의 막바지에 이러한 공식 적용의 예외를 주장하는 사례가 빈번하게 발생했다. 한 국가가 예외 적용을 주장하면 다른 국가도 상호주의를 내세워 예외 인정을 주장했던 것이다. 따라서 양 협상 라운드에서는 관세인하 공식에 따른 협상과 예외 품목에 대한 품목별 협상이 동시에 진행되었다. 다만 관세인하의 중요성이 크게 감소한 우루과이라운드에서는 공식에 의한 관세인하 협상에서 품목별 관세인하 협상으로 복귀했다.

GATT 무역협상 라운드에서 결정된 관세양허의 내용은 GATT 제2조 규정에 따라 양허계획서(schedules of concessions)에 고정관세율(bound tariff rates)의 형태로 등재된다. 관세고정(tariff bindings)은 특정 품목에 대해 추후에 고정관세율보다 높은 관세율을 부과하지 않겠다는 약속의 표명이다. 관세고정은 ① 현재 적용되는 관세율,[8] ② 최고 관세율, ③ 관세인하 협상에서 일정 시점 이후 적용하기로 약속한 협상 관세율 중 하나로 정해진다. 그간 선진국에서는 대부분의 공산품 관세품목과 상당수의 농산물 관세품목의 관세가 고정되었고, 주로 현재의 적용 관세율 또는 그에 가까운 관세율 수준에서 관세고정이 이루어졌다. 이와는 대조적으로 개도국은 관세고정 품목의 비중이 매우 낮거나 관세고정이 전혀 이루어지지 않기도 했으며, 관세고정이 이루어지더라도 최고 관세율 수준에서 이루어졌다. 그러나 우루과이라운드에서는 선후진국을 막론하고 모든 회원국이 관세양허계획서를 제출하도록 함에 따라 관세고정 비율이 크게 높아졌다.

관세고정은 회원국이 약속한 고정 관세율을 추후에 다시 인상하지 못하도록 구속하는 효과를 갖는다. 만일 회원국이 특정 품목의 관세고정 내용을 변경하고자 할 때에는 GATT 제28조에 따라 그에 상응하는 보상, 예를 들어 다른 품목의 관세율 인하를 모든 회원국에게 제공해야 한다. 또한 GATT 제2조는 회원국이 관세고정의 효과를 상쇄하는 어떠한 조치도 취할 수 없다고 규정한다. 한 회원국이 이 두 가지 규정을 위반하면 다른 회원국은 GATT 제23조에 따라 기대이익의 무효화 또는 침해(nullification or impairment)를 이유로 분쟁해결기구에 제소할 수

---

8) 현재의 관세율 수준에서 관세율을 고정하는 것도 협상의 대상이 될 수 있다. 이미 관세율이 전반적으로 낮은 수준에 있는 저관세 국가가 고관세 국가와 관세인하 협상을 할 때 추가적으로 제공할 수 있는 양허란 극도로 제약될 수밖에 없다. 이때 저관세 국가가 협상조건으로 제시할 수 있는 방법이 현 수준에서의 관세고정이다. 실제로 저관세 국가는 낮은 관세율에 고정하는 것은 상당한 정도(예: 30-50%)로 관세율을 인하한 것과 같은 효과가 있다고 주장한다.

있다.

이상에서 살펴본 바와 같이 GATT의 무역협상에서 관세인하 협상은 철저하게 상호주의에 따라 이루어졌다. 제6장에서 지적한 바와 같이 여기에서의 상호주의는 '일차적' 상호주의이다. 다시 말해 GATT 체제 아래서 관세인하 협상은 국가간 시장 개방도의 동등성이 아니라, 기존 관세정책으로부터의 변화의 등가성을 추구했다. 물론 협상결과에 따른 무역영향을 정확히 파악하기는 쉽지 않다. 관세율 인하에 따른 수입액 변화는 해당 품목의 수요와 공급의 탄력성에 의해 좌우되지만, 이를 분석하기 위한 데이터가 제대로 없을 때가 많다. 또한 관세율 인하에 따라 각국 산업이 받게 될 충격의 크기를 계산하기 위해 어떤 지표를 사용할 것인지에 관해 국가 간 합의를 이루기도 어렵다. 그러나 한 가지 분명한 사실은 GATT 협상에 참여하는 모든 국가가 협상을 통해 나누어 가지는 이익과 의무는 어느 정도 동등한 수준을 유지해야 한다고 생각하는 상호주의 관념에서 벗어나지 않았다는 점이다.

3. 비관세협상

비관세장벽(non-tariff barriers: NTBs) 혹은 비관세조치(non-tariff measures: NTMs)에 관한 협상에서 상호주의의 적용은 관세인하 협상에서보다 훨씬 복잡하고 주관적 양상을 띤다. 우선 비관세장벽의 종류가 매우 다양하고, 어느 것이 순수한 의미의 무역장벽에 해당하는지 불분명할 때가 많다. 더욱 심각한 문제는 비관세장벽에 의한 무역손실을 계량적으로 파악하기 어렵고, 그것을 단일 척도로 환산하기는 더더욱 어렵다는 것이다. 때문에 비관세장벽 철폐협상에서 상호주의가 달성되었는지를 판별할 수 있는 기준도 없다(Hoekman and Kostecki, 2009: 171-73).

비관세협상에서 이슈연계 전략이 자주 사용되는 것도 그 때문이다. 예를 들면 A국이 관심을 갖는 이슈 1에 대한 규칙을 개정하는 조건으로 B국이 관심을 갖는 이슈 2에 대한 규칙의 개정에 동의하는 것과 같이, 이슈와 이슈를 연계하는 과정에서 최소한의 상호주의를 확보할 수 있는 기회의 창이 열린다. 물론 이 방식을 따를 때도 각 규칙의 개정이 미칠 국내 산업 및 국제무역체제에 대한 영향을 분명하게 평가해야 한다. 그러나 이것은 현실적으로 매우 어렵다. 따라서 비관세협상에서는 구체적 규제사항을 변경하기보다는 무차별원칙이나 투명성과 같은 소위 '모성원리(motherhood principles)'를 채택하는 방법이 흔히 사용된다.

비관세조치에 관한 규칙에 합의하는 과정에는 두 유형이 있다(Winham, 1986: 368). 하나는 양허/수렴(concession/convergence) 과정으로, 각국이 최초입장(opening positions)부터 최종합의(concluding settlement)에 이르기까지 상호주의적으로, 또 단계적으로 양허를 제시하는 방법이다. 다른 하나는 공식/세부사항(formula/detail) 과정으로, 협상국들의 중요한 입장 차이를 해소할 수 있는 공식에 대한 협상을 먼저 진행한 후, 그에 기초해 협정의 세부사항을 보완하는 방식이다. 도쿄라운드에서 기술기준규약(technical standards code)이 전자의 방식을 따랐다면, 보조금과 상계관세 규약은 후자의 방식을 따랐다.

더 나아가 협상은 항상 세부적인 약속(specific commitments)과 의무의 형태로 귀결되는 것은 아니다. 상황에 따라 어떤 상징적인 의미를 지니는 선언적 규정에 합의하는 데 그치기도 한다. 케네디라운드에서 무역과 개발에 관한 규정인 제4부를 채택한 것이나, 도쿄라운드에서 개도국에 대한 관세특혜를 허용한 권능부여조항에 합의한 것 등이 좋은 예이다. 이런 규정은 확고한 약속이라기보다는 상징적 선언으로 볼 수 있지만 무역체제에는 여전히 중대한 영향을 미친다. 실제로 GATT 회원국의 권리와 의무의 균형은 법적 약속의 수준을 넘어서며, 상징적 협정은 이 균형의 중요한 요소이다. 또한 정치적 이유로 어떤 합의가 필요하지만 실체적 합의에 도달하기 불가능할 때 상징적 협정은 상당히 큰 '모호성의 영역(zone of ambiguity)'을 포괄할 수 있어서 그 나름대로 가치가 있다. 예를 들어 우루과이라운드의 농산물 협정은 어떤 합의에 도달했다고는 하나 그 구체적 내용이 무엇인지 모호하다는 비판이 있었다. 그럼에도 개도국에 대한 특별하고 차등적인 대우를 규정하는 등 진일보한 측면도 있다.

4. GATT의 주요 협상 라운드 개관

GATT는 제네바라운드(Geneva Round, 1947), 안시라운드(Annecy Round, 1949), 토키라운드(Torquay Round, 1951), 제네바라운드(1955–1956), 딜론라운드(Dillon Round, 1960–1962), 케네디라운드(Kennedy Round, 1964–1967), 도쿄라운드(Tokyo Round, 1973–1979), 우루과이라운드(Uruguay Round, 1986–1994)에 이르기까지 8차례의 다자간 무역협상(MTN) 라운드를 주관했다. 처음 다섯 차례 라운드는 관세 인하에 국한되었지만, 도쿄라운드부터는 비관세조치와 농산물 교역문제를 다루었다. 우루과이라운드는 서비스무역, 지식재산권, 원산지규정 등 광범위한 이슈를 협상의제에 포함했다(Hoekman and Kostecki, 2009: 132–46). WTO 출범 이후 첫 MTN 라운드인 도하개발라운드(2001–2015)에 대한 평가는 엇갈린다.

4.1 제네바, 안시, 토키 라운드

최초의 다자간 관세협상은 1947년 제네바에서 개최되었다. 여기에는 23개국이 참여했으며, 세계무역의 절반가량에 해당하는 4만 5,000건의 관세양허를 교환했다.[9] 이듬해인 1948년에는 잠정적으로 GATT의 효력이 발생하기 시작했고, GATT를 포괄하는 ITO 헌장(하바나 헌장)의 초안이 완성되었다. 그러나 후자가 결국 미의회 비준의 실패로 사멸해 GATT가 사실상의 국제기구로 기능하게 되었다.

1949–1951년간에 열린 두 차례의 다자간 협상은 주로 신규가입 신청국의 GATT 가입을 쉽게 하기 위한 것이었다. 먼저 1949년 프랑스 안시에서 개최된 제2차 다자간 협상에서는 9개국이, 1951년 영국의 토키에서 열린 제3차 다자간 협상에서는 4개국이 추가로 GATT에 가입했다. 그러나 1950년에 GATT의 창립 회원국이었던 중국, 레바논, 시리아가 탈퇴했고, 안시라운드에 참여했던 라이베리아도 탈퇴함으로써 GATT 회원국 수는 32개국이 되었다. 토키라운드의 특기사항으로 서독이 GATT에 가입한 것, 회원국이 국제수지를 보호하기 위해 무역제한조치를 취할 때 항공우편으로 의사를 표시하도록 하고, 해당 업무를 관장하는 회기간 위원회(Inter–sessional Committee)를 설치했다는 것을 들 수 있다.

---

9) 이 당시 GATT 회원국의 가중평균 관세율은 35% 수준이었다.

4.2 제네바라운드(1955-1956)

1955－1956년에는 제4차 MTN 라운드가 다시 제네바에서 개최되었다. 이 라운드는 GATT의 운영방식을 개선하고 GATT 조문을 재검토하는 것을 목표로 삼았다. 바로 이런 이유로 검토회의(Review Session)로 명명되기도 하는 이 다자간 회의에서는 GATT 조문 개정을 위한 의결기준에 관한 의정서와 함께 새로운 국제무역기구 조직에 관한 의정서 초안이 작성되었다. 이 의정서 초안의 핵심 내용은 GATT를 집행해 나갈 무역협력기구(Organization for Trade Cooperation)를 설치하는 것이었는데, 다수의 체약국이 이에 동의했음에도 불구하고 미 의회가 그 승인을 거부하는 바람에 또다시 무산되었다. 다음으로 거의 모든 GATT 조문에 대한 수정안이 체약국들에 의해 제시되었으나, 각국 간 의견 차이로 체약국단 2/3 이상의 찬성으로 수정이 가능한 GATT 제2부(Part II)의 일부분만을 수정하는 데 그치고 말았다(Jackson, 1990: 16).

한편, 1955년 협상에서는 일본의 GATT 가입문제가 주로 다루어졌는데, 일본을 위협적으로 느끼던 서유럽 국가들의 반대로 난항을 겪은 끝에 미국의 주도로 1957년에야 가까스로 매듭지어졌다. 1955년 협상에서 주목할 만한 사건은 수량제한조치를 일반적으로 금지하는 GATT 제11조에 대한 의무면제(waiver)를 미국에 부여한 일이다. 이 조치는 그렇지 않아도 각종 비관세장벽으로 점철된 농산물 부문에 새로운 보호조치를 허용한 것으로, 아직 초기단계에서 벗어나지 못한 GATT의 규범성에 큰 타격을 입혔다.

끝으로 1956년의 관세인하 협상은 미 행정부가 의회로부터 허용받은 관세인하 협상 폭이 너무 좁았기 때문에 별다른 성과를 거두지 못했다. 그 결과 1949－1956년 세 차례에 걸친 다자간 라운드는 그 성과 면에서 1947년 제네바라운드에도 미치지 못했다. 그러나 1957년 GATT에 추가되어 향후 관세인하 협상에 중대한 영향을 미친 "관세협상에 관한 GATT 제28조 재론(Article XXVIII bis)" 조문이 동 라운드에서 채택된 것은 주목할 만하다.

이 조문은 우선 국제무역의 확대를 위해 관세의 지속적 인하가 중요하다는 점을 인식해 "체약국단은 때때로(from time to time) 관세인하 협상을 주관한다"는 계획을 처음으로 GATT에 명시했다는 데 그 의의가 있다. 물론 GATT가 그간의 관세인하 협상 라운드를 주관한 것이 사실이나, 이는 어디까지나 (이미 폐기된)

ITO의 관련 규정을 거의 그대로 채택한 것에 불과했다. 이 규정은 이러한 관행을 정례화한 것으로 볼 수도 있지만, 다음 두 가지 점에서 ITO의 관련 규정과 차이가 있었다(Dam, 1977: 57－58).

첫째, 「하바나 헌장」이 한 회원국의 관세협상 요구가 있을 때 모든 회원국이 협상에 참여해야 한다는 의무를 부과한 데 비해, 동 조문(2항 b)은 다만 "다자간 관세협상이 성공을 거두기 위해서는 모든 주요 교역국의 참여가 중요하다는 점을 인식한다"고 표현함으로써 회원국 의무를 경감했다.

둘째, 「하바나 헌장」은 선택적이고 상품별로 진행되는 관세협상 방식(on a selective product－by－product basis)을 규정하고 있으나, 동 조문은 이 방식 외에도 회원국이 수용할 수 있는 다른 다자적 절차(other multilateral procedures)에 따라서도 관세협상이 이루어질 수 있다고 규정했다. 케네디라운드에서 도입된 선형삭감 방식은 바로 이 규정에 근거를 두었다.

4.3 딜론라운드(1960-1962)

유럽 국가들이 전후복구를 서서히 마치고 적극적으로 경제개발에 나서기 시작한 1960년대에는 딜론라운드(1960－1962)와 케네디라운드(1964－1967)가 추진되었다.10) 이 두 라운드의 추진배경으로 1957년 프랑스, 서독, 이탈리아, 베네룩스 3국 등 6개국이 「로마 조약(Treaty of Rome)」을 통해 유럽경제공동체(European Economic Community: EEC)를 출범시켜 역내 무역자유화를 추진하기 시작한 점을 들 수 있다. 미국을 비롯한 역외 국가들은 EEC 출범에 따른 무역차별과 무역전환 효과를 상쇄하기 위해 EEC와의 관세 재협상 필요성을 느끼게 되었다.11) 특히

---

10) 종전에는 무역협상 라운드가 개최된 지역의 이름을 따서 라운드를 명명했으나, 1960년대의 두 차례 라운드는 그것의 개최에 가장 크게 공헌한 사람의 이름을 따서 명명되었다. 딜론라운드는 아이젠하워(Eisenhower) 행정부 말기 국무성 차관(딜론라운드에서의 미국 수석대표)으로 있다가 케네디 행정부의 초대 재무장관을 지낸 더글라스 딜론(C. Douglas Dillon)의 이름을, 케네디라운드는 존 F. 케네디(John F. Kennedy) 대통령의 이름을 딴 것이다. '라운드'라는 이름이 처음 붙은 것이 딜론라운드부터이다.

11) EEC는 당초 역내에서 상품의 자유로운 이동을 허용하는 자유무역지대로 출발해 회원국이 공동역외관세(common external tariffs: CET)를 부과하는 관세동맹으로의 진전을 최종목표로 삼았다. EEC 6개국은 예정일보다 18개월이나 앞선 1968년 7월 1일 역내관세를 모두 철폐하고 CET를 수립함으로써 관세동맹으로서 첫발을 내딛었다. 1968년 당시의 CET는 「로마 조약」 제19조

세계평화를 위해 유럽통합을 선도하고 지원했던 미국은 이를 계속 후원하면서도 서유럽 주요국의 강력한 도전을 견제해야 하는 역설적인 상황에 처하게 되었다. EEC가 출범하고 유럽 기업의 생산성이 향상되면서 미국의 대유럽 수출이 타격을 받고 국내 산업이 심각한 수입경쟁에 직면했기 때문이다.

그러나 1960년 9월에 시작되어 1962년 4월까지 약 19개월간 계속된 딜론라운드의 성과는 미미했다. 미국과 EEC의 관세 인하폭은 평균 10%에 불과했다. 더구나 EEC가 공동농업정책(Common Agricultural Policy: CAP)을 채택함에 따라 농산물에 대한 관세 및 비관세장벽의 강화가 예상되었음에도 딜론라운드는 EEC의 강력한 반대로 농산물 분야에서 아무런 성과도 내지 못했다(Winham, 1986: 60).

딜론라운드가 큰 성과 없이 끝나게 된 주된 책임은 미국에 있었다. EEC는 모든 품목에 대한 공동역외관세율을 일률적으로(across-the-board) 20%씩 삭감하는 새로운 관세 인하방식을 제안했으나, 미국은 이 방식이 자국의 경제주권을 부당하게 침해한다는 이유로 받아들이지 않았다. 미 의회는 1958년에「상호무역협정법(RTAA)」을 개정해 행정부에 관세인하 협상권한(1962년 6월까지 유효)을 부여했으나 최대 관세 인하폭을 20%로 아주 낮게 설정해 행정부의 협상여지를 제한했다. 또한 미 관세위원회(Tariff Commission)로 하여금 미국의 국내 산업이 피해를 보는 사태가 발생하지 않도록 사전에 최저 관세인하선(peril points)을 설정할 것을 규정함으로써 미 행정부의 관세협상 권한을 극도로 제약했다.

4.4 케네디라운드(1964-1967)

1962년 4월 딜론라운드가 별다른 성과를 거두지 못하고 종료되었다. 그러나 딜론라운드를 계기로 미국은 1930년대 이래 크게 수정되지 않은 자국의 무역법으로는 그간의 국제경제 환경의 변화, 특히 유럽의 부흥과 EEC 출범 등 현저한 무역환경 변화에 효과적으로 대응할 수 없다는 점을 분명히 인식하게 되었다(Pastor, 1980: 104). 이에 케네디 대통령은 딜론라운드가 종료되자마자 새로운 관세인하 협상 라운드 개최를 제안했다.[12] 또한 거의 모든 관세품목의 관세율을 일

에 따라 6개 회원국 관세의 평균치로 책정되었다. 그 결과 CET는 고관세국인 프랑스와 이탈리아의 관세율보다는 낮고, 저관세국인 서독과 베네룩스3국의 관세율보다는 높은 수준이 되었다(Meier, 1973: 208).

률적으로 50%까지 인하하기 위한 관
세협상을 행정부가 주도할 수 있도록
의회로부터 향후 5년간 대폭적인 권한
위임을 받는 것을 핵심적인 내용으로 하
는 「무역확장법(Trade Expansion Act)」
안을 의회에 제출했다. 1962년 10월
미 의회는 행정부의 요구를 거의 그대
로 수용해 1962년부터 1967년까지를
시한으로 이 법을 통과시켰다.

　　미 행정부는 유례없이 광범위한 관
세인하 협상권한을 부여받아 다자간 무
역협상에 참여했다. 그로 인해 무엇보
다도 그동안 EEC와 GATT가 제안해 온
선형삭감방식을 수용할 수 있게 되었다.
때문에 케네디라운드는 대대적인 관세
인하에 대한 높은 기대감 속에 출발했
다. 수개월에 걸친 공방 끝에 1963년 5
월에 개최된 GATT 각료회담에서 회원
국 통상장관들은 선형삭감 방식으로 케
네디라운드를 진행할 것에 최종 합의했
고, 1964년 5월에는 모든 회원국이 참
여한 무역협상위원회(Trade Negotiations
Committee: TNC)의 장관급 회의에서 세

〈그림 7.1〉 존 F. 케네디 대통령

케네디 대통령은 미국의 제35대 대통령이다. 1961
년 1월부터 1963년 11월까지 짧은 기간 재임했지
만 미국 역사상 가장 인기가 많은 대통령 중의 한
명이다. 케네디라운드라는 이름이 붙여진 것은 회
의 개최를 제안하고 미국 내에서 여러 정치적 걸
림돌을 제거한 그의 공로를 기리기 위함이었다.
정작 케네디 대통령은 그의 생전에 케네디라운드
의 시작도 끝도 보지 못했다. 라운드가 개최되기
6개월 전인 1963년 11월 암살당했기 때문이다. 케
네디 라운드를 끝으로 더 이상 특정인의 이름이
다자간 무역협상 라운드 명칭에 붙지 않는다.
사진 출처: https://en.wikipedia.org/wiki/John_
F._Kennedy#/media/File:John_F._Kennedy,_W
hite_House_photo_portrait,_looking_up.jpg

부규칙을 채택했다. 그러나 1962년부터 1964년까지 세부규칙이 채택되기까지 열렸
던 여러 차례의 회의에서 선형삭감 방식에 의한 관세인하 협상의 한계가 드러나면
서, 케네디라운드의 관세인하 협상은 결국 선형삭감 방식과 전통적인 품목별 협상
방식이 혼합된 형태를 취하게 되었다. 요컨대 상호주의적 협상 결과의 확보가 중요

12) 케네디 대통령이 이런 제안을 하게 된 가장 큰 이유는 유럽 국가들이 1958년 EEC를 결성하자
　　유럽 시장에서 미국 상품의 점유율이 낮아질 것을 우려했기 때문이다.

한 품목이나 분야에서는 품목별 협상 방식이, 광의의 상호주의를 확보하는 것으로 충분한 품목과 분야에서는 선형삭감 방식이 적용되었다(Winham, 1986: 62－63).

1967년 6월 30일에 46개국 대표가 제네바에서 의정서에 공식 서명함으로써 협상이 개시된 지 4년 만에 케네디라운드는 대단원의 막을 내렸다. 그 주요 내용을 정리해 보면 다음과 같다. 주요국의 관세부과 대상 수입품목의 30%가 관세인하 대상에서 제외되었고, 고관세의 대폭 인하와 저관세율 수준에서의 관세고정을 동일한 가치를 가진 것으로 간주한다는 원칙도 여전히 무시되었다. 나머지의 약 1/3에 달하는 품목의 관세 인하폭도 50%에 미달하는 등 케네디라운드의 일부 결과는 당초의 기대에 미치지 못했다. 그럼에도 동 라운드는 성공적 무역협상이었다. 우선 모든 공산품의 관세율이 평균 약 35% 인하되었다. 곡물을 제외한 농산물의 관세율 인하폭은 이에 못 미치는 약 20%에 그쳤으나, 이는 미국, EEC, 영국, 일본 등 주요국의 관세 부과대상 농산물의 약 절반에 영향을 줄 정도로 무시할 수 없는 수준이었다(Pastor, 1980: 119).

더 나아가 케네디라운드는 비관세장벽을 다룬 최초의 라운드였다. 미국은 관세인하 효과를 무력화하는 대표적인 비관세장벽인 국내판매가격(American Selling Price: ASP) 제도의 폐지를 약속했다.[13] 또한 미국, 영국, EEC, 일본, 캐나다, 스칸디나비아 국가들은 반덤핑 규약(antidumping code)을 도입하기로 합의했다. 당시 무역분쟁의 주요 대상으로 떠오른 덤핑의 처리문제와 관련해 미국은 다른 국가가 공개적인 기준을 수립하지 않은 채 덤핑판정이나 산업피해 판정을 내리는 것을 문제 삼았다. 특히 캐나다가 최저수입가격(minimum import price)을 설정하고 수입가격이 이를 밑돌면 자동적으로 국내 산업에 피해를 주는 것으로 간주하는 것이 크게 불만이었다. 한편, 다른 국가들은 덤핑혐의가 있기만 하면 미국이 곧바로 반덤핑 조사에 착수하고, 이미 보세창고를 거쳐 판매된 상품에 대한 반덤핑 관세의 평가를 1－2년씩 지체시킴으로써 수입업자들을 불확실한 상태에 빠뜨린다고 항의했다. 이런 문제의식에 따라 관련국들은 GATT 제6조 중 반덤핑 사실의 존재 및 국내 산업 피해판정과 관련한 제반 규칙과 절차를 좀 더 구체화한 반덤핑 규약

---

13) 이는 관세평가(customs valuation) 제도로서 동종의 국산품 도매가격을 과세표준으로 하는 것이다. ASP가 적용되면서 실제의 본선인도(freight on board: FOB) 가격의 2－4배가 과세표준이 되었다. 관세율을 인상하지 않으면서도 실질적으로는 높은 관세를 부과한 것과 동일한 효과를 가져온 것이다.

을 제정했다. 그러나 이 규약은 미 의회의 비준을 얻지 못해 미국 내에서 제대로 이행되지 않았다. 오히려 미국은 '발동가격제도(trigger-price-mechanism)', 즉 덤핑조사를 발동할 수 있는 기준가격을 높게 유지해 덤핑판정을 용이하게 하는 제도를 도입함으로써 교역 상대국의 큰 불만을 샀다. 그럼에도 이 규약은 도쿄라운드에서 체결된 각종 규약의 중요한 선례를 제공했다는 데 의의가 있다(Winham, 1986: 118).14)

끝으로 케네디라운드는 개도국 무역과 관련해 약간의 우대조치를 도입했다. 우선 1963년 5월에 무역협상위원회(TNC)가 작성한 개도국 관련 협상계획은 개도국 수출에 대한 선진국의 무역장벽을 최대한 제거하고, 선진국이 개도국에 대해 완전한 상호주의를 기대하지 않으며, 무역협상에서 개도국의 기여는 개발, 무역, 재정적 필요를 감안해야 한다는 점을 상기시켰다. 케네디라운드에서 선진국과 개도국 간 무역협상은 바로 이 계획에 기초해 진행되었다. 이에 따라 선진국, 특히 미국은 개도국의 관심 품목에 대한 관세율을 크게 인하하는 한편, 인하된 관세율도 예외적으로 즉각 발효되도록 배려했다. 덕분에 선진국, 특히 미국 시장에 대한 개도국의 접근은 상당히 수월해졌다. 이러한 논의가 이어진 끝에 도쿄라운드에서 드디어 개도국 우대가 GATT의 무차별원칙에 대한 예외로 명문화될 수 있게 되었다(Winham, 1986). 다만 다음 절에서 설명하는 바와 같이 이때 신설된 '제4부 무역과 개발'은 도쿄라운드에서 정식으로 GATT에 편입되었다.

4.5 도쿄라운드(1973-1979)

1970년대에 들어서자 미국은 산적한 국제무역 문제를 해결하기 위해 다시금 다자간 무역협상의 필요성을 제기했다. 1971년 8월 15일 리차드 닉슨(Richard Nixon) 대통령이 미국 달러의 금태환(金兌換) 정지를 선언함에 따라 국제 통화체제와 무역체제가 큰 타격을 입었다. 이런 상황에서 1973년 9월 도쿄에서 열린 GATT 각료회담에서 도쿄라운드의 공식출범이 선언되었다. GATT 산하 무역협상위원회(TNC)는 1974년 2월에 관세 및 비관세 조치, 부문별 협상, 세이프가드, 농산물 교역, 열대 산품(tropical products) 등 6개의 협상 분야별 실무협상 그룹을

---

14) 결국 반덤핑 규약은 도쿄라운드에서 재탄생하게 된다. 특히 엄격한 피해기준(injury criteria)이 도입되어 제도 운영의 투명성이 크게 향상되었다.

구성해 자료수집 등 본격적인 협상 준비에 착수했다. 1976년 11월에는 GATT 내 전반적인 법률구조(legal and institutional framework)를 검토할 필요가 있다는 개도국의 요구를 수용해 GATT 구조 검토그룹이 추가되어 도쿄라운드는 모두 7개의 협상그룹을 중심으로 진행되었다.15)

그러나 도쿄라운드는 1977년 중반까지 답보상태를 면치 못했다. 우선 1973년 말에는 제1차 석유파동이 발생해 각국이 스태그플레이션과 싸우는 어려운 상황에 직면했다. 도쿄라운드의 협상을 주도해야 할 미 행정부는 「1974년 무역법」이 발효된 1975년 초에야 의회로부터 비관세조치에 대한 포괄적 협상권한을 위임받아 실질적 협상을 개시할 수 있게 되었다. 그나마 1976년이 대통령 선거의 해였기 때문에 무역자유화에 관한 미 행정부의 입장은 보수적일 수밖에 없었다. 또한 협상이 본격화되기도 전에 미국과 EEC는 농산물 교역, 특히 공동농업정책 (CAP)에 대한 협상방법과 절차를 두고 심각한 대치상태에 빠졌다.

도쿄라운드의 다자간 협상은 1976년 11월 대통령 선거에서 민주당의 지미 카터(Jimmy Carter)가 승리하면서 다시 돌파구를 찾았다. 유럽의 CAP에 대해 강경 일변도의 협상자세로 일관했던 공화당의 제럴드 포드(Gerald Ford) 행정부와는 대조적으로 카터 행정부는 도쿄라운드의 성공적 타결을 중요한 목표로 설정하고 농산물 협상에서 타협적인 자세를 보였다. 도쿄라운드는 1979년 4월 12일 제네바에서 체약국들이 협정 최종안에 공식 서명함으로써 대단원의 막을 내렸다 (Winham: 1986: 164-67).

도쿄라운드 협상은 크게 관세협상과 비관세조치에 관한 규약 협상으로 나뉜다. 먼저 1977-1978년간에 집중적으로 이루어진 관세인하 협상에는 세계무역의 90%를 차지하는 99개국이 참여해 수천 개에 이르는 공산품의 관세를 인하하고 3만 3,000개 품목의 관세를 고정했다. 특히 선진국의 공산품 관세율은 관세 수입액을 기준으로 평균 34%가 인하되어 가중평균 관세율 수준은 6.4% 선으로 하락했다. 때문에 도쿄라운드의 관세협상은 케네디라운드와 맞먹는 성과를 거두었다고 평가된다.

---

15) 케네디라운드는 미국을 비롯한 4-5개국이 협상을 주도했으나, 도쿄라운드에서는 미국과 EEC의 협상 독무대나 다름없을 정도로 협상이 집권화되었다. 대부분의 개도국은 미국과 EEC가 각각 주도한 양자간 협상을 통해 협상에 참여했고, 그마저도 이해관계의 충돌로 매우 분열된 양상을 나타냈다(Winham, 1986: 272-73).

공산품 부문이 괄목할 만한 성과를 거둔 것과는 대조적으로 쿼터 협상과 농산물 관세인하 협상은 미국과 유럽의 극명한 입장 차이로 인해 큰 진전이 없었다 (Winham, 1986: 247-48). 농산물 협상은 양자간 협상과 다자간 협상으로 나뉘어 진행되었다. 우선 양자간 협상에서는 미국이 치즈 쿼터를 크게 늘리는 대신 EEC 는 쇠고기 수입을 확대하기로 합의했다. 일본과 캐나다도 미국과 EEC와의 별개의 양자협상을 통해 농산물 교역을 부분적으로 확대하기로 했다. 농산물에 대한 다자간 협상은 육류, 낙농제품, 곡물의 세 가지 품목을 주 협상 대상으로 삼았는데, 각국의 이해관계가 팽팽히 대립해 큰 성과 없이 끝났다.

도쿄라운드의 가장 중요한 특징은 각종 비관세조치에 관한 규약을 제정한 것이다. 이들 규약과 특별협정의 체결을 통해 GATT 체제의 적용범위가 크게 확대되었다(Jackson, 1990: 26-27). 도쿄라운드에서 제한적인 성격의 규약이나 특별협정 체결방식이 활용된 것은 개도국이 GATT 규율의 확대와 그에 따른 의무의 가중에 반대했기 때문이다. 이런 상황에서 협상을 주도한 미국과 EEC는 GATT 규정의 개정에 필요한 2/3 이상의 찬성표를 확보하기 어렵다고 보고, 서로 유사한 상황에 있거나 이해관계를 가진 국가끼리 규약이나 특별협정을 통해 문제 해결책을 찾으려고 했다.

그러나 이런 복수국간 협정방식의 채택은 MFN 원칙을 근간으로 하는 GATT 체제에 상당한 혼란을 불러왔다. 예를 들어 규약에 가입하지 않은 국가는 규약 상의 의무를 지지 않았고, 규약의 어떤 내용도 GATT가 보장하는 회원국의 권리에 영향을 미칠 수 없었다. 그러나 GATT의 MFN 원칙에 따라 비서명국은 규약 서명국이 다른 서명국에 제공하는 좀 더 나은 대우(more favorable treatment)를 요구할 수 있게 되었다. 이런 문제는 후일 우루과이라운드에서 이들을 WTO 협정의 일부로 흡수함으로써 근본적으로 해소되었다. 이렇게 만들어진 보조금 및 상계관세 규약(Subsidies and Countervailing Duties Code), 관세평가 규약(Customs Valuation Code), 정부조달 규약(Government Procurement Code), 무역기술장벽 및 규제기준 규약(Technical Barriers to Trade and Standards Code), 반덤핑 규약 (Anti-Dumping Code) 등은 1970년대에 신보호주의 확산을 막는 방파제 구실을 톡톡히 한 것으로 평가된다.

도쿄라운드의 여러 성과에도 불구하고 일부 협상의 실패는 동 라운드의 한계를 여실히 드러냈다. 세이프가드 협상과 법률구조 협상의 실패가 대표적이다 (Krasner, 1979: 518-25).

　우선 GATT 제19조는 무역자유화 과정에서 수입의 급증으로 국내 산업이 심각한 피해를 보거나 그럴 위험성이 높을 때 세이프가드 조치를 발동할 수 있다고 규정한다. 동 조항은 각국이 무역자유화 과정에서 발생할지 모르는 문제를 의식해 무역자유화에 소극적으로 임하지 않도록 하기 위한 안전판이었다. 그러나 각국이 세이프가드를 남발하면 무역자유화의 의미가 상실되므로, 이를 막기 위해 동 조문은 그 발동요건을 엄격하게 규정한다. 또한 명문의 규정은 없지만, 동 조치는 MFN 원칙의 적용을 받아야 한다는 것이 GATT의 일관된 해석이었다.

　1970년대 초에 이르러 섬유와 철강 등 특정 품목에서, 그것도 일본과 신흥공업국 등 특정 국가의 수출이 급증세를 보이자 이것이 국제무역의 안정성을 해치는 요인으로 지목되었다.[16] 이런 상황에서 수입국은 문제 제공국을 특정할 수 있음에도 불구하고 MFN 원칙에 따라 모든 수출국을 대상으로 무차별적으로 세이프가드 조치를 취하는 것은 타당하지 않을 뿐만 아니라, 그 대가로 모든 수출국에게 보상을 제공하도록 규정하고 있는 GATT 제19조는 현실에 맞지 않는다는 문제의식을 갖게 되었다. 이에 미국과 EEC 등은 강력한 협상력을 바탕으로 일본과 신흥공업국을 상대로 양자간 협상을 통해 문제를 해결하려고 했다. 대표적인 것이 수출자율규제(VER)와 시장질서협정(OMA)이었다. 그러나 이는 GATT 위법적인(GATT illegal) 것들로서, 이런 협정이 난무한다는 사실 자체가 GATT의 세이프가드 규정이 1970년대의 무역조정 문제의 해결에 적합하지 않음을 잘 보여주었다.

　GATT 제19조에 따른 세이프가드 조치의 발동에 부담을 갖고 있던 미국과 EEC 등은 그들대로, 선진 수입국의 일방적 압력에 굴복할 수밖에 없는 수출 개도국은 그들대로 GATT 제19조의 보완을 강력히 원했다. 따라서 세이프가드 협

16) 1947년부터 도쿄라운드 개시 시점까지 총 14개국이 총 64개의 세이프가드 조치를 발동했는데, 이 가운데 미국, 호주, 캐나다 3국이 44건을 차지했다. 이들은 모두 국내법에 별도로 세이프가드 운용규정을 두고 있는 국가로, 과연 이런 접근방식이 바람직한가에 대해서 GATT 내에서 논란이 있었다. 이 문제에 대해 이 국가들은 공개적인 국내법 절차를 마련해 수입업자와 수출업자에게 의견 개진 기회를 공평하게 제공하는 것이 이 조치의 정당한 사용을 보장해 준다고 주장한 반면, 다른 국가들은 이것이 GATT 의무의 회피를 조장하고 해당 정부가 보호주의 압력을 조용하게 무마하기 어렵게 만들고 있다고 반박했다.

상은 세이프가드 절차의 선별적·차별적 적용(selective and discriminatory appli-
cation)을 허용할 것인지의 문제에 집중되었다. 그러나 동 협상은 1979년 3월경까
지 아무런 진전이 없었고, 도쿄라운드가 끝난 후인 7월까지 논의가 이어졌으나
결과는 마찬가지였다. 동 협상에서는 국내 산업에 대한 심각한 피해의 정의와 판
정절차, 세이프가드 실시국가의 무역조정지원 제도 병행실시 의무화, 세이프가드
조치에 대한 국제적 감시, 개도국 우대문제 등 수많은 이슈가 제기되었다. 결국
협상을 파국으로 몰고 간 것은 차별적 적용의 허용 문제였다.

  법률구조 협상도 난항을 거듭했다. 1976년 정부조달 문제와 더불어 새로운
의제로 추가되어 추진된 법률구조 협상은 개도국에 대한 GATT의 법적 의무의
구조(structure of GATT legal obligations) 개편을 목표로 삼았다.17) 개도국에 대한
특별하고 차등적인 대우, 즉 개도국 우대문제는 케네디라운드 이래 모든 개도국
의 한결같은 요구인 동시에 희망사항이었다. 특히 개도국은 1971년부터 선진국
이 개별적으로 도입하기 시작한 일반특혜관세제도(GSP)를 정식으로 GATT에 수
용할 것과 개도국의 GATT 의무를 부분적으로나마 경감시켜 줄 것을 요구했다.

  사실 GATT의 법률적 성격과 구조에 대한 개도국의 불만이 컸다. 이들은 기
본적으로 GATT를 서구 선진국 간 타협의 산물로 봤다. GATT는 자유로운 국제
무역체제를 발전시킴으로써 1930년대의 재앙을 되풀이하지 않으려는 선진국 공
통의 이해관계의 산물로, 산업진흥과 경제개발에 모든 노력을 경주할 수밖에 없
는 개도국의 입장을 그다지 고려하지 않았다고 본 것이다.18) 이런 배경 아래 개

---

17) GATT/WTO에서 개도국의 개념 정의는 여전히 불명확하다. 오히려 이 이슈는 조심스럽게 회
피되어 왔다고 표현하는 것이 더 정확한지 모른다. 사실 회원국이 자국의 지위를 어떻게 규정하
는지는 회원국의 자체 판단에 달린 문제이다. 예를 들어 한국은 1980년대 후반에 GATT 제18조
국으로부터 자발적으로 탈퇴한 바 있다. 동 조 4항 (a)호는 "그 경제가 낮은 생활수준만을 지탱
할 수 있고 개발의 초기단계에 있는 체약당사자는 … 이 협정의 다른 조의 규정으로부터 일시적
으로 이탈할 수 있다"고 규정하고 있다. 한편, 개별 회원국이 다른 회원국을 개도국으로 대우할
지도 자율적으로 결정하도록 되어 있다. 유일한 예외는 최빈개도국인데, 이에 대해서는 UN의
심의에 따라 최근 3년간 일인당 소득이 1,000달러 이하인 국가는 대체로 이에 해당되는 것으로
보고 있다. 현재 앙골라, 르완다, 소말리아, 방글라데시, 캄보디아, 라오스 등 46개국이 최빈국으
로 지정되어 있다(https://unctad.org/topic/least-developed-countries/map). 개도국의 정의
가 중요한 WTO 보조금 협정에서도 이와 유사한 최빈개도국 개념이 채택되었다.

18) 개도국에 대한 선진국의 최대의 선물이라고 할 수 있는 GSP의 도입과정에서 주도적인 역할을
한 기관은 GATT가 아니라 UNCTAD였다. UNCTAD는 개도국의 무역과 개발문제에 관심이 높
았던 1960년대에 당시 개도국 그룹(G77)이 선진국을 상대로 가했던 특혜제공 압력이 모태가 되

도국은 도쿄라운드의 GATT 법률구조 협상에서 개도국에 대한 MFN 원칙 적용의 예외 인정, 개도국에 대한 상호주의 개념의 명확화, 개도국의 국제수지 방어 목적의 세이프가드 조치 발동요건 완화, GATT 제18조의 산업진흥을 위한 개도국의 수입제한조치 허용 확대, 개도국 무역에 부정적 영향을 미치는 선진국 정부 조치의 GATT 사전통보 등을 요구했다(Winham, 1986: 144-45).

미국은 이런 개도국의 요구가 MFN 원칙을 현저하게 침해할 것을 우려했고, EEC는 회원국의 권리와 의무 간에는 균형이 유지되어야 한다는 원칙론을 주장했다. 더 나아가 이들은 개도국 우대조항을 두기 위해서는 개도국의 범주를 명확히 설정하고 일정한 발전단계를 넘어선 선발 개도국은 그 그룹에서 '졸업(graduation)' 하고 선진국에 준하는 의무를 부담해야 한다는 조건을 제시했다. 개도국은 특히 후자와 관련해 졸업 개념을 받아들인다면 선진국이 일방적으로 특정 개도국에 대한 우대를 철회하는 등 이 규정을 악용할 가능성이 높다는 이유로 크게 반대했다. 결국 법률구조 협상은 4개의 양해각서를 체결하는 선에서 마무리되었고, GATT 체약국단은 이를 각료결정 형태로 공식 채택했다(Winham, 1986: 277).

이들 양해각서에 대해 미국 등 법률적 접근을 선호한 국가는 그간 다소 모호했던 부분을 조문화한 것 자체가 상당한 성과라고 평가한 반면, EEC 등은 이를 대수롭지 않게 보았다. 개도국은 GATT에 개도국 우대를 무차별원칙에 대한 예외로 명문화한 것은 상당한 성과로 볼 수 있지만 개도국 우대를 선진국의 의무로 규정하지 못한 것, 그리고 언제라도 선진국이 일방적으로 개도국 우대를 철회하거나 취소할 수 있도록 허용한 것을 못내 아쉬워했다. 이처럼 불만이 컸던 개도국들은 아르헨티나를 제외하고는 어느 나라도 GATT 법률구조 협상 결과에 서명하지 않았다. 이 협상에서 개도국을 지원했던 UNCTAD도 실망을 감추지 않았다

어 유엔 산하기구로 발족했다. 개도국이 GATT를 불신하고 UNCTAD를 중심으로 단체행동 움직임을 보이기 시작하자 이에 위협을 느낀 GATT의 선진 회원국과 GATT 사무국은 개도국 무역문제에 관심을 표명하지 않을 수 없었다. 그 결과 1965년 케네디라운드에서 특별위원회를 통해 신설된 'GATT 제4부 무역과 개발'에 대한 회원국들의 동의가 완성되어 1979년에 발효되었다. 그러나 3개 조문으로 구성된 이 규정은 "구체성 있는 약속이랄 만한 것은 없는, 그야말로 말의 성찬(a great deal of verbiage and very few precise commitments)"에 불과하다는 혹평을 받아야 했다. 그나마 가장 실질적인 조항이라는 GATT 제36조 8항은 "선진국은 개도국으로부터 상호주의를 기대하지 않는다"고 규정했지만 현실적으로 아무런 구속력이 없다. 그러나 앞서 언급한 바와 같이, 그 상징성으로 인해 GATT 제4부의 도입은 여전히 도쿄라운드의 주요 성과 중의 하나로 평가된다.

(Winham, 1986: 280).[19]

도쿄라운드에서 이처럼 다양하고 이질적인 협상결과가 나온 가장 중요한 원인으로 1970년대 이후 미국 무역정책의 변화를 들 수 있다(Krasner, 1979: 493-500). 무엇보다 미국은 패권적 지위 상실에 따른 위기감이 커지자, 장기적인 안목에서 전략적 목표를 실현하기 위해 경제적 이익을 희생시켰던 과거와 달리, 단기적인 경제적 이익에 집착하는 모습을 드러냈다. 미국은 국제무역 규범이 자국 이익과 충돌될 때 주저하지 않고 무역규범을 훼손하기 시작했던 것이다. 이는 미국의 리더십 약화를 초래했고, 케네디라운드 이후 등장한 GATT 무용론에 힘을 실어주는 결과를 가져왔다.

그럼에도 도쿄라운드는 다음 라운드인 우루과이라운드로 넘어가는 훌륭한 다리 역할을 수행했고, 궁극적으로 GATT의 규범과 적용범위를 강화하고 확대하는 데 크게 기여했다. 무엇보다도 이슈 다각화 및 다변화에 따른 협상 참여국들 간의 갈등, 리더십의 부재, 회원국의 협정 위반에 대한 실질적 이행을 담보할 수 없는 미흡한 강제력 등의 문제에도 결코 좌초되지 않은 회복탄력성(recovery and resilience)을 보인 것은 주목할 만한 사실이다.

4.6 우루과이라운드(1986-1994)

1982년에 열린 GATT 각료회의에서 미국은 그 중요성이 부각되기 시작한 서

---

19) 예를 들어 「개도국 우대, 상호주의, 그리고 개도국의 완전한 참여에 대한 양해각서(Understanding on Differential and More Favorable Treatment, Reciprocity, and Fuller Participation of Developing Countries)」는 GATT 제1조의 MFN 의무에도 불구하고 선진국은 개도국에 우대조치를 취할 수 있다고 규정한다(1항). 동 규정은 선진국의 개도국 우대조치를 GATT의 법률구조에 반영해 공식적으로 허용했을 뿐, 이를 선진국의 의무로 규정하고자 했던 개도국의 기대에는 미치지 못했다(Krasner, 1979: 508-12). 그럼에도 동 양해각서는 GSP를 명시적으로 허용해 항구적 제도적 기반을 마련했다(2항 a호). 이는 종래 GSP를 MFN 원칙의 일탈로 보고 특별히 이를 허용하는 의무면제 조치를 취해 온 것과 비교될 때 신빌보인 것이다. 이 외에도 동 양해각서의 주요사항으로는 비관세조치 차원의 개도국 우대(2항 b호), 최빈개도국에 대한 특별대우(2항 d호), 선진국은 개도국으로부터 상호주의를 기대하지 않는다는 것 외에 선진국은 개도국이 여러 가지 사정으로 제공하기 어려운 부적합한 양허를 추구해서는 안 된다는 것을 내용으로 하는 GATT 제36조 8항의 세부화(제5항), 개도국은 경제개발과 무역상황의 개선에 따라 점진적으로 GATT 상의 권리와 의무의 틀 속에 좀 더 완전하게 참여할 것을 기대한다는 것(7항) 등이 있다.

비스무역, 무역관련 지식재산권 보호, 농산물 무역확대 등 새로운 이슈를 다룰 후속 라운드 개최를 제안했다. 미국의 제의에 여러 회원국이 처음에는 냉담한 반응을 보였으나, 미국의 공격적 무역정책에 자극을 받은 중견 개도국과 일부 선진국을 중심으로 새로운 라운드의 필요성에 대한 공감대가 확산되었다. 이에 힘입어 GATT는 1986년 9월에 우루과이의 푼타 델 에스테(Punta del Este)에서 GATT 각료회의를 개최했다. 새로운 라운드의 개시를 선언하기 위한 GATT 각료회의를 개도국에서 개최한 것은 이례적인 일이었다. 개도국의 폭넓은 참여와 적극적 역할 수행에 대한 기대에서 비롯된 것임은 물론이다. 회원국들은 상품무역과 서비스무역 협상방식을 놓고 한 차례 더 격돌한 끝에 결국 서비스무역은 GATT의 틀 밖에서 별개로 진행하되, 상품무역 협상방식을 원용하기로 합의했다(Hoeknman and Kostecki, 2009: 48－51, 137－38, 317－18).

　　우루과이라운드는 GATT 역사상 가장 야심찬 무역자유화 협상이었다. 상품무역뿐만 아니라 투자, 서비스무역, 그리고 지식재산권 등 GATT 영역 밖의 문제로 인식되어 왔던 이슈도 협상의제로 다루었기 때문이다. 수십 년간 관리무역의 대상이었던 농산물과 섬유무역 역시 의제에 포함되었으며, 도쿄라운드에서 합의된 모든 규약의 수정 및 보완 작업도 진행되었다. 여느 라운드와 마찬가지로 시작부터 선진국과 개도국 간은 물론, 선진국 간에도 치열하게 밀고 당기는 협상이 진행되었다. 기존의 라운드보다 협상의제가 훨씬 광범위하고 정치적으로 민감했기 때문에 협상기간이 길어지는 것은 어찌 보면 당연했다. 당초 예정대로인 1990년 12월 초 협상의 타결을 위한 GATT 각료회의가 브뤼셀에서 개최되었으나 미국과 EEC 간 농산물 협상이 교착상태에서 빠지면서 결국 타결은 실패로 돌아갔다(Hoeknman and Kostecki, 2009: 277－80).[20]

　　이즈음 미국과 EEC는 특히 콩, 면화씨, 해바라기씨 등 기름을 짤 수 있는 농산물인 기름종자(oil seeds) 생산보조금을 둘러싼 해묵은 문제를 놓고 대립하고 있었다. 1988년 미 행정부는 EEC와의 기름종자 생산보조금에 관한 협의가 실패

---

20) 미국과 케언즈그룹은 1990년을 기준으로 향후 10년에 걸쳐 농산물에 대한 수출보조금을 90%, 국내보조금을 75%까지 삭감할 것을 주장한 반면, EEC는 1986년을 기준으로 향후 5년에 걸쳐 양 보조금을 공히 50%만 삭감하자는 입장을 고수했다. 1991년 2월에 우루과이라운드 협상 재개가 선언된 후 회원국들은 농산물에 대한 보조금, 시장개방, 수출경쟁 여건 조성, 농산물 검역 등의 문제에 대해 서서히 협상의지를 보이기 시작했지만 농산물은 여전히 중요한 걸림돌이었다.

로 돌아가자 GATT 분쟁해결패널 설치를 요청했으나 EEC는 패널 구성원 임명을 늦추는 방식으로 분쟁해결절차를 1년 이상 지연시켰다. 미 무역대표부 대표 칼라 힐스(Carla Hills)가 미 의회 상원 재정위원회에 출석해 Section 301에 의거해 강력한 보복조치를 취하겠다고 언급하며 압박 수위를 높인 뒤인 1989년 6월에야 겨우 패널 구성이 완료될 정도였다(Iceland, 1994: 218–19). 1989년 후반 GATT 분쟁해결패널은 내국민대우원칙 위반 등을 들어 EEC 기름종자 보조금 정책의 수정을 권고했다. 그에 따라 EEC는 보조금 정책의 일부를 개선했으나 근본적 문제는 해결되지 않았다. 이에 조바심을 느낀 미국의 강력한 요구에 따라 GATT 패널은 1992년 3월 재차 기름종자 보조금 정책의 추가적 개혁을 권고했지만 EEC는 이미 충분한 개혁이 이루어졌다는 이유로 이를 거부했다. 동년 4월 30일 USTR은 10억 달러 상당의 유럽산 수입품에 보복관세를 부과하겠다고 위협했고, EEC도 맞불을 놓겠다고 선언하는 등 험악한 분위기가 계속되었다.

우루과이라운드 협상의 성공 여부는 농산물 협상에 달려 있었고, 농산물 협상의 성공 여부는 기름종자 협상에 달려 있다고 해도 과언이 아니었다. 1992년을 기치며 수많은 협의와 협상을 한 미국과 EEC는 동년 11월 3–4일 시카고에서 막바지 담판을 벌였다. 양측의 노력으로 협상은 타결 직전까지 갔지만, 마지막 순간 프랑스의 반대로 또다시 결렬되고 말았다. 이에 미국은 3억 달러 상당의 유럽산 수입품(주로 보조금 폐지에 크게 반대한 프랑스산 포도주)에 대해 200%에 달하는 보복관세를 부과하겠다고 위협했다. EEC, 특히 프랑스가 크게 반발한 것은 물론이다. 대서양을 사이에 두고 무역전쟁에 대한 위기감이 고조되었고 우루과이라운드 협상의 전망도 다시 어두워졌다(Waxman, 1992).

그러나 미국과 EEC 내에서 우루과이라운드 협상 실패에 대한 위기감이 고조되면서 반전의 분위기가 형성되었다. 11월 4일 협상 실패 이후에도 희망의 끈을 놓지 않았던 양측은 11월 20일 백악관 영빈관인 블레어 하우스(Blair House)에서 극적으로 합의를 이끌어낼 수 있었다. 이 '블레어 하우스 합의'로 우루과이라운드 협상 개시 이래 최대의 난관이 극복된 것이다.[21] 한편, 우루과이라운드 협상 상황

---

21) 이 무렵 쌀시장 개방에 맹렬히 반대하던 일본과 한국도 미국과 케언즈그룹과의 협상에서 이들이 요구하는 모든 농산물 무역장벽의 예외 없는 관세화에 동의하는 대신, 국내 쌀시장 수요의 일정 비율을 개방하는 것을 내용으로 하는 최소시장접근(minimum market access: MMA)을 허용하는 선에서 합의했다(〈박스 9.1〉 참조). MMA는 시장접근 방식의 하나로 우루과이라운드 농

을 반전시키는 데는 미 행정부의 신속처리 협상권한(fast-track negotiating authority)도 한몫을 했다. 민주당 의원들의 압도적 반대에도 불구하고 1991년 5월 공화당 주도의 미 의회가 행정부의 신속처리권한을 1993년 6월 1일까지 2년 더 연장하기로 한 것이다. 덕분에 1992년 8월 북미자유무역협정(NAFTA)이 타결될 수 있었다. 이후 조지 H. W. 부시(George H. W. Bush) 행정부는 모든 협상력을 우루과이라운드 타결에 집중했다. 여기에는 1992년 11월 3일로 예정된 대통령 선거에서 재선을 노린 부시 대통령의 정치적 계산도 깔려 있었다(Peterson, 1994).

미 행정부가 연장된 신속처리권한을 부여받자 우루과이라운드 협상은 다시 활기를 띠기 시작했다. 1992년 1월 중순 GATT 무역협상위원회(TNC)는 당시 GATT 사무총장이었던 아서 둔켈(Arthur Dunkel)이 마련한 초안을 바탕으로 우루과이라운드 협상을 재개하기로 했다. 협상방식도 시장개방 관련 양허, 서비스 시장개방 약속, 협상 내용의 법조문화, 둔켈 초안의 수정 시 필요한 TNC 후속작업을 다루는 4개의 트랙에서 동시다발적으로 진행되는 형식으로 전환되었다.

1993년 1월 20일부터 임기를 시작한 클린턴 대통령은 신속처리 협상권한의 종료시한이 임박하자 의회에 동 권한의 기간 연장을 요청했고, 의회는 이 기간을 1993년 12월 15일까지로 6개월 더 연장했다. 동년 7월 7일에는 도쿄에서 G7 정상회담이 개최되어 1993년 말까지 우루과이라운드 협상을 완료하기로 합의함으로써 협상의 성공적 타결을 내다볼 수 있는 또 하나의 이정표가 마련되었다. 1993년 12월 들어 막바지 협상이 밤낮없이 계속된 끝에, 연장된 신속처리 협상권한의 종료시점인 12월 15일에 협상이 극적으로 마무리되었다.

1994년 4월 15일에 모로코의 마라케시(Marrakesh)에서 개최된 GATT 각료회의에서 당사국들은 우루과이라운드 협상결과를 담은 「WTO 설립 협정」과 그 부속협정을 채택하는 최종 의정서(Final Act)에 서명했다. 이로써 무려 8년을 끌어온 우루과이라운드 협상이 대단원의 막을 내렸다. 이후 각국은 협정의 국내 비준절차를 밟았다. 미국에서는 WTO 설립에 따른 주권침해 문제, 추가적인 관세인하에 따른 재정손실 문제 등을 둘러싸고 약간의 논란이 계속되어 1994년 12월 초에야 최종 의정서의 의회의 비준절차를 마무리했다. 미 의회의 비준절차 마무리

산물 협상에서 관세화 품목으로 지정된 경우 관세화 개방 이행 때까지 국내 소비량의 일정 부분을 반드시 수입하도록 의무화한 것을 말한다.

만을 기다리던 다른 회원국들도 이후 각기 비준절차를 마침으로써 WTO가 1995년 1월 1일 정식으로 출범했다(Hoeknman and Kostecki, 2009: 57–58). WTO 협정의 구성체계, 역사상 최초의 국제무역기구로 창립된 WTO의 구조, WTO의 주요 협정 내용은 제3부의 제8장에서 제12장에 걸쳐 자세히 살펴보도록 한다.

4.7 도하개발라운드(2001-2015)

WTO는 1995년 1월 출범 직후부터 과중한 과제에 직면했다. 서비스무역, 무역관련 지식재산권, 그리고 아직도 관세율이 높은 편인 농산물 분야에 미해결 과제가 산적해 있었다. 무역관련 투자, 경쟁정책, 반덤핑조치 규율 등의 이슈는 물론, 무역과 환경, 무역과 노동, 무역과 개발 등 무역연계 이슈도 새롭게 등장했다. 새로운 라운드를 출범시키기 위해 1999년 12월에 미국 시애틀에서 개최된 제3차 각료회의가 반(反)WTO, 반(反)세계화 운동가들의 거센 시위로 무산되자 WTO의 미래를 우려하는 목소리는 정점에 달했다(Hoeknman and Kostecki, 2009: 138–40).

기대 반 걱정 반 속에 2001년 11월 카타르의 도하에서 개최된 WTO 제4차 각료회의 결정으로 개시된 다자간 무역협상이 바로 도하라운드(Doha Round)였다. 소위 도하개발아젠다(Doha Development Agenda: DDA)는 농업과 비농산물, 서비스, 지식재산권 등 다양한 분야의 무역자유화뿐만 아니라, 개도국의 경제개발 지원에도 초점을 맞추었다. '개발'이란 이름이 붙은 것도 앞선 라운드와 달리 개도국의 관심 분야인 개발에 초점을 맞추기 위해서였다. 2001년 협상이 출범될 당시에는 2005년 이전에 일괄타결 방식으로 협상을 종료할 계획이었으나, 농산물에 대한 수입국과 수출국의 대립, 공산품 시장개방에 대한 선진국과 개도국 간의 대립 등 각국의 복잡한 이해관계가 뒤얽혀 협상은 시작부터 지지부진했다(Hoeknman and Kostecki, 2009: 140–42).

우선 농업보조금의 축소 및 폐지, 그리고 농산물 관세 철폐가 가장 큰 쟁점이 되었다. 특히 비농산물 시장접근(non–agricultural market access: NAMA)은 선진국과 개도국 간에 첨예한 쟁점이 되었다. 선진국은 공산품, 광물 등 비농산물의 시장접근 확대를 요구한 반면, 개도국은 우루과이라운드에서 이미 충분히 개방했으므로 추가개방은 어렵다는 입장이었다. 서비스 분야에서 선진국은 금융,

통신, 에너지, 유통업 등의 수출확대를 원한 반면, 개도국은 관광, 의료, 자연인의 이동(movement of natural persons) 등의 분야에서 개방 확대를 원했다. 그 밖에 반덤핑 및 상계관세 규약의 강화, 수산보조금 축소, 지리적 표시제(geographical indication), 무역 – 환경 연계, 분쟁해결절차 개정, 전자상거래(e – commerce) 활성화 등의 이슈가 쟁점이 되었다.

그간의 협상과정을 살펴보면 다음과 같다. 2003년 2월 주요 회원국들은 농업 부문 무역자유화 초안을 마련해 도쿄에서 비공식 각료회의를 갖고 협상을 진행했지만 결국 합의안 도출에 실패했다. 그해 9월 멕시코 칸쿤(Cancun)에서 열린 제5차 각료회의에서도 개도국과 선진국 간의 갈등으로 DDA 세부원칙의 기본골격에 대한 합의안 도출에 실패했다. 한국 농민 이경해 씨가 농산물 시장개방에 항의해 회의장 인근에서 자살하는 사건이 발생하기도 했다. 이듬해인 2004년 3월 농산물 무역자유화 협상이 재개되었고, 동년 7월 WTO 일반이사회가 DDA 세부원칙 기본골격 합의안을 채택했다. 그러나 2005년 12월 DDA 협상 종료시한을 앞두고 홍콩에서 개최된 제6차 각료회의에서도 별 진전이 없었다.

2007년 7월 농업과 NAMA 분야 세부원칙(modalities) 초안이 배포됐고, 2008년 7월 제네바 WTO 사무국에서 30개 주요 회원국 각료회의가 개시되었다. 미국과 유럽연합은 NAMA와 서비스 분야에서 개도국의 추가개방을 관철하고, 중국, 인도, 브라질 등 거대신흥국들은 농업 분야에서 양허를 확보하는 방식으로 선진국과 개도국 간 타협이 이뤄질 가능성도 거론되었지만, 결국 합의도출에 실패했다. 선진국과 개도국 간의 이해관계 불일치도 컸지만, 농업보조금을 둘러싼 미국과 유럽연합 간의 갈등도 매우 심각했기 때문이다(Hoeknman and Kostecki, 2009: 142 – 46).

2013년 12월 인도네시아 발리에서 개최된 제9차 각료회의에서는 그간의 일괄타결 방식을 포기하고 무역원활화(trade facilitation), 농업 및 면화(agriculture and cotton), 최빈국 우대(development issues) 등의 분야에서 조기수확(early harvest) 방식에 따른 신속한 협상을 통해 합의를 도출했다.[22] 이들 합의를 일컫

---

22) 무역원활화는 무역 관련 불필요하고 복잡한 절차, 관행 등을 제거 또는 간소화함으로써 거래비용을 줄이고 효율성을 증대시켜 교역을 확대하는 모든 조치를 포함한다. 2014년 7월 무역원활화 협정문(Trade Facilitation Agreement)이 최종 채택되어 2017년 2월부터 발효되었다. GATT 제5조(통과의 자유), 제8조(수출입 수수료 및 절차), 제10조(무역규정의 공표 및 시행) 등의 GATT

는 '발리 패키지(Bali Package)'는 WTO 출범 이후 거의 20년 만의 첫 합의문이라는 의의를 갖는다. 2015년 12월 케냐의 나이로비(Nairobi)에서 개최된 제10차 각료회의에서 농업·면화·최빈개도국(LDC) 등 3개 분야에서 6개의 각료결정이 채택되는 성과를 거두었으나, 상대적으로 수월한 이슈에 대한 조기수확이 교착상태에 빠진 다른 이슈의 협상에 큰 자극제가 되리라는 당초의 기대와는 달리 도하라운드는 결국 공식적으로 사망선고를 받고 말았다. 2017년 12월 아르헨티나의 부에노스아이레스(Buenos Aires)에서 개최된 제11차 각료회의에서는 미국의 반대로 공동선언문조차 내지 못했다. 포괄적인 다자무역협상보다 상대적으로 의견대립이 적은 분야와 전자상거래와 같은 새로운 분야에서 제한적인 협상 노력을 기울였을 뿐이다(WTO, 2018).

　　미중 간의 무역분쟁이 더 큰 무역전쟁으로 비화될 수도 있는 일촉즉발의 상황에서 WTO는 과연 새로운 다자간 무역협상의 물꼬를 트고 회원국 간의 갈등을 봉합할 수 있을 것인가? 164개 회원국 간의 이해관계가 복잡하게 얽혀 있는 상황에서 새로운 다자간 무역라운드 출범에 대한 낙관론보다는 비관론이 지배적인 것이 사실이다. 미국과 유럽연합의 관계는 그 어느 때보다 소원하고, 중국은 WTO에서 '방 안의 코끼리(elephant in the room)', 즉 누구나 알고 있지만 감히 어느 누구도 말을 꺼내지 못하는 거대하고 무거운 주제가 되었다. 최빈개도국 지위를 고집하는 인도는 선진국과 개도국 간의 갈등을 봉합하기보다는 오히려 악화시키고 있다. 이런 상황에서 새로운 다자간 무역협상 라운드를 출범시키기 위해 괜한 에너지를 소모하는 것보다, 이해관계를 같이 하는 '복수국간' 협정에 초점을 맞춰야 한다는 주장이 설득력을 얻고 있다(The Economist, 2018a). 현재 최혜국대우 방식의 복수국간 환경상품협정(Environmental Goods Agreement: EGA) 협상과 참여국 간 FTA 방식의 복수국간 서비스협정(Trade in Services Agreement: TiSA) 등 참여를

───

관련 규정을 명확히 했고, 수출입 관련 정보제공 등 세관당국 간 협력을 강화하는 내용과 협정상의 의무이행 지원을 위한 개도국의 기술지원 능력 배양 강화 등이 내용을 포함하고 있다. 농업과 관련해서는 개도국이 식량안보 목적으로 운영하는 공공비축 프로그램(public stockholding programs for food security)이 보조금 한도를 초과하더라도 다른 회원국이 한시적으로 제소를 자제한다는 내용과 최빈국의 면화제품에 대한 시장접근을 제고한다는 내용이 포함되었다(제9장 참조). 최빈개도국 우대와 관련해서는 최빈국 원산지 제품 우대, 최빈국 서비스 및 서비스 공급자 우대를 위한 의무면제의 조속한 시행, 최빈국의 시장접근을 위한 무관세 및 무쿼터 정책, '특별하고 차등적인 대우' 조치에 대한 모니터링 체계 구축 노력 등에 합의했다(제13장 참조).

희망하는 회원국만 참여하는 협상이 진행 중이다. 과연 이들 협상이 도쿄라운드의 복수국간 규약과 같이 다자간 무역협상에 새로운 돌파구를 마련할지는 좀 더 지켜볼 일이다.[23]

---

23) 현재 한국, 미국, 중국, EU, 일본 등 46개 WTO 회원국이 EGA 협상에 참여하고 있다 (https://www.wto.org/english/tratop_e/envir_e/ega_e.htm). 신재생에너지, 공기 오염, 쓰레기 처리, 오수 처리, 환경 모니터링, 소음 공해 방지 등과 관련된 제품이 동 협정의 대상이다. EGA 협상보다 한 발 앞서 APEC 21개 회원국은 2012년 친환경 54개 품목에 대해 2015년까지 관세를 5%로 낮추기로 한 바 있다. 동 조치는 MFN 원칙에 따라 각국이 자발적으로 시행하고 있으며, 칠레, 중국, 한국, 멕시코 등에서 관련 품목의 관세장벽을 낮추는 데 상당한 기여를 한 것으로 평가된다(Mavroidis and Neven, 2019). 이에 반해 EGA 협상은 2016년 타결을 목표로 했으나 참여국 간 이견을 좁히지 못해 교착 상태에 빠져 있다. 한편, 2013년부터 한국, 미국, EU, 대만, 일본 등 23개국의 참여로 진행되고 있는 TiSA 협상은 서비스무역협정(GATS)를 바탕으로 문화, 교육, 의료 등 각종 서비스 분야의 교역 활성화를 목표로 한다. 지금까지 금융, 전자상거래 등의 분야에서 일부 타협안을 도출했으나 동 협상 역시 참여국 간 이견과 트럼프 전 미국 대통령의 반대로 지금까지 큰 진전을 보이지 못하고 있다(https://ec.europa.eu/trade/policy/in−focus/tisa/). 환경보호와 기후변화에 대한 전향적 입장을 표명한 미국 바이든 행정부가 앞으로 환경 분야와 서비스무역 분야에서 어떤 리더십을 발휘할지 관심이 모아진다.

제 3 부

WTO의 체계와 주요 협정

제8장 국제기구로서의 WTO

1. GATT에서 WTO로

1.1 GATT의 국제기구로의 변모 과정

제5장에서 고찰한 바와 같이 GATT는 장차 국제무역기구(ITO)의 설립을 전제로, 1947년에 합의된 관세협상 결과를 담보하기 위한 잠정 협정문이었다. GATT는 이 협상에 참가한 23개 체약국단이 「잠정 적용에 관한 의정서」에 서명함으로써 1948년 1월 1일 자로 시행에 들어갔다. 그러나 정작 그 시행주체인 ITO는 1950년 12월 미 행정부가 ITO 설립에 미온적인 의회의 태도를 보고 ITO 법안의 의회 상정을 포기함에 따라 사산(死産)되고 말았다. 사실상의 국제기구로서 기능을 수행하게 된 GATT의 기이한 운명은 이렇게 시작되었다. GATT에는 "모든 의사결정은 체약국단의 합의를 필요로 한다"는 규정 외에는 관세협상 결과를 이행하기 위해 필요한 제반 규정을 관리할 주체인 국제기구에 대해서는 언급조차 없었다.

GATT는 당초 사무국(secretariat)도 없었다. 하바나 회의 이후 ITO 임시위원회가 설치되었는데, 이 위원회에 소속된 소수 사무직원의 보좌를 받아야 하는 수준이었다. 이후 GATT의 체약국 숫자가 꾸준히 증가했으나, 체약국단은 사무국 설치에 소극적인 태도를 보였다. 때문에 처음 몇 년간 GATT는 매년 한두 차례 체약국들의 공식회의가 개최될 때를 제외하면 실체가 없는 것이나 다름없었다. 하지만 모든 체약국이 회의에 일일이 참가해 의사결정을 내리는 데 따르는 비효율성이 커지고, 회기와 회기 중간에 발생하는 무역 관련 이슈를 신속히 처리할 수 없게 되면서 상설 사무국의 설치 필요성이 제기되었다. 그러던 중 ITO 설립 계획의 무산이 확실해지자 ITO 임시위원회를 사실상(de facto) GATT 사무국으로 전환하게 되었다(Jackson, 1990: 15).[1]

1955-1956년 제네바에서 개최된 제4차 협상 라운드에서 체약국단은 GATT 협정문에 대한 재검토와 함께, 향후 국제무역 문제를 관장하는 중심적인 국제기구로 GATT의 새로운 역할을 인정하는 문제를 다루었다. 검토회의(review session)라고 불리는 이 회의에서는 GATT 조문의 개정 관련 의결 기준에 관한 의정서와 함께 국제무역기구 조직에 관한 의정서 초안이 작성되었다. 체약국단이 차기 협상의제를 정리하는 일을 감당하기 어렵기 때문에 GATT의 제반 업무를 좀 더 효율적으로 관리할 수 있도록 무역협력기구(Organization for Trade Co-operation: OTC)를 설치하는 것이 이 의정서의 핵심내용이었다. 그러나 미 의회가 또다시 그 승인을 거부하는 바람에 이 역시 무산되고 말았다(Jackson, 1990: 16).

OTC 설치 계획이 수포로 돌아가자 체약국단은 1960년 GATT 이사회(Council of Representatives)를 설치했다. GATT 이사회는 이사국의 책임을 맡을 용의가 있는 모든 회원국의 대표로 구성될 예정이었다. 그러나 실제로는 제네바 또는 그 인근에 상주대표부가 있는 국가로 이사국의 범위가 제한될 수밖에 없었다. GATT 이사회는 차기 체약국단 회의에 상정할 의제의 확정, 여러 작업단의 업무, 기타 체약국단이 설치한 다른 기구의 감독 등 광범위한 권한을 부여받았다. 회기

---

[1] 원래 ITO 협상이 유엔의 후원으로 이루어졌기 때문에 이 사무국은 유엔에 속해 있었다. 그러나 ITO가 무산됨에 따라 GATT 사무국과 유엔의 공식관계는 사실상 종결되었다. 1963년에는 유엔 경제사회이사회에서 국제무역의 거버넌스 문제가 다시 제기되었다. 유엔의 의뢰를 받은 전문가 그룹은 모든 국가가 회원국이 되고 국제무역 분야에서 상당한 권한을 행사하는 국제무역기구를 유엔 산하기구로 창설할 것을 건의했다. 신설 예정인 유엔 무역개발회의(UNCTAD)를 비롯해 다른 유엔 산하기구의 무역 관련 결정을 이 기구가 전담해 집행토록 하자는 제안이었다. 이 안에 따르면 GATT는 이 기구에 속한 관세위원회(Committee on Tariffs)로 그 기능과 위상이 축소되었다. 그러나 이런 제안은 주요 무역국의 관심을 끌지 못했다. 그러던 중 1964년 유엔 총회는 UNCTAD를 창설했고, 이를 계기로 다시 종합적인 무역기구의 설립문제를 심각하게 검토하자는 결의안이 채택되었다. 그러나 선진국과 개도국 간의 의견 차이로 이 역시 성사되지 않았다 (Hoekman and Kostecki, 2009: 58).

간 업무처리와 관련해 실질적 권한을 부여받은 GATT 이사회는 이내 GATT의 중심기관으로 자리 잡았고, 국제기구로서 GATT의 위상이 갖추어지게 되었다.

1995년 1월 정식 국제무역기구인 WTO가 출범하면서 GATT는 본래의 협정문의 위치로 돌아왔다. 국제기구가 아니면서도 사실상 국제기구의 기능을 수행해야 했지만, GATT는 진화를 거듭하면서 국제기구로서 기능을 무난히 수행했다. 우루과이라운드에 이르기까지 8차례에 걸친 다자간 무역협상 라운드를 지원하고, 국가 간 무역분쟁을 원만히 해소하는 등 무역자유화의 기수와 보루로서 역할을 다했다. GATT의 이런 놀라운 성과는 끊임없는 시행착오를 겪으면서 축적된 집단지성이 만들어낸 결과였다.

1.2 WTO 창설 배경과 과정

이러한 긍정적인 평가에도 불구하고 1980년대는 GATT의 시련기였다. GATT 체제가 세계경제의 급속한 변화를 쫓아가지 못한다는 비판, 새로운 양상으로 전개되기 시작한 무역분쟁을 해결하지 못한다는 비판, 각국의 무역정책과 관행의 투명성 확보를 위한 감시가 미진하다는 비판 등에 시달렸다. 이런 도전에 대응하기 위해 GATT 각료회의는 국제무역기구로서 GATT의 위상을 제고하고 기능을 강화하는 의제를 우루과이라운드에 포함했다.

애초에 주요 회원국들은 WTO와 같은 국제무역기구의 신설 필요성에 의문을 품었다. 그러나 우루과이라운드에서 모든 협상 결과가 전체 회원국에 대해 구속력을 갖도록 하는 일괄타결 방식이 채택됨에 따라 동 라운드에서 체결될 모든 협정을 포괄적으로 관리할 단일의 제도적 틀이 필요하다는 인식이 확산되었다. 일괄타결방식은 상품무역에 관한 GATT 협정은 물론이고, 도쿄라운드에서 체결된 여러 다자간 규약을 GATT의 부수협정으로 전환하고, 새롭게 체결될 GATS와 TRIPS 등을 모두 다자간 협정의 체제 속으로 흡수해 그 일반성을 제고하려는 목적이 있었다. 이러한 맥락에서 캐나다가 1990년 다자간 무역기구(Multilateral Trade Organization: MTO)의 창설을 제의하자 EEC가 이를 지지하고 나섰다. 미국은 처음에 이 제안에 반대했으나, 신설될 국제무역기구의 실질적 권한이 우려할 만한 수준에 이르지는 않을 것이라는 판단이 서자 찬성 쪽으로 선회했다. 신설 국제기구, 즉 WTO에 부여될 권한과 기능은 대부분 GATT 체제에서 이미 관행으로 수립된 것이었기 때문이다(Hoekman and Kostecki, 2009: 57-58).

WTO 창설은 1944년 브레튼우즈 회담에서 전후 국제경제 재건 노력의 한 축이었던 ITO의 설립 구상이 현실화된 역사적 사건이었다. 이는 국가주권의 일부가 제한되더라도 새로운 무역규범을 주도적으로 창출하고 강력하게 집행할 수 있는 국제무역기구의 필요성에 대해 회원국들이 합의했다는 것을 의미한다.

2. WTO의 구조와 의사결정 방식

2.1 WTO의 의사결정 구조

WTO는 세계은행이나 국제통화기금 등 국제기구와 동일한 지위와 위상을 갖는다. 또한 법인격을 가진 독립된 조직체로서, 본연의 기능 수행과 관련해서는 유엔의 여러 특별기구들과 마찬가지로 각종 특권과 면책특권이 부여된다(WTO 설립협정 제8조). WTO의 관할 범위는 「WTO 설립 협정(Agreement Establishing the World Trade Organization)」, 일명 「마라케시 협정(Marrakesh Agreement)」의 부속서에 포함된 모든 협정 및 법적 문서이고, WTO는 회원국 간의 다양한 무역관계를 처리하기 위한 공통의 제도적 틀(common institutional framework)로서 기능하도록 설계되었다(WTO 설립 협정 제2조).

「WTO 설립 협정」의 본문은 주로 WTO의 제도적 운영, 회원국의 권리와 의무, 의사결정절차에 관한 사항을 담고 있다. 상품무역 협정(GATT)이나 서비스무역 협정(GATS) 등과 같은 실체적 협정(substantive agreements)은 모두 본 협정의 부속서일 뿐이다.[2] 부속서는 모두 4개가 있다.

부속서 1(Annex 1)은 크게 세 부분으로 나뉜다.

부속서 1A는 상품무역에 관한 다자간 협정(multilateral agreements on trade in goods)이다. 이것을 WTO 체제에서는 'GATT 1994'로 명명하는데, 여기에는 1947년 10월에 체결된 이후 수차례 수정된 원래의 GATT 협정문, 즉 GATT 1947 외

---

2) 이와 같이 제도적·절차적 규정과 실체적 규정을 분리함으로써 「WTO 설립 협정」은 장차 국제무역환경의 변화에 따라 새로운 형태의 국제협력을 위해 필요한 모든 제도적 고려를 좀 더 쉽게 수용할 수 있게 되었다.

에 우루과이라운드와 도하라운드에서 합의된 6개의 양해각서와 13개의 부수협정 (supplementary agreements)이 포함된다.3) 다음으로 부속서 1B는 서비스무역에 관한 일반협정(General Agreement on Trade in Services: GATS)이고, 부속서 1C는 무역 관련 지식재산권 협정(Agreement on Trade-Related Aspects of Intellectual Property Rights: TRIPS)이다.

부속서 2는 WTO의 공통적인 분쟁해결 메커니즘의 운영사항을 규정한 분쟁해결 규칙과 절차에 관한 양해각서(Understanding on Rules and Procedures Governing the Settlement of Disputes: DSU)이다.

부속서 3은 회원국의 무역정책을 감시하기 위한 제도적 장치인 무역정책 검토제도(Trade Policy Review Mechanism: TPRM)에 관한 규정을 담고 있다.

부속서 4는 복수국간 무역협정으로 도쿄라운드에서 체결된 다자간 협상규약 (MTN Codes) 가운데 우루과이라운드에서 다자화되지 못한 협정들이다.4)

---

3) 6개의 양해각서는 ① 1994년 GATT 제2조(양허표) 제1항 b호의 해석에 관한 양해, ② 1994년 GATT 제17조(국영무역기업)의 해석에 관한 양해, ③ 1994년 GATT 국제수지 조항에 관한 양해, ④ 1994년 GATT 제24조(관세동맹과 자유무역지대)의 해석에 관한 양해, ⑤ 1994년 GATT 의무면제에 관한 양해, ⑥ 1994년 GATT 제28조(양허표의 수정)의 해석에 관한 양해로 구성된다. 13개의 부수협정은 ① 농업(agriculture), ② 위생 및 식물위생 조치(sanitary and phytosanitary measures), ③ 섬유 및 의류(textiles and clothing, 2005년 1월 만료), ④ 무역기술장벽(technical barriers to trade), ⑤ 무역 관련 투자조치(trade-related investment measures), ⑥ 반덤핑(anti-dumping), ⑦ 관세평가(customs valuation), ⑧ 선적전 검사(preshipment inspection), ⑨ 원산지규정(rules of origin), ⑩ 수입허가절차(import licensing procedures), ⑪ 보조금 및 상계조치(subsidies and countervailing measures), ⑫ 세이프가드(safeguards), ⑬ 무역원활화(trade facilitation, 2017년 발효) 등에 관한 협정이다.

4) 여기에는 「민간항공기 교역에 관한 협정(Agreement on Trade in Civil Aircraft: TCA)」, 「정부조달 협정(Agreement on Government Procurement)」, 「국제낙농 협정(International Dairy Agreement)」, 그리고 「국제우육 협정(International Bovine Meat Agreement)」이 포함된다. 이 중 「국제낙농 협정」과 「국제우육 협정」은 1997년 12월 31일부로 종료되었다. 부속서 1-3이 모든 회원국에 동일하게 적용되는 다자간 협정인 것과는 달리, 복수국간 협정은 각 개별 협정을 수용한 회원국에 한해 구속력을 갖는다. 한국은 「정부조달 협정」에만 참여 중이다. 한편, 한국 정부는 그간 국내 항공사들이 도입하는 새로운 항공기를 자산이 아닌 투자로 보아 취득세와 재산세를 감면하고 항공기 부품 수입에 대한 관세도 감면해 줘 왔다. 그러나 2019년 지방세특례제한법 개정에 따라 자산규모 5조 원 이상의 대형 항공사들은 항공기 재산세(지방세) 감면(50%) 대상에서 제외되었다. 또한 항공기 부품 수입에 대한 관세 감면혜택도 2023년까지 단계적으로 폐지될 예정이다. 이에 국내 항공업계는 항공기 부품 수입에 대한 면세가 이루어질 수 있도록 TCA 가입을 요구하고 있으나, 산업통상자원부는 국내 민항기 제조업에 끼칠 부정적 영향을 우

WTO는 크게 다음 다섯 가지 기능을 수행한다(WTO 설립 협정 제3조).

첫째, 「WTO 설립 협정」과 그 밖의 모든 다자간 무역협정을 집행·관리·운영(implementation, administration and operation)하고 이들 협정의 목표를 전향적으로 추구함과 동시에 복수국간 무역협정의 집행·관리·운영을 위한 틀(framework)을 제공한다.

둘째, 위의 모든 협정과 관련된 기존 이슈뿐만 아니라 새로운 이슈의 후속협상을 위한 장(forum)을 제공한다.

셋째, WTO는 분쟁해결절차에 관한 양해각서(DSU) 시행을 담당한다.

넷째, 무역정책 검토제도(TPRM)를 운영한다.

다섯째, 세계경제에 영향을 미치는 정책결정의 일관성 제고를 위해 IMF, 세계은행, 그리고 그 산하기관과 적절히(as appropriate) 협력한다.

WTO는 다음과 같은 편제를 갖는다(WTO 설립 협정 제4조). 우선 WTO 최고 의사결정기구로서 모든 회원국으로 구성되는 각료회의(Ministerial Conference)가 있다. 각료회의는 2년에 한 번 개최된다. WTO 각료회의를 GATT 1947 체제에서 보다 자주 개최하도록 규정한 것은 WTO에 대한 회원국의 정치적 지도(political guidance)를 강화하는 한편, 각 회원국의 국내정치 영역에서 WTO의 위치를 부각하고 신뢰성을 제고하려는 의도에서 비롯되었다. 각료회의는 WTO에 맡겨진 기능을 수행하고 필요한 조치를 취한다.[5]

WTO를 운영하고 각종 기능을 수행할 책임을 지고 있는 기관이 일반이사회(General Council)다. 일반이사회는 참가를 원하는 모든 회원국의 대표로 구성되는

려해 그 가입에 강력히 반대하고 있다(고은결, 2019). 2020년 들어 코로나−19로 직격탄을 맞은 항공사들의 항공기 재산세를 깎아줘야 한다는 주장이 다시 나오는 이유이다.

[5] 그러나 과거 GATT 체제 아래 각료회의의 경험에 비추어볼 때 잦은 각료회의 개최가 효율적인지에 대한 의문도 제기된다. 국제무역 협상에서 논란이 많은 이슈는 마지막 순간에, 그것도 미국과 유럽 국가 등 주요 회원국 간의 합의를 기초로 타결되는 것이 일반적이다. 하지만 이들이 타협점을 찾아내기까지는 상당한 시간이 소요되므로 다른 회원국의 참여는 특별한 의미나 중요성을 갖지 못했다는 점이 지적된다. 2021년 1월 기준 11차례의 각료회의가 개최되었으며 개최지와 개최년도는 다음과 같다: 싱가포르(1996), 스위스 제네바(1998), 미국 시애틀(1999), 카타르 도하(2001), 멕시코 칸쿤(2003), 홍콩(2005), 제네바(2009), 제네바(2011), 인도네시아 발리(2013), 케냐 나이로비(2015), 아르헨티나 부에노스아이레스(2017). 2019년 각료회의는 카자흐스탄 아스타나에서 개최될 예정이었으나 개최국의 사정으로 2020년 6월로 연기되었다가 코로나−19 사태의 여파로 재연기되어 2021년 6월 누르 술탄(구 아스타나)에서 개최될 예정이다.

집행기구로서, 필요시 분쟁해결기구 또는 무역정책 검토기구로 전환해 기능한다.[6] 일반이사회에는 WTO의 3대 영역을 관할하는 하위 이사회, 즉 상품무역 이사회(Council for Trade in Goods), 서비스무역 이사회(Council for Trade in Services), 지식재산권 이사회(Council for Trade-Related Aspects of Intellectual Property Rights)가 있다. 이들은 일반이사회의 지휘를 받으며 각 이사회가 정하는 세부규칙은 일반이사회의 승인을 얻어야 한다. 또한 각 이사회는 하위 기구로 소위원회(committees), 작업반(working parties), 또는 작업단(working groups)을 둘 수 있다. 이에 따라 상품무역 이사회 산하에는 ① 시장접근, ② 농업, ③ 위생 및 식물위생 조치, ④ 무역기술장벽, ⑤ 보조금 및 상계조치, ⑥ 반덤핑 관행, ⑦ 관세평가, ⑧ 원산지규정, ⑨ 수입허가절차, ⑩ 세이프가드, ⑪ 무역 관련 투자조치, ⑫ 무역원활화 위원회 등 12개의 위원회가 있다.

한편, 일반이사회 산하에 ① 무역과 환경의 연계문제를 다루기 위한 무역과 환경 위원회, ② 최빈개도국의 특수 사정을 반영하기 위한 무역과 개발 위원회, ③ GATT 제24조에 따른 지역무역협정들을 관할하는 지역무역협정 위원회, ④ 국제수지 목적의 수입제한조치를 감시하는 국제수지 위원회, ⑤ WTO의 재정과 사무국 행정을 관장하는 예산·재정·행정 위원회 등 다섯 개의 위원회가 설치되었다. 이 위원회들 역시 참가를 원하는 회원국의 대표로 구성된다. 아울러 도하선언에 의해 설립된 무역협상위원회(TNC)가 2002년부터 일반이사회 산하로 편입되어 운영되고 있다. 그 밖에 복수국간 협정을 관장하는 위원회가 있는데, 이들은 일반이사회의 지휘를 받지 않으나, WTO의 틀 속에서 운영되고 그 활동 내용은 정기적으로 일반이사회에 통보해야 한다.

이상에서 설명한 각종 이사회와 상설위원회는 20여 개가 구성되어 운영되고 있다. WTO의 일상적인 업무와 활동은 주로 회원국 대표단이 처리한다. 다자간 무역협상을 주도하고, 각국의 무역정책 동향을 파악하며, 분쟁을 해결하는 등 대부분의 업무는 각 회원국으로부터 제네바에 수시로 파견되거나 상주하는 수천 명의 전문가, 외교관, 관료, 정치인의 몫이다. WTO가 이런 복잡한 체제로 구성·운영된다는 사실은 WTO 집행부(사무총장 및 부총장)의 권한이 상당히 제한되어 있

---

6) 양 기구는 각각 의장을 둘 수 있고 분쟁해결에 관한 양해각서나 무역정책 검토제도에 관한 협정의 운영세칙을 정할 수 있다.

음을 뜻하는데, 이는 WTO가 모든 회원국의 목소리를 존중해야 하는 데서 비롯되는 구조적 한계이다.

〈그림 8.1〉 WTO의 조직과 구성 (2021년 1월 기준)

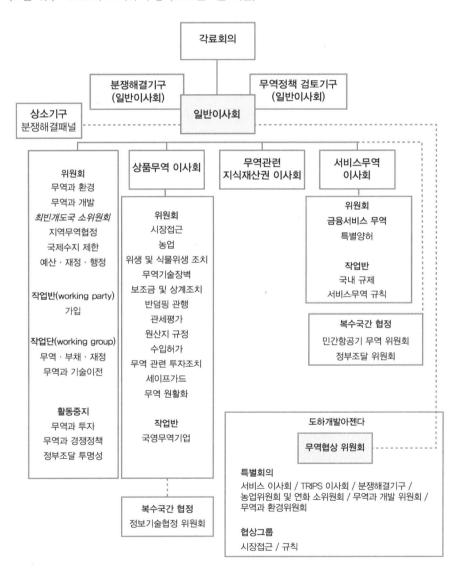

스위스 제네바에 소재한 WTO 사무국은 대표단이 요구하는 기초자료를 준비하고 각종 기구의 모임을 조직하는 등 기술적인 업무와 각종의 사무지원을 담당한다. 또한 분쟁해결 과정에서 보조적인 역할을 하고, 회원국의 요구가 있으면 법률 서비스도 제공하며, 각종 보고서를 발간한다. 2021년 1월 기준 사무국 상근직원은 625명으로 1995년 출범 당시의 450여 명에 비해 많이 증가했으나 세계은행, IMF 등과 비교하면 그 규모가 매우 작은 편이다.[7] WTO는 예산도 매우 작은데 1995년에 7,500만 달러에서 2021년 1월 기준 2억 2,156만 달러(약 2,400억 원)에 불과하며, 그나마 인건비와 간접비가 70% 이상을 차지한다. WTO의 재정부담은 모든 회원국의 지난 5년간 총 무역량 중 각 회원국의 무역량 비중에 따라 배분된다. 최소 의무기여율은 0.015%이다. 164개 회원국 중 상위 10개국(미국, 중국, 독일, 일본, 프랑스, 영국, 네덜란드, 대한민국, 홍콩, 이탈리아순)이 총재정의 50% 이상을 부담하고 있다.[8]

한편, 2013년 9월 1일 WTO 사무의 전반을 관장하는 사무총장(Director-General)으로 취임한 브라질 외교관 출신인 호베르투 아제베두(Roberto Azevedo)는 4년 임기를 한 차례 연임해 2021년 8월 임기를 마칠 예정이었으나 2020년 5월 개인 사정을 이유로 돌연 중도 사퇴 의사를 밝혔다. 아직 정확한 이유는 알려지지 않았지만 지난 수년간 미중 무역갈등, 코로나-19 사태로 인한 보호무역 압력 증가, 트럼프 행정부의 WTO 보이콧 등의 요소가 그의 선택에 영향을 미쳤을 것으로 보인다. 가뜩이나 다자간 자유무역질서가 위협받는 상황에서 현직 사무총장의 돌발적 사퇴는 많은 회원국에 당혹감을 안겨주었다.[9]

차기 사무총장 선출 지연사태도 WTO가 처한 난맥상을 잘 보여준다. 한국의 유명희 통상교섭본부장을 비롯해 영국, 나이지리아, 이집트 등 8개국 출신 후보자가 나서면서 2020년 7월부터 본격적으로 시작된 선출과정은 예정대로라면 2020년 11월 초까지 마무리될 예정이었다. 하지만 최종 후보자로 오른 유명희 본부장

---

7) https://www.wto.org/english/thewto_e/secre_e/intro_e.htm. OECD의 전문가 및 사무직원은 3,000명, IMF는 2,600명, 세계은행그룹은 전 세계 각 지역의 사무소를 포함해 1만 명 이상이다.

8) https://www.wto.org/english/thewto_e/secre_e/budget_e/budget2020_member_contribution_e.pdf.

9) 아제베두는 중도 사퇴 성명의 잉크가 마르기도 전에 펩시콜라 제조사인 펩시코(PepsiCo)로 이직해 미국과 외국 규제당국 대응 업무를 총괄하는 부회장급 자리를 맡아 많은 이들의 눈살을 찌푸리게 했다(https://www.reuters.com/article/us-trade-wto-azevedo-idUSKCN25F21B).

과 나이지리아 재무부 장관 출신 응고지 오콘조－이웨알라(Ngozi Okonjo－Iweala)를 놓고 회원국 간 합의가 이루어지지 않아 결국 해를 넘기고 말았다. 코로나－19의 여파로 의견 수렴이 어려웠던 점도 작용했지만 결정적으로는 트럼프 행정부의 반대 때문이었다.[10) 우여곡절 끝에 제7대 WTO 사무총장은 오콘조－이웨알라로 결정될 전망되었다.[11) 최초의 여성 사무총장이다. 신임 사무총장의 가장 중요한 과제는 코로나－19 사태로 위축된 국제무역에 활력을 불어넣고 미중 간 갈등을 봉합하는 일이다.

2.2 WTO의 의사결정 방식

WTO는 GATT 1947에서 수립된 '합의(consensus)에 의한 의사결정의 관행'의 지속을 천명하고 있다(설립 협정 제9조 1항). 이 합의는 GATT 1947 협정문에 명시적으로 규정되어 있지는 않았으나, 점차 GATT 운영방식(modus operandi)으로 자리 잡았다. GATT 체제 아래서 어떤 국가에 GATT 의무면제를 허용하는 것처럼 공식적 투표방식에 따라야 하는 경우에도 협상과 협의를 통해 어느 정도 합의를 이룬 뒤 투표에 들어가는 것이 관례가 되었다(Jackson, 1990: 22－24).

이런 합의의 전통은 GATT의 또 다른 전통, 즉 어떤 국가도 일방적으로 합의의 진전을 가로막지 못하도록 하는 전통과 더불어 존중되어 왔다. 여기서 합의란

---

10) EU는 과거 식민지배에 따른 아프리카와의 특수한 관계를 고려해서, 중국은 아프리카에 대한 경제적 지배력 유지 등을 목적으로, 일본은 한국과의 관계에서 안고 있는 역사·외교·무역 갈등으로 인해 나이지리아 후보를 지지한 반면, 미국은 WTO뿐만 아니라 여러 국제기구에서 갈수록 커지는 중국의 영향력을 견제하기 위해 한국 후보를 지지했다. 2020년 10월 28일 데이비드 워커(David Walker) WTO 일반이사회의 의장은 회원국 선호도 및 합의 도출 가능성을 바탕으로 오콘조－이웨알라를 최종 후보로 추천한다고 발표할 때만 해도 대세는 나이지리아 후보쪽으로 기운 듯했다(https://www.wto.org/english/thewto_e/dg_e/dg_selection_process_e.htm). 그러나 트럼프 행정부는 기존 입장을 고수하고 오히려 유명희 후보에 대한 지지를 더욱 강화했다. 결국 바이든 행정부가 출범한 이후에야 선출과정을 마무리 짓게 되었다.

11) 유명희 통상교섭본부장은 1994년 김철수 전 상공부 장관, 2013년 박태호 전 통상교섭본부장에 이어 WTO 사무총장에 도전한 세 번째 한국이자 최종 라운드까지 진출한 최초의 한국인이다. 유 본부장은 총무처에서 공직생활(1992－1995년)을 시작한 후 통상산업부(1995－1998년)로 옮겼다가 외교통상부로 통상 업무가 이관되면서 외교부로 소속을 다시 옮겼다. 본인의 전문성을 살려 통상 관련 업무를 계속 맡다가 2013년 통상 업무가 다시 산업통상자원부로 이관되면서 다시 자리를 옮겼다. 2021년 2월 5일 공식적으로 후보직 사퇴를 선언하며 WTO 리더십 공백 사태의 마무리를 지었다.

만장일치(unanimity)를 뜻하지 않는다. 회의에 참석한 어떤 국가도 안건과 관련해 공식적으로 제안된 결정에 반대하지 않으면 합의에 이른 것으로 간주된다. 물론 회의에 불참한 국가는 계산에 넣지 않는다.[12] 합의에 의한 의사결정은 무엇보다도 그에 따른 결정의 현실적 집행가능성을 높여준다는 장점이 있다. 이는 어떤 결정에 불복하는 국가가 있을 때 WTO가 그 국가에 대해 순응을 강제할 수단이 별로 없는 점을 감안할 때 전략적으로 중요한 의미를 갖는다(Hoekman and Kostecki, 2009: 65-66).

합의에 따른 의사결정은 소국 입장에서도 바람직한 면이 있다. 소국들은 거부권 행사를 통해 WTO의 결정을 저지할 힘이 없다. 하지만 합의를 중시하는 의사결정 방식에서는 공식적 의사결정 이전의 비공식적 협의와 협상 단계에서 다소간 협상력을 발휘할 수 있다. 이들이 연합을 형성한다면 협상력은 더욱 커진다. 이 과정에서 각국이 얼마나 효과적으로 영향력을 행사하는가는 각국 대표단의 질적 수준에 따라 결정된다. 일반적으로 합의를 이루어나가는 과정에서는 이슈의 연계가 이루어지고, 국가 간에 상대방이 원하는 것을 서로 거부하지 않기로 하는 약속이 교환되기 때문에 그 과정이 매우 복잡해질 수 있다. 의사결정이 마비되지 않기 위해서는 타협을 통한 투표의 교환이 필요할 때도 있다. 실제로 합의 형성을 위한 흥정과 타협은 다자간 협상이 성공적으로 타결되고 WTO 체제가 정상적인 기능을 수행하는 데 필수적이다.[13]

물론 합의를 강조하는 것이 항상 바람직한 것은 아니다. 지나친 합의의 강조는 체제의 현상유지적 성향을 강화하는 부작용이 있다. 특히 소수의 강국이 자신들의 의사에 반해 이루어진 결정은 무엇이든 받아들이지 않거나 무시할 것이라고 회원국들이 믿는 상황에서는 더욱 그러하다. 또한 합의에 의한 의사결정 방식을 엄격하게 적용하면 모든 국가가 거부권을 갖는 셈이므로, 아무리 좋은 제안도 결국 모든 회원국이 동의할 수 있는 최소 공통분모의 선을 넘기가 어렵다. 반면 합의방식을 엄격히 적용하지 않는다면 강국에게 과도한 권한을 부여하는 셈이 된다(Jackson, 1990: 23-24).

---

12) 어떤 결정에 어려움이 있는 국가는 그 결정과 관련해 더 큰 이해관계를 갖고 있는 국가를 존중해 잠자코 있는 것이 관행으로 굳어져 있다. 이것은 합의에 의한 의사결정의 관행 그 자체가 경제적 힘을 존중한다는 것을 보여준다(Jackson, 1990: 23).

13) 이러한 협상 전통에 관해서는 이 책의 제7장 참조.

WTO는 합의에 의한 의사결정을 중시하는 GATT의 관행을 여전히 존중함과 동시에 합의에 의한 의사결정이 어렵다고 판단할 때는 의사결정의 신속성과 효과성을 확보하기 위해 투표로 의사를 결정한다.[14] 각료회의에서든 일반이사회에서든 WTO의 모든 투표는 1국 1표의 원리를 따른다. 이런 면에서 WTO는 가중투표방식을 채택하고 있는 IMF나 여타의 국제경제기구와 다르다. 그렇다고 회원국마다의 영향력 차이가 완전히 사라진 것은 아니다(Hoekman and Kostecki, 2009: 68-70).[15] 가장 영향력이 큰 국가군은 두말할 것도 없이 EU, 미국, 일본이다. 2020년 현재 미국에 이어 재정분담률이 두 번째로 높은 중국(10.3%)의 위상도 크게 높아졌다. 그 밖에 브라질이나 인도 등 개도국은 경제규모가 크고 다른 개도국의 대변인으로 행세함으로써 전통적으로 상당한 영향력을 발휘해 왔다. 한편, 소국은 소국이기 때문에 협상그룹의 의장국이 되기도 한다. 강대국들은 서로에게 의장국 지위를 주려고 하지 않기 때문이다. 주요국 또는 그룹이 서로 대치할 때 소국이 중재자 역할을 수행하는 것도 동일한 이유에서이다.

2.3 협정의 수정안 채택방식과 신규가입 협상

「WTO 설립 협정」과 그것에 부속된 다자간 협정의 수정은 합의 또는 회원국

---

14) 여기서 모든 의결 정족수 기준은 우연히 특정 회의에 참석한 회원국을 대상으로 하는 것이 아니라 WTO의 전체 회원국을 대상으로 한다. 투표에 의한 의사결정이 필요한 경우와 각각의 의결 정족수 기준은 다음과 같다(WTO 설립 협정 제10조 1항). 첫째, GATT 1994 제1조, GATS 제2조, TRIPS 협정 제4조에 규정된 최혜국(MFN) 대우 원리와 GATT 1994 제2조의 관세양허 계획서에 대한 수정은 모든 회원국의 만장일치 의결을 필요로 한다. 둘째, 이외의 이슈와 관련해 협정을 수정할 때에는 회원국 2/3 이상의 다수결로 의결한다. 셋째, WTO 협정의 해석, 그리고 어떤 회원국에 대해 WTO 의무면제를 허용하는 결정은 회원국의 3/4 이상의 다수결로 의결한다. 그 밖에 의결 정족수에 관한 특별 규정이 없고 합의에 도달하기 어려울 때에는 원칙적으로 단순 다수결에 따른다.

15) 각 회원국이 갖는 영향력의 크기를 판별하는 데 도움이 되는 요인은 ① 세계무역 점유율, ② 무역의존도 또는 개방도, ③ 국내 시장의 크기 등이다. 그 국가의 무역정책 입장은 무관하다. 자유무역국이라 해서 보호주의적인 국가보다 더 큰 영향력을 갖지는 않는다. 특정적인 이슈의 경우는 그 이슈가 각국에 얼마나 중요한 문제인가에 따라 영향력이 결정된다. 예를 들면 아르헨티나는 작은 교역국이지만 주요 육류 수출국으로서 육류 수출 분야에서 큰 영향력을 갖는다. 또한 상품 특정적인(product-specific) 이슈가 제기될 때에는 문제된 상품 분야에서 각국이 차지하는 교역 점유율의 크기에 따라 영향력이 결정된다. 따라서 특정 상품의 이해관계국 간에 양자간 또는 복수국 간 협상을 진행하는 것은 조금도 이상할 것이 없다.

2/3 이상의 찬성으로 의결하도록 되어 있다. 수정안을 제안할 수 있는 자격과 권한은 회원국 또는 3개의 이사회(상품무역, 서비스무역, 지식재산권 이사회)에 주어져 있고, 수정안에 대한 최종 의결권은 WTO 각료회의가 갖는다. 여기서 제기되는 질문 중 하나가 투표로 수정안을 의결하고 수정안의 내용이 회원국의 권리와 의무를 변경시키는 내용일 때 반대 투표한 회원국도 이 수정안의 구속을 받는지 여부이다. 결론부터 말하자면 반대국은 구속받지 않는다. 이와 관련해 WTO 설립 협정 제10조 3항은 각료회의에서 정한 기간(보통 90일) 내에 수정안을 수용하지 않는 국가가 있을 때는 회원국 3/4 이상의 다수결로 그 국가가 자유롭게 WTO를 탈퇴하도록 요구할 것인지, 아니면 각료회의의 동의에 따라(with the consent of the Ministerial Conference) 새로운 규정의 적용을 받지 않도록 허용할 것인지를 결정한다고 규정하고 있다. 그러나 강대국이 WTO에서 탈퇴하면 WTO의 힘과 지위가 크게 약화될 것임을 감안하면 실제로 이들이 탈퇴를 요구받을 가능성은 낮다. 이는 결국 강대국이 원하지 않는 수정안을 받아들이도록 할 수는 없음을 뜻한다(Hoekman and Kostecki, 2009: 76-78).

한편, 「WTO 설립 협정」 제11조 1항에 따르면 WTO의 창립 회원국 자격(original membership)은 WTO 설립협정과 부속 다자간 협정을 수용하고 GATT 1994 상의 관세양허 계획서와 GATS 상의 개별시장 개방약속 이행계획서를 제출한 GATT 1947의 체약국들과 유럽공동체(European Communities: EC)에 부여된다. 다만 동조 2항에 따라 최빈개도국은 이런 엄격한 조건의 적용을 받지 않는다.

WTO의 신규가입 절차는 GATT 1947 제33조 규정과 차이가 없다. 다만 WTO 신규 가입국에게는 「WTO 설립 협정」뿐만 아니라 GATT 1994, GATS, TRIPS 등과 모든 부속 협정이 당연히 적용된다는 점에 차이가 있다(WTO 설립 협정 제12조).16) 가입절차는 다음과 같은 단계를 거쳐 진행된다(제12조). 우선 가입

---

16) 신규 가입국은 반드시 주권국(sovereign nations)이어야 하는 것은 아니다. GATT 제26조 5항은 종주국(parent country)이 식민지 등 그것에 종속된 관세지역(customs territory)에 대해서 GATT를 수용(accept)한 바 있고, 이후 그 관세지역 내 국가가 독립한 경우에는 과거의 종주국이 후원(sponsor)하기만 하면 GATT의 체약국이 될 수 있다고 규정하고 있다. 이 규정에 따라 가입 협상절차를 거치지 않고 GATT에 가입한 신생 독립국가는 1990년까지 30개에 달했다(Jackson, 1990: 18-19). 대표적인 예가 홍콩이다. 영국의 식민지로서 GATT에 참여해 온 홍콩은 1986년 영국의 후원으로 GATT의 정식 체약국이 되었다. 1997년 홍콩의 중국 반환 이후에도 홍콩에 대해 대외경제관계에서 완전한 자율성을 보장하겠다는 중국의 약속에 따라 홍콩은 여전히 WTO 체약국 지위를 유지하고 있다. 한편, 중국의 반대 때문에 대부분의 국제기구에 참여하

희망국 정부는 가입 희망 의사를 WTO 사무총장에게 서면으로 전달한다. 실제로는 공식적 가입 의사 제출 이전에 관찰국(observer) 지위를 요구하는 것이 보통이다. 신청서가 접수되면 일반이사회는 신청서 검토를 위해 이해관계국으로 이루어진 작업단을 구성한다. 이때 가입 희망국은 자국의 무역체제에 대한 상세한 내용을 문서로 제출해야 한다. 이 문서에 기초해 작업단은 해당국의 무역제도와 정책이 다자간 무역규범에 어느 정도나 부합되는지를 검토한다.

바로 이 단계에서 가입 희망국과 WTO 간에 가장 중요한 협상이 진행되는데, 보통 WTO에 부합되지 않는 무역제한조치의 철폐 또는 그것과 관련된 특별규정의 부과가 협상 쟁점이 된다. 이것이 소위 '입장권 협상(ticket of admission negotiation)'이다(Jackson, 1990: 19). 이 협상에서 상호주의의 달성을 위해 신규 가입국에 부과하는 가입조건은 날이 갈수록 강화되는 추세이다. WTO 가입을 강하게 원하는 국가에는 모든 관세품목의 관세율을 고정할 것, 그것도 현재 적용되고 있는 관세율 수준에서 고정할 것을 요구하기도 하고, 시장개방 약속을 요구하기도 한다. 가입 희망국과 이해관계국 간에 관세협상이 이루어지는 것은 물론이다. 이런 관세협상이 성공적으로 완료되면 작업단은 보고서를 작성하고, 협상된 관세표와 가입을 허용한다는 내용의 의정서 초안을 첨부해 일반이사회에 제출한다. 가입 여부는 기존 회원국 2/3 이상의 찬성으로 의결한다.

한편, 「WTO 설립 협정」 제13조는, GATT 제35조와 마찬가지로, 어떤 국가가 신규로 WTO에 가입할 때 기존 회원국이 그 국가에 대해, 혹은 그 국가가 특정의 기존 회원국에 대해 「WTO 설립 협정」 또는 부속 다자간 협정의 적용을 배제할 수 있도록 허용하고 있다. 흔히 '배제조항(opt-out clause)'이라고 불리는 이 규정을 두는 까닭은 어떤 국가가 정치적 이유로 부득이하게 다른 국가와 WTO에 따른 권리와 의무 관계를 맺는 것을 원하지 않을 때, 이를 강제하는 것은 불합리하다고 보기 때문이다. 이 규정은 GATT 출범 직후 신규가입 승인방식이 만장일치에서 2/3 이상 다수결 방식으로 바뀌면서 도입되었고, 1955년 일본의 GATT 가입 당시 집중적으로 사용되었다. 또한 기존 회원국이 WTO 출범 이전에 GATT 제35조에 따라 배제 권리를 발동해 WTO 출범 시까지 유효하게 지속해 왔으면 그 권리는 계속 인정된다(Jackson, 1990: 19).

지 못하는 대만도 회원자격에 관한 이러한 WTO의 특징으로 인해 Taiwan이라는 이름 대신 Chinese Taipei(中華臺北)라는 이름으로 2002년 WTO에 가입했다.

〈박스 8.1〉 중국의 WTO 입장권 협상

WTO 입장권 협상 중 대표적인 예가 중국이다. 중국은 1947년 GATT 설립에 관여했지만 공산화의 소용돌이 속에서 GATT 체제 밖에 있다가 1982년에야 관찰국 지위를 획득했고, 1986년 1월 10일 공식적으로 가입 의사를 GATT 사무국에 제출했다. 중국의 적극적 협상 노력과 우호적 미중관계 속에 1989년 미중 간 합의가 도출되는 듯했으나, 천안문사태로 국제 여론이 악화되면시 차질이 생겼다. 1995년 WTO 출범 이후에 중국 지도부는 다시 가입협상에 공을 들였다.

여러 회원국과의 협상 중에서도 미국과의 협상이 가장 중요했다. 미국의 입장에서도 중국의 WTO 가입은 중요했다. 미국은 중국의 WTO 가입을 통해 1990년대부터 크게 늘어난 미중 무역적자 해소를 기대했다. 아울러 WTO 가입으로 중국의 정치개혁도 이루어지기를 은근히 기대했다. 천안문사태 이후 4년간 경직됐던 미중관계를 회복하기 위해 1993년 11월 빌 클린턴 대통령은 중국 장쩌민(江澤民) 주석을 미국 시애틀에서 열린 아시아태평양경제협력체(APEC) 정상회의에 초청했고, 양국은 정상회담을 통해 대치국면의 종결을 세계에 알렸다. 5년 뒤인 1998년 6월 클린턴 대통령이 처음으로 중국을 방문하는 등 외교적 노력을 기울인 결과, 1999년 미국과 중국은 WTO 가입에 관한 양자협상을 마무리 지었다 (Lardy, 2001).

미국과의 협상이 끝나자 EU 등 나머지 회원국도 중국의 가입에 우호적인 자세로 돌아섰고, 2001년 9월 17일 WTO는 중국의 가입협상을 마무리 지을 수 있었다. 같은 해 11월 카타르 도하에서 개최된 각료회의에서 중국은 만장일치 의결로 WTO의 공식 회원국이 되었다. 당시 WTO 사무총장이었던 마이크 무어 (Mike Moore)는 중국의 입장권 협상이 마무리되자 "중국의 가입에 따라 WTO는 진정한 의미의 세계적 기구가 되는 데 한 발짝 다가섰다 … WTO의 법치주의는 세계 경제협력에서 중심적인 역할을 할 것"이라고 환영했다.

WTO 입장권 협상에서 중국이 약속한 주요 내용은 다음과 같다. ① 모든 WTO 회원국은 무차별원칙과 내국민대우원칙의 적용을 받는다. ② 국내 판매용 상품과 수출용 상품 간에 적용되던 이중가격 표시를 포함한 차별대우를 폐지한다. ③ 자국 산업 및 서비스 제공자를 보호하기 위한 수단으로 가격통제를 사용하지 않는다. ④ 현존하거나 향후 도입되는 법과 규제는 WTO 협정과 일치시킨다. ⑤ 가입 이후 3년 이내 모든 기업은 일부 예외를 제외한 모든 관세 영역에서 무역을 할 수 있는 권리를 가진다. ⑥ 농산물에 대한 수출보조금을 유지하거나 새로이 도입하지 않는다.[17]

얼마 전까지만 해도 중국의 WTO 가입을 연착륙이라고 평가하는 의견이 지배적이었다. WTO 가입으로 세계무역에서 중국이 차지하는 비중이 비약적으로 증가했을 뿐만 아니라 중국의 시장개방이 전 세계의 무역자유화 기조에 일조하기도 했다. 동시에 중국 무역정책에 대한 국제무역규범 체제의 규제와 감시도 강화되었다. 확실히 중국은 더 개방적이고 시장지향적인 경제로 변신했다. 2021년 1월 기준 중국이 WTO에 제소된 사안은 45개로, 그중 23건이 종결되었다. 중국은 WTO의 판결을 존중하고 진지하게 이행하려는 태도를 보여왔으며, 제소국이 중국의 분쟁해결기구 권고사항 이행에 불만을 품고 보복을 신청한 예는 아직 없다. 중국은 판결에 패하더라도 분쟁해결기구의 결정문을 비교적 잘 준수해 왔다.[18]

그럼에도 중국에 대한 우려는 점점 커지고 있다. 크게 다음의 세 차원으로 나누어 살펴볼 수 있다.

첫째, 중국의 가입협상 당시 논의되었던 시장경제지위(market economy status: MES)의 해석과 적용을 둘러싼 논란이다. 2001년 가입 당시 중국은 MES를 부여받지 못했다. 그에 따라 반덤핑 및 상계관세 조사 시 대체국의 상품가격(prices in third countries)을 적용받았다. 제10장에서 설명하는 바와 같이 반덤핑관세 부과를 위한 덤핑마진의 산정기준이 되는 가격이 수출국 국내의 정상가격이다. 비시장경제에서는 사실상 국가가 생산을 담당하기 때문에 정상가격을 제대로 파악할 수 없다. 따라서 수입국은 반덤핑 조사 시 시장경제지위를 갖는 제3국의 동종 상품가격을 대체가격으로 사용해 비시장경제지위국의 수출품에 대해 고율의 반덤핑 관세를 부과할 수 있다. 또한 중국산 수출품은 중국의 WTO 가입 후 12년 동안 특별잠정세이프가드(Special Transitional Safeguard Mechanism)를 적용받았다. 즉 다른 WTO 회원국은 자국 시장을 교란하는 중국산 제품에 일반적으로 적용되는 것보다 더욱 강력한 세이프가드 조치를 취할 수 있었다. 중국은 WTO 가입의정서 제15항에 따라 가입 후 15년이 지난 2016년 12월 11일부터 자동적으로 MES가 부여된다고 주장하며 미국과 EU가 중국산 제품에 부과한 반덤핑 관세를 2016년 12월 WTO에 제소했다. 그러나 중국 경제에서 국영기업이 차지하는 비

---

17) 자세한 내용은 WTO 홈페이지 참조(https://www.wto.org/english/news_e/pres01_e/pr243_e.htm).

18) https://www.wto.org/english/tratop_e/dispu_e/dispu_by_country_e.htm 참조.

중이 여전히 높고 각종 산업에 주는 보조금도 많아 분쟁해결 패널이 중국의 MES를 인정하지 않을 것이 확실시되자 중국은 2019년 6월 돌연 소송을 취하했다(강동균, 2019).

둘째, 중국 정부로부터 막대한 보조금과 편의를 제공받는 국영기업의 불공정 무역관행이 논란이 된다. GATT 제17조는 국영기업의 투명성 확보를 위해 무차별원칙의 준수, 통보 의무 등을 부과한다. 회원국은 다른 회원국들이 대응하기 쉽도록 모든 보조금을 공식 발표할 의무가 있다. 그러나 중국은 그렇게 하지 않고 있다. 대부분의 보조금이 저금리 대출, 사회간접자본 지원, 다른 국영기업으로부터의 지원 형태를 취하기 때문에 따로 보고하기 어렵거나 그럴 필요가 없다는 이유를 내세운다. 제13장에서 다루는 바와 같이 WTO의 경쟁정책 규범이 확립되지 않은 상황에서 그 위법성 여부를 다투는 것이 쉽지 않지만, 차별적인 인허가 처리 등 국영기업에 대한 중국 정부의 편파적 조치 역시 중국이 2001년 가입 당시에 WTO에 한 약속을 은연중에 위배하는 것이라는 평가를 받는다(The Economist, 2018a, 2018b).

하지만 중국이 실제로 의무 위반으로 제소되는 경우는 드물다. 충분한 증거를 확보하기가 어려울 뿐더러 그런 증거 확보에 협조하는 외국 기업은 중국 정부의 보복을 염려하기 때문이다. 중국의 관행을 제대로 통제하기가 어려운 것은 무엇보다 국영기업과 보조금에 대한 WTO 규범이 미흡하기 때문이다. 미국, EU, 그리고 일본을 중심으로 새로운 규범 형성을 위해 독자적인 움직임을 보이는 것도 이 때문이다. 대표적으로 환태평양 경제 동반자 협정(TPP)은 국영기업 챕터를 따로 두고 규제대상이 되는 정부의 지원조치, 소위 비상업적 지원(non-commercial assistance: NCA)을 구체적으로 정의하고 나열한다(이재민, 2016).[19]

셋째, 중국과 서구 선진국들은 지식재산권 분야에서 갈등을 표출하고 있다. 2018년 3월 미국 정부는 중국의 특허권 침해와 불공정 기술이전 계약 등 이른바

---

19) 2020년 1월 미국, EU, 일본 3국이 WTO 보조금 규정의 강화 방안을 담은 공동성명을 발표한 것도 같은 맥락이다. 이들은 '공공기관'에 '국영기업'을 명시적으로 포함하고 보조금 공여국의 통보 의무 불이행에 대한 제재 규정을 신설할 것과 더불어 다음의 네 가지 유형의 보조금을 「보조금 및 상계조치 협정」의 금지보조금에 포함할 것을 요구했다: ① 무제한적 신용보증, ② 신뢰할 만한 구조조정 계획이 없음에도 부실기업에 제공되는 보조금, ③ 공급과잉 분야 또는 상업적 재원으로부터 장기 융자나 투자를 확보할 능력이 없는 기업에 제공되는 보조금, ④ 직접적인 부채 탕감 등이 그것이다. 또한 동 협정에 따른 조치가능보조금에 관하여 분쟁해결기구에 제소할 때 제소국의 입증 책임을 경감해야 한다고 주장했다(정현진, 2020).

'지식재산권 도둑질' 관행을 WTO에 제소했다. 미국은 특허 사용계약이 종료된 미국 특허기술을 중국 기업이 계속 사용하고 중국 정부가 이를 방치하는 것은 미국 특허 보유권자의 권리를 침해하는 것이라고 주장해 왔다. 같은 해 5월 미국은 지식재산권 보호를 이유로 중국으로부터 수입되는 500억 달러 상당의 '산업적으로 중요한 기술을 내재하고 있는' 물품에 대해 25%의 관세를 부과하겠다고 발표하기도 했다. 유럽연합도 마찬가지다. 2018년 6월 1일 EU 집행위원회는 TRIPS 협정과 지식재산권 관련 기타 협정을 위반했다는 이유로 중국을 WTO에 제소했다(제12장 참조). 중국 정부는 자신을 표적으로 하는 많은 비판이 근거가 없다고 주장한다. 예를 들어 중국 정부가 공식적으로 외국 기업으로 하여금 중국 기업에 기술을 이전하도록 강요하지는 않는다는 것이다. 중국 정부의 반론에도 불구하고 '보이지 않는' 국가권력이 급속히 팽창함에 따라 중국에서의 시장주의는 눈에 띄게 후퇴하고 있다. 중국에 진출한 외국 기업은 중국 기업에 대한 기술이전을 일상적으로 강요받고 있다고 이구동성으로 말한다.

중국이 초심으로 돌아가 규범에 근거한 국제무역체제의 성실한 구성원이 되기를 바라는 것은 미국이 국제규범에 따라서만 행동하기를 바라는 것만큼이나 순진한 기대인지 모른다. 중국이 WTO에 가입한 지 20년밖에 지나지 않았음에도 중국을 아예 퇴출시켜야 한다는 주장이 나오는 이유이다. 미국의 저명한 경제·금융 저널리스트로 *Wall Street Journal*의 경제 부문 수석논설주간인 그레그 입(Greg Ip)은 2018년 8월 22일자 칼럼에서 미국이 WTO에 남아 있기 위해서는 중국이 WTO를 떠나야 할지도 모른다고 주장했다. 그는 특히 체약국단이 어느 회원국의 이익이 심각하게 무효화 또는 침해되었다고 판단하면 피제소국에 대한 양허 또는 그 밖의 의무의 적용을 정지시킬 수 있고, 동 피제소국은 자발적으로 탈퇴 절차를 밟을 수 있도록 한 GATT 제23조(무효화 또는 침해)를 들어 중국을 퇴출시킬 수 있다는 일부 학자들의 견해에 주목한다. 그러나 WTO에서 자발적으로 탈퇴한 국가는 아직 없다. 추방된 국가는 더욱이 없다. 제23조에 따른 제소는 엄청난 시간이 걸릴 것이고, 결과가 어떻게 나오든지 국제무역체제에 큰 상처를 남길 수밖에 없다.

따라서 '중국 탈퇴 협상'은 현실적인 대안이 아니다. 중국에 또래집단 압력(peer pressure)을 가하고 위신비용(reputation cost)을 안길 수는 있겠으나 세계 최대의 무역국인 중국이 없는 WTO가 꼭 바람직한 것은 아니다. 2001년 이후 세계경제에서 중국의 비중이 비약적으로 커지는 등 상황이 많이 달라졌기 때문이다.

보다 현실적인 대안은 중국을 최대한 설득하면서 중국과 같이 WTO를 개혁해나가는 것이다. 다행히 중국도 이런 인식을 갖고 있는 것으로 보인다. 2018년 7월 EU를 만난 중국은 WTO 개혁을 위해 협력하기로 했다. 미국, EU, 일본을 중심으로 WTO 개혁 논의도 시작되었다(The Economist, 2018a, 2018b). '중국용의 목에 방울달기(Belling the Chinese Dragon)'라는 어렵지만 피할 수 없는 과제에 WTO의 미래가 달려 있다고 해도 과언이 아니다.

3. WTO와 분쟁해결

WTO의 가장 중요한 기능은 두 가지로 요약된다. 하나는 회원국의 호혜적 이익을 위해 무역자유화 협상의 장을 제공하고 이를 지원하는 일이고, 다른 하나는 체결된 무역협정이 회원국의 의무 회피, 위반, 권리의 남용으로 훼손되지 않도록 함으로써 협정의 실효성을 확보하는 일이다. 분쟁해결절차와 무역정책 검토제도의 역할은 후자에 해당한다. 이 절에서는 GATT 체제에서보다 훨씬 강화된 WTO의 분쟁해결절차를 개관하고 그 의의를 평가한다. 회원국의 무역정책과 관행의 투명성 확보를 위한 무역정책 검토제도는 다음 절에서 다룬다.

3.1 GATT의 분쟁해결절차

1947년 출범 초기부터 제기된 GATT의 가장 큰 문제는 무역분쟁 해결을 위한 제도적 장치와 절차가 갖추어지지 않았다는 것이었다. GATT는 무역분쟁이 발생할 때마다 잠정조치를 취하는 등 임기응변으로 대응했다. ITO 초안과는 달리 GATT에는 중재(arbitration)에 관한 아무런 규정도 없었고, 국제사법재판소(International Court of Justice: ICJ)에 제소 가능 여부에 대한 언급도 없었다. GATT 협정문상 분쟁해결절차와 관련된 규정이라고는 당사국 간 협의 의무를 규정한 제22조, GATT 체약국단에 분쟁의 해결을 요구할 수 있는 요건과 그에 대한 시정조치를 규정한 제23조만 있었다. 이 조문들은 법 절차적 관점에서 볼 때 매우 느슨한 규정이었다.[20] 이런 제도적 제약 아래에서 GATT는 양 조문의 정신에 입각해 협의와 합의(consultation and consensus)에 의한 분쟁해결을 모색할 수밖에 없었다(Hoekman and Kostecki, 2009: 90-92).

　　GATT 사상 최초의 분쟁은 1948년 GATT 제2차 회의에서 제기되었다. 미국은 쿠바의 섬유 수입규제를 문제 삼아 제소했고, 이 문제를 다루기 위한 최초의 작업단이 설치되었다. 이 작업단은 캐나다, 인도, 네덜란드, 쿠바와 미국 대표로 구성되었고, "사실적 증거에 비추어(in the light of the factual evidence)" 조사하고 체약국단에 "실용적인 해결방안(practical solution)"을 건의할 임무를 부여받았다. 다행히 3일간의 작업단 회의가 계속되는 동안 미국과 쿠바는 협의로 문제를 해결했다. 그러나 이 과정에서 작업단은 협상의 장을 제공하는 것 외에 별다른 역할을 하지 못했다. 작업단이 기능하지 못한 까닭은 분쟁사안에 대해 객관적 결론에 도달하는 것을 목표로 삼는 제3자 조사(third-party investigation) 방식이 아니라, 분쟁 당사국이 참여하는 회의에서 논의와 협상을 통해 분쟁의 원인을 해소하는 데 치중했기 때문이다. 더 나아가 여타 국가의 작업단 대표들이 독자적으로 작업단에 참여해 객관적 의견을 제시하는 것이 아니라 외교적 고려를 중시하는 자국 정부의 지시에 따라 움직일 수밖에 없었던 사정도 작업단 방식의 효과성을 떨어뜨렸다(Trebilcock, Howse, and Eliason, 2013: 173).

　　작업단 구성을 통한 분쟁해결 방식의 한계를 인식한 GATT 체약국단은 1952년 제7차 회의를 계기로 패널(panel) 방식을 도입했다. 패널 절차의 도입으로 GATT는 중대한 변신을 꾀할 수 있었다. 작업단과는 달리 패널 방식의 경우 우선 당사국의 참여가 배제된 것은 물론이고, 미국과 영국 등 주요 교역국의 자동적 참여도 더 이상 보장되지 않아 GATT가 독자적 영향력을 발휘할 수 있는 공간이 확보되었다. 이는 GATT의 분쟁해결이 협의를 통한 문제해결 방식에서 제3자 재결(裁決, adjudication)을 통한 방식으로 이행되었음을 의미한다. 그러나 GATT의 제3자 재결방식은 회원국의 호응을 얻지 못했다. 1960년대 패널 설치는 겨우 6건에 불과했으며, 특히 1963-1970년 기간 중에는 한 개의 패널도 설치되지 않았다. 이 시기 대부분의 회원국은 여전히 협의를 통한 문제 해결을 선호했다

---

20) 제22조는 분쟁의 소지가 있을 경우 쌍방이 합의와 화해로 문제를 해결할 것을 종용하는 선을 넘지 못했다. 제23조는 분쟁당사국 간 협의를 권장하고 이 협의가 성립하지 못한 경우에 체약국단이 어디까지나 합의에 기초해 분쟁 당사국의 일방에 적절한 조치를 취하도록 권고하거나 해당 문제에 대해 결정(ruling)을 내리도록 규정할 뿐이었다.

(Trebilcock, Howse, and Eliason, 2013: 173).[21]

1960년대와는 달리 1970년대에는 패널 절차를 이용하는 사례가 많아졌다. 도쿄라운드를 계기로 미국이 비관세장벽의 급증으로 인한 무역체제의 교란과 후퇴를 막아보려 했기 때문이다. 도쿄라운드에서 미국은 패널 절차를 좀 더 구체화하고 패널 판정의 신뢰성을 높임으로써 패널을 분쟁해결의 주된 수단으로 활용할 것을 제안했고, 여기에 다수의 회원국이 동의했다. 이에 따라 1979년 도쿄라운드에서 회원국은 「통보, 협의, 분쟁해결, 감시에 관한 양해각서(Understanding on Notification, Consultation, Dispute Settlement and Surveillance)」를 채택했다. 뿐만 아니라 각종 비관세장벽과 관련된 복수국간 규약에도 분쟁해결절차에 관한 규정을 포함했다. 다만 분쟁해결 시한을 설정하는 등 패널의 기능을 강화하려는 미국의 시도에 EEC가 강력하게 반대해 성사되지 못했다. 이후 일부 개선이 이루어지긴 했지만 어떤 회원국은 그것이 지나치게 까다롭다는 이유로, 또 다른 회원국은 그것이 지나치게 무력하다는 이유로 여전히 불만을 가졌다. 특히 1980년대를 거치면서 패널 보고서가 부결되는 사례가 증가함에 따라 GATT의 실효성에 대한 비판과 함께 개혁 요청이 거세졌다.[22] 따라서 우루과이라운드에서 GATT 체약국은 본격적으로 분쟁해결절차를 손질하게 되었고, 이 협상을 통해 분쟁해결 규칙과 절차에 관한 양해각서가 탄생했다(Trebilcock, Howse, and Eliason, 2013: 174).[23]

---

21) 1960년대에 회원국이 법적 절차에 의한 분쟁해결을 기피한 이유로 크게 세 가지를 들 수 있다. 첫째, GATT 규정이 비현실적이라는 회원국의 인식이 있었다. 둘째, 이 시기에 주요 교역국으로 등장한 EEC, 일본, 개도국이 자국의 산업정책에 대한 간섭을 우려해 GATT 조문의 엄격한 해석과 적용을 기피했다. 셋째, 케네디라운드 이후 비관세장벽 및 부문별 관리무역의 확산에도 불구하고 GATT의 분쟁해결절차는 이런 새로운 유형의 문제에 효과적이지 않다는 인식이 강했다(Trebilcock, Howse, and Eliason, 2013: 173-74).

22) 예를 들면 ① 분쟁해결절차가 예측 불가능하고 무효화 또는 침해 등의 개념이 모호해 분쟁해결에 도움이 되지 못한다는 것, ② 분쟁해결 과정의 모든 단계에서 지체가 심하다는 것, ③ 패널 부고서 채택을 위한 이사회의 합의를 도출하기 어렵다는 것, ④ 보고서가 권고하는 시정조치를 해당국이 이행하도록 강제하는 데 한계가 있다는 것, ⑤ 약소국은 비록 분쟁국에 대해 보복조치를 취하도록 승인을 받더라도 실제 이행은 불가능한 반면, 강대국은 강대국대로 위신비용 때문에 보복조치의 발동을 꺼린다는 것 등의 문제가 지적되었다.

23) GATT의 분쟁해결절차는 수많은 불만과 비판에도 불구하고 대체로 원활하게 작동해 왔다는 평가를 받는다. 예를 들어 1947-1985년간에 제기된 모든 분쟁사례를 분석해 보면 분쟁이 제기된 시점으로부터 시정조치가 취해질 때까지 걸린 기간은 평균 2년이었으며, 단지 10건만이 2년

3.2 WTO 분쟁해결절차의 의의

3.2.1 사전협의 및 패널의 설치

WTO의 분쟁해결 양해각서는 「WTO 설립 협정」을 비롯해 상품무역(GATT 1994), 서비스무역(GATS), 지식재산권(TRIPS) 협정과 관련된 모든 분쟁, 그리고 복수국간 협정에 일반적으로 적용된다.[24] 다만 동 양해각서의 부속서 2에는 WTO의 일반적 분쟁해결절차의 적용이 배제되는 7개의 협정과 1개의 각료결정이 열거되어 있다.[25] WTO의 모든 다자간 및 복수국간 협정과 관련해 제기되는 분쟁은 관련 협정이 예외적인 규정을 두고 있는 경우를 제외하고는 WTO의 분쟁해결기구(Dispute Settlement Body: DSB)가 처리한다. DSB는 패널의 설치, 패널 보고서의 채택, 패널의 권고나 재결 사항의 이행에 대한 감시, 보복조치의 승인 등 폭넓은 권한을 가진다. DSB는 모든 회원국의 대표로 구성되며 의사결정은 일반

을 초과했다. 1948–1989년에 제기되었던 GATT 분쟁해결 사례를 분석하면 더욱 흥미로운 결과가 나온다. 우선 총 분쟁건수의 50% 이상이 1980년대 이후에 제기되었고, 총 분쟁건수 중 88%가 성공적으로 타결되었는데, 이 비율은 1980년대에 다소 저하되긴 했으나 시정조치의 이행률은 81%로 비교적 높았다. 분쟁 당사국을 분류해 보면 총 분쟁건수의 73%가 미국, EEC 및 그 회원국, 캐나다, 호주에 의해 제기되었고, 미국, EEC 및 그 회원국, 캐나다, 일본이 피제소국이 된 건수는 83%에 달했다. 미국, EEC와 그 회원국이 분쟁 당사국이 된 사례가 무려 전체의 92%에 달해 GATT 분쟁해결절차가 주로 선진국에 의해 이용되었음을 잘 보여준다. 한편, 분쟁 내용을 분류해 보면 총 분쟁건수 중 비관세장벽 관련이 52%, 관세와 관련된 것이 21%, 보조금과 관련된 것이 16%, 반덤핑 및 상계관세 관련 사항이 10%로 나타났다. 1950년대에는 단지 23%만이 농업 관련 조치 사항이었으나, 1960–1984년에는 이 비율이 50%로 상승했고, 이 중 대부분이 EEC의 공동농업정책 관련 사항이었다. 끝으로 패널 결정의 이행률을 보면 농업과 비농업 부문 간에 별 차이가 없으나, 국가별로 보면 역시 미국의 이행 성적이 가장 저조했다(Trebilcock, Howse, and Eliason, 2013: 176–77).

24) 복수국간 협정은 각 협정을 수락한 국가가 일반 절차를 따를 것인지 특별 절차를 따를 것인지 결정하도록 되어 있다. 이런 면에서 WTO는 일응(*prima facie*) 통일된 분쟁해결 메커니즘을 갖춘 것으로 평가된다. 그 결과 도쿄라운드에서 체결된 각종 다자간 규약이 별도의 분쟁해결 절차를 둠으로써 야기되었던 '법정지 선택(forum shopping)' 현상이 크게 완화되었다.

25) 이는 다음과 같다: ① 「위생 및 식물위생 조치 협정」 제11조 2항, ② 「섬유 및 의류 협정」 제2조 등, ③ 「무역기술장벽 협정」 제14조 2항 등, ④ 「반덤핑 협정」 제17조 4항 등, ⑤ 「관세평가 협정」 제19조 3항 등, ⑥ 「보조금 및 상계조치 협정」 제4조 2항 등, ⑦ GATS 제22조 등, ⑧ GATS의 분쟁해결절차에 관한 각료결정(Decision on Certain Dispute Settlement Procedures for the GATS). 동 각료결정에는 WTO 분쟁해결절차에 우선하는 또는 추가적 규칙과 절차가 별도로 규정되어 있는데, 이런 경우에는 각 협정상 특별 규칙과 절차가 우선적으로 적용된다(양해각서 부속서 2).

적으로 합의에 의한다. 관행적으로 DSB에는 참여를 원하는 국가만 참여하며, 불참한 국가는 반대 의사표시를 하지 않은 것으로 간주된다. WTO 일반이사회는 분쟁해결기구로서 의무를 수행하기 위해 필요할 때마다 개최된다. 즉 분쟁해결을 위해 개최된 WTO 일반이사회가 WTO DSB인 것이다(Trebilcock, Howse, and Eliason, 2013: 180-82).

양해각서 제3조는 WTO 분쟁해결절차가 따라야 할 일반원칙(general provisions)을 다음과 같이 규정한다.26) 분쟁해결절차는 먼저 분쟁당사국이 양자간 협의를 통해 상호 수용할 만하고 관련 협정에 부합되는 문제해결 방안을 모색할 것을 요구한다. 만일 분쟁 당사국 쌍방이 협의를 통해 문제를 해결하지 못할 때에는 관련 협정에 위배되는 조치의 철회(withdrawal)를 최우선 목표로 한다. 보상(compensation)의 제공은 문제가 된 조치의 즉각적 철회가 현실적으로 불가능한 경우 그것의 철회를 전제로 요구할 수 있다. 같은 이유로 보복조치는 어디까지나 다른 해결책이 없을 때 고려할 수 있는 최후의 수단으로서 반드시 DSB의 승인을 얻어서 취해야 한다.27)

WTO 분쟁해결절차는 어떤 회원국이 관련 협정상의 의무를 위반한 결과, 다른 회원국의 협정상 기대이익이 무효화 또는 침해된 경우에 이 국가에 대해 이유를 명시해 협의를 요청하는 방식으로 개시된다(양해각서 제4조). 이때 협의 요청국은 협의를 요청한 사실을 DSB 및 관련 이사회와 위원회에 통보해야 한다. 만일

26) 이들 일반원칙은 WTO가 분쟁 당사국 간의 협의를 통한 원만한 문제 해결을 추구해 온 GATT의 관행을 여전히 중시하고 있음을 보여준다. 이런 측면에서 WTO는 GATT 체제 아래서 형성된 '합의 관행(practice of consensus)'을 좀 더 명확히 정의했을 뿐만 아니라 중요한 의사결정에서 반드시 존중되어야 할 법 절차로 그 지위를 격상시켰다고 볼 수 있다(Jackson, 1994: 66). 당사국 간 협의를 통한 문제 해결을 촉진하기 위해 WTO 분쟁해결절차에는 WTO 사무총장으로 하여금 알선(good offices), 조정(conciliation), 중개(mediation) 노력을 기울이도록 하는 규정이 추가되었다. 특히 분쟁에 최빈개도국이 관여되었을 때 사무총장이 원만한 문제 해결을 적극 주선해야 한다는 특별한 의무를 지우고 있다(양해각서 제24조). WTO 사무총장의 알선, 조정, 중개 노력은 협의가 원만히 성립되지 못해 패널이 선치되고 절차가 진행되고 있는 동안에도 계수될 수 있다.

27) 다만 '보복조치'라는 표현은 WTO의 협정문 어디에도 없다. WTO 분쟁해결절차에서 '양허 및 기타 의무의 정지(suspension of concessions and other obligations)'라고 표현되어 있을 뿐이다(GATT 제23조 및 양해각서 제22조). 이것은 WTO가 GATT와 마찬가지로 협의와 합의를 중시하는 관행을 따르고 있기 때문이다. 그러나 보복조치라는 표현이 일상적으로 사용되고 있으므로 이 책에서도 편의상 이를 따르기로 한다.

협의를 요청받은 국가가 30일(또는 양국이 합의한 기간) 안에 이 요청을 받아들여 공식적으로 협의에 들어가지 않을 때에는 협의 요청국은 곧바로 패널의 설치 (establishment of a panel)를 요구할 수 있다(양해각서 제4조 3항). 또한 양자간 협의가 개시되었으나 60일 안에 분쟁 당사국이 원만한 합의에 도달하지 못한 때에는 당연히 패널의 설치를 요구할 수 있다(양해각서 제4조 7항). 이때 DSB는 합의에 의해 그리하지 않기로 결정하지 않는 한 반드시 패널을 설치해야 한다.[28]

양해각서 제6조의 규정에 따라 패널이 설치되면 패널은 "○○협정의 ○조의 규정에 따라 … DSB에 회부된 사안을 검토하고, DSB가 권고나 재결을 내리는 데 도움을 주기 위한 사실을 조사한다"는 취지의 참조사항(terms of reference)을 결정한다(제7조 1항).[29] 이것은 패널 작업의 지침이라 할 수 있으며 도중에 수정할 수 없다.[30]

패널 설치에서 가장 어려운 문제는 3명의 패널리스트(panelists)의 선정이다.[31] 패널리스트는 분쟁사안에 대해 독립적인 위치에서 판단을 내릴 수 있는 인사로서, 국제무역 문제에 정통하고 과거 GATT에 정부대표로 참여 또는 WTO 산하기구에서 일한 경험이 있거나 무역정책 및 무역법을 전공하는 학자 또는 실무가여야 한다(양해각서 제8조 1항과 2항).[32] WTO 사무국은 평상시에 회원국의 정부

---

28) 예외적으로 부패하기 쉬운 물품과 관련된 문제가 발생하면 좀 더 신속하게 협의절차를 진행시킬 수 있다. 또한 분쟁당사국 외의 제3국도 상당한 이해관계를 갖고 있다고 인정되면 협의에 참여할 수 있다(제4조 8항).

29) 원문은 다음과 같다: "To examine, in the light of the relevant provisions in (name of the covered agreement(s) cited by the parties to the dispute), the matter referred to the DSB by (name of party) in document … and to make such findings as will assist the DSB in making the recommendations or in giving the rulings provided for in that/those agreement(s)."

30) 보통의 경우 이상과 같은 표준 참조사항이 사용되나 당사국이 달리 결정할 수도 있다. 이때 분쟁당사국은 패널이 특별한 참조사항에 따라 작업을 진행시킬 것을 요구할 수도 있다. 예를 들어 자신의 입장을 강화하기 위해 패널 검토 대상 이슈의 범위를 국한하는 것과 같다. 이때 모든 회원국은 특별 참조사항에 대해 이의를 제기할 수 있다(제7조 3항).

31) 패널은 3명 혹은 5명의 패널리스트로 구성되는데, 패널 설치 후 10일 이내에 분쟁 당사국이 패널리스트의 수를 5명으로 합의하지 않는 한 3명으로 구성된다. 패널의 구성은 모든 회원국에 즉각 통보되어야 한다(제8조 5항).

32) 분쟁 당사국이 따로 합의하지 않는 한, 분쟁 당사국이나 실질적 이해관계(substantial interest)에 따라 분쟁에 참여하기로 한 제3국(third party)의 국민은 패널리스트로 참여할 수 없다(제8조 3항).

및 비정부 인사를 파악해 패널리스트 명부를 작성해 두고 있으나 그 수급에 많은 어려움을 겪고 있다. 패널리스트가 선정되면 사무국은 분쟁 당사국에 그 수락 여부를 물어야 한다. 패널 설치 후 20일이 경과한 시점까지 패널리스트 선정에 합의가 이루어지지 않으면 WTO 사무총장이 10일 이내에 패널리스트를 지명한다(양해각서 제8조 7항). 개도국과 선진국이 분쟁 당사국일 때 개도국의 요청에 따라 최소한 1명의 패널리스트를 개도국 인사로 위촉할 수 있다(양해각서 제8조 10항).

WTO의 패널 절차는 기본적으로 GATT 1947의 관행을 따르되, 그 결정이 훨씬 신속하게 이뤄지고 좀 더 강력한 구속력을 갖게 되었다. 패널은 분쟁 당사국, 전문가, 이해관계자 등으로부터 각종 정보와 자료를 수집해 분석한다. 필요시 제3국 인사로 구성되는 전문가 검토그룹(Expert Review Group)으로 하여금 보고서 작성을 요구할 수도 있다(양해각서 제13조). 패널 과정의 지체를 막기 위해 양해각서는 패널 설치 후 최장 6개월(긴급한 경우 3개월) 이내에 패널 보고서를 작성하도록 시한을 설정했다. 물론 예외적으로 연장도 가능하나 어떤 경우에도 9개월을 넘길 수 없다(양해각서 제12조). 패널의 심의는 비공개로 진행되며 패널 보고서에 포함될 개별 패널리스트의 의견은 익명으로 한다(양해각서 제14조).

패널 보고서에는 패널이 발견한 사항과 의견에 대한 이유가 명시되어야 한다(양해각서 제11조). 패널 보고서는 차후 관계 규정의 해석에 대한 지침 또는 사실상의 판례로 사용되기 때문이다. 패널 운영에서 가장 큰 문제는 패널리스트들이 상호 합치된 결정을 내려주기를 바라는 압력이 크게 작용한다는 점에 있다. 이로 인해 이해하기 어렵고 명료성이 떨어지는 보고서가 나오는 경우가 많다.

패널 보고서가 공식적으로 DSB에 제출되기 전에 그 초안의 설명 부분은 당사국에 회람되어야 한다. 분쟁 당사국은 이에 대해 서면으로 의견을 제출할 수 있다. 이를 패널의 중간검토(interim review)라고 하는데, 패널 결정을 감안해 분쟁 당사국이 원만하게 합의하기를 바라는 뜻에서 이런 단계를 두고 있다(양해각서 제15조). 당사국의 의견 표명이 없으면 패널 보고서는 확정된다. 이 단계를 거치고 나면 패널 보고서는 DSB에 보고된다.

WTO 분쟁해결절차에서 가장 크게 변화된 부분이 바로 패널과 상소기구 보고서의 채택방식이다. 우선 분쟁에 참가하는 회원국 모두가 보고서 내용을 충분히 검토할 수 있도록 DSB에서 패널 보고서의 채택 여부는 회람 개시 후 20일이

지나야 결정할 수 있다. 패널 보고서에 이의가 있는 회원국은 서면으로 의견을 제출할 수 있으며, 분쟁 당사국도 DSB에 의한 패널 보고서 검토의 전 과정에 참여해 의견을 밝힐 수 있다. 이런 과정을 거쳐 DSB는 패널 보고서 채택을 위한 의사결정 단계에 들어가는데, 분쟁의 일방 당사국이 DSB에 공식적으로 상소 의사를 통보하거나 DSB가 합의에 의해 패널 보고서를 거부하기로 결정하지 않는 한 동 보고서는 회람 개시 이후 60일 이내에 자동적으로 채택된다(양해각서 제16조).

역총의(逆總意) 방식의 의사 결정은 WTO 도입으로 가장 크게 변한 부분 중 하나이다. GATT의 분쟁해결절차에서 패널 보고서의 채택을 위해서는 일반이사회에 참여한 모든 체약국의 합의가 있어야만 했다. 그러나 WTO에서는 "분쟁 당사국이 공식적으로 상소의사를 밝히거나 모든 DSB 참가 회원국이 합의에 의해 패널 보고서 채택에 반대하지 않는 이상(unless a party to the dispute formally notifies the DSB of its decision to appeal or the DSB decides by consensus not to adopt the report)" 자동 채택되도록 바뀌었다(양해각서 제16조 4항). 이를 네거티브 합의(negative consensus) 또는 역총의 방식이라고 한다. 이에 따라 WTO의 분쟁해결절차는 분쟁 당사국 일방이 패널의 설치 또는 패널 보고서 채택을 가로막을 수 있는 가능성을 원천적으로 봉쇄했고, 패널 보고서가 채택되지 않을 가능성도 거의 사라졌다.[33] 패널 절차 단계마다 시한을 설정하고, 패널 보고서가 DSB에 접수된 때로부터 채택 시점까지의 기간이 60일을 넘지 않도록 해 신속한 절차도 보장한다.[34]

3.2.2 상소기구의 설치와 운영

WTO 분쟁해결절차는 패널의 권한을 강화하고 패널 보고서 채택 방식을 바꾸어 패널 보고서의 효력을 강화함과 동시에 상소검토(appellate review) 절차를 두고 있다. WTO가 상소 절차를 신설한 것은 이를 통해 패널의 법적 해석에 이의가 있는 회원국에 재심의 기회를 주는 대신 훨씬 강화된 패널 절차의 엄격한

---

33) DSB가 패널 보고서의 채택여부를 결정하는 과정에는 분쟁 당사국도 참여하므로 동 보고서에 불만인 당사국은 채택에 반대할 것이다. 그러나 다른 참가 회원국이 모두 이에 동조하지 않는 한 당사국의 거부권은 아무런 효력을 갖지 못하게 된다.

34) 물론 분쟁당사국 일방이 상소의사를 통보한 경우에는 상소가 종결될 때까지 DSB는 패널 보고서를 채택할 수 없다.

운용을 방해하지 못하도록 하기 위해서였다(Hoekman and Kostecki, 2009: 89-90).

〈표 8.1〉 분쟁해결절차 기간

60일	협의(협의 요청 수령 후 30일 이내 협의 개시)
35-45일	패널 설치 요청(협의 실패 시 15일 이내), 패널 설치 및 패널 구성(20-30일)
6개월(긴급한 경우 3개월, 최대 9개월)	분쟁 당사국과 제3자에게 패널 보고서 제출
14일	WTO 회원국들에 최종 패널 보고서 회람
60일	DSB가 패널 보고서 채택
총합 = (상소가 없을 경우) 1년(최대 1년 3개월)	
60-90일	상소 보고서 제출
30일	DSB가 상소 보고서 채택
총합 = (상소할 경우) 1년 3개월(최대 1년 7개월)	
30일	DSB 권고 및 재결에 대한 이행계획 보고(패소국)
합리적 기간	이해계획 존재여부 또는 협정상 의무와의 합치 여부에 대한 의견이 일치하지 않을 경우 패널에 재회부(제소국)
20일	완전 이행시까지 보상에 대한 협상 및 20일 경과 시 보복조치 가능

DSB는 상소기구(Appellate Body)를 상설기구로 설치·운영하고 있다. 상소기구는 법률, 국제무역, WTO 협정 등에 정통하고 저명한 전문가 7인으로 구성된다. 상소위원은 WTO의 모든 회원국의 이익을 대변할 수 있도록 대표성이 있어야 한다. 이들의 임기는 4년(1회에 한해 연임 가능)이며, 상소기구의 작업절차에 따라 7인의 위원 중 3인이 교대로 각각의 패널 결정을 맡아 심리한다. 상소는 분쟁 당사국만이 할 수 있으며, 상소에서 이의를 제기할 수 있는 사항은 패널 보고서에서 다루어진 법적 이슈와 패널이 행한 법적 해석에 국한된다. 상소기구의 심리절차는 비공개로 진행되며, 분쟁 당사국은 이 과정에 직접적으로 참여하지 못한다. 심리를 마친 상소기구는 문제의 패널 결정이나 재결을 확정(uphold), 변경(modify) 또는 파기(reverse)하는 결정을 담은 보고서를 작성한다. 이 상소기구 보고서(Appellate

Body Report)는 분쟁 당사국의 일방이 상소의사를 통보한 시점으로부터 60일(최장 90일) 이내에 DSB에 제출되어야 한다. 이 보고서는 회원국들에 배포된 후 30일 이내에 DSB가 합의에 의해 이를 채택하지 않기로 결정하지 않는 한 자동적으로 확정되며, 분쟁 당사국은 이를 무조건 받아들여야 한다(양해각서 제17조).

DSB에 의한 모든 분쟁해결절차는 분쟁 당사국이 달리 정하지 않는 한, 상소가 없는 경우는 1년, 상소가 있는 경우 1년 3개월 안에 완료되어야 한다. 분쟁해결절차의 단계별 목표 기간은 〈표 8.1〉과 같다. 협의 기간은 유동적이며 분쟁 당사국은 그 어느 단계에서라도 자율적 합의에 따라 분쟁을 종료할 수 있다. 아래의 총 소요기간 역시 대략적 수치이다.

3.2.3 권고 및 재결 사항의 이행의무

DSB에서 최종 확정된 패널 및 상소기구의 권고나 재결의 즉각적 이행은 분쟁의 실효성 있는 해결을 위해 매우 중요하다. 양해각서 제21조는 권고와 재결의 이행의 감시(surveillance)를 위한 규정을 두고 있다. 우선 패널 보고서나 상소기구 보고서가 채택된 후 협정 위반 조치의 시정을 권고받거나 재결사항을 이행해야 할 당사국, 즉 피제소국은 DSB에 이행계획을 통보해야 한다. 즉각적인 이행이 어려울 때에는 DSB의 승인 또는 당사국 간 협의를 통해 합리적 기간(reasonable period of time) 동안 이행시점을 연기할 수 있다. 다만 최초로 패널이 설치된 때로부터 이 기간을 결정하는 시점까지의 기간은 최장 15개월을 초과할 수 없다. 이때로부터 6개월 후 피제소국의 이행상황은 DSB 회의의 의제로 상정된다. 해당국은 이행상황을 DSB에 서면으로 보고해야 한다. 피제소국의 이행조치가 과연 패널 또는 상소기구의 권고나 재결 사항과 일치되는지를 둘러싸고 당사국 간에 이견이 있으면 기존의 패널이 다시 관여한다.[35]

피제소국이 권고나 재결 사항을 합리적 기간 안에 이행하지 않을 때 제소국은 양해각서 제22조에 따라 보상을 요구하거나 양허 및 기타 의무의 정지, 즉 보복조치를 취할 수 있다. 여기서 보상이나 보복조치는 어디까지나 일시적인 것이어야 하며,[36] 이것이 분쟁해결절차의 궁극적인 목적, 즉 피제소국이 관련 협정에

35) 피소국의 이행조치에 관한 논란은 특히 미국과 EU 간의 분쟁사례에서 많이 나타난다. 제2장의 〈박스 2.1: 보잉과 에어버스의 대결〉과 제10장의 〈박스 10.2: 미국과 EU 간 쇠고기 전쟁〉을 참조.

36) 특히 보복조치는 ① 관련 협정에 위배되는 조치가 제거되거나, ② 피제소국이 합당한 해결책

부합하는 조치를 취하는 것보다 우선되지 않아야 한다. 위의 합리적 기간이 모두 경과할 때까지 문제의 조치에 대한 시정조치를 이행하지 않았을 때, 피제소국은 자발적으로 또는 제소국의 요구에 따라 상호 만족할 만한 보상책에 관한 협상에 들어가야 한다. 위의 합리적 기간이 종료된 후 20일 이내에 보상에 관한 합의가 이루어지지 않은 경우 제소국은 DSB에 보복조치의 승인을 요청할 수 있다. 이때 DSB는 역총의에 의해 보복조치의 발동을 거부하기로 결정하지 않는 한 곧바로 이를 승인해야 한다. 다만 관련 협정이 이런 보복조치를 금지하고 있는 경우는 예외다. 또한 보복조치의 허용 수준은 피제소국의 의무위반으로 인한 무효화와 침해의 수준을 벗어나지 않아야 한다.

3.2.4 교차보복

WTO는 교차보복(cross-retaliation)을 허용하고 있다(양해각서 제22조 3항). 교차보복이란 분쟁이 야기된 분야와 직접적 관련이 없는 다른 분야에 대해 취하는 보복조치이다. 교차보복 문제는 미국이 1980년대 중반 이후 미 무역법 Section 301 또는 Super 301에 근거해 보복조치를 취하거나 위협을 가하는 과정에서 끊임없이 논란이 되었다. 그런데 비록 일정한 조건을 달고 있기는 하지만 WTO가 이를 공식적으로 인정하기에 이른 것이다. 동 조항은 제소국이 보복조치를 취할 때에는 다음과 같은 원리와 절차를 따라야 한다고 규정해 보복조치 발동 대상의 우선순위를 정하고 있다.

첫째, 제소국은 우선적으로 패널 또는 상소기구가 규칙 또는 의무 위반 사실, 또는 무효화 또는 침해의 사실이 있다고 인정한 부문과 동일한 부문(same sector)에 대해 양허 및 기타 의무의 정지 조치를 취해야 한다(제22조 3항 a호). 여기서 부문의 범주는 당초 분쟁이 ① 상품에 관련되어 야기된 경우는 모든 상품을, ② 서비스의 경우는 11개 주요 서비스 부문 중 주된 부문을, ③ 무역 관련 지식재산권의 경우는 TRIPS 협정의 제2부 1-7항 중 하나 또는 제3부와 제4부에 규정된 의무를 포괄한다.

둘째, 제소국이 첫째 방법의 실행이 불가능하거나 효과적이지 않다고 판단한

을 제시하거나, ③ 상호 만족할 만한 해결책이 도출될 때까지 일시적으로 적용된다(양해각서 제22조 8항).

때는 같은 협정의 다른 부문(other sectors under the same agreement)에 대한 양허 및 기타 의무의 정지조치를 취할 수 있다(제22조 3항 b호). 여기서 '같은 협정'이라 함은 ① 상품에 관해서는 GATT 1994에 포함된 모든 부수협정과 복수국간 협정을, ② 서비스에 대해서는 GATS를, ③ 지식재산권과 관련해서는 TRIPS 협정을 지칭한다.

셋째, 제소국이 위의 두 방법 모두 실행 가능하지 않거나 비효과적이라고 판단할 때 또는 상황이 매우 심각할 때는 여타 협정(another covered agreement)상의 양허 및 기타 의무의 정지조치를 취할 수 있다(제22조 3항 c호). 제소국이 위의 둘째 또는 셋째 방식으로 보복조치를 취하기 위해 DSB의 승인을 요구할 때에는 반드시 그 이유를 명시해야 하며, 그 사실을 관련되는 분야별 이사회와 산하기구 등에 통보해야 한다.

보복조치의 발동과정에서 중재(arbitration)가 이루어질 수도 있다(양해각서 제22조 6항, 7항). 피제소국이 제소국이 요구한 보복조치의 수준이나 발동 대상이 위에서 검토한 원칙이나 절차를 위배한다는 이유를 들어 반대하면, 이런 사항을 검토해 판정을 내리는 중재절차가 개시된다. 중재는 기존의 패널, 혹은 사무총장이 지명하는 중재자에 의해 수행되며 위의 합리적 기간이 경과한 후 60일 이내에 완료되어야 하고, 이 기간에는 보복조치를 취해서는 안 된다. 중재자의 결정은 확정적이어서 분쟁 당사국은 이를 받아들여야만 한다. 중재결정은 즉각 DSB에 통보되며, DSB는 중재자의 결정에 부합되는 제소국의 보복조치 승인 요구를 합의에 의해 부결시키지 않는 한 당연히 승인해야 한다.

3.2.5 분쟁해결절차의 발동요건

지금까지 설명한 WTO 분쟁해결절차는 GATT 1994의 제23조 1항에 규정되어 있는 분쟁해결절차의 세 가지 발동 요건 중 첫 번째 요건, 즉 어떤 회원국의 협정 의무 불이행으로 다른 회원국이 협정으로부터 기대되는 이익이 무효화 또는 침해된 경우, 또는 협정의 어떤 목적 달성이 저해된 경우를 주된 대상으로 삼는다(1항 a호). 실제로 거의 모든 분쟁은 이러한 이유로 제기되며, 보통 '위반 제소(violation complaint)' 또는 '일응의 추정(一應의 推定) 사례(prima facie case)'라고 부른다(양해각서 제3조 8항). 여기서 일응의 추정이란 어느 회원국의 의무에 따라 다른 회원국의 기대이익이 무효화 또는 침해되었다고 볼 수 있는 상당한 증거가 있는 것으로 본다는 뜻이다. 이 경우 자국이 협정상 의무를 위반해 다른 회원국의 기대이익을 무효화 또는 침해하고 있지 않다는 사실을 반증(rebut)할 책임은 그런 의심을 받는 회원국이 진다.

그 밖에도 GATT 1994 제23조의 1항 b호와 c호는 각각 분쟁해결절차를 발동할 수 있는 다른 두 가지 요건을 규정하고 있다(Hoekman and Kostecki, 2009: 87−88).37)

첫째, 어떤 회원국 정부의 조치(measures)가 관련 협정상 특정 의무를 위반하는지의 여부와 관계없이 그 국가가 제공하기로 약속했던 양허를 무효화하거나 침해하는 경우 또는 그로 인해 협정상 어떤 목적의 달성이 저해되는 때이다. 이를 '비위반 제소(non−violation complaint)'라고 부른다. 예를 들어 어떤 회원국이 관세협정에 따라 어떤 품목의 관세를 인하했으나 국내적으로 그 품목의 국산화를 촉진하기 위한 지원제도를 시행하는 경우이다.38)

둘째, 어떤 회원국에 존재하는 기타의 상황(any other situation)으로 인해 다른 회원국의 관련 협정상의 기대이익이 무효화되거나 침해되고 있을 때 또는 관련 협정의 목적 달성이 저해되는 때이다. 이를 '상황적 제소(situation complaint)'라고 부른다. 예를 들어 한 회원국이 관세협정에서 어떤 품목의 관세를 인하했으나 그 국가 내부적으로 실업이 크게 증가하거나 경제성장이 크게 둔화되어 해당 품목의 수입이 크게 감소하는 경우가 그렇다.

실제로 이런 이유를 들어 분쟁해결절차를 발동시키는 경우는 드물다. 이것은 의무 위반이 일응 추정되는 경우와는 달리, 다른 회원국 정부가 취한 어떤 조치 혹은 회원국에 존재하는 어떤 상황으로 인해 피해를 입고 있다고 주장하는 국가에 자신의 불만이 정당하다는 사실에 대한 입증책임이 주어지나, 이를 객관적으로 입증하기가 쉽지 않기 때문이다.39)

---

37) 이 두 가지 경우는 사전에 예기치 못한(unexpected) 것이어야 한다. 즉 협상이 이루어질 당시에 협상 상대국이 그러한 조치가 취해질 수도 있으리라고 예상하기 힘들었다고 인정할 수 있는 성격이어야 한다는 뜻이다.

38) 비위반 제소는 GATT와 GATS 규정에 따라 가능하다. 하지만 TRIPS 협정에도 적용할 것인지는 아직 합의에 이르지 못하고 있다. TRIPS 협정상 비위반 제소 모라토리엄은 1995년부터 1999년까지 5년간만 유지될 예정이었으나, 합의 부재를 이유로 지금까지 계속 연장되고 있다 (https://www.wto.org/english/tratop_e/trips_e/nonviolation_e.htm).

39) 양자를 구분하지 않고 '비위반의 무효화 또는 침해(non−violation nullification and impair-

이 두 사례에 적용되는 WTO 분쟁해결절차는 '위반 제소'의 경우와는 다소 차이가 있다. 우선 비위반 제소는 패널이나 상소기구가 피제소국의 조치가 관련 협정의 위반 여부와 관계없이 제소국의 협정상의 기대이익을 무효화하거나 침해하고 있음을 고려해야 한다는 내용의 재결이나 권고만을 발할 수 있다(양해각서 제26조 1항). 이런 재결이나 권고에 대해 피제소국이 문제의 조치가 관련 규정을 위배하지 않는다고 생각하고 패널이나 상소기구 역시 그 조치가 규정에 위배되지 않는다고 판정한 때에는 다음과 같은 조건에 따라 본 양해각서에 규정된 분쟁해결절차가 적용된다. 제소국은 자신의 불만이 정당하다는 상세한 근거를 제시해야 한다(동조 1항 a호). 패널이나 상소기구는 제소국의 기대이익이 무효화 또는 침해되거나 협정상의 목적 달성이 저해되었다고 판단한 경우 쌍방이 만족할 만한 조정(mutually satisfactory adjustment)에 이르도록 권고해야 한다. 그러나 무효화 또는 침해 사실이 인정되더라도 피제소국이 그 조치를 반드시 철회해야 할 의무는 없다(동조 1항 b호).

상황적 제소의 경우에 적용되는 절차도 위와 비슷하다. 다만 이 경우에는 패널 보고서가 회원국에 회람되는 그 단계까지만 본 양해각서의 절차가 적용된다(양해각서 제26조 2항). 따라서 패널 보고서의 채택, 패널의 권고나 재결 사항의 이행 상황 감시 등에 대한 본 양해각서의 절차는 적용되지 않는다. 한편, 상황적 제소 사례를 다루는 과정에서 패널이 이 사례와 관련해 피제소국의 위반 제소(GATT 제23조 1항 a호) 또는 비위반 제소(GATT 제23조 1항 b호) 사항 등 좀 더 중요한 문제점을 발견한 때에는 별도의 보고서를 작성해 DSB에 회람해야 한다.

3.3 WTO 분쟁해결절차의 평가

지금까지 살펴본 바와 같이 WTO의 분쟁해결절차는 신속한 구속력을 갖게 되었다. 특히 패널과 상소기구의 결정이 역총의에 의하지 않고서는 부결되지 않게 되었다는 점이 가장 중요한 제도 개선이다. 그럼에도 WTO 분쟁해결절차에 대한 평가는 엇갈린다.

---

ment)'라 부르기도 하는데, 대체로 상대국이 어떤 협정의 규정을 위반하고 있을 가능성이 크다. 이때 제소국은 당연히 규정 위반을 문제 삼는 것이 좀 더 쉽게 문제를 해결할 수 있기 때문에 굳이 이를 이유로 분쟁해결절차를 가동시키려 하지 않는다.

  무엇보다 약소국들에게는 '빛 좋은 개살구'에 불과하다는 냉소적 시각이 존재한다. 현실주의 이론에 따르면 자력구제와 약육강식의 논리가 지배하는 국제관계에서 규범에만 의존한 분쟁해결에는 한계가 있기 때문이다. 예를 들어 약소국이 WTO 분쟁해결절차에서 승소하더라도 강대국이 판정을 이행하지 않고 버티면 약소국으로서는 WTO의 승인 아래 보복조치를 취하는 수밖에 없다. 그러나 무역이나 기타 안보관계에 미칠 여러 부작용을 고려하면 강대국에 대한 약소국의 보복은 실현되지 않을 가능성이 많다.

  뿐만 아니라 분쟁해결제도에 따른 보복조치는 장래효(將來效)를 원칙으로 하기 때문에 소급해 적용되지 않는다. 패소국은 문제가 된 조치를 협정에 합치되는 방식으로 시정할 의무를 지게 되지만 그 이전까지 해당 조치로 인해 발생한 무역피해에 대해서는 보상할 의무가 없다. 이는 WTO의 분쟁해결절차가 피해의 구제보다는 그 원인이 되는 의무위반을 해소하는 데 초점이 맞춰져 있기 때문이다. 따라서 (특히 강대국이라면) 수입국으로서는 일단 수입제한조치를 취해 놓고, 분쟁해결절차에서 패소하는 경우에만 동 조치를 철회하는 것이 유리해진다. 수출국이 약소국이라면 분쟁해결절차가 진행되는 동안 이미 가해진 해당 산업에 대한 피해를 보상받을 길조차 없어 승소의 의미는 더욱 퇴색될 수밖에 없다.

  그럼에도 불구하고 규범적 시각에 따르면 국제관계에서 힘의 논리를 억제하고 인류 보편적 이익과 개별 국가의 권리를 보호하기 위해서는 합의된 규칙이 엄격하고 객관적으로 적용되어야 한다. 바로 이런 견지에서 분쟁에 대한 일관성 있고 예측 가능한 대응과 이를 위한 일반적 능력의 확보가 중요하다. WTO의 분쟁해결절차는 이러한 관념에 기반을 두고 있다. 요컨대 분쟁해결은 물리적 힘의 사용이나 외교적 협상이 아닌 일반적 사법절차를 따라야 한다는 것이다. 패널의 설치, 상소기구의 상설기구화, 패널 및 상소기구의 보고서 채택, 보복조치의 승인 문제에 대한 DSB의 의사결정 방식의 전환, 이행상황의 감시체제 강화 등이 바로 그런 관점에서 진화해 왔다. 힘의 논리에 의한 분쟁해결은 특히 강대국에게 여전히 매력적인 방식이지만 WTO의 분쟁해결제도는 그 유혹을 효과적으로 억제해 왔다. 물론 WTO의 분쟁해결기구는 강대국의 의무 위반행위에 대한 보복조치를 강제적으로 이행할 권한이 없다. 강대국은 자국의 이익에 반한다고 판단하면 언제라도 DSB의 권고나 재결을 무시할 수 있다. 하지만 강대국의 이런 행동은 결

국 위신비용을 초래하기 때문에 의무 위반행위를 언제까지고 계속하기는 어렵다
(Hoekman and Kostecki, 2009: 91-92).

　　WTO의 분쟁해결절차는 선진국과 개도국을 막론하고 매우 활발하게 활용해
왔다. 1995년 1월부터 2021년 1월 현재까지 598건의 협의가 WTO에 요청되었다.
이 가운데 177여 건이 협의 단계에서 종결되었고, 100여 건이 철회 또는 상호합
의에 의해 해결되었다. 178 건의 패널 보고서 또는 상소 보고서가 채택되었다.
나머지는 패널 설치 및 구성 단계이다. 지금까지 가장 많이 협의를 요청한 국가
는 미국으로 이 기간 중 124건을 요청했다. 그 뒤를 EU(104건), 캐나다(40건), 브
라질(34건), 일본(27건), 인도와 멕시코(각각 25건), 중국(23건), 아르헨티나(22건),
한국(21건) 등이 잇고 있다. 가장 많은 협의 요청을 받은 국가는 미국(168건),
EU(114건), 중국(45건)순이다. 한국은 모두 19건의 요청을 받았다. 인용된 협정문
(중복 인용 포함)을 보면 GATT(494건), 반덤핑 협정(135건), 보조금 및 상계조치 협
정(131건), 농업 협정(84건), 세이프가드 협정(62건) 등의 순이다.[40]

　　여기서 가장 주목할 만한 사실은 여러 개도국이 같은 개도국은 물론 선진국
을 대상으로 활발하게 협의 요청을 냈다는 사실이다. 위의 기간 동안 모두 37개
의 개도국이 최소 1건 이상, 총 242건의 협의 요청을 냈다. 전체 협의 요청의
40%가 넘는 수치이다.[41] 이 중 많은 경우 선진국이 피제소국이다. 한국, 중국, 싱
가포르, 홍콩, 대만과 같이 개도국 지위를 주장하지만 최근 스스로 그 지위를 포
기하거나 객관적인 경제력으로 볼 때 개도국으로 인정하기 어려운 국가를 제외
한 수치이다. 이는 WTO 분쟁해결절차 아래서 선진국이 부당하게 위협적인 보복
조치를 취하거나 위협을 가하지는 못할 것이라는 개도국의 믿음을 반영한다.[42]

　　결국 주권국가 간의 무역분쟁은 쌍방합의(mutual agreement)를 통해 해결하는
것이 그 자체로 무난할 뿐만 아니라, WTO와 같은 국제기구의 권한과 국가주권 간
의 불필요한 마찰을 줄일 수 있는 바람직한 접근방법이다. 위에서 언급한 바와 같

---

40) https://www.wto.org/english/tratop_e/dispu_e/find_dispu_cases_e.htm 참조.

41) https://www.wto.org/english/tratop_e/dispu_e/dispu_by_country_e.htm 참조.

42) 물론 개도국이 처음부터 선진국을 직접 제소하는 경우보다는 같은 개도국을 대상으로 협의 요
청을 하는 경우가 훨씬 더 많다. 이는 선진국 간에도 마찬가지다. 위의 통계에는 반영되지 않았
지만, 선진국 간의 제소 사례에 개도국이 제3자 자격으로 참여하는 경우가 매우 흔하다. 선진국
도 개도국에 대해 처음부터 직접 협의를 요청하는 경우보다는 한 개도국이 다른 개도국에 협의
를 요청한 사안에 대해 제3자 자격으로 참여하는 경우가 더 많다.

이 지금까지 270건 이상의 분쟁이 분쟁해결절차 진행 전 협의단계 또는 진행 중 단계에서 상호합의에 의해 해결 또는 종결되었다는 사실은 엄격한 법률주의(legalism)에 입각한 WTO의 분쟁해결절차의 미래 방향성에 많은 점을 시사한다.[43]

한편, 개정 협상과는 별개로 현재 WTO의 분쟁해결절차는 큰 도전에 직면해 있다. 트럼프 전 미국 대통령의 공격적이고 일방적인 보호무역주의와 반WTO 정책 때문이다. 특히 상소기구의 기능이 마비상태에 놓여 있다. 미국이 임기가 끝나거나 중도 사퇴한 상소위원의 신규 충원에 반대하면서 상소기구가 그 기능을 제대로 수행하지 못하고 있다. 상소기구 7명의 위원들은 WTO 회원국 164개국의 동의를 얻어야 선임될 수 있다. 그러나 2021년 1월 기준 기존 위원들의 임기가 순차적으로 종료되어 7명이 모두 공석이 되었다. 분쟁해결제도의 허점을 악용한다는 비판을 받으면서도 상소위원 충원 반대전략을 통해 분쟁해결절차의 개혁과 중국 등의 불공정 무역관행 근절을 목표로 삼았던 트럼프 행정부의 노력은 별다른 성과 없이 끝나고 WTO 체제에 큰 부담만 남기고 말았다. 그 뒤를 이은 바이든 행정부는 다자주의 중심의 새로운 무역규범 창출을 위한 고삐를 늦추지 않는 동시에 상소기구의 정상화를 위해 노력할 것으로 보인다.

<박스 8.2> 하이닉스(Hynix) 분쟁사례

지금까지 한국이 제소한 WTO의 분쟁사례로 가장 대표적인 것이 하이닉스 반도체 사례이다. 동 사례는 유사한 이슈를 놓고 미국, EU, 일본과 차례로 분쟁을 겪었다는 점에서 특이할 뿐만 아니라 한 때 파산 직전까지 갔던 기업이 화려하게 부활한 과정 자체도 매우 극적이다.

43) WTO 분쟁해결절차의 개정 협상은 2001년 도하선언으로 개시되었다. 2004년부터 별도의 시한 없이 DDA 협상 일정과는 별개로 논의 중이다. 2008년 의장 통합문안에 기초해 다음의 12개 이슈(thematic categories)를 중심으로 협상이 진행 중이다: ① 해당 분쟁에 실질적 이해관계(substantial interest)를 갖고 절차에 참여하는 3자 참여국의 권리(third party rights), ② (비상임 기구로서의 한계에 봉착한) 패널의 구성(panel composition), ③ (법률심에 국한된 현생 상소제도 보완을 위한) 파기환송(remand), ④ 상호합의해결(mutually agreed solutions), ⑤ 비밀정보 보호(strictly confidential information), ⑥ 이행－보복절차 순서(sequencing), ⑦ 보복 이후 절차(post－retaliation), ⑧ 투명성 및 소송비당사자 의견(transparency and amicus curiae briefs), ⑨ 단계별 시한 설정(time－frames), ⑩ 개도국 관심 이슈(developing country interests), ⑪ 유연성 및 회원국 통제(flexibility and member control), ⑫ 효과적 이행(effective compliance) (외교부, 2013; 노유경, 2020).

한국의 반도체 제조업체인 하이닉스는 성장, 침체 그리고 극적인 재도약의 시기를 겪었다. 1997-1998년 아시아 금융위기 이후 한국 정부는 LG와 현대그룹의 반도체 사업부를 통합하도록 압력을 가했다. 양측이 모두 반대했음에도 1999년 '빅딜(Big Deal)'이 성사되었다. 그러나 합병을 통해 설립된 하이닉스는 초반 2년 동안 약 60억 달러의 적자를 내며 시작부터 난항을 겪었다. 계속되는 자금난으로 민간 및 공공 분야에서 여러 차례 긴급 구제조치를 받아야만 했고, "밑 빠진 독에 물 붓기"라는 오명을 쓰기도 했다. 엎친 데 덮친 격으로 하이닉스는 2000년대에 들어 미국, EU, 일본과 WTO 분쟁을 겪었다. 세 국가는 한국 정부가 불법 보조금과 출자전환을 통해 하이닉스가 DRAM을 낮은 가격에 공급할 수 있도록 지원했다고 주장했다. 이들은 한국산 메모리칩에 대해 (불법) 보조금에 상응하는 상계관세를 부과했고, 한국 정부는 WTO에 이들 조치를 제소했다. 패널 및 상소기구 판정 과정에서 한국의 일부 주장은 받아들여지지 않았지만, 미국, EU, 일본의 상계관세조치에 대항해 한국 정부가 보조금 지급으로 추정되는 행위를 성공적으로 방어했다는 것은 주목할 만하다. 이 분쟁과 관련된 '간접 보조금(indirect subsidy)' 지급의 성립 요건은 여전히 논쟁적이다.

그 와중에 하이닉스는 여러 차례 합병위기를 겪었다. 결국 2012년 SK와 합병이 되어 SK하이닉스로 사명이 바뀌었고, 이후 공격적인 구조조정을 통해 흑자경영으로 돌아설 수 있었다. 2017년 여름, SK하이닉스는 도시바(Toshiba)의 메모리칩 사업부 인수 컨소시엄에 참여함으로써 다시 한번 전 세계의 이목을 집중시켰다. 많은 우여곡절 끝에 2018년 5월 도시바 메모리 인수절차가 마무리되면서 미국의 Bain Capital과 SK하이닉스 등이 참여한 컨소시엄이 도시바 메모리의 최대 주주가 되었다. 이는 한국 반도체 기업이 한때 세계를 이끌었던 일본 반도체 기업을 인수한 첫 사례이다.

미국과의 분쟁(WT/DS296/AB/R, 2005년 7월 20일)

미국과의 분쟁은 미국의 반도체 업체인 마이크론(Micron Technology Inc.)이 하이닉스에 대한 한국 정부의 불법 보조금 지급 여부를 조사해 줄 것을 미국 상무부에 요청하면서 시작되었다. 마이크론은 한국 정부가 외환위기 이후 WTO 협정을 위반하고 DRAM 제조업체들에게 감세조치를 취했다고 주장했다. 2002년 11월 미국 상무부는 마이크론의 요청을 받아들여 조사를 시작했고, 2003년 6월 하이닉스에 대해 44.29%의 상계관세를 부과하기로 결정했다. 한국 정부는 미국의 조치가 GATT 1994의 제11조 3항과 제10조 3항, 보조금 및 상계조치 협정의 제 1, 2, 10, 11, 12, 14, 17, 22조 및 32조 1항에 위배된다고 주장하며 양자협상을 통해 문제를 해결하고자 했다. 그러나 미국은 2003년 8월에 최종적으로 상계관세를 부과했고, 2003년 11월 19일 한국 정부는 WTO에 패널 설치를 요청했다. 2005년 2월 DSB에 미국의 상계관세가 WTO 협정을 위반하는 조치라는 결정을 담은 패널 보고서가 회부되었다. 동 보고서에는 미 상무부가 한국 정부의 관여 여부를 충분히 입증하지 못한 채 상계관세를 부과했고, 관련 증거가 충분하지 않아 보조금 및 상계조치 협정 제1조 1(a)(1)(iv)항에 부합하지 않는다는 내용이 포함되었다. 이에 불복한 미국은 상소했고, 2005년 6월 상소기구는 패널이 미국에서 제시한 증거 자료를 충분히 검토하지 않았다는 이유로 패널 결정의 일부분을 무효화해 결과적으로 한국이 부분패소하고 말았다.

EU와의 분쟁(WT/DS299/R, 2005년 8월 3일)

2003년 4월부터 EU는 한국산 DRAM에 33.3%의 잠정관세를 부과하기 시작했다. 이후 2003년 8월 한국 정부가 하이닉스에 부당하게 보조금을 지급해 DRAM을 덤핑 수출하고 있다고 주장하며 34.8%의 반덤핑관세를 부과했다. 이에 한국은 2003년 7월 EU를 WTO에 제소했고 60일간의 양자협의 기간을 거치게 되었다. 그러나 두 차례에 걸친 양자협의에서 해결방안을 찾지 못했고, 결국 2003년 12월 한국 정부는 패널 설치를 요청했다. 2005년 8월 패널은 하이닉스에 대한 EU의 상계관세 부과가 부당하다는 내용을 포함한 최종 보고서를 채택했다. 특히 상계관세를 부과한 주요인 중 하나였던 2001년 하이닉스 구조조정 프로그램을 정부의 보조금으로 간주하는 것은 보조금 및 상계조치 협정에 위배되는 결정이라고 판단했다. 이후 EU의 반도체 생산업체인 마이크론(Micron Europe and Qimonda)은 EU 집행위원회에 한국 정부가 하이닉스에 추가적인 보조금을 지급했다는 자료를 제시했고, 2005년 10월 한국 정부는 부분 중간재심을 요청했다. 2006년 3월 EU의 중간재심이 개시되었고, 상계관세 부과의 근거가 된 보조금이 일회적이며 이미 그 시기 진행 중이었던 2007년 12월 31일 부로 모두 중단될 것으로 확인되었다. 이에 따라 2008년 1월 상계관세 철폐안이 EU 자문위원회를 통과했고, 2008년 3월 집행위원회에서 채택됨으로써 사건이 종결되었다.

일본과의 분쟁(WT/DS336/AB/R, 2007년 12월 17일)

2006년 1월 일본 정부는 한국 반도체 산업에 대한 재정지원에 의문을 제기하며 하이닉스 DRAM에 27.2%의 상계관세를 부과했다. 일본 정부는 한국 정부가 WTO 규정을 위반하고 하이닉스에 보조금을 지급해 낮은 가격으로 DRAM을 수출할 수 있도록 도와줌으로써 일본 생산자에게 피해를 주었다고 주장했다. 이에 한국 정부는 긴급구제조치는 보조금이 아니라며 맞섰다. 2006년 3월 한국 정부는 WTO에 제소해 일본 정부에 협상을 요청했으나 합의점을 찾지 못했고, 2006년 5월 패널 설치를 요청했다. 2007년 7월 패널은 최종 보고서에서 2001년 10월 채무 재조정 때 하이닉스가 혜택을 받은 것은 맞지만, 2002년 12월 채무 재조정은 증거가 불충분하기 때문에 두 번의 구조조정에서 주어진 보조금 모두를 근거로 상계관세를 부과한 일본의 잘못이 인정된다고 밝혔다. 2007년 8월 일본은 상소했고, 동년 11월 상소기구는 패널이 일본의 증거를 면밀히 검토하지 않았다고 지적하며 일본 정부의 주장을 일부 받아들였다. 다만 2002년 12월 채무 재조정 과정에서의 혜택은 보조금이 아니라는 점을 재확인하며 이전 판결을 유지했다. 2007년 12월 분쟁해결기구가 상소기구 보고서를 채택하면서 최종 확정되었고, 일본 정부가 2009년 4월부터 상계관세를 철회함으로써 동 사건은 마무리되었다.

4. WTO의 투명성 원칙과 무역정책 검토제도

회원국이 협정을 준수하도록 유도하는 데 보복조치나 보복위협에 크게 의존하는 것이 항상 바람직하다고 말하기 어렵다. GATT의 경험에 비추어 보더라도, '도덕적 설득(moral suasion)'이 실제로 보복조치보다 더 효과적일 때가 많았다. 이런 관점에서 회원국이 WTO 협정상의 의무를 충실히 이행하도록 유도하고, 무역을 통한 국민경제 및 세계경제적 차원에서 후생 극대화를 위해서는 각 회원국의 무역정책 및 관행의 투명성을 높이는 것이 매우 중요하다. 투명성이 보장된다면 규범에 어긋난 정책과 관행이 유지되기 어렵기 때문이다. 투명성의 원리는 마치 빛을 비추면 귀신이 도망치는 것과 같다고 해서 '드라큘라 원리(Dracula principle)'라고 부르기도 한다(Hoekman and Kostecki, 2009: 73).

각국의 무역정책과 관행의 투명성을 확보하는 방법은 두 가지 측면에서 고려해 볼 수 있다. 하나는 회원국들이 시행하는 정책과 관행이 다른 국가들의 눈에 쉽게 드러나도록 하는 것이고, 다른 하나는 회원국 국내적으로 무역정책과 관행의 정치경제적 효과가 다양한 이해관계자의 눈에 잘 띄게 하는 것이다.

먼저 한 회원국의 정책과 관행이 투명해야 다른 회원국이 그것을 쉽게 이해하고, 그것이 국제규범에 저촉되는지를 쉽게 판별해 낼 수 있을 것이라는 점은 긴 설명을 요하지 않는다. 이를 위해 WTO는 우선 WTO 내에서 생산되는 모든 중요한 문서와 정보를 공개·공표하고 있다. 특히 주요 교역국 간 또는 강대국 간 흥정을 통한 합의를 다자간 협상그룹이나 이사회 등에서 기정사실(*fait accompli*)로 밀어붙이는 관행에 대해 소국의 우려와 불만이 높다는 사실을 감안해 다자간 협상이나 양자간 무역분쟁 해결과 관련된 정보를 수시로 제공하기 위해 노력한다.

더 나아가 WTO는 회원국의 무역정책과 관행의 투명성 확보를 위해 많은 노력을 기울인다. 우선 회원국이 모든 무역관계법과 규제사항을 공표하도록 요구하고 있다. GATT 제10조, GATS 제3조, 그리고 TRIPS 제63조 등은 회원국의 관련 법규, 법원의 결정, 행정적 결정사항 등 국제무역에 영향을 미칠 수 있는 모든 사항을 공개하도록 한다. 또한 WTO의 부속 다자간 협정이나 복수국간 협정에는 통보의무를 다수 규정하고, 이런 통보요건을 충족시켜 나갈 적절한 기구 및 기관 설치를 요구한다. 아울러 회원국에게 매년 모든 법령의 개정사항, 정책발표, 공고 등을 종합해 WTO 사무국에 제공하도록 의무화한다. 위생 및 식물위생 조치에 관한 협정 등에서는 다른 회원국이나 WTO 사무국의 문의사항에 답하고, 요구가 있을 때는 적절한 문서와 정보를 제공하는 문의처(inquiry points)를 설치하도록 한다.

GATS에도 투명성 확보를 위한 관계 규정이 포함되어 있다. 적어도 매년 한 차례씩 회원국이 시장개방을 약속한 서비스 분야에서 무역에 중대한 영향을 미칠 수 있는 법령을 신설하거나 개정할 때나, 어떤 정책 지침을 제정할 때에는 이를 서비스무역 이사회에 통보하도록 의무화하고 있다. 또한 모든 회원국은 한 개 이상의 문의처를 설치해 GATS에 관계되거나 그것의 운용에 있어 영향을 미칠 모든 관련 조치에 대한 다른 회원국의 문의에 즉각적으로 대응할 수 있도록 하고 있다. 불리한 취급을 받았다고 주장하는 서비스 공급자의 요구에 따라 이들이 제기하는 문제를 즉각적이고 객관적이며 공정하게 심사할 법적 또는 행정적 심사기관이나 절차도 갖추도록 의무화하고 있다.

다음으로 회원국의 무역정책과 관행을 국가 내부적으로 투명하게 만드는 것도 국제무역협정이 소기의 목적을 달성하는 데 매우 중요하다. WTO 규범이나 규칙의 회피, 위반, 남용은 주로 국내의 지대추구 행위에 그 근본 원인이 있는 경우가 많다. 이는 다른 국가에 피해를 주기에 앞서 자국의 후생에 나쁜 영향을 미친다. 이런 면에서 WTO 규범을 회피, 위반, 남용하는 국가에 대해 보복조치나 보복위협을 가하기보다는, 그 국가의 잘못된 정책과 관행으로 인한 이득과 손해에 대한 정확한 정보를 충분히 공급함으로써 불합리한 정책과 관행이 지속될 소지를 줄이는 것이 더 효과적이다. 이런 상황에서 협정의 효과적 시행 여부는 결국 투명성 확보 여부에 달려 있다고 해도 과언이 아니다. 물론 무역정책과 관행이 투명하다고 해서 반드시 정치가, 관료, 기업인, 일반 국민이 자유무역정책을 옹호한다는 보장은 없다. 그러나 투명성이 확보되면 불합리한 정책과 관행이 지속되기는 어려울 것이 분명하다.

WTO의 무역정책 검토제도는 이런 측면에서 매우 큰 의미를 지닌 제도이다. 이 제도는 원래 1979년 도쿄라운드에서 체결된 통보, 협의, 분쟁해결, 감시에 관한 양해각서에 따라 체약국의 무역정책과 관행을 정기적이고 체계적으로 심사할 목적으로 도입된 후 WTO 협정 부속서 3에 의해 공식화되었다. 동 부속서는 회원국의 무역정책과 관행을 이해하고 좀 더 높은 수준의 투명성을 확보함으로써 회원국들이 다자간 협정 및 복수국간 협정상 규칙과 약속을 잘 준수하도록 하고, 이를 통해 다자간 무역체제의 원활한 운영에 기여하도록 하는 데 그 목적이 있다 (부속서 3-A-i).

그러나 동 부속서는 이 제도의 근본 취지가 어디까지나 회원국의 무역정책과 관행이 다자간 무역체제에 미치는 영향을 검토하는 데 있는 만큼 어떤 회원국에 대해 협정상 특정 의무이행을 강제하거나, 분쟁해결절차에 원용하거나, 새로운 정책 의무(new policy commitments)를 부과하기 위한 기초(basis)로 이용되어서는 안 된다는 점을 분명히 하고 있다.

또한 회원국의 특정 정책이나 조치의 WTO 협정 합치 여부는 궁극적으로 회원국이 판단해야 할 문제로, 이 제도의 검토대상이 아니라는 점을 분명히 규정하고 있다.[44) 더 나아가 이 제도는 회원국의 무역정책 및 관행의 대외적 투명성뿐만 아니라 정책결정 과정의 대내적 투명성 확보가 자국 경제 그리고 다자간 무역체제의 건전한 발전에 크게 기여할 수 있다는 점을 인식해 자발적으로 무역정책과 관행의 국내적 투명성 확보를 위해 노력할 것을 요구한다.

무역정책 검토제도는 이 제도의 시행을 위해 특별히 설치된 무역정책 검토기구(Trade Policy Review Body: TPRB)에 의해 운영된다. 회원국별 무역정책 검토는 순환방식으로 이루어진다. 정기적 검토 주기는 전 세계 교역량에서 각 회원국이 차지하는 비중에 따라 결정된다. 먼저 4대 교역국(2021년 기준 중국, EU, 미국, 일본)은 2년마다,[45) 그 다음 16개 주요 교역국은 4년마다, 그리고 최빈개도국을 제외한 나머지 국가군은 6년마다 한 차례씩 검토를 받아야 한다. 예외적으로 어떤 회원국이 정책이나 관행을 변경함으로써 다른 회원국에 큰 영향을 미칠 때는 TPRB가 해당국과 협의해 차기 검토를 앞당겨 실시하도록 요구할 수 있다. TPRB의 검토는 각 회원국 정부가 작성한 보고서와 WTO 사무국이 독립적으로 작성한 보고서에 기초해서 이루어진다.[46) 이때 TPRB는 지정 토론자를 활용할 수도 있다. TPRB에서의 논의가 끝나면, ① 각 회원국의 보고서, ② WTO 사무국의 보고서, ③ TPRB 회의의 의사록은 즉각 공표되어 모든 회원국이 참고할 수 있다. 또한 이 문서는 각료회의에 제출되고, 각료회의는 이를 검토한다.

이상에서 고찰한 무역정책 검토제도와 병행해 WTO 각료회의는 통보절차에 관한 결정(Decision on Notification Procedures)을 채택했다.[47) 이 결정은 상품무역과 관련된 각종 통보 사항을 회원국들이 잘 준수하도록 함으로써 무역정책의 투명성을 제고하고, WTO 감시활동의 효과성을 높이는 데 그 목적을 두고 있다. 이는 무역정책 검토제도의 효과성 및 신뢰성 확보와 표리의 관계를 이루고 있다고

---

44) 이 점을 들어 TPRM의 의의를 평가절하하는 것은 적절치 않다. 왜냐하면 이 제도는 어디까지나 회원국의 무역정책과 관행의 투명성을 제고하는 데 초점을 맞추고 있기 때문이다. 오히려 TPRM에 이런 효력을 부여한다면 회원국들이 정직하게 TPRM에 응할 리가 없게 되므로 이 제도의 존재 이의가 사라진다.

45) 물론 EU는 개별 회원국 모두의 무역정책과 관행을 검토해야 한다.

46) 이 보고서는 계량적이거나 분석적이기보다는 주로 기술적(descriptive)인 형태를 띤다. 따라서 현행 TPRM 아래에서 회원국의 무역정책과 조치의 경제적 효과와 영향을 정확하게 평가하기 어렵다는 점이 약점으로 지적되기도 한다.

47) 이 역시 1979년 도쿄라운드에서 체결된 상기의 양해각서 중 통보와 관련된 사항을 우루과이라운드에서 보강한 것이다.

해도 과언이 아니다. 동 결정은 이런 목적에서 WTO 사무국에 중앙통보등록처 (Central Registry of Notifications)를 설치해 회원국들이 통보해야 할 사항을 사전에 예고해 주고, 통보된 각종 정보와 자료를 기록 및 보관하는 업무를 총괄하도록 하고 있다. 구체적으로 예시된 의무 통보 사항만 해도 관세율의 변경, 수출자율규제, 수입허가, 반덤핑조치, 수출입에 관련된 외환통제 등 약 20여 가지에 달한다.

또한 WTO는 회원국의 협정 이행 상황의 감시 활동에도 주력하고 있다. TPRM은, 비록 효과 면에서 간접적이기는 하지만, WTO 감시활동의 매우 중요한 일부분을 차지한다. 이 외에도 WTO에는 감시활동을 주 임무로 하는 여러 기구가 설치·운영되고 있다. 예를 들어 무역과 개발 위원회는 개도국과 선진국 간의 무역관계에 대한 감시활동을 벌이고, 국제수지 위원회는 국제수지 방어 목적에서의 무역제한조치 사용에 대한 다자간 감시업무를 담당하고 있다.

〈박스 8.3〉 한중일 3국의 무역정책 검토보고서에 대한 평가[48]

1995년 1월 WTO 출범 이후 2021년 1월까지 총 402건의 TPR 보고서가 발간되었다. TPR 보고서는 회원국의 무역정책과 관행을 검토하되, 특정 무역 이슈가 회원국 간 외교 갈등으로 비화하는 것을 방지하기 위해 모호한 표현을 사용하는 경우가 많다. 그 행간을 읽기가 어렵다 보니 분쟁해결절차(DSM)와는 달리 TPRM 자체에 대한 학술적 검토는 충분히 이루어지지 못했다.

최근 인공지능의 핵심 기능 중 하나인 자연어처리(Natural Language Processing: NLP) 기술을 활용해 방대한 TPR 데이터 아카이브를 분석하려는 노력이 시작되었다. 이 박스에서는 세계 무역에서 차지하는 비중이 크면서도 무역정책과 관행이 상이한 한국, 중국, 일본 3국의 TPR 보고서를 각각 6건씩 총 18건을 NLP 기술인 RAKE(Rapid Automatic Keyword Extraction: 주제어 추출 알고리즘)와 TextRank(주요 내용 요약 알고리즘)를 사용해 비교·분석한 Lee, Koo, and Kim(2021)의 핵심 내용을 소개한다. 저자들은 NLP 알고리즘을 통해 도출된 주제어와 핵심 문장을 통해 각 국의 무역 목표, 정책 및 관행을 분석한다.

저자들이 도출한 국가별 주요 결론은 다음과 같다: ① 한국 TPR 보고서(1996년, 2000년, 2004년, 2008년, 2012년, 2016년)는 정부의 시장 개입 문제 외에도 쌀과

48) 이 박스 글은 Lee, Koo, and Kim (2021)을 발췌하여 요약한 것이다.

쌀 제품에 대한 무역장벽에 대한 심각한 우려를 표명해 왔다. ② 일본 TPR 보고서(1998년, 2000년, 2004년, 2009년, 2013년, 2017년)는 상품 및 서비스 무역에 대한 일부 높은 장벽에도 불구하고, 시장개방을 위해 지속적인 노력을 해 온 일본의 노력을 높이 평가한다. ③ 중국 TPR 보고서(2006년, 2010년, 2012년, 2014년, 2016년, 2018년)는 2001년 WTO에 가입한 이후부터 중국 정부의 깊고 광범위한 시장 개입이 국제무역에 미치는 부정적인 영향을 지속적으로 상기시켜 왔지만 자발적인 시정 노력은 미흡했다고 지적한다. 다음은 국가별 NLP 분석 결과의 요약이다.

한국 TPR 보고서에 대한 RAKE와 TextRank의 분석 결과에 따르면 한국의 농업 부문은 WTO 설립 이후 줄곧 강력한 보호를 받아왔다. 특히 쌀 분야는 이례적으로 높은 수준의 보호 덕분에 구조조정을 피해 왔다며, 쌀 수입에 대한 관세율 쿼터(TRQ) 중 쿼터외관세(out-of-quota tariff)에 대한 지속적 우려를 제기해 왔다.[49] 예를 들어 TextRank로 추출한 2008년과 2012년의 요약문은 "상대적으로 낮은 쿼터내관세(in-quota tariff)에도 불구하고 일부 품목이 지속적으로 관세할당량 비율을 충족시키지 못하는 것은 한국 정부가 인위적으로 수입을 제한하고 있음을 시사한다"고 지적한다. 따라서 TPR 보고서는 한국 정부가 무역장벽을 낮추고 농업 부문의 가격 지원 시스템을 개혁할 것을 거듭 촉구해 왔다. 2016년 TPR 보고서도 "국내 소비량의 1-4% 해당 물량에 대한 최소시장접근(MMA)을 약속하는 조건으로 쌀 수입 관세화를 20년간 유예받은 한국은 높은 쿼터외관세를 통해 (암묵적으로) 높은 국내 쌀 가격을 지탱해 왔다"고 평가한다. 결국 TPRM의 또래집단 압력이 통했던 것일까? 한국 정부는 2015년 1월 1일부터 쌀과 쌀 제품에 대한 특별조치를 종료하고 통상적인 수입 관세를 부과하겠다는 계획을 WTO에 통보했다. 이후 5년의 협상 기간을 거쳐 2019년 11월 주요 쌀 수출국과 양허세율 513%로 최종 합의에 도달했다(<박스 9.2> 참조).

일본 역시 농산물과 축산물 관세에 민감한 태도를 보여왔다. RAKE 분석에 따르면, '비종가세(non-ad valorem duties)'와 '비쿼터 관세(non-quota tariff)' 관련 문구가 2013년까지 꾸준히 TPR 보고서의 관심 목록 상위권에 올랐다. TPR 보고

---

49) 한국의 전체 고용에서 농림·수산·식품의 비중은 1990년 17.9%에서 2004년 8.1%, 2018년 3.9%로 지속적으로 감소했다. 한국의 GDP에서 3개 부문의 점유율은 2003년 4%에서 2010년 2.1%, 2019년 1.6%로 지속적으로 감소했다. 그러나 3개 부문에서 쌀이 차지하는 비중은 오히려 증가했고, 따라서 쌀 농가의 정치적·상징적 영향력은 줄어들지 않았다. 농림업 생산액 및 GDP 대비 부가가치 비중은 http://www.index.go.kr/potal/main/EachDtlPageDetail.do?idx_cd=2744 참조.

서는 특히 일본이 농업 분야에서 높은 세율의 비종가세를 사용하는 것을 지속적으로 지적했다. 다른 조건이 동일하면 비종가세는 종가세보다 덜 투명하고 국내의 생산 방식을 왜곡할 수 있기 때문에 바람직하지 않다. 일본 관세 제도의 또 다른 특징으로 HS코드(상품 품목 분류 코드로 일본에서는 9자리 수)를 들 수 있다. 'HS 9자리 수 제품'이라는 문구는 2009년과 2017년 TPR 보고서의 주요어 순위 상위권에 올랐다. 예를 들어 2017년 TPR 보고서에 따르면 일본은 일반특혜관세제도(GSP) 아래 5개 지역, 138개 개발도상국에 특혜관세율을 적용하고 있으며 최빈국(2016년 47개)은 추가 특혜 대상이다. 그러나 일본이 쌀과 육류 등 개도국이 비교우위를 갖는 일부 제품을 특혜관세품목에서 계속 제외해 왔다. 이와 같은 평가에도 불구하고 일본은 한중일 3국 중 TPR의 권고를 가장 잘 따르는 것으로 보인다. RAKE의 분석 결과에 따르면 일본은 TPR 보고서에 동일 관심 사항이 계속 지적되는 경향이 가장 낮았다. TextRank의 결과에서도 외국 투자자본에 대한 규제 완화 등 시장개방 노력을 확인하고 인정하는 문장의 빈도가 높았다. 그동안 꾸준히 지적되었던 '비종가세' 관련 문구는 2017년 보고서에서 순위 밖으로 밀려났다. '비관세 장벽'에 대한 우려도 꾸준히 제기되었으나 2009년 이후 크게 줄었다. 끝으로 한 가지 주목할 점은 환태평양 경제 동반자 협정(TPP)이다. TPP는 2017년 RAKE 중요도에서 1위를 차지했다. 특히 일본이 TPP를 통해 많은 농산물 품목을 개방했다는 점은 주목할 만한 성과이다(제14장 각주 13 참조).50)

중국은 2001년 WTO에 가입한 이후 상당한 규모의 무역성장과 시장개방을 달성했다. 그러나 여러 교역 상대국이 지적해 왔듯이, 중국 정부의 국영기업에 대한 특혜 정책은 국제무역의 큰 교란 요인으로 작용해 왔다. 중국 정부의 때로는 노골적이고 때로는 은밀한 국영기업 지원정책은 이들의 경쟁력을 인위적으로 강화했고 내수시장에서뿐만 아니라 수출시장에서도 시장지배력을 확장하는 데 도움을 주었다. 물론 TPR 보고서도 이 부분에 대한 집중적인 문제 제기를 해왔다. 그러나 한국이나 일본과 비교할 때 중국의 자발적 이행 노력은 매우 미흡하다. RAKE와 TextRank의 분석 결과도 "정부의 과도한 시장 개입"이 문제라는 점을 잘 보여준다. 우선 RAKE 분석에 따르면, '국영기업'과 '반독점법' 관련 문구가 모든 TPR 보고서에 상위의 중요도로 등장했다. 예를 들어 2010년 TPR 보고서는 국영기업의 독점적인 위치가 민간 기업에 대한 경쟁 우위를 제공하고 있으며 국

---

50) 종전에 체결되었던 일본의 FTA로 관세가 철회되지 않은 929개 품목 중 834개 품목이 농수산물로, TPP를 통해 이 중 30%(174개) 품목의 관세가 철폐되었다(Terada, 2019).

영기업이 누리는 편익은 계속 증가했다고 지적한다. TPR 보고서가 제기하는 '반독점법' 이슈는 중국 정부가 반독점법을 통해 경쟁을 촉진 및 보호하는 것이 아니라 산업정책을 통해 특히 중앙정부 소유 기업을 과도하게 보호하고 이들에게 우호적인 방식으로 차별적으로 법을 시행하고 있다는 점에 초점이 맞춰진다. 그러나 다른 한편으로, WTO 가입 이후 중국의 규범적 사회화(normative socialization) 경향도 무시할 수는 없다. 특히 RAKE의 분석 결과에 따르면 외국인 투자가 활성화된 점은 긍정적으로 평가된다.

제 **9** 장   상품무역 부수협정(1): 신규 추가 협정

1. 상품무역 협정(GATT)의 의의

국제기구로서 WTO가 출범하고 설립 협정과 그에 부속된 여러 다자간 협정이 체결되었지만, 여전히 가장 중요한 협정은 상품무역 협정이다. 제8장에서 설명한 바와 같이 상품무역 협정을 관할하는 상품무역 이사회는 ① 시장접근, ② 농업, ③ 위생 및 식물위생 조치, ④ 무역기술장벽, ⑤ 보조금 및 상계조치, ⑥ 반덤핑 관행, ⑦ 관세평가, ⑧ 원산지규정, ⑨ 수입허가, ⑩ 세이프가드, ⑪ 무역 관련 투자조치, ⑫ 무역 원활화 위원회 등 12개의 위원회로 구성된다. 원하는 모든 회원국은 각 위원회에 참여할 수 있다.

「GATT 1947 협정」은 전문 및 4부 38개 조로 이루어진 협정 본문, 부속서 A-I, 그리고 양허표로 이루어진다. 여기에 일부 규정에 관한 양해각서를 포함한 것이 GATT 1994이다.

〈박스 9.1〉　GATT 1947의 구성

제1부

　제1조　일반적 최혜국 대우(General Most-Favored-Nation Treatment)

　제2조　양허표(Schedules of Concessions)

제2부

　제3조　내국 과세 및 규정에 관한 내국민 대우(National Treatment on Internal Taxation and Regulation)

　제4조　영화 필름에 관한 특별 규정(Special Provisions Relating to Cinematograph Films)

　제5조　통과의 자유(Freedom of Transit)

　제6조　반덤핑 및 상계관세(Anti-dumping and Countervailing Duties)

　제7조　관세 목적의 평가(Valuation for Customs Purposes)

　제8조　수입과 수출에 관련된 수수료 및 절차(Fees and Formalities connected with Importation and Exportation)

　제9조　원산지 표시(Marks of Origin)

　제10조　무역규정의 공표 및 시행(Publication and Administration of Trade Regulations)

　제11조　수량제한의 일반적 철폐(General Elimination of Quantitative Restrictions)

　제12조　국제수지의 보호를 위한 제한(Restrictions to Safeguard the Balance of Payments)

　제13조　수량제한의 무차별 시행(Non-discriminatory Administration of Quantitative Restrictions)

　제14조　무차별 규칙에 대한 예외(Exceptions to the Rule of Non-discrimination)

　제15조　외환약정(Exchange Arrangements)

　제16조　보조금(Subsidies)

　제17조　국영무역기업(State Trading Enterprises)

　제18조　경제개발에 대한 정부의 지원(Governmental Assistance to Economic Development)

　제19조　특정상품의 수입에 대한 긴급조치(Emergency Action on Imports of Particular Products)

이들은 모두 관세 및 비관세 장벽 철폐를 통한 시장접근 향상을 목적으로 다양한 무역규범을 관리하고 새로운 규범을 창출하는 역할을 한다. WTO 회원국은 시장접근 향상을 위해 지속적으로(continually) 노력해야 한다. WTO에서 시장접근은 회원국 간에 합의된, 특정 상품의 상호 간 시장에의 진입(entry)에 관한 조건 및 관세 또는 비관세 조치와 관련된다. 일반적으로 회원국의 관세 완화 또는 철폐 의무는 각국이 제시한 양허표(schedules of concessions)에 따라 이행된다. 우루과이라운드 협상을 통해 각국은 상품 및 서비스 무역과 관련해 총 2만 2,500페이지에 달하는 양허표에 합의했다. 회원국은 이 양허표에 따라 관세를 감축해 특정 세율에 '고정'해야 한다. 동 양허표는 기 제시된 특정 관세율 이상을 적용하지 않겠다는 법적 약속을 의미한다. 이는 교역 당사국에게 보상을 제공하지 않고서는 파기할 수 없는 관세의 상한(tariff ceiling)을 설정함으로써 예측 가능성을 높이려는 의도이다. 선진국은 공산품 평균 관세율을 6.3%에서 3.8%로 40%가량 낮췄고 무관세 적용을 받는 공산품 수입액도 20%에서 44%로 높였다. 15% 이상의 높은 관세율 적용을 받는 품목도 전체 수입량 대비 7%에서 5%로 축소되었다. 또한 선진국은 '고정관세' 적용을 받는 수입품목을 78%에서 99%로 늘렸다. 개도국은 21%에서 73%로 그 증가폭이 더 컸다.

비관세조치도 WTO 여러 협정의 구속을 받는다. 이 장에서 살펴보는 바와 같이 농산물을 포함한 예외 없는 관세화 조치도 결국 시장접근을 향상하기 위한 WTO 노력의 일환이다. 우루과이라운드 이전까지 모든 농산물의 30% 이상이 비관세장벽 아래 놓여 있었다. 농산물 분야에서 비관세장벽 철폐 노력의 첫걸음은 관세화 원칙의 확립이었다. WTO 출범 이후 관세화 조치 품목의 관세율도 단계적으로 낮아지고 있다. 다음 장에서 살펴보는 바와 같이 각종 생산 및 수출 보조금을 금지하는 조치도 넓은 의미의 시장접근을 향상하기 위함이다.

한편, 비농산물 시장접근(NAMA)은 DDA 협상 분야의 하나로, 농산물을 제외한 모든 품목에서의 시장접근 향상을 목표로 한다. 주로 공산품이 이에 해당되지만 수산물, 임산물, 광물 등도 NAMA의 협상 대상이다. NAMA 협상은 시장접근 협상그룹(Negotiating Group on Market Access: NGMA)이 만들어지면서 2002년 1월부터 공식적으로 개시되었다. 그러나 선진국과 개도국이 NAMA 분야에서 관세 삭감의 범위를 놓고 팽팽하게 대립하는 가운데 협상 초기부터 지금까지 큰 진전이 없다. 특히 2003년 칸쿤 각료회의를 계기로 형성된 최빈개도국과 군소국의 연합인 G90(Group of 90)은 선진국이 제시한 관세 감축의 범위와 방식에 크게 반발했다. NAMA-11로 불리는 개발도상국 그룹(아르헨티나, 베네수엘라, 브라질, 이집트, 인도, 인도네시아, 나미비아, 필리핀, 남아프리카공화국, 파키스탄, 튀니지)도 개도국에 대한 유연한 접근을 주장하면서 NAMA와 다른 협상 이슈와의 균형을 요구하고 있다. 한편, 선진국은 고관세국, 즉 개도국에 유리한 선형삭감 방식보다는 고관세율 품목의 관세를 저관세율 품목보다 상대적으로 많이 삭감하는 방식을 선호한다.[1] 향후 협상에서 선진국과 개도국의 입장 차이를 줄이는 데 시장접근 위원회가 얼마나 많은 역할을 할지 지켜볼 필요가 있다.

이상에서 설명한 시장접근 위원회를 제외한 나머지 11개 위원회는 각각의 부수협정에 기반을 둔다. 제7장에서 설명한 바 있는 13개의 GATT 부수협정 중 섬유 및 의류 협정과 선적전 검사 협정을 제외한 11개 부수협정은 모두 위원회를 둔다.[2] 이들 11개 위원회와 각각의 부수협정은 GATT 협정에 새롭게 추가된 ① 「농업 협정」, ② 「위생 및 식물위생 조치 협정」, ③ 「원산지규정 협정」, ④ 「무역 관련 투자조치 협정」, ⑤ 「세이프가드 협정」, ⑥ 「무역원활화 협정」과 도쿄라운드의 복수국간 규약이 다자화된 ① 「무역기술장벽 협정」, ② 「보조금 및 상계조치 협정」, ③ 「반덤핑 협정」, ④ 「관세평가 협정」, ⑤ 「수입허가 협정」으로 구성된다. 이 장에서는 새롭게 추가된 농업, 원산지규정, 무역 관련 투자조치, 세이프가드, 무역원활화 등 5개 협정의 역사적 배경과 의의를 살펴본다. 「위생 및 식물위생 조치 협정」은 원래 「농업 협정」의 일부로 진행되었으나 결과적으로는 「무역기술장벽 협정」의 영향을 많이 받았기 때문에 복수국간 규약이 다자화된 상기 5개 협정과 더불어 제10장에서 같이 다루도록 한다.

---

1) GATT의 관세인하 방식과 그에 대한 평가는 제7장 참조.

2) 「섬유 및 의류 협정」은 1974년 체결된 「다자간 섬유협정(Multi–Fiber Arrangement: MFA)」을 2004년까지 단계적으로 폐지하고 섬유 분야를 GATT 체제에 완전히 편입시켰다. 선적전 검사 협정은 수출국에서 수출선적 전 민간전문회사(specialized private companies)를 고용해 가격, 수량, 품질 등 선적 상세사항을 검사하는 것을 목표로 한다. 특히 개도인 수입국 정부가 수출입업자의 과대 송장 청구, 과소 송장 작성 등으로 외환규제를 회피하는 것을 방지함과 동시에 선적 검사 관련 행정력이 부족한 것을 보완하기 위해 합의되었다.

2. 농업 협정

2.1 농업 협정의 의의

농업은 역사적으로 가장 오랫동안 보호받아 온 분야이다. 세계의 거의 모든 국가가 농업보조, 수입보호, 정부구매 등 여러 가지 방법으로 농업 부문에 깊이 개입한다. 경제적 이유도 있지만 대다수 국가에서 농업 부문의 정치적 영향력이 막강하기 때문이다. 일반적으로 선진 공업국이 노동집약적인 개도국보다 무역에 개방적이다. 그러나 농업에 관한 한 선진국이 더 보호무역적이다. 가난한 국가와는 달리 부유한 국가는 국가경제에서 농업 부문이 차지하는 비중이 작아 정부의 지원이 임금상승이나 비교역재(non-tradable goods) 및 산업에 미치는 영향이 매우 작다. 반면, 그에 따른 농민 일인당 이익은 매우 크다. 따라서 농산물 자유무역으로 인해 편익을 누릴 산업 부문보다 농산물 보호무역으로 인해 편익을 누릴 농업 부문이 보다 적극적으로 로비를 하고, 정부의 정책이 농산물 보호무역 이익에 포획될 가능성이 커진다. 때문에 농산물 무역에 관한 GATT 1947 규칙은 공산품 관련 규칙에 비해 매우 미약했다. 대부분의 국가가 농산물을 특수한 상품으로 취급했던 것이다. 도쿄라운드에서 농산물 문제를 처음 다룬 이후 우루과이라운드 협상과정에서 많은 우여곡절 끝에 GATT 회원국은 농업 협정 합의에 도달할 수 있었다.

「WTO 농업 협정(Agreement on Agriculture)」은 농산물에 대한 기존의 모든 비관세장벽을 관세화해 기존 관세에 통합시키는 한편, 선진국의 모든 농산물 관세율을 고정했다. 또한 이 통합 관세율을 6년간에 걸쳐 매년 동일한 비율로 1986-1988년 수준으로부터 평균 36%를 인하하도록 했다. 선진 회원국은 품목에 따라 인하폭을 조정할 수 있으나, 각 품목의 인하폭이 최소 15%는 되어야 했으며, 개도국은 10년에 걸쳐 이 관세율을 평균 24%를 삭감하고 각 품목의 인하폭도 최소 10%는 되어야 했다. 최빈개도국에는 농산물 관세고정 의무만 부과했다. 비록 다른 상품무역 분야에 비해 만족할 만한 수준은 아니지만 최초로 관세화에 합의한 사실은 농업 보호로 인한 국내 소비자와 국외 생산자의 피해 규모를 투명하게 드러내어 중장기적으로 보호무역집단의 국내정치적 영향력을 약화시킬 것으로 기대된다.

2.2 농업 협상의 전개과정

농산물 관련 GATT 규칙은 공산품 무역과 다음 두 가지 점에서 크게 다르다.

첫째, GATT 제11조는 국제무역에서 수량제한조치의 사용을 일반적으로 금지하지만 제11조 2항 c호는 다음과 같은 정부의 조치를 위해서는 수입 농수산물에 대한 수량제한을 허용한다. ① 국내에서 생산 또는 판매가 허용되는 동종 상품(그 상품의 국내 생산이 소량인 경우에는 그것과 직접적으로 대체관계에 있는 상품)의 수량을 제한하는 정부 조치, ② 무상 또는 시장가격보다 낮게 일부 국내 소비자가 소비할 수 있도록 함으로써 동종 국내 상품(국내 생산이 없을 때에는 동 수입 상품이 직접적으로 대체할 수 있는 국내 상품)의 일시적 잉여 상태를 해소하기 위한 정부 조치, ③ 그 상품의 국내 생산이 경미한 수입품(예를 들어 가축사료)에 전적으로 또는 대부분 의존해 생산되는 동물성 상품(예를 들어 국내 생산 한우)의 물량을 제한하기 위한 정부 조치가 그것이다.

둘째, GATT 제16조는 일반적으로 수출보조금을 제한하지만, 예외적으로 농산물 등 1차 산품에 대한 수출보조금은 폭넓게 허용한다. 다만 농산물 수출보조금은 보조국의 세계 농산물 수출시장 점유율이 과거 대표적 기간(representative period)의 점유율보다 증가하는 결과를 초래해서는 안 된다. 다시 말해 보조금 제공국의 세계 농산물 시장 점유율이 과거의 수출실적에 비해 통상적으로 용인될 수 있는 수준 이상으로(more than an equitable share of world export trade in that product) 증가해서는 안 된다는 것이다(제16조 3항). 이는 어떤 국가의 수출보조금 지급이 다른 농산물 수출국에 불리한 영향을 미치지 않도록 하기 위한 것이다. 그러나 여기서 말하는 '공평한 점유율'의 의미가 모호해서 분쟁이 야기되었다. 1960－1970년대를 거치면서 GATT 제소가 잇따랐으나 GATT 작업단이나 패널은 결국 이 문제에 대해 명확한 결론을 내리지 못했다.

1980년대에 계속된 국제 식량가격의 하락은 EEC의 수출보조금을 둘러싼 EEC와 농업 수출국, 특히 미국 간 '보조금 전쟁'을 야기했다. EEC는 개혁에 소극적이었고, 이런 사정을 잘 이해한 미국은 다자간 협상 테이블에서 유럽의 공동농업정책(CAP)을 무력화하지 않는 한 이 문제를 해결할 수 없다고 보았다. 1986년 우루과이라운드를 출범시킨 GATT 각료회의가 사상 처음으로 농산물 무역 문제를 다자간 협상 테이블에 올려놓기로 결정할 수 있었던 것은 바로 이런 문제인식이 공유되었기 때문이다. 협상 벽두부터 농산물 협상은 EEC와 미국이 벌이는 '대서양 간 탁구(trans-Atlantic ping-pong)' 게임으로 회자되었다. 당시 국제 농산물 교역의 40%를 차지하던 EEC와 미국 간에 상호 만족할 만한 거래가 이루어지지 않는 한 어떠한 협정의 체결도 불가능했다. 우루과이라운드 협상기간 내내 양측은 치열한 논쟁을 벌였으나 EEC와 미국/케언즈그룹 간의 견해 차이를 좁히기는 지극히 어려웠다. 우루과이라운드 협상이 막바지로 향하던 1992년에 미국과 EEC가 EEC의 기름종자에 대한 보조금과 관련한 해묵은 문제를 둘러싸고 극한으로 대립하기도 했다(제7장 참조). 우여곡절 끝에 타결된 농산물 협상은 미국과 케언즈그룹의 당초 기대에는 미치지 못했으나 여러 면에서 괄목할 만한 성과를 거두었다.

2.3 WTO 농업 협정의 주요 내용

「WTO 농업 협정」은 21개 조 및 5개 부속서로 구성되며 수산물과 임산물은 농업 협정 대상에서 제외된다.[3] 「농업 협정」의 가장 중요한 제도적 의의는 예외 없는 관세화 원칙에 따른 최소시장접근(MMA) 방식의 도입이다.[4] 동 협정은 그동

---

[3] 수산보조금은 2001년 도하 각료회의에서 별도로 논의되기 시작했다. 2005년 홍콩 각료회의에서 과잉어획(overfishing)에 대한 보조를 철폐하는 등 좀 더 정교하게 다듬어졌다. 한편, 2017년 부에노스아이레스 각료회의에서 유엔의 지속 가능한 개발목표(Sustainable Development Goals: SDGs) 14.6(해양 생태계 보호를 위한 수산보조금의 금지와 철폐 및 최빈개도국 우대)에 부합하는 방식을 논의하면서 협상 동력이 살아났다. WTO 수산보조금 협상단은 2020년 6월 도출된 통합 협정문 초안(draft consolidated text)을 기초로 계속해서 협상을 진행 중이다(https://www. wto.org/english/tratop_e/rulesneg_e/fish_e/fish_intro_e.htm 참조). 그러나 수산보조금 금지 협상은 여전히 첨예한 의견 대립을 낳고 있다. 미국, 호주, 뉴질랜드, 아이슬란드 등이 속한 소위 '피쉬 프렌즈 그룹(Fish Friends Group)'은 수산자원 고갈과 무역질서를 왜곡하는 수산보조금을 강력하게 규제해야 한다는 주장을 편다. 전 세계에서 가장 많은 수산보조금을 지급하는 국가는 단연 중국이다. 2018년 기준 72억 달러로 추정되며 이 중 약 81%가 유류보조금이다. 때문에 국제사회의 압력을 받아온 중국은 면세유 감축, 금어기 설정, 감척 사업 등의 시행을 약속해 왔다. 동시에 중국은 개도국 지위를 주장하며 특별하고 차등적인 대우를 요구한다. 한국과 일본 등 다양한 형태의 수산보조금을 지급하는 국가는 금지보조금의 과도한 범위설정과 수산보조금(특히 유류보조금)과 과잉어획 간의 불명확한 인과관계를 주장한다. 특히 한국은 어업산업의 구조 개편이 지연될 정도로 보조금, 특히 면세유에 대한 의존이 높다. 위에서 살펴본 바와 같이 보조금은 정부와 산업 모두에게 정치경제적 중독성이 강한 정책수단이다. 그러나 향후 전개될 수산보조금 금지 레짐 아래서는 더 이상 지속 가능하지 않다. 수산업계의 리스크가 더 커지기 전에 구조조정 노력을 시작해야 할 것이다(조영진, 2012; 김동호, 2019; 한국해양수산개발원, 2019).

안 금지되거나 금지되다시피 해 온 품목에 대해서는 국내 소비량의 3%에서 시작해 일정 기간 후(선진국은 6년, 개도국은 10년) 5%에 이르는 MMA 방식의 수입쿼터를 실시할 수 있도록 했다. 이 품목에 대해서는 일정 한도의 관세가 동시에 적용되었다. 해당 품목의 시장개방에 대한 극심한 저항에도 불구하고, 이 방식을 도입한 배경에는 수입이 금지되어 온 품목의 수입을 미소하나마 가능하게 해 국내 소비자가 수입품에 노출될 수 있게 하고, 나아가 이들이 차후 농산물 무역자유화를 지지해 주기를 바라는 뜻이 숨어 있었다.

일본과 한국의 쌀 수입 금지가 그 전형적인 예다. 양국은 쌀시장 개방 저지를 위해 우루과이라운드 협상의 막바지까지 분투를 벌였으나 관철되지 않았고, 급기야 관련 장관들이 자리에서 물러나는 등 정치적 파란을 겪은 것으로 유명하다. 한일 양국은 당장의 쌀 수입 관세화에 저항한 덕에 농업 협정 부속서 5의 특별규정에 따라 쌀에 대한 최소시장접근 방식을 적용받았다. 이에 따라 일본은 국내 소비량의 4%에서 2000년에는 8%까지 수입쿼터를 실시할 수 있었다. 이는 일반적인 최소시장접근 약속치보다 다소 높은 수준이었다. 한국은 국내 소비량의 1%에서 시작해 이후 4년 동안 매년 0.25%씩, 그리고 이후 5년간은 0.4%씩 수입물량을 늘려가 2004년에는 국내 소비량의 4%까지 쌀 수입량을 늘리기로 약속했다(⟨박스 9.1⟩ 참고). 물론 이 기간이 경과하면 양국은 관세화 의무를 수용해야 했다. 다만 협정 제20조 규정에 따라 개혁과정이 지속되고 있음을 이유로 의무면제를 받는 경우는 예외다.

한편, 「농업 협정」 제5조에 규정된 특별세이프가드(SSM)는 수입이 급증하는 상황에서 식량안보 및 농민의 생존권 보호와 농촌개발을 위해 긴급수입관세를 부과할 수 있도록 허용한다. 하지만 수출국과 수입국 간 이견이 여전히 좁혀지지 않는 이슈이기도 하다. 일반 세이프가드 협정과는 달리 SSM은 좀 더 높은 세이프가드 관세를 부과할 수 있고 심각한 피해가 발생했다는 사실을 당사국이 증명할 필요도 없다. 다만 SSM은 이미 관세화된 품목에 한해, 그리고 전체 농산물의 20% 이내에서 양허계획을 통해 그러한 권리를 보유한 국가만 부과할 수 있다. 현재 호주(10개), 한국(111개), 일본(121개), 미국(189개), 캐나다(150개), EU(539개),

---

4) 관세화 예외품목은 부속서 5-A와 5-B에 규정되어 있다. 식량안보 등 비(非)교역적 관심에 따른 특별대우 품목은 관세화로부터 예외로 하되, 최소시장접근 기회를 확대하도록 규정했다.

〈그림 9.1〉 쌀 관세화에 즈음해 한 농민단체가 발표한 성명서와 만평

이 만평에서 마늘, 돼지, 소는 이미 추락했고, 쌓아놓은 볏단 위의 농민들은 위태롭기만 하다. 팔에 WTO 문신을 새긴 서양인이 암반용 해머드릴로 그 볏단의 밑동을 캐내고 있고 그 옆에는 금으로 변한 쌀을 열심히 퍼 올리는 다른 외국인의 모습이 그려졌다.

출처: http://aclu.jinbo.net/gnu/bbs/board.php?bo_table=news_notice&wr_id=2620

스위스 – 리히텐슈타인(961개) 등 39개의 WTO 회원국이 총 6,156개의 농산물에 대해 특별세이프가드 권리를 보유하고 있다. WTO에 따르면 지금까지 실제로 SSM 이 활용된 사례는 그리 많지 않다.[5]

　　보조를 받는 농산물의 수출량과 수출보조금의 상한선을 사상 최초로 책정한

---

5) https://www.wto.org/english/tratop_e/agric_e/negs_bkgrnd11_ssg_e.htm 참조.

것도 WTO 농업 협정의 큰 특징 중 하나이다. 동 협정은 수출보조금을 6년에 걸쳐 매년 일정액 씩 줄여나가 6년 후에는 1986-1990년 수준보다 36%가 감축되도록 했다. 보조를 받는 수출물량은 동일한 방식으로 6년 후에는 21%가 감축되도록 했다. 개도국은 10년에 걸쳐 각각 24%와 14%가 감소되도록 했다. 1986-1990년간에 보조대상이 아니었던 신규 품목에 대한 보조금 지급은 금지되었다. 이에 따라 수출 보조금의 확대는 불가능해졌고, 보조금 전쟁의 유혹도 완화되었다. 수출보조금 감 축은 일반적으로 특정 상품별로 이루어지도록 했다. 그러나 곡물, 과일, 채소류 등 중요 부문에서는 회원국이 광범위한 품목을 한데 묶어 보조금 및 보조수출 물량의 감축을 약속할 수 있도록 함으로써 품목 간에 다소의 융통성을 확보하기 위해 노 력했다. 이런 때에도 보조를 받는 수출물량이나 수출보조금을 전반적으로 삭감해 야 했음은 물론이다. 더 나아가 인플레이션에 따른 상한선 조정을 허용하지 않았기 때문에 시간이 지날수록 실질 보조금액(real value of support)은 줄어들도록 설계된 점도 특징이다. 동 협정은 수출신용(export credit), 신용보증(credit guarantees), 보험 프로그램(insurance program) 등 몇 가지 유형의 수출보조 프로그램에 대해서는 협 정의 적용을 명시적으로 배제한다. 다만 회원국 정부가 해당 프로그램을 이 분야에 서 국제적으로 합의된 규칙에 부합하게끔 노력할 것을 요구하고 있다. 또한 정부 지시에 의한 것 또는 정부의 보조로부터 확장된 것이 아닌 한, 사적으로 조성된 수 출지원(privately-financed export aids)은 허용하고 있다.

〈박스 9.2〉 한국의 쌀시장 개방

1991년 12월 GATT 사무총장 둔켈이 제시한 초안을 바탕으로 이루어진 우루 과이라운드 농업 협정에서 모든 국가는 '예외 없는 관세화'의 원칙에 따라 비관 세장벽을 철폐하고 농산물 시장을 개방해야 했다. 제4장에서 논의한 바와 같이 관세와 비관세 장벽은 양자 모두 자중손실을 발생시킬 뿐만 아니라 국내외적으 로 소득분배의 왜곡을 가져온다. 그럼에도 쿼터, 수출자율규제 등과 같은 비관세 장벽에 비해 관세장벽이 좀 더 투명한 집행을 가능하게 하고, 지대추구 행위와 그에 따른 부패 발생과 같은 더 큰 왜곡을 차단할 수 있기 때문에 GATT는 비관 세보다 관세장벽을 선호하게 되었다.

농산물 시장개방 분야에서 예외 없는 관세화 원칙과 쌍을 이룬 것이 어떠한 농산물이라도 일정량 이상을 수입해야 한다는 '최소시장접근' 방식이었다. 예를 들어 3%의 최소시장접근은 국내 소비량의 3%를 의무적으로 수입해야 한다는 뜻이다. 최소시장접근의 폭이 3−5%라면 이행 기간 첫해에는 3%에서 시작해 마지막 해에는 5%까지 수입량을 늘려야 한다. 최소시장접근을 허용하는 기간에는 관세화 조치가 유예되었다. 다만 최소시장접근 기간에도 수입품에 대한 관세는 부과되며, 대신 그 수입품의 국내 생산을 늘릴 수는 없도록 했다.

이 두 가지 원칙은 농산물 수출국과 수입국 입장을 모두 고려한 정치적 타협의 산물이었다. 우선 비관세장벽의 관세화를 유도함으로써 수입국이 무역자유화로 인해 받는 영향을 최소화함과 동시에 차후에 효과적으로 무역장벽을 낮출 수 있는 발판을 마련했다. 또한 식량안보 등의 논리를 내세워 외국으로부터 수입을 전적으로 금지하고 있는 농산물에 대해 일정한 수입량을 강제적으로 부과해 보호장벽을 제거함과 동시에 전면적 수입자유화에 따를 충격을 완화하는 효과가 있었다(임정빈·김정호, 2005).

우루과이라운드 농업 협상 내내 쌀시장 개방압력을 받은 한국은 예외 없는 관세화 원칙에 동의하는 대신 10년간 관세화를 유예하고, 그 기간 중 최소시장접근만을 허용할 수 있게 되었다. 즉 1995년부터 1999년까지는 국내 소비량이 1−2%(매년 0.25%씩 증량), 2000년에서 2004년까지는 2−4%(매년 0.5%씩 증량)를 의무적으로 수입하기로 했다.

관세화 유예 시한인 2004년에 한국은 WTO에 쌀 재협상 개시 의사를 통보했다. 이에 따라 미국, 중국, 이집트, 인도, 파키스탄, 케언즈그룹 소속 4개국(태국, 호주, 아르헨티나, 캐나다) 등 9개국과 쌀시장 개방 재협상을 진행했다. 그 결과 한국 정부는 쌀 관세화 유예를 10년간 더 연장받는 대신 외국쌀 의무수입 물량을 2004년 국내 소비량의 4%에서 2014년 7.96%까지 늘리는 데 합의했다. 또한 그동안 쌀과자 등 가공용으로만 사용하던 수입쌀의 밥쌀용 일반시판을 허용하기로 했다. 논란 끝에 2005년 11월 국회에서 비준동의안이 통과되어 쌀 의무수입 물량 수입이 본격적으로 시작되었다.

이후 국민 1인낭 쌀 소비량이 해마다 줄었지만(2000년 93.6kg → 2018년 61.0kg) 쌀시장 개방에 따른 수입 물량의 증가 외에도 대다수 농가가 보조금을 타기 쉽고 짓기 쉬운 쌀농사를 고집해 국내 산지 쌀값은 공급 과잉으로 폭락했다. 정부는 쌀값 폭락을 막기 위해 막대한 재정을 투입해 쌀을 수매하고 그 재고관리를 위해 다시 예산을 쓰는 악순환을 반복해 왔다. 2016년 236만 톤이었던 재고 물량은 2017년 244만 톤으로 늘어 쌀 재고관리비로만 7,560억 원이 쓰였다. 농가 세금 감면 등 간접 지원액을 제외한 정부의 직접적인 쌀 농사지원액은 농식품부 전체 예산의 40% 가까이 된다(허원순, 2019).

하지만 쌀 관세화는 이제 더는 피할 수 없는 현실이 되었다. 결국 한국은 2015년부터 쌀시장을 전면 개방하게 되었다. 정부는 2014년 9월 30일에 쌀 관세화 이행계획서를 WTO에 통보했고, WTO는 이를 모든 회원국에게 회람했다. 그 주요 내용을 살펴보면, 쌀과 쌀 관련 품목(16개 세번(HS)) 모두에 대해 기준 관세율 571%, 양허세율 513%로 통보하고 모두 특별긴급관세를 명기했다. 또한 2015년 이후 관세율 쿼터(TRQ) 물량을 2014년과 동일한 41만 톤 수준으로 고정했고 국영무역을 유지하겠다는 내용을 통보했다. 2004년 협상결과 쌀 TRQ 물량에 대해 적용되었던 수입쌀의 용도에 대한 조항은 모두 삭제했다. 한국이 제출한 이행계획서를 2004년도 협상에 참여했던 9개국을 중심으로 WTO의 여러 회원국이 5년 넘게 검증한 끝에 2019년 11월 주요 쌀 수출국과 양허세율 513%로 최종 합의에 도달했다. TRQ 총량, 쌀 TRQ의 국영무역방식 등 기존 이행계획은 그대로 유지되었다. 당초 쌀 수출국의 반발로 이행계획서의 현상 유지가 어려울 것이라는 전망과 달리 한국 정부가 비교적 유리한 협상 결과를 도출한 것이다. 다만 밥쌀 수입이 불가피해졌다는 점과 아직 구체적으로 밝혀지지 않은 쌀 수출국에 대한 이면보상은 앞으로 면밀히 평가해야 할 것이다.

참고로 일본의 관세화 검증은 이행계획서 통보 후 완료까지 23개월(1998년 12월부터 2000년 11월), 대만은 57개월(2002년 9월부터 2007년 6월)이 걸렸다. 일본은 6년간 관세화 유예를 하는 대신에 소비량의 4%에서 8%까지의 최소시장접근을 약속했다. 그러나 당시 쌀 재고가 많이 늘어나는 상황 속에서 최소시장접근 증량에 따른 수급관리에 부담을 느끼자 유예기간을 2년이나 남겨둔 1999년 4월부터 관세화로 전환했다. 대만은 2002년 1월 WTO에 가입하면서 1년간 관세화 유예를 하는 대신에 쌀 소비량의 8%에 상당하는 최소시장접근을 약속했다. 그러나 가입 2년 차인 2003년 1월부터 관세화 유예를 중단하고 관세화로 전환했다. 관세화 전환 이후 많은 시행착오에도 불구하고 결국 쌀 농가의 경쟁력 확보에도 실패한 대만과는 달리 일본은 품질 위주의 지역 간 경쟁체계의 구축, 적합한 품종의 개발, 품질 향상을 위한 민관 합동 노력 등을 통해 쌀 고급화 전략에 성공했다. 가령, 고시히카리 쌀은 중국산 쌀의 10배 가격임에도 전 세계로 수출될 뿐만 아니라 일본 시장 내에서 수입쌀의 점유율도 낮은 수준에서 안정적으로 유지되고 있다(선경철, 2004; 김상영, 2014; 한국농촌경제연구원, 2016).

2.4 DDA에서의 농업 협상

농업 협상은 DDA에서도 가장 첨예한 이슈 중 하나였다. 2000년부터 시작된 새로운 WTO 농업 협상을 편입하면서 의욕적으로 진행된 DDA 농업 협상은 모든 회원국이 수용할 수 있는 범위 내에서 건전하고 지속 가능한 농업개혁을 촉진하는 것을 목표로 설정했다(조성제·박현희, 2009: 199－20). 특히 농업 협상의 주요 당사국인 미국과 케언즈그룹은 그간 DDA 농업 협상의 중요한 목표로 자국산 농산물 수출기회 확대를 위한 농산물 관세의 인하에 많은 노력을 기울였다. 이와 함께 대부분 국가의 양허관세율(bound tariff rate)이 실행관세율(applied tariff rate)보다 높게 유지되고 있어 실질적 관세감축 효과의 달성이 어렵다는 판단에 따라 실행세율을 기준으로 관세감축을 주장해 왔다.[6] 또한 가공도가 높아질수록 관세율이 높아지는 누진관세 체제의 축소, 관세제도의 복잡성을 보여주는 혼합세 및 복합세 철폐를 통한 관세부과 제도의 단순화를 줄기차게 주장했다. 무상의 강도가 상대적으로 약하기는 하나 특별세이프가드 제도의 폐지도 마찬가지였다(임정빈, 2003).[7]

한편, 케언즈그룹은 보조를 받는 농산물의 수출량과 수출보조금에 관한 WTO 농업 협정에 대해서도 큰 불만을 표시해 왔으며, 특히 수출보조에 관해 가장 강력한 개혁안을 요구한다. 모든 형태의 수출보조를 철폐하고 금지하자는 주

---

6) 다자간 무역협상에서 일정 수준 이상으로 관세를 올리지 않겠다는 약속이 양허관세이다. 관세법에 따라 기본관세율에 우선하여 다른 관세율이 적용되기도 하는데, 실제로 적용되는 관세율을 실행관세율이라고 한다. '양허세율과 실행세율의 격차(binding overhang)'는 말 그대로 양허관세율과 실행관세율의 차이를 말한다. DDA 협상은 양허관세율을 기준으로 이루어지고 있어 실행관세율에 비해 양허관세율이 상당히 높은 국가(주로 브라질 등 개도국)는 협상을 통해 양허관세를 낮추더라도 여전히 실행관세보다는 높아 실제 시장접근에 영향이 없게 된다. 이러한 문제를 해결하기 위해 EU 등 선진국은 실행관세에 영향을 줄 수 있는 수준의 과감한 관세감축을 주장한다(산업통상자원부, 2013: 69).

7) 미국과 케언즈그룹은 EU, 일본, 한국 등 주요 농산물 수입국이 실제 수입 증가나 가격 하락으로부터 피해가 없음에도 특별세이프가드를 발동할 수 있다는 점과 주로 소수의 선진국만 활용해 온 이 제도에 대한 개도국의 불만과 비판을 잠재울 필요가 있다는 점을 들어 SSM의 폐지를 주장한다(임정빈, 2003: 244－51).

장이다. 이들은 오랫동안 수출보조금이 무역을 가장 왜곡시키는 농업정책이며, 선진국과 개도국 모두에 피해를 준다고 주장해 왔다. 특히 EU의 수출보조금이 주요 공격대상이다. 지금까지 가장 많은 수출보조를 제공해 온 EU는 WTO 회원국이 지출한 수출보조금의 90%가량을 점하는 것으로 평가된다. 또한 케언즈그룹은 수출신용, 수출신용보증, 수출보험, 비상업적 거래 등을 포함하는 모든 농산물에 대한 수출보조 프로그램의 철폐를 제안한다. 이것은 세계 최대의 수출신용 사용국인 미국의 협상력을 줄이고 케언즈그룹의 통상이익을 극대화하기 위한 전략이다(임정빈, 2003: 262−65).

DDA 농업 협상에서는 우루과이라운드 농업 협상과는 구분되는 감축대상보조(Aggregate Measurement of Support: AMS), 최소허용보조(de minimis), 생산제한을 연계한 블루박스(blue box)를 총합한 무역왜곡보조총액(Overall Trade Distorting Domestic Support: OTDS)이라는 개념을 도입해 보조항목의 개별 보조금 사용제한과 감축을 실시하고 총액 차원의 감축도 실시할 것을 논의했다. 2008년 12월에 제시된 4차 세부원칙 수정안은 4개의 국가별 그룹을 형성해 1그룹 EU, 2그룹 미국과 일본, 3그룹 기타 국가, 그리고 4그룹 개도국으로 분류해 각 그룹 국가별 감축률을 제시했다(조성제·박현희, 2009).

〈표 9.1〉 4차 세부원칙 주요 내용: 무역왜곡보조총액

	국가	OTDS
1그룹	EU	80
2그룹	미국, 일본	70
3그룹	기타 국가	55
4그룹	개도국	36

출처: WTO (2008).

감축대상보조(AMS), 일명 앰버박스(amber box)는 우루과이라운드 농업 협정에서 규정된 각 회원국이 감축해야 하는 무역왜곡 보조금의 총액을 말한다. 이는 화폐단위로 표시된 연간 보조수준을 의미하며 기초 농산물의 생산자를 위해 특

정 농산물에 제공된 보조 또는 농산물 생산자 일반을 위해 제공된 품목 불특정적인 보조가 포함된다. 우루과이라운드 협정에서 선진국은 6년간 20%를, 개도국은 10년간 13.3%를 감축하기로 합의한 바 있다. DDA 농업 협상에서는 이행기간 동안 감축하고 남은 부분부터 감축하기로 합의를 진행해 왔다. 총액한도 이외에도 품목별 상한을 설정했으며, 이는 선진국과 개도국의 차이를 분명히 한 부분이기도 하다.

블루박스(blue box) 조항은 DDA 농업 협상에서 국내 보조의 한 분류로 무역 및 생산왜곡의 효과는 있으나, 생산을 제한하는 조건으로 지원되는 직접지불제도로 국내 보조 감축약속 대상에서 면제되는 보조금을 말한다. 4차 세부원칙 수정안은 블루박스 조치에 대해 선진국은 1995-2000년 평균 총농업생산액의 2.5%로, 개도국은 1995-2000년 또는 1995-2004년 평균 총농업생산액의 5%로 그 한도를 설정했다. 품목특정 AMS를 블루박스로 전환한 경우는 품목별 블루박스 한도를 초과할 수 없도록 했다. 또한 개도국의 블루박스 설정기준을 세분화해 해당 품목은 전체 블루박스의 30% 이하로, 한 품목은 10% 이하로 명기했다. 예외적으로 최빈개도국과 식량 순수입 개도국의 경우는 각각 75%, 25%까지 허용투록 했다.

허용보조(green box)에는 생산이나 무역에 미치는 영향이 미비해 감축의무가 면제된 것으로 일반 서비스, 식량안보용 공공비축, 자연재해 구호지원이 해당된다. 또한 DDA 농업 협상에서는 개도국의 입장을 보다 반영했다. 농촌개발과 관련된 사항과 자연재해 구호지원 관련 요건을 완화해 허용보조로 인정했으며, 직접지불제의 기준년도를 고정불변으로 설정하되 예외적인 경우 변경할 수 있도록 했다.

미국은 국내 보조를 감축면제(green box) 보조와 감축비면제(amber box) 보조로 단순화할 것을 주장한다. 현재 감축면제에 해당하는 생산제한 직접지불(blue box) 정책을 감축대상으로 편입시키고자 하는 의도이다. 미국의 이러한 주장은 지난 우루과이라운드 협상 당시와 마찬가지로 DDA 농업 협상의 성공적 타결을 위해 주요 협상 대상국인 EU의 약점을 이용해 협상력을 증진하려는 전략이었다. EU는 전통적으로 생산통제 아래 직접지불정책을 공동농업정책의 주요 수단으로 사용해 왔다. 또한 미국은 각국의 농업 총생산액에서 총감축대상보조(AMS)가 차지하는 비중이 같아지도록 감축하자고 주장해 왔다. 이는 대내적으로 국내 보조의 증가 추세를 감안하되 대외적으로 최대 농업 보조국이자 주요 협상 대상국인 EU와 일본을 겨냥한 것으로 이해할 수 있다. 마지막으로 미국은 무역왜곡을 최소화하는 방식으로 지속 가능한 농업과 농촌개발 지원을 허용하자고 제안한다.[8]

한편, 케언즈그룹은 앰버박스는 물론 블루박스도 궁극적으로 철폐해 나가되, AMS는 품목별로 감축할 것을 제안한다. 전 세계의 허용대상 보조 중 케언즈그룹이 차지하는 비중은 10% 미만이며, 특히 개별 국가의 비중은 매우 미미한 수준이다. 케언즈그룹은 미국, EU 등 선진 수출 경쟁국 및 일본, 한국 등 수입국의 허용보조 수준이 지나치게 높으며, 이러한 허용보조가 종종 감축대상의 성격을 가지고 있다고 판단하고 있다(임정빈, 2003: 241－42, 256－57).

그러나 DDA 농업 협상은 농산물 수출국과 수입국의 이해관계 차이로 인해 지지부진했다. 2003년 6월 농업 보조금 감축을 주요 내용으로 하는 EU의 CAP 개혁안 타결로 동년 9월에 있을 칸쿤 각료회의에서 DDA 농업 협상에 대한 기대가 컸지만, 결국 협상은 실패로 돌아갔다. 이후 다자·복수·양자 등 다양한 방식을 통해 팽팽한 협상을 진행했으나 주요 협상국 간 입장 차이를 줄이지 못했다.

그간의 협상이 전혀 의미가 없는 것은 아니다. 우선, 치열한 협상 끝에 회원국은 〈표 9.2〉와 같이 4개 대역(band)을 설정하고, 각 대역별 관세 감축률을 설정해 DDA 타결 시 관세 철폐의 기본틀로 활용하기로 했다. '구간별 관세감축'이 관세감축의 일반원칙이라고 한다면, 민감 품목은 일반원칙에 대한 예외라고 할 수 있다. 일부 민감한 품목에 한해 구간별 관세감축 의무로부터 좀 더 낮은 수준의 관세감축을 허용하는 것이다. 다만 이에 대한 대가로 낮은 관세에 따라 수입해야 하는 관세할당을 설정하거나 증량해야 한다. 이 분야는 그간 농업 협상의 주요 쟁점 중 하나였으나 대체로 합의점에 도달한 것으로 평가된다(이호열, 2010: 36).

제7장에서 언급한 바와 같이 인도네시아 발리에서 2013년 개최된 WTO 각료회의에서 개도국 관련 농업 문제 일부가 타결되었다. 특히 최빈국 우대와 관련해서 최빈국 원산지 제품 우대, 최빈국 서비스 및 서비스 공급자 우대를 위한 의무면제의 조속한 시행, 최빈국의 시장접근을 위한 무관세 및 무쿼터 정책, 특별

---

8) AMS 개혁 등에 관한 농업위원회의 최근 논의 사항은 https://www.wto.org/english/news_e /news20_e/agng_10nov20_e.htm 참조.

〈표 9.2〉 구간별 관세감축

	선진국 관세감축		개도국 관세감축	
	현행 양허관세	감축률	현행 양허관세	감축률
1구간	0 – 20%	50%	0 – 30%	33.3%
2구간	20 – 50%	57%	30 – 80%	38.0%
3구간	50 – 75%	64%	80 – 130%	42.7%
4구간	75% 초과	70%	130% 초과	46.7%

출처: WTO (2008).

하고 차등적인 대우 조치 모니터링 체계 구축 등의 합의가 도출되었다.[9)]

한편, 2015년 나이로비 각료회의에서 WTO 선진 회원국들은 즉시(immediately), 개도국 회원국들은 2018년까지 단계적으로 농업 수출보조금을 철폐하기로 했다. 유통비용과 운송비 절감 등을 위한 보조금의 제공은 일반 개도국은 2023년까지, 최빈개도국과 식량순수입 개도국은 2030년까지 허용된다. 농업 협상이 그간 지지부진했던 점을 고려할 때 이 정도의 합의에 도달할 수 있었던 것도 높이 평가된다. 다만 일부 민감 품목은 여전히 그 대상에서 제외되었다는 점, 생산보조금과 수출보조금의 경계가 모호하다는 점, 수출보조금 철폐는 기왕에 농업 협정에서 약속한 것이어서 새로운 것이 없다는 비판이 있다.[10)]

끝으로, DDA 농업 협상에서 한국은 국내 농업 분야의 어려움을 감안해 점진적 시장개방을 지지해 왔으며 농업개혁을 효과적으로 달성하기 위해서는 허용보조의 기준을 신축적으로 적용해야 한다고 주장해 왔다. 특히 한국은 수입 개도국 지위를 유지하기 위해 큰 노력을 기울였다.[11)] 농업 분야의 관세 및 비관세 장벽을 철폐할 때는 개도국의 민감성을 충분히 감안해야 하고 개도국에 허용되는 '특별한 예외'가 충분히 주어져야 한다는 것이다. 사실상 한국으로서는 DDA 농

---

9) https://www.wto.org/english/thewto_e/minist_e/mc9_e/balideclaration_e.htm 참조.

10) https://www.wto.org/english/thewto_e/minist_e/mc10_e/l980_e.htm 참조.

11) 한국은 1995년 WTO 출범 이전은 물론 그 이후에도 개도국 지위를 '자기선언'해 왔다. 1996년 OECD에 가입할 때도 농업과 기후변화 분야에서는 개도국 지위를 주장했다. 선진국 클럽(rich countries' club)으로 알려진 OECD에 가입하는 마당에 개도국 지위를 요구하는 것에 대한 논란이 있었지만 당시 농민들의 가입 반대 시위가 잇따르자 국제사회도 이를 용인할 수밖에 없었다 (임성현, 2019).

업 협상의 성패가 개도국 지위 유지에 달려 있다고 해도 과언이 아닐 만큼 DDA 에서 개도국에 대한 혜택과 우대조치는 과거의 그 어떤 다자간 무역자유화 협상 에서보다 중요했다. 이러한 전략에 따라 한국은 G10이나 G33 등 농산물 수입국 그룹에서 활발하게 활동했다. 일반적으로 개도국 지위 유지 문제는 농업 협상의 세부원칙이 타결되고 각국이 이행계획서를 제출한 이후 양자 검증단계에서 제기 된다. 그러나 공산품 분야에서 개도국 지위를 이미 '졸업'한 한국이 유독 농업 분 야에서만 계속 그 지위를 유지하는 것은 여러모로 어려운 일이었다(이신규, 2004: 88; 서진교, 2008: 11－12).

결국 미국의 전방위 통상압박에 부담을 느낀 한국 정부는 2019년 10월 농업 부문에서 유지하던 개도국 지위를 포기했다(제13장 각주 41 참조). 농업을 보호하 기 위해 수입 농산물에 높은 관세를 매기거나 국내 농산물에 보조금을 지급하는 것이 상대적으로 용이한 개도국 지위를 포기함에 따라 한국은 앞으로 다자간 무 역협상에서 더 많은 개방 의무를 부담해야 한다. 그러나 그간 보호무역의 울타리 안에 안주해 온 일부 농업 분야에 경쟁의 압력을 불어넣어 농업의 선진화를 이룰 수 있는 계기로 삼을 수도 있다. UR 타결 이후 2015년까지 농가·농업 보호, 농 업시설 확충 등에 투입된 재정자금이 200조 원에 육박하는데도 농업 경쟁력이 제자리걸음인 것이야말로 '보호의 역설'을 잘 보여준다. 더는 미루지 말고 선진국 의 농업 부문이 고부가가치 산업화에 성공한 사례를 벤치마킹해야 한다. 앞서 살 펴본 바와 같이 WTO 농업 협상 자체가 더디게 진행되고 있으므로 한국의 농업 분야가 적응할 수 있는 시간도 충분할 것이다.

3. 원산지규정 협정

3.1 원산지규정 협정의 의의

원산지규정이란 상품의 원산지 국가를 확인하는 방법이나 절차 등을 규정한 제반 법령을 총칭하는 개념이다. 일반적으로 원산지 검증은 그것을 수입국 세관 당국이 수행하는지 수출국 세관당국이 수행하는지에 따라 직접검증 방식, 간접검 증 방식 및 제한적 간접검증 방식으로 구분된다. 이는 다시 비특혜 원산지규정

(non-preferential rules of origin)과 특혜 원산지규정(preferential rules of origin)으로 구분된다. 전자는 GATT 1994 상의 최혜국대우나 그 밖의 반덤핑 및 상계관세, 세이프가드 조치, 원산지 표시 요건 및 차별적인 수량제한조치 등과 같은 비특혜적 무역조치에 적용된다. 후자는 GATT 1994 상의 최혜국대우의 적용 예외에 해당하는 관세 특혜의 부여를 규정한 특혜무역협정과 같은 자발적 무역제도에서 이용된다. 일반적으로 원산지규정은 원산지 결정기준, 원산지 증명서류, 원산지 표시 대상과 방법 및 그 확인 절차 등으로 구성된다.

우리가 흔히 '메이드 인 코리아'나 '메이드 인 차이나'라고 할 때 모든 제품의 원산지를 파악하고 판단하는 일은 간단해 보이지만 현실은 그 반대이다. 특히 오늘날처럼 글로벌 생산네트워크 또는 글로벌 가치사슬이 확산되는 상황에서는 어떤 제품이 정확히 어디에서 생산되었는지 파악하기 어렵다. 예를 들어 미국 실리콘밸리의 기술자가 설계하고 한국 삼성전자의 반도체와 액정 등을 사용해서 중국 팍스콘사가 최종 조립한 후 전 세계시장으로 수출되는 아이폰은 미국산인가 한국산인가 아니면 중국산인가? 삼성 갤럭시 제품의 총생산량 중 50% 안팎을 베트남에서 생산하는 삼성전자는 한국 기업인가 베트남 기업인가?

원산지규정의 핵심은 원산지 결정 기준인데, 완전히 한 국가 내에서 모든 생산과정이 이뤄진 물품에는 '완전생산기준(goods-wholly-obtained test)'이 적용되고, 생산과정이 복수국에 걸쳐 이뤄진 상품에는 당해 상품의 본질적 특성을 부여하기에 충분한 정도의 실질적 변형을 최종적으로 수행한 국가에 원산지를 부여하는 '실질적 변형기준(substantial transformation test)'이 적용된다. 오늘날 자국산 원자재만을 사용해 자국 영토 내에서 생산할 수 있는 제품은 극히 드물다. 자급자족경제는 이론적으로나 가능하기 때문에 대개는 실질적 변형기준이 적용된다.

발행 권한이 부여된 당국 또는 기관이 관련된 물품에 대해 특정 국가가 원산지임을 명시적으로 표시하는 특별한 물품확인 양식을 원산지 증명서(Certificate of Origin: C/O)라고 한다. 이 증명서는 제조업자, 생산자, 공급자, 수출업자 또는 기타 권한이 있는 자의 신고서를 포함할 수 있다. 특혜무역협정의 확산으로 상이한 원산지규정이 양산됨에 따라 오늘날 무역규칙과 관세행정은 더욱 복잡해지고 있다.[12]

---

12) FTA에서는 회원국이 역외국에 대한 관세주권을 그대로 보유하고 행사한다. 따라서 역외국 상품은 FTA 회원국 중 역외관세율이 가장 낮은 국가로 수입되어 관세율이 높은 국가로 재수출되는 일이 발생할 수 있다. 다시 말하면 후자는 아무리 높은 역외 관세율을 유지하고 있어도 그것

GATT 1947에 별도의 원산지규정은 없다. '원산지 표시(marks of origin)'에 관한 GATT 제9조만을 두고 있을 뿐이다. 동 조항은 GATT 회원국이 원산지 표시와 관련된 법률 및 규정을 채택하고 시행할 때 기만적이거나 오인을 유발하는 표시로부터 소비자를 보호할 필요성을 적절히 고려하되, 이러한 조치가 수출국의 상거래와 산업에 야기할 수 있는 어려움과 불편을 최소화해야 한다고 규정한다. 원산지규정과 관련한 다자간 규범은 1974년에 채택되고 세계관세기구(World Customs Organization: WCO)가 운용하는 「세관절차의 간소화 및 조화에 관한 국제협약(International Convention on the Simplification and Harmonization of Customs Procedures, 일명 교토 협약(Kyoto Convention))」이 전부였다.[13] 위에서 언급한 '완전 생산기준'과 '실질적 변형기준'이 동 협약에 규정되어 있다.

이러한 절차적 규정을 확립하려는 노력에도 불구하고 다자간 규범의 모호성은 수입국 세관에게 지나치게 많은 재량을 부여했고, 이는 곧 우회적 보호무역조치로 악용되었다. 따라서 보다 명확한 원산지규정을 WTO 협정으로 포함시킬 필요성이 제기되었다(Hoekman and Kostecki, 2009: 211-12).

3.2 WTO 원산지규정 협정의 주요 내용

「WTO의 원산지규정 협정」 전문과 제2조는 모든 WTO 회원국이 투명한 원

이 무력화될 수 있다는 것이다. 이런 문제를 해결하기 위해 FTA 회원국은 좀 더 까다로운 원산지규정을 제정해 활용한다. 이 규정은 저관세율 국가로부터 고관세율 국가로 재수출된 상품을 FTA 특혜에서 배제하기 위해 어떤 상품이 회원국의 상품임을 인정받기 위해서는 일정 수준의 부가가치가 그 회원국 내에서 생산되었음을 증명하도록 하고 있다. 이런 점에서 원산지규정의 성격과 구조는 매우 중요하다. 우선 누적적(cumulative) 원산지규정은 최소한 2개의 역내국(A, B국)을 거치면서 가공이 이루어진 제품을 역내의 D국이 수입한다고 가정할 때 D국이 역내 어디서든지 충분한 가공(sufficient processing)이 이루어지기만 하면 이를 역내 생산으로 인정하는 것을 말한다. 누적적 원산지규정은 완성재 수출국이 다른 국가들이 이전에 창출한 부가가치에 자국이 창출한 부가가치의 누적을 허용하는 원산지규정인 셈이다. 예를 들면 D국의 역내 생산 부가가치 기준이 40%라 할 때, 총부가가치의 30%가 A국에서, 20%가 B국에서 창출되었다면 역내에서 창출된 총부가가치는 50%로 D국의 누적적 원산지규정에 부합된다. 한편, 비누적적 원산지규정 아래서는 역내국에서 창출된 부가가치의 합이 아니라 각국에서 창출된 부가가치를 기준으로 삼게 되므로 누적적 원산지규정보다 더 제한적이다. 이 사례에서 만일 D국이 비누적적 부가가치 기준을 채택해 수출국 내에서의 부가가치 기준을 40%로 정하고 있다면 A국이나 B국은 D국에 무관세로 동 제품을 수출할 수 없게 된다.

13) 동 협약은 지금도 「WTO 관세평가 협정」과 「원산지 협정」의 기술 부문을 담당한다.

산지규정을 시행할 것과 더불어 이들 원산지규정이 국제무역을 제한, 왜곡 또는 저해하지 않을 것을 규정한다. 또한 관련 제도가 일관되고 통일적이며 불편부당하고 합리적인 방식(consistent, uniform, impartial and reasonable manner)에 의해 수행될 것을 주문한다. 보다 중장기적으로 동 협정은 특혜무역협정 등을 제외하고 모든 WTO 회원국에 공통적으로 적용할 수 있는 조화된 원산지규정 수립을 목표로 한다.

이를 위해서는 무엇보다 객관적이고 이해 가능하며 예측 가능한(objective, understandable, and predictable) 제도가 수립되어야 한다. 원산지규정 위원회(Committee on Rules of Origin)는 이러한 목적의 증진과 관계되는 사항을 협의하고 동 협정에 규정된 또는 상품무역 이사회가 부여한 그 밖의 책임을 수행한다(제4조 1항). 동 위원회의 가장 중요한 목표는 현재 40개 회원국이 개별적으로 채택한 비특혜적 원산지규정의 조화이다.

동 협정의 제4부는 원산지규정의 조화를 위한 구체적인 작업계획(work program for the harmonization of rules of origin)을 제시한다. 제9조 2항 a호는 작업계획이 WTO 협정 발효 이후 조속히 개시되며 개시 후 3년 이내에 완결할 것을 규정한다. 동 작업계획은 원산지규정 위원회와 기술 위원회(technical committee)가 주도하고(2항 b호), 기술 위원회는 완전생산기준과 실질적 변형기준과 관련된 해석과 의견을 제출한다(2항 c호). 다만 회원국 간의 이견으로 아직 원산지규정의 조화에 관한 구체적인 합의에 이르지 못하고 있다.

모든 WTO 회원국은 비특혜적 및 특혜적 원산지규정 또는 그 미비를 WTO 사무국에 통보해야 하며(제5조 1항), 원산지규정을 수정 또는 신규 도입할 때에는 이를 적어도 60일 이전에 공표하도록(동조 2항) 되어 있다. 협의 및 분쟁해결과 관련해서는 일반적인 WTO 분쟁해결절차를 따른다(제7조 및 제8조).

동 협정의 부속서는 우대 적용을 받는 원산지규정, 특히 개도국 및 최빈개도국 우대 규정의 운영과 관련해 공동선언을 채택했다. 아울러 2013년 발리 각료회의에서 최빈국에 특혜적으로 적용되는 원산지규정에 대한 최초의 다자간 가이드라인이 수립되었고, 2015년 나이로비 각료회의에서는 최빈개도국이 다른 개도국이나 선진국에 수출을 확대할 수 있는 조치에 대한 일부 합의가 있었다. 다만 그 실질적 이행은 아직 더딘 상황이다.14)

4. 무역 관련 투자조치(TRIMS) 협정

4.1 무역 관련 투자조치의 의의

오늘날 세계화 추세를 주도하고 있는 것은 상품과 서비스 무역이 아니라 급속한 국제투자, 특히 해외직접투자(Foreign Direct Investment: FDI)의 증가라 해도 과언이 아니다. 1990−2015년간에 국제투자는 5배 가까이 증가했는데, 이는 상품무역 증가 속도와 맞먹는다(World Bank, 2017). 과거에는 국제무역과 국제투자가 상호대체적인 관계에 있다고 생각하는 경향이 있었다. 관세장벽을 뛰어넘기 위해 외국에 공장을 설치하는 것이 그런 예다. 그러나 오늘날에는 무역과 국제투자가 상호보완적인 관계에 있는 것으로 보는 견해가 지배적이다. 특히 무역과 투자가 병행되는 현상은 서비스산업에서 현저하게 나타나고 있다. 예컨대 맥도날드의 빅맥(Big Mac)을 미국에서 직접 생산해 수출하는 것이 아니라 각국에 진출해 있는 맥도날드 가맹점에서 생산 및 판매하는 것과 같다. 때문에 국제투자의 자유화는 오늘날 상품무역의 자유화 못지않게 중요한 이슈가 되었다. 그러나 국제투자의 자유화는 무역의 자유화와는 다른 여러 가지 특성으로 인해 크게 진전되지 못하고 있다. 물론 지역 차원에서 또는 양자간 투자협정의 형태로 국제투자가 상당히 자유화되고 있지만, 적어도 다자간 무대에서는 그렇지 않았다. 때문에 선진국, 특히 미국은 우루과이라운드 협상에서 국제투자의 자유화 문제를 다루고자 했다(Hoekman and Kostecki, 2009: 259−61).

국제투자 자유화를 우루과이라운드 협상의 중요 의제로 포함할 것인지가 초반부터 뜨거운 논란의 대상이었다. OECD 국가들, 특히 미국은 국제투자의 흐름을 왜곡하는 정책은 무역의 흐름에도 심각한 영향을 미치므로 다자간 규율의 대상으로 삼아야 한다고 주장했다. 그러나 브라질, 인도를 비롯한 많은 개도국은 국제투자에 관한 다자간 규율의 확립 시도가 GATT 범위 밖의 문제일 뿐 아니라

14) 여전히 여러 최빈개도국이 특혜 원산지규정을 적용하더라도 그 특혜를 활용할 수 없는 경우가 많다고 호소한다. WTO 사무국의 자체 분석에 따르면 낮은 우대 마진, 제품의 복잡성(원자재인지 가공품인지의 여부), 원산지 기준 등의 요인은 원산지규정의 활용에 영향을 미치지 않는 것으로 보인다. 대신 직접운송규칙(direct consignment rules)이나 특혜 규정에 대한 담당 공무원의 인식 부족 등이 그 원인일 것으로 추정된다. https://www.wto.org/english/news_e/news20_e/rule_13nov20_e.htm 참조.

GATT가 이런 문제를 논의하기에 적합한 포럼도 아니라면서 강력히 반발했다. 그 결과 우루과이라운드 개시를 알린 푼타 델 에스테 각료선언은 처음부터 투자에 관한 협상을 협의의 무역 관련 투자조치(trade-related investment measures: TRIMS)의 무역제한 및 왜곡효과 시정에 국한하기로 했다. 이에 따라 국제투자에 관한 우루과이라운드 협상은 결국 GATT 제3조 내국민대우, 그리고 제11조 수량제한조치의 철폐와 관련된 이슈만을 다루는 수준에 한정되었다.

그러나 역설적으로 우루과이라운드 협상에 국제투자 문제를 포함시키는 것에 그토록 반대했던 개도국의 대부분은 협상이 진행되던 1980년대 후반과 1990년대 초반 시장지향적 개혁의 일환으로 국제투자와 관련해 일방적 자유화 조치를 취했다. 특히 외채문제로 고심하던 개도국들은 FDI 유치를 위해 복잡하고 까다로운 투자 승인절차를 대폭 간소화하는 등 더 나은 투자유인 제공에 열을 올리기도 했다. 그러나 개도국의 이런 일방적 자유화는 우루과이라운드 협상의 한계로 인해 GATT 체제에서 투자개방 이행계획으로 명문화되지 못했고, 그 결과 개혁을 묶어두는(lock-in) 효과도 갖기 어려웠다. 동 라운드 이후 OECD 중심으로 전개되어 온 다자간 투자협정(Multilateral Agreement on Investment: MAI) 체결 노력이 좌초된 상태에서 TRIMS 협정은 무역 관련 국제투자의 유일한 다자간 구심점 역할을 하고 있다.

4.2 TRIMS 협정의 주요 내용

WTO TRIMS 협정은 상품무역에 영향을 미치는 투자조치에 국한되며(TRIMS 제1조), 특히 그러한 조치가 궁극적으로 수입상품에 대한 내국민대우원칙(GATT 제3조 4항)을 위반하지 않도록 규율하는 데 주목적이 있다(TRIMS 제2조). 또한 GATT 제11조를 한층 강화해 동조 1항 수량제한의 일반적 철폐 의무에 합치되지 않는 무역 관련 투자조치를 적용하지 말 것을 규정함과 동시에 이에 해당하는 사례를 부록에 예시했다.

먼저 내국민대우원칙에 위배되어 동 협정에 따라 금지되는 조치로는 국산부품 사용의무가 있다. 여기에는 ① 외국인 투자기업이 구매하거나 사용해야 할 국산 상품을 특정하거나, 국산품의 양이나 금액, 또는 비율을 정하거나, ② 그 기업이 구매하거나 사용하게 될 외국 상품의 양이나 금액을 그 기업 수출액의 일정

비율로 제한하는 등의 방법으로 국산품 사용을 의무화하거나, 이런 요건을 갖추지 않으면 조세 감면이나 보조금 지원 등과 같은 정부의 지원을 받을 수 없도록 제한하는 등의 방법이 있다.

다음으로 수량제한의 일반적 철폐 의무를 위반해 동 협정에 따라 금지되는 조치로 ① 외국인 투자기업의 외국산 기자재 수입 허용량(액)을 해당 기업 수출량(액)의 일정 비율로 제약하는 무역균형 요건(trade balancing requirements)을 부과하거나, ② 외국인 투자기업이 외국산 기자재의 수입에 사용할 수 있는 외화를 그 기업에 대한 외환 유입액의 일정 한도로 제약하는 외환균형 요건(foreign exchange balancing requirements)을 부과하는 행위, 그리고 ③ 외국인 투자기업이 국내에서 생산한 특정 상품의 수출을 제한하거나, 그것의 일정량, 금액, 비율 이상을 수출하지 못하도록 제한하는 등의 방법으로 이런 요건을 강제하거나 그런 요건을 충족시키지 않을 시에는 정부의 지원을 받을 수 없도록 제한하는 조치가 있다.

하지만 TRIMS 협정은 본격적 다자간 투자협정(MAI)을 위한 잠정적이고 초보적 협정에 불과하기 때문에 어쩔 수 없는 한계가 있다. 특히 동 협정은 외국인 투자기업이 국내에서 생산한 제품의 일정 비율 이상을 반드시 수출하도록 요구하는 제도에 대해서는 아무런 제한규정도 두고 있지 않다. 이 점은 WTO SCM 협정이 수출보조금을 금지하고 있는 것에 비추어 보더라도 일관성이 결여된 것이다. 왜냐하면 외국인 투자기업에 일정한 수출요건을 부과하는 것과 자국 기업에 수출보조금을 부여하는 것은 그 효과 면에서 비슷하기 때문이다(Hoekman and Kostecki, 2009: 260).15)

TRIMS는 그 어떤 것이든 현실적으로 그리 효과적이지도 경제적이지도 않다. 예를 들어 국산부품 사용의무는 중간재에 관세를 부과한 것과 같은 효과를 일으켜 결국 외국인 투자기업이 높은 가격의 국산 부품을 사용하도록 강제하는 것이

---

15) 사실 TRIMS는 캐나다의 외국인투자심사청(Foreign Investment Review Agency: FIRA)을 상대로 한 1983년의 GATT 패널 결정에 따라 관행화되어 있는 것을 WTO 협정으로 전환시킨 것에 불과하다는 평가도 있다. GATT 패널은 이 사례에서 국산품 사용 요건이 GATT 제3조 4항 위반이라고 판단했다. 다만 개도국은 이 요건을 국제수지 방어목적의 수입제한조치의 일부로 부과할 수도 있다는 점을 인정했다. 한편, 동 패널은 일정률의 수출 요건을 GATT 위반으로 판단하지 않았다.

나 마찬가지다. 외국산 기자재의 수입 허용량(액)을 해당기업 수출량(액)의 일정 비율로 제약하는 무역균형 요건도 동일한 효과를 가진다. 이러한 조치가 경제적 후생을 증가시키는 경우는 매우 제한적이다. 투자 유치국이 넓은 시장을 갖고 있고 외국인 투자기업이 생산하는 제품에 높은 수입관세를 부과하고 있는 상황에서 외국 기업이 관세장벽 넘기(tariff – wall jumping)를 목적으로 현지 생산을 꾀할 때 정부가 외국 기업에 발생하는 초과 이윤(지대)의 일부를 거둬들이려는 의도에서 TRIMS를 취하는 경우를 들 수 있다. 하지만 이때도 수입자유화정책 시행 시 경제적 후생이 더 크게 증가할 것이기 때문에 바람직하지 않기는 마찬가지다 (Hoekman and Kostecki, 2009: 262).[16]

　　동 협정 제5조는 WTO 발효일로부터 90일 안에 회원국이 동 협정에 위배되는 모든(중앙 및 지방정부의) 현행 TRIMS를 상품무역 이사회에 통보하도록 의무화하고(1항), 선진국은 2년, 개도국은 5년, 최빈개도국은 7년 안에 이를 폐지하도록 의무화했다(2항). 다만 개도국과 최빈개도국에 대해서는 이 과도기간에 금지조치를 폐지시키기 어려울 수도 있다는 점을 인정해 개도국의 요구가 있을 때 상품무역 이사회가 이를 연장해 줄 수 있도록 예외규정을 두고 있다(3항). 지난 2001년 상품무역 이사회는 여러 개도국의 요구를 받아들여 과도기간의 연장을 승인한 바 있다.[17]

　　동 협정 제6조는 회원국의 TRIMS가 투명하게 적용될 것을 요구함과 동시에 협정에 부합하지 않는 모든 조치들은 WTO 사무국에 통고하도록 요구하고, 다른 회원국의 정보 요구 및 협의 요구에 성실하게 응하도록 규정한다. 동 협정 제7조는 상품무역 이사회의 지휘를 받아 TRIMS 문제를 다루게 될 TRIMS 위원회

---

16) 내국민대우와 수량제한조치 금지를 규정한 TRIMS 협정 제2조가 TRIMS를 사용하려는 수입국의 유인을 줄여 무역자유화를 촉진하는 계기로 작용하게 될 것으로 기대되었다. 다만 동 협정 제4조는 개도국에 대해서 ① GATT 제18조, ② GATT의 국제수지 규정에 대한 양해각서, ③ 개도국에 대한 수권조항에 입각한 국제수지 방어목적의 무역 조치에 관한 각료선언이 허용하는 범위 한에서 일시적으로 제2조 규정에서 일탈할 수 있도록 예외를 인정한다.

17) 이 과도기간 중에 회원국은 상품무역 이사회에 통보된 TRIMS를 바람직하지 않은 방향으로 수정하지 못하도록 특별한 규정을 둔다(제4항). 또한 회원국이 동 협정의 발효일 이전에 전격적으로 새로운 TRIMS를 도입하는 것을 방지하기 위해 동 협정 발효 180일 이내에 도입된 TRIMS에 대해서는 과도기간을 적용하지 않도록 한다(제4항 후단). 다만 동 협정의 발효에 따라 상대적으로 불리한 입장에 서게 된 기존의 외국인 투자기업을 배려해 필요한 경우 회원국은 이 과도기간 중에는 금지된 TRIMS를 계속 사용할 수 있도록 제한적으로 허용한다(제5항).

(Committee on TRIMS)를 설치했고, 제8조는 TRIMS와 관련해 관련국 간 협의 필요성이 있거나 분쟁이 야기된 경우에는 WTO의 분쟁해결절차를 준용하도록 규정하고 있다.

한편, 제9조는 상품무역 이사회가 WTO 협정 발효일로부터 5년 이내에 동 협정의 운영상황을 재검토하고, 그것과 투자정책 및 경쟁정책에 관련된 규정과 상호보완의 필요성이 있다고 판단할 때에는 이런 사실을 각료회의에 제안하도록 규정하고 있다. 이는 OECD를 중심으로 국제투자 문제가 활발하게 논의되던 당시의 상황을 염두에 둔 것이었다. 특히 미국은 다자간 투자협정(MAI)을 별도로 제안했다. 그러나 투자 자유화와 투자 보호를 주요 내용으로 삼았던 MAI는 제조업 직접투자뿐만 아니라 주식거래 자유화 등 금융 서비스에 대해서도 포괄적 자유화를 요구함으로써 개도국은 물론 OECD 회원국 내에서도 많은 논란을 불러일으켰다. 개인 투자자와 정부 간 분쟁해결절차(Investor–State Dispute: ISD)를 본격적으로 도입하기 위한 움직임에 대한 거부감도 컸다. 결국 동 협상은 1998년에 실패로 끝났다(정영진·이재민, 2012: 259–60).

이처럼 WTO나 OECD와 같은 다자간 기구 차원에서의 투자규범 확립 노력이 지지부진했던 것과는 달리, 지난 25여 년간 크게 증가한 양자간 또는 복수국 간 특혜무역협정은 국제투자 문제도 적극적으로 협정 내에 반영함으로써 향후 WTO의 국제투자협정 체결의 방향성을 제시했다. 투자 관련 양자간 또는 복수국 간 협정에서 가장 중요한 점은 내국민대우원칙이다. 당사국 정부는 국내 투자자에게 부여하는 것과 최소한 동일한 대우를 협정 상대방의 투자자에 대해서도 부여해야 한다는 것이다(정영진·이재민, 2012: 259–62).

예를 들어 북미자유무역협정(NAFTA)은 국제투자 문제에 대한 좀 더 포괄적인 권리와 의무에 관한 국제규범 확립의 선례를 제공해 주었다. NAFTA는 회원국에게 외국의 투자자에 내국민대우는 물론이고 최혜국대우를 제공해 주도록 의무화했다. 또한 외국인 투자기업에 부과하는 각종 요건의 범위도 매우 포괄적이며, 기존 TRIMS를 10년에 걸쳐 점진적으로 철폐하도록 했다. 반면에 무역과 관련 없는 고용요건(employment requirements) 등을 새로 도입하기도 했다. 더 나아가 NAFTA는 국제투자 관련 분쟁을 각국의 법원이 아니라 국제기구의 구속력 있는 중재를 통해 해결하는 방법을 규정했다.

한국도 외국인 투자의 한국 시장 진출 확대와 투자 보호장치의 강화를 위해 전통적인 투자보장협정 방식뿐만 아니라 양자 및 복수국간 FTA도 적극적으로 활용하고 있다. 외국인 투자자 보호를 위한 내국민대우원칙과 관련해 한미 FTA는 제11.3조에서 "각 당사국은 자국 영역 내 투자의 설립·인수·확장·경영·영업·운영과 매각 또는 그 밖의 처분에 대해 동종의 상황에서 자국 투자자에게 부여하는 것보다 불리하지 아니한 대우를 다른 쪽 당사국의 투자자에게 부여"(1항)하며 "각 당사국은 투자의 설립·인수·확장·경영·영업·운영과 매각 또는 그 밖의 처분에 대해 동종의 상황에서 자국 투자자의 자국 영역 내 투자에 부여하는 것보다 불리하지 아니한 대우를 적용대상 투자에 부여"(2항)한다고 규정하고 있다.

한편, 무역과 투자 연계와 관련해 좀 더 근본적인 문제는 FDI에 대한 WTO 차원의 협정을 강구할 만한 가치가 있는가이다. 왜냐하면 의구심에 가득 찬 눈으로 FDI를 보아왔던 대부분의 국가들이 오늘날 FDI를 환영하고 있는 게 사실이기 때문이다. 특히 제조업 부문의 FDI는 더욱 그렇다. 이제 이들은 FDI에 부수되는 전문성과 기술에 주목해 FDI를 적극적으로 받아들임으로써 자국 경제의 도약을 꾀하고자 한다. 또한 외국인 투자자들은 MAI와 같은 도움 없이도 개도국, 특히 중국과 같은 국가에 임청난 투자를 해 왔다는 점도 상기할 필요가 있다.

이런 면에서 주목할 필요가 있는 부문이 바로 서비스 부문이다. 제11장에서 논의하는 바와 같이 전 세계적으로 서비스 시장개방의 수준은 아직도 매우 낮다. 반면에 주로 FDI의 형태로 이루어지는 서비스 시장개방은 개방국에 매우 큰 이익을 준다. 아무리 제조업이 강할지라도 교통, 운수, 정보통신 등 핵심 서비스산업이 낙후되어 있으면 제조업이 경쟁력을 유지할 수 없기 때문이다. 마찬가지로 상품무역 부문의 자유화가 서비스 시장의 개방과 연계되지 않는다면 그 효과를 제대로 낼 수 없다. 예를 들어 칠레는 해운산업에 대한 외국인 투자를 자유화함으로써 냉동기술을 크게 향상시키고, 이를 통해 강력한 참치 및 키위 수출국으로 부상했다. 반면, 미국은 해운산업의 개방을 거부하고 미국의 항구 간에는 국적선(American flagged ships)만이 운항할 수 있게 한 결과, 자유무역을 했을 때와 비교하면 운임이 2-4배나 높은 수준에 있다. 또한 서비스 부문에서의 투자 자유화는 투자 유치국에 더 많은 전문가가 유입될 수 있게 함으로써 개도국의 기술혁신, 경영기법 개선에 큰 효과를 가져올 수 있다.

이런 측면을 고려할 때 FDI 문제는 상품과 서비스 등 모든 부문을 포괄하기보다는 GATS 안에서 서비스무역과 투자의 자유화를 가속화하는 것이 더 바람직한 접근방법이라고 볼 수 있다. 그러나 제조업 부문에서 외국인 투자자의 권익을 좀 더 강하게 보호하는 것은 여전히 중요한 문제이다. 결론적으로 MAI는 결국 WTO 내에서 규범화될 가능성이 크지만 당장에는 선진국과 개도국 모두 이를 크게 바라지 않고, 급한 문제로 생각하고 있지 않기 때문에 어떤 중대한 계기가 마련되지 않는 한 타결까지 상당한 시간이 걸릴 것이다. WTO 일반이사회 아래 구성되었던 '무역과 투자' 작업단도 현재 활동을 중단한 상태이다.

5. 세이프가드 협정

5.1 세이프가드 협정의 의의

GATT 제19조는 일반적 이탈조항(general escape clause), 긴급수입제한조치(emergency action), 세이프가드 규정(safeguard provisions) 등의 이름으로 불린다. 이 중에서 세이프가드라는 용어가 통용된다. 제4장에서 살펴본 바와 같이 이 조항은 수입국 정부가 무역자유화 조치를 이행하는 과정에서 수입 급증으로 인해 심각한 피해를 입고 있는 특정 산업 부문을 한시적으로 보호하기 위해 사용하는 가장 일반적인 수입제한조치이다. 세이프가드의 원형은 1943년 미국과 멕시코 간 상호무역협정에서 찾아볼 수 있다. 물론 이전에도 긴급수입제한 규정이 있었지만, 그것들은 일반적 이탈조항의 성격을 갖지는 않았다. 미국은 1947년에 GATT 협상을 추진하면서 자국이 체결하는 모든 무역협정에 세이프가드를 필수적으로 삽입하도록 하는 대통령령을 제정했다. 이는 미 행정부가 당시 미 의회로부터 명확한 협상권한의 위임을 받지 않고 협상을 추진함으로써 국내 산업이 동요했고, 이에 대해 의회가 깊은 우려를 표시하자 이를 무마하려는 의도에서 비롯되었다. 여타의 GATT 협상 참여국도 사정이 비슷했다. 섣불리 시장개방 또는 관세인하를 약속하다가 국내 산업이 타격을 입을 수 있기 때문이었다. 따라서 이들은 GATT 협정문에 세이프가드를 도입하는 데 쉽게 합의했다(Trebilcock, Howse, and Eliason, 2013: 411−12).

다만 GATT 협정 초안자들은 세이프가드 조치의 발동요건과 조건을 엄격하게 규정했다(Hoekman and Kostecki, 2009: 416–17). 세이프가드 조치를 취하기 위해서는 우선 ① 특정 품목의 수입이 급증한 사실이 있어야 하고, ② 수입 급증은 다자간 협정에 따른 무역자유화의 결과이거나 미리 예견하지 못한 사태의 발생(unforeseen development)에 기인한 것이어야 하며, ③ 이로 인해 동종 또는 경쟁관계에 있는 국내 산업이 심각한 피해를 입고 있거나 그럴 위험성이 존재해야 하고, ④ 수입 증가와 국내 산업의 피해 간에는 명확한 인과관계가 존재해야 한다. 다음으로 이 조치는 ① 모든 수출국에 대해 무차별적으로 시행되어야 하며, ② 기대이익을 상실한 모든 실제적 또는 잠재적 수출국과 협의해야 하고, ③ 적절한 보상을 제공해야 한다. 수출국과의 협의과정에서 보상에 관한 원만한 합의에 도달하지 못한 때에는 수출국은 보복조치로서 수입국에 대한 동등한 수준의 양허의 제공을 요구하거나 기타 의무를 정지할 권리를 가진다.[18]

세이프가드가 AD나 CVD와 다른 점은 다음과 같다. 첫째, 세이프가드 조치는 위에서 적시한 이유로 국내 산업의 피해 또는 피해의 위험이 발생하면 언제라도 취할 수 있는 반면, AD나 CVD는 불공정무역에 한정된 조치이다. 둘째, 공정무역에 관해 취해질 수 있는 만큼 세이프가드를 발동하면 반드시 이해관계국에 적절한 보상을 제공해야 한다. 셋째, AD 또는 CVD에 비해 세이프가드 적용을 정당화하기 위해 요구되는 국내 산업 피해의 심각성이 더욱 크다. 세이프가드 조치 자체가 공정무역의 예외이기 때문에 더욱 엄격한 요건이 요구된다.

세이프가드는 GATT 제28조 규정에 따른 관세양허 계획의 수정 또는 철회와도 차이가 있다. 후자는 특정 품목의 관세인하를 약속한 국가가 이해관계국과 재협상을 통해 관세율을 변경시키는 것으로서, 여기서도 수입국은 이해관계국에게 적절한 보상을 제공해야 한다. 관세율 변경의 효과는 항구적인 반면, 세이프가드는 원칙적으로 국내 산업의 원활한 구조조정을 위해 필요한 기간 동안만 한시적으로 적용된다.

그러나 GATT 제19조의 모호성과 이 조항의 의무사항을 무시하는 회원국의

---

18) 다만 「WTO 세이프가드 협정」은 세이프가드 조치가 수입의 절대적 증가를 이유로 발동되었고, 그것이 세이프가드 협정의 규정에 부합되는 경우에는, 비록 수입국과 적절한 보상 협상이 이루어지지 않았을지라도, 수출국이 처음 3년간은 보복조치를 취할 수 없도록 규정함으로써(제8조 3항) 수출국의 보복조치에 대한 수입국의 우려를 완화시키고 있다.

관행, 즉 특정 수출국에 대한 선별적이고 차별적인 세이프가드 적용, 보상의 기피, 개별국이 취한 세이프가드 조치의 정당성에 대한 객관적 검증의 결여 등의 문제로 인해 동 조항에 대한 회원국의 불만이 매우 높아졌다. 개혁의 필요성에 대한 합의에도 불구하고 GATT 제19조 개혁은 매우 민감한 문제였다. 도쿄라운드에서 특별히 세이프가드 협상그룹을 만들어 이 문제를 논의했으나 개도국과 선진국의 의견 차이로 인해 아무런 합의도 이끌어내지 못했다. 무엇보다도 개도국은 선진국이 개도국에 대해 세이프가드를 발동하지 말아야 한다고 주장한 반면, EEC는 세이프가드의 선별적 적용을 허용해야 한다고 팽팽히 맞섰기 때문이다(Hoekman and Kostecki, 2009: 415－16).[19]

1986년 각료선언에서 세이프가드는 가장 중요한 협상이슈 중 하나로 부각되었다. 특히 세이프가드의 선별적 적용 문제를 둘러싼 의견대립은 변함이 없었다. 그러나 미국이 EEC에 동조하는 쪽으로 입장을 선회함에 따라 팽팽한 대립구도가 허물어지면서 세이프가드의 선별적 적용을 인정하는 방향으로 협상이 급진전하게 되었다. 물론 신흥 공업국, 일본, 호주, 뉴질랜드 등 그동안 세이프가드 조치를 우회하기 위해 서유럽 국가들이 사용한 VER의 표적이 되어 왔던 국가들은 강력히 반발했다. 그럼에도 대세는 이미 기울었고, 여러 입장 차이는 절충되어 「세이프가드 협정(Agreement on Safeguards)」이 타결되었다.[20]

5.2 세이프가드 협정의 주요 내용

「WTO 세이프가드 협정」은 GATT 제19조와는 달리 세이프가드 조치의 무차별적 적용을 명시적으로 천명하고 있다(제2조 2항). 세이프가드 조치의 구체적 수단으로 관세 인상은 물론 수량제한조치를 사용하는 때에도 원칙적으로 MFN 원리를 준수하도록 요구한다(제5조).[21] 특별한 사정이 없는 한 수입 쿼터는 최근 3

---

19) EC는 이를 위해 보상을 요하지 않는 선별적 세이프가드에 관한 규정을 추가하되, 세이프가드 조치를 취하는 국가는 반드시 구조조정을 추진하도록 하며, 이 조치에 대한 다자간 감시체제를 강화하자는 조건을 제시하기도 했다(Hamilton and Whalley, 1990: 84).

20) 특별히 달리 표현하지 않는 한 아래에서 모든 설명은 우루과이라운드에서 체결된 「WTO 세이프가드 협정」에 기초를 둔다.

21) GATT 제19조에는 세이프가드가 무차별적으로 적용되어야 한다는 규정이 없다. 따라서 세이프가드 조치에도 GATT 제1조의 무차별원칙이 당연히 적용되는지에 대한 논란이 있었다. 그러나 「세이프가드 협정」이 이를 명시적으로 천명함으로써 문제의 소지를 원천적으로 제거했다. 다

년간 평균 수입 수준보다 낮게 설정해서는 안 되며(제5조 1항), 실질적인 이해관계를 갖고 있는 국가에 대해 쿼터를 배분할 경우 수입국은 이 문제에 대해 이들의 합의를 구할 수 있으나, 그것이 어려운 경우에는 과거 대표적 기간(previous representative period)의 국별 수입량 또는 수입액과 비례해(물론 그간의 변화 요인도 적절히 감안해) 쿼터를 배분하도록 하고 있다(제5조 2항 a호).

제5조 2항 b호는 특정국에 대해서만 예외적으로 쿼터를 부과할 수 있도록 허용한다. 물론 여기에는 일정한 제약조건이 있다. 즉 ① 특정 국가로부터의 수입이 대표적 기간의 전체 수입의 증가와 비교할 때 월등히 높은 비율로 증가하고, ② 제5조 2항 a호에 따른 일반적인 비례 배분 방식으로부터 일탈할 만한 정당한 이유가 있으며, ③ 이러한 일탈 조건이 모든 수출국에 공평하게 적용된다는 점, 즉 특정국을 특별히 차별하는 것이 아니라는 점을 세이프가드 위원회(Committee on Safeguards)에 분명히 소명해야 하고, 동 위원회의 주관하에 이해 관계국과 협의해야 한다. 또한 이런 차별적 쿼터의 적용은 ④ 4년을 초과해서는 안되며 연장이 불가능하고, ⑤ 국내 산업이 실제로 피해를 입고 있는 경우에만 허용된다. 다시 말해 심각한 피해를 입을 우려가 있을 뿐인 경우에는 차별적 조치를 취할 수 없다.

GATT에 저촉되는 회색지대조치의 확산을 어떻게 저지할 것인지도 우루과이라운드 세이프가드 협상의 핵심적인 논의사항이었다. 이 조치로 희생을 강요받았다고 생각하는 개도국, 일본 등은 사실상 차별적인 세이프가드 조치로 볼 수 있는 모든 회색지대조치를 공식적으로 금지할 것, 만일 이것이 어렵다면 이런 조치를 모두 GATT에 통보하도록 하고, 다자간 감시를 강화하는 정공법을 취할 것을 주장했다. 이 조치를 자주 사용해 온 선진국은 세이프가드 조항의 규율을 대폭 약화시켜 현재의 관행, 즉 회색지대 조치의 사용을 합법화하는 방식을 선호했다. 특히 자국법에 행정부로 하여금 VER 협정 등 경쟁 위협에 대처할 수 있는 수단을 GATT 제19조에 반영시킬 것을 명문화하고 있는 미국은 후자의 대안을 적극 옹호했다. 따라서 우루과이라운드 협싱 초기에는 후자에 더 무게가 실렸다(Hoekman and Kostecki, 2009: 423-27).

───────────────

만 명문화로 인해 논란이 가중되는 역설적인 현상이 발생했다. GATT 제24조가 세이프가드 제2조 2항의 예외로 인정되는지에 대한 논란이 그것이다(〈박스 9.3〉 참조).

그러나 미국의 경우 VER 협정 체결을 위한 협상은 비교적 공식적 절차를 밟도록 되어 있으나, 다른 국가의 경우 행정부가 손쉽게 그러한 협정을 체결할 수 있었기 때문에 우루과이라운드 협상 후반에 들어서 미국이 기존 입장에서 물러섰다. 회색지대조치를 공식적으로 GATT 제19조에 포함시키면 결국 이런 국가가 VER 협정을 더 많이 이용하게 될 것이고, 이들 국가로부터 제한을 받게 된 수출품이 미국 시장에 집중될 것을 우려했기 때문이다. 특히 미국에서는 독점금지법에 위배되어 불가능했던 것과 달리 EEC의 경우 수출국 기업과 직접 수출을 제한하는 내용의 협정을 체결할 수 있었기 때문에 미국의 우려는 더욱 커졌다(Sampson, 1987: 148).

이런 이유로 「WTO 세이프가드 협정」은 수출자율규제(VER), 시장질서협정(OMA) 및 유사조치(예: 수출조절(export moderation), 수출입품 가격 모니터링 제도, 수(출)입 감시 제도, 강제적 수입 카르텔, 재량적 수출입 허가제도 등)를 금지했다. 또한 1995년 1월 당시 유효한 모든 조치는 세이프가드 위원회에 제출한 시간표에 따라 늦어도 4년 안에 세이프가드 협정의 실체적 규정에 합치시키거나 점진적으로 퇴출시키도록 의무화했다(제11조). 수출 또는 수입 양면에서 회색지대조치의 철폐에 합의한 것은 우루과이라운드가 이룩한 획기적인 성과 가운데 하나였다.

또한 동 협정은 심각한 피해의 판정기준과 요건을 강화함으로써 세이프가드의 남용으로 수출국의 권익이 부당하게 침해되지 않도록 조화와 균형을 추구한다(제4조). AD와 CVD가 국내 산업의 '실질적 피해(material injury)'를 요건으로 하는 데 비해, 세이프가드는 '심각한 피해(serious injury)'를 발동요건으로 한다.[22] 동 협정에 따르면 '심각한 피해'란 "국내 산업의 지위가 전반적으로 중대하게 침해된 상태(significant overall impairment in the position of domestic industry)"를 의미한다(제4조 1항 a). 또한 '심각한 피해 위협(threat of serious injury)'은 "분명히 임박한(clearly imminent)" 심각한 피해를 의미하며, 국내 산업이 과연 그런 상태에 있는지 여부에 대한 판정은 막연한 주장, 추측, 가능성이 아니라 반드시 사실에 기초해야 한다(동조 1항 b호).[23]

---

22) 여기서의 국내 산업은 수입품과 동종 또는 그와 직접적 경쟁관계에 있는 상품을 생산자 전부, 또는 그들의 생산이 국내 총생산량의 절반 이상을 차지하는 생산자 집단을 의미한다.

23) '심각한 피해' 여부를 판정하는 조사당국은 객관적이고 계량적인 성격의 모든 관련 요인, 특히 ① 해당 수입의 절대적 또는 상대적 증가율과 증가량, ② 증가된 수입의 국내시장 점유율, ③

「세이프가드 협정」제7조 1−3항은 모든 세이프가드 조치에 대해 일몰규정을 적용해 최초의 세이프가드가 최장 4년을 넘을 수 없도록 하고 있다. 다만 ① 문제의 국내 산업이 구조조정 노력을 계속하고 있고, ② 이 과정에서 국내 산업 피해를 예방하고 구제하기 위해 불가피하고, ③ 동 조치가 보상 및 최빈개도국에 대한 특별한 배려 등과 관련해 동 협정의 규정을 준수하고 있을 때에는 세이프가드를 4년간 연장할 수 있다. 따라서 선진국이 취할 수 있는 세이프가드의 최장기간은 8년이다. WTO 협정이 발효되기 이전까지 세이프가드의 지속 기간에 대해 '일시적(temporary)'이어야 한다는 조건만을 부여해 왔던 점에 비추어 본다면 이것은 세이프가드의 발동에 대한 규율을 강화한 것으로 볼 수 있다. 개도국은 특별한 사유가 없는 한 최장 10년간 세이프가드를 취할 수 있다.

동 협정은 1년 이상 시행 중인 세이프가드 조치는 일정한 간격(interval)을 두고 점진적으로 회수해야 하며, 3년 이상 시행 중인 조치는 국내 산업의 구조조정을 촉진하는지 여부에 대해 세이프가드 위원회의 중간심사를 받도록 의무화했다. 또한 같은 맥락에서 제7조 5항은 세이프가드의 재발동에 대해 일정한 제약조건을 부과한다. 일단 시행된 세이프가드 조치는 최소 2년 또는 그것의 시행기간이 2년 이상이면 동일한 기간이 경과한 후가 아니면 재발동할 수 없도록 하고 있다. 개도국은 종전의 세이프가드 조치의 시행기간의 절반에 해당하는 기간이 경과하면 세이프가드를 재발동할 수 있도록 의무를 다소 완화하고 있다. 다만 이때에도 2년 안에는 불가하다.

수출국과 수입국의 권리과 의무의 균형이라는 측면에서 세이프가드는 가장 바람직한 수입구제 수단으로 볼 수 있지만, 수입국 국내적으로 본다면 경쟁력을 상실했거나 상실해 가고 있는 산업의 보호수단에 불과하다. 제4장에서 상세하게 분석한 바와 같이 보호를 통해 이득을 보게 될 국내 산업은 매우 강하게 조직되어 있고 정치적 로비가 쉬운 반면, 이들과 대항하는 입장에 서야 할 연관 산업이나 일반 소비자들은 조직력이 매우 약하고 집단행동의 딜레마에 빠져 효과적으

매출, 생산량, 생산성, 조업률, 이윤과 손실, 고용수준의 변화를 평가해야 하고, 수입의 증가와 이들 요인의 변화 간에 인과관계가 있다는 점을 입증하지 못하면 '심각한 피해' 또는 그것의 위협이 존재한다고 판정해서는 안 된다고 규정한다. 특히 수입 증가와 동시에 다른 요인이 국내 산업에 심각한 피해 또는 피해 위협을 가하고 있을 때는 수입 증가를 그 원인으로 보아서는 안 된다고 규정한다(제4조 2항 c호).

로 정치적 행동을 취하지 못하는 경향이 있다. 수입국 정부가 지나치게 보호주의적 정책결정을 내리지 않도록 하기 위해서는 이런 제도적 편향성을 근본적으로 교정할 필요가 있다.

이런 문제의식을 가진 우루과이라운드 협상자들은 세이프가드 협정에 이런 정신을 포함시켰다. 동 협정 제3조는 우선 수입국 정부가 세이프가드 조치를 발동하기 위해서는 GATT 제10조(무역 규제의 공표와 시행)에 근거해 공개되어 있거나 이미 수립된 절차에 따라 권한 있는 당국이 조사를 실시해야 한다고 규정한다. 이어서 세이프가드 조치의 조사 과정에서는 모든 이해 관계자에 대해 조사의 개시 사실을 공표하고, 그들이 세이프가드 조치가 과연 공익에 부합하는지에 대해 의견과 증거를 제시할 수 있는 공청회를 열어야 하며, 이런 일련의 조사과정에서 제시된 모든 관련 사실과 심결 사항을 보고서로 출판하도록 의무화한다. 이 규정은 세이프가드 조치의 객관적 타당성과 투명성을 확보해 그것이 남용되는 것을 막고, 수입국 내의 자원배분의 왜곡은 물론 세계무역이 큰 지장을 받지 않도록 하려는 데 목적이 있다.

이상을 종합하면, VER 등 종래 GATT 위반으로 낙인찍혔던 회색지대조치들이 「WTO 세이프가드 협정」을 통해 부분적으로나마 합법화된 것은 일견 큰 약점이라 볼 수도 있지만, 동 협정은 GATT 제19조에 비해 상당히 구체화된 것이 사실이다. 무엇보다 자칫 더 심각한 회색지대조치로 변질될 수 있는 세이프가드 조치가 다자간 감시와 규율을 받게 되었다는 데 큰 의미가 있다. 과거 난무했던 회색지대조치로 인해 GATT의 규율이 심각한 타격을 받았고, 만일 우루과이라운드에서 이들을 수용하지 않았더라면 이런 회색지대조치들이 오히려 확대되었을 것이라는 점을 고려할 때 이는 분명한 진전이다.

다른 한편으로 수입 보호를 요청하는 국내 산업의 입장에서 볼 때 가장 충족시키기 어려운 부분이 바로 '심각한 피해' 기준인데, 이는 AD 및 CVD 조치가 요구하고 있는 '실질적 피해' 기준보다 엄격하기 때문에 이들이 여전히 AD 조치를 더 선호할 가능성이 있다. 이런 점에서 세이프가드는 여전히 부수적 무역구제 수단에서 불과하다는 평가를 받는다(Hoekman and Kostecki, 2009: 423-27). 결국 세이프가드 협정의 실제적 가치는 회원국이 동 규정의 정신, 즉 합리적인 수준에서 국내 산업에 보호를 제공함과 동시에 긴급수입제한조치의 남용을 막는다는 취지를 얼마나 성실하게 이행하느냐에 달려 있다.

세이프가드 조치의 단골 메뉴 중 하나가 철강이다. 제4장에서 살펴본 바와 같이 2002년 부시 행정부가 내린 철강 긴급수입제한조치가 대표적이다. 미국은 2003년 11월 WTO 분쟁해결절차에서 패소하자 동 조치를 곧 폐지한 바 있다. 최근에는 EU의 특정 철강제품에 대한 세이프가드 조치가 가장 큰 이슈이다.[24] 2021년 1월 기준 62건의 세이프가드 조치 관련 협의요청이 분쟁해결기구에 제기되었고, 그중에서 1/3이 넘는 24건이 철강 및 철강 관련 제품에 관한 분쟁이다. 가장 많이 제소를 당한 국가는 미국(14건)이고 그 뒤를 EU(5건)가 잇는다.[25]

6. 무역원활화 협정

6.1 무역원활화 협정의 의의

1947년 GATT 체제가 출범한 이후 다자간 무역협상은 국가 간 관세 및 비관세 장벽을 낮추는 데 기여했다. 그러나 생산기기 상품을 생산하여 최종소비자에게 전달하는 전 과정에서 드는 거래비용은 여전히 높은 수준이었으며 국경 간 상품 거래에 있어서 생산기업에 차별적인 조치가 취해지기도 했다(Hoekman, 2016). 따라서 GATT의 주도로 무역 관련 거래비용을 낮추고 국가 간 무역을 원활히 하기 위한 논의가 동시에 진행되었다. 2014년 채택되고 2017년 발효된 무역원활화 협정(Trade Facilitation Agreement: TFA)은 상품의 국경 이동 시 불필요하거나 지나치게 복잡한 통관절차 및 관행의 간소화, 조화, 현대화를 통해 거래비용을 줄이고, 무역 인프라의 표준화 및 자동화를 통해 무역 효율성을 증대시키는 것을 목적으로 한다(Eliason, 2015).

무역원활화는 무역자유화 함께 국가 간 이동을 수반하는 무역의 확대에 기여한다는 점에서 공통의 목표를 갖지만 그 세부적인 내용에는 차이가 있다. 무역자유화가 관세 및 비관세 장벽 등 무역장벽을 완화하는 것을 주된 목적으로 삼는다면 무역원활화는 상품의 국가 간 이동 시 불필요하고 복잡한 절차 및 관행을

---

24) https://www.wto.org/english/news_e/news20_e/safe_29oct20_e.htm 참조.

25) https://www.wto.org/english/tratop_e/dispu_e/dispu_agreements_index_e.htm 참조.

줄이고 무역비용을 절감하는 것에 중점을 둔다.

무역원활화 논의는 1996년 싱가포르에서 개최된 제1차 WTO 각료회의에서 처음 공식화되었다. 당시 회의에서는 '싱가포르 이슈'라고도 불리는 ① 무역과 투자, ② 무역과 경쟁, ③ 정부조달의 투명성, 그리고 ④ 무역원활화의 네 가지 사안이 협상 이슈로 논의되었다. 다른 세 이슈가 지금까지 진전이 없는 것과는 달리 무역원활화 협상이 성공적일 수 있었던 이유로 협상의 범위를 구체적으로 잡았던 것을 들 수 있다. 즉 GATT 제5조(통과의 자유), 제8조(수출입 수수료 및 절차), 제10조(무역규정의 공표 및 시행)의 규정을 명확히 하고 개선함으로써 국가 간 무역비용의 감소를 꾀하는 것으로 그 협상 목표를 제한했던 것이다(Neufeld, 2014).

2004년 WTO 일반이사회에서 협상 개시가 선언된 이후 한동안 진전이 없다가 2013년 WTO 제9차 각료회의에서 발리 패키지 논의에 포함되면서 급물살을 탔다. 자국 내 식량 지원 프로그램의 무상 운영을 농업 협정 내에 포함시키려던 인도가 이슈연계 전략을 펴면서 무역원활화 협상이 지연되기도 했으나 결국 성공적으로 타결되었다. 2014년 스위스에서 열린 일반이사회에서 「무역원활화 협정을 WTO 협정 부속서 1A에 부속시키기 위한 개정 의정서」가 채택되었고, 동 협정은 2017년 2월 22일 발효되었다.

「무역원활화 협정」은 1995년 WTO가 설립된 이래 체결된 최초의 다자간 무역협정(GATT의 부수협정)으로서 의의가 있다. 특히 동 협정의 체결은 회원국 간 원만한 협의를 통해 주요 통상 이슈가 규범화되는 과정을 보여줌으로써 DDA 협상 이후 훼손되었던 다자간 통상체제에 대한 신뢰 회복의 상징이 되었다. 또한 무역원활화를 위해 GATT 외부에서 도입된 「1973년 통관 절차 간소화와 투명성 제고를 위한 교토협약」 등의 각종 협약과 조치들을 내재화한 것도 큰 의미가 있다. 개발도상국에 대한 배려를 구체적으로 명시함으로써 개도국의 입지와 신뢰도 제고에 기여한다는 점도 빼놓을 수 없다(Neufeld, 2014).

6.2 무역원활화 협정의 주요 내용

「무역원활화 협정」은 전문과 3부 24조, 1개의 부속서로 구성된다. 전문은 협정의 정당성과 무역원활화의 필요성, 개도국에 대한 지원의 의의를 밝힌다. 「무역원활화 협정」 제3부는 WTO 무역원활화 위원회 설립에 관한 규정으로 국가 간 분쟁해결에 관한 절차 등의 기술적 규정을 담고 있다. 이하에서는 제1부와 2부를 중심으로 무역원활화 협정의 주요 내용을 살펴본다.

12개의 조문으로 구성된 제1부는 상품의 이동, 반출, 통관을 위해 보다 신속하고 투명한 절차를 위한 조치들을 다룬다. 제1조부터 제5조까지의 내용은 GATT 제10조(무역규제의 공표와 시행), 즉 국가 간 무역의 투명성 제고에 관한 것이다. 그에 따라 회원국은 신속하게 수출입 통과 관련 정보를 공표하고 의사소통할 수 있어야 한다. 제1조는 수출입 규제와 관련된 정보의 공표 및 이용 가능성을, 제2조는 의견 제시의 기회와 당사국 간의 협의를 규정한다. 제3조는 품목 분류와 원산지에 대해 합리적이고 기한이 설정된 방식으로(in a reasonable, time-bound manner) 신청자에게 사전심사(advance rulings)를 제공할 것으로 규정한다. 제4조는 수출입 관련 절차 후 세관의 행정 결정에 대해서 행정적 또는 사법적인 재심을 청구할 수 있도록 불복 및 재심청구 절차를 마련해 놓고 있다.[26]

제6조부터 제10조까지의 규정은 GATT 제8조(수출입 관련 수수료 및 절차)에 관한 것이다. 이는 수출입 상품 관련 요금의 합리화와 수출입 절차의 간소화를 위한 내용으로 무역원활화 협정의 핵심 합의 사항이다. 제6조는 수출입 관련 수수료 및 요금에 대해서 일반 규율(general disciplines), 특별 규율(specific disciplines), 벌칙 규율(penalty disciplines)을 각각 규정한다. 제7조는 상품의 반출과 통관의 전 과정에 대한 내용을 담고 있으며 여기에는 도착 전 처리부터 위험관리, 통관 사후 심사, 반출시간 측정, 공표, 특송 화물 등 세부 사항들이 규정되어 있다. 제8조는 상품의 수출입 및 통관을 다루는 국경기관(border agency) 간의 협력을 보장할 것과 더불어 회원국 간에 상호 합의된 근무시간, 근무 일자, 절차, 공통시설, 공동 통제 등을 규정하고 있다. 제9조는 수입 상품의 세관 내 이동이 가능하도록 허용하고 있으며 제10조는 수출입 시 통과 절차에 대한 사항이 자세하게 안내되어 있다.[27]

제13조부터 제22조까지의 제2부는 개발도상국 및 최빈개발도상국에 관한 특별대우에 관해 규정하고 있는데, 이는 무역원활화 협정이 가장 혁신적인 내용이다. 동 협정은 다른 WTO 협정과는 달리 개도국 및 최빈개도국이 협정을 이행할 수 없는 경우, 그들의 이행 의무를 완화 또는 배제하는 것을 명시적으로 허용한

---

26) 제5조는 수출입 관련 절차가 공정하고 투명하게 진행되기 위한 기타 조치를 규정한다.

27) 제11조는 GATT 제5조(통과의 자유)에 관한 규정을, 제12조는 세관 당국의 협력에 관한 규정을 담고 있다.

다. 이는 각종 통관 절차와 수출입 관련 조항의 내용을 의무로 규정할 경우 개도국 내에서는 정보 처리, 위험 관리, 데이터베이스 구축 및 정보기술 등에 있어서 적절한 지원이 필요하다는 점을 고려했기 때문이다. 이에 따라 세 가지 중 하나를 스스로 선택하여 개도국 및 최빈개도국이 자국의 상황을 WTO에 통보하도록 한다(김민성, 2018).[28]

2020년 10월 기준, WTO 회원국의 93%인 153개국이 동 협정을 비준한 가운데, 회원국 내 전반적 의무이행률은 66%에 이른다. 선진국은 TFA가 발효되는 즉시 모든 항목의 이행이 요구되었으며, 개발도상 15개국은 TFA 이행률 100%를 이미 달성했다. 최빈개도국 중 84%인 27개 회원국이 유형 B 지정 항목과 유형 B 의무 이행 확정일자를 통지하였으며, 최빈개도국 중 75%인 25개 회원국이 유형 C 지정 항목과 유형 C 의무 이행 확정일자를 통지했다.[29]

〈박스 9.3〉 세이프가드와 병행주의 요건

반덤핑 관세와 보조금 상계관세는 불공정무역을 대상으로 취해지는 조치이기 때문에 조치 대상 범위가 상대적으로 명확하다. 그러나 도쿄라운드에서 처음 제기된 이후 세이프가드의 무차별원칙 적용 문제는 계속 논란이 되었다. 수량제한조치 형태의 세이프가드는 그 특성상 최혜국대우가 어렵기 때문이다. 더 나아가 GATT 제19조에는 세이프가드가 무차별적으로 적용되어야 한다는 규정이 없다. 다만 GATT 제13조 상 수량제한조치에 관한 무차별원칙이 관행적으로 세이프가드에 적용되었다.

「세이프가드 협정」은 제2조 2항에 무차별원칙("세이프가드 조치는 수입되는 물품에 대해 출처와 상관없이 적용된다")을 명시적으로 천명함으로써 문제의 소지를 원천적으로 제거하려 했다. 그러나 명문화로 인해 논란이 가중되는 역설적인 현상이 발생했다. 특히 지역무역협정이 늘어남에 따라 GATT 제24조가 「세이프가드 협정」 제2조 2항의 예외로 볼 수 있는지 문제된 것이다.

GATT 제24조는 "실질적으로 모든 무역(substantially all the trade)에 대해" 관세

---

28) 각 유형별로 이행 의무 시기가 다르다. A 유형을 선택한 국가는 바로 이행의 의무를 부담하고, B 유형을 선택한 국가는 과도기를 거쳐 의무를 이행해야 한다. 유형 C를 선택한 국가는 의무 이행 능력배양을 위한 지원을 받고 일정 기간을 거쳐 의무를 이행하게 된다.

29) https://www.wto.org/english/news_e/news20_e/fac_22oct20_e.htm 참조.

및 그 밖의 제한적인 상거래 규정의 철폐를 요구하는바, 철폐 대상의 무역조치에 세이프가드 역시 포함된다는 주장이 제기되었다. 이에 따르면 역내 국가를 대상으로 한 세이프가드 조치는 오히려 허용되어서는 안 된다. 반면, 제24조는 무차별원칙에 대한 예외이기 때문에 제한적으로 해석해야 한다는 시각도 존재한다. GATT 1947 상의 예외조항이 세이프가드 협정 등의 부수협정에도 예외로 적용될 수 있는지 확실하지 않기 때문에 GATT 제24조가 세이프가드 협정상 무차별원칙의 예외로 인정될 수 있는지의 여부도 확실하지 않다는 것이다.

WTO 분쟁해결기구는 '병행주의(parallelism)' 개념을 도입해 이러한 문제를 해결하려 했다. 병행주의는 「세이프가드 협정」상 명시적으로 규정되어 있지는 않지만, Argentina−Footwear, US−Line Pipe 등 WTO 판례로 확립되었다. 병행주의 요건은 조사대상과 조치 적용대상의 일치를 요구하는 것으로, ① 세이프가드 조치 적용대상에서 제외된 수입품의 증가를 심각한 피해 여부를 판정할 때 고려하지 않았거나 ② 세이프가드 조치 적용대상에서 제외된 수입품들의 증가가 심각한 피해 판정 시 고려되었다면 조사당국이 합리적이고 적절한 설명을 통해 조치 적용대상이 된 수입품의 증가만으로 심각한 피해가 발생했다는 것을 명시적으로 밝힌 경우에 충족된다.

예컨대 미국의 철강 세이프가드 조치 분쟁과 관련해 상소기구는 ① 수입국이 지역무역협정 역내국으로부터의 수입품을 조사대상에서 제외하기 위해서는 동 수입품이 산업피해에 영향을 미치지 않았음을 구체적이고 명시적으로 밝힘과 동시에 ② 조치대상 수입품만으로도 세이프가드 조치 발동 조건이 충족된다는 것을 입증해야 한다고 판정했다. 병행주의 요건은 궁극적으로 조치 적용 대상수입품만으로 심각한 피해가 발생했다는 사실의 입증을 요구하는 것이다. 이는 지역협정 체결 자체만으로는 예외가 인정되지 않는다고 본 것이지만, 병행주의 요건이 충족된다면 지역협정 역내국을 세이프가드 대상에서 제외할 수 있는 여지를 열어준 것이다. 아직 GATT 제24조를 근거로 선택적 세이프가드가 정당화된 판례는 없지만 지역무역협정이 늘어나는 오늘날 병행주의의 도입은 「세이프가드 협정」이 명문화한 무차별원칙을 오히려 침해한다는 비판이 나오는 이유이다(이병우, 2005; 성재호·채은선, 2010).

제 10 장 상품무역 부수협정(2): 도쿄라운드 규약의 다자화

1. 위생 및 식물위생 조치(SPS) 협정

1.1 SPS 협정의 의의[1]

위생 및 식물위생 조치는 인간과 동식물이 소비하는 식품의 안전 확보 또는 환경 보호를 목적으로 이루어지는 규제행위이다. 오늘날 대부분 국가가 이런 목적에서 수입식품과 동식물에 대한 검역 기준을 제정·시행하고 있다. 동 조치에는 당연히 내국민대우원칙이 적용된다. 인간이나 동식물은 비위생적이거나 안전하지 않은 한 수입품을 소비할 때나 국내산을 소비할 때나 마찬가지로 피해를 보기 때문이다.

그러나 상품에 대한 기술장벽과 마찬가지로 1980년대 이후 각국에서 수입산 동식물 식품을 국내산과 차별해 국내 농·축산업을 보호하려는 의도에서 위생 및 식물위생 조치의 사용빈도가 크게 증가했다. 보호주의적 위생 및 식물위생 조치의 전형적인 예는 어떤 수입식품도 충족시키기 어려운, 매우 까다로운 기준을 설정하는 것이다. 수입 쇠고기는 지방분이 3% 이하여야 한다든가 냉동 쇠고기의 물 함유량은 1%를 넘어서는 안 된다는 등의 수입허용 기준이 이에 속한다. 자국에서 생산되는 쇠고기도 충족하기 어려운 기준을 수입 쇠고기에 부과하는 것은

---

1) 앞 장에서 언급한 바와 같이 SPS 협정은 도쿄라운드의 규약이 다자화 되는 형식을 거치지 않았다. 그럼에도 그 의의와 내용이 아래 설명하는 TBT 협정과 유사하므로 이 장에서 같이 다룬다.

내국민대우원칙을 위반하는 것으로, 결국 자국의 농·축산업 보호라는 숨은 목적이 있다고 볼 수밖에 없다. WTO의 「위생 및 식물위생 조치의 적용에 관한 협정 (Agreement on the Application of Sanitary and Phytosanitary Measures, 이하 SPS 협정)」 은 식품의 안전과 환경을 보호하면서도 관련 조치가 보호무역조치로 둔갑하지 않도록 규율하는 것을 주된 목적으로 한다.

　일반적으로 사람들은 식품안전(food safety)에 민감하다. 소득수준이 높아질수록 식품안전에 대한 요구는 증가한다. 자국민과 국내 동식물의 안전을 위협하는 잠재적 위험 식품의 수입제한조치는 대개 여론의 전폭적 지지를 받는다. 이 문제에 관해서는 아무리 철저한 자유무역 신봉자라 하더라도 주춤할 수밖에 없다. 보호주의자들이 자신의 목적을 이처럼 쉽게 달성할 수 있는 기막힌 기회가 또 있을까? 요컨대 식품안전 확보를 이유로 수입을 제한할 때 그것이 정당한 수입제한에 해당하는지, 보호주의 목적을 가진 부당하고 위장된 수입제한에 해당하는지 가리기가 매우 어렵기 때문에 결국 위생 및 식물위생 조치는 부당하게 남용될 가능성이 높다.

　더 나아가 수입식품과 인간 및 동식물의 보건 및 안전 간의 인과관계를 과학적으로 입증하기 매우 어렵다는 점도 보호주의적 목적에서 위생 및 식물위생 조치의 남용을 조장하는 중요한 요인이다. 예를 들면 유전공학적으로 가공된 옥수수나 콩, 성장 호르몬을 투여한 쇠고기, 광우병이 발병한 국가의 쇠고기, 방사능으로 오염된 바다에서 잡은 물고기 등을 사람이나 동식물이 섭취할 때 어떤 영향이 있을 것인지의 문제가 그렇다. 우선 이들 사례에 관한 과학적 지식이 충분히 축적되어 있지 않고, 과학자 사이에서도 의견이 분분한 경우가 많기 때문이다. 비록 위해성이 입증되거나 대부분의 과학자가 그 가능성을 인정할지라도 실제로 위해가 발생할 확률을 정확히 알기 어려운 경우가 많고, 따라서 해당 식품에 대한 수입제한조치가 과연 정당한지를 가리는 일이 매우 어렵다. 더 큰 문제는 비록 매우 낮기는 하지만 위험성이 존재한다는 언론 보도만으로도 대중은 불안과 공포에 빠지기 마련이고, 국민의 염려와 불안이 확산되면 정부는 보호주의 세력이 배후에 있는 수입금지 또는 제한 압력을 물리치기 어렵다는 데 있다.

　이처럼 과학적으로 증명하기 어렵거나 비현실적으로 까다로운 위생 및 식물위생 조치 기준을 설정해 수입을 규제하는 방법과 더불어 기왕에 제정된 검역 기준을 매우 엄격하고 까다롭게 적용하는 것도 수입을 극도로 위축시킬 수 있다. 수출 기업이 국제적으로 공인된 기준에 따라 검사를 받아 수출한 식품을 수입 당국이 재검사해야 한다고 우긴다든가, 엉뚱하고 불합리한 이유를 들어 위생 및 식물위생 기준을 충족하는 수입식품의 통관을 지연시켜 결국 그 식품의 부패를 유발하는 행위가 이런 예에 속한다(Hoekman and Kostecki, 2009: 252-53).2)

1.2 SPS 협정의 주요 내용

WTO SPS 협정은 우루과이라운드 농산물 협정의 일부로 협상이 진행되었으나, 그 구조나 내용은 오히려 아래에서 다룰 TBT 협정과 유사하다. 동 협정은 국제무역에 직간접적 영향을 미치는 모든 위생 및 식물위생 조치에 적용되며, 회원국의 관련 조치는 동 협정의 규정에 부합하게 제정되고 적용되어야 한다(제1조). 위생 및 식물위생 조치는 페스트 및 동식물 질병의 발병과 전염, 또는 식품 첨가물이나 방부제 등의 사용, 또는 동식물을 통해 전염되는 인간과 동식물의 생명과 보건에 대한 각종의 위험을 배제하기 위한 모든 조치를 말한다(협정 부록 A). 따라서 여기에는 ① 상품기준을 포함한 모든 관련 규제와 절차, ② 공정 및 생산방법, 시험, 검사, 확인, 승인 등에 관한 절차, ③ 검역처리, ④ 관련 통계처리 및 위험평가 방법, ⑤ 식품안전과 직접적으로 관련된 포장 및 표시 기준 등이 포함된다.

TBT 협정과 마찬가지로 SPS 협정은 회원국이 자국민과 자국 내 동식물의 생명과 건강을 보호하기 위해 위생 및 식물위생 조치를 취할 수 있는 권리를 갖고 있음을 명시적으로 인정하면서도(협정 서문과 제2조 1항), 그것이 자의적이고 정당화될 수 없는 방식으로 시행됨으로써 수입상품을 차별하는 수단 또는 위장

---

2) 대표적 사례가 일본이다. 일본은 1971년에 공식적으로 사과 수입을 자유화했음에도 그 수입은 여전히 제한되었다. 일본 정부가 대부분의 수입 사과가 일본의 과수원에 위해를 끼칠지 모를 각종 병충해를 충분히 예방하지 못한다는 이유로 통관을 엄격히 제한했기 때문이다. 사과 수출국들은 일본의 식물검역 규제가 유례를 찾을 수 없을 만큼 엄격한바, 이는 '뒷문을 통한 보호주의(back-door protectionism)'의 전형이라고 비판했다. 특히 사과 주생산지인 미국 워싱턴주 출신 의원들의 정치적 압력을 받은 미국 정부는 미일 간 무역협상에서 이 문제의 해결을 촉구했다. 수년간의 갈등 끝에 일본 정부는 "미국의 특정 과수원은 바이러스와 좀 방제에 필요한 적절한 조치를 취하고 있으므로 이들로부터의 사과수입을 허용한다"고 물러서, 1995년 1월에야 비로소 미국 사과의 일본 수출길이 열렸다(Hoekman and Kostecki, 2009: 251).

된 수입제한조치로 사용되어서는 안 된다고 못 박고 있다(제2조 3항). 또한 동 협정은 회원국 간 위생 및 식물위생 조치의 조화(harmonization)를 촉진하기 위해 회원국의 조치가 국제기준, 지침, 또는 권고사항에 기초하도록 요구하고(제3조 1항), 어떤 회원국의 조치가 이런 국제기준 등에 부합하는 경우 모든 회원국은 그것이 인간과 동식물의 생명과 보건을 보호하기 위해 필요한 것으로 간주함과 동시에 동 협정과 GATT 협정의 관련 규정에 부합하는 것으로 의제하도록 규정한다(제3조 2항).[3]

동 협정 제4조에 따르면 회원국은 비록 다른 회원국(수출국)의 위생 및 식물위생 조치가 자국 또는 자국과 교역하는 제3국의 조치와 다를지라도, 수출국이 자국의 위생 및 식물위생 조치가 수입국이 설정한 보호수준을 달성하기에 충분한 수준임을 객관적으로 증명하는 한, 그것을 동등한(equivalent) 것으로 받아들여야 한다. 물론 이 경우 수출국은 수입국의 요구에 따라 자국의 시험검사 및 기타 절차를 평가할 수 있는 기회를 제공해야 한다(제4조 1항). 또한 회원국들이 특정 위생 및 식물위생 조치의 동등성을 상호 인정하는 내용의 양자간 또는 복수국간 협정 체결을 위해 협의할 것을 권고한다(제4조 2항).

SPS 협정의 가장 큰 특성은 위생 및 식물위생 조치가 과학적 근거에 기초해야 함을 유난히 강조한다는 점이다. 우선 동 협정 제2조 2항은 위생 및 식물위생 조치가 과학적 원리(scientific principles)에 근거해야 하며, 충분한 과학적 증거 없이 유지되어서는 안 된다고 선언한다.

과학적 증거가 특히 중요한 조문이 위험평가와 적절한 위생 및 식물위생 조치를 규정한 제5조이다. 동조는 ① 관련 국제기구가 개발한 위험평가기법을 감안한 위험평가에 기초해 회원국의 위생 및 식물위생 조치가 이루어질 것(1항), ② 이런 평가과정에 감안해야 할 과학적 증거 등 여러 가지 요건을 고려할 것(2항), ③ 구체적인 위생 및 식물위생 조치 수단을 선택할 때 질병 발생 시의 잠재적 생

<hr/>

3) 한편, 회원국이 국제기준보다 높은 기준을 도입하는 것도 그 필요성을 과학적으로 정당화(scientific justification)할 수 있거나, 동 협정 제5조 규정에 따른 위험평가(risk assessment) 결과 자국민 및 자국 내 동식물의 생명과 보건을 충분히 보호하기 위해 높은 수준의 기준을 제정할 필요가 있을 때에 한해 가능하다(제3조 3항). 동 협정은 모든 회원국이 위생 및 식물위생 조치의 조화를 위한 국제기준의 개발, 심사 등의 과정에 적극 참여하도록 권고하고 있으며, 이를 촉진하기 위해 위생 및 식물위생 조치 위원회를 설치했다.

산 및 판매 손실, 통제비용의 크기, 비용효과성 등 경제적 요인을 고려할 것(3항), ④ 위생 및 식물위생 조치의 적절한 수준을 판단할 때 무역에 미치는 부정적 효과를 최소화할 것(4항), ⑤ 여러 사례마다 각기 자의적이고 정당화할 수 없는 다른 기준을 적용함으로써 무역의 차별이나 위장된 무역제한 효과를 발생시키지 않도록 노력할 것(5항), ⑥ 위생 및 식물위생 목적 달성에 필요한 수준 이상의 무역제한조치를 취하지 않을 것(6항) 등을 규정한다. 동시에 동조 7항은 위의 과학적 원리에 근거해야 한다는 원칙의 예외를 제한적으로 허용한다. 즉 적절한 (relevant) 과학적 증거가 불충분할 때 회원국은 관련 국제기구나 다른 회원국의 위생 및 식물위생 조치에 관한 이용 가능한 정보에 기초한 잠정조치를 취할 수 있다. 다만 좀 더 객관적인 위험평가에 필요한 추가 정보를 획득해 합리적 기간 (reasonable period of time) 안에 잠정조치를 심사해야 한다(〈박스 10.1〉 참조).

위생 및 식물위생 조치가 위장된 무역제한 수단으로 남용되는 것을 방지하기 위해서는 무엇보다 투명성 확보가 중요하다. 따라서 동 협정 제7조는 회원국이 위생 및 식물위생 조치에 관련된 모든 변동사항을 통보하고 정보를 제공할 것, 문의처를 설치하고 운영할 것 등 부록 B에 명시된 여러 의무사항을 부과한다. 또한 제8조는 위생 및 식물위생 조치의 구체적 시행과정에서 수출국에 부당한 부담을 주지 않기 위한 각종 기준을 정하고 있으며, 이를 부록 C에 자세히 열거한다. 위생 및 식물위생 조치와 관련해 분쟁이 발생한 경우에는 협의와 분쟁해결절차를 원용할 수 있으며, 여기에는 WTO의 분쟁해결절차에 관한 양해각서를 준용한다(제11조).

〈박스 10.1〉 한국과 일본의 수산물 수입 분쟁

2011년 3월 규모 9.0의 동일본 대지진으로 후쿠시마 제1핵발전소의 원자로 1-4호기에서 수소폭발이 일어나 방사능 누출사고가 발생했다. 초기에 한국 정부는 후쿠시마 주변 8개 현 근해산 50여 개 수산물 수입만을 금지했으나 2013년 7월 원전 오염수가 바다로 흘러들어간 사실이 밝혀지자 동년 9월 '임시특별조치'를 통해 후쿠시마 주변 8개 현 근해산 모든 수산물 수입을 금지하는 초강경 조치를 취했다. 일본은 이에 반발해 SPS 위원회에 문제를 제기했으며, 2015년 분쟁해결을 위한 양자협의를 신청한 후 협의에 실패하자 분쟁해결 패널의 설치를 요청했다. 일본은 한국의 수입금지조치가 국제표준을 넘어서는 것이며 과학적 위험평가에 근거하지 않았기 때문에 SPS 협정 위반이라고 주장했다. 그러나 한국 정부는 동 조치가 SPS 협정 제5조 7항에 따른 잠정조치에 해당할 뿐만 아니라 일본과의 지리적 인접성으로 인해 다른 국가보다 더 큰 방사능 오염식품 피해가 예상되기 때문에 합당하다고 주장했다.

WTO는 국제환경법 분야를 중심으로 형성되어 온 사전주의 원칙(precautionary principle), 즉 심각한 피해가 예상되는 경우 과학적 근거가 다소 부족하더라도 훼손에 대한 선제적 방지조치를 취해야 한다는 원칙을 아직 공식 법리로 인정하지 않는다. 다만 분쟁해결기구를 통해 SPS 협정 제5조 7항만이 WTO 규범 체계 내에서 사전주의를 원용할 수 있는 통로라는 점을 확인했다(EC–호르몬 사건–WT/DS26/AB/R). 즉 위험평가를 내리기 위한 과학적 증거는 부족하지만 심각한 피해의 우려가 있는 경우 동 조항에 의거해 잠정조치를 허용하고 충분한 과학적 증거의 확보를 위한 시간적 여유를 준 것이다.

WTO 분쟁해결기구는 잠정조치를 취하기 위해서는 제5조 7항에 제시된 네 가지 요건, 즉 ① 관련 과학적 증거가 부족한 상황에서 도입된 조치일 것, ② 입수 가능한 적절한 정보에 근거한 조치일 것, ③ 더욱 객관적인 위험평가를 위해 추가적으로 필요한 정보를 수집할 것, ④ 합리적 기간 내 잠정조치에 대해 재검토할 것 등의 요건이 누적적(accumulative)으로 충족되어야 한다는 점을 판례로 확립했다. 이 중에서 어느 하나라도 (예를 들어 과학적 근거의 불충분성의 입증) 충족하지 못할 경우 잠정조치를 취할 수 없고, 제2조 2항에서 규정한 과학적 원리에 근거해야 한다는 원칙을 따라야 한다는 것이다.

2018년 2월에 발표된 패널 보고서에 따르면 2011년과 2013년에 한국 정부가 일본산 수산물에 대해 포괄적으로 수입을 금지한 것은 정당한 조치이나, 그 뒤에도 지속적으로 수입금지조치를 유지한 것은 제5조 7항을 위반하는 것이라고 결론지었다. 패널은 한국이 추가적으로 필요한 정보를 수집하지 않았고 지속적인 재평가를 하지 않았다고 지적했다. 실제로 한국의 '일본 방사능 안전관리 민간전문가위원회'는 2015년 조사 및 활동을 돌연 중단했고 최종 결론도 보고하지 않았다. 아울러 패널은 한국 정부의 조치가 자의적이고 부당하게 활용되어 일본산 수산물에 대해 차별적이며 필요 이상으로 무역제한적이라고 판단했다(협정 제2조 3항 위반). 즉 세슘검사 조치만으로 한국의 적정 보호수준을 달성할 수 있는데도, 기타핵종 추가검사를 요구하는 것은 필요 이상의 무역제한이라는 것이다. 또한 수입금지 대상 품목을 한국 정부 홈페이지에 구체적으로 명시하지 않았고, 일본 정부의 정보 요청에 제대로 자료를 제공하지도 답변하지도 않았기 때문에 협정 제7조(투명성)도 위반했다고 판단했다(WT/DS495).

한국 정부는 WTO 패널 판정에 문제가 있다고 보고 2018년 4월 9일에 이를 상소했다. 한국이 주장해온 제5조 7항에 대해 패소 판정을 받았고, 그동안 충분한 정보를 제공하지 않았다는 점도 명확히 드러나 한국으로서는 힘든 싸움이 될 것으로 예상되었다. 그러나 극적인 반전이 일어났다. 2019년 4월 많은 이들의 예상을 깨고 상소기구가 한국의 손을 들어주었기 때문이다. 상소기구는 방사능 오염 여부의 판단은 수산물 자체뿐 아니라 그 수산물을 둘러싼 생태와 환경으로까지 확대되어야 한다는 한국 정부의 주장을 받아들였다. 식품 섭취를 통한 방사능에의 노출뿐만 아니라 자연 상태에 존재하는 방사능과 같은 요소도 고려되어야 하므로 한국이 일본의 인접국임을 감안할 때 한국의 식품안전 기준은 다른 국가보다 더 엄격할 수 있음을 인정한 것이다. 이는 방사능 오염식품 분쟁 사례에 대한 WTO 분쟁해결기구의 첫 판례로서 앞으로 발생할 수 있는 유사 사례에 대한 중요한 이정표를 마련한 것으로 평가된다(서혜빈·구민교, 2020).

이상에서 살펴본 바와 같이 SPS 협정이 추구하는 '조화의 원칙', '동등성의 원칙', '위험평가' 등은 모두 '과학적 원리 근거 원칙'에 기반을 둔다. 그러나 바로 그 때문에 SPS 협정에 대한 비판의 목소리도 높다. 지나친 과학기술 의존주의라는 것이다. 사실상 과학적 근거라는 것은 대부분 통계적 근거이며, 통계적 근거는 항상 통계적 오류에 노출될 수밖에 없다. 이처럼 과학에도 한계와 불확실성이 있기 때문에 장기적·누적적으로 나타날 수 있는 잠재적 위해나 새롭게 나타난 위험에 대해서는 평가하기 어렵다. 그렇다고 해서 과학주의를 일방적으로 포기할 수도 없는 노릇이다. 결국 분쟁해결기구의 판례를 통해 보완해 나갈 수밖에 없다.[4]

---

4) 지금까지의 SPS 분쟁에서는 수입국의 조치가 과학적 위험평가에 기초하고 있는지 여부, 적정 보호수준을 달성하는 데 필요한 범위 내에서 조치를 취했는지 여부, 상이한 상황에서의 SPS 위험에 대해 자의적이거나 부당한 구별이 있는지 여부 등이 주로 쟁점이 되었다(강민지, 2016). 과도한 과학주의에 대한 견제 논리로 많이 논의되는 것이 소위 '사회·문화적 접근'이다. SPS 관련 분쟁의 주요 당사국인 미국은 이용 가능한 과학적 지식을 선호한다. 이에 반해 EU는 논쟁이 과

한편, 지나친 과학기술 의존주의는 선진국과 개도국 간의 불평등을 심화시킨다. WTO 협정 중에서도 SPS 협정은 특히 까다롭기 때문에 개도국이 이를 모두 준수하기에는 무리가 따른다. 따라서 동 협정은 개도국이 요청할 경우 위생 및 식물위생 조치 위원회가 개도국의 금융, 무역, 그리고 개발에서의 필요에 따라 일정 기간 협정의 전부 또는 일부의 적용에서 예외를 부여할 수 있도록 하고 있다(제10조 3항). 이에 따라 최빈개도국은 2000년 중반까지 이 협정의 적용을 연기할 수 있게 되었고, 여타의 개도국은 일정한 조건 아래 1997년 중반까지 예외 적용을 받았다.[5]

현재 최빈개도국에 대한 SPS 조치 유예기간은 모두 만료된 상황이다. 대신 WTO는 식량농업기구(Food and Agriculture Organization: FAO), 세계보건기구(World Health Organization: WHO), 세계동물보건기구(World Organization for Animal Health: OIE), 그리고 세계은행(World Bank Group)과 합작으로 '표준·무역개발기구(Standards and Trade Development Facility: STDF)'를 설립해 개도국 및 최빈개도국이 SPS 조치를 이행할 수 있도록 돕고 있다.[6]

2. 무역기술장벽(TBT) 협정

2.1 TBT 협정의 의의

대개의 상황에서는 수출된 상품이 수입국 시장에서 판매 및 유통되기 위해서는 수입국이 요구하는 기술적 특성 및 생산방법과 관련된 요건을 충족해야 한다. 그러나 이런 요구사항이 의도적으로 또는 의도치 않게 무역의 흐름을 방해할 수 있는데, 이를 무역에 대한 기술장벽(Technical Barriers to Trade: TBT, 이하 무역

학적 증거에 관한 것일 때에도 과학적 준거만을 고려하는 것이 아니라 국민들의 삶과 직결된 좀 더 넓은 준거 틀, 예를 들어 소비자들의 우려, 정치적 특수성, 사회문화적 요인 등과 같은 비과학적 요인들도 동시에 고려해야 한다고 구상한다. 이는 주로 문제가 되는 수입제한조치를 방어하기 위한 논거로 발전해 왔다(이윤정, 2009: 284)(〈박스 10.2〉 참조).

5) 한편, 일반 회원국은 위생 및 식물위생 조치의 제정 및 적용과정에서 개도국, 특히 최빈국의 특별한 필요(special needs)를 고려해야 하고(제10조 1항), 개도국의 수출 관심 품목에 대해서는 좀 더 긴 준수 기간(longer time-frames for compliance)을 허용해야 한다(제10조 2항).

6) https://www.wto.org/english/news_e/news20_e/stdf_11jun20_e.htm 참조.

기술장벽)이라고 한다. 무역기술장벽은 상품에 관한 대표적인 비관세장벽 중 하나이다. 기술규정 및 표준의 제정과 시행은 소비자 기만적 행위의 방지, 인간과 동식물의 생명과 보건의 확보, 환경보호, 근로자의 보호, 심지어 국가안보 등 여러 가지 정책목적을 확보하기 위한 필요불가결한 정책수단이다.

문제는 이들이 위장된 보호무역 수단 또는 수입억제 수단으로 사용될 가능성이 높다는 데 있다. 규정의 제정이나 표준의 채택은 복잡한 현대 산업사회에서 기술적 효율성 향상에 기여한다. 반면에 이는 기존 기업의 시장 지배력을 공고히 하기 위한 수단으로 악용될 수도 있다. 즉 기존 기업이 신규 진출기업 또는 잠재적 경쟁자의 생산비용을 증가시킴으로써 이들의 시장진입 자체를 저지하려는 수단으로도 사용할 수 있다. 이런 이유로 기존 기업들은 반경쟁적 규정과 표준의 제정을 위해 로비를 펼치는가 하면, 전략적으로 외국 상품과 기업을 차별하려는 의도로 규제와 기준을 이용하기도 한다.

국가마다 기술규정과 표준이 다를 때 품질이 동일한 유사 상품의 가격은 국가마다 차이를 보이고, 결과적으로 시장이 분할될 수도 있다. 수입상품이 자국의 기술규정과 표준에 부합하는지 평가하는 절차도 무역을 심각하게 제한할 수 있다. 시험검사 방법, 공인된 외국 검사기관의 인증이나 그런 기관에서 발행한 검사자료를 인정하느냐 여부는 중요한 문제이다. 특히 시험검사 방법에는 수입 시마다 개별적으로 이루어지는 시험검사와 같이 매우 번거롭고 시간과 비용이 많이 드는 방법부터 무작위 표본검사 방법에 이르기까지 다양하다. 후자의 경우 만일 표본에 결함이 있는 상품이 포함된 것을 발견했을 때 모든 선적물품의 수입을 거부한다면 이는 중대한 무역장벽이 된다(Hoekman and Kostecki, 2009: 236-37).[7]

---

7) 지난 2008년 대한민국을 뒤흔들었던 광우병 파동도 미국산 쇠고기에 대한 한국 정부의 전수조사에서부터 비롯되었다. 당시 농림부 산하 국립수의과학검역원은 2006년 10월 30일 미국에서 수입된 쇠고기 8.9톤을 검역한 결과 뼛조각이 검출되었다고 발표했다. 검역원은 X-선 이물질 검출기를 이용한 전수검사 과정 중 살치살(chuck flap tail) 1박스에서 뼛조각 1개(4mm×6mm×10mm)가 검출되었다고 밝혔다. 검역원은 동 뼛조각이 특정위험물질(specified risk material: SRM)은 아닌 것으로 판단하나 살코기만을 허용키로 한 한미 간 미국산 쇠고기 수입위생조건에 위반되어 검역 불합격 조치를 한다고 설명했다. 곧이어 해당 작업장의 수출선적은 중단되었고 해당 물건은 전량 반송 또는 폐기 조치되었다(농림부, 2006). 표본검사가 아닌 전수조사를 실시한 점, 아주 작은 뼛조각이 검출되었음에도 전량 반송 또는 폐기 조치한 점 등을 들어 미국 정부가 한국 정부에 강력하게 항의했음은 물론이다. 광우병에 대한 우리 국민들의 우려를 불식하기 위해 불가피한 조치였다는 한국 정부의 설명에도 불구하고, 이 문제는 한미 간 외교문제로 비화

무역기술장벽이 세계 주요 교역국의 현안 과제로 부상함에 따라 도쿄라운드에서 1979년 TBT 규약, 일명 표준규약(Standards Code)이 채택되어 1980년 1월 1일 발효되었으나 이를 서명하지 않은 회원국에 강제력은 없었다. 이후 GATT에서 WTO 체제로 전환됨에 따라 WTO 협정의 부속서 중 하나로 TBT 협정(Agreement on Technical Barriers to Trade)이 채택되었으며, 이는 WTO 전 회원국을 대상으로 강제력을 가진다. TBT 협정은 중앙 및 지방 정부는 물론 비정부기관들의 협정 준수 의무를 강화했을 뿐만 아니라 임의 규정인 표준(standards)과 적합성 평가절차(conformity assessment procedures)까지 그 적용범위를 확대했다. 또한 기술규정 및 표준의 개념을 제품의 성능에서 생산 및 공정방법으로 확대했으며, 종전의 권고 수준에서 벗어나 제도적 개선명령조치 등의 권한을 부여함으로써 분쟁해결을 위한 제도적 장치도 강화했다(국가기술표준원, 2016: 2).

2.2 TBT 협정의 주요 내용

TBT는 크게 기술규정과 표준으로 나뉜다. 먼저 기술규정(technical regulations)은 인간과 동식물의 생명과 보선, 환경의 보호, 소비자 기만적 행위의 방지 등을 목적으로 정부가 기술적 측면에서 상품이나 공정 및 생산방법이 갖추어야 할 요건을 정해 일정한 제약을 가하는 것을 말한다. 이에 반해 표준(standards)은 기업 또는 민간 표준화기구 등 비정부기관이 동일한 목적에서 자발적으로 상품, 공정 및 생산방법에 대해 규정해 놓은 것을 말한다. '기술규정'과 '표준'의 가장 큰 차이는 전자가 법적 구속력이 있는 데 반해, 후자는 법적 구속력이 없다는 점이다. 이는 WTO TBT 협정이 명시적으로 규정한 정의를 그대로 따른 것인데, 여기서 주목할 부분은 기술규정과 표준이 상품뿐만이 아니라 공정 및 생산방법(processes and production methods: PPM)을 포괄한다는 점이다.[8]

되었고, 이후 전개된 한미 간 쇠고기 수입협상 과정에서 한국 정부를 내내 괴롭혔다.

[8] TBT 협정에서 기술규정과 표준의 구분이 중요한 이유는 이민 그치의 이행이 핑세적인 기술규정이라면 협정 제2조와 제3조가 적용되고 자발적인 표준이라면 부속서의 모범관행규약이 적용되기 때문이다. 기술규정과 표준에 대한 핵심 원칙과 규범은 크게 다르지 않다. 두 조치 모두 비차별 의무, 불필요한 무역장벽 금지, 국제표준을 기초로 사용할 의무, 디자인보다는 성능을 위주로 할 의무, 요청시 정보를 제공하고 공개할 의무 등 기본 의무가 적용된다. 그러나 규범의 '강제력' 측면에서 두 조치는 엄연한 차이가 있다. 그럼에도 TBT 협정은 양자의 명확하고 구체적인 구분기준을 제시하지 못한다(김민정, 2018: 49−50).

우루과이라운드의 기술장벽 협상은 도쿄라운드의 표준규약을 기초로 진행되었다. WTO TBT 협정은 기술규정과 표준이 국내 정책목적 달성에 긴요한 수단이라는 점을 명시적으로 인정함과 동시에(협정 서문과 제2조 5항), 회원국이 기술규정과 표준을 제정, 채택, 적용할 때 지켜야 할 의무와 행동규약(Code of Good Practice)을 규정한다.9) TBT 협정은 전문에 그 목적을 다음과 같이 밝힌다. 즉 기술규정과 표준이 ① 자의적이고 정당화할 수 없는 방식으로 시행됨으로써 수입상품을 차별하는 수단(means of arbitrary or unjustifiable discrimination)으로 기능하거나, ② 위장된 수입제한 수단(disguised restriction on international trade)으로 사용되거나, ③ 정책목적 달성을 위해 필요 이상의 무역 제한적 방식으로 적용됨으로써, 국제무역에 대한 불필요한 장애물(unnecessary obstacles to international trade)이 되지 않도록 하는 것이다.

동 협정 제2조 1항은 우선 회원국이 규제와 기준을 적용할 때 수입상품을 자국의 동종 상품 또는 다른 제3국의 동종 상품보다 불리하게 대우해서는 안 된다고 규정한다.10) 동조 2항은 회원국이 국제무역에 불필요한 장애물이 되거나 그렇게 되도록 할 목적으로 기술규정을 제정하거나 채택하지 못하도록 규정하면서, 그 구체적 기준을 다음과 같이 정한다. 즉 기술규정은 ① 국가안보, 인간과 동식물의 생명과 보건, 환경의 보호, 소비자 기만적 행위의 방지 등 정당한 정책목적을 달성하기 위해 필요한 수준 이상으로 무역 제한적이어서는 안 되고, ② 규제를 통해 방지하려고 하는 위험은 이용 가능한 과학적·기술적 정보(scientific and technical information)와 기술 수준, 상품의 최종 사용목적 등에 비추어볼 때 충분히 납득할 만한 것이어야 한다.11)

동조 4항은 자의적 규제 도입의 최소화를 위한 관련 국제기준(relevant international standards)이 존재하거나 곧 완성될 예정일 때 회원국은 근본적인 기후적 또는 지리적 특성(fundamental climatic or geographical factors)이나 근본적인 기술적 장애(fundamental technological problems)로 인해 정책목적 달성에 비효과적이

---

9) 이 협정은 공산품과 농산물 등 모든 상품에 적용된다(제1조 3항). 다만 정부조달, 위생 및 식물위생 조치에 관한 협정은 본 협정의 적용대상에서 배제된다(제1조 4, 5항).

10) 구체적 언급은 없으나 이 조항은 내국민대우와 최혜국대우를 동시에 규정한 것으로 해석된다.

11) SPS 협정과는 달리 TBT 협정은 과학적 근거를 덜 강조한다. 기술규정이 '과학적' 정보에 입각해야 한다는 점은 제2조 2항에서 단 한 번만 언급하고 있다.

거나 부적절하지 않은 한, 그 국제기준의 전부 또는 일부를 자국 기술기준의 기초로 활용해야 한다고 규정한다.[12] 더 나아가 6항은 회원국 간 규제조화를 촉구한다. 이를 위해 회원국이 이미 제정했거나 제정하려고 하는 어떤 상품에 대한 기술기준과 관련된 국제표준화기구의 기술기준 제정 노력에 적극 참여할 것을 권장한다. 아울러 7항은 그것이 자국의 규제 목적을 충분히 달성할 수 있을 정도의 수준이라고 판단되면 다른 회원국의 규제를 동등한(equivalent) 것으로 받아들이도록 권고한다. 이러한 '조화의 원칙'과 '동등성의 원칙'은 앞서 다룬 SPS 협정의 그것과 매우 유사하다.[13]

한편, 8항은 회원국이 어떤 상품의 요건(product requirements)을 제정할 때에는 그 상품의 디자인이나 그것이 구비해야 할 기술적 특성(descriptive characteristics)보다는 그 상품이 궁극적으로 달성해야 할 성과를 정하는 방식을 채택하도록 요구한다. 물론 이런 방식의 적용은 그것이 적절한 경우(wherever appropriate)에 한한다. 이것이 규제이론에서 성과기준(performance standard)이라고 부르는 규제방식이다. 이것은 기술적 기준(descriptive standard) 방식과 다르다. 기술적 기준 규제는 어떤 정책목적을 달성하기 위해 필요한 매우 세부적이고 기술적인 사항을 규정함으로써 생산자의 자율적 판단과 비용효과적인 생산방법의 채택을 극도로 제약하고 상품의 획일화를 조장하는 폐단이 있다. 반면, 성과기준 방식은 정부가 그 상품이 결과적으로 확보해야 할 일정한 성과목표, 예를 들면 허용가능한 안전도 수준, 환경오염 수준을 설정하는 반면 그것의 달성방법은 생산자의 자율에 맡긴다. 이는 생산자가 가장 비용 효과적인 방법을 찾아내 가장 효율적으로 목표를 달성할 수 있게 해 주는 규제방식이다(최병선, 1992: 465-70).[14]

---

12) 일견 이 규정은 매우 합리적이다. 그러나 실제 적용단계에서 매우 복잡한 문제를 초래할 수 있다. 특히 국제표준의 관련성 판단과 관련해 어떤 기구의 기준을 참조할지, 같은 기구라도 어떤 표준을 기준으로 할지가 모호하다. 최근 들어 국가 간 기구(intergovernmental organization)뿐만 아니라 산업협회, 기업 및 민간단체의 참여로 운영되는 다양한 형태의 NGO 조직도 등장함에 따라 이 문제는 더욱 복잡해졌다(안덕근, 2018: 11-12).

13) 같은 맥락에서 동 협정 제6조는 수출국의 부합성 평가가 수입국의 그것과 다를지라도 수입국의 절차와 동등한 결과를 확보해 줄 것으로 판단되는 때에는 이를 상호인정(mutual recognition)해야 한다고 규정한다(1항). 상호인정 문제는 이미 도쿄라운드 이전부터 대두되었고, 이것이 기술장벽에 관한 규약 체결의 직접적 동기가 되었다.

14) 규제를 사전적 규제와 사후적 규제로 구분하기도 하는데, 사후적 규제를 바로 성과기준에 의한 규제와 동일한 의미로 볼 수 있다.

TBT 협정은 기술장벽의 투명성 확보를 위해 회원국이 국제기준과는 다른 기준을 제정하려 하고, 그것이 다른 회원국의 무역에 영향을 미친다고 판단되면 이를 공표하고 WTO 사무국을 통해 다른 회원국에 통보해야 하며, 다른 회원국이 검토할 수 있는 충분한 시간을 주고, 이들의 문의에 응해야 한다고 규정한다(제2조 9항). 다만 안전, 보건, 환경보호, 국가안보와 관련해 긴박한 문제가 발생하거나 그럴 가능성이 있으면 앞과 다른 약식절차를 밟을 수 있다(제2조 10항).

TBT 협정 제3조는 지방정부나 비정부기구가 제2조에 규정된 중앙정부 수준의 기관에 적용되는 의무의 대부분을 그대로 이행하기 위해 필요한 조치를 취하도록 의무화한다. 제4조는 중앙정부 수준의 표준화기구가 상품표준을 제정, 채택, 적용할 때 동 협정 부록 3에 수록되어 있는 국제표준화기구의 행동규약을 수용하고 이에 순응할 것을 요구한다. 또한 지방정부 또는 국가표준연구소 등 비정부기구가 기준을 제정하거나 적용할 때에도 이런 준칙을 따르도록 보장할 의무를 중앙정부에 부과한다.

수입상품이 자국의 규제 및 기준에 부합하는지 여부를 수입국이 평가하는 절차는 특히 남용의 가능성이 많다. 이 점을 고려해 동 협정 제5조는 ① 회원국 정부가 이 절차에 내국민대우 및 최혜국대우 원리를 적용할 것(1항의 1), ② 수입업자에게 불필요하게 시간적·경제적 부담을 주지 말 것(1항 및 2항의 5), ③ 표준처리시간을 공표할 것(2항의 2), ④ 필요 이상의 정보를 요구하지 않으며 비밀을 보장할 것(2항의 3, 4), ⑤ 부합성 평가시설의 위치와 표본의 선택이 수입업자에게 불필요하게 불편을 주지 않도록 할 것(2항의 6), ⑥ 이 절차의 운영과 관련한 불만을 심사하는 절차를 마련할 것 등을 요구한다. 또한 앞에서와 유사하게 이런 평가절차의 적용에서는 국제표준화기구가 제정한 기준을 사용하고 동 절차의 변경사항에 대해서는 공표 및 통보 의무를 부과한다(4~9항).

끝으로 SPS 협정과 마찬가지로 TBT 협정은 기술규정 및 표준의 제정과 관련해 다른 회원국, 특히 개도국에 대한 기술적 지원을 촉구한다(제11조). 또한 최빈개도국에 특별하고 차등적인 대우를 제공할 것을 요구한다(제12조). 동 협정 제13조는 무역기술장벽위원회(Committee on TBT)의 설치에 관해 규정하고 있으며, 제14조는 기술장벽과 관련해 분쟁이 발생하면 WTO의 분쟁해결절차를 준용하도록 한다. 다만 분쟁 당사국의 요구에 따라 또는 자체적 필요에 따라 패널의 문의에 응할 기술전문가그룹(Technical Expert Group)을 설치하도록 하는 점이 특이하다(협정 부록 2).

WTO에 따르면 1995년부터 2019년까지 총 3만 6,641건의 기술규정이 통보되었다. 1995년 이후 완만한 증감을 반복하던 기술규정 통보 건수는 2006년부터 급격히 증가하기 시작했고, 2012년에 2,000건을 돌파한 이후 2018년 처음으로 3,000건을 넘어 2019년에는 최고치인 3,337건을 기록했다. 2019년 WTO 회원국의 신규·개정 통보문은 2,074건이며, 추가·수정 통보문은 1,263건으로 총 93개 회원국이 통보했다. 같은 기간 통보문을 발행한 국가별 순위는 1위 미국(3,738건), 2위 브라질(1,926건), 3위 우간다(1,787건), 4위 EU(1,638건) 등이며 한국은 1,035건으로 상위 11위를 기록했다. 분야별로는 식·의약품 분야와 전기·전자 분야, 생활용품순으로 많은 기술규정이 통보되었고, 여전히 인간의 건강과 안전을 위한 규제 도입 건수가 압도적으로 많은 가운데, 기만적 관행 방지 및 소비자 보호, 품질 요구사항, 환경보호, 고객정보·라벨링순으로 도입 목적별 건수를 차지하고 있다(WTO Secretariat, 2020).

무역기술장벽의 규제조화나 상호인정은 그 정치경제적 및 기술적 속성상 동류집단(cohort group)이나 또래집단 간에 이루어지기가 쉽다. 특혜무역협정의 경우가 특히 그렇다. 한 연구에 따르면 총 238개의 분석대상 특혜무역협정 중 171개에서 TBT 협정의 조항 중 적어도 한 개 이상을 포함하고 있고, 그 빈도는 1995년 WTO 출범 이후 급격히 증가하고 있다. 2009년 이후 체결된 모든 특혜무역협정에서는 별도의 챕터를 두고 TBT 협정의 조항들을 체계적으로 관리하는 것으로 나타났다(Molina and Khoroshavina, 2015). TPP/CPTPP와 USMCA가 대표적이다. 이들 특혜무역협정에서 도입된 규정들은 향후 역외지역 국가와의 협상에서 기초가 되어 중장기적으로는 다자간 규범으로 추진될 가능성이 크다(국가기술표준원, 2020: 145).

〈박스 10.2〉 미국과 EU 간 쇠고기 전쟁(Beef War)과 GMO

1989년 EC(EU)는 식용동물에 성장 호르몬 사용을 금지하는 위생 및 식물위생 조치를 발동했다. 대체로 유럽에서는 소에 성장 호르몬을 투여하지 않는 데 반해 미국에서는 이런 방식의 소 사육이 관행화되어 있다는 점을 고려할 때 동 조치는 미국으로부터의 쇠고기 수입을 제한하려는 의도를 명백히 갖고 있었다. 동 조치로 인해 미국산 육류의 대유럽 수출은 큰 타격을 받았다. 미국은 자국 축산업계가 사용하는 호르몬의 양이 안전수준을 밑돌고 있음에도 EU가 성장 호르몬 사용을 빌미로 미국산 쇠고기 수입을 금지하는 것은 과학적 증거에 입각하지 않은 부당한 무역차별에 해당하며, 동 조치로 미국 축산업계는 연간 1억 1,600만 달러에 달하는 손실을 입었다고 주장했다.

1996년 미국과 캐나다는 TBT 협정에 의거 EU를 WTO에 제소했다. 더불어 미국은 일방적으로 EU의 대미 수출품에 100%의 관세를 부과하는 보복조치를 취했고, EU는 미국 즉 대응조치의 부당성을 주장했다. 미-EU 간 쇠고기 분쟁해결을 위해 설치된 패널은 1997년 성장 호르몬을 투여한 쇠고기의 안정성에 대한 문제 제기는 아무런 과학적 증거가 없다고 주장한 미국의 편을 들어 EU의 수입금지조치를 철회할 것을 권고했다. EU는 즉각적으로 상소했지만 1998년 1월 16일에 상소기구는 패널의 결정을 지지하는 판정을 내렸다.

패널과 상소기구의 결정은 일단 WTO의 무역규칙이 승리를 거둔 것으로 평가할 수도 있지만 문제가 종결된 것은 아니었다. EU가 당장 이 수입금지조치를 철회할 기미를 보이지 않았기 때문이다. 이것은 상소기구가 절차적 미비점이 있었다는 이유로 종전 패널 결정을 부분적으로 기각하면서 EU가 성장 호르몬의 투여에 따른 위험을 재조사할 15개월 동안은 EU가 기존의 수입금지조치를 지속할 수 있도록 허용했기 때문이다. 상소기구의 이런 결정은 양측의 손을 들어준 것과 마찬가지였다. 결국 1999년 7월 분쟁해결기구에 의해 임명된 중재자(arbitrator)는 미국이 EU에 대해 매년 1억 1,600만 달러의 보복관세를 부과하도록 결정했다.

하지만 EU는 포기하지 않았다. EU는 2003년 새로운 과학적 위험평가 결과에 따라 특정 성장 호르몬이 투여된 쇠고기의 수입금지는 WTO 규정에 합치된다는 주장을 내놓았다. 2004년 11월 EU는 원래 문제가 되었던 조치는 모두 제거했으므로 보복관세를 철회할 것을 미국에 정식 요청했다. 2005년 EU는 재차 미국과 캐나다를 WTO에 제소했다. 2008년 3월 WTO 분쟁해결 패널은 여러 실체적 및 절차적 측면에서 EU, 미국, 캐나다 모두의 잘못을 지적했다. 동년 10월 상소기구는 미국과 캐나다가 계속 보복관세를 부과할 수 있게 하면서도 EU도 특정 호르몬 투여 쇠고기의 수입을 계속 금지할 수 있도록 하는, 또다시 양측의 손을 들어주는 판정을 내렸다. 때문에 미국과 EU 간의 쇠고기 전쟁은 아직도 현재진행형이다. 이 사례는 식품안전 문제를 둘러싼 무역분쟁의 해결이 얼마나 복잡하고 어려운 문제인지를 잘 보여준다. 다만 쇠고기 전쟁 덕분에 미국 내에서는 물론 전 세계적으로 호르몬이나 기타 유전자 변형 식품(genetically modified organism: GMO)의 안전성에 대한 경각심이 높아진 부수적 효과는 있었다.

「생물다양성 협약(CBD)」의 부속 의정서로 2000년에 채택된 「유전자변형 생물 체의 안전성에 관한 카르타헤나 의정서(Cartagena Protocol on Biosafety)」와 WTO 규범의 관계는 주요한 논쟁거리 중 하나이다. 동 의정서는 GMO의 수출이나 사 용을 제한할 수 있는 규정을 담고 있다. 미국과 주요 농업 수출국들은 이 의정서 가 WTO의 통제 아래 들어오고 GMO에 대한 규제를 가하는 국가들에 대해 SPS 협정이 요구하는 위험평가를 철저히 요구하기를 원했다. 반면, GMO에 대해 세계 에서 가장 엄격한 기준을 갖고 있는 EU는 동 의정서의 규정이 WTO의 규율을 받 는 것을 원하지 않았다. 또한 SPS 협정이 요구하는 것보다 위험관리 기준 등이 더 유연하기 때문에 EU는 유전자 조작에 대해서 예방적 차원의 규제를 가할 수 있는 권한을 부여한 동 의정서를 지지했다. 결과적으로 동 의정서의 기준은 과학 적 위험평가의 중요성과 (이와는 양립하기 어려운) 사전적 예방의 원칙에 따른 위 험관리 결정 둘 다를 포함하는 복잡한 짜깁기가 되었다. 2003년 9월에 발효된 동 의정서는 아직까지 미국을 포함한 WTO 회원국의 상당수가 서명하지 않아 향후 논쟁은 지속될 전망이다(Vogel, 2013: 30; 최원목, 2015; 최원목·박경진, 2016).

GMO는 주로 제초제와 해충에 대한 저항성을 높이는 과정에서 개발되었고, 동종 식물이나 이종 식물 간 DNA 조작을 넘어 식물과 동물의 DNA를 혼입하기 도 한다. 씨 없는 수박, 방울토마토, 오이고추 등 육종을 통한 전통적인 교배방 식에서 한 걸음 더 나아간 것이다. 최근 들어 유전자 편집(gene editing) 기술이 발달하면서 GMO가 새로운 국면으로 접어들고 있다. 2013년 '크리스퍼-카스 9(CRISPR-Cas9)'라는 유전자 가위 기술이 등장한 이래 여러 작물과 가축 품종이 개발되고 있다. 근육을 늘린 돼지, 뿔이 없는 소, 털이 풍성한 양, 수확량이 많은 쌀, 식중독을 일으키지 않는 감자, 혈압을 낮추는 성분이 많이 든 토마토 등이 만들어질 수 있다. 크리스퍼-카스9 기술을 개발한 프랑스 출신 화학자 엠마뉴 엘 샤르팡티에(Emmanuelle Charpentier)와 미국 출신 화학자 제니퍼 다우드나 (Jennifer A. Doudna)는 그 공로를 인정받아 2020년 노벨 화학상을 수상했다. 유 전자 편집식품은 유전자 '빼기' 방식으로 변이를 일으킨 식재료를 사용해 만든 식품으로, 새로운 유전자의 '더하기' 방식이 아니라는 점에서 전통 GMO와는 구 분된다. 유전자 가위 또는 편집 식품이 GMO와 같은 논란을 불러일으킬지, 아니면 안전한 유전공학 작물로 인정받을 수 있을지에 관심이 모아진다. GMO 최강 국인 미국은 매우 호의적인 반면, 가장 강력하게 GMO를 규제하는 EU는 신중한 태도를 보이고 있다. 일본은 유전자 편집이 안전성 면에서 품종 개량이나 자연 상태의 돌연변이와 별 차이가 없다고 판단해 GMO에 부과되는 안전성 심사를 면제하고 있다(오철우, 2017; 김병규, 2019; 김용래, 2020).

한국에서의 GMO 사정은 어떨까? 한국은 식용 GMO 수입량 기준으로 일본과 1위, 2위를 다툰다. 2019년 GMO 총 수입량은 1,164만 톤으로 같은 해 국내 쌀 생산량(374만 톤)의 3배가 넘는다. 용도별로는 사료용이, 작물별로는 옥수수가 가장 많다(강선일, 2020; 류예리·박문숙, 2020). 엄격한 GMO 표시제를 시행하고 있는 EU, 호주, 미국, 일본 등과는 달리 한국은 모든 식품이 아니라 콩, 옥수수, 감자 등 식약처에서 지정한 7개 작물을 사용한 147개의 품목에 한해서만 선택적으로 GMO 표시를 의무화하고 있다. 유전자 조작 원료의 비의도적 혼합치 함량이 3% 이상일 경우 반드시 GMO 표시를 해야 하지만, 가공 단계에서 유전자변형 DNA 성분을 검출하기가 쉽지 않기 때문에 실질적으로는 표시의무의 적용을 받지 않는 식품이 대다수다(남경수·임희선·안병일, 2019).

때문에 일부 시민단체들을 중심으로 소비자의 '알권리' 보장을 위한 'GMO 완전 표시제' 요구가 나오고 있다. 그러나 정부는 물가상승과 통상마찰 등의 이유로 미온적 태도를 보인다. 다른 한편으로, 지나치게 복잡한 '위해성 심사'가 새로운 기술개발과 혁신을 저해한다는 목소리도 나온다. 예를 들어 농촌진흥청의 농업용 위해성 심사에는 보건복지부의 인체 위해성 협의심사, 환경부 자연환경 위해성 협의심사, 해양수산부 해양환경 위해성 협의심사가 포함되어 규제의 예측 가능성이 낮다는 불만이 그것이다(김동현, 2020). '식량의 진화'라는 낙관론과 '불안전 식품'이라는 비관론 사이에서 한국 소비자와 생산자 모두 선택의 여지가 없거나 길을 잃고 있는 것은 아닐까?

3. 반덤핑(AD) 협정

3.1 AD 협정의 의의

덤핑은 수출시장에서 어떤 상품을 자국의 정상가격(normal value)보다 낮은 가격에 판매하는 것을 말한다. 흔히 수입국 시장에서 수입국의 동종 기업보다 낮은 가격에 물건을 파는 것을 모두 덤핑으로 생각하는 경향이 있으나, 경쟁자보다 낮은 가격에 판매(underselling)하는 것과 정상가격보다 낮게 판매하는 것은 구분해야 한다. 덤핑에서 상호 비교되는 가격은 수출자의 수출가격과 정상가격이지, 수출자의 수출가격과 수입국 경쟁기업의 국내 시장가격이 아니다. 예컨대 한국의 기업이 어떤 상품을 미국 시장에서 100달러에 판매하고, 미국 기업은 동종 상품을 120달러에 판매한다는 사실만으로는 덤핑이라고 단정할 수 없다. 그러나 같은 상품의 한국 내 판매가격이 120달러라면 이는 덤핑 혐의를 받을 수 있다.

덤핑의 개념과 관련해 등장하는 가장 큰 문제는 수출시장에서의 판매가격과 수출자의 국내 정상가격의 산정이다. 서로 다른 시점에 서로 다른 지역에서 판매되는 상품의 수출가격이 동일할 리 없고, 국내의 시장구조, 시장경쟁의 강도, 각종 정책과 제도 등 무수한 변수의 영향을 받는 수출기업의 국내 정상가격을 정확히 파악하기가 매우 어렵기 때문이다. 특히 국내 판매량이 소량이거나 거의 무시할 만한 수준인 경우에는 정상가격 자체를 찾기 어렵다. 따라서 이때에는 평균생산비용을 계산해 정상가격을 산정하거나 제3국 시장으로의 수출가격을 정상가격으로 간주해야 하는 불가피한 상황이 발생하기도 한다. 더 나아가서 국내에서 모든 생산공정이 종료되지 않고 제3국에서 일부의 공정이 마무리되거나 제3국을 경유해 최종 수출시장에 도달하는 경우, 즉 글로벌 생산네트워크를 통해 생산된 제품의 경우 그 정상가격을 산정하기가 더더욱 복잡하고 어렵다.

AD 조치는 수출기업이 국내 정상가격보다 낮은 가격으로 어떤 상품을 수출함으로써 그와 경쟁관계에 있는 수입국 국내 산업이 실질적 피해를 보거나 그럴 위협이 존재할 때 수입국 정부가 덤핑마진(수출기업의 국내 정상가격−수출가격)에 상당하는 관세를 부과하는 것을 말한다. 여기서 주목할 점은 AD 조치는 어디까지나 덤핑 사실을 확인한 수입국 정부의 선택적 조치이지 의무적 조치가 아니라는 사실이다. 덤핑이 이루어진다고 해서 수입국 정부가 반드시 AD 조치를 취하도록 의무화하는 것은 아니다.

사실 수출국이 정상가격 이하로 수입국에 자국 상품을 판매함으로써 수입국 산업에 피해를 발생시킬 때 반덤핑 관세를 부과할 수 있다고 규정한 GATT 제6조도 덤핑 그 자체를 금지하지는 않는다. 단지 덤핑으로 인한 국내 산업이 입은 피해를 상쇄하고자 하는 수입국이 따라야 할 규칙을 정하고 있을 뿐이다. 도쿄라운드에서 합의된 반덤핑 규약 역시 반덤핑 조사와 조치에 적용되어야 할 규칙을 정하고 있을 뿐, 덤핑의 원인이나 그것의 합법성은 전혀 고려하지 않았다. 규범적·경제적 시각에서 이러한 관행이 GATT 규정의 심각한 결함이라는 인식이 확산된 결과 도출된 「WTO 반덤핑 협정(Agreement on Implementation of Article 6, 이하 AD 협정)」은 AD 조치의 투명성을 제고하고 회원국의 AD 조사에 관한 방법론적·절차적 규칙을 새롭게 수립했다. 이들 새로운 규칙은 주로 미국과 EU의 관행을 대폭적으로 수용한 것이다.

국제무역에서 덤핑을 문제 삼고 제재해야 하는 이유는 무엇인가? 덤핑은 수출기업의 경영전략상 문제일 뿐, 덤핑으로 인해 반드시 수입국 기업이 피해를 보는 것은 아니다. 외국의 수출기업이 국내의 경쟁기업보다 낮은 가격으로 상품을 판매한다면 값싼 소비재나 중간재를 소비할 수 있게 된 수입국의 소비자나 산업수요자는 그만큼 이득을 본다. 이는 비교우위원리에 따른 국제무역이 만들어내는 당연한 결과로 볼 수 있다. 따라서 AD 조치의 경제적 논거는 취약하다. 덤핑을 불공정 무역행위로 치부하면 AD 조치는 당연하고 정당한 대응이라는 주장이 가능하지만, AD는 사실상 공정무역과는 무관하다. 오히려 AD 조치는 정당한 논거 없이 수출기업을 불리하게 만드는 데 근본 목적이 있다고 말하는 것이 좀 더 현실에 가깝다(Hoekman and Kostecki, 2009: 431-32). 이것이 AD 조치가 불공정무역에 대한 당연한 제재라는 그럴듯한 명분으로 위장된, 가장 해악이 큰 보호주의 수단(most pernicious form of protection)으로 평가받는 이유이다. 또한 AD 조치는 그동안의 무역자유화 과정에서 파생된 구조조정 압력을 회피하려는 의도에서 비롯된 "뒷문을 통한 보호"일 뿐이라는 비판도 여전하다.

AD의 가장 핵심적 문제는 덤핑 조사당국이 행사할 수 있는 재량의 폭이 워낙 넓고, 조사 절차가 보호주의적으로 운영될 수 있도록 느슨하게 규정되어 있다는 사실에 있다. 실제로 덤핑의 존재 여부, 덤핑마진의 산정절차와 방법에 관한 현행 규정 아래서 조사당국은 얼마든지 덤핑행위가 있는 것으로 만들 수 있다. 조작적으로 수출국의 정상가격을 부풀리고, 실제 수출가격은 낮춤으로써 얼마든지 덤핑마진을 부풀릴 수 있다는 것이다. 예를 들어 수출국 내에서 원가 이하 판매분은 정상가격 산정에서 제외하고, 수입국 시장에서 정상가격 이상으로 판매된 부분은 수입시장 가격에서 제외하면 덤핑마진은 크게 확대될 수밖에 없다.

특히 구성가격(constructed values) 또는 완전할당비용(fully－allocated costs) 방식으로 정상가격을 산정할 때 조사당국은 다양한 방식으로 덤핑마진을 부풀릴 수 있다. 가령 문제가 되는 상품의 수출국 시장 정상가격을 추정할 때는 대단히 높은 이윤과 간접비용(profit and overhead margins)을 포함시키고, 수출품의 수입국 내 가격을 산정할 때는 이를 인정하지 않으면 덤핑마진은 그만큼 커질 수밖에 없다. 이는 생산원가 추정의 어려움은 고사하고, 구성가격 산정방식이 얼마나 자의적으로 운영될 수 있는가 잘 보여준다.[15]

AD의 또 다른 문제는 수입국 기업이 주장하는 덤핑으로 인한 국내 산업 피해판정 기준의 모호성이다. 덤핑으로 인한 국내 산업 피해의 지표로 흔히 시장점유율, 고용, 이윤, 생산시설능력, 가동(조업)수준, 수입시장 침투율, 저가판매의 추이가 사용되는데, 이들 지표의 대부분은 수입량의 변화 추이와 관련이 있지만 경기순환의 영향을 더 강하게 받는다. 따라서 반덤핑 조치로 보호를 받기 원하는 수입국의 기업은 얼마든지 이 지표를 조작하거나 그 변화가 피해판정 기준에 부합되는 것처럼 꾸밀 수 있다. 반면에 이들과는 상반되는 이해관계를 갖는 문제 상품의 수요자나 소비자는 덤핑조사 과정에서 아예 배제되기 쉽다. 때문에 덤핑 여부 및 피해조사 판정은 보호주의적 편향성을 가질 수밖에 없다(Leidy, 1994: 105－06).

3.2 AD 협정의 주요 내용

AD 조치에 관한 WTO 규정은 미국의 관행에 따라 좌우되어 왔다. 제4장에

---

15) 조사대상 상품의 덤핑마진을 계산할 때 음(－)의 덤핑마진을 제외하고 양(＋)의 덤핑마진만 합산해 덤핑마진을 인위적으로 부풀리는 방식을 '제로잉(zeroing)' 관행이라고 한다. 예를 들어 가중평균으로 구한 정상가격을 개별 수출가격과 비교할 때 어떤 수출가격에서는 덤핑마진이 양이 되기도 하고 다른 수출가격에서는 음이 되기도 한다. 이때 양의 덤핑마진과 음의 덤핑마진을 단순히 합산하면 조사당국이 바라는 것보다 덤핑마진이 작아진다. 따라서 음의 덤핑마진을 그냥 0으로 만들어 덤핑마진을 과대평가하려는 것이다. 미국의 덤핑마진 조사당국인 상무부가 이를 실시해 크게 논란이 되고 있다. 이는 엄연히 국제법 위반이다. 여러 차례의 제소 사건을 통해 WTO 분쟁해결 패널과 상소기구는 제로잉 관행이 모든 비교 가능한 수출거래가격의 가중평균을 고려해야 한다는 AD 협정 제4조 2항 2호의 규정에 위반된다고 일관되게 판정하고 있다(정영진·이재민, 2012: 171－72).

서 살펴본 바와 같이 AD 조사는 덤핑의 존재 사실을 확인하고 덤핑마진을 계산하는 과정과 국내 산업의 피해를 입증하는 두 개의 과정을 거친다.

먼저 덤핑 사실의 존재 여부를 가리기 위해서는 수출기업의 국내 정상가격과 수출가격을 산정한 후 이 둘을 비교해야 한다. 이와 관련해 AD 협정은 조사단계에서 과도한 덤핑마진이 부과되지 않도록 구성정상가격(constructed normal value) 인정 기준을 정하고 있다(제2조 2항). 이에 따르면 수출국 내에서 문제의 상품이 판매되지 않거나 특수한 시장 여건으로 인해, 또는 소량 판매(국내 소비용 판매량이 수출국 전체시장의 5% 이하인 경우)로 인해 직접 가격을 비교하기 어려울 때는 ① 제3국 시장에 대한 수출가격 또는 ② 수출기업의 제조원가에 합리적 판매·관리비 및 이윤을 가산한 가격과 비교하도록 한다. 또한 제2조는 생산원가 이하 판매(sales below cost)의 경우 정상가격의 인정기준과 구성가격 산정 시 이윤율의 산정기준을 제시한다.[16]

동 협정 제2조 4항 2호는 조사기간 동안 덤핑마진의 존재를 '가중평균 정상가격(weighted average normal value)'과 '모든 비교 가능한 수출 거래가격의 가중평균(weighted average of prices of all comparable export transactions)'과의 비교(A-to-A 방식) 또는 각각의 거래에 기초한(on a transaction-to-transaction basis) 정상가격과 수출가격의 비교(T-to-T 방식)에 의해 입증하도록 규정한다. 다만 수입국 조사당국이 상이한 구매자, 지역, 또는 기간별로 현저히 다른 수출가격의 양태를 발견하고, A-to-A 또는 T-to-T 방식으로 이러한 차이점을 적절히 고려할 수 없는 이유에 대한 설명을 제시하면 가중평균에 기초해 결정된 정상가격과 개별 수출거래가격을 비교할 수 있다.[17]

---

16) 산정과정에는 정상가격 및 수출가격 평균치의 계산, 신규 투자비용의 할당 등 대단히 복잡하고 기술적인 문제가 개입되는데, 이들은 너무 기술적이므로 이 책에서는 설명을 생략하기로 한다.

17) 이를 A-to-T 비교방식이라고 한다. 미국은 A-to-A나 T-to-T 비교방식에서 제로잉의 사용이 어렵게 되자 A-to-T를 사용해 제로잉을 계속하고 있다. 미국의 논리는 수출가격 산정에 문제가 있어서 A-to-T 방식으로 덤핑마진을 계산하면 A-to-A 방식에 따른 결과와 별 차이가 없기 때문에 제로잉을 적용해야 두 방식의 덤핑마진의 차이가 나타나 수출가격의 왜곡을 시정할 수 있다는 것이다. 이와 같은 표적덤핑(targeted dumping) 상황에서 A-to-T 비교방식으로 덤핑마진을 산정할 때도 제로잉이 금지되는지 여부에 대해서 그간 상소기구의 판정이 없어 논란이 되었다. 그러나 한국이 미국을 제소한 세탁기 분쟁(US-Washers)에서 상소기구가 그 불법성을 확실히 함으로써 논의가 일단락되었다(Lee and Cho, 2016; 조영진, 2017). 그러나 2019년 캐나다산 목재에 대한 미국의 반덤핑(US-Differential Pricing Methodology) 분쟁에서, 분쟁

피해의 판정은 덤핑 수입량의 크기, 덤핑이 수입국 내 시장가격과 산업에 미치는 영향에 대한 명백한 인과관계가 있다는 증거와 객관적 조사에 따라 이루어져야 한다(제3조 1항). 먼저 덤핑이 가격에 미치는 영향은 해당 상품의 수입국 내 가격이 현저하게 하락되었거나 억제된 경우, 혹은 예상되었던 가격 상승이 현저하게 방해를 받고 있는지를 고려하도록 한다(동조 2항). 2개 이상의 국가에 의해 동시적 덤핑이 이루어지고 있는 경우에는 소위 피해의 누적(cumulation) 개념을 적용해 국내 산업의 피해 여부를 평가할 수 있도록 한다(동조 3항). 수입국의 관련 산업에 대한 영향을 검토할 때에는 덤핑이 판매액, 이윤, 생산량, 시장점유율, 생산성, 투자회수율, 가동률, 자금순환, 재고, 고용, 임금 등 제반의 경제적 요소와 지표상의 변화에 미치는 영향을 고려해야 한다(동조 4항).

AD 조치 발동의 또 다른 요건인 국내 산업의 실질적 피해의 위협(threat of material injury)은 명백하게 예측가능하고 급박한(clearly foreseen and imminent) 것이어야 한다(제3조 7항). 다시 말해 가까운 장래에 덤핑 수출이 상당히 증가할 것이라고 믿을 만한 확실한 이유가 있어야 한다. 제3국 시장의 수입 여력에 비추어 볼 때 수출국이 수입국에 덤핑할 수 있는 생산 여력이 매우 크거나 재고량이 많은 것도 고려될 수 있다.

AD 협정은 AD 조치 발동의 투명성을 높이고 남용 가능성을 낮추기 위한 규정을 두고 있다. 동 협정 제11조 3항은 AD 조치가 중단될 경우 수입국 산업의 피해가 지속될 것으로 예상되는 경우가 아니라면 AD 조치 시행 이후 5년 이내 동 조치가 만료된다고 규정한다. 또한 동 협정 제5조 8항은 덤핑마진이 최소허용수준(de minimis), 즉 수출가격의 2% 이하이거나 덤핑 의혹을 받은 수출품의 수량이나 피해가 무시할 만한(negligible) 수준이면(흔히 개별 수출국의 덤핑 물량이 수입국의 동 품목 전체 수입량의 3% 미만) AD 조사를 신속히 종결할 것을 권고한다. 동 협정 제16조 4항은 모든 예비 및 최종 반덤핑 조치를 반덤핑 관행 위원회(Committee on Anti-dumping Practices)에 지체 없이 상세히 통보하고 동 보고서

해결패널이 표적덤핑 상황에서 가중평균 대 개별거래 비교방식(A-to-T 비교방식 또는 W-T 비교방식)에 의한 제로잉으로 덤핑마진을 산정한 것은 AD 협정에 위반되지 않는다고 판정함으로써 다시 논란의 불씨가 되살아났다. AD 협정문 제2조 4항의 예외규정으로서의 제2조 4항 2문의 해석과 관련하여 표적덤핑을 둘러싼 유사한 분쟁이 발생할 경우 이전과 배치되는 판단이 나올 가능성 역시 배제할 수 없다(조영진, 2020).

를 다른 회원국이 검토할 수 있도록 WTO 사무국에 제출하도록 하고 있다.

AD 협정 제5조는 어떤 집단이 자국 정부에 AD 조사 청원을 제출할 수 있는지에 대해 규정하고 있다. 청원은 피해를 보고 있거나 그럴 위협에 처한 "국내 산업 또는 그 국내 산업을 대신해 다른 자"가 낼 수 있다. 여기서 국내 산업은 해당 산업의 모든 생산자 또는 집합적으로 국내 총생산의 대부분(major proportion)을 점하는 생산자를 말한다(제4조). 다만 AD 협정은 이 조건을 좀 더 강화해 조사당국으로 하여금 이들의 청원에 대해 국내 산업의 지지 및 반대 정도를 감안하도록 하고 있다. 즉 청원을 낸 생산자 집단의 생산량 합계가 청원에 대해 지지 또는 반대 의사를 표명한 국내 생산자의 생산량 총계의 50% 이상일 때만 이들의 청원을 "국내 산업이 또는 국내 산업을 대신해" 청원을 낸 것으로 간주한다. 그러나 청원을 낸 생산자의 생산량 합계가 국내 총생산량의 25% 미만에 불과할 때는 조사를 개시해서는 안 된다(제5조 4항). 이 조항은 AD 조사 청원의 남용을 방지하는 데 목적이 있다. 더 나아가 동 협정은 국내 생산자 외에 해당 산업의 근로자 또는 노동조합이 청원을 낼 수 있도록 한 1967년 이래의 양해사항을 명문화했다.

AD 협정은 AD 조치에 관한 당사국 간의 분쟁해결에 WTO 분쟁해결절차를 적용한다(제17조 1항). 수출국을 포함한 이해관계국은 수입국에 대해 협의를 요청할 수 있고, 이 협의가 원만하게 이루어지지 않아 기대이익이 무효화되거나 침해된다고 판단되면 분쟁해결기구에 제소할 수 있다. 그러나 동 협정 제17조 6항은 이런 일반 절차에 대해 매우 중대한 예외규정을 둔다. 즉 동 조항은 패널이 수입국 조사당국의 덤핑 및 그로 인한 국내 산업의 피해 사실 확인절차가 적절하고, 그런 사실들을 비편파적이고 객관적으로 평가했는지의 여부만을 판단해야 하며, 만일 조사당국의 확인절차가 적절하고 사실판단이 객관적이면 비록 패널이 다른 결론에 도달할지라도 수입국 조사당국의 판정을 번복할 수 없다고 규정하고 있다. 또한 패널은 AD 협정의 규정을 국제공법(public international law)의 해석에 관한 통상의 규칙에 따라 해석해야 하며, 동 협정 규정의 해석이 분분할 경우 가급적 수입국 조사당국의 해석을 존중해야 한다.

이것이 소위 '특별검토기준(special standard of review)'으로 불리는 것으로서, 이런 기준의 설정은 분쟁해결 패널의 판정 권한을 심각하게 제약한다. 일반적인

분쟁사례에서 분쟁해결 규칙과 절차에 관한 양해각서(DSU) 제11조의 '검토기준'
에 따라 독자적 조사권한을 갖는 것과는 달리, AD 분쟁에서 패널은 수입국 조사
당국이 이용하지 않은 새로운 정보를 사용하거나 그것이 제기하지 않는 문제를
들어서 조사당국의 결정을 번복할 수 없고, 오로지 절차적 규칙 위반 여부만을
판단해야 한다. 이것은 반덤핑 규칙을 해석할 때 수입국에게 큰 재량을 허용하는
것이다. 수입국 조사당국의 판정이 GATT 규칙에 명백하게 위배되지 않는 한, 패
널이 동 조사당국이 내린 결정을 번복하기가 불가능함을 의미한다. 이런 특별검
토기준의 적용에 따라 덤핑마진의 계산이나 피해사실 판정에 대해 수출국이 이
의가 있을 때 분쟁해결절차를 밟아보았자 별수 없다는 의미도 된다.

　　이런 검토기준의 설정은 전적으로 미국의 주장에 따라 이루어졌다. AD 조치
를 애용하는 미국 산업계가 우루과이라운드 협상에서 얻고자 했던 가장 큰 목표
가 바로 미국 조사당국의 결정을 번복할 수 있는 GATT 패널의 권한을 제약하는
것이었다. EC도 대체로 미국의 입장에 동조했다. 이에 비해 일본, 홍콩, 한국, 북
유럽 국가들은 패널의 결정에 반드시 구속력이 부여되어야 하며 언제라도 패널
을 통해 수출국이 문제를 제기할 수 있는 길을 열어놓아야 한다고 주장했다
(Schott, 1994: 84). 다만 미국의 기대와는 달리 이러한 검토기준은 최근 들어 미국
에 부메랑이 되어 돌아오기도 한다. 중국의 사례가 대표적이다.[18]

　　한편, 수출기업은 수입국의 AD 조치를 피하기 위해 수입국 내에 조립공장을
설치하고 자국에서 수입한 부품을 현지에서 조립해 판매하는 우회적 방법을 흔
히 사용하기도 한다. 수입국은 이러한 방식의 수출을 우회덤핑으로 간주하고 이
에 대한 대응조치를 취하게 되는데, 이것이 반우회덤핑 조치(anti-circumvention
measures)다. 이는 1980년대 후반 이후 중요한 문제로 대두되었다. 대표적으로
1987년 EC는 EC 내에서 자국으로부터 원자재나 부품을 수입해 최종제품을 조립
하거나 생산하는 방법으로 반덤핑조치를 회피하려는 일본과 한국 기업의 움직임

---

18) 우루과이라운드 협상 당시까지 미국 기업에 대해 AD 조치를 취한 사례는 유럽을 제외하고는
　 극히 드물었다. 현실적으로 개도국 입장에서는 AD 조치를 통해 미국의 비위를 건드리기 어려웠
　 기 때문이다. 하지만 2001년 WTO 가입 이후 주요 교역국으로 떠오른 중국은 미국 정부로부터
　 AD 조치를 많이 받기도 했지만 동시에 미국 기업에 대한 AD 조치를 적극적으로 발동하고 있
　 다. 특히 트럼프 행정부로부터 대규모의 AD 조치를 당하자 중국 정부도 미국산 제품에 대한 대
　 규모 AD 조치로 맞불을 놓았다. 결국 중국의 부상으로 미국의 기대와는 달리 AD 조치는 상호
　 인질(mutual hostage)의 수단이 된 것이다.

을 저지하기 위해 반우회덤핑조치에 관한 규정을 제정했다. 이듬해 EC는 이 규정에 입각해 일본의 EC 자회사가 현지에서 조립 또는 생산한 전동 타자기, 전자저울, 복사기 등을 대상으로 반덤핑 조사를 개시했다. 이에 일본은 GATT에 제소했다. EC는 수출국 기업의 현지 진출이 AD 조치가 내려진 후 이를 회피하기 위한 수단으로 이루어진 것이 명백한 이상 이런 우회전략에 대한 대책을 강구할 수밖에 없었다고 항변했다. GATT 패널은 이때의 반우회덤핑 관세(anti-circumvention duties)는 관세가 아니라 EC 내에서 생산된 제품에 대한 국내세(internal tax)로 보아야 한다고 해석한 다음, 그렇다고 할지라도 이것이 차별적으로 부과된 이상 GATT의 내국민대우원칙에 위반된다고 판정하고 EC의 관련 규정을 GATT에 일치시킬 것을 권고했다(Hoekman and Kostecki, 2009: 213, 447).[19]

WTO AD 협정은 1980년대에 범람했던 AD 조사절차와 방법의 보호주의적 편향성을 상당히 시정한 것으로 평가된다. AD 조사의 최소기준을 설정하고 일몰 규정을 적용하기로 한 것 등이 그 예이다. 그러나 보호주의적으로 악용되는 경향이 강한 조사절차나 방법의 관행은 대부분 그대로 남아 있다. 예컨대 덤핑판정에서 수출국 내 정상가격과 수입국 내 판매가격을 평균 대 평균가격으로 비교하도록 요청하고 있으나, 정상가격은 가중 평균치를 사용하고, 수입국 내 판매가격은 개별 거래가격을 사용할 수 있는 여지가 있다. 또한 구성가격을 사용할 때에는 그 가격 이하의 국내 정상가격이나 제3국 수출가격은 무시하는 것도 문제다. 이에 따라 과도하고 무리한 반덤핑법의 사용에 대한 외국의 수출기업이나 국내 소비자의 염려를 덜어주지 못하고 있다.

덤핑을 무조건 불공정무역으로 간주하고, 따라서 그 피해자인 국내 생산자를 좀 더 쉽고 확실하게 보호해 주어야 한다는 잘못된 사고가 지배적인 한, AD 조사 및 조치에 관한 규칙과 절차를 일방적으로 국내 산업에 유리한 방향으로 해석하고 운영하는 폐단을 막기 어렵다. 이 점을 인정하더라도 수입국 조사당국이 덤

---

19) 이 문제는 우루과이라운드 협상에서는 집중적인 논의 대상이었으나, 의견 대립이 심해 협상의 마지막 단계에서 의제로 채택되지 못했다. 그 결과 미국과 EC를 포함해 자국법에 반우회덤핑 규정을 두고 있는 국가는 종전대로 이 규칙을 적용할 수 있게 되었다. 그러나 이해관계국은 이를 WTO에 제소할 수도 있다. 사실 GATT 패널은 일본이 관련된 사례에서 EC의 관행이 문제가 있다고 결론을 내린 바 있다. 이런 측면에서 우루과이라운드의 각료선언은 반우회덤핑 조치에 대한 통일된 규칙의 필요성을 인정하고, 이 문제를 반덤핑 관행 위원회가 검토하도록 하고 있다.

핑과 피해사실의 판정함에 상당한 재량을 행사할 수 있도록 허용하거나, 덤핑으로 인한 수입국 시장에서의 경쟁 위협 등에 대한 조사를 요구하지 않는 것 등은 WTO AD 협정의 큰 결함이다. 동 협정에서 처음으로 AD 조사 과정에서 문제된 상품의 산업 수요자나 대표적 소비자단체에 의견 제시의 기회를 제공하도록 의무화한 것은 이런 제도적 편향성을 시정하려는 취지에서 비롯된 것이다. 그러나 제시 가능한 증거의 범위에 제약을 둔 것은 이런 취지를 반감시킨다.

또한「세이프가드 협정」과는 달리, AD 협정은 수입국의 조사당국이 자국의 반덤핑법 및 제도의 운영과정에서 AD 조치가 수입국 경제 전체, 수요자, 그리고 시장경쟁에 미치게 될 영향을 좀 더 철저하게 고려하도록 요구하지 않는다. 이것은 AD 조치의 경제적 타당성을 부정하는 이론적·실증적 연구들이 주류를 이루고 있는 현실에 비추어볼 때, AD 협정에 내재된 보호주의 편향성을 잘 드러낸다. 특히 문제되는 것은 국내 산업이 독점적 시장지배력을 행사하기 위한 목적에서 AD 조치와 CVD를 사용할 수 있는 여지를 확실하게 봉쇄하지 못함으로써, 결과적으로 소비자의 이익을 충분히 보호하지 못한다는 것이다. 현재의 규정은 덤핑 마진을 제거하기 위해 필요한 것보다 높은 수준에서의 가격약속(price undertakings)을 못하도록 하는 정도에 그치고 있다. 때문에 가격약속 과정에서 국내 산업과 수출기업이 담합함으로써 덤핑 시보다 국내가격이 더 높은 수준으로 올라가는 것을 규제할 수 있는 방법이 없다.

요컨대 덤핑을 무조건 반경쟁적인 행위로 보기는 어려우며, AD 조치는 그것의 위협만으로도 수입경쟁산업이 지대추구 행위를 하도록 부추기고, 상당 기간 수출업자와 수입업자를 불확실한 상태에 빠뜨린다. 또한 AD 조치를 우회하기 위한 또 다른 덤핑이나 불필요한 해외투자를 유발하는 등 수많은 시장왜곡과 그에 따른 경제적 후생의 감소를 초래한다. 이런 면에서 AD 협정의 제정은 바람직하지 않은 무역관행을 널리 확대·보급하는 촉매제로 작용할 가능성도 있다. 이 협정의 제정에 따라 많은 국가가 속속 자국법을 제정하거나 강화해 왔으며, 이것이 무역분쟁을 확대하는 결과를 초래했다는 비판도 있다. 이런 편향성과 더불어 불공정무역 규제법의 적용범위와 사용이 확대됨에 따라 '무역정책의 사유화(privatization of trade policy)' 현상이 날로 심각해지고 있다는 사실을 잘 인식할 필요가 있다(Messerlin, 1990). 이런 문제를 해결하는 유일한 길은 국내적으로 무역정책

결정과정의 투명성을 제고함으로써 정책과정에서 보호주의 세력이 일방적이고 압도적인 정치적 영향력을 행사하지 못하도록 하는 것이다.[20]

4. 보조금 및 상계조치(SCM) 협정

4.1 SCM 협정의 의의

보조금과 그에 관한 상계조치는 농업, 위생 및 식물위생 조치, 그리고 무역기술장벽 못지않게 뜨거운 이슈다. 제4장에서 살펴본 바와 같이 경제적 효율성 향상과 소득 재분배를 목적으로 하는 보조금은 그 자체로는 비난받을 이유가 없다. 어떤 형태로든지 정부개입이 불가피한 경우 다른 개입방식에 비해 보조금은 상대적으로 정책에 따른 왜곡효과가 작다.[21] 그러나 이 경우에도 여전히 문제가 있다. 시장이 실패하듯 정부도 실패하기 때문이다. 특히 각종의 보조금 수령을 노리는 이익집단의 지대추구 활동에 정부는 쉽게 노출되고 포획된다. AD 조치와 함께 GATT 제6조에 규정되어 있는 상계관세(CVD) 조치는 주로 보조금이 수입국의 수입경쟁산업에 미치는 악영향을 배제하는 데 목적을 두고 있다. 그러나 CVD 조치의 경우 이상과 현실의 격차가 매우 큰 분야 중 하나이다. CVD를 적절히 사용하면 보조금과 CVD에 대한 상이한 국가 간 관념의 차이가 해소되고 무리한 보조금과 CVD의 사용이 절제될 것이라는 기대는 아직도 실현되지 않고 있다.

---

20) 그럼에도 AD 조치와 다음 절에서 설명하는 CVD 조치가 현실주의자들에게 여전히 매력적인 이유는 상대적 이득의 문제 때문이다. 미국 소비자들의 후생손실이 명백히 예견됨에도 트럼프 행정부가 무역 부문에서 중국 때리기에 나섰던 것도 다분히 중국을 전략적으로 견제하기 위한 조치였다. 무역을 통해 미중 양국 모두 절대적 이득을 누려온 것이 사실이지만 미국은 중국이 상대적으로 더 많은 이득을 누려왔다고 본다. 중국이 상대적으로 많이 창출된 부를 국방에 투자하면서 미국은 이것을 실질적 안보위협으로 판단하고 있다(Mearsheimer, 2001). Gowa(1995)가 예견했듯이 아무리 무역을 하는 것이 서로에게 절대적으로 이득이 되더라도 중국을 더욱 이롭게 만드는 일을 미연에 방지하기 위해 미국은 중국과의 무역전쟁도 불사하겠다는 입장인 것으로 판단된다.

21) 예를 들어 수입규제를 통해 유치산업이나 전략적 산업을 보호하고 육성하는 것보다는 직접적으로 보조금을 지급하는 것이 좀 더 바람직하다. 왜냐하면 보조금은 다른 비관세 무역장벽보다 가시성이 높고, 따라서 납세자, 정부의 예산 담당부처, 의회의 직접적 통제와 감시를 받게 되므로 남용의 가능성이 그만큼 낮기 때문이다.

WTO 분쟁해결기구에 가장 많이 제소되는 사례가 생산보조금과 그에 대한 상계조치에 관한 것이라는 점이 이를 증명한다.

CVD 조치에 관한 WTO 규정도 미국의 관행에 따라 좌우되어 왔다.[22] 미국은 1897년부터 이미 이 조치를 자국의 무역법에 규정했고, GATT 설립 당시 CVD에 관한 규정을 포함할 것을 강력히 주장했다. GATT 설립 당시 자국법에 이미 CVD에 관한 규정이 있음을 이유로 자국법의 우선적용을 고집해 이를 관철시키기도 했다. 문제는 미국 무역법이 보조금에 의한 수출이 있기만 하면 국내산업의 피해 또는 피해 위협 사실을 증명할 필요도 없이 CVD를 발동할 수 있게 규정하고 있었다는 점이다. 이 문제는 도쿄라운드에서 뜨거운 논쟁이 되었고, 결국 미국은 보조금 및 상계조치에 관한 규약의 제정에 합의함으로써 자국의 규정을 국제규범에 합치되도록 했다.[23]

앞서 살펴본 AD 협정이 불만족스러운 결과밖에 거두지 못한 데 비해「보조금 및 상계조치 협정(Agreement on Subsidies and Countervailing Measures, 이하 SCM 협정)」은 도쿄라운드의 동명 규약과 비교할 때 현저히 개선된 것으로 평가된다. 이 협정은 보조금에 대하 좀 더 명료한 규율을 수립함으로써 보조금 사용을 선호하는 국가, 특히 EU와 일본 및 신흥 공업국을 견제하려는 미국과 미국의 CVD 남용을 견제하려는 EU 등 여타 국가의 요구를 동시에 수용한 타협의 산물이었다(김기수, 1996: 154−56).

4.2 SCM 협정의 주요 내용

WTO SCM 협정은 보조금 여부를 판정하는 중요한 기준으로 특정성(specificity) 개념을 도입했다. 이는 다시 ① 기업 특정성(enterprise−specificity), ② 산업 특정성(industry−specificity), ③ 지역 특정성(regional specificity), ④ 금지보조금(prohibited subsidies)의 네 유형으로 구분된다.[24] 이는 소득세 감면과 같이 모든

---

[22] 미국의 CVD 제도 및 절차에 관해서는 제4장에서 이미 자세히 다루었다.

[23] 우회적으로 미국은 1990년대까지 CVD 조사과정에서 관련국 간 협상을 통해 문제가 되는 상품의 수출을 제한하는 VER을 체결하는 편법을 애용했다. 철강제품의 경우가 대표적이다. 미국은 보조금과 CVD에 대해 자국의 독특한 정책관행을 고집함으로써 오늘날까지 많은 논쟁을 불러일으키고 있다.

[24] https://www.wto.org/english/tratop_e/scm_e/subs_e.htm 참조.

기업이나 산업이 일반적으로 이용할 수 있는 보조금과 특정 수혜자에게만 제공되는 보조금을 구분하기 위한 것으로, 특정성이 없는 보조금은 무역왜곡 효과가 크지 않기 때문에 CVD의 대상에서 제외하려는 데 그 뜻이 있다.

　　동 협정 제2조 1항 a호는 보조금 제공기관이나 그에 관한 법률이 일부 기업만 수혜 가능하도록 명백히(explicitly) 제한하는 경우를 특정성이 있다고 규정한다. 반대로 보조금 제공기관이나 그에 관한 법률이 보조금 수혜자격과 금액에 관한 객관적인 기준과 조건을 명시하고, 이 수혜자격에 부합되는 모든 기업과 산업에 자동적으로 적용되며, 그 기준과 조건이 엄격하게 준수되면 특정성이 없다(제2조 1항 b호).25)

　　SCM 협정은 보조금을 금지보조금(prohibited subsidies, 제2부에서 규정), 조치가능보조금(actionable subsidies, 제3부에서 규정), 조치불능보조금(non-actionable subsidies, 제4부에서 규정)으로 명확히 구분하고, 각각에 대한 대응조치 방법을 규정하고 있다.26) 동 협정 제3조 1항은 우선 WTO 농업 협정이 인정하는 보조금 이외에는 모두 금지보조금으로 분류한다. 여기에는 두 가지 종류가 있다. 하나는 부속서 I의 예시 목록에 열거되어 있는 12개 유형의 수출보조금으로, 수출실적 등에 근거해 제공되는 보조금이다(제3조 1항 a호). 이는 도쿄라운드 규약과 거의 같은 내용이다. 다른 하나는 새로 추가된 사항으로, 수입상품보다 국산품 사용을 우대하는 보조금, 일명 국산부품 사용의무(LCR)도 금지보조금으로 분류한다(제3조 1항 b호).

　　동 협정 제3조 2항에 따라 회원국이 기존의 금지보조금을 유지하거나 신규로 금지보조금을 도입하지 않도록 의무화되었다. 만일 어떤 국가가 이에 해당하는 보조금을 계속 사용하고 있다고 생각하는 회원국은 보조금 지급국과의 협의

---

25) 다만 이러한 규정에도 불구하고 실제로 그 보조금이 특정 기업과 산업만을 대상으로 지원될 경우에는 특정성이 있는 보조금으로 간주될 수 있다. 동 보조 프로그램이 소수의 특정기업과 산업에 의해 이용되고 있는지, 특정 기업과 산업이 압도적으로 많이 이용하고 있는지, 그리고 보조금 제공기관이 보조금을 제공하는 데 재량적 판단을 개입시키고 있는지 등의 요인을 충분히 고려해 특정성을 판단해야 한다(제2조 1항 c호).

26) 여기서 '조치가능'하다는 것은 WTO 분쟁해결절차에 제소하거나 상계조치 등의 법적인 조치를 취할 수 있는(legally actionable) 것을 말한다. '조치불능' 보조금 또는 '허용' 보조금은 특정성이 있으나 한시적으로 허용되어 분쟁해결절차에 제소하거나 상계조치를 취할 수 없는 보조금을 말한다. SCM 협정 제31조 잠정적용(provisional application) 규정에 따라 조치불능보조금 관련 규정은 1999년 12월 31에 그 효력이 만료되었다. 따라서 현재 모든 특정성 있는 보조금은 금지보조금이나 조치가능보조금 중 하나에 속한다.

를 요청할 수 있으며, 협의가 이루어지지 않을 때는 WTO 분쟁해결기구에 패널의 설치를 요구하고 일반적인 분쟁해결절차를 밟아 CVD 조치를 취할 수 있다(제4조). 금지보조금에 해당하는지 여부를 전문적으로 판단해 분쟁해결 패널이나 회원국에 자문하는 기능을 담당하기 위해 5인의 상설 전문가 그룹(Permanent Group of Experts)을 설치할 수 있다(제4조 5항).

자동적으로 CVD 대상이 되는 금지보조금이나 예외적으로 그 대상이 되지 않는 조치불능보조금과 달리 조치가능보조금은 일정 요건 아래에서만 CVD 조치를 취하거나 분쟁해결기구에 제소할 수 있다. 대부분의 보조금이 조치가능보조금에 해당되며, 자동적으로 금지되는 금지보조금과 달리 조치가능보조금은 그 자체가 불법은 아니다. 다만 해당 보조금이 무역왜곡을 야기함으로써 다른 회원국의 이익에 불리한 영향을 미칠 때 이를 법적으로 다룰 수 있다는 의미이다. 구체적으로는 문제의 보조금이 ① 다른 회원국의 국내 산업에 피해를 입히거나, ② 다른 회원국의 GATT 상 기대이익을 무효화 또는 침해하거나, ③ 다른 회원국의 이익에 '심각한 손상(serious prejudice)'을 초래하는 경우를 말한다(제5조).[27]

SCM 협정 제8조와 제9조는 조치불능보조금과 그에 대한 협의 및 구제 방법을 규정한다. 제8조 1항에 따라 제2조에 정의된 특정 보조금으로 볼 수 없는 보조금, 그리고 특정 보조금에 해당하나 제8조 2항이 정하는 R&D, 낙후지역 지원, 환경시설 개선 보조금의 조건을 충족시키는 보조금에 대해서는 한시적으로 CVD 조치를 취할 수 없다.

(1) R&D 지원 보조금: 기업, 대학, 연구소 등이 수행하는 연구에 대한 지원으로, 정부의 보조금은 ① 산업연구(industrial research)는 총비용의 75%, ② 경쟁

---

27) 동 협정은 어떤 회원국의 보조금이 다른 회원국의 이익에 '심각한 손상'을 초래하는 것으로 '간주'하는 경우를 다음과 같이 정의한다(제6조 1항 및 부속서 4). ① 해당 상품에 대한 보조금 총액이 가격 기준으로 보조금 수혜기업의 연간 매출액의 5%를 초과하거나 신생기업의 투자자금의 15%를 초과하는 경우, ② 보조금이 해당 산업이나 기업의 운영손실을 보전해 주는 용도로 사용되는 경우(다만 이런 보조금이 기업의 구조조정 촉진을 목적으로 일회적으로 사용된 경우는 제외), ③ 정부가 부채를 탕감해 주거나 부채상환을 지원하기 위해 지급한 보조금이 그것이다. 다만 제6조 1항은 동 협정 제31조에 따라 1999년 12월 31일부로 그 적용이 종료되었다. 한편, 제6조 3항은 다음의 경우 '심각한 손상'이 초래될 수 있다고 본다. ① 보조국 국내 시장으로의 수입 또는 다른 회원국의 제3국 시장으로의 수출을 배제 또는 저해하거나, ② 보조국의 국내 시장에서 가격을 억압하는 효과를 내거나, ③ 보조국의 해당 수출상품의 세계시장 점유율이 과거 3년간의 점유율을 초과하는 경우가 그것이다.

전단계 개발활동(pre-competitive development activity)은 총비용의 50%를 초과해서는 안 되며, ③ 보조금의 용도는 인적 비용, 연구 장비와 연구용 토지 및 건물비용, 자문비용, 추가적인 간접비, 기타 재료비 등 운영비 지원에 국한되어야 한다.

(2) 낙후지역에 대한 지원: 협정 제8조 2항 b호는 자연재해 등으로 일시적으로 어려움을 겪는 지역이 아니라, 최근 3년을 기준으로 개인당 혹은 가구당 소득이 해당국 평균의 85% 이하이거나 실업률이 다른 지역보다 110% 이상인 지역에 대한 보조금을 조치불능보조금으로 규정했다. 다만, 낙후지역에 대한 보조금은 특정성이 있어서는 안 된다. 다시 말해 해당 지역 내의 특정 기업과 산업을 지원하는 목적을 지녀서는 안 된다.

(3) 환경시설 개선 보조금: 협정 제8조 2항 c호는 환경 관련 법률과 규제의 강화에 따라 기존 시설의 개선을 촉진할 목적으로 제공되는 보조금을 조치불능보조금으로 분류했다. 여기에는 공해방지 투자와 환경 인프라 구축을 위한 투자도 포함된다. 다만, 이 보조금은 ① 일회성으로, 반복적이어서는 안 되고, ② 투자비용의 20% 범위 이내여야 하며, ③ 보조를 받는 투자시설의 개선 및 운용비용을 포함해서는 안 되고, ④ 기업의 공해 감소량에 비례해야 하며, ⑤ 모든 기업이 이용 가능해야 한다.

그러나 일부 조항의 경우 협정 발효 후 5년간 한시적으로 적용된다는 협정 제31조에 의해 제8조와 9조는 1999년 12월 31일부로 그 적용이 종료되었다. DDA 협상에서 한시적 조치불능보조금 제도를 부활시키자는 논의가 진행된 바 있으나 아직 뚜렷한 결론에 이르지는 못하고 있다.

한편, 개도국의 수출보조금 사용에 대한 GATT 규율은 매우 약한 편이었다. 대부분의 개도국이 국제무역을 왜곡할 정도로 자국의 수출 산업 등에 보조금을 지원할 능력이 없었기 때문이다. 개도국의 보조금 사용에 대한 규율을 강화하는 문제가 본격적으로 논의된 것은 도쿄라운드부터였다. 당시의 보조금 및 상계조치에 관한 규약 제14조는 개도국이 무역과 개발의 필요에 따라 보조금을 제공할 수 있는 권리를 갖는다고 인정하면서도, 개도국이 일정한 과도기간을 지나 자율적으로 수출보조금을 축소해 나갈 것을 약속하도록 했다. 이에 따라 상당수의 개도국이, 특히 미국과의 양자간 무역분쟁 해소 차원에서 그러한 약속을 이행하기도 했다. 그러나 1980년대에 많은 개도국이 외환위기에 봉착하자 이 약속은 사실상 사문화되었다.

우루과이라운드 협상에서 보조금에 대한 개도국의 의무는 다시 강화되었다 (SCM 협정 제27조). 개도국은 5년, 최빈개도국은 8년 안에 수입품 대신 국산품을 사용하는 것을 조건으로 하는 수입대체 보조금의 사용금지 의무, 그리고 8년(시장경제로 이행 중인 동구권 국가는 7년) 안에 농산물을 제외한 모든 상품에 대한 수출보조금의 철폐 의무를 수용해야 했다. 또한 어떤 개도국 정부가 보조하는 수출 산업의 세계시장 점유율이 2년 연속 3.25%를 초과하는 경우에는 수출경쟁력을 갖추었다고 보아 2년(최빈개도국은 8년)에 걸쳐 보조금을 철폐하도록 요구한다(제 27조 5－6항). 다만 개도국에 대해서는 그 보조금이 제6조 1항의 '심각한 손상'을 초래하는 보조금의 유형에 속할지라도, 그것이 당연히 심각한 손상을 초래하는 것으로 간주해서는 안 된다는 예외 규정을 두고 있다(제27조 8항). 또한 개도국의 조치가능보조금에 대해서는 그것이 ① 해당 개도국 시장에 대한 다른 회원국의 수출을 배제하거나 저해해 관세 양허나 GATT 상의 의무를 무효화 또는 침해하는 경우나 ② 수입국의 국내 산업에 피해를 발생시키는 경우가 아닌 한 CVD 조치를 취할 수 없다(9항).

SCM 협정 중 CVD 조치에 관한 부분도 도쿄라운드의 동명 규약에 비해 훨씬 명료해졌다. 특히 새로운 절차는 그동안 CVD의 대상국이 된 국가, 즉 보조금 제공 수출국의 애로사항과 불만을 대폭 반영해 상계조치가 남용되지 않도록 엄격히 규제하는 방향으로 재정비되었다. 보조금 지급에 대한 증거주의(제12조), 보조금 수혜자 입장에서의 보조금액 산정(제14조), 국내 산업 피해조사 판정기준의 명확화(제15조), 국내 산업에 대한 좀 더 명확한 개념 정의(제16조), 이해관계인에 대한 조사내용 등의 공표 및 설명 의무(제22조), CVD 결정에 대한 사법심사 보장 (제23조) 등이 바로 그것이다. 이처럼 새 협정이 CVD의 남용을 방지하는 방향으로 정비된 이유로 당시까지는 미국과 호주 외에 CVD 조치 시행에 적극적인 국가가 없었다는 점도 있었지만, 보다 근본적으로는 CVD 조치의 이론적 근거가 취약하다는 인식이 크게 작용했다.

이상에서 논의한 요건을 갖춘 경우 해당 회원국은 CVD 조치를 발동할 수 있다. CVD 조치의 발동에 앞서 해당 회원국은 우선 수출국과 협의를 해야 하고, 협의가 실패할 경우 분쟁해결절차를 밟아야 한다(제7조). 이때 CVD는 국내 산업의 피해를 야기하는 보조행위를 상쇄시키는 데 필요한 최소한의 기간 동안에만 적용되어야 한다(제21조 1항). 또한 CVD는 그것이 부과된 날로부터 혹은 CVD 조치의 계속 적용에 대해 자체적으로 또는 수출국의 요청에 따라 실시한 중간검토를 마친 날로부터 5년 안에 종료되어야 한다(제21조 2항). 다만 이 시한이 도래하기 전에 수입국의 조사당국은 CVD 조치의 계속 적용 여부와 관련한 자체 검토 또는 국내 산업이 제시한 적절한 근거에 기초해 판단해야 한다. 그 결과 CVD를 종료하면 보조행위 및 산업피해가 계속 야기되거나 재발할 가능성이 있다고 판단하는 경우에는 검토 결과에 따라 이 기간을 초과해 CVD를 부과할 수 있다는 예외조항을 두고 있다(제21조 3항).

사실 CVD 절차 및 기준에 관한 규정들은 AD 절차 및 기준과 대동소이하다. CVD 청원자의 자격(standing)은 AD의 경우와 완전히 일치하며, 조치가능보조금의 최소허용 기준, 조치의 지속기간에 관한 일몰규정, 예비판정 이후의 당사자 간 가격약속 방식 등을 통한 CVD 조사의 종료 허용 등의 측면에서도 CVD와 AD란 용어만 바꾸면 완전히 동일하다. 그러나 중요한 차이점도 있다. 즉 WTO 각료선언에서는 "AD와 CVD 조치로 인한 분쟁의 해결에서 양자간에 일관성이 있어야 한다"고 밝히고 있지만, AD와는 달리 CVD는 분쟁해결 패널의 검토기준에 관한 규정을 별도로 두고 있지 않아 패널이 분쟁사안을 검토할 때 일반적 검토기준 외에 특별한 제약을 받지 않게끔 되어 있다.

요약하면 SCM 협정은 AD 협정과는 비교할 수 없을 만큼 강화되었다. 우선 금지보조금을 확대하고 수입국이나 제3국 시장에 불리한 무역영향을 미치는 보조금에 대한 CVD 규칙도 명료해졌다. 도쿄라운드 규약과는 달리 동 협정은 거의 모든 회원국에 적용된다. WTO가 일괄타결의 원칙을 적용했고, 이에 따라 최빈개도국을 제외한 모든 개도국이 5-8년간의 과도기간 후에 보조금에 관해서는 동일한 규칙의 적용을 받게 되었기 때문이다. 조치가능보조금의 남용과 확대 우려가 있으나, 동 협정은 이를 방지할 수 있는 예방조치를 두고 있다.

그럼에도 SCM 협정은 수출국 정부의 보조금이 외국 경쟁기업으로부터 국내 기업으로 이윤을 이전시키는 '전략적' 무역정책의 수단으로 오용되는 현상을 막지 못한다는 비판을 받는다. 또한 수입국 정부가 자국 수입경쟁산업의 지대를 보장하기 위해 CVD를 남용할 수 있는 여지를 봉쇄하지 못함으로써 소비자의 이익을 충분히 고려하지 않은 점도 큰 약점이다. 더 나아가 보조금이나 상계조치가 교역 상대국에 대한 정치적 압력을 가할 목적으로 사용됨에 따라 SCM 관련 제소가 꾸준히 늘고 있다(제8장 3절 참조).[28]

보조금은 그 특성상 은밀히 제공되는 경우가 많기 때문에 투명성 확보가 무엇보다 중요하다. SCM 협정은 보조금 지급 규모와 시기 등에 관한 정보를 회원국이 WTO 사무국에 주기적으로 보고하도록 하고 있지만 그 이행 실적은 매우 저조하다. 예컨대 2020년 SCM위원회 의장 성명에 따르면 2019년 한 해 동안 보조금 조치를 제대로 보고하지 않은 회원국은 83개국에 달하며, 58개국은 기한을 5년이나 넘긴 2015년 보고 의무마저 이행하지 않고 있다.[29] 미국 등 주요 선진국은 보조금 조치 보고기간 준수 의무를 촉진하기 위한 제안을 제출했지만 개도국의 반발로 인해 아직까지 타협점을 찾지 못하고 있다.[30]

5. 관세평가 협정

5.1 관세평가 협정의 의의

관세부과 방식에는 크게 종가세(ad valorem tariff) 방식과 종량세(specific tariff) 방식이 있다. 제4장에서 설명한 바와 같이 종가세는 수입상품 가격에 정률로 부과된다. 따라서 수입상품의 가격이 오르면 종가세도 따라서 오르고, 이에 따라 보호의 수준과 재정수입도 같이 증가한다. 종량세는 관세당국이 수입상품 가격을 따질 필요 없이 수입상품에 대해 개당 일정액을 부과하면 되므로 편리하지만, 인플레이션에 따라 보호효과가 약해지기도 한다. 따라서 이 두 방식을 혼합해서 사용하는 예도 많다.

---

28) 실제로 2019년 5월 과테말라, 브라질, 호주가 인도 정부의 실명 보조금을 협정 위반으로 제소했다. 한편, 2020년 코로나-19 사태 속에서 호주가 미국 주도의 대중 압박전략에 적극적으로 동참하자 중국은 반덤핑 및 상계관세 조치를 통해 호주에 대한 무역보복에 나섰다. 2020년 12월 호주는 중국이 호주산 보리에 대해 부당하게 상계관세를 부과했다며 분쟁해결기구에 제소했다 (제3장 각주 10 참조).

29) https://www.wto.org/english/news_e/news20_e/scm_27oct20_e.htm 참조.

30) G/SCM/W/557/Rev.4(http://asq.kr/WAlMZrViQTDQ3e) 참조.

관세평가에서는 주로 종가세가 문제된다. 종량세는 수입상품의 가격을 따질 필요가 없기 때문에 관세평가 협정이 적용되지 않는다. 반면에 종가세는 수입품의 가격을 어떻게 산정하느냐에 따라 관세도 크게 달라질 수 있기 때문에 수출국의 입장에서는 더욱 민감할 수밖에 없다. 따라서 수입국의 입장에서 통관 시 수입품의 가격을 산정하는 것은 관세율을 정하는 것만큼이나 중요한 문제이다. 특히 무역 거래방식의 다양화와 외환 지불방식의 급격한 변화에 따라 이를 판단하는 관세평가 분야 관련 세관 공무원과 수출입자 간의 마찰은 전 세계적으로 증가하는 추세이다.

GATT 제7조는 관세 목적의 평가에 관한 일반적인 사항들을 규정한다. 여기서 가장 중요한 쟁점은 관세산정의 기준이 되는 가격이다. 동 조항은 관세부과의 대상이 되는 모든 수입품의 가격이 동종의 수입국 상품의 가격이나 자의적 또는 가공의(arbitrary or fictitious) 가격이 아닌 그 수입품의 '실제가격(actual value)'에 기초해 산정하도록 규정한다(2항 a호). 여기서의 '실제가격'은 "수입국의 법령에서 정한 시간과 장소에서 당해 또는 동종 상품이 충분히 경쟁적인 조건하의 통상적인 거래과정에서 판매되거나 판매를 위해 제공되는 가격"을 말한다(2항 b호).31) 동 조 제3항은 그 실제가격이 수출국 내에서 적용되지만 당해 수입된 상품에 대해서는 면제되었거나 또는 환불에 의해 감면되었거나 감면될 예정인 수출국의 동 내국세 금액을 포함하지 말 것을 규정한다.

그러나 실제가격을 명확히 정의하려는 노력에도 불구하고 GATT 제7조 2항 c호는 "실제가격을 이 항 b호에 따라서 확인할 수 없는 경우 관세목적의 가격은 확인 가능한 한 실제가격에 가장 가까운 상당치에 기초해야 한다"고 규정함으로써 상품가격을 판정할 때 매우 다양한 방식을 허용한 셈이 되었다. 더욱이 '조부조항'을 통해 새로운 기준을 충족하지 못하는 오래된 기준의 유지가 허용됨으로써 실제가격 조항의 의의는 훼손되었다.

현실에서는 1950년대부터 여러 국가가 브뤼셀 가격 정의(Brussels Definition of Value: BVD)에 따라 관세를 부과했다. 이 방식에서는 수요와 공급의 법칙에 따

---

31) 더 나아가 제7조 2항 b호는 "당해 또는 동종 상품의 가격이 특정한 거래에서 수량에 의해 규율되는 범위 내에서, 고려되는 가격은 (i) 비교 가능한 물량 또는 (ii) 수출국과 수입국 간의 무역에서 좀 더 많은 양의 상품이 판매되는 경우의 수량보다 수입자에게 불리하지 아니한 물량 중 하나와 일관되게 관련되어야 한다"고 규정한다.

라 결정되는 보통시장가격에 따라 수입품의 가격이 결정되고, 그에 따라 관세가 산정되었다. 이 보통가격이 조정되는 경우는 산정된 가격이 정가(listed price)보다 높은 경우에 한했으며, 이때에도 하향 조정의 폭은 10% 이내로 제한되었다. 수입국 세관이 어느 정도 시간이 흐른 뒤에 그 관념적 가격(notional price)을 조정하기 전까지는 가격 변동요인과 수출기업의 경쟁우위를 충분히 반영할 수 없었기 때문에 이러한 방식은 무역업자들의 많은 불만을 샀다. 신상품과 희귀상품의 경우 보통가격을 산정하는 것이 매우 어렵기도 했다. 이러한 이유로 미국은 BVD에 참여하지 않았다.

모든 국가들의 관세평가 제도를 통일하고 조화시키기 위한 방식의 도입이 절실해짐에 따라 이 문제는 도쿄라운드에서 본격적으로 논의되었다. 1979년에 40개 이상의 국가가 합의한 도쿄라운드의 평가규약(Valuation Code)은 수입품에 대해 직간접적으로 '실제 지불되거나 지불될 수 있는(actually paid or payable)' 가격에 기반을 둔 관세평가 체계를 확립했다. 이 가격에 일정한 조정을 거친 가격으로, 수입신고 시 과세표준이 되는 가격, 즉 '거래가격(transaction value)'을 통해 수입상품에 대한 공정하고, 일률적이며 중립적인(fair, uniform, and neutral) 관세평가제도 확립이 동 규약의 목표였다. 「WTO 관세평가 협정(Agreement on Customs Valuation)」은 이 평가규약을 다자화한 것으로 관세평가 위원회(Committee on Customs Valuation)의 구성을 통해 관련 업무를 총괄하고 기존의 제도적 허점을 좀 더 명확하게 정비하고 확장한다.

5.2 관세평가 협정의 주요 내용

도쿄라운드의 「관세평가 규약」은 「GATT 1994 제7조 이행에 관한 WTO 협정(WTO Agreement on Implementation of Article VII of the GATT 1994)」으로 대체되었다. 동 협정은 본질적으로 도쿄라운드 규약과 동일하며 수입상품에 종가세를 부과하기 위한 관세목적의 평가에만 적용된다. 동 협정은 수출관세 또는 쿼터 행정을 결정할 때의 가치평가와 관련된 의무 또는 내국세 또는 외환 관리를 위한 재화의 평가 조건에도 적용되지 않는다.

동 협정은 관세평가가 특정 상황을 제외하고 일반적으로 송장에 표시되는 가치평가 대상 물품의 실제가격에 기초해야 한다고 규정한다. 이 가격에 동 협정

제8조에 열거된 특정 요소에 대한 고려의 결과를 더한 조정 값이 곧 '거래가격'을 구성한다(제1조 1항). 이것이 가장 기본적이고 중요한 평가 방법이다. 제17조에 따르면 세관당국은 관세평가 목적상 제출된 진술, 문서 또는 신고의 진실성 또는 정확성에 관해 이를 할 수 있는 권리를 갖는다. 이 조항에 근거해 관세평가 위원회가 내린 "세관당국이 (수입품의) 신고가격(declared value)의 진실성과 정확성에 관해 의심할 만한 이유가 있는 경우에 관한 결정(Decision Regarding Cases Where Customs Administrations Have Reasons To Doubt The Truth Or Accuracy Of The Declared Value)"에 따르면 세관당국은 우선 수입업자에게 신고가격에 관한 보완 자료를 요청할 수 있다. 그럼에도 합리적인 의심이 들 때에는 세관당국은 거래가격 방식에 따라 가격이 결정될 수 없다고 판단을 내릴 수 있으며, 최종 판단을 내리기 전에 이를 수입업자에게 문서로 통보해야 한다.

거래가 존재하지 않거나 특정 조건의 결과로 가격이 왜곡되어 거래가격이 관세가격으로 인정되지 않을 때는 다음의 다섯 가지 평가방식 중 하나를 택할 수 있다.[32]

첫째, 동일한 수입국에 수출을 위해 판매되며 평가대상 상품과 동시 또는 거의 동시에 수출되는 동종동질 상품(identical goods)의 거래가격을 관세가격으로 사용할 수 있다(제2조 1항 a호). 동 조항을 적용할 때는 평가대상 상품과 동일한 상업적 단계(same commercial level)에서 실질적으로 동일한 수량으로 판매되는 동종동질 상품의 거래가격이 관세가격을 결정하는 데 사용된다. 이러한 판매가 존재하지 않을 때는 상이한 상업적 단계에서 또는 상이한 수량으로 판매되는 동종동질 상품의 거래가격이 상업적 단계 또는 수량에 기인하는 차이를 감안, 조정해 사용된다. 단, 이 경우의 조정은 그로 인해 가격이 증가되거나 감소되는지 여부와 관계없이 조정의 합리성(reasonableness)과 정확성(accuracy)을 명백히 확립하는 입증된 증거를 기초로 해야 한다(제2조 1항 b호).

둘째, 해당 상품과 동일 수입국에 수출을 위해 판매되며, 평가대상 상품과 동시 또는 거의 동시에 수출되는 유사상품(similar goods)의 거래가격 역시 관세가

---

32) 각 방식의 적용 순위와 관련해 동 협정 제4조는 수입품의 관세가격이 제1조, 제2조 및 제3조의 규정에 따라 결정될 수 없을 때에는 제5조의 규정에 따라 관세가격을 결정하며, 제5조의 규정에 따라 관세가격을 결정할 수 없을 때에는 제6조의 규정에 따라야 한다고 규정한다. 단, 수입자의 요청이 있을 때는 제5조와 제6조의 적용순위가 바뀐다.

격으로 사용될 수 있다(제3조 1항 a호). 동 조항을 적용할 때는 평가대상 상품과 동일한 상업적 단계에서 실질적으로 동일한 수량으로 판매되는 유사상품의 거래가격이 관세가격을 결정하는 데 사용되어야 한다. 이러한 판매가 없는 경우에는 위와 마찬가지로 상이한 상업적 단계에서 또는 상이한 수량으로 판매되는 유사상품의 거래가격을 상업적 단계 또는 수량에 기인하는 차이를 고려해 조정 후 사용된다. 이때도 조정은 그 합리성과 정확성을 명백히 확립할 수 있는 입증된 증거를 기초로 해야 한다(제3조 1항 b호).

셋째, 수입될 때와 동일한 상태로 당해 수입품, 동종동질 또는 유사 수입품이 수입국 내에서 판매되는 경우, 수입품의 관세가격은 당해 수입품, 동종동질 또는 유사 수입품이 평가대상 상품의 수입 시 또는 수입과 동시 또는 거의 동시에 상품 판매자와 관련이 없는 구매자에게 최대의 총량으로 판매되는 단위가격(unit price)에서 수수료, 이윤, 일반 경비, 통상운임, 보험료 등을 공제한 가격(deductive value)을 기초로 한다(제5조 1항 a호).

넷째, 이상의 방식으로 관세가격을 평가할 수 없을 때에는 수입품의 관세가격은 산정가격(computed value)을 기초로 한다. 산정가격은 다음 금액의 합으로 구성된다(제6조 1항): ① 수입품의 생산에 사용된 자재 및 생산 또는 다른 가공에 소요되는 비용 또는 가격, ② 수입국에 수출하기 위해 수출국 내 생산자가 제조한 평가대상 상품과 동종 또는 동류의(of the same class or kind) 상품 판매 시 통상적으로 반영되는 것과 동등한 이윤과 일반경비의 금액, ③ 제8조 제2항에 따라 회원국이 선택한 평가방법을 반영하기 위해 필요한 제반 다른 경비의 비용 또는 가격 등이다.

다섯째, 수입품의 관세가격이 제1조에서 제6조까지의 규정에 따라 결정될 수 없을 때 관세가격은 동 협정 및 GATT 제7조의 원칙과 일반규정에 부합되는 합리적인 수단(reasonable means)에 따라 수입국 내에서 입수 가능한 자료를 기초로 결정된다(제7조 1항). 동 조항에 따른 어떠한 관세가격도 아래를 기초로 결정되지 않는다: ① 수입국에서 생산된 상품이 수입국 국내에서 판매되는 가격, ② 두 개의 선택 가능한 가격 중 높은 가격을 관세 목적상 채택하도록 규정하는 제도, ③ 수출국 국내 시장에서의 상품가격, ④ 제6조의 규정에 따라 동종동질 또는 유사 상품에 대해 결정된 산정가격이 아닌 생산비용, ⑤ 수입국 이외의 국가에 대한 상품의 수출가격, ⑥ 최저관세가격(minimum customs value), 또는 ⑦ 자의적 또는 가공적 가격(arbitrary or fictitious values) 등이 그것이다.

　　한편, 동 협정에서 달리 규정된 경우를 제외하고는 일반적인 WTO 분쟁해결 절차가 적용된다(제19조 1항). 다른 회원국이 취한 조치의 결과로 동 협정에 따라 직접 또는 간접적으로 발생하는 자국의 이익이 무효화 또는 침해되거나 협정의 목적 달성이 저해된다고 특정 회원국이 간주하는 경우, 동 회원국은 그 사안의 상호 만족할 수 있는 해결에 도달하기 위해 관련 회원국에 협의를 요청할 수 있다. 각 회원국은 다른 회원국의 협의요청에 대해 호의적 고려(sympathetic consideration)를 하도록 되어 있다(제19조 2항).

6. 수입허가 협정

6.1 수입허가 협정의 의의

　　일반적으로 수량제한조치는 허가권(license)을 부여함으로써 취할 수 있다. GATT 제13조 2항 c호는 회원국이 동조 2항 d호에 따라 배분되는 쿼터의 운영을 위한 경우를 제외하고는 특정 국가 또는 공급원으로부터 당해 상품의 수입을 위한 수입면허 또는 수입허가 이용을 요구하지 말 것을 규정한다. 수입제한과 관련해 수입허가가 발급되는 경우, 제한을 적용하는 회원국은 당해 상품의 무역에 대해 이해관계를 갖는 다른 회원국의 요청이 있을 때 동조 제3항 a호에 따라 동 제한의 시행, 최근 기간 중 부여된 수입허가 및 동 허가의 공급국 간 배분에 관한 모든 관련 정보를 제공해야 한다.

　　수입허가는 쿼터의 배분이 GATT의 무차별원칙에 위배될 때 무역 당사국 간에 분쟁의 대상이 된다. 흔히 쿼터의 배분은 기존 시장 점유율에 따라 정해지거나 경매를 통해 결정된다. 제4장에서 살펴본 바와 같이 관세는 정부의 국고로 귀속되지만 쿼터지대는 쿼터 수입 허가권을 취득한 민간인에게 돌아가기 때문에 이를 놓고 지대추구와 부패의 문제가 발생할 우려가 매우 크다. 관세의 경우 수입국 정부는 국고수입으로 보호무역조치에 따른 국내의 피해집단(주로 소비자)에 대한 보상정책을 펼 수 있다. 이에 반해 수입국 정부는 경매를 통하지 않는 한

쿼터지대를 사후적으로 회수할 방법이 없다. 그럼에도 수입국의 정치인과 관료들이 무역제한 수단으로 쿼터를 선호하는 중요한 이유는 쿼터 수입권을 민간에게 나누어주는 과정에서 경제적 지대의 일부를 나눠 가질 수 있기 때문이다.

최근 들어 예외 없는 관세화 조치 등의 영향으로 과거에 비해 수입허가조치가 많이 사용되지 않고 있지만, 무역을 왜곡하는 속성 때문에 수입허가는 여전히 엄격한 규율을 받을 필요가 있다. 이러한 맥락에서 WTO의 수입허가 협정이 채택되었다(Hoekman and Kostecki, 2009: 207-08).

6.2 수입허가 협정의 주요 내용

도쿄라운드에서 채택된 다자간 수입허가 규약에 기반을 둔 「WTO 수입허가 협정(Agreement on Import Licensing Procedures)」은 상기 GATT 제13조에 비해 더 강화된 규정을 담고 있다. 우선 동 협정의 전문은 모든 수입허가, 특히 비(非)자동 수입허가가 무역장벽이 되지 않기 위해 간단하고 투명하며 예측 가능해야 한다고 강조한다.[33] 동 협정 제1조 1항은 수입허가를 "수입 회원국의 관세 영역으로의 수입을 위한 선행조건으로서 관련 행정기관에게 신청서나 그 밖의 분서(통관 목적으로 요구되는 문서가 아닌)의 제출을 요구하는 수입허가 제도의 운영에 사용되는 행정절차"로 정의하고, 그 절차에 관한 규칙의 적용은 중립적이며 공정하고 공평하게 시행되어야 한다고 규정한다(제1조 3항).

수입허가는 주로 비자동 허가가 문제가 된다. 동 협정의 주된 목적은 불가피하게 비자동 수입허가 제도를 유지하는 경우에도 수입업자가 허가권을 취득하는 데 따르는 비용을 최소화함으로써 수입허가 절차와 관련된 행정비용 때문에 무역이 제한되거나 왜곡되지 않도록 하는 데 있다. 예를 들어, 비자동 수입허가를 규정한 제3조에 따르면 비자동 허가라는 제한의 부과로 야기되는 효과에 추가해 수입에 대한 무역제한 또는 왜곡효과가 생겨서는 안 되며 불필요한 행정적 부담을 초래해서도 안 된다. 또한 동 조 5항 f호에 따라 수입허가 신청서의 처리 기간

---

33) 자동 수입허가란 모든 경우에 신청에 대한 승인이 부여되고 그 대상인 수입품에 대한 규제효과를 가지는 방법으로 운영되지 않는 것을 말한다(제2조 1항 및 2항). 그 외의 경우는 비자동 수입허가에 해당된다(제3조). 비자동 수입허가의 경우 회원국은 관련 품목의 무역에 이해관계가 있는 회원국의 요청 시 제한의 시행, 최근에 부여된 수입허가, 그러한 허가의 공급국 간 배분 등에 관한 모든 관련 정보를 제공할 의무가 있다(제3조 5항).

은 수입국이 통제할 수 없는 이유로 불가능한 경우를 제외하고 선착순으로 고려되는 경우에는 30일, 모든 신청서가 동시에 고려되는 경우에는 60일 이내로 정해야 한다.

　그 밖에 동 협정은 관련 정보의 제공을 촉진함으로써 수입허가제도가 최대한 투명하고 예측 가능하게 작동되도록 한다. 특히 수입허가절차를 제도화하거나 이를 변경하는 회원국은 공표로부터 60일 이내에 그 사실을 수입허가위원회에 통보해야 하며(제5조 1항), 제도화에 관한 통보는 아래의 정보를 포함해야 한다고 규정한다(제5조 2항). 허가절차 대상 상품목록, 자격요건에 관한 정보를 얻을 수 있는 접촉선, 신청서 제출 행정기관, 허가절차가 공표된 경우 발간물의 일자와 명칭, 허가절차가 자동 또는 비자동인지에 대한 명시 등이다. 협의 및 분쟁해결과 관련해서는 일반적 WTO 분쟁해결절차를 따른다(제6조).

　결국 수입허가 조치는 투명성 확보가 관건이다. 따라서 WTO도 정보 공유를 위한 데이터베이스 구축에 각별한 노력을 기울이고 있다. 이를 통해 수입허가 관련 정보를 수집하고 공유함으로써 정보의 비대칭성을 줄여왔다.34) 그러나 여러 제도 개선에도 불구하고 여전히 많은 국가에서 수입허가 관련 조치는 불투명한 영역에 남아 있고, 따라서 종종 무역분쟁을 야기한다. 2021년 1월 기준 총 48건의 분쟁 협의 요청이 수입허가 협정을 인용해 제기되었다. 다른 협정 대비 많은 수치는 아니지만 그렇다고 적다고 볼 수도 없다. 대개 그 속성상 수입허가 협정이 단독으로 인용되지는 않고 GATT 협정, 「농업 협정」, 「세이프가드 협정」, TBT 협정, SPS 협정 등 다른 협정과 병합되어 제기된다.35)

---

34) https://www.wto.org/english/tratop_e/implic_e/implic_e.htm 참조.

35) https://www.wto.org/english/tratop_e/dispu_e/dispu_agreements_index_e.htm 참조.

제11장 서비스무역 협정

1. 서비스무역의 의의

오늘날 세계무역에서 서비스무역의 비중은 대단히 빠른 속도로 증가하고 있다. 서비스무역의 통계 확보가 매우 어려워 미비점이 많으나, 세계의 총 수출액 중 서비스 수출 비중은 1977년 16%에서 2019년 24.9%로 크게 늘어난 것으로 평가된다. 전 세계 GDP에서 차지하는 비중도 1975년 6%에서 2019년 13.4%로 두 배 이상 늘었다.[1] 서비스무역의 주도국은 역시 선진국으로서, OECD 국가가 전 세계 서비스무역의 약 66%를 차지한다. 그러나 여러 개도국들도 최근 들어 서비스 수출에서 강세를 보이고 있다. 특히 인구 100만 명 이하의 작은 개도국들 가운데는 관광 등 특정 서비스무역에 특화하는 국가가 많다. 논란의 여지는 있지만 국가경제에서 서비스산업이 차지하는 비중이 제조업의 비중을 곧 능가하고 글로벌경제의 성장을 견인하는 역할을 할 것이라는 전망도 나온다(Hoekman and Kostecki, 2009: 322; Loungani et al., 2017).[2]

---

[1] 참고로 2019년 기준 서비스무역의 국별 GDP 대비 비중을 보면 OECD가 14.8%, 중하위 소득국이 12.7%, 중위 소득국이 8.2%, 중상위 소득국이 7.1%이다. 주요 국가별로는 EU가 27.3%, 미국이 6.8%, 일본이 8.1%, 한국이 14.5%, 중국이 5.2% 등이다(https://data.worldbank.org/in-dicator/ BG.GSR.NFSV.GD.ZS?end=2019&start=1960).

[2] 애덤 스미스는 『국부론』에서 성직자, 변호사, 의사, 학자, 어릿광대, 악사, 오페라 가수, 오페라

서비스무역이 급속히 증가하는 요인으로 ① 정보통신기술(Information Tech-nology: IT)의 혁신, ② 1980년대 이후 가속화되고 있는 각국의 규제완화 및 자유화 정책, ③ 서비스산업 부문에 비교우위가 있는 미국 등 선진국의 서비스 시장 개방압력 등을 들 수 있다. 여기서 특히 주목되는 요인은 IT의 급속한 발전과 새로운 디지털 서비스의 등장이다. IT 발전은 상품과 서비스 분야 모두에 큰 영향을 미치고 있지만, 그 파급효과는 서비스산업에서 훨씬 크다. IT와 디지털 산업의 급속한 발전으로 생산과 소비의 물리적 근접성(physical proximity)을 요구하는 서비스 거래와 무역의 특성이 더 이상 큰 문제가 되지 않기 때문이다.3) 새로운 IT 기술과 디지털 서비스가 속속 등장하는 오늘날, 서비스의 국가 간 교역성(tradability)이 급속히 높아지는 것은 우연의 일치가 아니다.

4차 산업혁명 시대의 도래에 따라 IT 서비스무역은 말 그대로 비약적으로 성장하고 있다. 1995-2014년 기간 동안 IT 서비스무역의 평균 성장률은 18%에 달한다.4) IT의 발전은 금융 서비스 분야의 폭발적 성장도 가져왔다. 금융(Financial)과 기술(Technology)의 합성어인 핀테크(FinTech)는 금융과 IT의 융합을 통한 금융

무희 등이 제공하는 사회적 가치에 대해 의문을 제기했다. 그의 관심은 오로지 제조업에만 있었기 때문이다.

3) 전통적으로 서비스가 시간과 장소의 제약 속에서 생산과 소비가 이루어질 수밖에 없다고 생각해 온 이유는 ① 서비스 공급자가 자세한 고객정보를 필요로 하는 경우(예: 은행, 보험회사, 건축회사의 고객서비스), 고객의 거주지역에 관한 여러 가지 조건과 법제도를 알아야 하는 경우(예: 법률, 건축 서비스), 또는 고객이 자신의 욕구나 문제를 서비스 공급자와 직접 접촉하면서 전달해 주어야 하는 경우(예: 의료서비스) 등 고객과 서비스 공급자 간 정보교환의 필요성, ② 정도의 차이는 있지만 상품과 달리 저장이 불가능한(non-storable) 서비스의 속성, ③ 고객과 서비스 공급자 간에 신뢰가 형성되어야 하고 따라서 맞대면을 해야만 하는 특성(예: 의료, 은행 대출, 변호 서비스 등), ④ 고객과의 직접적이고 물리적인 상호작용의 필요성(예: 이발, 식당 서비스) 및 특정 장소에서의 물리적 행동의 필요성(예: 건설 서비스 등), ⑤ 특정 서비스가 소비지에서 생산·공급될 것을 요구하는 정부규제의 존재 등 여러 가지가 있다(Hoekman and Kostecki, 2009: 319; Loungani et al., 2017: 3-10).

4) https://www.wto.org/english/res_e/statis_e/its2015_e/its15_highlights_e.pdf 참조. 그러나 여전히 서비스 소비자와 공급자 간의 긴밀한 상호작용의 필요성으로 인해 상품무역보다 서비스무역에서 문화와 언어 장벽이 더 중요한 무역장벽으로 남아 있다. 서비스 부문에서 해외직접투자(FDI) 방식이 많이 이용되고 있는 이유도 바로 이런 서비스무역장벽의 특성과 관련이 있다(Hoekman and Kostecki, 2009: 319). 일반적 형태의 서비스무역은 모두 국가별 국제수지에 나타난다. 그러나 FDI를 통해 서비스를 판매하는 기업은 그 나라의 국내 기업으로 간주되기 때문에 무역수지에 계상되지 않는다. 따라서 서비스무역과 서비스판매를 규모 면에서 상호 비교하기는 어렵다.

서비스산업을 상징적으로 보여준다. 미국의 페이스북(Facebook), 아마존(Amazon), 애플(Apple), 넷플릭스(Netflix), 구글(Google) 등 일명 FANG 또는 FAANG으로 대표되는 전자상거래, 인터넷, 스트리밍 서비스, 소셜 네트워크 기업은 기업 생태계의 혁신을 넘어 전 세계 모든 이들의 일상생활과 떼려야 뗄 수 없는 인공지능 플랫폼으로 진화하고 있다.

한편, 서비스 부문은 코로나-19 사태의 직격탄을 맞았다. 특히 관광, 요식, 운송 및 유통 서비스 부문이 엄격한 이동 제한과 사회적 거리두기 조치가 시행됨에 따라 큰 피해를 입었다. 국제공항협의회(Airports Council International: ACI) 통계에 따르면 코로나-19가 급속히 확산되던 2020년 5월 전 세계 승객 수송량이 전년 대비 91.3% 감소하기도 했다. 물류에서의 불확실성을 줄이기 위해 많은 기업이 국외 아웃소싱에 대한 의존도를 낮추기 시작했으며, 이는 장기적으로 무역에 영향을 미칠 수밖에 없다. 관광 수입에 의존하는 국가들도 큰 타격을 입었다. WTO의 국제수지 통계에 따르면 여행업은 2018년 세계 상업 서비스 수출의 25%를 차지했다. 개발국과 최빈개도국은 그 비중이 더 높아 각각 32%와 50%를 차지했다. 영세 소매업도 큰 피해를 입었다. 반면에 비대면 온라인 쇼핑과 스트리밍 서비스 시장은 크게 팽창해 전 세계적으로 부익부 빈익빈 현상이 심화되고 있다 (<박스 11.2> 참조).5)

2. 우루과이라운드 이전의 서비스무역 논의와 협상

GATT와 쌍벽을 이루는 또 하나의 일반 협정인 GATS의 특성과 협상 과정을 이해하기 위해서는 우루과이라운드에서 서비스무역 협상이 이루어지게 되기까지의 과정을 먼저 살펴봐야 한다. '서비스무역(trade in services)'이란 용어는 1972년 OECD의 무역 관련 보고서에서 최초로 사용되었다. 이 보고서는 "서비스무역이 상품무역 못지않게 급속히 증가하고 있으나 여러 보호무역장벽에 직면하고 있다. 앞으로 서비스가 국가 경제에서 차지하는 비중이 높아질 것이라는 점을 감안할

---

5) https://www.wto.org/english/tratop_e/covid19_e/services_report_e.pdf 참조.

때 보호주의 압력에 맞서 보다 철저한 무역자유화를 지향할 필요가 있다"고 지적
했다(OECD, 1973).

　　서비스무역 협상의 중요한 전기는 미국 의회에서 마련되었다. 도쿄라운드의
개시에 즈음해 미 의회는 행정부에 협상권한을 부여하는 것을 핵심내용으로 하
는「1974년 무역법」제정에 착수했는데, 여기서 미 행정부가 다루어야 할 새로운
이슈 중 하나로 서비스무역 문제를 제기했다. 미 의회가 서비스무역 문제에 관심을
갖게 된 배경에는 팬 아메리칸 항공(Pan American World Airways, 일명 Pan Am)
등 미국 주요 서비스 기업들의 로비가 있었다. 당시에 팬암은 국제우편의 운송
및 항공기 정비와 관련해 관련국들의 엄격한 규제에 불만을 갖고 있었다.[6] 보험
회사인 AIG(American International Group)도 미 의회에 서비스무역 협상의 필요성
을 제기했다. 그 밖에도 미 상원 재무위원회의 청문회 등에 항공수송협회, 해상
운송협회, 해운연구소, 건설협회 등이 출석해 서비스무역 협상의 필요성에 관해
증언했다(Feketekuty, 1988: 295 – 321).

　　이런 과정을 거쳐 미국의「1974년 무역법」에는 서비스무역 협상에 관한 다
음의 규정이 포함되었다. ① 제102조 g(3)항은 국제무역이라는 용어는 상품무역
뿐만 아니라 서비스무역도 포함한다고 규정함으로써 대통령이 서비스무역장벽의
해소에도 관심을 기울이도록 했다. ② 제121조는 좀 더 공정한 무역관행을 지향하
기 위해 GATT의 적용범위를 확대할 것을 요구함으로써 서비스무역에 대한 GATT
의 기능강화 필요성을 부각했다. ③ 제135조 b(1)항은 대통령이 무역협상자문위
원회(Advisory Committee for Trade Negotiations)를 설치하도록 지시하면서 여기에
서비스산업의 대표자가 포함되도록 명시했다. ④ 제163조 a항은 대통령이 미국의
수출에 대한 차별적 제한 등 외국의 무역제한조치와 운송 및 관광을 포함한 미국
의 서비스산업에 대한 외국의 차별적 무역관행 제거를 위한 행정부의 노력 및 결
과를 보고하도록 했다. 끝으로 ⑤ 제301조는 상원 재무위원회의 주장을 받아들여
대통령이 미국의 무역거래에 부담을 주는 외국의 무역관행에 대해 보복할 것을
의무화하고, 여기서의 무역거래에 서비스무역이 포함됨을 분명히 했다.

　　미 의회가 동 무역법을 통과시킨 것은 도쿄라운드가 개시된 지 1년 4개월이

---

6) 팬암은 제2차 세계대전 이후 항공산업이 비약적으로 발전하던 시기의 아이콘으로서 세계 최
　　대, 최고의 항공사였다. 그러나 1980년대 중후반 팬암 항공기 테러사건과 항공산업 내 무한경
　　쟁 확산으로 1991년에 끝내 도산했다.

넘은 1975년 1월 3일이었다. 당시만 해도 서비스무역 의제는 미국을 포함한 대부분의 GATT 회원국 통상협상가들에게 생소한 주제였다. 그럼에도 미 행정부의 주도적인 역할로 어느 정도의 성과가 있었다. 무엇보다 도쿄라운드에서 타결된 규약에 부분적으로나마 서비스에 대한 언급이 포함되었다. 물론 여기서의 서비스무역에 대한 언급은 어디까지나 상품무역에 영향을 주는 범위 내로 국한되었다. 그러나 중요한 것은 「상품무역에 관한 협정」에서 서비스무역에 관한 이슈가 취급되는 선례를 남기게 되었다는 사실이다. 우선 「정부조달 규약」에서는 경쟁입찰 과정에서 외국의 공급자가 불리하지 않도록 규정했는데, 여기에 상품의 판매에 수반되는 수송이나 보험과 같은 서비스에도 같은 규정이 적용될 수 있도록 했다. 또한 표준규약(Standards Code)에는 외국의 검사기관이 제공하는 시험검사 결과를 인정하는 규정이 삽입되었다. 보조금 규약에는 상품의 수출에 이용되는 서비스에 대한 보조금은 허용되지 않는다는 규정이 포함되었다.[7]

그럼에도 도쿄라운드가 타결된 이후 서비스무역 자유화 논의는 큰 진전이 없었다. 여전히 서비스무역 자체와 무역장벽에 대한 정보가 부족했고, 많은 경제학자들이 서비스의 교역성에 대해 회의적이었다. 이에 더해 각국의 통상관료들은 서비스무역에 대해 지식과 경험이 부족했고, 서비스 산업정책에 대한 책임은 여러 부처와 규제기관 등에 분산되어 있었다. 또한 정부의 보호를 받는 산업은 정치적으로 막강한 영향력을 보유하고 있었고, 이들이 국내 규제를 통해 받는 편익도 파악하기 어려운 실정이었다. 무역과 규제 문제의 중첩성으로 인해 통상관료가 규제 문제에 직접 관여하는 것도 논란거리가 되었기 때문에 통상관료들은 관료정치(bureaucratic politics)에 말려들지 않으려는 경향이 강했다.

이런 상황 속에서 USTR은 각종 연구와 회의를 개최하는 방법으로 서비스무역에 대한 정보와 지식을 축적해 나갔고, 일반인과 여러 산업 종사자들이 서비스무역에 대해 관심을 갖도록 유도했다. 동시에 서비스를 무역정책기구에 완전하게 통합시키고 서비스 관련 무역분쟁을 해소하기 위해 협상채널을 적극적으로 가동했다.[8] USTR과 상무부는 각각 서비스 관련 전담조직을 설치하고 전문가를 고용

---

7) 더불어 미국은 장차 OECD의 무역위원회에서 서비스무역에 관한 종합적인 연구를 수행하기로 하는 내용의 비공식 약속을 얻어냈다.

8) 특히 양자주의에 입각한 문제 해결 노력은 외국의 통상관료들에게 서비스 문제를 교육하고 외국 정부가 개개 서비스산업 규제기관과 통상부서 간의 관료정치 문제를 해결할 수 있는 제도적

했으며, 서비스산업에 관한 무역문제에 대해서도 민간 영역이 상품 부문과 같은 정도의 자문을 하는 등 영향력을 갖도록 했다.

OECD 차원에서도 서비스무역에 관한 연구와 논의가 활발히 진행되었다. 주도적인 역할을 한 국가는 역시 미국이었다. 서비스무역장벽의 제거에 관심이 많았던 미국은 모든 서비스무역장벽 목록(inventory)을 작성하고 이를 보완하는 작업을 시작했고, OECD 무역위원회도 이런 접근방법을 따르기로 했다. 1987년 OECD는 "서비스무역에 대한 개념적 틀의 구성요소(Elements of a Conceptual Framework for Trade in Services)"라는 보고서를 발간했는데, 이는 우루과이라운드의 서비스무역 협상의 지적 기반을 제공했다.

한편, GATT에서 서비스무역에 관한 논의가 다시 본격화된 것은 1981년 GATT 각료회의 개최를 위한 준비과정에서였다. 같은 해 OECD 각료회의도 서비스무역장벽 문제를 차기 다자간 협상에서 다루어야 한다는 입장을 내놓았다. 이에 따라 GATT는 차기 라운드 준비 작업계획 수립을 위한 각료회의의 개최 가능성을 타진하기 시작했다. 이 무렵 거의 모든 선진국이 OECD 무역위원회가 추진해 온 작업결과에 고무된 듯 서비스무역의 중요성을 인정하고, 이 문제가 다자간 협상에서 다루어져야 한다는 입장을 취하기 시작했다. 이에 반해 개도국은 GATT에서 서비스무역을 논의하는 것에 강하게 반발했다.

이런 과정을 거쳐 개최된 것이 바로 1982년 11월의 GATT 각료회의였다. 여기서 회원국 통상각료들은 미국의 제안, 즉 그럴 의사가 있는 국가들끼리 우선 서비스무역에 대한 국가별 연구를 수행하고, 이를 기초로 서비스무역에 대한 서로의 의견과 입장을 교환하는 기회로 삼는다는 내용의 타협안을 받아들이기로 했다. 미국은 1984년 봄에 최초로 서비스무역에 대한 국가별 보고서를 작성해 회원국들이 회람하도록 했다.

1986년 우루과이에서 개최된 각료회의에서도 서비스무역 협상은 여전히 가장 논란이 심한 이슈 중 하나였다. 여기서 미국 정부는 우루과이라운드에 당연히 서비스무역 문제가 포함되어야 한다고 주장하면서, 만일 서비스무역 자유화 문제가 협상대상에 포함되지 않는다면 모든 협상이 실패로 돌아가도 좋다는 단호한

장치를 만드는 데 주효했다. 이것은 후일 우루과이라운드 서비스무역 협상의 제도적 기반이 되었다.

입장을 밝혔다. 미국의 이런 단호한 입장 덕분에 우루과이라운드 각료선언에 서비스무역이 중요 협상의제로 명시되었다. 동 각료선언은 이에 그치지 않고 이 문제를 둘러싼 첨예한 이해관계의 대립을 감안해 서비스 협상의 목표, 원칙, 추진방식 등에 대해 비교적 구체적인 지침을 정했다. 예를 들어 ① 협상은 서비스무역을 규율할 원리와 규칙에 관한 다자간 틀(multilateral framework)을 수립함으로써 투명성과 점진적 자유화 조건 아래 서비스무역을 확대해 나갈 것을 목적으로 삼는다는 것, ② 이런 틀을 마련할 때 개별국의 서비스 관련법과 규제가 추구하는 정책목적을 존중해야 한다는 것, ③ 상품무역 협상과 별개로 서비스무역 협상을 추진하기 위해 별도의 서비스 협상그룹(Group of Negotiations on Services)을 구성하되, 상품무역 협상과 같이 GATT 사무국의 지원을 받고 최고 협상기구인 무역협상위원회(TNC)의 지휘를 받게 한다는 것 등이다.

3. GATS의 기본원리

3.1 GATS의 구조

GATS는 다음의 네 가지 서비스 공급방식(mode of supply)을 서비스무역의 기본유형으로 정의한다. ① 금융, 보험, 정보서비스, 위성방송 등 일국으로부터 다른 국가로의 서비스 공급(cross-border supply), ② 외국여행, 외국병원 입원진료, 유학 등 외국에서의 서비스 직접소비(consumption abroad), ③ FDI, 다국적 기업 등 일국의 서비스 공급자의 외국 시장에서의 상업적 주재를 통한 서비스 공급(commercial presence), ④ 건설인력이나 공연자들의 국외 파견과 같이 일국의 서비스 공급자가 자연인의 현지이동 방식을 통한 서비스 공급(movement of natural persons)이 그것이다.[9]

---

9) WTO에 따르면 다음의 분야가 GATS 적용대상이다(https://www.wto.org/english/tratop_e/serv_e/serv_sectors_e.htm).

　① 기업 서비스 및 전문 서비스(business services and professional services): 회계, 광고, 건축공학, 컴퓨터, 법률 서비스

　② 통신 서비스(communication services): 시청각(audiovisual), 우편 및 특급우편, 정보통신 서비스

이와 같이 여러 유형의 서비스무역을 규율하기 위한 GATS는 크게 다섯 부분으로 구성된다. ① 서비스무역에 영향을 미치는 모든 조치에 적용되는 일반적 의무와 규율, ② 회원국의 이행계획서에 기재된 특정 서비스 부문(및 그 하위 부문)의 시장개방 약속, 내국민대우 등에 관한 구체적 이행계획서(schedules of specific commitments), ③ 서비스무역의 점진적 자유화 추진을 위한 정기적 협상 개최에 대한 양해, ④ 협의와 분쟁해결절차에 관한 제도적 규정, ⑤ GATS의 집행에 관한 8개의 각료결정과 주요 서비스 부문별 특수성을 감안한 일련의 부가 문건 및 부록(attachments and annexes)이 그것이다(〈박스 11.1〉 참조).

원칙적으로 GATS는 모든 상업적 서비스에 적용되며, 중앙 및 지방 정부가 서비스산업과 관련해 취한 조치에 영향을 미친다. GATS가 규정한 네 가지 서비스무역 방식에서 알 수 있듯이 서비스무역의 범위는 상품무역의 범위보다 더 넓게 정의되어 있다. 다만 실제로 GATS의 기본적 의무와 규율이 적용되는 구체적인 영역은 각 회원국이 제공하는 구체적 이행계획서에 따라 결정된다. 이 이행계획서에는 ① 시장접근의 조건과 제한에 관한 사항, ② 내국민대우의 조건과 예외 규정에 관한 사항, ③ 시장개방 약속의 이행일정, ④ 이행계획서의 발효시점이 명시되어야 한다(제20조).

GATS는 이처럼 서비스시장의 개방을 요구하면서도 시장을 개방하겠다고 약속한 회원국이 많은 제한사항이나 예외를 부가할 수 있도록 함에 따라 회원국별 이행계획서는 천차만별이며, GATS의 주요 원리의 구속력은 GATT와 비교할 때 대단히 미약하다. 그럼에도 서비스무역에 대한 광범위한 개념 정의에 따라 GATS는 GATT보다 진일보해 그 적용이 서비스의 초경무역(cross-border trade)과 서비스 관련 투자에까지 미친다. 또한 서비스 공급방식 또는 서비스 부문(service

③ 건설 및 관련 서비스
④ 물류 서비스(distribution service)
⑤ 교육 서비스
⑥ 에너지 서비스
⑦ 환경 서비스
⑧ 금융 서비스
⑨ 보건 및 사회 서비스
⑩ 관광 서비스
⑪ 운송 서비스: 항공, 육상, 해상 운송 서비스
⑫ 자연인의 이동

sectors)별로 규정되어 있는 모든 시장개방 약속과 이행계획은 우루과이라운드 협상 시점보다 서비스무역을 제한하는 수준이 더 높아져서는 안 되기 때문에 서비스무역에 대한 규제수준은 최소한 현 수준에서 고정하게 되었다(Hoekman and Kostecki, 2009: 333-38).10)

비가시적이고 저장 불가능한 무형성을 특징으로 하는 서비스무역 장벽은 수입관세가 아니라 주로 무역의 금지, 쿼터 등 수량제한조치나 규제의 형태를 취한다. 무역금지는 자국민들이 외국 보험사의 보험에 가입하지 못하도록 하는 등의 방식으로 이루어진다. 수량제한은 시청각 서비스나 방송 프로그램에 대한 제한을 두는 등의 방식으로 이루어진다. 국산영화의 연간 상영일수(365일 상영 시 1/5 이상인 73일 이상)를 정해 일정량의 국산영화의 상영을 의무화하는 한국의 스크린쿼터가 대표적이다. 수량제한은 외국의 서비스 공급자 숫자나 시장점유율을 제한하는 방식으로 이루어지기도 한다. 또한 서비스 부문의 FDI를 제한하거나 국산부품 사용의무(LCR) 등을 부과하는 것도 서비스무역을 제한하는 규제로 사용된다.

더 나아가 외국 기업과 국내 기업에 동일하게 적용되더라도 각 서비스 시장에 대한 진입규제, 영업활동에 대한 규제 등은 서비스무역을 가로막을 수 있다. 또한 서비스가 갖고 있는 무형성으로 인해 소비자는 서비스 공급자의 특성을 파악하기 어렵기 때문에 정부는 소비자 보호와 시장 건전성 확보를 위한 감독을 목적으로 해당 서비스 공급자가 자국에 상업적 주재를 개시하도록 요구하거나 자국의 공기업 또는 규제기업에만 해당 서비스의 독점적 생산과 공급을 허용하는 사례도 많다.

서비스무역장벽의 철폐 협상은 관세인하 협상과는 크게 다른 특성을 보인다. 우선 서비스 협상에서는 협상의 초점을 잡기 어렵다는 문제가 있다. 상품의 관세인하 협상은 특정 상품의 양국 간 무역량, 동 상품에 대한 관세율 등이 협상의 구체적 대상이 되고 협상의 진행상황을 비교적 쉽고 정확하게 파악할 수 있다. 반면, 서비스무역장벽에 관한 협상은 계량적 또는 구체적 협상목표나 기준에 합의하기 어렵다.11) 서비스무역 통계의 미비, 서비스무역장벽의 내용과 수준에 관한

---

10) 이것은 GATT의 '관세고정'과 같은 기능을 하는 것으로 볼 수 있다.

11) 따라서 관세협상에서는 당해 협상에서의 관세인하 효과의 동등성 확보를 추구하는 소위 일차적 상호주의에 따라 협상이 진행되는 것과는 대조적으로 서비스무역 협상에서는 부문별 상호주의가 협상의 지도원리로 채택되었다.

정보의 부족 및 복잡성도 협상을 어렵게 만드는 요인이다. 실제로 GATS 협상에서 협상가들이 서비스무역에 관련된 규칙을 제정하는 데 거의 대부분의 시간과 노력을 투입한 것도 이 때문이다.

〈박스 11.1〉 GATS 조문의 구성

제1부 범위 및 정의
    제1조 범위 및 정의
제2부 일반적 의무 및 규율
    제2조 최혜국대우   제3조 투명성
    제3조의 2 비밀정보의 공개   제4조 개발도상국의 참여 증진
    제5조 경제통합   제5조의 2 노동시장 통합협정
    제6조 국내규제(domestic regulation)   제7조 인정(recognition)
    제8조 독점 및 배타적 서비스 공급자   제9조 기업관행(business practices)
    제10조 긴급수입제한조치   제11조 지불 및 이전
    제12조 국제수지 보호를 위한 제한   제13조 정부조달
    제14조 일반적인 예외   제14조의 2 안보상의 예외
    제15조 보조금
제3부 구체적 약속(Specific Commitments)
    제16조 시장접근   제17조 내국민대우
    제18조 추가적 약속(additional commitments)
제4부 점진적 자유화(Progressive Liberalization)
    제19조 구체적 약속에 관한 협상   제20조 구체적 약속에 관한 양허표
    제21조 양허표의 수정
제5부 제도규정(Institutional Provisions)
    제22조 협의   제23조 분쟁해결 및 집행
    제24조 서비스무역 이사회(Council for Trade in Services)
    제25조 기술협력(technical cooperation)   제26조 다른 국제기구와의 관계
제6부 최종조항
    제27조 혜택의 거부   제28조 정의   제29조 부속서

3.2 일반적 의무 및 규율에 관한 주요 조항

3.2.1 MFN 원칙

GATS의 핵심원리는 역시 MFN과 NT를 포함하는 무차별원칙이다. 그러나 GATS의 무차별원칙이 적용되는 범위와 영역은 GATT보다 훨씬 좁다. 우선 MFN은 GATS의 핵심적 의무로 규정되어 있으나(제2조), 이와 동시에 GATS는 회원국이 일시적으로 동 조문의 부록(Annex to Article II Exemptions)에 기재된 특정 서비스 부문에 영향을 미치는 특정 조치와 관련해 MFN 의무면제를 받을 수 있도록 허용한다. 다시 말해 회원국은 이렇게 특정된 서비스 부문에서 다른 회원국에 MFN 대우를 거부할 수 있는 단 한 차례의 기회를 갖고 있다.[12] 원칙적으로 이 의무면제는 최장 10년을 초과할 수 없고, 다음 협상 라운드에서 확대적용을 목표로 한 협상을 추진하도록 하고 있다. 더 나아가 5년 이상을 적용기간으로 하는 모든 MFN 의무면제 사항은 WTO 발효일로부터 5년(즉 2000년 1월)이 되는 시점에서 서비스무역 이사회의 심사를 받아야 한다. 그러나 이 경우 회원국이 10년 후에 이를 철폐해야 할 의무는 없다(Hoekman and Kostecki, 2009: 338-39).

GATS 협상에서 이와 같이 MFN에 대한 예외를 인정한 것은 특히 미국이 주요 서비스 부문별로 시장개방의 대등성 확보를 목적으로 부문별 상호주의를 고집했기 때문이다. 만일 MFN 제공의무를 일반적으로 규정하면 규제기준이 높은 국가의 서비스산업이 규제기준이 낮은 국가의 산업보다 유리한 위치에서 무임승차할 가능성이 크다. 때문에 미국은 자신의 협상력이 약해질 것을 우려해 부문별 상호주의를 주장했다.

하지만 이러한 전략은 MFN 의무면제의 도미노 효과를 유발했다. 즉 미국이 부문별 상호주의를 주장하면서 협상 막바지에 금융, 해운, 기본통신 등 주요 서비스산업을 MFN 적용대상에서 배제하자, 다른 회원국들도 기다렸다는 듯이 이 예외조항을 원용해 금융, 기본통신, 해운, 시청각 서비스 등 주요 서비스 부문에 대한 MFN 의무제공에 대한 약속을 철회하려고 했다. 결국 회원국들은 WTO 협

---

12) 이런 의무면제를 받기 위해서는 회원국 총수의 3/4 이상의 동의를 얻어야 한다. 협정 제정 당시 금융 서비스는 WTO 발효일로부터 6개월 이내, 기본통신과 해운 서비스는 1996년 봄까지 의무면제를 신청할 수 있도록 했다. 또한 지역경제통합체를 설립하는 경우는 이 규정의 적용을 받지 않는다.

정이 발효된 이후에 이들 서비스 부문에 대한 협상을 계속 추진해 나가기로 약속하는 선에서 타협했다. 이에 따라 금융, 기본통신, 해운 협상이 1994년 봄에 재개되었고, 금융은 1995년 7월, 기타는 1996년 중반까지 완전타결하기로 했다. 만일 이들 협상이 성공적으로 타결되지 못하면, 그때 회원국이 해당 서비스에 대한 MFN 의무면제 규정을 원용할 수 있도록 했다.[13] 부문별 후속협상은 아래에서 다시 논의한다.

3.2.2 투명성

모든 회원국은 GATS의 운용에 영향을 줄 수 있는 모든 정부조치나 서비스무역에 영향을 미칠 수 있는 모든 국제협정 관련 사항을 공표해야 한다. 만일 동 자료의 발간이 적절하지 않으면 누구나 이에 관한 정보를 얻을 수 있도록 해 주어야 한다(제3조 1, 2항). 또한 회원국은 적어도 매년 한 번씩 새로 제정되거나 개정된 모든 규제 법령, 고시, 지침을 서비스무역 이사회에 통보해야 한다(제3조 3항). GATS 협정이 규율하는 서비스에 관한 모든 법률, 규제, 기타 행정적 관행에 대한 세부적인 정보를 제공할 문의처도 설치해 문의에 응해야 한다(제3조 4항).

3.2.3 국내 규제와 상호인정

GATS는 회원국의 규제권한을 인정하되, 시행방법에 대해 일정한 제한을 가한다(제6조). 우선 제6조 1항은 회원국이 개방하는 특정 서비스 부문에 적용되는 국내 규제가 합리적이고 객관적이며 불편부당한 방식(reasonable, objective and impartial manner)으로 시행되어야 한다고 규정한다. 이어서 4항은 회원국이 ① 서비스 사업자의 자격요건(qualification requirements and procedures), 기술기준, 허가절차를 정할 때 객관적이고 투명한 기준에 기초해야 하며, ② 그런 기준은 서비스의 질을 확보하기 위해 필요 이상으로 부담을 주어서는 안 되고, ③ 허가절차가 서

---

13) 실제로 1994년 중반까지 60개 이상의 GATS 회원국이 시청각, 금융, 수송(육상, 항공, 해운) 서비스에 대한 MFN 의무면제를 신청했다. 시청각 서비스에 대한 MFN 의무면제는 프랑스 등 몇몇 국가가 자국의 문화정책의 특수성을 들어 요청했고, 금융 서비스에 대한 의무면제는 금융시장에 대한 대등한 접근을 허용하지 않는 국가에 대한 상호주의 차원에서의 보복 가능성을 열어 두려는 의도에서 비롯되었다. 한편, 미국 외에도 몇몇 개도국들은 자국 국적선(flag vessels)의 업무량 확보를 목적으로 수송 서비스에 대한 의무면제를 요구했다(Hoekman and Kostecki, 2009: 339).

비스의 공급을 제한하는 수단으로 사용되어서는 안 된다고 규정한다. 5항은 회원국이 이런 규제기준을 적용할 때 관련 있는 국제기구의 표준 등을 고려해 그것이 자국의 약속을 무효화하거나 침해하는 일이 없도록 할 것을 요구한다.

한편, GATS는 국내 규제를 국제적 기준에 부합시키기 위한 방안의 하나로서 특정국이 서비스 사업자에게 적법하게 부여한 인허가나 등록, 특정국이 인정하는 교육과 경험을 상호인정할 것을 권장한다. 관계국 간의 규제기준의 조화 또는 기타 방법으로 이루어질 수 있는 상호인정은 양자협정에 기초하거나 자율적으로 시행할 수 있다(제7조 1항). 다만 상호인정은 규제기준 적용시 회원국을 차별하거나 서비스무역 제한을 위장하는 수단으로 사용되어서는 안 된다고 규정함과 동시에(3항), 이런 차별적 적용이나 악용을 방지하기 위해 다른 회원국이 양자협정 등에 참여를 희망하면 적절한 협상을 통해 이를 수용할 것을 요구한다(2항). 상호인정에 관한 사항은 즉각적으로 서비스무역 이사회에 통보해야 한다는 의무를 규정하고 있다(4항). 상호인정은 다자간 합의된 기준에 기초해야 하며, 이와 관련해 회원국은 적절한 정부 간 기구나 비정부기구와 협력해 상호인정에 관한 공통적인 국제기준을 수립하고 채택할 수 있도록 노력해야 한다(5항).

GATS 제6조와 제7조는 특히 변호사, 회계사 등 전문 서비스(professional services) 부문의 무역확대를 촉진하는 매우 중요한 규정이다. 한 회원국이 이런 서비스시장의 개방을 약속하면 해당 서비스 공급자는 그들의 능력을 입증할 수 있는 적절하고 공정한 절차를 보장받을 수 있기 때문이다. 또한 양 조문은 상호인정뿐만이 아니라 장차 전문 서비스 부문 무역을 촉진할 공통적인 국제기준 개발을 권장한다.

3.2.4 독점과 비경쟁적 기업관행

GATS 제8조는 회원국 정부가 독점적 사업자 또는 배타적 서비스 공급자 집단이 MFN 등 GATS 규정에 위배되는 행위나 시장지배력을 남용하지 못하도록 할 것을 요구한다. GATS 제9조는 그 밖에 경쟁을 제약하고 서비스무역을 제한하는 기업관행을 제거하기 위해 회원국들이 협의에 들어갈 것을 요구한다.

3.2.5 긴급세이프가드 조치

GATS는 GATT 제19조에 상응하는 특정 산업에 대한 보호조치를 허용한다. 그러나 서비스무역 분야에서 어떤 방식과 절차에 따라 세이프가드 조치를 취할 수 있을 것인가에 대해서는 실체적인 협상을 마무리 짓지 못했다. 따라서 GATS 제10조는 1998년 1월까지 서비스무역에 대한 긴급세이프가드 제도에 관한 규정을 확정하기로 했으나, 아직까지도 이에 관한 합의가 이루어지지 않고 있다. 2005년 홍콩 각료선언을 통해 협상 진전을 위한 회원국들의 노력을 환기하고자 했으나 별다른 소득이 없었다. 긴급세이프가드 조치가 도입된다면 이미 상대적으로 미약한 서비스 시장의 자유화에 타격을 줄 것이라는 비판과 남용 가능성에 대한 우려를 바탕으로 대부분의 회원국이 동 조치 도입에 반대하기 때문에 앞으로도 이에 관한 규정이 쉽게 합의되기는 어려운 상황이다. GATS는 이런 미비점을 보완하기 위해 제10조 2항에서 원칙적으로 GATS 제21조 1항의 규정에 따라 회원국이 시장개방을 약속한 특정 서비스 부문에 대해 WTO 발효일로부터 3년이 경과한 후가 아니면 약속을 수정하거나 철회하지 못하도록 하면서도, 예외적으로 회원국이 이 기간을 기다리기 어려운 충분한 이유를 서비스무역 이사회에 제시하면 WTO 발효일로부터 1년이 경과한 시점에서 이런 보호조치를 취할 수 있도록 허용해 주었다.

3.2.6 경상거래 관련 지불과 이전에 대한 제한 금지와 국제수지 방어 목적의 제한조치

GATS 제11조는 무역수지상 어려움에 봉착한 경우를 제외하고는 회원국이 시장개방을 약속한 특정 서비스 부문의 경상거래에 수반되는 지불과 자금의 이전에 대해 제한을 가하지 못하도록 하고 있다. 한편, GATS 제12조는 GATT 제12조와 유사하게 국제수지 방어 목적의 수입제한조치를 규정한다. 회원국이 이 제한조치를 취할 때는 그것이 무차별적이고, IMF 협정에 부합되어야 하며, 국제수지 방어에 필요한 수준을 초과해서는 안 되고, 일시적이어야 하며, 상황의 개선에 따라 점진적으로 철폐해 나가야 한다(2항). 이런 목적의 수입제한조치에 대해 불만이 있는 회원국은 협의를 요청하고 협의가 이루어지지 않으면 분쟁해결절차를 원용할 수 있다.

3.2.7 정부조달과 보조금

GATS는 특별히 서비스의 정부조달과 관련해 동 협정의 MFN, 시장접근, 내국민대우 규정을 적용하지 않는다고 명시하고 있다(제13조). 대신 GATS는 1997년 1월까지는 서비스의 정부조달에 관한 협상을 개시해야 한다고 규정하고 있다. 따라서 이 협상을 통해 정부조달에 관한 협정이 마련될 때까지는 WTO의 복수국간 협정인 「정부조달 협정」을 준용하도록 하고 있다. 한편, 보조금은 서비스무역을 왜곡하는 효과를 야기할 수 있기 때문에, 이를 규율할 규정이 필요하나, 이에 대해 GATS는 향후 협상의 필요성만을 지적하고 있을 뿐 아무런 구체적 협상일정도 제시하지 않고 있다. 세이프가드 조치에 관한 후속협상과 더불어 정부조달과 보조금에 관한 협상도 지지부진한 상황이다. 2011년에 발표된 작업반의 경과보고서(progressive report S/WPGR/21, 14 April 2011)에 따르면 세 분야 협상 모두에서 어떠한 원칙에 대한 합의에도 이르지 못했고, 따라서 아무런 합의문서도 도출하지 못한 채 본질적으로 개념적인(essentially conceptual) 논의 수준에 머물러 있다.

3.2.8 일반적 예외

GATS도 GATT 제20조와 유사하게 동 협정에도 불구하고 수입을 제한할 수 있는 일반적 예외(general exceptions) 규정을 두고 있다(제14조). 따라서 특정 서비스무역이 공공질서, 국민과 동식물의 보건과 생명을 보호하고, 서비스 계약과 관련한 사기와 기만, 사생활의 보호, 안전을 확보하기 위한 목적에서 시행하고 있는 법률과 규제에 대한 순응을 확보하기 위해 필요한 제한조치를 취할 수 있다. 다만 이 조치는 무차별적으로 적용되어야 하고, 서비스무역 제한을 위한 위장된 수단으로 사용되어서는 안 된다. GATS 제14조의 2는 GATT 21조와 유사하게, 국가안보와 관련해 서비스무역에 대해 제한조치를 취할 수 있도록 허용한다.

3.3 구체적 약속 관련 주요 조항

3.3.1 시장접근

GATS 제16조의 시장접근에 관한 규정은 서비스 시장개방에 관한 가장 기본적인 내용을 담고 있다.[14] 우선 회원국은 외국의 서비스 및 서비스 공급자에 대해 시장개방 약속 이행계획서에 명시된 조건보다 불리하게 대우해서는 안 된다(1항). 개방을 약속한 특정 서비스 시장에서 회원국은 ① 서비스 제공자 수의 제한, ② 거래액이나 자산의 제한, ③ 전체 서비스 산출량의 제한, ④ 고용 가능한 개인의 수 제한, ⑤ 서비스 제공자의 서비스 제공 법적 주체의 유형(예: 은행의 지점 혹은 자회사), ⑥ 외국인 소유지분의 제한이나 외국인 투자의 절대액 상한을 정하는 방법에 의한 외국 자본의 참여 제한 등 여섯 가지 제한조치를 취하지 못하도록 하고 있다(2항).

물론 이 조항에 따라 회원국은 외국 기업뿐만 아니라 자국 기업에 대해서도 이런 규제를 취할 수 없다. 이런 조치들은 자국 기업과 외국 기업에 동일하게 적용된다는 의미에서 무차별적이다. 다만 ⑥은 차별적인 의미를 지니고 있으며, 따라서 이런 조치를 취하게 되면 내국민대우(제17조)에 위배된다. 여기서 주목할 점은 만일 회원국이 이런 사항과 관련해 이행계획서에 다른 뜻을 명시할 때에는 예외적으로 이 규정의 적용이 배제된다는 점이다. 제2항에 해당되는 조치라 할지라도 회원국이 자국의 이행계획서에 그 뜻을 명시하면 동 조치를 유지할 수 있다. 이는 GATS 시장접근 조항의 큰 맹점이다(Hoekman and Kostecki, 2009: 341).

우루과이라운드 협상에서 합의된 각국의 서비스 시장개방 약속이 어느 정도의 수준인지를 계량적으로 파악하기는 사실상 불가능하다. 그러나 약 80여 개 국가가 제출한 국별 이행계획서의 내용을 개략적으로 살펴보면 다음과 같다. 먼저 시장접근 면에서 고소득 국가(OECD 회원국, 홍콩, 싱가포르 등)는 53.3%에 달하는 서비스 부문의 시장개방을 약속했다. 이에 비해 GDP 400억 달러 이상인 거대 개도국(아르헨티나, 브라질, 칠레, 중국, 콜롬비아, 인도, 인도네시아, 이스라엘, 말레이시아, 파키스탄, 필리핀, 폴란드, 남아프리카공화국, 태국, 베네수엘라 등)은 29.6%, 기타 개도국은 15.1%이다. 약 1/4의 개도국은 전체 서비스 시장의 3%만을 개방하고 있을 뿐이다.[15] 이는 개도국이 서비스시장 개방에 대단히 소극적임을 보여준다.

---

14) 시장접근 조항은 수량적 제한조치의 사용을 금지하는 GATT 제11조와 근본 취지를 같이 한다. GATS가 이 규정을 두고 있는 것도 이런 규제조치들이 서비스시장에서의 경쟁을 제약하는 중요한 수단으로 사용되기 때문이다.

15) https://www.wto.org/english/tratop_e/serv_e/serv_commitments_e.htm 참조.

3.3.2 내국민대우

상품무역에서 내국민대우(NT)는 수입국 정부가 국경에 설치된 무역장벽을 통과한 수입품에 대해서는 국내에서 생산된 동종 상품과 모든 면에서 동일하게 대우할 것을 요구한다. 그에 반해 무형적 속성을 갖는 서비스무역에서는 상품무역에서처럼 국경에 무역장벽을 설치하는 것이 사실상 불가능하다. 또한 수입국 정부로 하여금 국내 정책과 제도 면에서 모든 서비스산업에 전면적으로 내국민대우를 적용하라고 강요하는 것은 서비스산업에 대한 수입국 정부의 모든 정책, 제도, 조치의 포기를 요구하는 것이나 마찬가지다. 따라서 GATT와 달리 GATS는 일반적인 내국민대우 의무를 규정하지 않고, 회원국이 제시한 특별약속의 이행계획서에 기재된 부문에 대해서만 내국민대우 의무를 규정한다(제17조).[16)]

GATS에서 내국민대우란 회원국이 외국의 서비스 및 서비스 제공자를 자국의 동종 서비스 및 서비스 제공자보다 적어도 불리하게 대우(no less favorable treatment)하지 않는 것을 말한다. 그러한 대우는 국내 서비스와 서비스 제공자에게 제공되는 대우와 동일할 수도 있고 동일하지 않을 수도 있다. 다만 공식적으로 동일한 또는 공시저요료 다른 대우(formally identical or formally different treatment)이지만 그것이 외국의 서비스와 서비스 공급자보다 국내 서비스와 서비스 공급자의 경쟁적 지위를 강화하는 것일 때는 내국민대우원칙 위반이다(제17조 3항). 다시 말해 GATS의 내국민대우원칙은 자국과 외국의 서비스 및 서비스 제공자에 대한 대우가 반드시 동일할 것을 요구하지는 않는다. 동일한 대우가 오히려 외국 서비스 및 서비스 제공자에게 불리하게 작용할 수 있기 때문이다.[17)]

서비스 분야에서 내국민대우는 다음과 같은 이유로 동일한 대우보다는 동등한 대우(equivalent treatment)로 정의되어야 한다. 첫째, 동일한 규제라도 외국에서 생산된 서비스와 국내에서 생산된 서비스에 다르게 영향을 미칠 수 있다. 둘째, 동일한 규제라도 국내의 외국 기업이 생산한 서비스와 국내 기업이 생산한

---

16) GATS에서 MFN 의무면제의 적용대상 서비스 부문이 네거티브 리스트(negative list) 방식을 취하고 있는 데 비해, NT 원칙은 포지티브 리스트(positive list) 방식에 따라 회원국이 시장개방을 약속한 분야에 대해서만 적용된다. 바로 이러한 점 때문에 GATS는 외형상 일반 협정이지만 사실상 '서비스에 관한 특별협정(special agreement)'이라는 비판이 나온다(Schott, 1994: 102).

17) 예를 들어 외국 보험회사에 대해 자국의 보험회사와 동일하게 주재국에 지급준비금 예치를 요구하는 것 등이 이에 해당된다.

서비스에 다른 영향을 미칠 수 있다. 셋째, 국내에서 생산된 제품에 적용될 때는 목적을 달성할 수 있는 규제가 외국에서 생산된 서비스에 적용될 때는 목적을 달성하지 못할 수도 있고, 반면에 국내 기업에 적용될 때는 규제목적을 달성할 수 있지만 외국 기업에 적용될 때는 그렇지 않을 수 있다.

한편, 서비스 시장개방을 위한 두 가지 원리인 시장접근(제16조)과 내국민대우(제17조)의 충돌 가능성이 제기되어 왔다. 만일 어떤 회원국이 GATS 제16조의 시장접근 조항이 금지하는 조치를 취할 때, 그 조치가 자국 기업과 외국 기업에 무차별적으로 적용되는 규제라면 그것이 비록 시장접근 규정 위반이기는 하지만 내국민대우 위반은 아니다. 예를 들어 외국인 지분참여에 대한 제한은 시장접근 규정에 위반되며 동시에 차별적이다. 그러나 만일 회원국이 자국의 서비스 사업자 수를 전체적으로 제한하고 있다면, 이는 시장접근 규정의 위반이기는 하지만, 국내 기업과 외국 기업에 대해 차별적으로 적용되는 것이 아니기 때문에 내국민대우원칙 위반으로 보기는 어렵다. 이런 면에서 국내 규제가 외국 상품에 차별적으로 적용되는 것만을 문제 삼는 GATT와 달리, GATS는 무차별적으로 적용되는 국내 규제도 시장접근의 제한수단으로 이용될 수 있다는 사실을 처음으로 인식한 다자간 무역협정이라고 볼 수 있다. GATS가 국내 규제의 철폐에 관한 구체적 약속을 협상하도록 하고, 이를 양허표로 작성할 것을 요구하는 것으로 볼 때 시장접근 규정은 내국민대우 규정의 하위 규범으로 보는 것이 타당하다(Hoekman and Kostecki, 2009: 341–42).[18]

---

18) 따라서 GATS 내국민대우원칙은 시장접근에 관한 규정과 더불어 양허표의 내국민대우 허용 분야와 이에 관련된 제한사항을 모두 분석해야 하는 복잡한 사안이다. 이와 관련해 China–Electronic Payment Services 사건 분쟁해결 패널의 판정을 주목할 만하다. 동 패널은 GATS 제16조와 제17조 간 위계질서가 존재하지 않지만, 제20조 2항에 의해 시장접근란(commitment column) 스케줄상 우선순위(scheduling primacy)가 발생한다고 보았다. 이는 WTO 회원국이 양허표에 미양허(unbound)라 명시할 경우 제16조 상의 의무에서 벗어날 수 있다는 것이다. 패널은 중국의 시장접근 양허상 명시된 조건에 따라 GATS 제16조 및 제17조 불합치조치를 유지할 수 있다고 판시했다(WT/S413/R/paras. 7.664–7.665). 이에 따라 동 패널은 내국민대우 위반 여부에 대한 3단계 분석방법을 제시했다. ① 우선 1단계로 내국민대우 약속의 범위에 대해 관련 분야에서 내국민대우 제한 사항이 있는지, 시장접근과 내국민대우를 모두 위반하는 조치는 시장접근란에 기재하도록 한 GATS 제20조의 위반이 있는지 살펴보아야 한다. ② 2단계로 서비스 공급에 영향을 미치는 조치에 대한 분석이 필요하다. 이러한 조치는 넓은 범위를 포괄하는 것으로 해석된다. ③ 3단계로 동종 서비스 및 서비스 공급자에 대한 불리한 대우가 있었는지 분석해야 한다. 분쟁해결 패널은 사례별로, 경쟁조건상 본질적으로 동일하면 동종 서비스이고, 국적이

3.4 점진적 자유화와 부문별 후속협상

GATS 제19조는 회원국들이 늦어도 2000년 1월까지 차기 라운드를 개최하고, 이후에도 정기적으로 라운드를 개최해 서비스무역을 점진적으로 자유화해 나갈 것을 권고한다. 이와 관련해 미국 등 주요 선진국은 우루과이라운드에서 합의된 서비스 시장개방 약속이 매우 미미한 수준이라고 보고, 동 라운드 종결 이후에 금융, 기본통신, 해운, 자연인의 이동 등 몇몇 분야에서 추가적인 협상을 재개하기로 했다. 이에 따라 금융, 기본통신, 해운 서비스 시장개방 확대를 위한 후속협상이 진행되었다.[19]

우선 금융 서비스 협상은 WTO 협정에 대한 회원국 서명을 위해 1994년 4월 15일 모로코의 마라케시에서 개최된 각료회의가 채택한 금융 서비스에 대한 양해각서에 따라 곧바로 협상이 재개되었으나 1995년 6월에 교착상태에 빠졌다. 미국이 다른 참가국의 자유화 약속 수준이 불충분하므로 미국 시장에 진출한 모든 외국 기업에 MFN 대우를 부여할 수 없다고 선언하면서 양허를 철회한 데 따른 것이었다. 1997년 4월 협상이 재개되었으나 동남아시아의 금융위기의 원인에 관한 신진국과 개도국 간 논쟁으로 다시 어려운 상황에 식면했다. 말레이시아, 인도, 브라질은 선진국의 과도한 압력에 따른 급속한 금융시장 개방과 그로 인해 빚어진 자본시장의 불안정성이 금융위기의 주원인이라면서 개도국의 특수성을 감안해 점진적 금융시장 개방을 추진해야 한다고 주장했다. 미국과 EU 등 선진국은 금융시장 개방의 지체로 인해 개도국의 금융부문이 낙후성을 면치 못하고, 투명하고 효과적인 금융감독 체제를 구축하지 못한 것이 결국 이런 위기를

유일한 차별 기준이거나 동종 서비스를 제공하면서 서로 같은 사업 영역을 공유하고 경쟁자로 인식하고 있는 서비스 공급자들은 동종 서비스 공급자로 보고, 이러한 동종 서비스와 서비스 공급자에 경쟁조건이 변경하는 대우를 하는 것은 내국민대우 규정 위반으로 보았다(조수정, 2015).

19) GATS 제21조는 특정 서비스 부문 시장개방을 약속한 회원국이 약속의 효력 발생 후 3년이 지나 경우 동 약속을 수정하거나 철회할 수 있다고 규정하고 있다(1항). 물론 이때 여러 가지 제약조건이 따른다. 우선 회원국은 서비스무역 이사회에 3개월 이내에 이런 사실을 통보해야 하고, 이로 인해 손해를 보게 된 다른 회원국의 요구가 있을 때에는 보상에 관한 합의를 위한 협상에 들어가야 한다(2항 a). 물론 이때의 보상은 MFN에 기초해 이루어져야 한다. 또한 보상에 관한 합의가 이루어지지 않은 경우 피해를 보게 된 다른 회원국은 WTO에 중재를 요청할 수 있다. 만일 문제의 회원국이 중재결과를 이행하지 않을 때는 다른 회원국은 보복조치를 취할 수 있다(4항).

불러온 주범이라면서 조금도 물러서지 않았다. 또한 미국의 강력한 압력에도 불구하고 일본이 미·일 간 보험협정의 WTO 양허에 반대하고, 말레이시아에 진출한 미국 보험회사의 지분 감축 요구에 대해 미국이 요청한 기득권 인정을 말레이시아가 거부함에 따라 진통이 계속되기도 했다(Dobson and Jacquet, 1998). 이런 논란 속에서 협상이 교착과 재개를 반복한 끝에 1997년 11월 12일 협상 시한을 넘겨 1997년 12월 12일 70개 WTO 회원국이 협정문에 합의하면서 최종 마무리되었다. 그 협상결과는 금융 서비스 자유화 협상의 제5의정서 형식으로 채택되었다. 동 의정서는 협상 참가국의 국내 비준절차를 거쳐 1999년 3월부터 발효되었다.[20)]

기본통신에 관한 후속협상도 쉽지 않았다. 1995년에 시작되어 당초 1996년 4월로 시한을 설정했던 초기의 후속협상에서 선진국과 개도국 약 48개국이 추가적 시장개방을 약속했고, 공중통신망에 대한 접근과 사용에 관한 규제원칙 초안을 작성했다. 각 회원국의 이행계획서에 반영될 원칙 중에는 통신시장의 지배적 사업자에 의한 반경쟁적 관행 방지를 목적으로 하는 상호접속 권한의 보장, 독립적 규제기관의 설치 등이 포함되었다. 그러나 미국이 이 정도는 불충분하다며 1997년 2월 15일까지 협상을 연장할 것을 주장했다. 이에 다시 교착상태에 빠졌던 후속협상은 1996년 12월 초 싱가포르에서 개최된 제1차 WTO 각료회의를 계기로 급진전되었다. 1997년 2월 협상 시한까지 총 69개국이 1998-2005년 사이에 기본통신 부문의 자유화를 약속하는 이행계획서를 제출함으로써, 1998년 1월 초부터 기본통신 분야에 GATS가 전면적으로 적용되었다. 다만 국제통신 서비스와 위성통신 서비스 문제는 미해결 상태로 남았다(이한연 외, 1997).

---

20) 동 협정의 주요내용은 다음과 같다. 우선 은행 및 증권 분야에서 인도네시아, 필리핀, 태국, 파키스탄이 외국 기업 소유 지분에 대해 기득권을 인정해 주기로 했고, 거의 모든 동구권 국가가 은행 및 증권사의 신규 설립 및 외국인이 대주주적 지위를 갖는 것을 허용했다. 중남미 국가들도 외국인의 금융기관 설립 허용범위를 대폭 확대했다. 아시아 국가들도 대부분 같은 수준의 양허안을 제출했다. 보험 분야에서는 브라질, 인도네시아 등 61개국이 외국인의 대주주 지분소유를 양허했고, 50개국 이상이 생명보험, 손해보험, 재보험, 보험 보조 서비스시장 접근을 약속했다. 한국은 1997년 9월에 양허안을 제출했는데, OECD 가입시 상당한 수준의 시장개방을 약속했고 이미 자유화된 부분이 많아 추가적인 양허는 많지 않았다. 주로 신용카드회사의 현지법인 설립 허용, 금융리스회사와 신용평가회사의 시장개방, 투신합작사 및 지점 설치 허용, 증권·투신·투자자문사에 대한 외국인 지분제한 완화, 손해보험회사 설립 허용 및 지분제한 폐지 등이었다(https://www.wto.org/english/tratop_e/serv_e/finance_e/finance_fiback_e.htm).

해운 서비스 협상은 1996년 6월 말까지로 설정된 협상 시한 중 아무런 진전을 이룩하지 못했다. 다른 협상과는 달리 우루과이라운드 해운 협상그룹의 협상 결과가 너무 보잘것없었기 때문이다. 이에 따라 해운 서비스 후속협상은 결국 1999년 말까지 유예되었다. 참가국은 이런 결과에 입각해 시장개방 이행계획서를 수정한 후 2000년에 협상이 재개되었다. 2005년 11월 해운 서비스 협상의 분야와 방식에 대한 합의가 도출되었고, 동년 12월 홍콩 각료회의에서 두 가지의 복수국간 요청이 제출되었다. 이 요청에 따라 소위 '해상 모델 양허표(maritime model schedule)'의 사용이 권장되었다. 또한 화물유보제(cargo reservations)21)의 철폐, 외국인 지분 참여 제한 철폐, 국제화물 운송 및 해상 보조 서비스에 대한 상업적 주재 제한 철폐 등이 요청되었다. 아울러 항만 서비스 및 복합 운송 서비스 접근과 사용에 대한 추가적 양허뿐만 아니라 MFN 면제의 철폐에 대한 추가 약속도 요청되었다. 그럼에도 여전히 합의가 도출되지 않고 있다.

해운 서비스 협상의 지연에도 불구하고 1997 – 1998년간에 걸쳐 금융, 기본통신 등 주요 서비스 부문에서 후속협상이 마무리됨에 따라 서비스무역 자유화의 앞날은 상당히 밝아지는 듯했다. 차후의 협상은 2000년부터 시작된 신 서비스 협상(new services negotiations)의 일환으로 현재 진행 중에 있는 회계(accountancy) 서비스 협상을 포함해 금융, 기본통신, 정보기술22) 등 주요 서비스 분야의 협상을 한 차원 더 끌어올리는 것을 목적으로 한다. 2001년 3월 서비스무역 이사회는 '서비스무역 협상을 위한 지침과 절차(Guidelines and Procedures for the Negotiations on Trade in Services)'를 채택하고 동년 11월 도하라운드의 개시와 더불어 서비스무역 협상을 도하개발어젠다의 일괄타결 방식 아래 두도록 결정함으로써 부문별 협상 방식으로부터의 탈피를 선언했다.23) 그러나 오늘날 가뜩이나 복잡한 서비스

---

21) 화물유보제도(貨物留保制度)란 해상화물의 운송에 외국 선박의 참여를 제한하는 규정을 포함해, 화물을 자국선이나 특정국의 선박으로만 운송하게 함으로써 자국 해운의 보호와 이익을 도모하려는 제도이다.

22) 이는 인터넷을 이용한 전자상거래에 대한 평범위한 무관세 적용을 내용으로 하는 「정보기술 협정(Information Technology Agreement: ITA)」을 지칭한다. 동 협정은 1996년 12월 싱가포르 각료회의에서 채택되었다. 2015년 12월 나이로비 각료회의에서 50개 이상의 회원국들은 동 협정의 확장에 합의했고, 그 결과 연간 1조 3천억 달러에 달하는 201개 제품의 교역을 규율하게 되었다(https://www.wto.org/english/tratop_e/inftec_e/inftec_e.htm).

23) https://www.wto.org/english/tratop_e/serv_e/s_negs_e.htm. 도하라운드에서는 리퀘스트 앤드 오퍼(Request and Offer: R/O) 방식, 즉 각국이 시장개방 일정 또는 양허 초안(initial offer)

무역 부문의 협상을 일괄타결로 합의하는 것이 갈수록 어려워지면서 전자상거래, 투자 원활화, 환경 서비스 등 특정 분야에 대한 복수국간 부문별 협정을 추진해야 한다는 주장에 다시 힘이 실리고 있다.

3.5 분쟁해결절차

GATS와 관련된 분쟁은 모두 WTO의 분쟁해결기구가 관장한다(제23조). 제8장에서 설명한 바와 같이 WTO의 분쟁해결절차는 필요시 교차보복을 인정한다. 일정한 조건 아래서는 서비스무역 분쟁에서 상품무역 분야에 대해, 상품무역 분쟁에서 서비스무역 분야에 대해 교차보복이 가능하다는 것이다. 한편, GATS 분쟁은 주로 회원국의 이행계획서의 해석문제를 둘러싸고 제기된다. 이에 따라 패널의 작업량이 많아지는 반면에, 패널 결정의 일반성은 저하되는 현상이 발생하고 있다(Hoekman and Kostecki, 2009: 344). 2021년 1월 기준 GATS 협정문을 원용한 분쟁사례는 모두 30건이며 피제소국은 중국이 6건, EU가 4건, 미국이 3건 등이다. 분야는 에너지, 전자결재, 금융정보, 영화, 통신, 유통 서비스 등으로 다양하며, 최근 들어 GATS와 TRIPS가 연계된 분쟁사례가 늘고 있다.[24]

을 교환한 뒤 상대국에 양허 요구안(request)을 제시하면서 협상하는 방식이 적용되었다. 각국은 다른 국가들의 관행을 고려해 처음의 요구를 수정하고, 상대 국가는 여기에 응답함으로써 결국 최종 협정에서 양자적인 방식으로 협상하기로 한 것이다. 서비스 협상은 느리게 진행되었다. 2005년 7월에 이르러서야 WTO는 EU 25개국을 포함한 92개국의 요구를 담은 68개의 초안 요구서와 최빈개도국을 제외한 나머지 국가들의 24개 양허안을 받았다. 동년 11월에는 이 중 28개만이 수정 양허안으로 제출되었다. 홍콩에서 열린 두 번째 회담에서 회원국들은 2006년 7월 31일에 수정된 양허안을 제출했다. 협상과정을 신속하게 처리하기 위해 회원국들은 다른 국가가 특정 분야와 공급 방식을 다루도록 하는 다자간 요청이 2006년 2월 28일에 완료되는 것에 동의했다. 이 마감기한에 대해 16개 부문과 3가지 공급방식에 대한 23개국의 다자간 요청이 제출되었다. 그러나 세부 원칙에 대해서는 여전히 의견일치를 보지 못했다(Fergusson, 2008: 12−13).

24) https://www.wto.org/english/tratop_e/dispu_e/dispu_agreements_index_e.htm?id=A8# selected_agreement 참조.

4. GATS의 정치경제

이상에서 GATS가 규정하는 서비스무역 자유화의 기본원리에 대해 고찰했다. GATT와 비교할 때 서비스무역 부문의 기본원리 개발은 여전히 초보적 단계를 넘어서지 못하고 있다. GATS의 기본원리가 대부분 회원국들이 시장개방을 약속한 특정 서비스 부문에 대해서만 적용되는 것은 GATS가 안고 있는 심각한 결함이다. 또한 정부조달의 상당 부분이 서비스와 관련(예: 건설, 개인 서비스, 설계 등)되어 있음에도 GATS의 핵심원리라 할 수 있는 최혜국대우, 내국민대우, 시장접근 규정의 적용을 배제하고 있는 것도 맹점으로 지적된다. 서비스에 대한 보조금, 독점 및 배타적 공급자의 반경쟁적 기업관행이 서비스 시장의 경쟁과 무역을 제약할 가능성을 인지하면서도, 보조금 및 경쟁 정책에 관한 사항을 구체적으로 규정하지 않고 있는 것도 GATS의 한계이다.

오늘날 서비스는 그 자체로 중요할 뿐만 아니라, 제조업의 중간재적 성격을 갖고 있어서 고품질 저가의 서비스는 공산품의 생산성 증가와 경쟁력 향상은 물론이고 경제 전체가 효율적으로 기능하는 데 결정적인 역할을 한다. 그러나 선·후진국을 막론하고 서비스산업은 국내적으로나 국제적으로 경쟁에 덜 노출되어 온 산업으로서, 아직도 정부 소유의 독점 공기업 상태를 벗어나지 못한 경우도 많다. 앞서 서론에서도 강조한 바와 같이 세계화 시대에 정보통신과 금융 등 기본적 서비스산업의 발달이 모든 산업발전의 기초가 되고 있는 오늘날, 이들을 경쟁에 노출시키는 일은 매우 시급한 과제이다.[25]

이런 면에서 WTO 회원국들이 서비스무역 협상을 서비스시장의 개방 확대는 차치하더라도, 서비스시장에 대한 무역장벽과 규제를 현 수준에서 동결할 수 있는 아주 중요한 기회로 충분히 활용하지 못하는 것은 매우 안타까운 일이다. 각국, 특히 개도국들이 서비스시장의 개방이나 서비스산업에 대한 규제완화에 여전히 소극적인 이유는 어디에 있는가? 이 절에서는 이 문제를 좀 더 깊이 있게

---

25) 서비스산업의 낙후는 무역자유화의 이득을 누리지 못하게 만드는 중요한 요인이다. 아무리 상품무역을 자유화할지라도 서비스산업이 낙후되어 있으면 경쟁력 향상은 요원해진다. 예를 들어 공산품 관세를 인하하더라도 국내의 교통·통신 시설이 낙후되어 물류난이 심각하면 공산품의 경쟁력 향상은 기대하기 어렵다.

살펴본다.

4.1 부문별 협상의 한계

1986년 각료회의 이전부터 개도국, 특히 브라질, 인도, 아르헨티나, 이집트 등 소위 G10 국가들은 다자간 서비스무역 협상을 우루과이라운드 의제로 포함하는 것에 극력 반대했다. 자신들의 반대가 관철되지 못할 것으로 판단한 이들은 선진국이 상품무역에 관한 이슈와 서비스무역에 관한 이슈를 연계시켜 개방압력을 행사할 것을 두려워한 나머지 서비스무역 협상을 상품무역 협상과 분리할 것을 주장했다. 그러나 이러한 전략은 오히려 이슈연계에 의한 시장개방 확대를 가로막는 결과를 초래했다(Hoekman and Kostecki, 2009: 357−60).[26]

서비스무역 자유화에 대한 미국과 EU의 입장 차이도 문제였다. EU는 서비스 부문별로 효과적인 시장접근을 달성하는 데 목표를 두고, 각 부문별로 대등한 수준의 시장접근 확보를 위해 각국의 서비스무역 관련 규제의 적절성을 평가하고 부적합한 것으로 판단되는 규제를 점차 자유화하자고 주장했다. 반면, 미국은 MFN은 모든 회원국에 적용되어야 하고, 내국민대우는 모든 경우에 구속력을 지니는 일반적인 원칙이 되어야 한다는 자유주의적 입장을 취했다. 또한 서비스무역의 범위도 가장 넓게 보아, FDI는 물론 외국 서비스 공급자의 시장접근을 제한하는 모든 조치가 협상의 대상이 되어야 한다고 주장했다.

이에 따라 우루과이라운드의 서비스 협상에서 EU와 개도국이 한편이 되고, 미국과 소규모 개방국(싱가포르와 같이 OECD 회원국인 동시에 신흥개도국인 국가)이 다른 한편이 되어 상호 대치했다. 결국 전자가 주장한 부문별 자유화 방식, 소위 '부드러운 기본구조협정(soft framework agreement) 방식'이 우세를 점했다. 그러나 서비스무역의 기본유형으로서 네 가지 서비스 공급방식을 모두 포함시키고, 시장접근을 제한하는 조치에 관한 협상을 추진하며, 내국민대우는 시장개방을 약속한 특정 서비스 부문에 대해서만 적용하되, 시장개방 약속의 이행계획서는 부문 및

---

26) 또한 협상의 초기단계에서 개도국들은 외국인 투자기업에 의한 서비스 공급을 서비스무역 협정에서 제외시켜야 한다고 주장했다. 외국인 투자에 대해 개도국 정부가 일정한 조건을 부과하고 국내 산업을 보호하려는 성향을 갖고 있음을 고려할 때, 외국인 투자기업에 의한 서비스 공급을 서비스 협상대상에서 제외시키는 것은 결국 서비스무역에 대해 내국민대우원칙을 일반적으로 적용하기 어렵게 만드는 결과를 초래했다.

공급방식별로 작성하는 방향으로 타협이 이루어졌다.

바로 이 때문에 GATS의 기본구조는 대단히 복잡한 양상을 띠게 되었다. 이는 향후 서비스무역 협상 역시 부문별 협상방식으로 진행될 것이며, 따라서 해당 부문의 국내 서비스 공급자의 이해관계가 협상에 크게 반영될 것임을 시사한다. GATT와 마찬가지로 서비스무역 협상에서도 상호주의가 중요할 수밖에 없는 이유이다. 문제는 GDP에서 서비스무역이 차지하는 비중이 상품무역의 비중보다 아직 낮다는 것이다. 따라서 서비스 협상에서 수입 서비스 기업과 경쟁관계에 있는 국내 서비스산업의 정치적 영향력이 외국 시장에 진출하기를 원하는 수출지향적 서비스산업의 영향력을 압도할 가능성이 높다. 이는 서비스 시장의 개방이 험난할 것임을 예고한다. 이런 위험성은 서비스 수출 부문이 작고 정치적 영향력이 미약한 개도국에서 더욱 높다(Hoekman and Kostecki, 2009: 364-67).

부문별 협상의 문제점과 한계는 위에서 살펴본 금융, 기본통신, 해운 등 주요 서비스의 후속협상 과정에서도 잘 드러났다(Schott, 1996: 14). 이는 회원국이 WTO의 새로운 자유화 노력을 지지하지 않아서가 아니라, 부문별 협상의 한계와 결점에 상당히 기인한 것으로 볼 수 있다. 제6장에서도 논의했듯이, 부문별 협상에서는 서로 다른 부문 간 양허의 교환이 불가능하기 때문에 협상의 성과가 극히 제약될 수밖에 없다. 실제로 성공적이었던 부문별 협상은 섬유와 철강 부문이 거의 유일한데, 이 경우에서조차 결국 무역장벽은 높아졌다(Schott, 1996: 14).

사실 우루과이라운드 서비스 협상에서 부문별 상호주의가 지배원리가 된 배경에는 상호주의가 동아시아와 남미의 고도성장 개도국들의 서비스 시장개방을 촉진할 것이라는 기대였다. 특히 이들 국가는 자국의 금융, 기본통신 사업자보다는 제조업 등 서비스 이용자의 이익을 우선할 것으로 기대되었다. 그러나 이런 가정은 비현실적이었다. 왜냐하면 자국의 시장개방 여하가 선진국 시장에 대한 접근도 면에서 어떤 변화를 가져다줄 것으로 기대할 수 없는 한, 다른 측면에서 대가를 취하기 어려운 부문별 협상 테이블에서 이들이 추가적인 양보를 할 이유가 없었기 때문이다. 또한 개도국들은 상호주의가 확보되지 않는 한 MFN을 제공하지 않겠다는 미국의 선언을 그리 두려워하지도 않았다. 이들로서는 미국이 그런다 한들 별로 손해볼 게 없었기 때문이다.

4.2 서비스무역 방식에 대한 선호

서비스무역의 네 가지 기본 유형 중 하나로 외국인 투자에 의한 서비스 공급, 즉 상업적 주재가 포함된 점은 주목할 만하다. 이 방식에 의한 서비스 공급은, 물론 서비스 생산방식이나 기술의 특성에 따라 차이가 있겠으나, 일반적으로 수입국 내 노동자의 일자리를 감소시키지 않을 가능성이 크기 때문이다. 또한 수입국의 규제기관 역시 이 방식의 서비스무역을 선호할 가능성이 있다. 왜냐하면 전통적으로 대부분의 서비스산업은 많은 규제를 받아온 산업들로서, 규제기관은 자기들의 통제권 범위 밖에 있는 외국에서 생산된 서비스가 국내에 공급되는 것보다는, 국내에 상업적 주재를 통해 진출한 외국 기업이 규제기관의 규제를 받으면서 서비스를 생산하거나 공급하는 것을 선호할 것이기 때문이다(Hoekman and Kostecki, 2009: 336-37).[27]

실제로 각국 정부가 자발적으로 서비스무역의 자유화를 추구하려 할 때 그들이 가장 선호할 서비스무역 방식은 외국 기업의 상업적 주재 방식일 가능성이 크다. 이는 GATS 협상에서 이 방식에 대한 시장개방 약속이 가장 덜 제한적이었다는 사실에서도 잘 나타난다. 물론 각국 정부가 FDI 방식을 선호하는 배경에는 이 방식 아래서는 고용창출 등 부가가치가 국내에 남는다는 인식이 자리 잡고 있다. 그러나 이 방식이 모든 서비스의 경우에 최적의 공급방식이라고는 말할 수 없다.[28]

부문별 협상에 의존하는 GATS의 구조적 취약성은 서비스무역의 점진적 자유화란 목표 달성에 중대한 장애물이다. 각국 이행계획서의 투명성이 여전히 낮고, 그나마 시장개방 약속이 이루어지지 않은 서비스 부문과 하위 부문에 대해서

---

27) 반면에 자연인의 이동(Mode 4)은 가장 논쟁적인 분야이다. 개도국은 자국 노동자들의 선진국 진출을 용이하게 하기 위해 동 분야의 자유화를 요구한다. 반면, 미국을 비롯한 선진국은 비숙련 노동자의 대거 유입으로 인한 자국 내 노동시장의 교란을 우려해 동 분야에서 교역 활성화에 반대해 왔다.

28) 최근 들어 급증하는 중국의 FDI는 사정이 다르다. 중국 정부는 개도국에 대한 막대한 투자의 전제조건으로 자연인의 이동, 즉 중국 건설노동자 등의 이동 연계를 고집해 대내외적으로 많은 원성을 사고 있다. 전형적으로 ① 중국 정부가 타국 정부에 융자로 대출을 해 주고, ② 중국 건설회사 등 중국 기업이 사회간접자본 프로젝트 건설을 수주해, ③ 중국인 노동자와 중국 기업의 제품만으로 사업을 진행한 결과, ④ 투자를 받은 해당 국가경제에 낙수효과는 매우 제한적인 반면 프로젝트 수행에 들어간 비용은 부채로 남는 구조이다.

GATS는 아무런 정보도 제공해 주지 않고 있다. 바로 이 부문에서 가장 차별적이고 비합리적인 규제와 제한이 무성함에도 말이다. 다시 강조하지만 이것은 GATS의 특히 중대한 결함이다. 서비스무역 장벽은 대부분 규제인데, 각국의 규제기관이 규제를 재량적으로, 자의적으로 시행할 수 있는 여지를 그대로 남겨두고 있는 한 서비스무역 자유화의 길은 험난할 수밖에 없다.

4.3 회원국 정부의 자유화 및 개혁전략에 대한 함의

GATS의 등장이 곧 서비스무역의 자유화를 의미하는 것은 물론 아니다. 진정으로 서비스무역이 자유화되려면 효과적인 시장개방을 위한 다자간 규율이 좀 더 구체적이고 구속력을 가져야 한다. 이런 면에서 GATS는 앞으로 GATT가 걸어온 것과 유사한 멀고도 험난한 길을 걸어나가야 할 것이다. 그러나 사상 처음으로 서비스무역에 관한 다자간 협정이 마련되었다는 것은 이제 서비스무역에 지대한 영향을 미치는 정책과 제도가 다자간 협상의제로 확고하게 자리 잡게 되었음은 결코 무시할 수 없는 중요한 개선이자 발전이다.

앞으로의 핵심 이슈는 서비스무역을 자유화하고 서비스산업의 효율성을 높이려고 애쓰는 회원국 정부들에게 GATS가 어떤 도움을 줄 수 있을 것인가이다. 다자간 협정은 항상 참여국 정부가 국내 정책과 제도를 개혁할 수 있는 유용한 기회를 제공해 왔다. 이런 면에서 GATS에 참여한다는 사실 자체가 회원국 정부의 규제정책과 제도 개혁의 신뢰성을 높이고 시장개방 및 개혁 반대세력에 효과적으로 대항할 수 있는 힘을 강화해 줄 수 있다. 때문에 GATS 제21조(이행계획서의 수정)는 큰 의미를 지닌다. 만일 회원국 정부가 이익집단의 보호주의 압력에 밀려 기존의 시장개방 약속을 수정할 경우, 이로 인해 피해를 보게 될 다른 회원국에게 적절한 보상을 제공하지 않는다면 보복을 감수해야 하기 때문에 뒤로 물러서기가 쉽지 않아졌다. 다만 문제는 현재 서비스 시장 개방 약속이 아주 미미한 수준이라는 점이다.

한편, 회원국 정부는 하나같이 국내 산업 등 서비스시장 개방을 반대하는 세력에 대항해 서비스무역 자유화를 추구해 나가는 입장이라는 점을 고려할 때 GATS가 내국민대우의 일반적 적용을 부정하고, 시장접근 면에서 부문별 접근방식을 취하고 있는 것은 큰 문제다. 내국민대우의 원칙이 일반적으로 적용되지 않고 부문별 특수성을 감안할 수 있는 현재의 GATS 체제 아래에서 GATS에 참여하지 않는, 즉 특정 서비스시장 개방약속을 하지 않고 이행계획서를 제출하지 않은 회원국 정부가 GATS 의무를 들어서 특정 산업의 보호주의 압력을 물리치기가 매우 어렵기 때문이다. 따라서 점진적 서비스무역 자유화를 규정한 GATS 제19조가 회원국의 발전단계나 국가정책 목표를 충분히 고려해야 한다는 내용의 규정을 두고 있는 것이나 개도국에 대해 특별한 고려를 하도록 요구하는 것도 그리 바람직스러운 것은 아니다(Hoekman and Kostecki, 2009: 367-68).

GATS의 또 다른 취약점은 각국의 규제체계와 경쟁정책에 대해 일정한 방향성과 제약조건을 부과하지 않고 있다는 점이다. 무역과 투자의 자유화는 규제완화와 경쟁정책의 강화가 동시에 수반되지 않는 한 큰 의미를 지니기 어렵다. 서비스무역과 투자의 자유화가 금융, 수송, 통신 등 서비스 부문의 효율성 향상에 기여하기 위해서는 시장개방 확대만으로는 부족하다. 규제완화와 경쟁정책의 강화가 수반되지 않는 속에서의 시장개방 확대는 단순히 서로 다른 기업에 지대를 재분배하는 것에 불과하기 때문이다. 그러나 국제투자에 대한 다자간 협정이 아직까지 합의되지 않고 있다.

2015년 나이로비 각료회의에서 회원국 간 이견이 있음("have different views")을 확인한 이후 다자간 서비스무역 협상은 아직까지 이렇다 할 돌파구를 찾지 못하고 있다.[29] 앞서 살펴본 바와 같이 복수국간 서비스협정(TiSA)을 위한 협상이 진행 중이지만 그 진행 속도 역시 더딘 상황이다(제7장 각주 23 참조). 다만 아래 <박스 11.2>에서 다루는 바와 같이 전자상거래 분야에서 등장한 다양한 이해관계와 쟁점들로 인해 서비스무역 분야뿐만 아니라 상품무역 분야, 더 나아가 지식재산권 분야에서도 새로운 규범화를 위한 논의가 활발히 전개되어 왔고 또 앞으로 전개될 전망이다.

<박스 11.2> 전자상거래

최근 국내외를 가리지 않고 전자상거래의 규모와 지리적 범위가 폭발적으로 증가하고 있다. 정보통신기술의 발달로 상품 주문에서 결제와 배송에 이르기까지 전자상거래는 새로운 소비 패러다임으로 자리 잡았다. 전자상거래는 지리적

---

29) https://www.wto.org/english/tratop_e/serv_e/s_negs_e.htm 참조.

거리라는 물리적 장벽과 국경이라는 제도적 장벽을 넘어 소비자의 시장접근성과 정보를 비약적으로 증가시킴으로써 소비자후생 증가에 크게 이바지할 것으로 기대된다. 소위 디지털 무역(digital trade) 시대가 도래한 것이다.

전자상거래란 "전자적 수단을 통한 재화와 서비스의 생산, 유통, 마케팅, 판매 또는 배송(production, distribution, marketing, sale or delivery of goods and services by electronic means)"을 의미한다(WTO General Council, 1998). 그 유형은 거래 당사자에 따라 다음과 같이 분류된다. ① 제조사와 도매상, 도매상과 소매상 등 기업 간의 B2B(Business-to-Business), ② 기업과 소비자 간의 B2C(Business-to-Customer), ③ 정부조달시장에서 기업과 정부 간의 B2G(Business-to-Government), ④ 소비자 간의 직거래인 C2C(Customer-to-Customer)가 그것이다. 이중에서 B2B의 비중이 가장 크고 B2C가 차지하는 비중은 B2B에 비해 작은 편이지만 최근 들어 크게 증가하고 있다. B2G와 C2C는 아직 국제무역 차원에서 크게 주목할 만한 수준은 아니다.

WTO에서 처음으로 전자상거래 규범에 대한 논의가 시작된 것은 1998년 2월 미국 대표가 WTO 일반이사회에 전자상거래에 대한 무관세의 법규화를 제안하면서부터이다. 이미 여러 회원국이 전자상거래의 중요성을 인지하고 있었고, 회원국 간 상이한 규제에 대한 우려가 증가하자 WTO는 1998년 5월 제2차 제네바 각료회의에서 '글로벌 전자상거래 선언(Declaration on Global Electronic Commerce)'을 채택했다(WTO, 1998). 동 선언은 ① 전자상거래와 관련된 모든 무역 쟁점을 검토할 작업프로그램(Work Program on Electronic Commerce)을 일반이사회 산하에 설치할 것을 제안하고, ② 전자적 전송(electronic transmission)에 대해 관세를 부과하지 않는 현 관행을 유지하기로 했다. 전자적 전송은 넷플릭스(Netflix), 구글 플레이(Google Play), 애플 아이튠즈(iTunes) 등을 통해 국외의 동영상, 음원 스트리밍 서비스를 받는 것을 말한다. ICT를 통해 원격으로 제공되는 법률, 보험, 금융 서비스도 포함된다.

같은 해 9월 동 선언에 따라 일반이사회가 전자상거래 작업프로그램을 채택했고 상품무역 이사회, 서비스무역 이사회, 무역관련지식재산권 이사회, 그리고 무역개발 위원회에 각 분야에서 전자상거래와 관련된 임무를 부여했다. 이는 곧 전자상거래 관련 이슈를 기존의 다자간 무역협정 체제 아래서 해결하겠다는 회원국들의 의지를 보여준다. 전자상거래를 독자적인 국제교역 분야가 아닌, 기존의 상거래 영역에서 나타난 새로운 거래수단으로 인식한 것이다(곽동철·안덕근,

2016: 55). 이후 WTO 내에서 전자상거래에 관한 논의가 지속적으로 이루어졌다. 그럼에도 1999년 제3차 시애틀 각료회의부터 2015년 제10차 나이로비 각료회의에 이르기까지 전자상거래에 대한 각 회원국의 의견 차이를 좁히지 못해 새로운 합의사항을 이끌어내지 못했다. 2017년 12월 13일 제11차 부에노스아이레스 각료회의에서도 마찬가지였다. 동 각료회의에서 채택되지 못한 결정초안의 내용은 ① 지금껏 해 온 작업을 계속 이어서 하며 작업이 활성화될 수 있도록 노력하고, ② 전자적 전송에 대한 무관세 관행을 다음 회의까지인 2년 동안 유지한다는 것이었다. 2017년 이후 새로운 각료회의가 열리지 못하는 상황에서 2019년 12월 개최된 일반이사회는 전자적 전송에 대한 무관세 관행을 카자흐스탄에서 개최되는 2021년 제12차 각료회의 때까지 유지하기로 결정했다.[30]

새로운 합의에는 이르지 못했지만 전자상거래와 관련해 WTO 회원국이 대체적으로 동의하는 사항은 있다(WTO Ministerial Conference Eleventh Session, 2017). 우선 회원국은 국제적 전자상거래의 중요성과 그것이 무역의 발전에 전반적으로 큰 기회를 제공할 것이라는 점을 인식한다. 그중에서도 특히 개발도상국과 최빈개도국, 그리고 중소기업에 큰 도전이자 기회를 제공할 것이라는 것도 인정한다. 그리고 WTO가 친(親)전자상거래 환경을 조성하는 데 중요한 역할을 수행해야 한다는 점도 확인한다. 단지 그 구체적인 방향과 속도에 있어 선진국과 개도국 간 입장 차이가 좁혀지지 않았을 뿐이다.

가장 큰 쟁점은 '전자적 전송의 무관세 관행의 한시적 유지'를 어떻게 볼 것인지에 대한 선진국 내, 그리고 선진국과 개도국 간 입장 차이다. ① 전자적으로 전송되는 무형물을 서비스로 볼 것인가 재화로 볼 것인가, ② 온라인 무형물은 관세나 부가가치세 등 내국세의 과세 대상인가 아닌가, ③ 무관세 관행이 한시적인 것인가 영구적인 것인가 등이 전자적 전송을 둘러싼 쟁점이다. 전자상거래 시장의 큰손인 미국은 온라인 무형물을 GATT가 관할하는 '재화'로 보아 전자적 전송의 무관세 관행을 유지해야 한다는 입장이다. EU는 온라인 무형물을 GATS가 관할하는 '서비스'로 보고 무관세 관행은 일시적인 것일 뿐 추후에 관세를 부과해야 한다는 입장이다. 관세수입에 재정의 상당 부분을 의존해야 하는 개도국은 대개 EU의 입장을 지지한다.

실제 EU는 역내에서 이를 과세대상으로 보아 2003년부터 전자적 전송 서비스에 부가가치세를 부과하고 있다. EU 회원국 정부 수입의 40% 가까이가 부가가

---

30) https://www.wto.org/english/tratop_e/ecom_e/ecom_e.htm 참조.

치세에 의존하는 것도 이와 무관치 않다(최장우, 2006: 317; 곽동철·안덕근, 2016: 59-60). 한국은 국제기구와 미국의 입장을 수용한 「대외무역법」, 「관세법」, 「문화산업진흥 기본법」, 「콘텐츠산업 진흥법」 등에 따라 무형물의 전자적 전송에 대해 원칙적으로 관세나 부가가치세를 부과하지 않고 있다. 동시에 「부가가치세법」 일부 조항, 「전자상거래 등에서의 소비자보호에 관한 법률」, 「정보통신망 이용촉진 및 정보보호 등에 관한 법률」 등에 근거해 선택적으로 부가가치세를 부과할 수도 있어 EU식 접근 또한 따르고 있다(박은솔, 2019).

한편, 전자상거래와 관련해 도하라운드가 지지부진하자 미국은 양자 및 복수국간 FTA로 눈을 돌려 상대국에게 무역 활성화를 위한 전자상거래 규범을 수용하도록 독려하고 있다. 미국은 온라인 무형물을 전통적인 WTO의 시각에 따라 재화 또는 서비스로 분류하는 대신 디지털 제품(digital product)이라는 새로운 분야로 묶어 모든 전자상거래를 하나의 틀에서 처리하고자 한다(Gao, 2018: 316). 한미 FTA 제15조 9항과 TPP 제14조 1항의 각주에서 "디지털 제품의 정의는 전자적 전송을 통한 디지털 제품의 무역이 상품무역으로 분류되어야 하는지에 관한 당사국의 견해를 반영하는 것으로 이해되어서는 안 된다"고 규정해, 적어도 양자 및 복수국가 간 무역협정에서 온라인 무형물의 법적 지위에 대한 논란을 종식시키고자 한다. 또한 WTO에서 무관세 관행을 한시적으로 유지한 것과 달리 한미 FTA 제15조 3항과 TPP 제14조 1항은 디지털 제품에 대해 관세를 부과할 수 없다는 것을 명시할 뿐만 아니라 그 기간을 정하지 아니해 동 협정 체결국 간 무관세 관행을 영구화하고 있다(곽동철·안덕근, 2016: 75).

전자상거래는 유형성을 특징으로 하는 '재화'와 무형성을 특징으로 하는 '서비스' 및 '지식재산권'의 속성을 모두 갖고 있다는 점에서 일종의 '키메라(chimera)'라고 할 수 있다. '키메라'는 그리스 신화에 등장하는 괴물로 생물학에서는 하나의 생물체 안에 서로 다른 유전 형질을 갖는 동종의 조직이 공존하는 현상을 말한다. 그런 의미에서 '키메라'는 전자상거래 분야를 주도하고 있는 거대 글로벌 ICT 기업의 은유이기도 하다. 사자의 힘과 염소의 교활함과 뱀의 독을 동시에 지니고 있어 대적할 상대가 없었다는 점, 서로 다른 여러 종의 특성(머리는 사자, 몸통은 염소, 꼬리는 뱀의 모양)을 갖고 있었다는 점, 난폭한 성질 때문에 때로는 집을 파괴하고 무고한 사람들을 희생시키기도 했다는 점에서 FANG(Facebook, Amazon, Netflix, Google) 또는 FAANG(Facebook, Apple, Amazon, Netflix, Google)을 연상시킨다. 업계에 미치는 영향력이 압도적인 이들 FANG의 영어 원뜻이 맹수의 송곳니라는 사실은 우연의 일치일까?

〈그림 11.1〉 키메라의 상상도와 거대 IT 기업 FAANG

출처: https://images.google.com

거대한 내수시장을 배경으로 전자상거래 분야에서 영향력을 확대하고 있는 중국도 무시할 수 없다. 중국은 인공지능(AI), 5세대(5G) 통신기술 등 IT 인프라에 대한 정부의 막대한 투자와 지원, 14억 인구의 빅데이터를 무기로 이 분야에서 그야말로 약진하고 있다. 2018년 말 기준으로 세계 AI 관련 기업 1만 6,000여 곳 가운데 중국 기업이 3,300여 곳으로 미국에 이어 2위였다. 2년 만에 세 배 넘게 불어난 수치라고 한다. BATX로 불리는 중국의 대표 ICT 기업인 바이두(Baidu), 알리바바(Alibaba), 텐센트(Tecent), 샤오미(Xiaomi)는 이미 글로벌 인터넷 기업의 반열에 올라섰다. 중국의 빅데이터 시장이 2025년에는 전 세계 빅데이터의 3분의 1을 차지할 것이라는 전망도 나온다(강현우, 2020; 조재영, 2020). 중국 정부가 자국 데이터 통제와 중국 중심의 표준규범 수립에 박차를 가하면서 불공정 무역관행이 크게 늘고 있지만 이를 규제할 규범적 수단이 마땅치 않다는 것이 WTO와 국제사회의 고민이다. 제13장에서 다시 다루는 바와 같이 야수적이면서도 야누스(Janus)적 속성을 갖는 이들 거대 ICT 기업의 장점을 최대화하고 그 단점을 최소화하는 것이 21세기 국제 자유무역체제가 풀어야 할 난제 중의 난제가 되었다.

제 12 장 무역관련 지식재산권 협정

1. 무역관련 지식재산권 보호의 의의

지식재산권(Intellectual Property Rights: IPR)은 일반 공중이 재산적 가치를 갖는다고 인정하는 어떤 아이디어, 발명, 창조적 표현의 결합체이다. 지식재산권은 크게 산업재산권(industrial property right), 저작권(copyright), 그리고 저작인접권(neighboring copyright: 작사자나 작곡자와 대비해 연주자, 가수, 음반 제작자 등이 갖는 권리)의 세 가지 유형으로 나뉜다. 정부가 지식재산권을 보호하는 논거는 보호대상의 특성에 따라 차이가 있다. 특히 특허, 저작권, 저작인접권, 산업비밀(industrial secrets), 산업용 설계(industrial designs)는 그야말로 상업적 가치를 갖는 지식재산(Intellectual Property: IP)이다. 등록상표나 원산지 표시는 무형이라는 점에서 지식재산과 유사하지만 지식상품(knowledge goods)으로서 가치를 가지고 있다고 보기는 어렵다.[1]

이들 지식재산은 공공재 성격을 지닌다. 아무리 많이 써도 그 양이 줄지 않으며, 이를 확산시키는 데 한계비용이 거의 들지 않는다. 따라서 정태적 효율성

---

[1] 다만 등록상표와 원산지표시 역시 TRIPS에서는 국제무역에서 보호되어야 할 지식재산권에 포함한다. 이것은 이들이 실질적으로 제품 차별화를 촉진하고 정보원으로서 가치를 지닌 중요한 표지(indications)로 사용되기 때문이다.

관점에서 보면 이들의 가격은 '영(0)'이 되는 것이 바람직하다. 그러나 이것은 발명이 많은 비용과 투자를 필요로 한다는 점을 고려하지 않았을 때의 얘기다. 만일 새로 발명된 지식의 가격이 영이라면 누구도 지식을 발견하고 발명하기 위해 자신의 시간과 자원을 투자하려는 물질적 유인을 갖지 않을 것이다. 물론 물질적 유인이 없더라도 발명 노력을 기울이는 이들은 있을 수 있다. 경험적 연구에 의하면 특허의 보호가 필요한 이유는 발명 그 자체를 촉진하기 위해서가 아니라, 특허의 보호를 통해 많은 비용이 드는 R&D 활동에 종사할 유인을 제공함으로써 발명을 상품이나 생산방법으로 전환하기 위해서이다(Hoekman and Kostecki, 2009: 371).

특허나 저작권 등은 발명자나 저작자에게 발명을 사용하고 저작물을 재생산해 낼 수 있게 함과 동시에 대가의 제공 없이는 경쟁자가 이를 무단으로 침범할 수 없도록 하는 독점적 권리를 부여한다. 이 독점적 권리를 바탕으로 발명자와 저작자는 투자비용을 회수하고, 경제적 이득을 누리며, 지식을 재생산할 유인을 갖게 된다. 뿐만 아니라 지식재산의 보호는 발명이 좀 더 빨리 대중에게 공개(public disclosure)될 수 있게 만든다. 지식재산은 그것이 보호되지 않을 때 오랫동안 비밀스럽게 유지되는 경향이 있기 때문이다. 따라서 여러 정부는 개인의 재산권을 보호할 필요성과 새로운 지식에 값싸고 빠르게 일반 국민이 접근하도록 할 필요성 사이에서 최적의 균형을 취하기 위해 노력한다(최병선, 1992: 307-10). 이 문제는 정답이 없고 각국의 정책목적, 관련 산업부문, 기타 여러 특수한 사정에 따라 균형점이 다를 수밖에 없다.[2]

지식재산권 보호를 위한 다자간 협상은 「1883년 산업재산권 보호를 위한 파리 협약(Paris Convention for the Protection of Industrial Property)」과 「1886년 문학 및 예술 작품 보호에 관한 베른 협약(Berne Convention for the Protection of Literary and Artistic Works)」에서 시작해 1세기 이상의 긴 역사를 갖는다.[3] 그럼에

---

[2] 일반적으로 저작권법은 영미법계 전통에 따른 Copyright 체계와 대륙법계 전통에 따른 Droit d'auteur(Author's rights) 체계로 구분된다. 저작권의 보호를 산업적·경제적 권리로 보느냐 자연법적 권리로 보느냐에 따라 권리의 본질이 달라진다. 영미 저작권법은 창작에 대한 경제적 인센티브 측면에 대한 고려가 많았던 반면, 프랑스와 독일에서는 저작권을 자연법에 입각한 인격권의 일부로 간주해 왔다. 하지만 영미와 대륙 저작권법을 막론하고 저작권에 대한 법적 접근, 특히 불법복제와 유통에 대한 대응은 새로운 전달매체를 가능하게 한 기술의 발전과 떼려야 뗄 수 없는 관계를 맺으며 발전해 왔다(박덕영·이일호, 2009: 3-9).

[3] 이 중에서 「베른 협약」은 저작권의 국제적 보호에 관한 가장 중요하고 광범위한 조약이다. 이

도 지식재산권 이슈가 무역과 연계되어 우루과이라운드 협상의제로 등장한 배경
과 의의는 무엇일까?

무역과 지식재산권의 연계는 무엇보다 서구 선진국들이 「파리 협약」이나
「베른 협약」만으로는 새롭게 직면한 무역관련 지식재산권 문제에 효과적으로
대응할 수 없다는 인식에서 시작되었다. 20세기 후반 들어 지식재산을 체화
(embodying)한 상품의 국제무역이 크게 늘었지만, 특히 첨단산업 부문에서 지식
재산권의 보호가 충분히 이루어지지 않아 선진국 산업의 이익이 침해되는 사례
가 빈번해졌다. 이에 선진국은 기술 수입국으로 하여금 지식재산권을 좀 더 강하
게 보호하도록 강제할 수 있는 방법을 고민하기 시작했다. 사실 불법 모조품(illegal
counterfeit goods) 무역 문제는 1970년대부터 제기되었지만[4] 1980년대 들어 첨단
산업의 성장과 더불어 불법 복제기술도 향상되어 모조품이 상품무역에서 차지하
는 비중이 커지자 이를 더 이상 좌시할 수 없게 되었다.

무역과 지식재산권 연계를 주도한 미국은 지식재산 침해 문제에 대해 「1988
년 종합무역법」에 따른 스페셜 301조나 「1930년 관세법」에 따른 제337조(Section
337)에 따라 보복조치 위협을 가하는 방법으로 문제를 해결해 왔다. EU도 지식재
산을 침해하는 불법적인 무역행위를 규제하기 위한 규정(Regulation 2641/84)을 제
정해 이에 대처했다. 지식재산 침해국이 지식재산권 관련 국제협약의 가입국이
아니어서 이 문제를 국제사법재판소에 제소할 수 없는 경우가 문제가 되었지만,
그렇다고 일방적인 보복조치 위협을 가해 문제를 해결하려는 선진국의 방식도
정당한 것은 아니었다(Bhagwati and Patrick, 1990).

미국과 EU의 일방적 보복위협은 종종 GATT에 제소되었다. 일련의 승소와
패소 과정을 거치면서 OECD 선진국의 첨단산업계는 지식재산권 침해는 곧 해적

조약은 저작권 보호의 근간을 이루는 규범적 요소를 모두 담고 있다. 특히 내국민대우원칙과 법
정지법주의(法廷地法主義, *lex fori*, law of the forum: 소송의 준거법을 소송이 현재 일어나고
있는 국가의 법률로 하는 속지주의원칙)를 천명함으로써 저작권법의 국내외적 균형과 질서를
확립하는 데 중요한 가이드라인을 제공한다(박덕영·이일호, 2009: 58-59).

4) 불법 모조품 무역에 대한 논의가 처음 시작된 것은 도쿄라운드에서였다. 당시 미국은 이 문제
에 관한 규약의 초안을 제출했으나 협상에 아무런 진전이 없었다. 이후 1982년 GATT 각료회의
는 미국의 요청에 따라 일반이사회에 이 문제를 검토하도록 요청했고, 1985년 전문가그룹은 이
문제를 다자적으로 다룰 필요성이 있음을 인정하면서도 과연 GATT가 적절한 포럼인지에 대해
서는 의문을 제기한 바 있다(Hoekman and Kostecki, 2009: 373).

및 절도 행위이므로, 이 문제에 대한 다자간 규칙의 제정과 강력한 지식재산권 보호제도의 시행을 요구했다. 특히 미국의 제약·오락·정보 산업계의 압력은 대단했고, 이들의 강력한 요구는 TRIPS가 우루과이라운드의 협상의제로 부상하는 데 결정적인 기여를 했다(Hoekman and Kostecki, 2009: 373-75).

개도국은 개도국대로 고민이 많았다. 처음에 이들은 지식재산권의 보호문제를 다자간 무역협상 의제로 삼는 것에 강력히 반대했다. 지식재산권의 보호는 국내 정책 문제이고, 자신들이 지식재산권을 충분히 보호하지 못하더라도 그것이 선진국에 미치는 악영향은 미미하며, OECD 선진국 수준으로 지식재산권을 보호하면 약품이나 식품 가격의 과도한 인상이 불가피해 자국민의 후생에 치명적 타격을 줄 것이라고 주장했다. 그러나 개도국 내에서도 지식재산권 보호의 강화를 원하는 집단도 있었다. 지식재산을 창출하거나, 이를 적극적으로 사용하는 산업 부문은 선진국으로부터의 첨단기술 이전이 주로 FDI 형태로 이루어지기 때문에 지식재산권의 강력한 보호를 투자유치의 선결요건으로 보기 시작한 것이다. 결국 여러 개도국이 한편으로는 미국과 EU의 일방적인 보복위협에서 벗어나고, 다른 한편으로는 자국 업계에 선진국의 첨단기술을 획득할 수 있는 기회를 주기 위해서라도 지식재산권에 대한 보호를 강화하는 것이 불가피하다고 판단했다. 더 나아가 주요 개도국은 협상전략 차원에서 자신들의 대선진국 주요 수출 품목인 농산물과 섬유 및 의류 분야에서 선진국의 양보를 얻어내는 대가로 선진국이 그토록 원하는 지식재산권의 보호를 맞바꾸려 했다.

2. TRIPS 협정의 구조와 특징

2.1 협정문의 구조

TRIPS는 매우 복잡하고 방대한 체계를 가진 협정이다. 이 협정은 크게 7부로 나뉘고, 조항이 무려 73개에 달한다. 동 협정은 지식재산권에 대한 정의를 따로 내리는 대신 지식재산권의 예를 ① 저작권과 저작인접권, ② 상표, ③ 지리적 표시(geographical indications), ④ 의장(industrial design), ⑤ 특허, ⑥ 집적 회로 배치설계의 여섯 가지 주요 유형으로 나누어 접근한다. 그 밖에도 ⑦ 비공개 정보의 보호, ⑧ 계약베이스 라이선스(contractual licenses) 관련 반경쟁적 관행의 규제에 관한 실체적 규정을 두고 있다.[5] TRIPS 규정은 MFN 원칙에 따라 WTO 회원국 모두에 적용된다는 점에서 일부 회원국에만 적용되었던 기존의 국제협정과 차이가 있다. 30여 선진국들은 1996년 1월부터 TRIPS를 시행하고 있다. 개도국은 2000년 1월부터 TRIPS 협정의 적용을 받고 있으며 최빈개도국은 2006년 이후로 유예되었다. 아래에서는 이 협정의 기본 구조와 특성, 그리고 일반적 규칙과 규율을 중심으로 개략적으로 소개하고자 한다.

우선 TRIPS는 지식재산권의 보호에 관한 기존 국제협약의 규정을 거의 그대로 인용한다. 세계지식재산권기구(World Intellectual Property Organization: WIPO)가 관할하는 「1883년 산업재산권 보호에 관한 파리 협약」, 「1886년 문학 및 예술 작품 보호에 관한 베른 협약」, 「1989년 반도체회로 관련 지식재산권에 관한 워싱턴 조약(Washington Treaty on Intellectual Property in Respect of Integrated Circuits)」 등을 모두 수용한 것이다.[6] 다만 WTO 회원국은 이런 국제협약에 가입할 의무를 지지는 않는다. TRIPS 협정은 무역과 관련되는 실체적 지식재산권 규범을 새롭게 노입하고 직용하기보다는 기존의 국제협약을 그대로 수용하고 일부 보완하는 데 그쳤다는 점에서 엄연한 한계가 있다. 그러나 기존 국제협약 아래서는 확보되지 않았던 지식재산권 관련 의무의 이행과 위반에 대한 제재를 좀 더 강화했다는 점은 큰 의의를 갖는다(박덕영·이일호, 2009: 12). 때문에 TRIPS 협정을 정확히 이해하기 위해서는 국제 통상법에 대한 이해 못지않게 개별 국제 저작권법에 대한 이해가 중요하다.

TRIPS 협정의 가장 큰 특징은 WTO의 모든 회원국이 지식재산의 보호에 관한 최저기준을 수립함으로써 지식재산권에 대한 회원국 간 기준의 조화를 모색한다는 점이다. 이 점은 GATT나 GATS가 회원국들이 무역정책에 관한 일반 규칙과 원리에 합의하도록 유도하고 각국의 자유화 약속을 얻어내는 방식을 취하

---

5) 주요 지식재산권의 보호기간은 다음과 같다. ① 저작권 및 저작인접권(최소 50년), ② 상표(최소 7년), ③ 의장(최소 10년), ④ 특허(최소 20년).

6) 1967년에 설립된 WIPO는 유엔 경제사회이사회 아래에서 특정 업무를 수행하는 15개 전문기구(specialized agencies) 중 하나이다. 현재 193개국이 참여하고 있으며 26개의 국제 조약을 관할한다. 설립목적은 국가 간 협조를 통해 필요하면 기타 모든 국제기구와 공동으로 전 세계의 지식재산권의 보호를 촉진하고 제 동맹 간의 행정적 협조를 확보하는 것이다(WIPO 설립 협정 제3조). 본부는 스위스 제네바에 있다.

되, 무역정책의 조화를 모색하지는 않는 것과 크게 대비된다. TRIPS 협정은 회원국 정부가 지식재산권의 보호를 위해 적극적인 행동을 취하도록 의무화한 최초의 다자간 무역협정이다. GATT나 GATS는 회원국 정부가 특정 정책을 추구하도록 요구하지 않으며, 다만 회원국이 추구할 수 있는 정책의 유형에 관해 일정한 규율을 부과하고 있을 뿐이기 때문이다(Hoekman and Kostecki, 2009: 377).

<박스 12.1> TRIPS 조문의 구성

제1부 일반규정 및 기본원칙(제1조 – 제8조)
제2부 지식재산권의 취득, 범위 및 사용에 관한 기준
    제1절 저작권 및 저작인접권(제9조 – 제14조)
    제2절 상표(제15조 – 제21조)
    제3절 지리적 표시(제22조 – 제24조)
    제4절 의장(제25조 – 제26조)
    제5절 특허(제27조 – 제34조)
    제6절 집적회로 배치설계(제35조 – 제38조)
    제7절 비공개 정보의 보호(제39조)
    제8절 계약베이스 라이선스 관련 반경쟁적 관행의 규제(제40조)
제3부 지식재산권의 집행
    제1절 일반적 의무(제41조)
    제2절 민사 및 행정절차와 구제(제42조 – 제49조)
    제3절 잠정조치(제50조)
    제4절 국경조치에 관한 특별조치(제51조 – 제60조)
    제5절 형사절차(제61조)
제4부 지식재산권의 취득, 유지 및 관련 당사자간 절차(제62조)
제5부 분쟁의 방지 및 해결(제63조 – 제64조)
제6부 경과조치(제65조 – 제67조)
제7부 제도규정과 최종조항(제68조 – 제73조)

TRIPS 협정이 이런 접근방식을 취하게 된 가장 중요한 이유는 역시 미국의 관련 산업계가 이를 강력히 선호했고, 개도국이 1986년 당시에는 상상도 할 수 없었던 수준의 양보를 한 덕분이었다. 이와 관련해 이 협정이 개도국에 어떤 영향을 줄 것인지는 처음부터 논쟁적이었다. 이에 관한 논평에서 Rodrik(1994: 449)은 "TRIPS는 분명히 재분배 이슈에 속한다. 시장구조와 동태적 대응에 관한 어떤 가정에도 불구하고 지식재산권에 대한 보호의 강화는 개도국의 소비자와 기업으로부터 선진국의 기업으로 부를 이전시키는 결과를 빚을 것이다"라고 평가했다. 물론 지식재산권의 보호 강화로 상대적으로 손실을 보게 된 개도국은 농산물과 섬유 및 의류 무역 측면에서 보상을 받으려 했고, 우루과이라운드에서 이루어진 양 부문 간의 이슈연계는 쌍방이 만족할 만한 것이었던 것으로 평가된다.[7]

TRIPS 협정이 회원국의 의무에 대해 아주 실질적으로 그리고 매우 투명하게 규정한다는 사실은 동 협정이 내국민대우와 최혜국대우 원리를 제한 없이 채택하고 있다는 사실에서도 잘 나타난다. 먼저 내국민대우는 이미 지식재산권 관련 국제협약의 기본원리로 수용되었다. TRIPS 제3조(내국민대우)는 회원국이 지식재산권의 보호와 관련해 자국민에 부여한 것보다 분리하지 않는 대우를 외국인에 제공하도록 의무화한다.[8] 이어서 제4조(최혜국대우)는 지식재산권 관련 협정에 처

---

7) TRIPS 협정이 개도국에 미치는 영향에 관한 연구는 동 협정이 개도국으로의 기술 및 자본 이전에 미치는 영향 또는 의약품 등 첨단기술에 대한 개도국의 접근권에 미치는 영향에 대한 연구가 주를 이룬다. 우선 TRIPS 협정이 개도국에 부정적인 영향을 미친다는 연구에 따르면 동 협정으로 인해 개도국은 첨단기술, 특히 의약품에 대한 접근권을 제한받는다. 특히 개도국이 TRIPS 협정이 요구하는 높은 지식재산권 보호 수준을 수용하면 신약의 복제품 시판이 늦어지게 되어 신약에 대한 개도국 소비자의 접근을 제한한다(World Health Organization, 2017). 실증연구에 따르면 TRIPS 협정이 규정하는 강제실시는 개도국 기업의 R&D 유인을 줄인다(Hossain, 2018). 반면, 많은 연구가 TRIPS 협정이 개도국 내에 FDI 유입을 확대하고 기술이전을 촉진함으로써 개도국의 혁신 역량을 제고함을 밝힌다(Correa, 2000; Lesser, 2002; Javorcik, 2004). 개도국은 WTO에 가입하면서 자국의 지식재산권 보호 수준을 TRIPS 규정에 부합하도록 개정하려는 유인을 갖는다. 강력한 지식재산권 레짐을 가진 국가는 더 많은 지식집약재의 유입을 기대할 수 있고, 이는 결과적으로 개도국으로의 더 많은 FDI 유치와 기술이전을 가능하게 한다(Lippoldt, 2006; Hossain, 2018). TRIPS 협정이 첨단기술에 대한 접근과 이전을 저해한다는 개도국의 주장과는 달리, 기술이전을 가로막는 것은 지식재산권의 보호 그 자체가 아니라 개도국의 국내 규제와 정책 및 시장구조 때문이라는 것이다(Parviz, 2017).

8) 「베른 협약」에서 내국민대우의 대상으로 규정하는 '권리' 개념보다 TRIPS 협정이 규정하는 '지식재산권의 보호(protection of intellectual property)'가 더 포괄적이라는 주장이 있으나 '권리'와 '보호'를 구분하는 법적 실익이 크지 않다는 것이 다수설이다(박덕영·이일호, 2009: 36).

음 등장했는데, 회원국이 다른 회원국에 제공한 우대는 다른 모든 회원국에 적용되어야 한다는 것으로, 비록 그런 대우가 회원국이 자국민에 대해 부여한 것보다 더 유리한 내용일지라도 MFN 대우를 제공하도록 하고 있다. 제3조와 4조에 대한 예외는 오로지 기존의 지식재산권 관련 국제협약이 특별히 다른 접근방식을 취하거나 TRIPS 협정에서 규율하지 않는 지식재산권이 관련된 경우에 한한다.

동 협정 제8조 1항은 일반 원리에 관한 규정으로서 TRIPS 협정의 규정에 저촉되지 않는 한 회원국이 자국의 법령을 제·개정함에 있어서 국민의 보건과 영양을 보호하고 사회·경제 및 기술 발전을 위해 긴요한 부문에서 공익을 증진하기 위해 필요한 조치를 취할 수 있도록 허용하고 있다. 또한 동조 2항은 같은 조건 아래에서 회원국은 지식재산권 소유자의 권리남용을 예방하고 불합리하게 무역을 제한하거나 국제적 기술이전에 악영향을 미치는 관행을 방지하기 위해 필요한 적절한 조치를 취할 수 있다고 규정한다. 구체적으로 무엇이 권리남용에 해당하고 경쟁에 악영향을 미치는 관행인지에 대해서는 협정에 명시되지 않았다. 따라서 이 문제는 회원국 간 협의와 분쟁해결기구의 판례 축적을 통해 보완될 전망이다.9)

2.2 이행기간의 설정

TRIPS 협정은 회원국이 협정상 의무를 이행하기 위해 자국의 법령을 제·개정하는 데 상당한 기간이 소요될 것으로 보고 이행기간에 관한 규정을 두고 있다. 제65조는 모든 회원국에 협정의 이행준비를 위해 WTO 발효일로부터 1년의 기간을 이행기간으로 설정한다(1항). 다만 개도국과 일부 동유럽 국가 등 시장경

---

9) 필요한 경우 저작권이 제한될 수 있다는 법리는 오래전부터 인정되어 왔다. ① 일정한 창작물에 대해서는 저작권을 성립시켜서는 안 된다는 공공정책적 판단에 따라 명시적으로 특정 유형의 저작물 혹은 유무형물을 보호의 범위에서 제외하는 경우(저작권의 제한), ② 저작물의 보호는 인정되지만 행위자가 저작권 침해에 대한 어떠한 책임을 부담함이 없이 특정 행위를 허용하는 저작권 보호의 제한인 경우(저작권의 예외), ③ 보상금이 이용에 대한 대가로 지불되는 경우, 보호되는 저작물에 대해 제한되는 행위를 실행할 수 있도록 허락하는 것을 보장하는 강제허락체계인 경우 등의 일반적 예외가 있다(박덕영·이일호, 2009: 288−89). 이와 관련해 TRIPS 협정 제13조(제한과 예외)는 "회원국은 배타적 권리에 대한 제한 또는 예외를 저작물의 통상적 이용과 충돌하지 아니하고, 권리자의 정당한 이익을 불합리하게 해치지 아니하는 특정하고 특별한 경우로 한정한다"고 규정한다.

제 이행국가에 대해서는 추가적으로 4년의 이행기간을 부여했다(2, 3항). 또한 예외적으로 제약 및 농산물 등 일반적으로 개도국이 특허 보호를 제공하지 않는 분야와 관련된 협정상 규정의 이행기간은 4년이 아니라 9년으로 설정했다(4항). 최빈개도국에 대해서는 총 11년의 이행기간을 설정했으며, 특별한 사정이 있을 때는 연장이 가능하다(제66조). 다만 이러한 이행기간의 설정에는 중대한 예외가 있는데, 개도국을 포함한 모든 회원국은 WTO 협정의 발효일로부터 1년이 되는 시점에서는 내국민대우와 최혜국대우를 제공 의무를 반드시 이행해야 한다.

TRIPS 협정은 현재 판매허가를 기다리고 있는 상품 및 공정에 대한 특허의 소급보호(retroactive protection)를 요구하지 않는다. 소위 '파이프라인 보호(pipeline protection)'로 거론된 이 문제는 이미 선진국에서 특허를 받았으나 아직 제품이나 공정의 안정성 여부에 대한 규제당국의 승인을 기다리고 있는[10] 의약품, 농화학 제품 및 공정을 과연 개도국이 소급적으로 보호해 주어야 할 것인지에 관한 문제이다. 선진국은 소급적용을 주장한 반면 개도국은 반대했다. TRIPS 협정은 회원국이 해당 기업이 특허출원을 할 수 있도록 절차를 마련하고, 해당 특허가 출원된 날로부터 소정의 이행기간이 경과한 후의 시점에서 잔여 특허기간에 해당하는 기간 동안 특허보호를 제공해 주도록 했다.[11]

이상과 같이 비교적 긴 이행기간의 설정에 대해 미국을 비롯한 선진국의 화학, 제약, 컴퓨터 등 첨단 산업계는 강력히 반대했다. 이 기간 동안 막대한 로열티와 이용료를 포기해야 하기 때문이었다. 또한 이들은 이행기간 중에 소프트웨어나 비디오의 복제, 특허를 도용한 약품(knock-off pharmaceuticals), 모조 유행상품 등이 '합법적'으로 거래될 것이며, 이에 따라 불공정무역과 관련된 무역분쟁이 야기될 것이라고 주장했다. 그러나 이행기간의 설정을 강력히 요청한 개도국은 농산물이나 섬유 및 의류에 대한 회색지대조치의 철폐가 이에 못지않게 매우 점진적으로 이루어지고 있는 한, 엄청난 조정노력과 비용을 초래하는 TRIPS 협정 이행기간 단축을 용납할 수는 없다는 입장이었다(Hoekman and Kostecki, 2009: 385).

---

10) 미국에서는 이 과정을 거치는 데 평균 10년이 걸린다고 한다.

11) 예를 들어 어느 개도국에서 1997년에 특허출원이 되었으면, 특허보호는 9년의 이행기간을 거친 후, 2006년부터 11년간(최소 특허보호 기간 20년 중 이행기간 9년을 제외한 기간) 계속된다(https://www.wto.org/english/tratop_e/trips_e/pharma_ato186_e.htm).

2.3 협정의 집행과 분쟁해결절차

TRIPS 협정은 동 협정의 집행과 분쟁해결절차에 관해 매우 상세히 규정하고 있다. 이는 이 규정들이 모든 회원국의 주요 관심사였기 때문이다. 우선 지식재산의 강력한 보호를 원하는 선진국으로서는 일방적 제재조치를 포기하는 대가로 구속력 있고 신뢰할 만한 시행규정이 필요했고, 제재조치의 대상국들은 일방적 제재조치의 허용범위를 가능한 한 축소하고자 했다. 이에 따라 미국 통상법 301조(Section 301) 조치는 동 협정이 적용되지 않는 문제에 대해서만 발동할 수 있게 되었다.

TRIPS 협정 제3부는 동 협정의 시행에 관한 사항을 규정한다. 제41조는 회원국은 국내법에 어떠한 형태와 방식의 지식재산권의 침해행위에 대해서도 효과적 대응조치를 취할 수 있는 시행절차를 마련하도록 의무화하고 있다. 물론 이 절차는 공정해야 하고, 내국인과 외국인에 동등하게 적용되어야 하며, 불필요하게 복잡하거나 큰 비용을 초래하거나 불만사항의 처리를 지연시키는 것이어서는 안 되고, 불법적인 침해행위와 관련해 외국의 지식재산권자가 적절한 구제를 받을 수 있게 하는 절차 및 침해자에 대한 처벌 규정을 두도록 하고 있다. 여기서 말하는 구제수단(remedies)으로는 침해행위의 정지명령(cease-and-desist orders), 모조품이나 해적행위로 인한 손실에 대한 보상, 불법상품 및 제조기계의 압수(impoundment) 및 폐기가 있다.

TRIPS 협정 제5부는 지식재산권 관련 분쟁해결을 위해 WTO의 분쟁해결절차를 준용하도록 한다. 동 협정의 시행을 위해 설치된 무역관련 지식재산권 이사회(Council for TRIPS)는 WIPO와 달리, 협정의 운영 상황을 모니터하고 회원국 간 협의와 분쟁해결절차가 원만히 진행될 수 있도록 하는 기능을 갖게 되었다.[12] 다

---

12) 선진국이 지식재산권 보호를 강제하는 방법은 WIPO와 양자 협상을 병행하는 것과 GATT를 이용하는 것이 있었다. 특히 미국 IT업계는 WIPO를 통해 지식재산권을 보호하려 했으나 WIPO에는 지식재산권 관리를 강제하는 조치가 부재했고, 무역관련 분쟁보다는 국제적으로 통용되는 기술과 지식을 재산으로 인정하자는 데 그쳐 한계가 있었다(조화순·이효원, 2007). 그럼에도 WIPO는 여전히 지식재산권 제도의 발전을 위해 중요한 역할을 한다. WIPO가 갖는 전문성은 TRIPS 이사회가 국제협약을 해석하고 TRIPS 규정을 시행하며, 새로운 TRIPS 권리와 의무를 개발하는 데 매우 중요하다. 따라서 동 이사회는 WIPO와 특별협정(Agreement Between the World Intellectual Property Organization and the World Trade Organization, 1996년 1월 발효)을 맺고 긴밀히 협력하고 있다.

만 GATT 제23조 1항 (b)와 (c)에 규정되어 있는 소위 '비위반 제소(non-violation cases)', 즉 협정의 규정을 문자 그대로 위반한 것은 아니나, 협정상의 양허를 무효화 또는 침해하는 효과를 가지는 사례에 대해서는 WTO 발효일로부터 5년간 본 분쟁해결절차 규정이 적용되지 않는다(제64조 2항). 예를 들어 이 5년 동안은 지식재산권을 상업적으로 이용하면서 로열티의 지불을 허용하지 않는 국가를 문제 삼지 못하게 한 것이다(Schott, 1996: 121). 다만 이 기간에 TRIPS 이사회는 이런 사례를 조사해 분쟁해결을 위한 적절한 조치를 권고하도록 하고 있다(3항).

3. 도하라운드 협상의제

도하라운드 협상에서 지식재산권과 관련된 의제는 크게 다섯 가지였다. ① 협상의제로 채택된 포도주와 증류주(spirits)의 다자등록 시스템, ② 공중보건과 관련된 검토의제, ③ 지리적 표시 보호의 확대, ④ 생명공학 관련 검토 의제, ⑤ 비위반 제소 문제 등이 그것이다. 이 가운데 포도주와 증류주의 다자등록 시스템, 생명공학 관련 의제 중 미생물의 특허 가능성 문제, 비위반 제소 문제는 TRIPS 협정 성립 당시 완전한 합의를 이루지 못해 향후 검토하기로 했던 소위 기설정 의제(built-in agenda)들이다. TRIPS 이사회는 이 의제들에 대해 2002년 말을 시한으로 다수의 공식 및 비공식 회의를 개최했으나, 강제실시 관련 TRIPS 협정 제31조 개정을 제외하고 현재까지 합의에 도달하지 못하고 있다.

3.1 포도주와 증류주에 대한 지리적 표시의 다자통보 및 국제등록

TRIPS 협정 제23조와 제24조는 TRIPS 이사회가 포도주에 대한 지리적 표시[13]이 다자통보와 국제등록수 선치에 관한 협상은 추진하도록 규정하고 있으며,

---

13) 지리적 표시란 상품의 품질, 명성 또는 그 밖의 특성이 생산지의 기후, 풍토 등 지리적 요인에서 비롯한 경우 그 상품이 회원국의 영토, 지역 또는 지방에서 생산되었음을 알리는 표시로서 새로운 지식재산권의 하나이다(최낙균 외, 2002). 샴페인(Champagne, 프랑스 샹파뉴 지역의 스파클링 와인), 코냑(Cognac, 프랑스 코냐크 지역에서 생산되는 포도주를 원료로 만든 브랜디), 보르도(Bordeaux, 프랑스 보르도 지역에서 생산되는 와인) 등이 대표적 사례이다.

이후 협상결과에 따라 등록 대상이 증류주로 확대되었다. 지리적 표시와 관련한 분쟁, 특히 상표와의 상충성 및 관용어화 문제는 포도주 산업에서 구생산국과 신흥생산국 간의 갈등에서 시작되었다. 이러한 갈등은 EU의 포도주 산업 규제체제인 '포도주에 대한 공동농업정책(Common Agricultural Policy on Wine)' 및 관련 지리적 표시 보호제도와 미국의 주류에 대한 지리적 표시보호 체계 간의 차이에서 비롯된 것이다. 동 정책은 EU의 포도주 산업보호의 근간으로, 근본적으로는 EU가 신흥 포도주 생산국과의 경쟁을 견제하려는 목적에서 추진되고 있다(윤미경, 2002). 이러한 입장 차이는 다자통보 및 국제등록소 설치에도 반영되었는바, 자율보호안(미국, 캐나다, 호주, 일본, 한국 등)과 의무 보호안(EU, 터키, 스리랑카 등)이 다자등록 체계의 법적 효과를 중심으로 계속 대립하는 상황이다.14) EU는 도하라운드에서 주장이 관철되기 어렵다는 판단 아래 한-EU FTA 등 FTA를 통해 이를 주장하고 있다.15)

3.2 지리적 표시 특별보호 확대

이 역시 TRIPS 협정 제23조에 규정된 사항으로서 우루과이라운드에서도 쟁점이 되었던 부분이다. 농산물이나 수공예품 부문에서 지리적 표시 보호 가치가 높은 대부분의 개도국은 품목별 차별에 이의를 제기하며 추가적인 보호 대상에 한해 포도주 및 증류주에 이어 다른 농산물 및 그 가공품, 그리고 수공예품까지 포함하자는 주장을 강도 높게 펴고 있다. 이에 대해 일부 선진국(EU, 스위스)이 동조하고 있는 반면 미국, 캐나다, 일본, 뉴질랜드, 아르헨티나, 멕시코, 홍콩, 한국 등은 보호되는 지리적 표시가 일부 국가에 양적으로 편향되어 있다는 점, 지리적 표시 적용 범위를 확대하는 데 추가적 비용이 상당하다는 점, 그리고 지리적 표시의 정의 및 보호 체계에 대한 각 회원국의 판단이 동일하지 않다는 이유

---

14) 지리적 표시제 확대에 찬성하는 국가들은 2011년 4월 19일 TRIPS 협정 제23조에 대한 개정안(Draft Decision to Amend Section 3 of Part II of the TRIPS Agreement)을 제출한 바 있다.

15) 지리적 표시제 부문을 선도하고 있는 EU와의 FTA를 계기로 농산물 지리적 표시의 보호 수준이 TRIPS 규정 이상으로 높아졌으며, EU의 요구에 의해 적용 범위를 확대하는 보호체계의 도입이 진행되고 있다. 예를 들어 EU의 강력한 요청에 따라 한-EU FTA는 ① 협상의 범위를 와인 및 증류주 이외에 모든 농산물과 식품으로 확대하고, ② 지리적 표시를 효과적으로 보호할 수 있는 행정관리 체계를 마련하는 내용을 포함하게 되었다(김현정, 2017; 이헌희, 2017).

를 들어 특별보호 확대를 반대하고 있다. 이 국가들은 보호확대 논의 이전에 현재 지리적 표시의 보호가 제대로 이행되고 있는지 파악하는 것이 선행과제라는 입장이다(윤미경, 2002; 최낙균 외, 2002; 이영대, 2014).

3.3 강제실시와 공중보건

2001년 도하 각료회의에서는 의약품에 대한 개도국의 접근을 쉽게 하는 것과 관련해 TRIPS와 공중보건의 관계에 대한 특별선언문이 채택된 바 있다. 동 선언문은 에이즈, 결핵, 말라리아 같은 전염병 등에 의한 공중보건의 문제가 개도국에서 심각함을 인정하고 TRIPS가 이에 기여할 필요가 있다는 점을 강조했다. 그러나 공중보건은 TRIPS 제31조의 강제실시(强制實施, compulsory licensing)와 관련해 선진국과 개도국 간의 갈등을 일으켰다.[16] 이는 도하 선언문에 따른 해결방안이 적용될 수 있는 질병 및 의약품의 범위, 수혜국(수입국)과 수출국(강제실시국)의 범위 및 자격, 수출국 내 시장 및 제3국으로의 의약품 유출 방지를 위한 세이프가드 조항과 이를 이행하기 위해 필요한 법적 메커니즘을 둘러싼 것이다(윤미경, 2002, 최낙균 외, 2002).

수혜를 받는 개도국, 그리고 이로 인한 수출 기회 확보에 관심이 있는 브라질이나 인도와 같은 개도국은 질병이나 의약품의 범위를 도하 특별선언문에서 언급된 것 이상으로 확대하려고 노력한 반면, 자국 제약 업계가 타격을 입을 것으로 우려하는 미국, EU, 일본, 스위스 등의 선진국은 이를 축소하고자 했다. 해결방식을 이행하기 위한 법적 메커니즘에 대해서는 특히 대립이 첨예했다. EU는 TRIPS 제31조 f호를 개정해 수출금지 의무를 면제하는 방안을, 미국은 처음에는 수출에 대해 문제 삼지 말자는 모라토리엄 방안에서 입장을 바꾸어 WTO 설립협정 제9조 3항에 의한 면제 방안을 제시했다. 개도국은 TRIPS 제30조의 일반적인 예외조항을 통한 방안을 제안했다.

그간의 논의를 바탕으로 일반이사회에 권고할 결정문 초안이 2002년 10일부

---

16) 강제실시는 특허를 가진 자의 동의 없이 강제로 특허를 사용할 수 있도록 하는 특허권에 대한 제약을 말한다. 주로 정부가 강제실시권 발동을 통해 행사하며 TRIPS 제31조에 따라 강제실시권을 발동할 수 있는 경우는 다음과 같다: ① 합리적 기간 내에 합리적 계약조건으로 권리자로부터 라이선스를 받을 수 없는 경우, ② 국가 비상사태 혹은 긴급 상황, ③ 공공의 비영리 목적 또는 사법 및 행정절차의 결과 반경쟁적이라고 판정된 관행을 교정하려는 목적 등.

터 11월 정례회의 때까지 여러 번 수정을 거쳐 마련되었다. 의장 초안은 도하 특별선언문에 따른 질병과 의약품의 범위를 그대로 정의하되, 활성수(activated water)와 진단키트를 포함했다. 최빈개도국은 자동으로 수혜국이 되며, 다른 회원국은 WTO에 수입 의사를 언제든지 통보함으로써 수혜국이 될 수 있다. 이상의 내용에서 큰 변화는 없으나 개도국은 여전히 의약품의 범위에 백신을 포함하기를 희망해 이를 수정 초안에 반영토록 했으며 미국은 이에 대해 강력히 반발한 것으로 알려져 있다.

강제실시 관련 TRIPS 협정은 2005년 12월 개정의정서(Protocol 6)를 통해 개정되었고, 2016년 6월 9일 아프리카 인도양 지역의 국가인 세이셸이 동 개정의정서에 대한 수락서를 기탁함으로써 정족수를 채우게 되어 2017년 1월 23일 발효되었다. 개정의 핵심 내용은 개발도상국의 의약품에 대한 접근을 촉진하는 것으로 강제실시에 관한 제31조 및 부록에 부가 조항이 추가되었다. 이에 따라 싼값의 복제의약품(generic medicines)을 생산해 필요 의약품을 국내에서 충분히 생산할 수 없는 국가에 수출하기 위한 특별강제실시(special compulsory licenses)의 법적 근거가 마련되었다.17)

그렇다면 코로나-19의 급속한 확산과 더불어 '백신 민족주의(vaccine nationalism)'에 대한 우려의 목소리가 높아지는 가운데, 코로나 백신의 공급이 원활하지 않을 때 강제실시권 발동이 가능할까? 예를 들어 2020년 10월 TRIPS 이사회 회의에서 그간 TRIPS의 한계에 대해 목소리를 높여온 인도와 남아공은 코로나-19의 예방, 봉쇄, 치료의 목적에서 특정 TRIPS 조항의 포기를 제안하는 의견서를 제출했다. 이들은 지식재산권이 환자에게 적절한 의약품을 적시에 제공하는 것을 방해할 수 있다며 제31조와 관련해 수출 목적의 의약품에 대해 특별 의무면제를 허용할 것을 주장했다.

2021년 1월 현재 코로나-19로 큰 인명피해를 입은 미국과 일부 서구 국가들이 백신 사재기에 나서면서 공급 부족에 대한 우려의 목소리가 나오고 있으나 당장에는 강제실시권 발동이 어렵거나 필요 없을 것으로 보인다. 브라질, 인도, 인도네시아 등 일부 개도국을 제외하고 대부분의 개도국에서의 피해가 통제 불능 상황까지는 가지 않았고, 다양한 백신 제품의 개발과 공급이 순차적으로 진행

---

17) https://www.wto.org/english/docs_e/legal_e/31bis_trips_01_e.htm 참조.

되고 있다는 점, 그리고 강제실시를 통해 복제 백신을 생산하더라도 그 안전성 확보를 장담할 수 없다는 점 등이 그 이유이다. 무엇보다 세계보건기구(WHO), 세계백신면역연합(Global Alliance for Vaccine and Immunization: GAVI), 감염병대비혁신연합(Coalition for Epidemic Preparedness Innovations: CEPI)이 중심이 되어 출범한 코백스 퍼실리티(COVAX Facility)의 공이 크다. 코백스는 코로나 백신을 '글로벌 공공재'로 규정하고 백신의 공동 구매·배분을 위해 구성된 국제 공조 프로젝트이다. 백신을 확보하기 힘든 개도국을 포함해 180개 이상의 국가가 참여해 2021년 말까지 전 세계 인구의 20%까지 코로나-19 백신을 균등하게 공급하는 것을 목표로 한다.[18] WHO는 개발도상국 백신 공급을 지원하기 위해 2020년 12월 31일 미국 제약회사 화이자(Pfizer)와 독일 바이오엔테크(BioNTech)가 공동 개발한 백신 등의 긴급 사용을 승인하고 2021년 2월부터 최빈개도국을 시작으로 백신 접종을 개시했다(이지예, 2021). 이러한 국제 공조 노력은 공중보건과 지식재산권의 갈등과 긴장관계를 효과적으로 중재한 모범적 사례로 평가된다.

3.4 TRIPS와 생물다양성 협약 간의 관계

TRIPS 협약과 「생물다양성 협약(Convention on Biological Diversity: CBD)」의 관계는 생명공학 특허에 대한 TRIPS 협정 제27조 3항 b호와 관련해 생명체와 유전자의 특허 보호문제, 농부권(farmer's rights)의 보호, 식물 변종에 대한 보호, 그리고 유전자원(genetic resources)에 대한 접근 및 제공자와 기술개발자 간의 이익공유 문제가 회원국 간에 쟁점이 되어 왔다. 이는 TRIPS 이사회에서 논의되었으나 별다른 합의에 도달하지 못한 채 도하 각료회의의 우선 협의사항으로 지정되었다.

동 이슈와 관련해 무엇보다 "유전물질에 대한 특허를 허용해야 하는가? 허용한다면 어느 정도의 선에서, 어떤 조건으로 허용해야 하는가?"가 핵심적인 논쟁거리였다. 인도와 브라질을 비롯한 다수의 개도국 회원국은 미생물의 특허를 인정하는 현행 TRIPS 체제에서는 자연 상태에 있는 유전자원, 그리고 단순히 분리만 되고 추가로 가공되지 않은 유전자원에 대해서도 특허를 허용하는 경향이 있음에 주목했다. 이들 국가는 가공되지 않은 유전자원이 TRIPS 체제 아래서 특허 취득의 3대 요건인 신규성(novelty), 진보성(inventive step), 산업 응용성(industrial

---

18) https://www.gavi.org/vaccineswork/covax-explained 참조.

application)을 충족하지 않는다는 점을 지적한 것이다. 이들은 유전물질에 대한 특허를 허용하더라도 일정한 조건에 한해야 하며 유전자 보유국의 주권을 확보해 그 국가의 유전자원을 보호하고, 자원을 활용해 얻은 수익은 기술 개발자와 자원보유국이 나누어 가지는 이익 공유 체계를 수립해야 한다고 주장했다. 따라서 이러한 취지에 따라 체결된 다자협약인 CBD가 현행 TRIPS 제27조 3항 b호 및 제29조와 충돌하는바 TRIPS의 동 규정이 개정되어야 한다는 것이 개도국의 입장이다(김혜선, 2014: 183).

그러나 미국, 유럽 등 대부분의 선진국은 이에 반대했다. 먼저 미국은 유전자원 보전을 목적으로 하는 CBD와 TRIPS는 추구하는 목적이 다르므로 충돌하지 않으며, 상호 독립적으로 이해할 필요가 있다고 주장했다. 이는 국내 제도가 잘 정비되어 있는 미국의 입장에서는 특허 이익을 보장하면서 동시에 CBD에서 요구하는 유전자원 이용 조건을 당사자 간 계약을 통해 효율적으로 집행할 수 있기 때문이다. EU는 전반적으로 미국의 입장에 동의하나 중간자 입장에서 TRIPS와 CBD의 대립관계보다는 양 협정이 상호보완될 수 있는 방안에 관심을 두었다. 호주나 한국 등은 대체로 미국이나 EU의 입장을 따르면서도 TRIPS 이사회보다는 WIPO나 CBD 등이 논의를 주도할 필요가 있다고 본다.

이러한 의견 차이에도 불구하고 TRIPS와 별도로 CBD, WIPO, 식량농업기구(FAO) 차원에서 열리는 회의나 포럼에서 유전자원 접근 및 이익 공유 계약에 대한 지침의 마련, 구속력 있는 협정의 체결, 그리고 이러한 계약에 필요한 지식재산권 보호 관련 조항에 대한 검토 등 다각적인 차원에서 논의가 진행되고 있다.

그 결과물 중의 하나가 2010년 10월에 일본 나고야에서 개최된 CBD 당사국 총회에서 채택된 「나고야 의정서(Nagoya Protocol)」다. 동 의정서는 생물자원을 활용해 생기는 이익을 공유하기 위한 지침을 담은 국제협약이다. 동 총회에서 선진국과 개도국 사이에 합의점을 찾지 못하다가 폐회를 2시간 남기고 극적으로 합의에 성공했다. 30개 조문과 2개 부속서로 이루어진 「나고야 의정서」는 생물 유전자원을 이용하는 국가는 그 자원을 제공하는 국가로부터 사전에 통보와 승인을 받아야 하며 유전자원의 이용으로 발생한 금전적·비금전적 이익은 상호 합의된 계약조건에 따라 공유해야 한다는 내용을 담고 있다. 동 의정서는 105개 서명국 중에서 50개국이 비준서를 유엔 사무총장에게 기탁함으로써 2014년 10월 12

일부터 발효되었다. 앞으로 TRIPS와의 관계에서 유전자원에 대한 특허의 범위와 조건, 특허의 공개 범위 등과 관련해 계속 논란이 될 전망이다.[19]

4. TRIPS 협정의 한계와 전망

최초의 무역관련 지식재산권 레짐 구축이라는 성과와 여러 개선 노력에도 불구하고 TRIPS 협정은 여전히 많은 숙제를 안고 있다. 상품무역 분야와 서비스무역 분야에서 법리적 해석과 적용의 문제가 주로 쟁점이 되는 것과는 달리 TRIPS 협정은 체결 20년이 넘어서도 정교한 법리논쟁에 이르지 못하고 여전히 정치적 흥정과 타협의 대상이라는 인식이 팽배하다. 다음과 같은 이유 때문이다.

첫째, 선진국과 개도국 간의 갈등 요인이 해소되지 않고 있다. 상품무역이나 서비스무역 분야에 비해 남북 간 갈등이 심한 상황이다. TRIPS 협정이 미국을 중심으로 지식재산권 분야에서 경쟁력이 있는 선진국들의 이해관계와 발의에 의해 진행된 결과 개발도상국의 입장이 충분히 반영되지 않은 협정이라는 태생적 한계를 안고 있기 때문이다. TRIPS의 의사결정과정에서 모든 회원국이 각각 동일한 표를 행사할 수 있지만 그 실질적 운영에서는 미국과 EU의 영향력이 지배적이다. 그럼에도 선진국의 제약업계와 산업계는 그들대로 동 협정에 불만이 많다. 특히 강제실시 조항은 개도국 혹은 후진국의 정부가 의약품의 제조 및 판매에 대해 특허권자의 허락을 강제로 명령해 의약품을 저렴한 가격으로 살 수 있도록 하는 법적 근거로서 선진국 제약업계의 이해관계와 직접적으로 상충하는 것이어서 선진국과 개도국 간 분쟁을 가속화하는 계기가 되었다.

둘째, TRIPS 분야는 실제로 WTO의 분쟁해결절차를 적용하는 것이 쉽지 않다. 선진국과 개도국의 갈등이 가장 첨예한 의약품 관련 무역이 특히 그렇다. 특허권자의 재산권과 공공의 이익 간의 균형에 대한 국제적 합의가 없는 상황에서 분쟁해결절차를 통한 중재는 상품무역이나 서비스무역 분야에 비해 훨씬 더 논쟁적이고 시간이 많이 걸린다. 예를 들어 2001년 1월 브라질이 미국의 특허코드

---

19) 「나고야 의정서」와 TRIPS의 관계에 관한 자세한 내용은 박경진(2015), 강지혜(2016), 최원목·박경진(2016), 류병운(2017)을 참조.

(U.S. Patent Code)에 협의를 요청한 것에 대해 2021년 1월 현재까지도 패널조차 구성되지 않았다. 패널 보고서나 상소기구 보고서가 배포되더라도 배포 기간까지의 시간이 오래 걸리는 등 TRIPS 분쟁의 해결과정은 효율적이지 않다는 평가가 많다(조화순·이효원, 2007).

셋째, 미국의 주도로 다자간 지식재산권 보호제도를 도입했음에도 불구하고 미국은 여전히 무역 상대국들과 양자 차원에서의 문제해결 방식에 대한 선호를 떨쳐버리지 못하고 있다. 2000년대 들어 미국은 TRIPS를 통해 지식재산권 분쟁을 제기하고 해결을 모색하기보다는 양자 협의 혹은 협상, 통상법 301조를 통한 일방적 제재조치 또는 제재조치 위협 등을 통해 상대국에 대한 직접적인 압력을 행사하고 있다. 최근 들어 중국의 지식재산권 침해 문제를 들어 미중 간 무역전쟁을 불사하고 있는 미국의 행보가 이러한 경향을 특히 잘 보여준다.[20]

넷째, 중국이 TRIPS 협정의 '트로이 목마'가 될 것이라는 전망도 무역관련 지식재산권 레짐의 미래를 어둡게 한다. 미국뿐 아니라 EU, 일본, 한국 등 여러 국가들이 중국의 불공정무역 관행에 대한 불만의 목소리가 높다. 최근 TRIPS에 근거해 WTO에 가장 많은 제소를 당하는 국가가 중국이다.[21] 그러나 현행 분쟁해결 레짐 아래서는 결코 중국을 길들일 수 없다는 비관적인 전망이 많다(Evans 2003; Athanasakou, 2007; Qu and Li, 2012).

---

20) 2018년 5월 미국은 지식재산권 보호를 이유로 중국으로부터 수입되는 500억 달러 상당의 '산업적으로 중요한 기술을 내재하고 있는' 물품에 대해 25%의 관세를 부과하겠다고 발표했다. 또한 미국은 중국 정부가 미국 기업의 '표준특허에 관한 권리'를 부인하고 있음을 이유로 2018년 3월 중국을 WTO에 제소했다.

21) 예를 들어 2018년 6월 EU는 TRIPS 협정과 지식재산권 관련 기타 협정들을 위반한 이유를 들어 중국을 WTO에 제소했다. EU는 중국 정부가 중국 내의 유럽 기업들로 하여금 기술의 소유권 내지 기술 사용권을 중국 국내 기업에게 이전하도록 강요했으며, 보편적 시장원리에 따라 기술이전에 관한 협상을 자유롭게 할 수 있는 권한을 유럽 기업들로부터 박탈했다고 주장했다. 또한 중국 정부가 외국 지식재산권자를 차별하는 기준을 적용하고 있을 뿐만 아니라 외국 지식재산권자의 권리를 중국 내에서 보호하는 권한을 제한하고 있으며, 이 모든 중국 정부의 태도는 중국이 WTO를 통해 부담하는 의무를 불이행하는 것이라고 주장했다(Intellectual Property Watch, 2018).

〈박스 12.2〉 인도네시아-호주 담배 포장 규제(플레인 패키징) 분쟁

2018년 6월 WTO 분쟁해결기구는 담배 포장에 넣은 경고 그림, 사진 등이 담배 원료 수출국에 불리한 무역장벽이 아니라고 판정했다. 분쟁해결기구 패널은 담배 수출국인 인도네시아가 호주를 제소한 사건에서 2011년 세계에서 처음으로 담배 포장에 플레인 패키징(plain packaging)을 도입한 호주의 손을 들어줬다. 플레인 패키징은 담배 포장에 흡연으로 인한 질병 사진과 경고 문구를 쓰도록 한 포장 방식이다. 호주 정부는 담배 포장 색도 흡연자가 혐오감을 느끼는 암녹색을 쓰도록 하고 있다. 이러한 조치는 2005년 발효한 세계보건기구(WHO)의 「담배규제기본협약(Framework Convention on Tobacco Control)」 가이드라인에 권고사항으로 들어있지만, 담배 제조회사들의 저항으로 호주가 세계 최초로 시행하는 데만 7년이 걸렸다.

인도네시아는 호주가 플레인 패키징을 도입하자 무역장벽이라며 WTO에 제소했다. 구체적으로 상표법과 지리적 표시에 대한 호주의 관련 법 및 규정과 담배 및 담배 포장에 대한 플레인 패키징 요건이 TRIPS 협정과 TBT 협정의 위반임을 주장했다. 2014년 3월 패널이 설치되었고, 주요 담배 수출국인 쿠바, 온두라스, 도미니카 공화국 등과 규제국인 미국, EU, 한국, 일본, 캐나다, 벨기에, 인도, 터키, 싱가포르 등이 제3자 권한으로 참여했다.

패널 판결의 주요 내용은 다음과 같다.

첫째, 인도네시아는 호주의 조치가 담배 원산국에서 적법하게 등록된 모든 상표권을 "있는 그대로(as is)" 등록 및 보호하지 않은 것이고, 시장 행위자들이 금지된 불공정 행위를 하도록 강제함으로써 불공정 경쟁으로부터 효과적인 보호를 제공하지 못한 것이라고 주장했다. 그러나 패널은 TRIPS 협정 제2조 1항이(1883년 파리 협약을 개정한) 「1967년 파리 협약」, 일명 스톡홀름 개정협약을 준수하도록 규정하고 있는 것은 사실이나 인도네시아는 호주의 조치가 동 협약 위반이자 TRIPS 협정 제2조 1항 위반이라는 주장을 입증하지 못했다고 판시했다.

둘째, 인도네시아는 동 조치가 적용되는 상품, 즉 담배의 성격을 호주가 문제삼고 있는바, 이는 상품 또는 서비스의 성격이 상표권 등록에 장애를 구성해서는 안 된다는 협정 제15조 4항 위반이라 주장했다. 그러나 패널은 인도네시아가 이를 제대로 설명하지 못했다고 판시했다.

셋째, 인도네시아는 호주의 조치가 등록된 담배 상표의 소유권을 정지시킴으

로써 소유자의 동의 없이 등록된 상표의 상품과 동일 또는 유사한 상품에 대해 동일 또는 유사한 표지의 사용으로 인해 혼동의 가능성이 있는 경우 이를 금지할 수 있는 배타적 권리는 행사하지 못하게 한 것이므로 협정 제16조 1항 위반이라고 주장했으나 패널은 이 주장도 배척했다.

넷째, 인도네시아는 호주의 조치가 인도네시아 담배 상표가 지명도를 얻는 것을 막고, 이미 "잘 알려진(well-known)" 담배 상품이 지명도를 유지하는 것을 방해한 바, 협정 제16조 3항 위반이라고 주장했다. 그러나 패널은 인도네시아가 이러한 주장을 충분히 입증하지 못했다고 판시했다.

다섯째, 인도네시아는 호주의 조치가 거래 과정에서 담배 상표의 이용을 부당하게 저해하는 것이므로 협정 제20조 위반이라고 주장했다. 패널은 인도네시아가 이 역시 제대로 입증하지 못했다고 보았다.

여섯째, 인도네시아는 호주의 규제가 시장 행위자로 하여금 상품의 (지리적) 특성을 오인할 수 있도록 만드는 행위를 하도록 강제하는 조치이므로, 이는 「1967년 파리 협약」 제10조 2항이 의미하는 불공정경쟁 행위에 해당하며, 따라서 TRIPS 협정 제22조 2항 b호 위반이라고 주장했으나 패널은 이를 받아들이지 않았다. 이와 관련해 인도네시아는 호주의 조치로 인해 WTO 협정 발효일 직전에 존재하던 지리적 표시에 관한 보호가 약화되었다고 주장했으나, 패널은 이 역시 받아들이지 않았다.

그 밖에도 패널은 호주의 패키징 조치가 합법적 목적 달성에 필요 이상의 무역제한적인 조치임을 인도네시아가 입증하지 못했으므로 동 조치가 TBT 협정 제2조 1항 위반이라는 인도네시아의 주장을 배척했다(DS467: Australia-Certain Measures Concerning Trademarks, Geographical Indications and Other Plain Packaging Requirements Applicable to Tobacco Products and Packaging).

WTO 분쟁해결기구가 호주 정부의 손을 들어주면서 WHO는 각국에서 담배 포장 규제가 활성화될 것으로 기대하고 있다. 유럽에서는 프랑스와 영국이 2016년 5월 담뱃갑 디자인 규제를 보완해 시행하고 있다. 한국도 흡연 질병 사진을 담배 포장에 넣고 있고, 캐나다, 벨기에, 인도, 터키 등도 규제를 준비하고 있다.

〈그림 12.1〉　WHO 가이드라인이 정한 담배 포장 권고사항

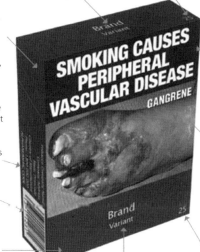

BRAND AND VARIANT NAME:
• horizontal and centred
• no larger than maximum sizes
• in Lucida Sans font
• in Pantone Cool Gray 2C colour
• in specified capitalisation

MEASUREMENT MARK:
• no larger than required size
• in Lucida Sans font
• in Pantone Cool Gray 2C colour

NOTE:
The graphic and warning statement must:
• cover at least 75% of the front surface
• join without space between them

PACK FORMAT:
• made of rigid cardboard
• no embellishments
• flip tod lid

OTHER MARKINGS:
• name and address, country of manufacture, contact number, alphanumeric code
• in Lucida Sans font
• no larger than 10 points in size
• in specified colours

BAR CODE:
• rectangular
• black and white, or Pantone 440C and white

PACK SURFACE:
• colour is Pantone 448C (a drab dark brown)
• matt finish

WARNING STATEMENT:
• background fills front of flip top lid - extends to edges of surface
• text fills background
• in bold upper case Helvetica font
• white text on black background

GRAPHIC:
• not distorted
• extends to edges of surface

BRAND AND VARIANT NAME:
• centred below health warning
• no larger than maximum sizes
• in Lucida Sans font
• in Pantone Cool Gray 2C colour
• in specified capitalisation

MEASUREMENT MARK:
• no larger than required size
• in Lucida Sans font
• in Pantone Cool Gray 2C colour

SMOKING CAUSES PERIPHERAL VASCULAR DISEASE
GANGRENE
Brand Variant
25

이 권고사항은 경고 문구와 사진이 담뱃갑 전면의 75% 이상을 차지할 것, 경고 문구와 사진 사이에 간격을 두지 말 것, 상표 이름의 크기와 글자체, 포장의 형태 등을 자세히 규정하고 있다.

출처: World Health Organization, 2016: 27.

제 13 장 무역 연계 이슈

1. 무역 연계 이슈의 개관

제3부의 마지막 장인 이 장은 WTO의 출범과 함께 논의되기 시작한 주요 신통상 이슈(new trade issues) 중 무역 – 환경, 무역 – 노동, 무역 – 인권, 무역 – 경쟁 정책, 무역 – 개발 등 무역 연계 이슈의 대두배경과 정치경제적 의의를 평가한다.[1] 무역 연계 이슈는 전후 국제무역의 내연과 외연이 동시에 확대됨에 따라 등장했으나 여전히 구체적인 합의에 이르지 못하고 있다. 이 장에서 다루는 5개의 연계 이슈는 다음의 특징을 갖는다.

첫째, 이들 이슈는 노동과 인권을 제외하고 WTO 일반이사회 산하에 특별위원회(special committee), 작업단(working group), 작업프로그램(work program) 또는 도하라운드 무역협상 위원회 산하에 협상그룹(negotiating group) 형태로 다루어져 왔으며, 참여를 원하는 모든 회원국이 함께 논의하고 합의를 도출하기 위해 지속적으로 노력해 왔다.[2]

---

1) 기타 신통상 이슈로는 지역무역협정, 무역 – 투자, 무역원활화, 전자상거래, 정부조달의 투명성이 있다. 이들 이슈는 이 책의 다른 장에서 본문이나 박스 형식으로 이미 소개했기 때문에 이 장에서 별도로 다루지 않는다.
2) 무역 – 환경, 무역 – 개발, 지역무역협정은 위원회 형태로, 전자상거래는 작업프로그램 형태로 진행되고 있다. 무역 – 투자, 무역 – 경쟁정책, 정부조달의 투명성은 작업단 형태로 진행되었으나 현재 중단되었다.

둘째, 이들 이슈는 모두 무역 관련 협정뿐만 아니라 환경, 노동, 인권, 경쟁정책, 개발 등 무역외 협정과 깊은 관련이 있으며, 협정 간의 위계와 조화가 핵심 쟁점으로 등장하고 있다. 이들 협정 간 관계는 상호보완적이지만 때로는 경쟁적이고 갈등적인 양상도 보인다. 소위 제도적 내포(institutional nesting) 문제가 논란이 되고 있다.

셋째, 이 장에서 다루는 5개의 연계 이슈는 모두 선진국 간 또는 개도국 간보다는 선진국과 개도국 간 의견대립이 특히 첨예한 분야이다. 선진국은 이들 이슈의 연계가 국제무역질서의 지속 가능한 발전을 위해 매우 중요하다고 판단하는 반면, 개도국은 선진국의 연계 강요는 제국주의 발상에 기인한다고 주장한다.

넷째, 이들 이슈 모두 '바닥을 향한 경주'에 대한 우려를 낳는다. 무역자유화와 세계화의 가속화로 결국 높은 환경, 노동, 인권, 경쟁정책 기준을 시행하는 국가가 국제경쟁에서 뒤처지지 않기 위해 이들 기준을 완화하려는 유혹에 빠지지는 않을지, 이를 방지하기 위해서는 어떻게 국가 간 규제를 조화시키고 상호인정을 할 것인지가 논의의 초점이 되고 있다.

끝으로 제7장에서 자세히 검토한 바와 같이 다자간 무역협상에서 이슈 내 또는 이슈 간 연계는 합의를 촉진하는 중요한 역할을 수행해 왔다. 이슈연계가 종전까지는 존재하지 않았던 상호이익의 장을 만들거나 기왕에 이루어진 합의의 영역을 확장하는 데 도움을 주었기 때문이다. 그러나 이 장에서 다루는 연계 이슈에 관한 협상은 그간의 협상들과 사정이 크게 다르다. WTO 내에서 다룰 수 없거나 다루기 적절치 않은 이슈와 무역의 연계를 시도함으로써 합의에 이를 가능성이 오히려 줄어들었다는 비판의 목소리가 나오고 있다.

아래에서는 각 연계 이슈별로 문제의 성격과 쟁점, 그리고 도하라운드에서 있었던 논의를 검토하고 향후 전망을 도출한다.

2. 무역과 환경

2.1 무역확대와 환경오염의 관계

무역-환경 연계 논의에서 가장 논쟁적인 문제는 무역확대와 환경오염의 관계이다. 환경주의자들은 자유무역의 확대가 직접적으로 환경오염을 가중시킨다고는 말할 수 없으나, 그것이 경제성장과 경제활동을 촉진하는 과정에서 간접적으로 또는 결과적으로 환경을 파괴한다고 본다(Anderson and Blackhurst, 1992). 운송수단으로부터 발생하는 오염 외에도 무역의 확대는 환경규제가 강한 국가로부터 약한 국가로 투자의 흐름을 전환하고 경제성장의 패턴을 변화시키기 때문에 환경에 직접적으로 악영향을 미친다는 시각도 있다. 환경규제의 바닥을 향한 경주가 발생하거나 환경기준이 낮은 국가가 오염도피처(pollution haven)로 전락할 수 있다는 것이다(Lallas, 1993; Lang and Hines, 1993; Copeland and Taylor, 2003: Holzinger and Knill, 2008).

자유무역이 직간접적으로 환경오염과 자연파괴를 가속화할 수밖에 없다고 보는 환경주의자들은 무역자유화가 환경에 미치는 부정적 효과를 방지하거나 최소화할 수 있는 환경안전장치(environmental safeguards)를 무역협정에 포함해야 한다고 주장한다. 미국의 대다수 환경단체들이 미국과 멕시코 접경지역에 오염산업이 집중됨으로써 환경오염이 극심해질 것을 우려해 NAFTA 체결에 반대한 것은 이러한 문제의식 때문이었다.

반면, 자유무역론자들은 경제성장을 가능케 하는 무역확대야말로 깨끗한 환경이라는 소득탄력적 재화에 좀 더 많은 자원을 사용할 수 있게 함으로써 환경문제 해결에 기여한다고 주장한다. 이것이 환경 쿠즈네츠 곡선(environmental Kuznets curve) 주장의 핵심이다. 후진국에서 중진국으로 성장함에 따라 환경 오염도가 높아지지만 선진국으로 진입하면 환경 오염도가 낮아진다는 것이다(Vogel, 1997; Dasgupta et al., 2002; Prakash and Potoski, 2006; Aklin, 2015).[3] 아울러 자유무역론자들은 경제성장이 환경에 악영향을 미치는 것은 부적절한 환경정책수단 때문이라고 본다. 따라서 이들은 환경오염의 외부효과 또는 사회적 비용을 내재화하는 규제수단이 도입되면 자원배분의 효율성 증가와 함께 환경오염을 최소화할 수 있다고 본다(Repetto, 1993; Cline, 1994; Esty, 1994).[4] 자유무역과 적절한 환경규제

---

[3] 1971년 노벨 경제학상을 수상한 미국 경제학자 사이먼 쿠즈네츠(Simon Kuznets)는 후진국에서 중진국으로 경제가 성장함에 따라 소득 불평등도가 높아지지만 어느 변곡점을 넘어 선진국으로 진입하면 소득 불평등도가 낮아진다는 사실을 발견했다. 이 논리를 환경에 적용한 것이 환경 쿠즈네츠 곡선이다.

[4] 여기에는 오염자부담원칙(polluter pays principle) 등을 활용하는 각종의 시장유인적 규제수

는 얼마든지 양립가능하다는 주장이다.[5]

여기서 쟁점이 되는 것은 환경규제가 위장된 보호무역(disguised protectionism) 수단으로 악용될 위험성이 크다는 것이다. 특히 자유무역론자들은 국내 생산자 집단이 보호주의적 의도를 숨긴 채 환경규제의 중요성을 내세워 통상정책 결정과정에서 주도적인 영향력을 행사해 궁극적으로 자신들의 보호주의적 의도를 관철시킬 가능성이 대단히 높다고 판단한다. 그 때문에 이들은 환경규제가 위장된 보호무역수단으로 악용되지 않도록 환경 관련 무역조치에 대한 심사를 강화해야 한다고 주장한다(Bøas, 2000: 416). 여기서 한 걸음 더 나아가 환경규제 수준이 낮을 수밖에 없는 개발도상국은 무역과 환경을 연계하는 것은 개도국으로부터의 환경덤핑(eco-dumping)을 우려하는 선진국이 환경보호를 빌미로 무역장벽을 세우는 '환경 제국주의(eco-imperialism)'와 다를 바 없다고 주장하기도 한다(Hoekman and Kostecki, 2009: 613-21).[6]

이와 같은 녹색 보호주의(green protectionism)는 기술력이 앞서는 선진국이 자국의 기술우위를 활용해 환경기술이 부족한 개도국 기업의 시장접근을 제한하는 것을 의미하기도 한다. 일례로 무역기술장벽(TBT)을 통해 자국 기업에 유리한 표준이나 기술규정을 설정하거나 적합성 평가절차를 도입함으로써 아직 기술을 확보하지 못한 외국 기업의 진출을 어렵게 하기도 한다. 제10장에서 살펴본 바와 같이 1995년 이후 완만한 증감을 반복하던 기술규제의 WTO 통보 건수는 2006

단이 있다(최병선, 1992).

5) 이들은 무역자유화가 불합리한 국내 정책을 포기하게 함으로써 환경개선에 기여할 수 있다고 주장한다. 예를 들어 미국과 EU 등 선진국의 각종 농업 보조금은 비료, 에너지, 농약의 과도한 사용을 촉진함으로써 한편으로는 환경오염을 악화하고, 다른 한편으로는 이들 선진국에 농산물 수출을 가로막는 결과를 낳는다. 무역자유화를 통해 이런 농업보조금을 폐지할 수 있다면 그것은 선진국의 환경개선에 이바지할 뿐만 아니라 농업 수출국의 수출시장 확대에 기여하는 일석이조의 효과를 거둘 수 있다. 에너지와 수송 분야에 대한 보조금도 마찬가지다. 예를 들어 EU의 석탄 보조금은 발전소가 더 많은 석탄을 사용하도록 조장한다.

6) 개도국은 환경기준이 거의도 비교우위를 결정하는 중요한 구성요소이므로 그 기준의 조회를 꾀하는 것은 국제무역의 논거 자체를 부정하는 것이라고 주장한다(Anderson, 1995; Cooper, 1995; Trebilcock, Howse, and Eliason, 2013). 개도국의 낮은 환경기준이 그 국가의 낮은 인구밀도, 낮은 국민소득, 환경에 대한 낮은 선호도를 반영하는 자국 국민의 집단적 선택의 결과인 한, 환경기준이 비교우위를 결정하는 다른 요소와 달리 취급되어야 할 이유가 없다는 것이다. 또한 낮은 환경기준의 외부효과가 개도국의 영토 내로 국한된다면 더욱이 그것을 비난할 이유가 없다고 본다.

년부터 급격히 증가하기 시작했고, 2012년에 2,000건을 돌파한 이후 2019년에는 최고치인 3,337건을 기록했다. 그중 환경보호 및 에너지 절약 관련 기술규제의 비중이 크게 증가하고 있다.[7]

2.2 WTO 규범과 환경규제

ITO와 GATT 모두 무역과 환경보호와 관련된 사안을 다루지 않았다. 사실 '환경'이라는 단어는 두 협정에서 언급조차 되지 않았다. 환경규제가 무역에 미치는 영향이 GATT에서 처음으로 논의되기 시작한 것은 성장의 한계와 자연자원의 급속한 고갈에 대한 염려가 대두되었던 1960년대 말이었다. 이에 따라 1971년 GATT에 '환경 조치와 국제무역 작업반'이 설치되기도 했으나 석유파동에 따른 경제위기 상황에서 단 한 번의 회합도 갖지 못한 채 중단되었다. 그러다가 우루과이라운드 후반부 협상이 진행되던 1991년에 미국이 일부 개도국의 참치 어획 방식을 문제 삼아 무역과 환경의 연계 문제를 들고 나오자 1992년 이 작업반이 재가동되었다.

1994년 4월 마라케쉬에서 개최된 WTO 각료회의는 미국의 강력한 주장을 받아 들여 "무역과 환경에 관한 결정"을 채택하는 한편, WTO 산하에 무역 – 환경 위원회(Committee on Trade and Environment: CTE)를 설치하고 이 위원회로 하여금 환경정책과 무역정책의 관계를 다각적으로 연구·조사하도록 했다. 다만 CTE는 초기부터 무역 – 환경 연계를 위한 현행 GATT 규정의 수정과 보완을 위한 협상 추진체가 아니라 이 문제에 대한 WTO의 입장을 정리해 보고서를 작성

---

7) EU는 에너지 사용 제품의 대기전력(standby power) 소비량이나 에너지 효율 등급 기준을 까다롭게 설정할 뿐만 아니라 새로운 규제를 적용하는 데 1년 이하의 짧은 유예기간을 적용해 외국 기업이 제품 설계를 변경하는 데 충분한 시간을 확보하기 어렵게 하고 있다. 더 나아가 '2009년 재생에너지 지침(Renewable Energy Directive of 2009)'에 따라 EU 시장에 진입하고자 하는 바이오 연료 기업은 소비세 면제혜택을 받기 위해 온실가스 배출량을 35% 이상 감축해야 한다. 이는 동종 제품 간의 차별을 인정하지 않는 GATT의 원칙을 무시하고 세제 혜택을 차별적으로 적용해 역내 제품과 경쟁관계에 있는 외국 기업에 큰 타격을 입히는 조치로 악용될 소지가 있다(에너지경제연구원, 2017). 미국도 자동차 제조 및 수입회사에 일정 수준 이상의 평균연비를 의무화하는 기업평균연비제(Corporate Average Fuel Economy)를 도입해 자동차 평균연비가 기준을 초과하는 경우 벌금을 부과한다. 2008년 미국 의회는 평균연비 기준을 갤런(약 3.8리터)당 27.5마일에서 2020년까지 35마일로 높여 기술력이 부족한 후발기업의 미국 시장 진입을 더욱 어렵게 만들었다(도은진, 2011: 34).

하는 것을 주요 임무로 하는 논의의 장으로서의 성격이 강했다. 또한 비교적 폭넓은 권한을 부여받은 CTE에 WTO 회원국이라면 누구나 자유롭게 참여할 수 있다는 것은 장점이지만, 바로 그 때문에 논의의 일관성이나 체계가 떨어지는 한계도 있었다(Esty, 1994). CTE의 역할에 대해서는 다음 절에서 다시 논의한다.

한편, 환경보호가 GATT의 설립 당시 주요 의제는 아니었지만 GATT 제20조는 환경보호조치를 위한 '일반적 예외'를 인정한다. 제6장에서 설명한 바와 같이 동 조항에 따라 회원국은 특정국을 자의적으로 또는 부당하게 차별하거나 국제무역을 제한하려는 위장된 의도를 갖지 않는 한 "인간, 동식물의 생명과 건강의 보호"와 "재생 불가능한 천연자원의 보존"을 위해 필요한 수입제한조치를 취할 수 있다. 우루과이라운드 협상 결과 GATT 제20조와 유사한 조항이 GATS 제14조와 TRIPS 협정 제27조, SPS 협정, TBT 협정, 농업 협정 등에 포함되었다.

그동안 일반적 예외 규정은 수입상품의 위생상태가 나쁘거나 환경위해(environmental hazards) 가능성이 높아 희귀한 자원의 보존이나 자국민 또는 동식물의 생명과 건강에 위해를 가할 우려가 있다고 판단될 때 수입국이 동 상품의 수입을 제한할 수 있는 근거 규정으로 주로 이용되어 왔다. 그러나 복잡한 국제환경문제에 대해서는 적용된 적이 없어 그 해석과 적용이 모호한 상태에 있었다. 그런 가운데 나온 미국-멕시코 간 참치-돌고래 분쟁(Tuna-Dolphin dispute)에 대한 1991년 GATT 패널의 결정은 일반적 예외 규정의 해석 및 적용과 관련해 가장 중요한 판례가 되었다. 이 분쟁은 무역-환경 연계 문제의 여러 측면을 거의 다 포괄하고 있다. 우선 이 분쟁은 참치라는 상품 자체에 대해서가 아니라, 그것의 생산방법, 즉 어획방법 때문에 내려진 수입금지조치가 쟁점이었다. 또한 미국의 국경을 넘어선 공해상의 돌고래 보호와 관련된 문제이기 때문에 미국 국내법이 적용될 수 있는지의 여부, 즉 역외주권 문제가 대두되었다. 자세한 사항은 아래 〈박스 13.1〉에서 살펴본다.

〈박스 13.1〉 참치-돌고래 분쟁

돌고래는 참치와 같이 회유하면서 서식한다. 따라서 참치잡이 중에 돌고래가 그물에 걸려 희생되는 경우가 많다. 이 점을 감안해 미국의 「해양포유동물보호법(Marine Mammal Protection Act)」은 참치의 어획과정에서 미국 어선이 희생시키는 돌고래의 평균비율보다 1.25배 이상으로 돌고래를 희생시키는 경우 외국 어선의 기국(flag state)으로부터의 참치수입을 금지하도록 규정했다. 때마침 멕시코와 일부 중남미 국가의 참치잡이 어선들이 태평양 해역에서 유자망(流刺網, 기다란 사각형 그물을 물의 흐름에 따라 흘러가도록 해 대상물이 그물코에 걸리거나 꽂히도록 함)을 사용해 상당수의 돌고래를 희생시킨다는 이유로 미국은 이들이 잡은 참치의 수입을 금지시켰다. 애초에 미 행정부는 이러한 조치를 취하는 것에 소극적이었으나, 환경단체의 이의제기로 법원이 이행명령을 내리자 상무부는 할 수 없이 수입금지조치를 취했다. 미국 주장의 핵심은 미국의 사법권이 미치지 않는 지역에서 돌고래의 건강과 삶을 보호하기 위해서는 수입금지보다 더 나은 대안이 없다는 것이었다. 이에 멕시코는 강력히 반발하면서 1991년 이 문제를 GATT에 제소했다(한택환·고동수, 1995).

이 사안을 검토한 GATT 패널은 ① 미국이 상품이 아닌 생산방법을 문제 삼아 수입금지조치를 취한 것은 GATT의 내국민대우원칙을 위반한 것이고, ② 멕시코 어부들이 사전에는 알 수 없는 미국 어부들의 평균 돌고래 희생비율을 어로기준으로 적용할 것을 요구하는 것은 적절하지 않으며, ③ GATT 제20조 b항 및 g항 규정은 어떤 국가의 관할권 밖의 동식물의 보호 또는 자연자원의 보존을 목적으로 원용할 수 없음에도 미국이 이를 근거로 일방적으로 그리고 역외주권적으로 수입제한조치를 취했고, ④ 이 문제의 해결책으로서 미국은 예컨대 환경마크의 부착과 같이 최소무역제한적인(least trade-restrictive) 정책수단을 강구하지 않았다는 이유로 미국의 멕시코산 참치 수입금지조치는 GATT 위반이라고 결론지었다. 동 패널은 관할권 밖의 영역에 대한 보호를 위해 멕시코의 시장접근 방식에 미국이 이러한 조치를 취한 것을 허용하면 GATT의 존재 이유가 없다고 판단했다. 이 경우 수출국은 수입국과 환경규제가 같을 때만 무역이 가능하기 때문이다(Vogel, 2013: 28-29).

GATT 패널의 판정은 멕시코에 유리하게 내려졌으나, 멕시코는 이를 GATT 이사회의 승인을 거쳐 공식적으로 확정하려는 움직임을 보이지 않았다. 이에 멕시코와 마찬가지로 대미 수입제한조치를 받고 있던 프랑스와 이탈리아 등을 대신해 EU는 1992년 미국이 국내법에 기초해 (미국에 대한 참치수출이 금지되고 있는) 멕시코로부터 수입한 참치의 대미수출을 제한하는 것은 GATT 위반이라는 점을 들어 미국을 제소했다. GATT 패널은 재차 EU의 참치수출에 대한 미국의 수입금지조치는 GATT 위반이라고 결정했다. 이를 미-EU 간 '제2차 참치-돌고래 분쟁(Tuna‒Dolphin II)'이라고 한다.

한편, 미국은「돌고래 보호 소비자 정보법(Dolphin Protection Consumer Information Act)」의 규정을 준수해 생산된 참치캔에만 '돌고래 안전(dolphin safe)' 표시를 할 수 있도록 한다. 유자망 어업을 주로 하기에 그 기준을 충족할 수 없었던 멕시코는 이런 표시제가 "차별적이고 불필요한(discriminatory and unnecessary)" 무역제한에 해당돼 TBT 협정에 위배된다며 2008년 미국을 WTO에 제소했다. WTO 패널은 2011년 미국의 표시 규제가 멕시코만 차별하는 것이라고는 볼 수 없지만, 돌고래 보호라는 본래 목적을 넘어 필요 이상으로 무역을 규제하는(more trade restrictive) 요소가 있다고 판단했다. 2015년 상소기구도 같은 판정을 내렸지만 미국은 오히려 관련 표시 규제를 강화해 멕시코뿐 아니라 모든 참치 수출국에 똑같은 규제를 적용했다. 결국 2017년 WTO는 미국이 2015년 판정을 이행하지 않을 경우 멕시코가 정당하게 보복을 할 수 있다는 결정을 내렸다. 이 사건을 '제2차 미국‒멕시코 참치 분쟁(U.S.‒Tuna II(Mexico))'으로 부른다.[8]

이 사건은 자유무역과 환경규제 사이의 근본적인 갈등과 긴장 관계를 보여준 사례다. 그 갈등과 긴장은 여전히 이어지고 있다. 다만 이 사례를 계기로 WTO 규범의 해석과 적용의 기본적인 방향이 정해졌고, 일반적 예외에 대한 규정이 GATT 외에도 GATS, TRIPS, SPS, TBT 협정 등에 포함되는 계기가 되었다.

그럼에도 참치‒돌고래 분쟁은 GATT에 대한 환경운동가들의 강한 비난을 불러왔다. 환경운동가들은 이 사건이 GATT가 환경보호보다 자유무역에 더 관심을 갖는다는 것을 여실히 보여준다고 주장했다. 그 때문인지 이 사건 이후 WTO는 부정적 여론에 휩싸일 수 있는 환경 관련 이슈에 대해 소극적 태도를 보이고 있다. 다음 절에서 다루는 미국과 인도‒파키스탄‒말레이시아‒태국 간 1997년 새우‒거북이 분쟁(Shrimp and Turtle dispute)도 마찬가지이다.

WTO 회원국들은 참치‒돌고래 분쟁과 관련해 GATT 패널이 채택한 논거들을 환경보호를 목적으로 한 무역제한조치의 정당성을 판별하는 중요한 기준으로 수용하고 있다(Esty, 1994; Runge, 1994). 따라서 이 분쟁을 계기로 수립된 환경보호를 이유로 한 무역제한조치의 정당성 판단기준을 세 유형으로 나눠 검토할 필요가 있다.

---

8) https://www.wto.org/english/tratop_e/dispu_e/cases_e/ds381_e.htm 참조.

(1) 의도와 효과 기준

환경보호를 이유로 한 무역제한조치가 결코 자의적 또는 부당하게 수입을 가로막거나 국내 생산자를 보호하기 위한 위장된 보호무역 수단으로 활용되어서는 안 된다. 이 기준에 따르면 무역제한조치의 의도가 환경보호 및 안전성 확보라는 목적에 국한되어야 하며, 비록 명백하게 차별적 의도를 가진 무역제한조치가 아닐지라도 그것이 효과 면에서 국내 생산자의 보호가 이루어진 것과 같다면 이 역시 정당한 것으로 볼 수 없다. 성장 호르몬을 주사한 쇠고기에 대한 EU의 수입금지조치가 좋은 예이다(〈박스 10.2〉 참조). 이 사례에서 문제가 된 것은 유럽에서는 이런 축산방법이 거의 사용되지 않고, 따라서 미국과 호주산 쇠고기에 대한 수입금지는 그것의 명시적 목적과는 달리 결과적으로 유럽의 축산농가 보호를 위한 위장된 보호무역 수단이 될 수 있다는 것이었다.

(2) 환경 정당성(environmental legitimacy) 기준

이 기준은 ① 문제가 되는 무역제한조치의 최우선적인 목적이 환경보호에 있을 것, ② 무역제한조치를 취할 수 있는 권리를 주장하는 국가와 환경위해가 발생하는 지리적 장소 간에 합당한 연계가 있을 것을 요구한다.

첫째, '최우선 목적' 기준은 문제의 무역제한조치가 정통성 있는 조치가 되기 위해서는 그것이 자원보존이나 국민건강 확보라는 정책목적을 '최우선적으로 지향하는(primarily aimed at)' 것이어야 한다는 것이다. 예를 들어 1987년 캐나다 정부가 청어와 연어(herring and salmon)의 과다포획을 방지한다는 이유로 캐나다 서해안 수역에서 미국 어선이 포획한 모든 청어와 연어를 캐나다 국내 시설에 하역할 것을 명령하고, 현지에서 가공처리되지 않은 연어는 수출할 수 없도록 하자, 미국은 캐나다의 수출금지가 GATT 제11조(수량제한의 일반적 철폐) 위반이라고 GATT에 제소했다. 이에 GATT 패널은 캐나다의 수출금지조치의 일차적 목적이 GATT 제20조 g항(재생 불가능한 천연자원 보존)에 부합하는 것으로 보기 어렵다고 판단했다. 이 판결은 환경을 이유로 한 무역제한조치는 순수한 환경보호주의(bona fide environmentalism)에 입각할 것, 다시 말하면 ① 무역제한조치가 문제의 환경피해를 제거하는 데 기여할 수 있다는 과학적인 증거가 제시되어야 하고 ② 상품 수입에 따른 환경피해가 상당히 심각한 경우에만 무역제한조치의 정당성을 인정할 수 있음을 선언한 것으로 볼 수 있다.

둘째, 환경보호를 이유로 한 무역제한조치를 정당하게 사용하려면 환경피해가 야기되는 장소와 무역제한조치를 취하는 국가 간에 지리적 연계성이 있어야한다. 이는 무역을 제한하는 국가의 입장에서 환경피해가 좀 더 직접적일수록 그 국가의 주권행사는 정당성이 있는 것으로 인정되어야 한다는 기준이다. 지리적 연계성은 무역제한조치를 발동하는 국가가 입는 피해를 기준으로 다음과 같이 구분해 볼 수 있는데, 무역제한조치의 정당성이 강하게 인정되는 순서에 따라 차례로 설명하면 다음과 같다(Trebilcock, Howse, and Eliason, 2013; 김준한, 1995; 이호생, 1995).

① 순수한 국내적 피해: 수입상품의 유통 및 소비 과정에서 환경피해가 발생하는 경우로 수입국은 환경보호를 위해 적절한 수입제한조치를 취할 수 있다. 다만 그 조치는 '의도 및 효과' 기준과 '최우선 목적' 기준을 충족해야 하고, GATT의 내국민대우 규정에 부합해야 한다. 이 기준에 따르면 자국의 자동차 배기가스 배출기준에 미달하는 외국 자동차의 수입은 당연히 제한할 수 있다.

② 초국경적 피해: 환경오염이 국경을 넘어 인근 국가로 파급되면서 환경피해를 야기하는 경우, 그 피해정도가 심각하고 인과관계가 과학적으로 입증될 수 있는 한 피해국은 국제법상 당연히 환경오염을 유발하는 행위의 중지를 요구하거나 적절한 보상을 요구할 수 있다. 만일 가해국이 피해국의 요구에 응하지 않는다면 피해국이 그에 상응하는 무역제한조치를 취하는 것은 정당하다고 본다.

③ 지구적 피해: 오존층이나 생물 다양성과 같은 지구적 공유자원의 파괴를 방지하려는 목적에서 어느 국가가 특정 가해국에 무역제한조치를 취하는 것이 정당한가에 대해서는 논란이 계속되고 있다. 이는 지구적 공유자원의 파괴로 인한 피해는 어느 국가에게나 간접적일 뿐이라고 보는 국가들이 많기 때문이다. 사실 참치-돌고래 분쟁에서 GATT 패널도 지구적 공유자원 보호를 위한 무역제한조치의 정당성을 인정하지 않았다. 그러나 순수한 환경보호 목적에서 지구적 공유자원의 보호를 위해 발동하는 무역제한조치는 정당한 것으로 인정해야 한다는 주장도 거세게 제기되고 있다.[9]

---

9)「리오 선언」은 원칙 2(Principle 2)를 통해 "세계 각국은 타국 또는 지구적 공유자원에 피해를 미치는 행위를 해서는 안 된다"고 규정하면서도 원칙 12를 통해 "수입국의 주권 영역 밖의 환경 문제(environmental challenges)를 대상으로 하는 일방적 무역조치의 발동은 피해야 하며, 초국

④ 순수한 외국 영토 내에서의 피해: 예를 들어 개도국의 소규모 개발사업과 같이 비록 환경파괴적이기는 하나 그 효과가 해당국의 영토 내로 국한되고 어떠한 유형의 지리적 파급효과도 일으키지 않을 때에는 어떤 국가도 이에 대해 일방적인 무역제한조치를 취할 수 없다. 아무런 지리적 파급효과를 일으키지 않는 개도국의 개발행위에 대한 간섭은 주권침해라고 보는 것이다(Cline, 1994).

(3) 최소무역제한 기준

무역–환경 조치의 정당성을 판별하는 세 번째 기준은 해당 조치가 무역에 미치는 부담이 그 조치가 없을 때 야기될 위험을 제거 또는 감소시키는 데 필요한 최소한의 범위를 넘어서는 안 된다는 것이다. 이 기준은 일명 비례성 기준이라고도 불리는데(Runge, 1994), 무역제한조치를 통해 기대하는 환경이익과 무역에 미치는 부담이 상호균형을 이룰 것을 요구함으로써 무역제한조치를 취하려는 국가가 다른 대응수단을 탐색하도록 촉구하는 데 의의가 있다(Esty, 1994).

2.3 논의의 진전 상황

자유무역과 환경보호는 오랜 논쟁의 대상이었다. 1987년『우리 공동의 미래(Our Common Future)』라는 유엔 보고서에서 '지속 가능한 개발' 개념이 공식화된 이후, 환경과 개발의 조화를 찾으려는 노력이 계속되고 있다. 환경보호와 지속가능한 개발의 필요성은「WTO 설립 협정」서문에서도 직접 언급되었을 뿐만 아니라 1994년 WTO 상설위원회 중 하나로 CTE가 설립되었다. 앞서 언급한 바와 같이 CTE는 상당히 넓은 권한을 부여받았다. 환경 관련 부과금, 세금, 표준, 기술규정, 포장, 라벨링, 환경보호 목적의 재활용, 환경을 해치는 생산보조금과 상품의 수출 금지를 요구할 수 있는 권한 등이 그것이다. 무엇보다 CTE의 가장 중요한

경적 또는 지구적 환경문제를 다루기 위한 환경 조치는 가능한 한 국제적 합의에 기초해야 한다"고 규정한다. 한편,「멸종위기 야생동식물의 국제무역에 관한 협약(CITES)」과「유해 폐기물 국경이동 통제 및 처리에 관한 바젤 협약(Basel Convention)」은 명시적으로 위약국에 대한 무역제한조치의 발동을 의무화한다. 이처럼 주요 국제환경협약들은 지구적 공유자원에 대한 일방적 무역제한조치에 대해서 대체로 신중한 입장을 취하면서도 매우 중요한 생물종이나 생태계의 지속가능성이 중대한 위협에 처해 있을 때에는 이들을 보호하기 위한 무역제한조치가 정당화될 수 있다고 본다(Esty, 1994).

임무는 수입제한조치에 대한 강제성을 부여한 18개의 국제환경협약(multilateral environmental agreements: MEAs)이 제대로 기능하는지를 분석하는 일이다.10) 1996년부터 몇몇 MEA의 사무국들은 해당 환경협약에 따른 무역기준의 이용 상항을 CTE에 정기적으로 보고하는 등 협력을 강화해 왔다. 1999년 시애틀 각료회의에서는 WTO와 유엔 환경프로그램(UNEP)이 공식적 관계를 맺고 UNEP-CTE 회의를 개최하기로 합의하기도 했다. 이러한 협력과 소통은 WTO의 환경 인식을 크게 높인 것으로 평가된다.11)

　　2001년 개시된 도하라운드에서는 CTE가 환경 관련 상품과 서비스 무역의 자유화에 관한 협상을 담당했다. 이는 WTO의 협상에서 최초로 별도의 환경 관련 무역자유화 이슈가 다뤄졌다는 의의를 갖는다. 이를 위해 무역-환경위원회 특별회의(CTE Special Session: CTESS)가 구성되었고, 이 특별회의에서 WTO의 규범과 여러 MEA와의 관계를 검토하게 되었다(Harashima, 2008: 20). 그럼에도 WTO 회원국들은 무역과 환경이 얼마나, 어떻게 연계되어야 하는지에 대한 타협점을 찾지 못하고 있다. CTE의 역할 및 성과는 제한적이라는 평가가 일반적이며, 지속가능한 개발 원칙 역시 아직 보편적 규범으로 자리 잡지 못하고 있다. 결국 CTE는 녹색 보호주의를 정당화한다는 개도국의 우려와 반대에 부딪혀 답보상태에 빠져 있다. 도하라운드에서 환경 관련 무역 이슈를 다루기 시작한 것은 사실이지만 기후변화와 관련된 핵심적이고 논란이 많은 이슈들은 모두 제외되었다. 이 때문에 WTO 차원에서의 무역-환경 연계에 대한 논의는 대증요법에 불과하다는 비판도 나온다(Vogel, 2013: 36).

　　WTO 규범과 환경 규범 간의 조화 노력이 지지부진한 가운데 환경 관련 무역분쟁은 그 수가 점차 증가하고 있다. 여기서 파생되는 것이 MEA를 근거로 한

10) CTE가 기후변화에 대해 직접적으로 언급하고 있지는 않지만, CTE 의제 중 상당수는 기후변화 문제와 밀접한 관련을 갖는다. 예컨대 환경적 목적의 무역, 무역 관련 환경정책, 중요한 무역효과가 있는 환경 조치 등이 CTE 의제로 포함되어있는데, 이들 모두 유엔 기후변화 협약(UN Framework Convention on Climate Change: UNFCCC) 의무이행과 깊이 관련된다. 2015년 전 세계 200여 개의 국가는 2100년까지 지구의 표면온도 상승폭을 산업화 이전 대비 2℃ 이하로 유지하기 위해 노력할 것을 약속하는 「파리 기후변화 협정(Paris Climate Change Agreement)」을 채택했다. 파리협정은 2020년에 만료되는 「교토 의정서(Kyoto Protocol)」를 대체하는 것으로서, UNFCCC의 실행을 위한 국가들의 세부적인 합의사항을 담고 있다.

11) https://www.wto.org/english/thewto_e/coher_e/wto_unep_e.htm 참조.

환경 관련 수입금지조치의 정당성 문제이다.[12] 사실 무역규제를 포함하는 MEA에 WTO의 모든 회원국이 참여한다면 두 협정 사이에는 갈등이 없을 것이다. 그러나 WTO 회원국이 어떤 MEA에 동의하지 않는다면 어떻게 할 것인가? 예를 들어 유독성 폐기물 무역을 금지하는 「바젤 협약」에 서명하지 않은 국가가 이를 수입해 재활용하거나 다른 상품의 제조에 사용할 때 동 협약 서명국은 해당국의 상품을 수입해서는 안 된다. 이때 비서명국은 이 문제를 WTO에 제소할 수 있고, WTO는 이러한 수입금지조치가 WTO 규범 위반이라며 비서명국의 입장을 옹호할 가능성이 높다. 한편, 비록 예외적이긴 하지만, MEA가 정한 별도의 분쟁해결절차에 따라 무역제한조치가 취해진 경우 WTO는 대체적으로 이를 문제 삼지 않아왔다. 예를 들어 오존층 파괴의 주범인 염화불화탄소(CFC)의 생산을 2000년까지 절반으로 줄이고 그 교역을 금지하는 내용의 「1987년 몬트리올 의정서(Montreal Protocol)」상 의무위반을 이유로 수입국이 무역제재를 가한 경우 (동 의정서에 서명하지 않았더라도) 수출국은 자국에 보장된 GATT 상 권리의 침해를 주장하기 어려웠다.[13]

국제환경법과 관련된 보편적 분쟁해결절차가 없는 상황에서 기후변화를 막기 위한 노력과 자유무역원리가 충돌하면 결국 WTO의 분쟁해결기구에 의존할 수밖에 없다. 그러나 WTO의 분쟁해결절차는 「WTO 설립 협정」과 그 부속 및 부수 협정에만 적용되고 이들 협정에 규정된 권리와 의무 자체를 (예를 들어 친환경적으로) 변경할 수도 없다. 따라서 WTO의 분쟁해결절차만을 통해 WTO와 MEA 간 규범적 균형과 조화를 찾는 데는 어려움이 따른다. WTO는 환경보호 기구가 아니라는 인식과 무역 이외 분야로 관할권을 지나치게 확장하길 꺼려하는 관행도 문제를 더욱 어렵게 만든다(Lee and Feng, 2013; 김성원, 2014; 심영규, 2015).

미국이 브라질 정부가 자국의 새우잡이 어선들이 거북이 보호용 어구를 사

---

12) 현대적 의미의 MEA는 1972년 유엔 인간환경 회의(UN Conference on the Human Environment, 일명 스톡홀름 회의) 이후 본격적으로 확산되었다. 2020년 말 현재 환경 관련 양자 협약은 2,000여 개, 다자 협약은 700여 개에 달한다(https://iea.uoregon.edu/ 참조). 협약이 아닌 선언, 양해각서 형태의 환경 관련 문서를 포함하면 그 수는 더 많아진다. 이 중에서 많은 MEA가 특정 오염물질이나 이를 사용한 상품의 국가 간 교역을 금지하거나 무역제재를 집행수단으로 사용할 수 있도록 허용한다(나태준 외, 2013: 13-27).

13) 다만 CFC를 생산하는 대부분의 WTO 회원국이 「몬트리올 의정서」를 비준하자 논란거리가 사실상 사라졌다(Vogel, 2013: 29-30).

용하도록 규제하지 않음으로써 미국 연안으로 회유하는 거북이의 숫자에 영향을 준다는 이유로 브라질산 새우의 대미수출에 제한을 가한 사례를 살펴보자. 이 경우 과연 그런 무역제재가 환경적으로 정당하고 적절한 수준인지가 우선적으로 논란의 대상이 된다. 미국이 거북이가 피해 나갈 수 있는 어망을 사용하지 않고 잡은 새우의 미국 내 판매를 계속 금지하자 결국 인도, 파키스탄, 말레이시아, 태국이 1997년에 미국을 WTO 분쟁해결기구에 제소했다. 분쟁해결 패널은 미국의 수입금지조치가 자의적이고 부당한 차별이나 위장된 보호무역 의도를 금지하는 GATT 제20조를 위반했다고 판정했다. 그러나 상소기구와 이행패널은 문제가 된 상품, 즉 새우와 직접 관련은 없지만 멸종위기에 처한 동물, 즉 거북이를 보호하기 위해 미국이 자국의 공정 및 생산방법(PPM)에 따라 새우 수입을 제한할 수 있다고 판정해 패널 결정을 번복했다. 다만 상소기구는 생물다양성 협약(CBD)과 같은 MEA가 WTO의 감독 아래에 있어야 하는가의 문제에 대해서는 명확한 입장도 내놓지 못했다. 이처럼 WTO 분쟁해결기구는 논쟁적인 사건을 심리할 때 상대적으로 많은 시간을 쏟고도 결국 제소국과 피소국 양측 모두가 '승리'라고 느낄 수 있는 결정을 내리는 경향이 강하다(Hoekmand and Kostecki, 2009: 620-21; Vogel, 2013: 31-32).[14]

  이상에서 살펴본 바와 같이 무역-환경 연계는 여전히 많은 규범적 및 실천적 논란과 한계를 안고 있다. 자유무역론자들은 WTO를 통해 환경 문제를 다루는 것이 과연 바람직한가에 대한 근본적인 의문을 제기한다. 무역과 환경의 연계는 일견 환경보호에 긍정적 영향을 미칠 수 있지만, 궁극적으로는 여러 경제적 왜곡을 낳을 수 있기 때문에 자유무역론자들은 환경보호를 목적으로 무역정책 수단을 활용하는 것에 대해 대단히 비판적이다. 반면, 환경주의자들은 무역-환경 연계 문제에 대한 WTO의 시각과 접근방법이 지나치게 자유무역체제의 수

---

14) 다만 참치-돌고래, 새우-거북이 사건과 같은 무역-환경 분쟁 사례를 토대로 보면, WTO의 분쟁해결기구가 점진적으로 환경에 대한 고려를 확장하고 있는 것만은 사실이다. 아직 「유엔 기후변화 협약」을 직접 인용한 경우는 없지만 「교토 의정서」 체제가 종료되고 「파리 기후변화 협정」 체제로 전환되는 2020년 이후에는 「기후변화 협약」과 관련된 제소가 증가할 것으로 예상된다. 「파리 협정」에서 당사국들이 2016년 자율적으로 탄소감축 의무에 합의함에 따라, 이를 지키기 위해 각국이 실행하는 조치들이 국제무역에 영향을 줄 수 있기 때문이다. 대표적으로 탄소세와 국경세 조정절차는 GATT와, 탄소배출권 거래 및 환경 보조금은 WTO 보조금 및 상계조치 협정과, 그리고 저탄소 제품과 관련된 기술규정은 TBT 협정과 충돌할 여지가 있다. <박스 13.2> 참조.

호에 편중되어 있다고 비판한다. 이들은 WTO 분쟁해결절차에 NGO의 적극적 참여를 보장할 것과 더불어 환경을 우선하는 국제무역기구의 창설을 줄곧 요구해 왔다.

여전히 계속되는 논란에도 불구하고, 여러 무역 연계 이슈 중 무역－환경 연계 분야에서 가장 많은 논의의 진전이 있었다는 사실을 과소평가해서는 안 된다. WTO의 환경에 대한 인식도 개선되었을 뿐만 아니라 여러 환경 관련 국제기구와 NGO의 무역에 대한 인식도 개선되고 있기 때문이다. 환경 관련 무역 분쟁에서 비밀주의로 일관할 뿐만 아니라 전문성도 없다는 비난을 받아온 WTO는 환경주의자들의 요구를 일부 수용해 환경 관련 NGO가 분쟁해결 패널과 청문회 등에서 의견을 진술하는 것을 허용하고 있다. 또한 WTO 사무국은 환경 관련 국제기구뿐만 아니라 환경 NGO와 연락을 유지할 공식적인 의무를 진다. 국제환경기구 종사자나 NGO 활동가들은 WTO 각료회담에 관찰자로 참여하고 WTO 사무국의 브리핑과 CTE 주최 회의에도 공식적으로 참여할 수 있게 되었다. 덕분에 이들은 WTO를 좀 더 잘 이해하게 되었고, 환경협약 협상 시 WTO 규정과의 충돌 예방을 위해 과거보다 더 많은 노력을 기울이기도 한다. 이를 '환경운동가들의 친(親)GATT화(GATTing the greens)'로 부른다(Vogel, 2013: 34-36).

〈박스 13.2〉 탄소국경조정제도와 WTO

최근 국제 환경 분야에서 가장 큰 화두는 개인이나 단체가 경제·사회 활동 과정에서 발생시키는 '탄소 발자국(carbon footprint)'을 흡수 및 저감 대책을 통해 상쇄함으로써 순 탄소 배출량을 '0'으로 만든다는 '탄소중립(carbon neutrality)'이다. 자발적인 국가별 온실가스 감축공약(Nationally Determined Contribution: NDC)을 이행 기제로 채택한 「파리 기후변화 협정」의 성과가 불투명한 상황에서 '또래집단 압력' 기제로 확산되고 있다. 이 야심찬 목표는 2019년 12월 EU가 2050년 탄소중립 달성을 '유럽 그린딜(European Green Deal)'의 핵심 목표로 선언하면서 주목을 받기 시작했다. 미국 바이든 행정부도 기후정책 공약인 2050년 탄소중립 달성과 청정에너지 비중 100%를 목표로 그린뉴딜(Green New Deal)을 야심차게 추진할 전망이다. 일본에 이어 2020년 10월 한국도 2050년까지 탄소중립을 선언했다.

〈그림 13.1〉 탄소 발자국과 탄소중립

출처: https://images.google.com

대부분 국가의 공약은 선언적 수준에 그치고 있으나 유독 EU와 미국의 공약에는 통상 분쟁의 소지가 있는 제도가 눈에 띈다. 바로 '탄소국경조정제도(Carbon Border Adjustment Mechanism: CBAM)'이다. 이는 일종의 탄소 관세(carbon tariff)로 역내로 수입되는 상품에 대해 탄소 비용을 부과하겠다는 것이다. 이러한 조치는 무역 상대국의 가격 경쟁력을 약화시켜 무역장벽으로 기능할 가능성이 크다. EU는 이미 2020년 10월 동 제도에 대한 공청회를 마쳤고, 유럽 집행위원회의 채택만을 앞둔 상태이다. EU는 2021년 2분기 내에 CBAM이 적용될 산업분야를 WTO에 제안할 계획이다(WTO, 2020).

협약 당사국들의 NDC만으로는 "지구의 표면온도 상승폭을 산업화 이전 대비 2°C 이하로 유지"한다는 목표 달성이 어렵다는 점을 고려하면 「파리 기후변화 협정」 차원에서 CBAM은 매력적인 정책수단이다. 탄소국경조정이 무역 상대국에 강력한 탄소 감축 유인을 제공함으로써 국제 기후변화 공조 체제를 강화할 수 있기 때문이다. 탄소 배출 규정이 엄격한 국가와 그렇지 않은 국가 간의 경쟁 조건을 동등하게 함으로써 탄소 누출(carbon leakage)을 방지할 수도 있다.

그러나 CBAM에 대한 우려의 목소리도 크다. 「유엔 기후변화 협약(UNFCCC)」의 정신과 충돌할 수 있기 때문이다. UNFCCC는 탄소 배출량 감축에 있어 '차별적 공동책임(common but differentiated responsibility)'을 원칙으로 한다. 기후변화

저감은 모든 국가의 책임이지만 선진국에 역사적으로 더 많은 책임이 있으므로, 더 많은 책임을 부담해야 한다는 것이다. 그러나 탄소국경조정의 부담이 결과적으로 기술력과 환경규제가 약한 개도국에 전가될 가능성이 크기 때문에 탄소국경조정이 「유엔 기후변화 협약」의 근간을 흔들 수 있다(UNEP–WTO, 2009).

현행 WTO 규범과의 합치성 여부도 논란이다. 수입품에 탄소국경조정세를 부과하는 경우 내국민대우원칙과 최혜국대우원칙을 준수해야 한다. 이 책의 여러 곳에서 언급한 바와 같이 WTO는 물리적 특성, 최종 용도, 소비자의 선호, 관세 분류 기준에 따라 동종성 여부를 판단하기 때문에 생산공정에서의 차이를 이유로 동종의 상품이 아니라고 판단할 가능성은 낮다. 그러나 여전히 문제의 소지는 있다(김수현 · 김창훈, 2020; Zachmann and MacWilliams, 2020).

첫째, 내국민대우원칙에 위배되지 않기 위해서는 수입국의 국산품에 부과하는 탄소세와 동등한 수준의 탄소국경조정세를 수입품에 적용해야 한다. 그러나 국산품의 탄소세와 동등한 탄소국경조정세가 모든 무역 상대국의 수입품에 적용되기는 어렵다. 탄소국경조정세는 투입된 에너지, 생산기술, 생산지에 따라 큰 차이가 있는데, 모든 무역상대국으로부터 관련 정보를 취득하는 것은 거의 불가능하기 때문이다(정재호 · 김정아 · 박지우, 2010).

둘째, 국경조정제도는 수출국의 탄소 배출량에 따라 국경조정 비용이 다르게 산정될 수밖에 없기 때문에 환경규제가 느슨한 국가의 수입품에는 탄소국경조정세를 부과하고 규제 수준이 비슷하거나 강도가 높은 국가의 수입품에는 부과하지 않는다면 최혜국원칙을 위반하게 된다.

다만 상기 두 원칙에 위배되더라도 GATT 제20조 일반적 예외에 해당하면 그 예외를 인정받을 수도 있다. 가장 관련성이 큰 조항인 "인간, 동식물의 생명과 건강의 보호"와 "재생 불가능한 자연자원의 보존"에 해당하고, 그것이 "동일한 조건 아래 있는 국가 간에 자의적이거나 부당한 차별의 수단 또는 위장된 제한을 구성하는 방식으로 적용되지 않는다"면 GATT 원칙과 국경조정제도는 양립 가능하다.

3. 무역과 노동기준

3.1 문제의 성격과 쟁점

노동기준(labor standards)과 무역규범 간의 잠재적 갈등은 무역과 환경규범 간의 갈등과는 다소 성격이 다르다. 환경기준은 집행과 강제의 결과가 간접적인 반면, 노동기준의 무역에 대한 영향은 직접적이고 명확하다(Vogel, 2013). 노동기준에 대한 국제적 논의는 이미 19세기에 시작되어 150년 이상의 긴 역사를 갖고 있다. 초기의 주된 관심사는 근로조건의 개선이었다. 노동문제와 무역이 연계되기 시작한 것은 아동노동(child labor)을 금지하고 노동시간을 제한하는 국내법으로 인해 국제경쟁에서 불이익을 당하는 (또는 그렇다고 생각하는) 기업들의 불만 때문이었다. 이런 논란이 계속되자 1919년 국제노동기구(International Labor Organization: ILO)가 창설되었는데, 이 기구는 고용주, 노동자, 정부가 공동으로 참여하는 노사정 삼자협의 방식을 취한다는 점에서 독특하다. 1946년 유엔 기구로 편입된 ILO는 2021년 기준 근로조건에 관한 190개의 협약(Conventions)과 206개의 권고(Recommendations)를 통과시켰다. 그러나 회원국들이 이든 협약과 권고 중 일부분만을 채택하더라도 회원국의 노동정책을 지속적으로 모니터링하거나 협약의 수용을 독려하는 것 외에는 마땅한 집행 메커니즘을 갖고 있지 않다.[15] 대표적인 예로 미국은 2021년 기준 14개의 협약만을 수용하고 있다.[16] 아래 다시 설명하는 바와 같이 한국도 핵심협약(Fundamental Conventions) 중 일부를 수용하지 않고 있다.[17]

오늘날 무역－노동 연계 이슈의 핵심은 무역자유화와 세계화의 가속화로 인해 결국 높은 노동기준을 시행하는 국가가 국제경쟁에서 뒤처지지 않기 위해 노

---

15) https://www.ilo.org/global/standards/introduction－to－international－labour－standards/international－labour－standards－creation/lang－－en/index.htm 참조.

16) https://www.ilo.org/dyn/normlex/en/f?p＝NORMLEXPUB:11200:0::NO::P11200_COUNTRY_ID:102871 https://www.ilo.org/dyn/normlex/en/f?p＝NORMLEXPUB:11200:0::NO::P11200_COUNTRY_ID:102871참조.

17) ILO는 1998년 기본원칙 선언에서 다음의 여덟 가지를 핵심협약으로 정했다. ① 「1948년 결사의 자유 협약」, ② 「1949년 단체교섭권 협약」, ③ 「1930년 강제노동 금지 협약」, ④ 「1957년 강제노동 금지 협약」, ⑤ 「1973년 아동노동 금지 협약」, ⑥ 「1999년 아동노동 금지 협약」, ⑦ 「1951년 차별금지 협약」, ⑧ 「1958년 차별금지 협약」이 그것이다.

〈그림 13.2〉 2018년 세계 아동노동 금지의 날 포스터

2002년 ILO는 매년 6월 12일을 '세계 아동노동 금지의 날(World Day Against Child Labor)'로 지정하고 아동노동의 근절을 위해 대대적인 캠페인을 벌이고 있다. 이러한 노력에도 불구하고 특히 아프리카 지역에서의 아동노동은 여러 정치적, 경제적, 사회·문화적 이유로 근절되지 않고 있다.
그림 출처: https://www.ilo.org/ipec/Informationresources/slideshows/WCMS_632319/lang—en/index.htm

동기준을 낮추는 '바닥을 향한 경주'에 뛰어들 수밖에 없다는 위기의식과 불만에서 시작된다. 우루과이라운드 협상 막바지에 미국과 프랑스의 주장에 따라 노동기준 문제가 상정된 것은 이런 배경에서였다. 이 두 나라는 최소노동기준의 이행을 시장접근의 전제조건으로 삼는 '사회 조항(social clause)'을 GATT에 포함시키고자 했다(Bhagwati, 1994). 물론 이런 시도가 우루과이라운드에서 처음 이루어진 것은 아니다. 미국을 중심으로 하는 OECD 국가들은 1950년대 이래 수차례 이러한 시도를 했다. 우루과이라운드에서는 아무 합의도 이루어지지 않았지만, 최소노동기준의 채택 및 이행을 WTO 회원국의 의무 및 권리와 연계하려는 시도는 앞으로도 계속될 것으로 보인다.

　여기서 분명히 해 두어야 할 사항은 무역－노동 연계 문제는 국가 간 노동기준에 관계된 문제이지 국가 간 임금의 차이에 관한 문제가 아니라는 점이다.[18]

---

18) 흔히 개도국 기업이 근로자에게 저임금과 열악한 근로기준을 강요해 생산한 값싼 제품을 선진국시장에 수출한다는 뜻에서 '사회적 덤핑(social dumping)'이라는 말이 사용되지만, 여기서의 논의에 비추어보면 이는 잘못 붙여진 이름이다.

국가 간 노동비용의 차이는 부존자원과 기술능력 등의 면에서 국가 간 차이를 반영하는 것이다. 무역이득은 정확히 말해 이 차이에서 발생하는 것이기 때문에 국가 간 노동비용의 차이를 문제 삼는다면 그것은 명백한 보호주의에 해당한다. 따라서 무역-노동 연계 문제의 초점은 대부분 노동기준과 노동자의 기본권에 모아진다. 그러나 노동 분야에서 지켜야 할 절대적인 규범은 그리 많지 않다. 물론 노예노동이나 강제노동은 금지되어야 하고, 이를 이용해 생산한 상품의 수입은 금지해야 한다는 점을 부정할 수는 없다. 그러나 그 밖의 문제에 대해서는 서로 견해가 다를 수밖에 없다. 여기서 또 한 가지 유의할 점은 비록 관심의 초점이 국가 간 임금수준의 차이 그 자체에 있는 것은 아니지만, 높은 노동기준의 적용은 자연스레 임금수준을 높이고 이런 기준을 채택하도록 강요받은 국가의 기업 경쟁력을 약화시킬 수도 있다는 것이다.

노동기준이 기업의 경쟁력에 미치는 영향은 상황에 따라 다르다. 예컨대 높은 노동기준의 적용이 반드시 기업의 경쟁력을 떨어뜨리지는 않는다. 만약 기업이 이 부담을 노동자에게 전가할 수 있다면, 다시 말해 그것이 임금하락으로 이어진다면 높은 노동기준의 적용이 기업의 경쟁력에는 아무런 영향을 미치지 않는다. 비록 이것이 여의치 않더라도 임금상승은 상품가격의 상승을 가져오고, 이는 다시 환율의 평가절하로 연결될 것이므로 궁극적으로 기업의 국제 경쟁력은 영향을 받지 않을 수 있다. 반대로 높은 노동기준이 근로자의 사기와 생산성 향상을 가져와 기업의 경쟁력 향상에 도움이 되기도 한다(Hoekman and Kostecki, 2009: 626).

이런 이유로 높은 노동기준의 적용으로 자국 기업이 받는 상대적 불이익을 상쇄할 목적으로, 또는 개도국에 일정한 노동기준의 채택을 강제하기 위한 수단으로 수입관세를 부과하거나 여타의 무역장벽을 설치하는 것이 공정무역을 위해 반드시 필요한 것은 아니다. 이러한 조치는 오히려 수입국의 자원배분을 왜곡하고 높은 노동기준의 적용을 통해 노동자의 인권을 보호하고자 하는 개도국 노동난세에 악영향을 줄 뿐이다. 실제로 열악한 근로조건을 이유로 선진국이 개도국의 수입을 제한하면, 그것은 개도국의 노동자에게 이로운 결과를 주기보다는 오히려 역효과를 유발한다. 예를 들어 노조가 결성되면 임금이 상승하고, 그에 따라 고용이 감소하고, 실업자는 더 낮은 임금, 더 열악한 근로환경에서 일하게 된다. 마찬가지로 아동노동을 금지하는 ILO 협약 위반을 이유로 개도국의 수입을 제한하면, 결국 수출과 생산 활동의 위축으로 부모의 일자리가 줄어들고, 따라서 더 많은 아동이 저임금 노동자로 전락할 수밖에 없다. 때문에 좀 더 바람직한 방법은 개도국이 아동노동의 금지연령을 높이도록, 또는 아동의 교육기회를 넓힐 수 있도록 선진국이 직접적으로 재정지원을 하는 것이다. 또한 노동기준이 낮은 국가에 대해 무역제재를 가하기보다는 노동조건 개선실적이 큰 국가에 시장개방 혜택을 주는 것이 바람직한 방안이 될 수 있다.[19]

　　ILO도 이런 면에서는 무역－노동 연계에 반대한다. 1998년 6월 ILO가 회원국들이 ILO의 핵심협약을 준수할 것을 요구하는 내용의 선언(Declaration)을 제정하면서 노동기준이 보호무역 수단으로 사용되어서는 안 된다고 강조한 것이 좋은 예다. ILO는 강제적 집행수단이 없기 때문에 노동자의 권리를 심각하게 침해하는 국가의 경우 국제사회의 비난을 받도록 함으로써 잘못된 관행의 개선을 유도할 수밖에 없다.[20] 물론 주요 선진국의 노동단체는 다르게 생각한다. 이들은 어떤 식으로든 무역정책과 연관 짓지 않고서는 노동기준의 적용을 강제할 방법이 없다고 주장한다. 이들은 하나의 대안으로 노동 측면에서 지속적으로 문제를 일으키는 WTO 회원국에 대해서는 분쟁해결절차를 이용할 수 있는 권리를 박탈하자는 제안을 하기도 한다. 그러나 이 역시 문제가 된다. 다른 회원국은 이 국가로부터의 수입에 별의별 형태의 수입제한조치를 취할 가능성이 더 높아지고, 그 결과 이 국가의 기업은 물론 노동자의 이익이 더 크게 침해될 것이기 때문이다 (Hoekman and Kostecki, 2009: 626－27).

　　가장 좋은 방법은 역시 ILO를 통해 문제 해결을 추구하는 것이다. 다른 이슈와 마찬가지로 국제기구는 적절한 다자적 해법을 찾기 위한 연구·조사를 수행하고 지원하는 등 유용한 기능을 수행한다. 이를 통해 아마도 모든 국가가 기본인권을 존중하는 최소노동기준의 채택을 내용으로 하는 협정의 체결이 가능할지 모른다. 여기에 ILO 협약의 적실성이 있다. 그렇다고 해서 WTO의 모든 회원국에 ILO의 협약과 권고를 강제할 수는 없다.[21] 무역－환경의 경우가 그렇듯이 무

---

19) 이것은 "무역정책을 채찍이 아닌 당근으로 활용하는 방식(using trade policy as a carrot rather than a stick)"에 해당한다(Anderson, 1998: 251). 이런 방식은 특히 비공식 부문의 비중이 높은 저소득 개도국에 유효하다. 이런 국가에서는 아무리 높은 노동기준을 입법화하더라도 노동자가 실질적 혜택을 받을 가능성이 낮기 때문이다(정진화, 1996: 277－78).

20) https://www.ilo.org/declaration/lang－－en/index.htm 참조.

역－노동 연계 문제도 결국은 협상을 통해 접근할 문제다. WTO는 이런 문제를 협상하기에 적절한 장소가 아니다. ILO와 노동조합은 MEA나 환경 관련 NGO와는 달리 WTO와 공식적인 연관이 없다. 물론 기본인권에 기초한 최소기준에 관한 합의가 이루어지기만 한다면 WTO는 그것의 집행수단으로 무역제재를 사용하도록 허용할 수는 있을 것이다(Hoekman and Kostecki, 2009: 628－29).[22]

3.2 논의의 진전 상황

GATT 규정상 노동에 관한 규정은 수형 노동을 금지하는 제20조 e항(교도소 노동 상품과 관련된 조치)이 전부라 해도 과언이 아니다. 노동과 무역의 관련성에 대해서는 회원국들이 그 이상의 합의에 도달할 수 없었기 때문이다. 앞서 언급한 바와 같이 미국과 프랑스가 우루과이라운드 협상 막바지부터 1994년 마라케쉬 WTO 각료회의에 이르기까지 줄기차게 무역과 노동의 연계를 주장했으나 개도

---

21) 한국은 ILO 핵심협약 중 4개(1973년과 1999년 아동노동 금지 협약, 1951년과 1958년 차별금지 협약)를 비준하고 나머지 4개는 비준하지 않고 있다. 이들 4개 협약이 해고자나 실직자의 노동조합 가입을 제한하는 국내법 등과 충돌하기 때문이나. 2014년 한국 사회에서 큰 문제가 되었던 염전노예, 새우잡이 노예 등과 같은 임금착취뿐만 아니라 병역의무 대신 수행하는 산업기능요원이나 의무경찰 등도 ILO의 기준에서 보면 강제노동에 해당된다. ILO는 미비준 회원국에 대해서 비준 전망 및 미비준 사유를 매년 보고하도록 하는 한편, '결사의 자유'에 관해서는 비준 여부와 관계없이 '결사의 자유 위원회'를 통해 해당 회원국 정부에 '권고'를 할 수 있도록 허용한다(김근주, 2017). 한국 정부는 대내외적으로 이들 협약을 비준하라는 압력을 받아왔다. 2017년 들어선 문재인 정부는 100대 국정과제로 이들 기본협약 비준을 제시하고 관련 노동관계법 정비를 강력히 추진했다. 많은 논란 끝에 2020년 12월 9일 노동조합법 등 10개 노동관계법이 국회 본회의를 통과함으로써 ILO 핵심협약 비준을 위한 국내법적 근거가 마련되었다. 개정 노동조합법에 따르면 조합원 자격을 노조 규약에 따라 스스로 정할 수 있게 되어 실업자나 해고자의 노조 가입의 길이 열렸고, 사업 또는 사업장에 종사하는 근로자가 아닌 노조 조합원('비종사 조합원')은 사용자(기업)의 효율적 사업 운영에 지장을 주지 않는 범위 내에서 노조 활동을 할 수 있게 되었다(최홍기, 2021). 한편, 정부는 「1957년 강제노동 금지 협약」의 경우 한국의 형벌체계, 분단국가 상황 등을 고려할 때 시기상조로 판단해 비준을 추진하지 않기로 했고, 「1930년 강제노동 금지 협약」의 경우 비군사적 성격의 사회복무요원 복무가 농 협약에 위반되지 않도록 그 대상자에게 현역 또는 사회복무요원으로 복무할 수 있는 선택권을 부여하기로 했다(https://www.korea.kr/special/policyCurationView.do?newsId=148862514).

22) 이 문제와 관련해 가장 민감한 반응을 보여온 국가가 인도다. 미국이 인도의 2004년 무역정책 평가 결과를 원용해 무역과 노동기준의 연계 강화를 요구하자 인도는 자국의 노동정책과 시행의 기준은 WTO가 아니라 ILO라고 주장했다. 더 나아가 WTO가 회원국의 무역정책을 평가하고 검토할 때 무역과 관련 없는 부분은 고려하지 말 것을 요구했다(Vogel, 2013: 38－39).

국의 강한 반발로 무위에 그치고 말았다. 1996년 12월 싱가포르에서 개최된 제1
차 WTO 각료회의는 회원국들이 핵심적 ILO 노동기준을 준수할 필요가 있음을
인정했지만, 근본적으로 이 문제는 ILO가 다루는 것이 적절하며, 노동기준을 이
유로 보호주의적인 무역조치를 취해서는 안 된다는 점을 확인하는 수준에 머물
렀다. 또한 WTO 사무국이 ILO와 계속 협조할 것을 천명하면서도 저임금 국가의
비교우위가 침해되어서는 안 된다는 점을 분명히 했다. 당시 클린턴 행정부는 무
역과 핵심적 근로기준에 대한 WTO의 특별조사위원회의 창설을 주장했지만 개
도국의 강한 반발을 불러일으켰다. 그들의 주장은 한마디로 근로기준 내용은
WTO에 어떤 형태로든 적용되어서는 안 된다는 것이었다(Vogel, 2013: 36–38).

　노동 이슈는 1999년 시애틀 각료회의에서도 제기되었으나 큰 성과는 없었
다. 미국과 EU는 세계에서 가장 큰 노동조합 연합단체인 국제자유노동조합연합
(International Confederation of Free Trade Unions: 1949년 창립, 2006년 해산)과 더불
어 WTO가 '사회 조항'을 새로운 무역규범에 포함시킬 것을 주장했다. 그러나 개
도국이 반대한 것은 물론이고, 미국과 EU도 노동 이슈에 대한 합의를 보는 데 실
패했다(Vogel, 2013: 36–38). 2001년 도하라운드는 싱가포르 각료회의의 합의를
형식적으로 지지하는 수준에 그쳤다. 이로써 무역–노동 연계 문제는 사실상 향
후 WTO의 작업 대상에서 배제되었다. 현재 WTO 내에는 노동 이슈를 다루는
위원회나 작업단조차 없다.23) 한편, 2001년 이후 WTO는 중국, 캄보디아, 사우디
아라비아, 베트남 등의 WTO 가입협상에서 이들이 '법의 지배(rule of law)' 원칙
을 잘 지키는지를 평가함으로써 간접적으로 노동기준을 고려한 바 있다.

　TRIPS 협정과 무역–노동 연계 이슈 간의 충돌 가능성도 제기된다. 공정이
나 생산방법보다는 상품 자체에 초점을 맞춰 무역제한조치의 정당성 여부를 판
단하는 GATT와는 달리 TRIPS는 상품이 어떻게 생산되는지를 중시한다. 지식재
산권자가 그들이 만들어낸 결과물에 대한 공정한 대가를 받고, 이들의 재산권을
침해해 불법적인 과정과 방식으로 모조품을 생산한 다른 이들이 불공정한 이득
을 챙기는 것을 방지하기 위해서다. 그러나 노동의 관점에서 보면 이러한 접근은
많은 비판을 불러일으킨다. 왜 상품 생산에 참여한 노동자는 공정한 대가를 요구
할 수 없는가? 위에서 언급한 국제자유노동조합연합은 WTO의 신뢰성은 그들이

---

23) https://www.wto.org/english/thewto_e/whatis_e/tif_e/bey5_e.htm 참조.

"미키마우스(의 상표)가 그 장난감을 만드는 노동자의 권리보다 중요하다(Mickey Mouse having more rights than the laborers who make toys)"고 판단했을 때 무너졌다고 비난한 바 있다(Vogel, 2013: 15).[24]

　결론적으로 WTO는 환경과 마찬가지로 노동 이슈를 무역에 포함하는 것을 주저한다. 그러나 이 둘 사이에는 중요한 차이점이 있다. WTO가 CTE 구성과 MEA와 환경 NGO의 참여 독려를 통해 무역과 환경 간의 인식 차이를 상당히 좁혀온 것에 비해 무역−노동 연계는 오히려 많은 저항만을 불러왔다. 여러 정치적 수사에도 불구하고 WTO와 ILO 및 노동조합 간의 협업이 지지부진한 이유도 그런 상황을 반영한다. 가장 중요한 차이는 WTO가 무역과 환경보호 사이의 관계는 공식적 협상의제로 규정하고 있지만 노동과 관련된 사안에 대해서는 그렇지 않다는 것이다. 그 이유는 개도국의 반발 외에도 노동과 무역의 관계가 환경과 무역의 관계보다 WTO의 핵심 목적인 무역장벽을 낮추는 것을 더 어렵게 만들기 때문일 것이다. 또한 지구온난화 등 환경문제는 전 지구적 이슈라는 인식이 많이 확산된 반면, 노동기준은 여전히 개별 국가의 특수성이 중요하다는 인식이 팽배한 것도 차이를 만들고 있다.

---

24) 이 논쟁에는 기업의 이윤은 혁신에 대한 보상이며 기업가의 당연한 지대(entrepreneurial rent)라고 생각한 조지프 슘페터(Joseph Schumpeter)의 주장과 자본주의 시장에서는 교환가치만 중시되고 그 속에 숨어 있는 노동가치는 경시되고 있다는 칼 마르크스의 비판이 공존한다. 이와 관련해 국내의 모 가수 겸 화가의 소위 '그림 대작' 사건에 대한 재판부의 판결이 흥미롭다. 대작 작가 송모 씨는 조모 씨가 2011년 11월부터 2015년 1월까지 '화투' 소재의 그림을 실질적으로는 대작 작가가 그리게 하고 본인은 단순히 덧칠만 했음에도 이러한 사실을 구매자에게 알리지 않고 21점을 팔아 1억 5천여만 원의 부당이득을 얻었다고 사기 및 편취 혐의로 조 씨를 고소했다. 1심은 대작 작가를 저작자로 인정하고 조 씨에 대한 공소 사실을 모두 유죄로 인정했다. 하지만 항소심에서 고등법원은 징역 10개월에 집행유예 2년을 선고한 원심을 깨고 조 씨의 무죄를 선고했다. "화투를 소재로 해 표현한 해당 미술삭품은 조 씨의 고유한 이이디어"라는 이유에서였다. 재판부는 "대작 화가인 송모 씨 등은 보수를 받고 조 씨의 아이디어를 작품으로 구현하기 위한 기술 보조일 뿐, 고유한 예술 관념과 화풍, 기법을 그림에 부여한 작가라 평가할 수 없다"고 판단했다. 여기서도 "육체노동을 포함하지 않는 작업은 사기다"라는 관점과 "기계적 반복 노동보다 중요한 것은 창작자의 아이디어와 영혼"이라는 관점이 대립했다. 대법원은 후자의 주장을 받아들여 2020년 6월 25일 검사의 상고를 기각하고 무죄를 선고한 원심판결을 확정했다(http://www.ichannela.com/news/main/news_detailPage.do?publishId=000000208734).

4. 무역과 인권

4.1 문제의 성격과 쟁점

무역자유화는 세계 각국 개개인의 인권과도 연계되어 있다. 무역자유화를 통한 경제성장이 인권보호를 위한 전제조건을 충족하기도 하지만 때로는 무역과 인권이 상충되기도 한다. 따라서 양자를 어떻게 조화시킬 것인가의 문제가 발생한다. 환경과 노동 관련 문제처럼 인권에 대해서도 국제기준이 있다. 대부분의 WTO 회원국은 「유엔 세계인권 선언」 서명국이기도 하다. 그러나 ILO의 여러 협약이나 권고와 마찬가지로 세계인권선언도 법적으로 그 적용을 강제할 수 없다. 노동기준 이슈와 마찬가지로 무역에 대한 직접적이고 확실한 제한 효과 때문에 인권 이슈도 다른 무역 연계 이슈에 비해 WTO 규범과 상충될 가능성이 높다. 이 절에서는 무역과 인권이 충돌하는 경우를 살펴보고, WTO와 기타 국제기구가 이 둘 사이의 조화와 양립을 위해 어떤 노력을 하고 있는지를 살펴본다.

4.2 무역과 인권의 충돌과 조화

GATT 제20조는 무역과 인권의 연계를 위한 GATT의 가장 기본적인 조항이다. 동 조항에 따라 WTO 회원국은 공중도덕의 보호(a항), 인간, 동물, 식물의 생명과 건강의 보호(b항), 수형 노동으로 생산된 산품(e항)에 관해서는 GATT 규범의 예외로서 필요한 조치를 취할 수 있다. 지금까지 WTO 회원국이 인권보호를 목적으로 GATT 제20조를 사용해 무역금지조치를 취한 적은 없다. 따라서 인권과의 관계에서 분쟁해결 패널이 GATT 제20조를 해석하거나 적용한 사례가 없다. 그런 의미에서 GATT 제20조와 인권 간의 관계는 분명하지 않다. 그러나 무역-환경 연계와 관련해 분쟁해결 패널이 환경 관련 조약의 취지나 규정을 참고하면서 GATT 제20조를 해석한 사례가 있는 것처럼 무역과 인권이 충돌하는 경우에도 기존의 인권 관련 조약을 토대로 GATT 제20조를 해석함으로써 두 개념의 조화를 도모할 수 있다는 것이 다수설이다(이주윤, 2008: 440-42).25)

---

25) GATT 제3조의 내국민대우와 관련해서도 어떤 국내 상품과 외국 상품이 동종 상품인지 여부가 논점이 된다. 인권과의 관계에서는 물리적으로는 동일한 상품인데도 생산과정에서 인권침해가 발생한 상품과 그렇지 않은 상품을 다른 상품으로 간주할 수 있는지가 문제가 된다. 지금까

한편, 유엔 인권고등판무관(UN High Commissioner for Human Rights)은 2000년대 들어 소위 '국제무역에 대한 인권적 접근(human rights approach to international trade)'을 주창해 왔다. 그에 따라 GATT 제20조의 '공중도덕'과 '인간의 생명과 건강'을 이유로 GATT 규범의 예외적 조치를 취할 수 있다는 판단을 제시한 바 있다. 앞 절에서 언급한 바와 같이 불공정하거나 압박적인 노동환경에서 생산된 상품에 대한 무역제재는 제20조 '공중도덕' 예외의 적용을 받는다는 것에 대해 큰 이견이 없다. 수감자의 노동에 의해 생산된 상품에 대한 제재도 마찬가지다. 그러나 인권을 보호하기 위한 무역금지조치에 관해서는 통일된 의견도 없고 확립된 법적 절차도 없다(Vogel, 2013: 40-41). WTO는 '국제무역에 대한 인권적 접근'에 대해 공식적인 입장을 내놓고 있지 않다.[26]

더 나아가 인권침해를 이유로 한 수입제한조치를 WTO 분쟁해결기구를 통해 다룰 수 있느냐의 문제가 제기된다. 이는 다시 안전보장이사회 의결에 의한 경우, 인권 관련 국제기구가 주도하는 경제제재, 그리고 개별 국가의 독자적인 경제제재를 구분해서 살펴보아야 한다.

첫째, 유엔 안전보장이사회는 「유엔 헌장」 제39조에 따라 특정 국가에서 발생한 인권침해를 이유로 경제제재를 가할 수 있다. 동 헌장 제40조는 제39조에 따른 안전보장이사회의 결정을 관계 국가들이 따라야 함을 규정한다. 또한 「유엔 헌장」 제103조는 유엔 회원국의 헌장상의 의무와 다른 국제협정상의 의무가 상충되는 경우에는 「유엔 헌장」에 따른 의무가 우선적으로 적용된다고 규정한다. 즉 안전보장이사회가 제39조에 따라 내린 결정이 WTO 규정과 충돌하더라도 유엔 회원국들은 이를 수용하고 경제제재를 가해야 한다는 것이다. 1980년대 남아프리카 공화국의 인종차별정책인 아파르트헤이트(Apartheid)에 대한 경제제재, 수단의 비(非)아랍계 주민 학살에 대한 경제제재 등을 구체적인 예로 들 수 있다.[27]

둘째, 인권 관련 국제기구에 의한 경제제재의 사례로 미얀마의 강제노역으로

지 WTO 분쟁해결 패널은 생산과정의 차이에 따라 두 상품이 상이성을 인정할 수 있는지 여부에 대해 명시적으로 견해를 밝힌 바는 없다(이주윤, 2008: 442-43).

26) WTO와 유엔 인권이사회(UN Commission on Human Rights)는 모두 스위스 제네바에 본부를 두고 있지만 서로 교류가 거의 없다고 한다.

27) WTO 협정에도 「유엔 헌장」 의무와의 관계를 정리한 규정이 있다. GATT 제21조는 회원국이 「유엔 헌장」에 의거한 의무에 따른 조치를 취하지 않도록 GATT 규정을 해석할 수는 없다고 명시한다.

인한 인권침해 관행에 대해 ILO가 1999년부터 부과한 제재를 들 수 있다. ILO는 2012년 6월 동 조치를 철회했고, 미얀마도 이를 WTO 차원에서 다투지 않았기 때문에 더 이상의 논란이 되지는 않았다.[28] 하지만 이러한 사례는 위의 무역－환경 연계에서 논의한 바와 같이 WTO와 MEA 규범 간의 조화 문제가 야기하는 것과 유사하게 잠재적으로 상충되는 규범 간의 해석과 적용 문제를 낳는다. 인권관련 국제기구와 마찬가지로 WTO도 이 문제의 민감성 때문에 적극적인 견해를 피력하지 않고 있는 상황이다. 무역－환경 연계 사례에서와 같이 인권 관련 국제기구에 의한 제재는 결국 GATT 제20조의 해석과 적용에 따라 그 정당성의 인정 여부가 결정될 것이다.

셋째, 유엔 안보리의 의결이 없이 각국이 독자적으로 외국의 인권 침해를 이유로 무역제한 혹은 금지조치를 취하는 경우도 있다. 이러한 조치는 「유엔 헌장」이 보장하는 조치가 아니기 때문에 WTO 규범과의 관계가 문제가 된다. 예를 들어 미국은 인권 문제를 이유로 2003년부터 2016년까지 미얀마에 대한 신규투자를 금지했다. 또한 미국과 EU는 미얀마 제품의 수입을 금지했다. 미얀마는 정부가 자국민의 인권을 침해하고 있다는 사실을 전 세계에 알리고 싶지 않아 이러한 경제제재에 반박하지 않았지만 미국과 EU가 독자적으로 실시해 온 경제제재가 WTO 협정과 양립 가능한 것인지는 논란의 여지가 있다(Ajmani, et al., 2018). 위의 두 사례와는 달리 독자적인 경제제재의 정당성은 가장 약한 것으로 평가된다. 인권준수가 「유엔 헌장」의 기본 원칙임을 상기할 때 인권침해를 방지하기 위한 경제적 제재는 국제법에서 제한적으로 인정된다고 볼 수 있다.

4.3 논의의 진전 상황

지금까지 WTO 분쟁해결기구가 무역과 인권을 연계해서 GATT 규정을 해석하거나 적용한 적은 없다. 다만 WTO가 적극적으로 무역보다 인권을 중요시해야 한다는 판단을 내린 적이 있다. 분쟁 다이아몬드(conflict diamond)의 거래를 금지시켜 달라는 유엔의 요청에 따라 2003년 5월 WTO는 회원국 4분의 3 이상의 동의를 얻어 분쟁 다이아몬드를 막기 위한 킴벌리 증명제도(Kimberly Certification

---

28) https://www.ilo.org/global/about－the－ilo/newsroom/news/WCMS_183287/lang－－en/index. htm 참조.

Scheme)에 참여하지 않는 WTO 회원국을 대상으로 취한 무역제한조치를 의무면제(waiver)로 인정한 것이다.[29] 이것은 적극적인 의무면제 없이는 분쟁 다이아몬드에 관한 무역제한조치가 WTO 규범에 어긋난다는 것을 의미한다(이주윤, 2008: 443-44).

〈그림 13.3〉 분쟁 다이아몬드

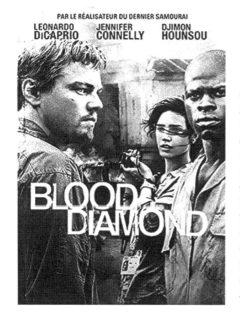

분쟁 다이아몬드를 소재로 한 2006년 개봉 할리우드 영화의 포스터. 국내 영화 애호가들에게도 유명한 레오나르도 디카프리오(Leonardo DiCaprio)가 주연을 맡아 피의 다이아몬드에 얽힌 참상을 전 세계에 알리는 계기가 되었다. 보석에 대한 인간의 탐욕이 어떻게 시에라리온에 전쟁, 난민, 정치적 갈등과 같은 비극을 가져왔는지를 극적인 전개로 표현한 수작으로 평가된다. 1991년부터 2002년까지 11년 동안 지속된 시에라리온 내전은 5만 명 이상의 사망자와 450만 명의 이재민을 발생시켰다. 내전의 상처는 여전히 아물지 않은 상태이지만, 2018년 이후 정치적 안정을 이루면서 민주주의가 정착되고 있다는 평가를 받는다(김광수, 2019).
그림 출처: https://images.google.com

그러나 이와 같은 의무면제 인정이 반드시 필요했는지는 논란의 여지가 있다. 이미 유엔 안전보장이사회가 「유엔 헌장」 제39조에 따라 무역금지조치에 관한 결의를 채택한 상태였고, 그 결의에 따라 유엔 회원국은 「유엔 헌장」 제40조와 제103조, 그리고 GATT 제21조에 의거해 이 결의안이 지시한 대로 경제제재를 가할 의무가 있었기 때문이다. 이미 WTO 회원국은 의무면제를 받은 상태였다는 것이다. 아울러 GATT 제21조 b호(ii)는 "무기, 탄약 및 전쟁도구의 거래에

---

29) 분쟁 다이아몬드란 시에라리온, 앙골라, 콩고민주공화국 등 아프리카의 분쟁지역에서 밀거래되는 다이아몬드로 이 지역의 독재자나 군벌의 주요 자금줄로 쓰인다. 이들이 이 다이아몬드를 팔아 전쟁 무기를 사들여 더 많은 피를 부른다 하여 '피의 다이아몬드(blood diamond)'라고도 한다.

관한 조치와 군사시설에 공급하기 위하여 직접적 또는 간접적으로 행하여지는 그 밖의 재화 및 물질의 거래에 관련된 조치"를 금지하고 있는데, 분쟁 다이아몬드가 이에 해당한다고 해석할 수도 있다. 굳이 WTO가 적극적으로 의무면제를 인정하지 않더라도 분쟁 다이아몬드 문제에 적용할 수 있는 GATT 규정이 있었다는 것이다. 또한 앞서 언급한 바와 같이 WTO가 명시적으로 의무면제를 인정했다는 것은 명시적인 의무면제 인정 없이는 무역제한을 부과할 수 없다고 해석될 수도 있다. 만약에 그렇게 되면 앞으로 WTO가 의무면제를 인정하지 않는 한 인권을 이유로 한 무역제한조치가 허용되지 않을 우려가 있다(Vogel, 2013: 42-43).

결론적으로 무역과 환경 연계 문제에 비해 무역의 확대와 인권의 보호라는 중요한 두 가치를 어떻게 조화하고 양립시킬 것인지에 대해 WTO 분쟁해결패널은 명확한 입장을 내놓지 않고 있다(조형석, 2005). 물론 무역과 환경에 관한 논의에서처럼 GATT 규정의 해석을 통해 두 개념을 조화시킬 수 있을 것으로 보인다. 그러나 아직 판례가 없는 만큼 구체적으로 어떤 행위가 WTO 규정에 위배되고 또한 위배되지 않는지는 분명하지 않다.

5. 무역과 경쟁정책

5.1 문제의 성격과 쟁점

경쟁정책(competition policy)이란 경쟁을 제한하는 기업 간 카르텔이나 시장 지배적 지위의 남용 등을 규제할 목적으로 정부가 시행하는 일단의 규칙과 규율을 말한다(Scherer, 1994). WTO가 경쟁정책까지 포괄해야 한다는 주장이 제기되는 이유는 비록 겉으로 드러난 무역장벽이 낮더라도 어떤 국가의 경쟁정책─또는 그것의 부재─은 외국 기업의 시장접근을 제약하고, 그 국가의 수출 기업이 불공정한 우위를 누릴 수 있도록 해 주기 때문이다. 예컨대 어떤 상품의 국내 생산자가 유통망을 장악하고 있다면, 그는 수입품의 국내 판매를 실질적으로 가로막을 수 있는 힘을 가지게 된다. 1980년대에 미국이 일본을 상대로 제기한 문제가 바로 이런 것으로, 일본의 불공정경쟁 관행이 미국 기업의 효과적인 일본 시장접근을 가로막는 주된 장애물이라는 것이 당시 미국의 판단이었다(Bhagwati, 1994: 589; 신광식, 1998: 54-60).

보다 구체적으로 무역과 경쟁정책 연계 이슈가 등장한 배경으로 다음의 다섯 가지를 들 수 있다.

첫째, 1980년대 들어 가속화된 세계경제 통합의 진전과 기업활동의 세계화로 시장개방 혹은 시장접근 문제는 국경무역조치(border measures)의 단순한 감소나 철폐의 차원을 넘어서게 되었다. 우루과이라운드 협상 타결로 관세와 수량제한과 같은 전통적 국경무역장벽이 낮아지고 외국 상품 및 기업에 대한 비차별대우 의무가 강화되었으나, 국가 간 경쟁법과 정책의 차이는 불공정을 야기하는 요인으로 작용한다는 인식이 확산된 것이다.

둘째, 개도국이나 구(舊)동구권 국가의 경쟁정책 부재 또는 그것의 미온적 집행으로 인한 시장접근의 제한 및 국제 경쟁에서의 불공정성도 중요한 문제로 대두되었다. 국내 기업의 다양한 경쟁제한 행위는 외국 기업과 상품의 시장접근을 실질적으로 저해할 수 있으므로 국경무역제한조치가 완화되고 제거되었다고 해서 외국 기업의 시장접근 기회가 자동으로 보장되는 것은 아니다(Scherer, 1994). 이런 반경쟁적 행위를 효과적으로 제거하고 시장접근 기회를 보장하기 위해서는 각국이 적절한 내용의 경쟁법을 제정하고 이를 엄정하게 집행하는 것이 최선의 방법이다. 그러나 WTO 협정은 경쟁정책과 관련한 아무런 의무도 부과하고 있지 않기 때문에 경쟁법과 제도를 시행할지 여부와 집행의 강도는 전적으로 국가의 자율에 달려 있다.[30]

셋째, 초국경적 경쟁제한 행위를 규제할 필요성이 높아졌다. 기업활동의 세계화와 더불어 여러 국가에 영향을 미칠 수 있는 사업 영역이 확대되는 가운데, 세계시장에서 독점력을 행사하는 거대기업은 자신의 시장지배력을 남용해 반경쟁적 행위에 가담할 수 있는 다양한 기회를 갖게 되었다. 예컨대 이런 기업이 세계시장에서 시장지배력을 유지·강화할 목적에서 추구하는 국제적 인수 및 합병 또는 국제적인 수직거래와 기업 내 무역은 경쟁기업의 시장접근을 효과적으로 봉쇄할 수 있다. 또한 유수 기업 간의 전략적 제휴도 세계시장의 분할 및 경쟁배

---

30) 더 나아가 상당수의 국가가 자국 산업의 보호 및 경쟁력 강화를 명분으로 수출시장에서의 국내 기업 간 담합 형성을 경쟁법 적용대상에서 제외하는 것은 물론 장려하는 경우도 많다.

제를 초래할 수 있다. 그러나 이런 경쟁제한 행위는 각국의 개별적 노력만으로는
규제하기가 어려워 사실상 경쟁법의 통제영역 밖에 있다. 초국경적 경쟁제한 행
위에 대한 통제가 어려운 것은 그 행위, 행위자, 경제적 효과 등이 여러 국가에
분산되어 있어서 정보수집이 어렵고 관할권의 제약이 따르기 때문이다.

넷째, 경쟁법의 역외적용(extra-territoriality)도 골치 아픈 문제로 등장했다.
미국을 비롯한 일부 선진국은 무역 상대국의 경쟁법 제도 집행의 강화를 요구하는
동시에 자국 무역에 피해를 주는 경우 외국에서의 반경쟁적 행위에 대해서도 자국
의 경쟁법을 적용하려고 들어 경쟁법의 역외적용 문제가 국가 간 마찰을 야기하고
있다. 다시 말해 선진국은 개도국에서 반경쟁적 관행에 의해 자국 기업이 피해를
입는 것을 원치 않으면서도, 이를 규율하기 위한 다자간 규범에 자국 반독점법을
종속시키기보다는 자국법을 그대로 적용하려 한다(Hindley, 1996: 334-35).[31]

다섯째, 반덤핑(AD) 조치와 경쟁정책 간의 긴장과 마찰이 날이 갈수록 심해
지고 있다. AD 조치의 남용은 경쟁적인 기업 활동에 부당한 제한을 가하고 시장
경쟁을 저해하며, 특히 그 절차의 진행과정에서 수출기업과 국내 수입경쟁산업
간의 담합을 조장하는 등 심각한 문제가 있다. 따라서 AD 제도를 경쟁법 원칙과
부합하는 방향으로 수정할 필요성이 부각된다(제10장 참조).

5.2 WTO 협정과 경쟁정책

이런 필요에 따라 WTO 협정은 경쟁정책에 대한 혹은 그것과 관련된 내용을
부분적으로나마 반영하고 있다. 먼저 TRIPS는 회원국 정부가 무역에 악영향을
미치고 기술이전 및 파급을 저해할 수 있는 라이선스 계약상의 반경쟁적 행위를
통제하기 위해 필요한 조치를 취할 수 있도록 한다. TRIMS는 장차 무역관련 투
자조치 분야에 적용할 경쟁정책을 고려할 것을 요구한다. GATS는 서비스 공급자
의 영업 관행이 경쟁을 제한하고 서비스무역에 지장을 줄 수 있음을 인정하고는
있으나, 경쟁정책의 범위나 집행방법과 관련해 회원국에 구체적 의무를 부과하지

---

31) 미국 경쟁법의 역외적용의 근거는 「1890년 셔먼(Sherman) 독점금지법」으로까지 거슬러 올라
간다. 종래 역외적용 문제는 주로 외국의 반경쟁적 기업관행이 미국 시장에 영향을 주는 경우
를 다루었으나, 최근에는 이와 반대로 미국 기업과 상품의 외국 시장 진입을 저해하는 수입국
내의 반경쟁적 행위로 적용대상 범위가 확대되고 있다(심영섭 외, 1997: 99-103).

는 않는다. 다만 GATS 제9조는 다른 회원국이 특정 영업 관행의 제거를 요구할 때에는 협의에 응하고 관련 정보를 제공해야 한다고 규정한다(Hoekmand and Kostecki, 2009: 595).

그럼에도 현행 WTO 협정은 다음과 같은 결함을 안고 있다(Hoekman and Kostecki, 2009: 597−99).

첫째, 정부의 지원을 받지 않는 민간 차원의 영업 관행이 시장접근을 제약할 때 GATT와 GATS는 아무런 조치도 취할 수 없다. 다시 말해 WTO는 회원국 정부의 반독점 면책이나 보조금 등의 정책수단이 민간의 반경쟁적 영업 관행에 영향을 미쳤다는 인과관계가 확실해야만 어떤 조치를 취할 수 있다. 정부의 여러 정책수단이 간접적·암묵적으로 반경쟁적 영업 관행에 영향을 미치는 오늘날 상황에서 이는 심각한 규범적 흠결이다.

둘째, WTO는 어떤 최소기준의 준수는 고사하고 경쟁정책 자체를 도입하고 집행할 아무런 의무도 회원국에 부과하지 않는다. 여러 회원국이 나름대로의 경쟁법을 가지고 있다 하더라도 그 집행 강도 면에서 현저한 차이가 있고, 그것이 곧 진입상벽이 될 수 있다. 진입깅벽이 높다는 것은 곧 외구 기업의 시장접근이 제한된다는 의미이다.

셋째, WTO는 회원국이 자국 영토 내에서 취하는 정책만을 규율 대상으로 삼는다. 그러나 오늘날 세계시장에서 지배력을 행사하는 거대 다국적 기업이 많다. WTO 규정에 따르면 다국적 기업의 반경쟁적 관행을 모국 정부가 묵인하거나 장려하는 경우 수입국 정부는 수출국 정부를 대상으로 아무런 조치를 취할 수 없다. 예를 들어 구글이 '경쟁 운영체제(OS) 개발 방해' 관행을 통해 한국 시장에서 시장경쟁을 제한하더라도 그 모국인 미국 정부가 이를 제대로 규제하지 않는다는 이유로 한국 정부가 미국 정부를 WTO 분쟁해결기구에 제소할 방법이 마땅치 않다는 것이다(〈박스 13.2〉 참조).[32]

그렇다면 이러한 결함은 어떻게 보완할 수 있을까? 앞으로 다자적 수준에서 경쟁정책의 규범화를 추진함에 있어 다음과 같은 접근방식을 고려할 수 있다(신

---

32) 수출시장에서 수출 카르텔 형성과 같은 자국 기업의 반경쟁적 행위나 그것에 대한 수출국 정부의 묵인도 마찬가지다. 수출 카르텔에 대한 다자간 규율이 없다는 주장이 나오는 이유다. 이런 문제에 대해 WTO가 관여하지 않는 것은 특이한 일이다. 현행 GATT 규정에 따르면 정부는 수출관세의 부과에 아무런 제한을 받지 않는다. 수출독점 또한 허용된다.

광식, 1998: 100-02). 첫째, 모든 국가에 적용될 경쟁규범을 제정하고 집행기구를 설치하는 안이다. 하지만 이런 접근방법의 실현 가능성은 매우 낮다. 둘째, 경쟁법의 모델을 만들고 국가 간에 경쟁정책의 조화를 도모하는 방식이다. 이 역시 각국의 입장 차이로 쉽지는 않을 것이다. 셋째, 최소규범화 방식이 있다. 이것은 경쟁법 원칙 가운데 국제적으로 합의 가능한 부분부터 규범화해 나가자는 최소기준 접근방식으로서, 예를 들면 시장접근을 저해하는 행위에 대한 최소기준을 먼저 규범화해 나가자는 제안이 이에 속한다.

현실적으로 경쟁정책의 완벽한 조화는 WTO 차원에서 추진하기 어렵다. 과거의 경험에 비추어보더라도 공통적인 경쟁정책 기준을 채택하는 것은 매우 힘든 일이다. 이는 양자간 또는 지역 내 수준에서만 이루어져 왔다. 비관세조치 일반이 그렇듯이, 경쟁정책 측면에서 협력의 정치경제는 전통적인 무역자유화의 경우와 사뭇 다르다. 우선 경쟁정책에서는 '양허의 교환' 같은 점진적 변화를 도모하기가 쉽지 않다. 더욱이 각국은 자신의 반경쟁정책이 국익에 부합된다고 생각하는 경향이 있다. 예컨대 자국 기업이 시장 지배력을 행사하는 것은 수입상품 가격인하를 초래하고, 따라서 국익에 도움을 준다고 생각하는 것이다. 타국에서의 반경쟁적 관행으로 피해를 보는 수출기업들이 자국 정부가 그런 행동을 취하는 수입경쟁기업에 상호주의적으로 반독점규칙을 적용해 타국에서의 진입장벽을 허물어 주기를 바라는 데도 말이다. 이런 면에서 본다면 수출시장에서의 자국 기업의 담합에 관대할 뿐만 아니라 실제 정부가 나서서 이를 부추기는 것 역시 너무나 당연한 결과이다. 거대기업 간의 합병에 대해 수출국 정부가 큰 우려를 갖지 않는 것도 그 때문이다. 이들이 합병을 통해 시장지배력을 강화한 결과 좀 더 많은 상품을 세계시장에 내다 판다면 국내시장에서의 독과점에 따른 폐해에도 불구하고 결과적으로는 국익에 도움이 된다고 보는 것이다. 다시 말해 이들이 수출시장에서 누릴 생산자잉여의 증가분은 국내시장 경쟁의 위축에 따른 소비자잉여의 감소분보다 크기 때문에 국가 전체적으로는 이득이라고 본다(Hoekman and Kostecki, 2009: 600-01).

정치경제적 관점에서 볼 때 수출 카르텔이나 합병에 관한 정책은 다자간 규율이 어느 정도 가능한 분야다. 이런 관행으로 인해 피해를 볼 가능성이 있는 국가가 무역대국으로 하여금 자신의 이익에 부합되는 방향으로 경쟁법규를 집행하도록 보상을 제공할 유인이 있기 때문이다. 문제는 경쟁정책을 이처럼 다자화하면 세계경제 전체적으로는 이득이지만, 그 이득이 국가 간에 어떻게 분배되는가의 문제는 여전히 남는다는 것이다. 또한 이런 문제에 관한 국가 간 협상이 성공적이기 위해서는 어느 국가의 반독점과 관련된 시장접근 장벽이 충분히 커서 다른 국가의 국내 산업이 자국 정부로부터 경쟁정책을 면책(exemptions)받는 것보다 전자의 장벽을 허무는 대가로 후자의 장벽을 허무는 것이 후자의 수출기업에 더 이득이라는 판단을 갖게 해 줄 수 있어야 한다(Hoekman and Kostecki, 2009: 601).

그렇지 않으면 근본적으로 상호주의에 입각하고 있는 GATT의 역학이 제대로 작동하기 어렵다. 실제로 주요 무역국 중 시장접근을 심각하게 제한하는 경쟁정책을 유지하고 있는 국가는 거의 없다. 또한 그런 국가는 지금까지 다른 주된 무역 상대국으로부터 정책변화를 요구하는 압력을 받아왔고 앞으로도 그럴 것이다. 이는 경쟁정책 분야에서 어떤 진전이 있으려면 모종의 연계전략이 필요하다는 것을 말해 준다.

5.3 논의의 진전 상황

ITO 창설을 목표로 했던 「하바나 헌장」 제5장은 가격고정, 시장분할, 차별적 대우, 생산제한, 기술개발과 응용의 제한, 특허·상표·저작권의 남용 등 경쟁 또는 시장접근을 제한하거나 독점적 지배를 강화하려는 목적의 행위를 경쟁제한적 기업관행으로 규정한다. 그리고 이것이 생산 및 무역 활동에 해로운 효과를 미칠 때 회원국이 적절한 조치를 취하고 ITO와 협력할 것을 의무화함과 동시에 이에 관한 분쟁해결절차를 규정하고 있었다. 그러나 GATT에는 경쟁제한적 행위에 관한 조항이 빠졌다. 대신 1955년 이래 GATT 규정에 부합하는 수단일지라도 그것이 경쟁조건을 왜곡하고, 그로 인해 피해를 입은 국가는 GATT 제23조의 '이익의 무효화 또는 침해'를 이유로 GATT에 제소할 수 있다고 해석해 왔다(최영진 외, 1995: 129-30).

WTO가 회원국 정부의 반경쟁적 조치에 대해 TRIMS, GATS 등 몇몇 협정의 부속서에서 경쟁정책 관련조항을 규정하고 있음은 위에서 언급한 바와 같다. 극히 제한적이긴 하지만 민간의 반경쟁적 관행에 관한 규정도 마련했다. 이 밖에 세이프가드 협정은 수출자유규제(VER), 시장질서협정(OMA) 등을 폐지해 나가기로 했고, 정부조달 협정도 경쟁입찰 및 제한입찰 문제를 다룬다. 그러나 이런 규정은 기업의 반경쟁적 행위를 규율하기 위한 규범으로 마련된 것이라고 보기 어렵다. 앞으로 이러한 규정에 대해서는 경쟁정책 관점에서 재평가가 불가피하다 (Schott, 1996: 34-35).

경쟁정책에 관한 두드러진 진전은 대부분 지역 수준에서 이루어지고 있다. 우선 EC는 「1957년 로마 조약」에 '회원국 간 무역에 영향을 미치는 공동시장 내 기업 간 경쟁제한적 공동행위의 금지'(제85조), '회원국 간 무역에 영향을 미치는 공동시장 내 시장지배적 지위의 남용금지'(제86조) 및 '특정기업의 생산을 유리하게 함으로써 경쟁을 왜곡하고, 회원국 간 무역에 영향을 미치는 정부보조금의 금지'(제92조) 등의 조항을 두었다. 현행 「유럽연합의 기능에 관한 조약(Treaty on the Functioning of the European Union)」 제3조는 관세·통화 정책과 함께 경쟁법 수립을 EU의 배타적 권능으로 명확히 규정하고 있다. 이를 통해 EU는 미국 IT 기업의 독점력 남용행위를 시정하는 데 적극적으로 나서고 있다(<박스 13.3> 참조). NAFTA와 그 후신인 USMCA는 회원국 간 국내 경쟁규범이나 정책의 조화는 시도하지 않는다. 다만 반경쟁적인 영업행위를 막기 위한 국내 경쟁법규의 채택과 시행, 이의 효율적 집행을 위한 상호협력을 규정한다(USMCA 제21장). 별도의 챕터를 두고 경쟁정책을 중요하게 다루는 CPTPP도 기본 원칙은 USMCA와 유사하다. 반경쟁적 행위를 금하기 위한 회원국 간 규범의 조화보다는 각국의 국내 경쟁법규 채택과 유지 및 적용 노력을 규정한다(협정 제16장).33)

경쟁정책의 개선은 양자간에 추진되기도 한다. 미국을 비롯한 일부 선진국은 외국 기업의 경쟁제한 행위를 자국 경쟁법의 역외적용에 입각한 일방적 조치(예: 미국의 Section 301 발동)를 통해 시정하려고 시도하는 경우가 많다.34) 경쟁법의 역

---

33) 이러한 규정은 회원국에 의무를 부과하기보다는 협력을 제안하는 표현으로만 구성되어 그 집행의 실효성에 의문이 제기된다(Gadbaw, 2016: 323-24). 그럼에도 주목할 점은 CPTPP가 국영기업의 반경쟁행위에 대해 별도의 규범을 마련하고 규제대상이 되는 정부의 반경쟁적 지원행위를 구체적으로 열거함으로써 기존의 경쟁정책 관련 협정에서 진일보했다는 것이다(협정 제17장).

34) 경쟁법의 역외적용이 기업의 반경쟁적 행위 자체에 대한 대응이라면, 무역법 Section 301은 그런 행위를 용인하는 외국 정부의 관행과 정책을 문제 삼는다. 외국 정부가 미국 상품이나 서비스의 시장접근을 제한하는 기업행동을 용인하는 것은 동 규정이 정한 '외국의 불합리한 행위, 정책 또는 관행'에 해당한다고 보는 것이다. 「1994년 UR 협정이행법」 제정 시 클린턴 행정부는 USTR의 무역장벽보고서에 미국의 상품 및 서비스 수출에 악영향을 미치는 반경쟁적 관행과 이에 대한 정부의 묵인을 독립항목으로 취급하도록 관련규정을 강화하고, 이를 적극적으로 사용하

외적용은 상대 국가의 저지입법(blocking statute)을 유발하는 등 마찰요인이 되고 있는 것도 사실이지만, 양자협정 체결의 계기로 작용하기도 하고 다자간 협정 체결의 분위기 조성에 기여하는 측면도 있다(심영섭 외, 1997: 99‒106).35)

    EU는 역내 경쟁정책 운영경험에 기초해 최소기준 접근방식에 의한 WTO 차원의 경쟁정책 논의에 가장 적극적이다. 반면, 미국은 OECD에서 '국제 카르텔 금지협정'을 제안하는 등 적극적 태도를 보이면서도, WTO 차원에서 최소기준에 의한 규범화를 추구해 나가는 데 대해서는 소극적인 반응을 보인다. 경쟁정책 관련 다자간 규율이 합의되더라도 상이한 이해관계 때문에 결국 잘 작동하지 않을 것이라는 인식뿐만 아니라 자국 반독점법의 자율성을 고수하려는 의지가 강하기 때문이다. 미국은 대신 양자간 협상을 통한 '고질적 카르텔'의 우선적 제거 및 '적극적 우호(positive comity)'에 기초한 경쟁당국 간의 상호협력을 선호한다(신광식, 1998: 89‒90).36) 미국이 이처럼 다자간 논의에 소극적인 것은 경쟁정책의 다자간 규범화 시도가 자칫 경쟁규범의 하향평준화를 조장할 우려가 있고, 굳이 다자간 규범에 의존하지 않더라도 자신의 막강한 힘을 배경으로 경쟁법의 역외적용이나 경쟁낙후 산의 양자협의 등을 통해 소기의 목적은 달성할 수 있다고 보기 때문이다(심영섭 외, 1997: 80).

    궁극적으로 무역과 경쟁의 왜곡을 막기 위해서는 ① 모든 무역장벽의 철폐, ② 무역행동이 경제 전체에 미치는 영향에 대한 효과적 감사(audit)를 통한 친(親)생산자적 편향성의 감소, ③ 범위와 면책사항이 유사한 양립 가능한 경쟁규칙의

겠다는 의지를 천명했다. 미일 간 자동차 분쟁에서 일본 자동차 시장에서의 수직적 결합 등을 반경쟁적 관행으로 문제 삼아 Section 301 조사대상에 포함시킨 것이나, 일본 후지(Fuji) 필름의 반경쟁적 관행을 겨냥한 코닥(Kodak)의 청원을 받아들여 조사를 진행한 것이 대표적인 예이다 (신광식, 1998: 87‒88).

35) 그러나 양자협정은 주로 상대방 이익에 중대한 영향을 미치는 경쟁법 집행행위의 상호통보, 제한적 영업관행 등에 관한 정보교환, 상호이해에 바탕을 둔 신축적 경쟁법 적용, 상호간 협의와 협력 등 경쟁법규와 시행의 투명성 확보를 수구하는 것들이 대부분이다. 이는 경쟁정책의 조화보다는 국가주권을 인정하는 가운데 상호인정을 추구하는 것으로 볼 수 있다. 이런 방식의 접근은 상호간 무역규모가 크고, 경쟁법규의 내용이나 집행강도 면에서 공통점이 많은 국가들 간에 주로 이루어진다(심영섭 외, 1997: 76).

36) '적극적 우호'란 예를 들어 A국의 경쟁당국이 B국의 경쟁당국에게 A국의 이익에 부정적 영향을 미치는 B국의 반경쟁적 행위를 조사해 줄 것을 요청할 수 있는 것을 말한다. 미국과 EU는 1991년에 이런 협약을 체결했다.

집행, ④ 국내 산업, 기술, 기술기준과 관련된 정책과 정부관행(예: 정부조달)의 규율, ⑤ 정상적 경쟁규칙으로부터의 일탈허용(granting of derogations)을 규제할 수 있는 절차의 수립이 필요하다(Nicholaides, 1994: 40).

무역이론과 무역자유화의 경험에 비추어볼 때 무역왜곡의 완전한 철폐는 오로지 다자간 협력을 통해서만 가능하고 또 그것이 바람직하다. 따라서 무역정책과 경쟁정책의 조화 또는 통합성의 확보는 역시 WTO가 책임져야 할 사항이다. 그럼에도 2004년 7월 WTO 일반이사회는 투자와 정부조달 분야와 더불어 무역과 경쟁정책에 관한 실무작업반 활동을 더 이상 유지하지 않기로 결정했다. 때문에 도하라운드는 이들 이슈와 관련된 어떤 협상도 진행하지 않았다.[37]

〈박스 13.3〉 구글: 혁신적 경쟁의 아이콘인가 반경쟁 기업관행의 대명사인가

구글은 오늘날 최고·최대의 글로벌 IT 기업이다. 1998년 창업한 이후 단기간 내에 세계 굴지의 대기업으로 성장했다. 미국의 영토 밖에 80개가 넘는 지사를 두고 있고 140개가 넘는 언어로 검색 서비스를 제공한다. 특히 스마트폰 시대가 열린 2000년대 후반 이후 구글은 디지털 혁명의 아이콘으로 자리 잡았다. 검색 엔진은 물론 클라우드 서버(Google Drive), 사진 저장 및 관리(Google Photos), 온라인 쇼핑(Google Shopping), 게임·영화 등 동영상 스트리밍(Google Play Movie), 음악 감상(Google Play Music), 지도(Google Maps, Google Earth), 번역(Google Translate), 유튜브(Youtube) 등의 구글 제품과 서비스의 이용은 전 세계 많은 이들의 일상이 되었다. 지금 이 글을 쓰고 있는 저자도 특히 학술 검색 서비스인 Google Scholar를 애용한다. 이뿐만이 아니다. 구글은 자율주행차, 사물인터넷 등 인공지능과 하드웨어의 결합을 통한 4차 산업혁명을 선도하고 있다.

구글은 자율적이고 개방적인 기업문화의 상징이기도 하다. 구글의 공식 목표는 "세계의 정보를 조직화하고 그것을 보편적으로 접근 가능하고 유용하게 만드는 것(to organize the world's information and make it universally accessible and useful)"이다. 구글의 유명하지만 비공식적인 (그리고 다소 소극적인) 사훈(business motto)인 "사악하지 말자(Don't be evil)"는 2015년 공식적이고 적극적인 "옳은 일을 하라(Do the right thing)"로 바뀌었다. 하지만 역설적으로 그 이후로 구글이 IT업계의 '사악하고 옳지 않은 일을 하는 공룡'이 되고 있다는 인식이 확산되었고 여러 국가에서

37) https://www.wto.org/english/tratop_e/comp_e/comp_e.htm 참조.

구글의 불공정·반경쟁적 영업관행이 문제가 되기 시작했다. 이는 두 가지의 서로 다른, 하지만 서로 연계된 이슈, 즉 ① 반경쟁 관행에 대한 규제와 ② 구글세 (Google tax)로 알려진 디지털세(digital tax) 문제를 중심으로 전개되고 있다.

우선 반경쟁 관행에 대한 규제가 논란이 된다. 2010년대 초 아마존, 이베이 등 전자상거래 업체의 꾸준한 의혹 제기에 따라 미국 내에서 소송을 당한 구글은 연방거래위원회(Federal Trade Commission: FTC)의 조사를 받는 등 어려움을 겪기도 했으나 결국 기존 영업관행을 개선하겠다는 약속을 하고 경고조치만을 받아 내는 데 성공했다. 미국 내에서는 반독점법 역풍을 성공적으로 막아냈던 구글이지만 유럽에서만큼은 고전을 하고 있다. 2010년부터 구글에 대한 조사를 시작한 유럽집행위원회(European Commission)는 구글과 합의점을 찾기 위해 여러 차례 협상을 벌였지만 진전을 보지 못하고 구글에 연이은 벌금 폭탄을 부과했다.

예를 들어, 2017년 6월과 2018년 7월 유럽집행위원회는 구글이 제공하는 쇼핑 검색 서비스가 자사 서비스인 Google Shopping에 유리한 알고리즘으로 인터넷 검색 결과를 왜곡했다는 이유로 총 67억 6,000만 유로(8조 7,500여억 원)의 반독점 벌금 부과 결정을 내렸다(European Commission, 2017, 2018). 집행위원회는 구글이 2011년부터 인터넷 검색 분야에서의 독점적 지위를 남용해 안드로이드 (Android, 구글이 2005년에 인수) 운영체제 기반의 휴대용기기 제조업체들과 무선통신망 사업자들에게 부당한 제약을 가함으로써 유럽 소비자들이 효과적인 경쟁 (effective competition)으로부터 누려야 할 편익을 침해했다고 판단했다.

구글의 주요 수입원은 검색엔진을 통한 광고 수입이다. 오늘날 전 세계 인터넷 사용의 절반 이상이 휴대용기기를 통해 이루어지고 대다수의 기기가 안드로이드를 운영체제로 사용하는 상황에서 스마트폰 등 휴대용기기에 구글 검색엔진을 사용토록 하는 것은 구글의 사활이 걸린 문제이다. 반대로 안드로이드 운영체제와 앱이 주류로 자리 잡은 상황에서 휴대용기기 제조업체들과 무선통신망 사업자들이 구글의 앱스토어와 그 서비스에 접근하기 위해서는 구글과의 (반경쟁적) 계약을 체결할 수밖에 없고, 울며 겨자 먹기로 구글이 가하는 제한과 요구를 들어줄 수밖에 없는 것도 사실이다.

그러나 구글을 비롯한 거대 다국적 기업에 대해 반경쟁적 영업관행을 이유로 자국의 반독점법을 적용할 수 있는 국가는 유럽연합밖에 없다. 미국과의 무역마찰을 우려하는 다른 국가들은 소극적일 수밖에 없다. 한국 정부도 마찬가지다. 여러 소비자단체나 국내 경쟁 기업이 구글의 소위 '갑질' 관행에 대한 시정을 요구하고 있지만, 한국 정부로서는 뾰족한 수단이 없는 것이 고민이다. 미국 정부로부터의 무언의 압력도 만만치 않다고 한다.

한편, 2020년 10월 미국 법무부가 반독점법 위반 혐의로 구글을 제소함에 따라 구글의 반경쟁 행위 이슈는 새로운 국면으로 접어들었다. 이번 소송은 1998년 PC 시장과 인터넷 브라우저 시장을 장악하던 마이크로소프트(MS) 반독점 소송 이후 가장 큰 사건으로 꼽힌다(오로라, 2020). 미 법원의 판결에 따라 구글이 분할될 수도 있고, MS 사례와 같이 재발 방지를 약속하고 사건이 마무리될 수도 있다. 공교롭게도 MS 반독점 소송의 가장 큰 수혜자가 1998년 창업한 구글이다. 아무래도 후자의 가능성이 크지만 전자의 가능성도 완전히 배제하기는 어렵다.

다음으로 국제 조세 분야의 최대의 화두인 디지털 다국적 기업의 '국가간 소득 이전을 통한 세원잠식(Base Erosion and Profit Shifting: BEPS)', 일명 조세회피 관행에 대한 대응이 쟁점이다(이규엽·김현수, 2020). 다른 조건이 동일하면 다국적 기업은 법인세율 등이 낮은 국가에 주사업장을 정하려는 유인을 갖는다. 심한 경우 돈세탁을 위해 서류상으로만 등록지로 삼는 조세회피처(tax haven)에 본사를 두기도 한다. 많은 국가에서 이는 불법이다. 인터넷을 통한 디지털 재화 또는 서비스를 제공하는 ICT 기업은 전자적 전송물에 대한 관세나 국내 매출에 대한 부가가치세(<박스 11.2> 참조) 외에도 법인의 사업소득(총매출액에서 생산비용 등을 제외한 금액)에 대한 법인세도 부담해야 한다. 그러나 문제는 제조업처럼 고정 사업장을 영업하는 곳마다 두지 않거나 최소한으로 두면서도 디지털 재화나 서비스의 제공이 가능하다는 점이다. 최근 들어 FANG으로 대표되는 이들 디지털 기업의 의도적 또는 비의도적 조세회피 관행에 대응하기 위해 이들 사업자에게도 자국 내의 '사업소득'이 아닌 '매출액'에 따른 세금을 부과하려는 움직임이 나타난 이유이다.

미국 IT 기업들을 겨냥한 '구글세'의 최전방에 나선 국가는 프랑스다. 2019년 7월 최초로 디지털세를 도입한 프랑스는 2020년 11월부터 구글세 납부를 통보하기 시작했다. 미국은 프랑스의 구글세가 미국 기업을 겨냥한 불공정 무역관생에 해당한다며 프랑스산 와인에 대한 '와인세'와 고급 핸드백과 화장품에 대한 '명품세'로 반격하고 있다. 미국-프랑스 간 통상분쟁 여파로 그 시행을 미뤘던 영국, 이탈리아, 인도, 브라질 등도 구글세 적용 채비에 나서고 있다. 하지만 유럽연합 내에서도 아직 완전한 합의가 이루어지지 않고 있다. 낮은 법인세율로 미국 IT기업들을 유치한 룩셈부르크, 아일랜드, 체코 등의 국가는 반대 입장이고, 자국의 다국적 자동차 산업에 타격을 우려하는 독일은 중립적 입장이다(진영화, 2020).

법인세를 둘러싼 한국 정부와 구글의 신경전은 (일견 엉뚱한) '지도 반출'로 불거졌다. 한국은 구글이 내비게이션 서비스를 제공하지 않는 (더 정확하게는 하지 못하는) 몇 안 되는 국가 중 하나이다. 구글은 지난 2010년과 2016년 두 차례에 걸쳐 한국 정부에 국내 내비게이션 서비스에 필요한 정밀 지도를 자사의 국외 서버로 가지고 나가겠다고 요청했지만 지도 반출에 앞서 위성사진 서비스에서 청와대와 군부대 등 안보 민감시설을 가리라는 한국 정부의 요구를 거부하면서 협상은 실패로 돌아갔다. 이러한 표면적인 이유의 배경에는 구글이 국내에 데이터센터와 같은 주사업장을 지어 지도 데이터 등을 활용하고 법인세도 내기를 바라는 한국 정부와 한국 정부가 자사의 데이터센터를 언제든지 압수 수색할 수 있다는 우려 때문에 이를 거부한 구글 간의 기싸움이 있었다. 결국 2020년 2월 구글은 LG유플러스의 데이터센터를 임차하는 방식으로 클라우드 서비스 제공을 위한 데이터센터를 서울에 구축하면서 한국 정부와의 관계 개선에 나섰다(채진석, 2012; 연합뉴스, 2018; 김주완, 2020). 이에 앞서 한국 국세청은 구글과 유튜브 등 다국적 ICT 기업과 국내 소비자 간 B2C 거래에 제한적으로 부과하는 부가가치세 외에도 2020년 1월 국내에서는 처음으로 (물리적 사업장소가 없는 경우라도 대리인이나 국내 관계사의 활동내용 등에 따라 고정사업장이 있는 것으로 간주하는) '간주 고정사업장' 개념을 적용해 구글코리아에 약 6,000억 원의 법인세를 추징했다. 구글코리아는 조세심판원에 불복 절차를 제기한 상태다(김동준, 2020).

6. 무역과 개발

6.1 문제의 성격과 쟁점

2001년 출범한 도하라운드의 공식명칭이 도하개발아젠다로 붙여진 것에서 볼 수 있듯 개도국은 WTO 체제에서 그들의 이해를 반영한 특혜를 주장했으며 개발문제를 중점적으로 다루어야 한다고 요구해 왔다. DDA를 출범시킨 도하 각료선언문에서 다루고 있는 개발문제는 개도국 우대, 이행문제, 소규모 경제와 최빈개도국에 대한 기술지원 및 능력배양, 외채·금융 문제 등 다양한 분야에 걸쳐 있다. 면화 문제도 개발 이슈로 제기되었다(김동배, 2005). 이러한 개도국의 주요 관심사항을 반영한 개발 이슈 중에서 세 가지를 가장 주목할 만하다. ① 의약품의 강제실시와 특허 보호, ② 개발도상국에 대한 특별하고 차등적인 대우(Special and Differential Treatment: SDT)를 제공하는 조항의 검토, ③ 무역을 위한 원조 (Aid for Trade: AfT) 또는 원조로서의 무역(trade as aid)이 그것이다. 아래에서는 이를 각각 설명하도록 한다.

6.2 특허의약품에 대한 접근

도하 각료회담의 주요한 주제 중 하나인 특허의약품에 대한 접근은 TRIPS 협정과 관련된다. 동 사안은 의약품에 대한 특허권을 가진 선진국의 제약회사와 개도국의 공중보건 요구 간 이해관계의 균형 이슈와 관련된다(Fergusson, 2008). 특히 '강제실시'가 쟁점이다. 제12장에서 살펴본 바와 같이 TRIPS 협정은 의약품에 대한 특허보호가 국가의 공중보건조치의 장벽이 될 수 있는 가능성을 인정해, 의약품의 특허보호에서 유연한 체계를 도입하고 있다. TRIPS 협정 제31조의 특정 요건에 따라 WTO 회원국은 강제실시를 시행할 수 있는 권리를 가진다.[38]

기술적으로 우위에 있고, 대부분의 특허권을 보유한 선진국은 엄격한 요건 아래에서만 강제실시를 허용하고, 강제실시로 인한 보상이 충분히 이루어질 수 있도록 보장하는 제도적 장치를 마련한다. 반면, 기술적으로 열위에 있고, 주로 외국인이 보유한 특허권을 사용할 수밖에 없는 개발도상국 또는 최빈개도국은 대부분 「산업재산권 보호를 위한 파리 협약」이 허용하는 범위 내에서 최대한 넓은 범위의 강제실시를 허용하려고 한다. 개발도상국의 시각에서 보면 선진국의 기업이 개발도상국에서 특허권을 취득하고도 국내에서 해당 발명품을 제조하지 않으면 그 특허권의 존재는 자국의 고용을 증대하지도 않고 기술이전을 가져다 주지도 않으면서 단순하게 독점적 판매권으로서만 기능하는 것이다. 반면, 선진국 기업은 특허권을 취득한 모든 나라에서 제조하는 것이 규모의 경제에 반하므로 가장 경제적 효율성이 높은 나라에서 특허발명품을 제조하고 그것을 세계 각국으로 수출함으로써 이윤을 극대화하려고 한다. 이처럼 첨예한 의견대립 속에서 탄생한 특허발명의 강제실시 제도는 선진국과 개발도상국 간 정치적 타협의 산물이다(이로리, 2009: 121).

2003년에는 스스로 의약품을 생산할 수 없는 국가들로 하여금 강제실시 제

---

38) TRIPS 협정은 '강제실시'라는 용어 대신 제31조에서 '권리자의 승인 없는 기타 사용(other use without authorization of the right holder)'이라는 문구를 사용하고 있다.

도를 통해 생산된 의약품을 수입할 수 있도록 그 적용범위가 확대되었다. 당시 선진국 제약업계의 고민은 한 개도국에서 생산된 복제약이 다른 개도국으로 우회수출될 수도 있다는 것이었다. 또 다른 고민은 다른 선진국이 자국의 제약산업을 육성하기 위해 강제실시를 악용할 수 있다는 것이었다. 이 문제를 해결하기 위해 복제약 추적 시스템의 도입과 선진국의 경우 자발적으로 강제실시를 사용하지 않기로 약속하는 방안 등이 제안되었다. 결국 2003년 8월 'TRIPS 협정 및 공중보건에 관한 도하선언 6항 이행에 관한 결정(Implementation of Paragraph 6 of the Doha Declaration on the TRIPS Agreement and Public Health)'은 회원국이 강제실시를 통해 생산한 의약품을 최빈국과 특정 타 회원에게 수출하는 것을 허용하기로 했다. 즉 제약 분야에서 충분한 제조능력 없는 WTO 회원국이 강제실시를 시행하는 데 따르는 문제점을 해결하기 위해 TRIPS 협정 제31조 f항과 h항에 대한 의무면제를 부여했다(이로리, 2009: 126).[39]

동 성명서는 강제실시가 산업 또는 상업 정책 목표를 추구하기 위한 수단이 아닌 공중보건을 보호하기 위해 사용되어야 한다는 점과 복제약이 의도되지 않는 시장으로 전용되지 않아야 한다는 인식을 포함, 관련된 회원국의 여러 '핵심 공유 이해(key shared understandings)'를 대표하는 것이었다(Fergusson, 2008). 이후 2005년 홍콩 각료회의에서는 회원국들이 2003년 결정을 포함하기 위한 TRIPS 협정의 영구적인 개정에 동의해 회원국의 3분의 2에 의해 비준되면 효력이 발효될 수 있도록 결정했다. 2007년 12월에 일반이사회는 2007년 12월 1일까지이던 비준기간을 2009년 12월 31일로, 2009년 12월에는 그 기간을 2011년 12월 31일까지 또는 각료회담에서 결정하는 추후의 날짜까지 연장하기로 결정했다. 이 개정은 2017년 1월 23일부터 발효되었다. 2021년 1월 기준 EU의 27개국을 포함한 132개국이 이를 비준했다.[40]

---

39) TRIPS 협정 제31조 f항은 강제실시의 사용승인은 국내 시장에 대한 공급을 위해서만 이루어져야 한다는 규정인데, 동 결정에 규정된 요건을 충족하면 수출국에 의해 허용된 강제실시에 대해서는 동 규정의 적용이 면제된다. 동 조항은 의약품 제조능력이 있는 국가에게 적용되는 것으로, 의약품을 제조할 능력이 없어 복제 의약품의 수입을 희망하는 국가들에게는 실효성이 없는 조항이어서 사실상 이들 국가들은 강제실시에서 제조된 의약품을 자국에 공급할 국가들을 찾기가 어려웠다. 이러한 수출국에 대한 법적 문제는 2003년 8월 30일 TRIPS 협정 제31조 f항의 제한에 대한 의무면제를 채택함으로써 해결되었다.

40) http://www.wto.org/english/tratop_e/trips_e/amendment_e.htm 참조.

6.3 개도국 우대조항

개도국 우대란 개도국에 선진국보다 유리한 '특별하고 차등적인 대우'를 부여하는 것을 말한다. 개도국 우대 협상이란 WTO 협정 및 결정에 규정된 이러한 우대조항을 검토하는 작업을 의미한다. 나아가 개도국 우대의 원칙과 목적 등 특정 협정이나 결정에 한정되지 않는 문제도 협상에서 다뤄진다. 다자무역체제의 가장 중요한 원칙이 무차별대우인 상황에서 개도국 우대는 선진국과 개도국 간에 권리와 의무를 달리한다는 의미이므로 무차별원칙의 중요한 예외가 된다. 이는 WTO 규범의 근본 성격과 관련된 문제이기 때문에 선진국과 개도국 간 입장이 크게 대립할 수밖에 없다(김동배, 2005). WTO 협정에는 협정이나 약속의 이행 기간의 연장, 개도국의 무역기회를 증진하기 위한 조치 등 개도국에게 특권을 부여하는 특별조항들이 포함되었다. 그러나 개도국은 대부분의 SDT가 비구속적인 '최대한의 노력(best endeavor)' 조항이라는 점이 늘 불만이었다(권혜진, 2010).

제5장과 제7장에서 살펴본 바와 같이 SDT의 연혁을 시기별로 간략히 살펴보면 다음과 같다(고준성 외, 2006: 544-53).

우선, GATT 출범 당시에는 대부분의 의제가 선진국 중심이었고, 개도국 체약국은 일부에 불과했기 때문에 구(舊)식민지 특혜무역제도 이슈를 제외하면 대부분의 개도국 요구는 묵살되었다. 그러나 GATT가 사실상의 국제무역기구로서 역할을 수행하게 되고, 개도국의 가입이 늘어나면서 이들의 목소리를 무시할 수만은 없게 되었다. 이에 GATT 체약국은 1954-1955년 제18조(경제개발에 대한 정부의 지원)를 개정해 개도국이 특정 조건 아래서 관세양허를 벗어나거나 비관세조치를 취할 수 있도록 합의했다. GATT 제18조는 최초의 SDT 조항이라는 점에서 의의가 있고, GATT 1994에도 그대로 계승되어, 지금도 개도국이 자신의 조치를 정당화하기 위해 원용하는 단골조항이다.

1960년대 초반은 신생독립국의 대거 출현과 제3세계의 출현 등 개도국들의 목소리가 커지던 시기였다. 1964년 개도국의 목소리를 반영한 UNCTAD가 설립되면서 개도국에 대한 무역특혜를 강력히 요구하기 시작했다. UNCTAD의 출현에 위기감을 느낀 GATT는 케네디라운드에서 개도국의 무역상 이익을 강화하기 위해 1966년 '무역과 개발'이라는 제목으로 제4부를 신설했다. 제4부는 독립적으로 개도국에 대한 구체적 특혜를 규정하는 것은 아니지만, 개도국이 요구하는 '개

발'이라는 정책목표가 GATT 질서로 편입되었다는 점에 의의가 크다. 특히 제36
조 8항은 "선진 체약당사자들은 저개발 체약당사자의 무역에 대한 관세 및 그 밖
의 장벽을 감축하거나 제거하기 위한 무역협상에서 자신들이 한 약속에 대해 상
호주의를 기대하지 아니한다"고 규정했다.

　　여기서 한 걸음 더 나아가 1970년대 들어 도쿄라운드 법률구조 협상에서 채
택된 4개의 양해각서 중 하나인 「개도국 우대, 상호주의, 그리고 개도국의 완전
한 참여에 대한 양해각서」 제1조는 MFN 의무에도 불구하고 선진국은 개도국에
"차등적이고도 보다 유리한 대우(differential and more favourable treatment)"를 할
수 있다고 규정한다. '권능부여 조항'으로 알려진 동 조항으로 GATT 체제 내에서
개도국에 대한 특혜의 법적 근거가 마련되었다. 당시 의무면제에 의거해 시행되
던 선진국의 개도국에 대한 일반특혜관세(GSP) 제도가 드디어 항구적인 법적 근
거를 갖게 된 것이다. 그러나 제7장에서 지적한 바와 같이 권능부여조항은 선진
국이 개도국에 대해 부여하는 특혜에 대해 MFN 원칙의 예외를 인정해 줌으로써
그것을 정당화하는 데 그친 것이고, 선진국에게 어떤 특혜 부여의무를 부과하거
나 혹은 특혜의 기준을 제시한 것은 아니라는 점에서 한계가 있다.

　　이처럼 WTO 출범 이전까지 개도국 특별대우 문제는 선진국과 개도국의 끊
임없는 줄다리기의 대상이었고, GATT도 그 결과에 따라 SDT 규범을 점차 강화
하는 방향으로 진화해 왔다. 1995년 WTO의 출범과 2001년 도하라운드의 개시로
무역과 개발 이슈 논의는 다시 탄력을 받기 시작했다. 우선 「WTO 설립 협정」 전
문은 경제개발 수준에 따른 지속 가능한 개발을 목표로 한다고 밝히는 한편, 개도
국, 특히 최빈개도국을 위한 노력을 강조함으로써, 다자간 무역체제에서 개도국의
이익에 대한 고려를 명시적으로 선언했다. WTO는 GATT 체제에서의 SDT 조항
들을 대부분 그대로 승계하고, 각 협정에 걸쳐 총 155여 개에 이르는 SDT 조항
을 두고 있다. 이는 GATT 1947 체제에 비해 WTO 체제의 규율 범위가 훨씬 확
대되었기 때문에 개도국에게 그에 따른 유예기간을 부여하기 위한 필요성 등에
서 비롯되었다.

　　WTO 협정의 SDT 조항의 특징 중 하나는 최빈개도국에 대해 보다 우호적인
대우를 정하고 있다는 점이다. 최빈개도국에 대한 언급은 도쿄라운드에서 처음
이루어졌으나, 직접적으로 이를 일반 개도국과 구별해 우대를 정한 것은 WTO

협정에 이르러서이다. 그럼에도 개도국들은 여전히 SDT에 대해 강한 불만을 제기해 왔다. WTO 체제에서 기대했던 선진국의 시장개방 효과는 그리 크지 않은 반면에, 개도국이 새로 부담하게 된 의무는 컸기 때문이다. WTO 체제의 출범으로 개도국은 종전에는 구속 여부를 스스로 선택할 수 있었던 보조금, 반덤핑 등에서 구속을 받게 되었고, 서비스무역과 무역관련 지식재산권 등 새로운 분야에서 의무를 부담하게 되었다. 우루과이라운드의 일괄타결 방식에 따라 개도국은 이런 부담을 무차별적으로 감수할 수밖에 없었던 것이다. 반면에 개도국의 의무 확대에 따른 보상조치의 하나로 새롭게 마련된 SDT 조항들은 법적 구속력이 없는 것이어서 잘 이행되지 않았고 분쟁해결절차를 이용할 수도 없었다(Hoekman and Kostecki, 2009: 548-49).

때문에 도하라운드에서 SDT 이슈는 더욱 첨예해질 수밖에 없었다. 전반적으로 도하라운드 협상이 부진한 가운데 무역－개발 연계 이슈는 다른 분야에 비해 더 부진하다는 평가를 받았다. 개도국은 GATT 시절부터 무역자유화는 그 자체가 목적이 아니라 개도국의 경제개발을 돕기 위한 수단이 되어야 한다고 주장해왔다. 따라서 WTO 출범 이후 첫 다자간 무역협상 라운드는 개발문제를 중점적으로 다루어야 한다고 요구해 왔고, 선진국도 이러한 개도국의 요구와 우려를 감안해 도하개발아젠다(DDA)라는 다소 생소한 이름을 붙이는 데 합의한 것이다. 그러나 선진국은 SDT가 개도국에 일방적인 특혜를 주기 위한 것이 아니라 이들을 국제무역으로 편입하기 위해 고안된 방안이며, 그에 따라 SDT는 당연한 것이 아니라는 입장이다. 더욱이 WTO 회원국의 2/3가 개도국 범주에 들어가는데, 개도국들 간 경제발전 단계가 상이한 상황에서 개도국이 동시다발적으로 특혜적 대우를 받는다면 WTO 체제가 심각한 위기에 빠질 수밖에 없다는 입장이다 (Fergusson, 2008; 권혜진, 2010).

그래서 등장한 것이 개도국 개념의 세분화(differentiation)와 졸업(graduation) 개념이다. 세분화 및 졸업이란 모든 개도국에 똑같은 특별대우를 해 줄 수 없으므로 개도국을 능력과 필요, 경제발전 단계 등에 따라 차등적으로 대우를 해 주고 특정 개도국이 일정한 발전단계에 이르면 아예 개도국 대우에서 제외하자는 것이다. 개도국은 이러한 선진국의 주장이 개도국을 분열시키려는 의도로 생각했으며, 세분화 및 졸업 문제를 논의하는 것 자체에 대해 강하게 반대했다

(Fergusson, 2008; 김동배, 2005).[41]

　도하라운드에서는 수차례 협상시한을 연장하면서 무역개발위원회 특별회의 (Committee on Trade and Development Special Session: CTDSS)에서 협상을 진행했다. CTDSS의 SDT 협상은 뚜렷한 성과를 거두지 못하다가 2013년 12월 7일 인도네시아 발리에서 개최된 제9차 각료회의에서는 그간의 일괄타결 방식을 포기하고 무역원활화, 농업 및 면화, 최빈국 우대 등의 분야에서 조기수확 방식에 따른 신속한 협상을 통해 합의를 도출했다. 제7장에서 설명한 바와 같이 이들 합의를 일컫는 '발리 패키지'는 WTO 출범 이후 거의 20년 만의 첫 합의문이라는 의의를 갖는다. 농업과 관련해서는 개도국이 식량안보 목적으로 운영하는 공공비축 프로그램이 보조금 한도를 초과하더라도 다른 회원국이 한시적으로 제소를 자제한다는 내용과 최빈국의 면화제품에 대한 시장접근을 제고한다는 내용이 포함되었다. 최빈개도국 우대와 관련해서는 최빈국 원산지 제품 우대, 최빈국 서비스 및 서비스 공급자 우대를 위한 의무면제의 조속한 시행, 최빈국의 시장접근을 위한 무관세 및 무쿼터 정책, SDT 조치에 대한 모니터링 체계 구축 노력 등에 합의했다(WTO, 2018).[42]

41) 현재 WTO에서 개도국 지위 분세에는 '사기신백(self selection)' 또는 '자기선업(self-declaration)'이라는 GATT 시절부터의 관행이 적용된다. 또한 WTO에서는 선진국·개도국·최빈개도국 등 세 가지 국가 분류만 인정된다. 이러한 상황에서 개도국은 세분화 이슈가 협정별 제안 검토를 지연시키고, 나아가 도하라운드 협상에서 개도국 진영의 연대를 약화하려는 시도라는 의구심을 갖게 되었다. 한편, 개도국 기준은 각 국제기구별로 목적에 따라 상이하다. 예를 들어 경제협력개발기구(OECD)와 유엔은 기대수명, 문맹률, 소득수준 등을 주요 지표로 사용한다. 국제통화기금(IMF)은 1인당 소득수준, 무역자유도, 금융통합 정도 등 경제 관련 지표를 주로 포함한다. 미국 트럼프 행정부는 WTO에서 개도국 지위를 누려서는 안 되는 국가의 구체적 기준으로 ① 주요 20개국(G20) 회원국, ② OECD 회원국 혹은 가입 절차가 진행 중인 국가, ③ 세계은행 기준 고소득 국가, ④ 세계 무역량 0.5% 이상인 국가 등을 제시했다. 이 조건 중 하나라도 해당될 경우 개도국 혜택에서 제외되어야 한다는 주장으로 특히 중국을 겨냥한 압박 조치였다(임성현, 2019). 그 유탄은 한국이 맞았다. 이 네 가지 기준에 모두 해당되는 유일한 국가로서 한국 정부는 결국 2019년 10월 농업 부문에서 유지하고 있던 WTO 개도국 지위를 포기한다고 선언했다(제9장 DDA와 한국 농업 협상 관련 부분 참조).

42) 모니터링 체계는 WTO 내에서 SDT 조항들의 이행을 분석하고 감독하는 핵심 역할을 하도록 구성되었다. 매년 2회 이상 모이도록 되어 있으며, 2014부터 꾸준히 무역개발위원회 전담회의(CTD Dedicated Session: CTDDS) 내에서 논의가 진행되고 있다. SDT 조항에 대한 모니터링은 회원국이 제출한 서면 의견과 여타 WTO 기관으로부터의 보고서를 기반으로 진행된다. 그러나 지금까지 아무런 서면 의견이나 보고서 제출이 없어 논의의 진전에 어려움을 겪고 있다. 결국 모니터링 메커니즘은 공표될 당시에는 큰 찬사를 받았으나 지금까지 운영한 결과 선진국과 최빈개도국 모두의 외면을 받음으로써 실패에 그쳤다는 평가를 받는다. 가장 큰 원인은 CTDDS가

6.4 무역을 위한 원조

앞서 언급한 바와 같이 SDT가 주로 개도국 경제개발을 위한 수단으로 기능해야 하느냐 아니면 이를 통해 개도국을 국제무역으로 편입하기 위해 활용되어야 하느냐를 놓고 개도국과 선진국 간의 이견은 여전히 좁혀지지 않고 있다. 결국 양자 모두 중요하기 때문에 균형이 중요하다. 그런 관점에서 WTO의 전통적인 SDT가 개도국, 특히 최빈개도국의 발전과 이들의 무역 의무 이행이라는 관점에서 오히려 해가 될 수 있다는 주장이 있다. 개발 문제를 해결하기 위해 무역장벽을 사용하려는 SDT는 개도국의 유인체계를 왜곡해 비효율적이며, 효율적이더라도 비효과적이며 불평등한 산업 발전을 야기하는 등 큰 성과를 거두지 못했다는 비판이 그것이다. 이러한 개도국 우대조치는 근본적으로 경쟁력을 저하하는 국내적 왜곡을 시정하는 데 큰 도움이 되지 못할 뿐만 아니라 원산지규정 등 적격성을 결정하는 규칙이 선진 수입국에 의해 결정되고 제품 적격성, 불확실한 선호, 비무역 조건, 이익의 일부를 개도국 수입자들이 독점함으로써 '잘못된 특화(perverse specialization)'가 나타나기 때문이다(Hoekmand and Kostecki, 2009: 558).

잘못된 정치경제 효과 등의 이유로 특혜가 오히려 해를 입힐 수 있다는 것은 지극히 역설적이다. 더 나아가 특혜무역은 배제된 국가 및 전체 무역체제를 위해서뿐만 아니라 수입국과 수출국 모두에게 값비싼 수단이 될 수 있다. 따라서 개도국이 국제시장에서 경쟁할 수 없는 직접적인 원인에 대한 접근, 예를 들면 무역촉진, 무역 및 금융 비용 감소와 기업과 농민들의 생산성 향상 등 국내적 개혁이 필요하다는 주장이 설득력을 얻고 있다. 원조로서의 무역이나 무역을 위한 원조도 단순히 '시장접근' 향상이 아니라 개도국의 무역과 생산 역량 강화에 초점을 맞춰야 한다는 주장이다.

이 주장의 핵심은 개도국이 무역자유화와 시장확대로부터 충분한 이득을 향유하기 위해서는 수요, 즉 수출 시장뿐만 아니라 국내의 공급 측면에서의 역량개발이 필요하다는 것이다. 따라서 수출에 필요한 항만, 도로, 전력, 통신망 구축 등은 물론 수출경쟁력 확보에 필수적인 지식과 기술의 습득, 선진국의 수요자가 원하는 위생 및 품질 기준 등을 위한 선진국과 개도국의 동시다발적 노력을 요구

구체적인 협상권한(negotiating mandate)이 없이 단순히 권고적인 역할을 할 수밖에 없기 때문이다(WTO, 2017).

한다. 한마디로 개도국의 경제개발과 무역 의무 이행이라는 두 마리 토끼를 동시에 잡겠다는 것이다. 이러한 관점은 개도국이 직면하고 있는 공공투자 확대의 필요성과 이를 충족할 재원이 부족하다는 문제의식에서 출발하며, 문제해결을 위해 원조, 투자, 금융·재정 지원 확대 등의 정책수단이 제시된다(김한성 외, 2015).43)

AfT에 대한 국제 논의가 본격적으로 시작된 것은 2005년 7월 G8 정상회의에서였다. 동 회의에서 각국 정상은 2010년까지 무역을 지원하는 원조 규모를 50% 이상 확대하기로 선언했다. 2005년 12월 WTO 홍콩 각료회의에서 무역을 위한 원조 개념을 정립하고 효과적 이행방안을 찾아 WTO 사무총장에게 제언을 하기 위한 CTD 내에 특별작업반을 구성하기로 했다. 특별작업반은 수원국의 필요를 관찰하고 공여국의 요구에 대응함과 동시에 수원국과 공여국을 연결하는 다리 역할을 하고 있으며, 모니터링과 평가체계 강화를 위해 2007년부터 격년으로 '원조를 위한 무역 글로벌 리뷰(Global Review of Aid for Trade)'를 개최하고 있다.44)

지금까지도 WTO는 무역을 위한 원조를 주제로 국제회의를 개최하는 등 지속적인 노력을 기울이고 있다. 2015년 12월 나이로비에서 채택된 제10차 각료회의의 선언문도 개도국의 공급 측면에서의 역량 강화와 무역 관련 기반시설 확대를 위한 AfT 프로그램의 중요성을 다시 강조한 바 있다. 2018년 5월 CTD가 발표한 "2018-2019년 무역을 위한 원조 프로그램(Aid for Trade Program 2018-2019)"은 ① Aid for Trade Global Review 2017에서 강조된 주제들을 발전시킬 것, ② AfT를 통한 포용적이고 지속 가능한 개발(inclusive and sustainable development)과 경제의 다각화 및 역량 강화의 달성, ③ 여성과 청년의 효과적인 참여를 통한 빈곤퇴치, ④ 산업화, 구조전환, 지속 가능한 개발, 에너지 접근 등의 내용을 포괄한다(WTO Committee on Trade and Development, 2018).

---

43) OECD는 무역을 위한 원조를 다음의 세 가지 활동으로 분류한다. ① 개도국이 무역정책을 개발하고 디자인 협의에 필요한 지식을 획보하거나 무역관련 시원세보의 실행을 돕는 무역관련 기술협력(technical assistance for trade policy and regulations), ② 도로, 항만, 통신 등 국내와 국제 시장을 연결하는 무역관련 인프라 구축(trade-related infrastructure), ③ 개도국이 비교우위가 있는 산업을 육성하고 수출전략을 구현할 수 있도록 생산·제조 분야의 민간 생산능력 확충(productive capacity building include trade development) 지원이 그것이다(http://www.oecd.org/dac/aft/aid-for-tradestatisticalqueries.htm).

44) https://www.wto.org/english/tratop_e/devel_e/a4t_e/aid4trade_e.htm 참조.

제 4 부

한국 무역정책 결정구조와 체계

제 14장 한국 무역·통상 정책의 재조명

1. 한국 무역·통상 정책의 개관

한국의 무역·통상 정책은 연대별로 그 모습을 달리해 왔다. 1950년대의 무역·통상 정책은 한국전쟁으로 경제가 극도로 피폐해진 상황에서 유엔과 미국의 원조에 의존해 외환과 수입을 관리하고, 기초생활 물품의 자급에 초점을 맞춘 초기단계의 수입대체산업화를 뒷받침하는 역할을 했다. 1960년대 중반 미국의 원조가 끊기면서 한국은 황급히 한일 국교정상화를 추진하고 차관을 끌어들여 경제개발에 나설 수밖에 없었다. 박정희 정부는 복수환율의 단일화와 이자율 현실화 등 일련의 경제개혁을 단행했고, 경공업 중심의 대외지향적 무역정책을 추진했다. 1967년에는 GATT에 가입했고, 마침 궤도에 오른 세계무역의 자유화 흐름에 동참함으로써 급속한 경제성장의 계기를 마련할 수 있었다. 수출지향적 산업화를 통해 단기간에 괄목할 만한 성공을 거둔 박정희 정부는 1970년대 초반 유신체제로 전환한 뒤 당시 대내외적으로 무리한 시도로 평가되던 중화학공업 육성에 나섰다. 이때부터 한국의 무역·통상 정책은 다시 수입대체산업화의 길을 걸으면서 전형적 중상주의로 회귀하는 듯했다. 그러나 1980년대 초반 경제 안정화와 자율화에 역점을 두는 방향으로 다시 정책기조를 전환했고, 이후 무역자유화의 길고 먼 도정에 섰다(구민교, 2021).

1990년대 초 김영삼 정부가 추진한 세계화는 1980년대 내생적 자유화 정책의 연장이었지만 OECD 가입을 서두르는 등 성급하게 신자유주의 흐름에 합류하다 보니 1997년 외환위기를 초래했다는 비판도 받았다(윤영관, 1999). 물론 외환위기의 원인과 결과를 놓고 지금까지도 논란이 계속되고 있지만, 한 가지 확실한 점은 외환위기와 IMF 구제금융 사태를 겪으면서 한국의 무역·통상 정책은 환골탈태의 전기를 맞이하게 되었다는 점이다.

외환위기 이후 지난 20여 년간 한국 무역·통상 정책의 변화는 수입보호와 수출진흥으로 대표되는 적극적인 국가개입에 의한 발전주의적 중상주의(developmental mercantilism)로부터 수입보호 요소가 약화된 발전주의적 자유주의(developmental liberalism)로의 전환으로 요약된다. 이 전환은 기업과 대중으로부터의 상향적 요구가 아니라 정부의 하향적 주도로 형성되었음에도 사회구조에 긴밀하게 배태되어 왔다. 요컨대 한국의 새로운 무역·통상 정책은 사회적 압력으로부터 단절된 것이 아닌, 국제적으로 요구되는 시장개방과 국내적으로 요구되는 사회적 보호 사이에서 균형점을 찾아왔다.

이 과정에서 중요한 역할을 한 것이 1998년 외교통상부 아래에 설립된 통상교섭본부였다. 2000년대 중반 이후 통상교섭본부는 동시다발적 자유무역협정(FTA) 협상 전략을 추진하는 등 선제적으로 시장개방 압력에 대응했다(Koo, 2013). 그러나 2013년 출범한 박근혜 정부는 통상교섭본부를 해체하고 통상교섭 기능을 신설된 산업통상자원부로 이관했다. 박근혜 정부가 중국, 베트남 등 주요 교역국과의 FTA를 성공적으로 마무리했다는 점에서 볼 때 통상교섭본부의 해체가 곧 한국 통상정책의 완전한 후퇴로 이어진 것은 아니었다. 하지만 이들 FTA는 대부분 2013년 이전부터 통상교섭본부를 중심으로 추진되었던 것들이었다. 박근혜 정부 시절 산업통상자원부 체제에서는 새로운 FTA 협상을 본격화한 것이 없었을 뿐만 아니라 TPP, RCEP, 한중일 FTA 등 당시 새로운 화두로 떠오르는 '메가 FTA (mega FTA)'에 대해서도 소극적으로 임한 점 등을 고려하면, 2010년대 중반 한국 무역·통상 정책 결정구조의 한계는 명백했다.

2017년 5월 문재인 정부 출범 이후 산업통상자원부 내에 통상교섭본부가 부활한 것은 이러한 인식을 반영한다. 그러나 과거 외교부 산하에서 장관급 조직이었던 것과는 달리 지금은 차관급 조직으로 그 위상이 낮아졌기 때문에 특히 대내적으로 각 부처 및 이익집단 간의 이해관계 조정, 거시적 정책과 비전의 수립 등에서 한계가 많다는 지적이 나온다(손열·이재민·구민교, 2017).

이 책의 마지막 장인 이 장에서는 한국 무역·통상 정책의 전개과정을 통시적인 관점에서 재조명한다. 앞서 언급한 바와 같이 한국의 무역·통상 정책은 발전주의적 중상주의에서 발전주의적 자유주의로 성공적으로 진화해 왔다. 이는 세계화와 그에 따른 시장개방 압력에 적극적으로 대응하는 과정에서 한국 정부가 택한 전략적 선택이었다. 세계화의 무한경쟁 속에서 무역의존도가 높은 한국은 양자간 또는 복수국간 특혜무역의 대열에서 낙오하지 않기 위해 중상주의 정책을 상당 부분 포기해야 했다. 그렇다고 해서 한국의 새로운 통상정책이 신자유주의적 무역자유화를 맹목적으로 수용했던 것은 아니다. 한국 정부는 여전히 무역·통상 정책을 산업진흥과 보호를 위한 유효한 정책수단으로 보고 있고, 국민들도 이를 당연하게 여기는 경향이 강하다.

이 장의 후반부에서는 무역협상 과정에서 국회의 역할과 한계, 통상전담부처 설치 논란 등을 검토한 후 개선과제를 도출한다. 주지하듯이 2000년대 후반에 시작된 글로벌 경제위기는 신자유주의 정책처방에 대한 심각한 의구심을 가져왔고 경제발전 과정에서 국가의 역할에 대한 오래된 논쟁을 재소환했다. 이를 틈타 주요국들에서 산업정책과 보호무역정책이 다시 유행을 타고 있으며, 실업, 소득불평등 등 국내경제 문제의 책임을 자유무역에 전가하려는 망령이 되살아나고 있다. 선진국과 개도국을 막론하고 많은 국가들이 단기적 이해득실의 차원에서 국제무역에 개입하려는 유혹을 떨치지 못하고 있다. 특히 미중 간 무역분쟁의 파고가 높아지는 상황에서 양국에 대한 무역의존도가 매우 높은 한국의 통상정책은 미증유의 위기와 도전에 직면해 있다.

동시에 한국의 발전주의적 자유주의는 대내적으로도 새로운 도전, 즉 무역·통상 정책과 민주주의의 조화라는 어려운 과제에 직면하고 있다. 그동안에는 국가주도 경제개발과 무역정책의 낙수효과가 충분해 자유무역으로 피해를 보는 집단의 정치적 저항을 그런대로 제어할 수 있었다. 하지만 지금은 소득분배의 문제, 경제민주화의 문제가 직접적으로, 그리고 좀 더 강력하게 무역·통상 정책에 영향을 미치고 있다.[1]

---

1) 이 장은 참고문헌에 표시된 저자의 여러 기출판 논문 및 보고서를 토대로 작성되었다.

2. 발전주의-국가주의-자유주의의 연계

2.1 발전주의와 중상주의의 연계

찰머스 존슨(Chalmers Johnson)의 1982년 저서 *MITI and the Japanese Miracle*
의 출판 이래, 발전국가모델(developmental state model)은 전후 동아시아의 급속
한 경제성장을 설명하는 대표 이론이 되었다. 20세기 초 알렉산더 거센크론
(Alexander Gerschenkron)의 후발경제발전 모델과도 관련이 있는 존슨의 발전국가
모델은 계획·비합리적(plan-irrational) 사회주의이론에서부터 자유주의적 근대화
이론에 이르기까지 여러 경제발전이론에 대한 비판에서 출발했다. 그의 계획·합
리적(plan-rational) 발전국가 시각은, 동아시아의 눈부신 경제발전이 경제성장에
필요한 자본, 경제개발계획, 희소자원, 산업정책, 정치적 절연(political insulation)
등의 요소를 시장이 아닌 국가가 장악했기 때문에 가능했다고 본다. 또한 동아시
아 발전국가의 출현에 중요한 배경으로 경제적 민족주의가 있고, 서구의 경제발
전보다 뒤처진 이들 국가에서 경제적 민족주의는 자연스레 중상주의와 결합되었
다고 본다.[2]

동아시아 연구자들은 서구사회에서 복지국가의 출현을 설명하기 위해 등장
한 배태성 개념을 동아시아 발전국가의 자율성을 설명하기 위해 사용한다. 피터
에반스(Peter Evans)는 동아시아의 성공적 발전국가가 특정 사회·경제적 목표의
달성을 위한 정치적 지원세력으로서 기업이나 시민단체 등과 긴밀한 유대관계를
형성하고 그 관계를 잘 활용했음에 주목하고, 이를 '배태적 자율성(embedded
autonomy)'으로 개념화했다. 이런 배태적 자율성이 자율적 발전국가(autonomous
developmental state)를 가능하게 만들고 국가가 더욱 적극적 역할을 수행하도록
만든다고 보는 것이다. 배태적 자율성을 동아시아의 성공적인 발전국가와 중남미
의 관료적 권위주의 국가(bureaucratic authoritarian state)를 구분하는 핵심요소로

---

[2] 1960년대 이후 일본 거시경제의 성공을 장려하기 위해 배태적 중상주의(embedded mer-
cantilism) 정책이 추진되었다는 주장이 이에 해당한다. 일본은 패전에 따른 정치적 갈등을 케인
즈주의적 총수요관리정책, 인플레이션, 조합주의(corporatism) 등이 아닌, 국내 산업 보호, 산업
정책, 수출장려 등을 통한 급속한 성장, 즉 배태적 중상주의를 통해 해소했다. 결과적으로 1960
년대 일본에 나타난 보수적 레짐은 다른 서구 산업사회에서는 찾아볼 수 없는 것이었다
(Pempel, 1998).

본 에반스는 동아시아에서 국가가 단순한 복지적 역할을 넘어서서 경제발전을 위한 산파로서의 역할(the state as midwife)을 할 수 있었던 이유를 이것에서 찾는다. 배태적 자율성을 지닌 발전국가는 사회구조를 변화시키고 새로운 사회단체와 이익집단의 출현을 지원함으로써 산업을 육성하고 경제발전을 촉진할 수 있다는 말이다(Evans, 1995).

발전국가모델은 1960년대로부터 1980년대까지 계속된 한국의 유례없는 경제성장을 설득력 있게 설명했지만, 1990년대에 들어선 이후 설명력에 한계를 드러냈다. 특히 1990년대 말 동아시아 외환위기는 '한강의 기적(Miracle on the Han River)'에 대한 환상을 깨뜨렸고, 한때 추앙받던 발전국가모델은 도덕적 해이와 부패한 정실 자본주의(crony capitalism)의 동의어처럼 되면서 평가절하되고 말았다. 한국을 포함한 위기에 빠진 여러 동아시아 국가에 제시된 워싱턴 컨센서스(Washington Consensus)에 입각한 문제 해결책은 무역자유화, 자본시장 자유화, 규제철폐, 긴축재정, 노동시장 유연화, 민영화, 경제의 효율화와 투명성 확보 등 신자유주의적 구조조정 조치들이었다. 외환위기 직후 서구는 물론 동아시아권의 많은 전문가들은 한국의 기업지배구조가 급속한 시장화(marketization)와 금융화(financialization) 등을 특징으로 하는 영미 방식에 수렴할 것이라고 예상했다(Dore, 2000). 이를 수렴가설(convergence hypothesis)이라고 한다.3) 실제로 영미식으로의 완전한 수렴이 일어나지는 않았지만 워싱턴 컨센서스를 구현한 IMF 구제금융 패키지의 개방화·자유화 압박 속에서 한국의 무역·통상 정책은 더는 중상

---

3) 이러한 수렴가설은 국가의 자율성을 강조한 동아시아 발전국가모델과 상반된다. 수렴가설은 세계화의 급속한 확산에 따라 강대국과 약소국을 막론하고 모든 국가의 권위와 자율성이 약해졌다고 본다. 이 가설은 한 국가의 경제가 세계시장에 통합될수록 규제철폐와 시장자유화와 같은 세계시장의 요구에 부합하지 않는 정책이 실패할 확률은 더욱 커진다고 예측한다. 세계경제의 통합이 심화되고 인위적 장벽이 허물어짐에 따라 자본가, 숙련공, 그리고 전문가 등의 생산요소가 전 세계 어느 곳이건 쉽게 이동할 수 있게 되었다. 따라서 이러한 자본과 기술을 자국 내에 묶어두기 위해서 정부는 세금을 감면하거나 고용주에게 부담이 되는 각종 사회보장제도를 완화할 수밖에 없다는 것이다. 결과적으로 세계화의 확산에 따라 각국 정책은 신자유주의로 수렴한다는 예상이다. 때문에 수렴가설은 정부가 국내 산업을 보호하면서 산업정책을 통해 경제개발을 도모하는 발전주의적 중상주의에 비판적이다. 아울러 복지국가형 배태적 자유주의, 즉 무역자유화로 인해 피해를 보는 집단에 대한 정부지출의 증가에 대해서도 부정적이다. 전후 배태적 자유주의의 명백한 성공과 기여에도 불구하고 '시장개방과 국내보상 간의 타협(open markets-domestic compensation compromise)'은 각종 생산요소의 이동성이 높아진 오늘날 유효하지 않다고 보는 것이다(Strange, 1996; Rodrik, 2001; Steffek, 2006).

주의 기조를 유지할 수 없게 되었다.

2.2 발전국가론과 자유주의의 연계

발전국가론과 자유주의의 연계 유형은 산업정책의 목표와 무역자유화 이슈의 범위의 두 가지 차원을 결합해 생각해 볼 수 있다.[4] 먼저 산업정책의 목표 차원부터 보자. 발전국가에 관한 기존 연구는 국가의 역할 축소와 기업의 자율성 확대를 강조하는 신자유주의와는 대조적으로 정부의 '배태적 자율성'과 함께 '선택적 국가개입' 전략의 중요성을 강조한다(Grabowski, 1994; Evans, 1995). 정부의 "규율을 어긴 기업을 제재하고, 더 나아가 정치과정에서 부패를 막는 능력"(Gainsborough, 2009: 1319)은 발전국가 성공의 주요 요인 중 하나라는 것이다. 다시 말해 발전국가는 특정 이익집단과 이에 포획된 엘리트의 간섭을 극복하고 사회를 변화시킬 수 있는 강력한 역량을 요구한다(Migdal, 1988; Haggard, 1990; Wade, 1990; Joshi, 2012). 무역자유화와 관련해 가장 주목할 점은 수출지향적 발전국가 모델의 산업정책이 경쟁력 없는 국내 산업에 대해서는 어느 정도의 보호를 제공하면서도 경쟁력 있는 수출산업을 집중적으로 육성함으로써 초고속 산업화와 산업고도화를 달성할 수 있었다는 것이다. 1970년대와 1980년대의 한국이 가장 대표적인 예이다(Sohn, 2006; Lee, 2011).

다음으로 협상이 다루는 이슈의 범위 차원에서 보자. 제7장에서 다룬 바와 같이, GATT의 다자간 무역협상은 이슈연계를 통해 무역협상의 폭과 범위를 포괄적으로 넓혀 왔지만, 동시에 이슈의 범위와 관련해서는 많은 국가가 시장개방의 확대를 위해 부문별로 범위를 좁혀 협상을 하기도 했다. 특히 미국은 통신, 정보기술, 금융 등 서비스 분야에서 부문별 협상을 선호해 왔고, 동아시아의 무역 상대국들도 대부분 이러한 경로를 따랐다. 포괄적 무역자유화 협상과는 달리, 부문별 협상은 한편으로는, 섬유부문의 과다한 보호주의를 조장했던 다자간 섬유협정(MFA)에서 잘 드러났듯이, 높은 무역장벽을 장기화하는 결과를 초래한다. 동시에

---

4) 물론 개별국가가 무역협상을 할 때 선택해야 하는 다른 특성들도 존재한다. 가령 ① 협상의 참여자가 양자인지 다자인지에 관한 행위자의 범위, ② 협상의 중점이 역내인지 역외인지에 따른 지리적 조건, ③ 무역 상대국이 대국인지 소국인지 여부, ④ 협상 결과의 법적 구속력 등이 이에 해당한다(Aggarwal, 1998). 그러나 이슈의 범위와 산업정책 목표라는 두 가지 측면은 동아시아 내에서 가장 주목할 만한 다양성을 보인다.

다른 한편으로 적절한 부문별 보호는 포괄적 자유화라는 더 큰 명분을 위해 때로는 감수해야 하는 긍정적인 면도 갖고 있다. 부문별 보호의 제공은 자유무역을 반대하는 연합세력을 달랠 수 있는 수단이기 때문이다(Aggarwal and Ravenhill, 2001).

이런 두 차원을 결합해 발전국가론과 자유주의의 연계 유형을 다음과 같이 분류할 수 있다(Koo and Hong, 2014).

첫째, 발전주의적 중상주의 또는 발전주의적 부문주의(developmental sectoralism)는 좁은 이슈 부문에서 강력한 산업정책 목표를 수반한 무역정책을 특징으로 한다. 이 분류에 속하는 사례로 1960년대와 1970년대를 거치며 국내 산업보호와 수출장려에 초점을 맞췄던 일본과 한국을 들 수 있다. 냉전기에 한국과 일본은 미국과의 안보동맹 속에서 자국 시장은 크게 개방하지 않으면서도 미국 시장에 비교적 자유롭게 진출할 수 있었다. 안보가 포함된 경제적 안정성을 추구하는 과정에서 미국은 동아시아 동맹국들에게 미국과의 양자간 안보동맹의 대가로 미국 시장에의 자유로운 접근을 허용했다. 즉 미국의 '무역의 안보화(securitization of international trade)' 기조 덕에 동아시아 국가들이 발전주의적 중상주의 및 부문주의를 추진할 수 있었다(Pempel, 1998; Koo, 2011).

둘째, 시장기반 부문주의(market-based sectoralism) 또는 부문별 정실주의(sectoral cronyism)는 좁은 이슈범위(narrow issue scope)와 약한 산업정책 목표(weak industrial policy goal)에 기반을 둔 무역정책을 특징으로 한다. 시장개방을 위한 좁은 범위의 부문별 무역협상은 긍정적 측면과 부정적 측면을 동시에 내포한다(Aggarwal and Ravenhill, 2001). 좁은 범위의 협상에서는 합의가 쉬운 이슈들을 우선적으로 다루어 결과적으로 포괄적 무역자유화를 촉진한다. 이는 시장기반 부문주의로 분류할 수 있으며 다자간 협상에서도 가끔씩 활용되는 조기수확 방식(early harvest approach)과 유사하다. 2013년에 타결된 WTO의 발리 패키지가 대표적인 예이다. 그러나 부문별 협정은 궁극적으로 다자간 협정의 타결에 필요한 정치적 추진력을 약화시키기도 하기 때문에 사회적 비용이 클 수 있다. 2000년대 중반 태국의 무역·통상정책이 부문별 정실주의의 대표적인 예이다.[5]

---

5) 당시 총리였던 탁신 친나왓(Thaksin Shinawatra)은 정치권력의 중앙집권화를 통해 비교적 오랫동안(2001년 2월-2006년 9월) 총리직을 유지했고 야심찬 산업고도화 정책, 일명 탁시노믹스(Thaksinomics) 추진을 통해 공격적인 경제개혁과 무역자유화 정책을 펼쳤다. 그의 집권 초기에는 태국이 '주식회사 태국(Thailand, Inc.)'으로 순조롭게 변해가는 것처럼 보였다. 그러나 태국

셋째, 발전주의적 자유주의는 넓은 이슈에 걸쳐 강력한 산업정책 목표를 지닌 무역정책의 특성을 보인다. 발전국가론과 자유주의의 결합은 모순어법으로 들릴 수 있다. 그러나 타국의 시장개방을 위해 자국 시장을 개방하려는 정부주도의 하향식 노력을 통해, 경쟁력 있는 수출산업을 육성하는 한편, 경쟁력이 떨어지는 산업은 이면보상을 해 주는 방식으로 접근한다면 양자는 양립 가능하다. 이때 산업 및 무역 정책의 사회적 배태성이 발전주의와 자유주의 간의 긴장을 완화하는 역할을 한다. 발전주의적 자유주의의 전형적 사례가 한미 FTA협상이다. WTO의 전통적인 다자주의와는 달리, 협상력이 비대칭적인 국가 사이의 양자간 무역협상에서는 서로가 타국 시장에 무임승차하는 것을 허용하지 않는다. 한미 FTA협상에서 한국 정부가 농산물과 서비스 분야를 포함해 국내 시장을 포괄적으로 개방하는 데 동의한 것은 자동차, 반도체, 생활가전, 철강 등 주요 수출품 분야에서 중국 및 일본 등 주요 경쟁국보다 조금이라도 더 미국 시장을 확보하기 위해 어쩔 수 없이 취한 선택의 결과였다. 물론 한국 정부는 경쟁에 뒤처지는 부문이 입게 될 손실을 적극적으로 보상했고, 이로써 무역자유화에 대한 정치적 지지를 확보하고 유지할 수 있었다(Koo, 2010, 2013, 2017).

넷째, 시장기반 자유주의(market-based liberalism)는 넓은 이슈에 걸쳐 약한 산업정책 목표를 추구하는 무역정책을 말한다. 이 유형은 수직적·부문별 산업정책을 지양하는 대신 전 부문을 대상으로 하는 수평적 산업정책만을 허용하며 무역자유화는 '실질적으로' 모든 무역을 포괄해야 한다고 보는 신자유주의 관점과 동일선상에 있다. 이상의 논의를 요약한 것이 아래 〈표 14.1〉이다.

은 결국 '주식회사 탁신(Thaksin, Inc.)'으로 변질되어 갔다. 권력의 사유화로 인해 결국 태국 경제를 지식기반경제로 변화시키겠다는 원대하지만 거짓된 약속은 부패한 부문별 정실주의로 귀결되었다. 한때 광범위한 이슈에 걸쳐 대중적 지지를 받았던 탁신의 산업 및 통상 정책은 미국과의 FTA 협상과정에 갈수록 그 입지가 좁아지고 약해졌다. 대다수의 국민이 종사하는 농업 부문의 개방을 대가로 탁신 자신과 그의 가족, 후원자들이 소유한 기업과 산업에 대한 개방을 막기 위한 노력들이 폭로되었기 때문이다. 탁신 정권의 후원자-고객관계 속에서 괴물처럼 성장한 정실주의는 태국 국민들의 공분을 일으켰고, 결국 탁신 총리는 2006년 9월 19일 군부 쿠데타로 실각했다(Koo and Hong, 2014).

〈표 14.1〉 산업정책과 무역자유화의 연계

		무역자유화 이슈의 범위	
		좁음	넓음
산업정책 목표	강함	발전주의적 중상주의 또는 발전주의적 부문주의	발전주의적 자유주의
	약함	시장기반 부문주의 또는 부문별 정실주의	시장기반 자유주의

3. 신통상정책의 전개과정

3.1 발전주의적 중상주의에서 발전주의적 자유주의로

한국의 수출지향적 산업화와 수입대체산업화 정책은 발전주의적 중상주의의 대표적인 사례이다. 1967년 GATT 가입 이후 강력한 수출드라이브 정책을 통해 한국은 세계시장에 적극적으로 참여하기 시작했다. 이 당시 한국의 처지에서 세계무역체제로의 통합은 선택이 아닌 생존의 문제였다. 1970년대의 극적인 경제도약은 다자간 무역체제의 틀 내에서 수출지향적 산업화 정책을 폈기 때문에 가능했다. 한국은 수입대체산업화 정책도 병행할 수 있었다. GATT 무차별원칙의 수혜를 최대한 받으면서도 개도국 지위를 이용해 각종 시장개방 의무를 면제받을 수 있었기 때문이다. 더불어 냉전이라는 특수성 속에서 미국이 한국을 포함한 아시아 동맹국에 자국시장을 전폭적으로 개방하는 한편, 이들의 보호무역정책을 용인했던 것도 큰 도움이 되었다(김일영, 2001; Amsden, 1989; Koo, 2011, 2013).6)

---

6) 원칙적으로 GATT를 통한 무역자유화는 회원국 지위를 획득해야만 최혜국대우나 내국민대우와 같은 편익을 누릴 수 있는 배타적 클럽재이지만, 실질적으로는 공공재의 성격이 더 강했다. 오늘날 전 세계 200여 개 주권국가 중에서 이미 85% 이상이 국가가 GATT/WTO에 참여하면서 그 배타성이 많이 약화되었기 때문이다. 또한 권능부여조항 등을 통해 개도국이 특혜적이고 차별적인 대우를 받을 수 있었고 최대 주주인 미국의 전략적 고려 때문에 비회원국도 조건부로 최혜국대우 지위를 받아 무역자유화에 무임승차가 가능하다는 사실 역시 GATT/WTO의 공공재적 성격에 기여했다. 따라서 배태적 중상주의 전략을 채택했던 한국은 그동안 자국 시장을 수입으로부터 보호하고 미국 시장의 개방에 따른 편익을 비대칭적으로 누릴 수 있었다(Aggarwal and Koo, 2006).

국가주도 산업화를 통해 경제를 일으킨 한국 정부는 정치적 지지 확보를 위해 일자리 창출과 소득개선에도 정책의 초점을 맞췄다. 그러나 개발연대에 한국의 사회복지정책은 경제발전을 위한 보조적 수단에 불과했고 포괄적 사회안전망은 결여되었다. 건강보험 등 사회적 보호 프로그램은 정규직에게만 제공되었고 자영업자나 비정규직은 사회보장체제에서 배제되었다(Kwon, 2005). 한편, 국제경쟁력이 떨어지는 내수 중심의 산업과 지방은 경쟁력이 높은 수출지향적 산업과 도시 우대정책에 의해 유·무형의 희생을 감수해야 했다. 그럼에도 전반적으로 볼 때 한국의 발전국가는 다층적 공식·비공식 무역장벽을 효과적으로 활용함으로써 이들에게 최소한의 사회안전망을 제공하는 노력을 계속했다. 바로 이런 점에서 한국의 발전국가는 중남미의 약탈적 국가(predatory state)와 구분된다(Koo, 2010, 2013).

1990년대 후반 이후 한국을 포함한 동아시아 발전국가모델은 큰 도전에 직면했다. 급격한 세계화 추세에 따라 규제완화와 시장자유화의 요구가 강해지는 가운데, 이에 역행하는 정책을 시행하기가 점점 더 어려워진 것이다. 1997년 동아시아 외환위기는 신자유주의적 무역자유화를 향한 경제정책의 수렴을 당연한 현실로 받아들이는 계기가 되었다(Pempel, 1999; Kang, 2002). 더욱이 동아시아 국가들의 중상주의 정책에 비교적 관대했던 미국과 서구 선진국들이 공정무역 또는 공평한 경쟁의 장의 기치를 내걸고 동아시아 시장의 개방을 강력하게 요구하기 시작했다(Bhagwati and Patrick, 1991; Irwin, 1997).

1999년 시애틀에서 개최된 WTO 각료회의가 새로운 라운드 출범에 실패하면서 다자간 무역협상을 통한 수출시장 확보 전망이 암울해지자, 여러 동아시아 국가들은 그간의 미온적 태도에서 벗어나 특혜무역협정에 적극성을 보이기 시작했다. 2001년에 체결된 일본-싱가포르 간 경제동반자 협정을 계기로 동아시아 지역에 FTA 체결 바람이 불기 시작했고, 한국도 이 대열에서 낙오되지 않도록 발걸음을 재촉했다. WTO 체제의 다자주의 기제와는 달리, FTA에서는 협상 파트너 간 협상력의 불균등이나 비대칭성이 대개 무시되기 때문에 자국시장의 양보 없이 상대국 시장의 양보를 얻어내기 어렵다. 개도국 특혜조항과 같은 보편적 예외의 허용도 기대하기 어렵다. 따라서 FTA를 통한 무역자유화에서는 시장개방이 매우 구체적이고 호혜적으로 이루어지기 마련이다. 세계화의 압력 아래에서 무역

의존도가 높은 한국이 FTA를 통해 수출시장을 확보하기 위해서는 자국의 보호무
역장벽을 낮출 수밖에 없게 된 것이다(Koo, 2013, 2017).[7]

이런 사정으로 동아시아 국가들의 FTA는 일단 시작되기가 무섭게 봇물이 터
지듯이 확산되는 경향을 보여 왔다. FTA 확산 기제 중 가장 주목할 만한 것이 배
제의 두려움이다. 예컨대 한미 FTA는 미국이 그 우월적 지위를 남용할 수도 있
다는 우려와 반발 등으로 국내적으로 홍역을 치르면서도 협상을 성공시켰다. 이
는 협상이 실패하면 경쟁국인 일본과 중국에 미국 시장에서의 선수를 빼앗길 수
있다는 두려움이 가져온 결과로 볼 수 있다. 역으로 한미 FTA의 타결은 그동안
한국과의 FTA 협상에 소극적인 태도를 보이던 일본과 중국을 자극하는 직접적인
계기가 된 것도 사실이다(Sohn and Koo, 2011; 최석영, 2015).

3.2 동시다발적 FTA 전략과 배태성

2000년대 이후 한국의 신통상정책, 즉 발전주의적 중상주의에서 발전주의적
자유주의로의 정책전환은 FTA로 시작해서 FTA로 마무리된다고 해도 과언이 아
니다. 한국은 2003년 칠레와의 FTA 체결 이후 2007년 미국과의 FTA 타결에 성
공하는 등 적극적으로 FTA를 추진해 왔으며, 2008년에 시작된 글로벌 금융위기
이후에도 FTA 추진 속도를 늦추거나 범위를 좁히지 않았다. 한국의 FTA 정책은
FTA 체결 시기나 건수 측면에서는 큰 특징이 없지만, FTA 상대국의 시장규모나
협상 내용의 포괄성 측면에서는 매우 두드러진 특징이 있다.

FTA 정책으로의 전환은 한국의 전통적 중상주의 정책, 더 넓게는 발전국가모
델이 세계화라는 거센 도전을 받아 그 유용성이 상실되었음을 뜻한다. 그러나 한

---

7) 동아시아 국가들이 특혜무역협정을 추진할 수 있는 국내정치적 동인은 1997년 외환위기가 제
공했다. 무역개방에 대한 대외적 압력이 더욱 증가했을 뿐만 아니라, 대내적으로도 도덕적 해이
에 빠진 중상주의 무역정책에 대한 개혁 요구가 높아졌기 때문에 각국에서 FTA 정책을 쉽게 도
입할 수 있었다. 한국에서 두드러지게 나타난 것처럼, 외환위기는 중상주의 주짓을 약화하고 신
자유주의적 경세개혁과 FTA 정책 수용에 유리한 정치적 환경을 제공했다. 즉 양자 및 복수국간
무역자유화가 다자간 무역자유화를 보완할 뿐만 아니라 한국의 경제적 생존에 중요한 요소라는
인식이 생긴 것이다. FTA 협상이 다자간 무역협상에 비해 협상 상대국을 정하거나 농산물과 같
이 정치적으로 민감한 소수의 품목을 협상 대상에서 제외하기 용이하기 때문에 무역자유화를 추
구하면서도 경제개혁의 속도를 조절하고자 할 때 유리할 수 있다는 점도 FTA의 확산에 기여했
다(Mo and Moon, 2003).

국에서 국가의 배태성이 큰 변화를 겪지 않았다는 점은 주목할 만하다(양재진, 2005, 2006). 예를 들어 노무현 정부가 2006년 2월에 미국과의 FTA 추진을 선언하자마자 곳곳에서 "한미 FTA는 신자유주의적 이익에만 봉사해 경제양극화를 심화시킬 것"이라는 중상주의자들의 볼멘소리가 터져나왔다. 이에 노무현 정부는 각종의 이면보상책을 마련해 한미 FTA에 따른 잠재적 피해자들을 달래고자 했다. 한미 FTA의 국내 비준과정에서 이명박 정부가 보여준 태도도 마찬가지였다.8)

　　FTA를 중심으로 한 한국의 신통상정책은 시장개방 및 자유화라는 대외적 요구와 사회적 보호라는 대내적 요구 간에 새로운 정책 균형점을 찾는 과정에서 형성되었다. 이 책이 강조하는 바와 같이 무역자유화는 국내적으로 승자와 패자를 만들어내는 대단히 복잡한 정치경제 현상이다. 한국의 신통상정책의 사회적 배태성은 경쟁적인 수출부문과 비경쟁적인 수입경쟁산업이라는 서로 다르지만 상호연관된 두 영역의 공존 방식이기도 하다. 자동차와 섬유와 같이 국제경쟁력을 갖춘 부문에서의 자유무역은 국내적으로 쉽게 받아들여지지만, 농업과 일부 제조업 및 서비스업과 같이 국제경쟁력이 약한 부문의 시장개방은 거센 반발과 저항을 피하기 어렵다. 이러한 상황에서 자유무역을 지향하되 그것에 대한 최대한의 정치적 지지를 확보하는 방법은 낙후부문의 맹목적 보호를 고집하지 않는 대신 다양한 이면보상을 통해 시장개방에 따르는 피해를 최소화해 주는 것 외에 다른 길이 없다는 인식이 폭넓게 확산되었다(Koo, 2010, 2013, 2017).

　　물론 이러한 인식의 균형에 이르는 과정은 순탄하지 않았다. 1990년대 후반 이후 세 정권의 경우를 차례로 살펴보면 아래와 같다.

　　동아시아 외환위기의 즉각적인 여파에 따른 김대중 대통령의 자유주의적 개혁과 IMF의 긴축 프로그램은 노동조합과 농민협회 등 국내의 보호주의적 거부권자들(protectionist veto players)에게 엄청난 정치적 타격이었고, 한국 경제에 미치는 그들의 정치적 영향력은 절대적·상대적으로 약화되었다(Yang, 2006). 대외적으로 발전주의적 중상주의만으로는 전례 없는 경제적 위기에 대처할 수 없음이 명백해졌다고 판단한 김대중 정부는 경제개혁을 단행해 한국의 발전경로를 변경했다. 여기서 주목할 점은 국가위기 사태를 불러왔음에도 불구하고 개혁과정에서 국가의 주도권은 위축되지 않았다는 점이다(Mo and Moon, 2003). 김대중 정부는

8) 구체적 사례는 제4장 참조.

1998년 11월에 공식적으로 자유무역 협정 추진을 선언했다. 이는 수출기업의 선진국, 특히 미국 시장에의 최대한 접근을 추구하면서 경쟁력이 없는 국내 산업은 철저히 보호하고자 했던 중상주의 무역정책 기조에서 벗어나기 시작했음을 의미한다. 김대중 정부가 외환위기 이후 한국이 다른 국가의 시장개방에 무임승차하기가 어렵게 되었다는 것을 인식한 것은 중요한 의의를 갖는다. 한국 주요 수출기업의 생존에 필수적인 수출시장의 확보를 위해서는 국내 시장의 호혜적 개방이 불가피해진 현실을 직시하기 시작했기 때문이다. 이는 한국의 무역·통상정책 패러다임의 '되돌릴 수 없는 전환'의 시작이었다(Koo, 2010).

그 뒤를 이은 노무현 정부는 2003년 8월 'FTA 추진 로드맵'을 통해 동시다발적 FTA 추진전략을 선언했다. 노무현 정부는 FTA 정책을 통해 대외적으로 동북아 시대의 비전을 제시하고 실현하려 했을 뿐만 아니라, 대내적으로 경제개혁에 박차를 가함과 동시에 자유무역에 대한 정치적 지지 확보를 위해 노력했다. 노무현 정부 시절 한미 FTA의 타결은 한국 무역정책의 기조 변화를 가장 잘 보여주는 사건이었다. 원래의 로드맵에서 미국과 같은 거대경제와의 포괄적 FTA는 장기 목표로 설정되어 있었다. 그러나 주요 정책엘리트들이 FTA의 전략적 가치를 강조하면서 조기에 추진하는 방향으로 선회했다. 고위 통상관료들은 미국과의 FTA가 한국의 시장지향적 개혁을 촉진하고 대기업 중심의 수직적 경제 체질을 개선하는 데 기여할 것으로 기대했다. 더 나아가 노무현 대통령은 미국과의 전략적 유대관계를 강화하기 위한 외교적 수단으로서 FTA의 효용성에 주목했다. 그의 진보적 성향에도 불구하고 노 대통령은 경제성장을 위한 자유무역과 시장개방의 필요성에 대한 확신을 갖고 있었다.[9]

제도적 차원에서 볼 때 새로운 무역정책에 대한 노무현 정부의 열정과 헌신은 FTA의 착수 및 협상권한을 부여받은 통상교섭본부(1998년 신설)의 권한 강화로 이어졌다.[10] 자유주의적 경제 이념의 옹호자로서 통상교섭본부는 특정 이해집

---

[9] 그는 스스로를 지립긱이미 민족 우신찍이시난 사유루녁의 힘을 믿는 '쇄파적 신자유주의자'로 칭했다. 특히 그는 일본식 '기러기형 발전모형(flying geese model)'을 거부하고, 한국의 주요 산업인 중공업에서 벗어나 첨단기술과 서비스산업에서 경제적 미래를 찾아야 한다고 주장했다. 그의 경제적 민족주의가 중상주의가 아닌 자유주의의 형태를 띤 것은 주목할 만한 사실이다(Sohn and Koo, 2011).

[10] 김대중 대통령의 경제적·전략적 의제에서 FTA는 주변부 지위를 가졌으나 노무현 대통령의 개혁정책과 비전에서는 핵심 요소였다. 덕분에 1998년에 출범한 이후 관련부처 간의 힘겨루기

단의 압력으로부터 일정한 거리를 둘 수 있다는 장점을 갖고 있었지만, FTA 추진을 위한 충분한 대중적 지지의 획득에는 애로가 많았다. 당시에는 FTA 추진에 따라 비경쟁적인 부문은 일방적으로 희생될 수밖에 없고, 또 외압에 밀려 추진하는 경제의 구조조정 노력의 일환으로 비추어졌던 FTA가 한국 경제의 양극화만 심화시킬 것이라는 부정적 인식이 강했다.[11] 이런 가운데 통상교섭본부는 무역자유화에 대한 지속적인 정치적 지지를 확보하기 위해 매우 관대한 이면보상 조치와 무역자유화 조치를 병행하는 전략을 추진했다.

2008년 2월에 출범한 이명박 정부도 노무현 정부의 동시다발적 FTA 전략을 큰 변화 없이 이어받았다. 정권 교체 후에 많은 정책 분야에서 전 정권의 제도적 유산과 흔적을 지우려 했다는 평가가 있었던 점을 감안할 때 FTA 정책의 계승은 뜻밖이었다. 하지만 'Global Korea'라는 기치 아래 적극적 세계화를 외교정책 목표로 세운 이명박 정부에게 FTA의 도구적 유용성은 어떤 면에서 더 높았다(Koo, 2010). 2008년 상반기에 있었던 미국산 쇠고기 수입 논쟁으로 막대한 정치적 비용을 지불했음에도, 이명박 정부는 동시다발적인 FTA 전략을 고수해 임기 중 인도와 EU 등 주요국과 FTA 체결에 성공했고 한미 FTA의 국내비준도 이끌어냈다.

요컨대 노무현 정부와 이명박 정부의 동시다발적 FTA 전략은 한국에서 FTA 정책이 뿌리를 내렸음을 보여주는 증거가 아닐 수 없다. 한국의 동시다발적 FTA 전략은 세계시장에서 경쟁할 수 있고 또 경쟁을 시킬 필요성이 있는 부문에 대해선 시장을 더 넓게 개방하는 동시에, 무역자유화로 피해를 볼 수 있는 이들에겐 관대한 이면보상을 제공하는 이원적 체제 위에 구축되었다. 이런 FTA 정책의 수립과 집행의 모든 측면에서 국가가 중요한 역할을 담당하는 발전국가의 유산이 그대로 이어져 왔다는 사실은 한국의 무역·통상정책의 중요하고 특징적인 요소이다.

속에서 한때 사면초가에 몰리기도 했던 통상교섭본부의 정부 내 위상이 크게 향상되었다. 통상교섭본부는 조직의 명운을 걸고 FTA를 추진하게 된다(Koo, 2013).

11) 이는 한미 FTA를 둘러싸고 격화되었던 논쟁이 잘 말해 준다. 당시 동아시아 외환위기의 충격에서 회복한 전통적 보호무역주의 집단은 반세계화 NGO와 반자본주의적 노동조합과 긴밀히 협력했다. 소수의 급진주의자가 주도한 한미 FTA 반대운동은 한미 FTA와 신자유주의적 개혁 간의 은밀한 관계를 '제2의 IMF식 자유화'이며 '제2의 외환위기'라고 공격했다.

3.3 신통상정책에 대한 평가

한국은 2011년 '1조 달러 무역 클럽(one－trillion－dollar trading club)'에 가입했다. 그 클럽은 실체가 있는 모임은 아니지만 1964년 5.2억 달러(수출 1.2억 달러＋수입 4억 달러)였던 한국의 상품무역 규모가 반세기 만에 2천 배 성장하여 세계 7대 수출국의 위상을 갖게 된 상징적인 이정표였다. 2012년에는 세계에서 7번째로 '20－50클럽', 즉 1인당 국민소득 2만 달러－인구 5천만 명 이상이 된 이후 2018년에는 역시 7번째로 '30－50클럽'에 가입했다. 1980년대까지만 해도 '무역입국(貿易立國)'이란 말이 흔히 회자되던 한국은 GDP 대비 무역(수출＋수입) 의존도가 64%에 달하는, 명실상부한 통상국가(trading state)로 발돋움했다.[12] 그 과정에서 무역자유화 기조에 기반을 둔 신통상정책의 공헌이 특히 컸다(Koo, 2013, 2017). 아래 〈표 14.2〉는 2020년 기준 한국의 교역 규모와 구조를 보여준다.

〈표 14.2〉 한국의 교역 규모 및 구조 (2020년 9월 기준, 1백만 달러)

교역 규모 현황				
	전 세계	한국	비중	순위
수출액	12,516,865	365,075	2.9%	7위
수입액	12,724,932	340,061	2.7%	9위
교역액	25,241,797	705,136	2.8%	9위
주요 수출입 현황				
5대 수출품	반도체, 자동차, 석유제품, 합성수지, 선박해양구조물 및 부품			
5대 수입품	반도체, 원유, 반도체 제조용 장비, 천연가스, 석유제품			
무역의존도	63.7%(수출 33.0%, 수입 30.7%) (2019년 기준)			

출처: 한국무역협회, K-stat, https://stat.kita.net/main.screen

양자주의에 대한 선호로 대변되는 한국의 통상정책 변화는 일본과의 비교를

---

12) 2017/18년 기준 미국은 21%, 일본은 28%, 중국은 34%의 무역의존도를 갖고 있다. 동아시아 국가 중 말레이시아(130%), 싱가포르(207%), 대만(96%), 태국(101%)이 한국보다 무역의존도가 높으나 GDP 규모가 상대적으로 작고 중개무역의 비중이 높아서 단순 비교는 어렵다. 한국의 경제 규모와 비슷하거나 그보다 큰 G20 국가 중에서 무역의존도가 한국보다 더 높은 국가는 멕시코(74%)와 독일(71%)뿐이다(국가통계포털, http://kosis.kr/index/index.do).

통해 더욱 명확하게 드러난다. 일본의 정치인과 관료는 개혁의 상징적 영향력을
극대화하는 동시에 무역자유화에 따른 주요 국내집단의 피해를 최소화하기 위한
방편으로 FTA 정책을 활용해 왔다(Pempel and Urata, 2006; Solis and Katada,
2007). 결과적으로 포괄적인 FTA 정책을 추진해 온 한국과는 달리, 일본은 이슈
범위에서 제한적이고 법률적 구속력이 상대적으로 약한 양자간 무역협정을 선호
해 쌀을 포함하는 농업 문제와 같이 정치적으로 민감한 많은 사안들을 이러한 합
의 밖에 두었다.

한마디로 일본의 분산된 FTA 정책결정 구조는 일본 정부의 일관성 있고 법
적으로 구속력 있는 FTA 협상 능력을 근본적으로 제한하고 있는 것으로 평가된
다. 물론 시장개방에 대한 농업과 노동계의 강력한 반대도 한몫하고 있음이 분명
하다. 그러나 FTA 협상과 관련된 정부기관들이 부처 간 조정 메커니즘의 결여로
인해 분산된 이해관계를 갖고 있고, 특히 외무성, 경제산업성, 재무성과 농림수산
성으로 구성된 소위 '4성 체제' 아래서 각 성이 거부권을 보유하고 있는 한 부처
간 협의에 많은 시간을 필요로 한다(Lee, 2011). 그중에서도 농림수산성이 항상
포괄적 무역자유화의 거부권자 역할을 한다. 이에 반해 경제산업성과 외무성은
국가경제의 구조조정을 강화할 장치로서 FTA를 계속 요구하면서도 다른 한편으
로 WTO에 의해 추진되는 (따라서 국내경제의 구조조정 비용을 높일) 포괄적 무역자
유화에 대한 대안 정도로만 FTA를 추진하는 양면성을 보였다(Hoshiro, 2011).[13]

최근까지 한국의 FTA 체결은 그 속도와 범위 면에서 타의 추종을 불허해 왔
다. 2021년 1월 기준 칠레(2003), 싱가포르(2005), 유럽자유무역연합(European
Free Trade Association, 이하 EFTA, 2005), 동남아국가연합(Association of Southeast

---

13) 다만 아베 총리의 2기 집권 기간(2012년 12월 – 2020년 9월) 동안 이러한 경향에 중요한 변화
가 생기기 시작했다. 예를 들어 2013년 일본이 TPP 공식 협상 당사국 지위를 획득할 당시만 해
도 국제사회는 특혜무역협정을 통한 일본의 무역자유화 노력을 반신반의했다. 하지만 2012년
11월 등장한 시진핑(Xi Jinping) 중국 주석이 '일대일로(One Belt One Road)' 전략을 표방하며
공세적인 경제 및 안보 전략을 펴자 일본은 미국 중심의 TPP 협상에서 더 밀착했다. 결과적으로
일본은 2015년 10월 TPP 공식 타결의 주요 산파 역할을 했을 뿐만 아니라 2017년 1월 미국의
탈퇴가 공식화되자 다시 구원투수로 등장하여 2018년 3월 CPTPP의 탄생을 이끌었다(Choi,
2016; Terada, 2019; 손열, 2014, 2016). 2012년 협상 개시 이후 8년을 끌어온 RCEP 협상도 농
수산 분야에서의 수세적 입장 때문에 아직 중국이나 한국과 양자 FTA를 체결하지 않은 일본이
비록 80%대의 낮은 개방수준이긴 하지만 동 분야에서 전향적 자세를 보이면서 2020년 11월 극
적으로 타결되었다(정인교, 2020).

Asian Nations, 이하 ASEAN, 2007), 미국(2007), 인도(2009), EU(2010), 페루(2011), 터키(2012), 콜롬비아(2013), 캐나다(2014), 호주(2014), 뉴질랜드(2014), 중국(2014), 베트남(2014), 중미 5개국(코스타리카, 엘살바도르, 온두라스, 니카라과, 파나마, 2018), 영국(2019), 이스라엘(2019), 인도네시아(2019), RCEP(2020) 등 20개 상대국 또는 그룹과 양자간 FTA를 체결했다. 이들 합의가 완전히 이행된다면 한국의 총무역 중 85% 이상이 양자간 또는 복수국간 FTA를 통해 이루어지게 된다.

〈표 14.3〉 한국의 다중트랙 FTA 전략

		협정국 수	
		양자	다자
지리적 범위	지리적으로 집중	일본(7.3%, 2004년 이후 협상 중단)* ** 중국(26.5%, 2015, 2015)***	일본-중국(33.8%, 협상중)
	지리적으로 분산	칠레(0.5%, 2003, 2004) 싱가포르(1.9%, 2005, 2006) 미국(12.9%, 2007, 2012) 인도(2.0%, 2009, 2010) 페루(0.3%, 2011, 2011) 터키(0.6%, 2012, 2013) 콜롬비아(0.2%, 2013, 2016) 호주(2.8%, 2014, 2014) 캐나다(1.1%, 2014, 2014) 뉴질랜드(0.3%, 2015, 2015) 베트남(6.7%, 2015, 2015) 러시아(2.2%, 2019년부터 협상중) 필리핀(1.1%, 2019년부터 협상중) 말레이시아(1.8%, 2019년부터 협상중)	EFTA(0.64%, 2005, 2006) ASEAN(14.7%, 2005, 2007, 2009, 2009) EU(11.1%, 2010, 2011) 중미5개국(0.3%, 2018, 2019) 영국(0.9%, 2019, 2021) 이스라엘(0.2%, 2019년 타결) RCEP(51.6%, 2020년 타결) Mercosur(1.0%, 2019년부터 협상중)

출처: 한국무역협회, K-stat (https://stat.kita.net/main.screen).
 * % 수치는 2019년 한국 총 무역(수출+수입)에서의 비율로 양자간 무역의 가치를 나타낸다.
 ** % 수치 옆의 수치는 협정을 체결한 연도와 협정이 발효된 연도를 나타낸다.
*** 홍콩 포함.

한국은 20대 무역국가 가운데 자신의 5대 무역 파트너(중국, 아세안, 미국, EU, 일본) 모두와 FTA를 체결한 유일한 국가이다. 특히 2020년 11월 타결된 RCEP 협정에 참여함으로써 한국의 FTA 정책은 그간 미흡했던 메가 FTA 참여에도 속도를 내고 있다.[14] 국내외 여러 전문가들은 다음 단계의 협상의제로 CPTPP에의 참여를 들고 있다. 미국 바이든 행정부의 CPTPP 가입이 점쳐지는 상황에서 한국도 그간 느슨하던 협상 태도에서 벗어나 CPTPP 참여에 보다 적극성을 보일 전망이다.

〈그림 14.1〉 기발효 FTA 현황 (2021년 1월 기준)

출처: 산업통상자원부, https://fta.go.kr/main/#

4. 무역·통상 거버넌스 체제의 과제와 전망

4.1 통상전담부처 설치 논란

한국의 무역·통상정책 전개과정에서 빼놓을 수 없는 이슈가 바로 통상전담

---

14) 15개 참여국(아세안 10개국＋한중일 3국＋호주＋뉴질랜드)가 세계경제에서 차지하는 명목 비중만 놓고 볼 때 RCEP은 EU나 USMCA를 넘어 세계에서 가장 큰 무역 블록이 되었다. 무역 개방도와 규범력 측면에서는 미흡한 점이 많아 그 파급효과는 크지 않을 것이라는 비판적 시각도 있다. 그러나 새로운 원산지규정은 중요한 의미를 갖는다. 참여국 대부분이 이미 양자 FTA를 통해 연결되었음에도 불구하고 그간 복잡한 원산지규정으로 인해 역내 무역창출에 많은 어려움이 있었던 것을 일거에 해결할 수 있는 제도적 장치가 마련된 것은 큰 의의가 있다(McDonald, 2020). 앞으로 RCEP의 성패는 누구보다 중국이 얼마큼의 역내 공공재를 제공할 의사와 능력을 보여주느냐에 달려 있다고 해도 과언이 아닐 것이다.

부처 설립을 둘러싼 논란이다. 우선 통상교섭본부의 설치와 폐지 과정을 살펴보자. 통상교섭본부는 「정부조직법(법률 제8867호 – 2008.2.29. 일부 개정)」에 의거 기획재정부, 농림수산식품부, 지식경제부 등 통상 관련 부처의 의견을 총괄·조정하고, 이를 바탕으로 한국을 대표해 외국과의 통상교섭을 수행하기 위해 1998년 설립된 통상협상 전담조직이었다(구민교, 2009).

통상교섭본부 설립 이전인 1990년대 초까지 통상교섭 업무는 경제기획원, 재무부, 상공부, 외무부 등 부처에 분산되어 있었으며, 부총리 기관인 경제기획원의 대외경제조정실에서 이를 총괄·조정하는 방식이었다. 일개 부처의 곁가지 조직에 맡겨진 총괄·조정 기능은 약할 수밖에 없었고, 이러한 약점은 국내 쌀시장 개방문제가 불거졌던 우루과이라운드 협상 당시 대외 협상능력 부족 문제로 크게 부각되었다. 1994년 12월 김영삼 대통령의 세계화 선언을 계기로 추진된 정부 조직 개편에서 기존의 상공자원부가 통상기능이 강화된 통상산업부로 개편되었고, 한국의 중앙정부 조직에서 통상이란 단어가 처음으로 사용되었다. 김대중 정부가 출범한 1998년 3월 대외통상 업무는 외교부로 흡수되어 외교통상부로 확대되었고, 그 하부조직으로 통상교섭본부가 선치되었다.

김대중 정부 출범 직전 정부조직개편위원회가 마련한 통상조직 개편안은 미국 무역대표부(USTR)와 같은 대통령 직속의 무역대표부(Korea Trade Representative: KTR)의 설치, 새로운 부처의 설치, 혹은 외무부 안에 두는 방안 등 세 가지를 검토했다. 대통령 직속으로 두는 방안은 정치적 부담이 크다는 이유로, 부처 신설안은 작은 정부를 지향하는 정신에 어긋난다는 이유로 제외되었고, 결국 통상기능을 외무부로 통합하는 안이 채택되었다. 통상교섭본부 발족 초기에는 외무부, 재정경제원, 통상산업부, 농림부 등에 뿌리를 둔 직원들이 복잡한 인적 구성을 취하고 있어 내부 갈등의 소지가 컸다. 또한 통상교섭본부 공무원의 두 축인 외무고시 출신 외교관과 행정고시 출신 경제관료 사이에 겉으로 드러나지 않은 갈등이 심했고, 외교부 내에서도 통상 분야는 정무 분야에 밀려 전문관료의 육성이 어려웠다.

그러나 2001년 11월 WTO의 도하라운드가 출범하면서 통상전문 관료의 중요성이 서서히 부각되기 시작했고, 때마침 동아시아 지역에 FTA 협상 붐이 일면서 통상교섭본부가 주목받기 시작했다. 2006년에 시작된 한미 FTA 협상에 온 국민의 관심이 쏟아지면서 통상교섭본부의 국내적 위상은 한층 높아졌다. 그럼에도 한미 FTA를 필두로 동시다발적으로 추진된 주요 교역국과의 FTA 협상 과정에서 통상교섭본부 체제의 한계가 많이 노출되었다.

무엇보다도 통상교섭본부가 외교통상부 산하에 있어 외교관계를 중시하다 보니 국내산업계의 입장이 협상에 충분히 반영되지 않는다는 비판을 받으면서 대외협상 못지않게 국내 이해당사자를 설득하는 대내협상의 중요성이 부각되었다. 또한 통상정책 결정과 집행에 대한 행정부의 권한과 책임을 포괄적으로 규율하는 법률이 없는 상황에서 통상교섭본부가 대외 통상교섭을, 지식경제부 및 관련부처가 통상진흥을, 기획재정부가 국내 정책조정을 맡다보니 통상교섭본부가 의례적인 대외창구 역할 외에 대내적으로 부처 간 이해관계를 조정하고 정책을 입안하는 역할은 제대로 수행하지 못한다는 비판이 제기되었다.

통상교섭본부를 탄생시킨 1998년 정부조직 개편의 기본 취지는 대외협상과 대내협상을 분리함으로써 대외협상의 효율성과 효과성을 높이는 것이었다. 따라서 정부조직 구조상 통상교섭본부에 대외협상에 수반되는 대내적 민주성 확보의 책임을 묻는 것은 온당치 못한 면이 있었다. 실제로 FTA 추진에 따른 대내협상은 기획재정부 산하 '무역협정 국내대책본부'가 담당하도록 되어 있었다. 그러나 대외협상 부문에서 통상교섭본부가 거둔 성공에도 불구하고, 아니, 바로 그 성공때문에 무역자유화와 관련된 모든 대내적 불만과 비난의 화살이 통상교섭본부로 향했던 것이다.[15]

이를 계기로 통상교섭본부를 견제하기 위한 제도적 장치가 마련되었다. 첫째는 2011년에 제정된 「통상조약의 체결 절차 및 이행에 관한 법률」(일명 「통상절차법」)을 통한 견제이다. 둘째는 2013년 「정부조직법」 개편으로 통상교섭본부를 해체하고 통상교섭 권한을 신설 산업통상자원부로 이관한 것이다.

우선 신설 「통상절차법」에 따르면 정부는 통상조약 체결을 위한 계획을 수립하고 이를 국회에 지체 없이 보고해야 하며, 누구든지 정부에 대해 통상협상

---

15) 한 주요 시사 잡지에 따르면 "최근 몇 년 사이에 급격하게 부상한 것은 통상관료들이다. 요즘 외교통상부 산하 통상교섭본부는 '정부 위의 정부'로 불린다. 통상교섭본부장은 '관료 위의 관료'"라는 인식이 퍼졌다. 더 나아가 "FTA를 추진하는 과정에서 과거 개별 부처들이 갖고 있던 교섭 권한이 통상교섭본부에 집중됐고, 이후 교섭본부가 개별 부처와 관련된 통상정책을 광범위하게 제어하는 컨트롤 타워가 됐다"는 볼멘소리가 터져나왔다(주간경향, "[줌인]통상교섭본부 '견제 받지 않는 권력'," 2010년 11월 30일 자).

또는 통상조약에 관한 의견을 제출할 수 있고, 그 의견에 상당한 이유가 있다고 인정되면 정부는 이를 정책에 반영하도록 되었다. 또한 정부가 통상조약 체결 계획의 중요 사항을 변경할 때, 그리고 국내 산업 등 경제적 파급효과 면에서 중대한 변화가 예상되는 통상협정 등은 국회에 보고하도록 규정했다. 그 밖에 ① 통상협상 개시 전 경제적 타당성의 검토, ② 통상조약 서명 후 산업통상자원부 장관의 국회 보고 의무화, ③ 공청회 개최, ④ 통상교섭민간자문위원회 설치, ⑤ 통상 관련 공무원의 재직 중 및 퇴직 후 비밀엄수, ⑥ 통상조약의 효력 발생 시기 등에 관한 규정들이 있다. 아울러 그때까지는 국회 동의가 필요한 조약인지에 대한 판단을 사실상 행정부가 행사했던 것을, "국회는 서명된 조약이 통상조약에 해당한다고 판단할 때 정부에 비준동의안의 제출을 요구할 수 있다"고 규정함으로써 통상협상 전반에 관한 국회의 견제와 감시 기능을 강화했다(이재민, 2012).16)

2013년에 집권한 박근혜 정부는 통상교섭본부를 해체함으로써 동 본부를 둘러싼 민주성 논란에 종지부를 찍었다. 기존에 통상교섭본부가 담당했던 통상교섭 권한은 신설된 산업통상자원부 내 통상교섭실로 다시 이관되었다. 통상교섭 권한을 제조업과 에너지 산업을 전담하는 부처로 옮김으로써 국내 이해관계자의 목소리를 적극적으로 수용하려는 의지를 표명한 것이다.

그러나 무역정책 결정구조와 체제에 여전히 심각한 장애가 있는 것으로 드러났다. 외교통상부 산하 통상교섭본부가 해체된 이후에도 중국, 베트남 등 주요 교역국과의 FTA가 성사되는 등의 성과가 있었지만 이들 FTA는 모두 2013년부터 외교통상부 산하 통상교섭본부가 추진한 것들이었다. 2013년 이후 산업통상자원부 체제에서 추진되어 결실을 맺은 FTA 협상은 중미 5개국과의 FTA(2018년 2월 21일 체결)가 유일했다. 더 나아가 TPP, RCEP, 한중일 FTA 등 메가 FTA에 대해 제대로 대응하지 못하고 있다는 비판도 제기되었다.

---

16) 대한민국 헌법 제60조 1항은 "국회는 상호원조 또는 안전보장에 관한 조약, 중요한 국제조직에 관한 조약, 우호통상항해조약, 주권의 제약에 관한 조약, 강화조약, 국가나 국민에게 중대한 재정적 부담을 지우는 조약 또는 입법사항에 관한 조약의 체결·비준에 대한 동의권을 가진다"고 규정하고, 제73조는 "대통령은 조약을 체결·비준하고, 외교사절을 신임·접수 또는 파견하며, 선전포고와 강화를 한다"고 규정함으로써 국내법과 같은 효력을 갖는 헌법에 의해 체결·공포된 조약과 관련해 견제와 균형의 원리를 실현하고자 한다. 이러한 헌법정신에 비추어볼 때 「통상절차법」은 그간 '비준에 대한 동의'에 국한되었던 국회의 권한을 '체결에 대한 동의'로까지 확장했다는 의의를 가진다.

이러한 문제인식에 따라 2017년 5월에 출범한 문재인 정부는 산업통상자원부 내이긴 하지만 통상교섭본부를 다시 부활시켰다. 그러나 과거 외교부 산하에서 장관급 조직이었던 것과는 달리 지금은 차관급 조직으로 그 위상이 낮아서 대내적으로 무역·통상정책 기능의 핵심이라고 할 수 있는 각 부처 간 그리고 이해집단 간의 이해관계 조정과 거시적 정책 및 비전 수립에는 여전히 많은 한계를 보이고 있다는 평가가 지배적이다. 이에 관해서는 아래에서 좀 더 구체적으로 살펴본다.

4.2 산업부처 주도형에 대한 평가

산업부처가 통상교섭 및 통상진흥 업무를 주도적으로 수행하고 외교부처가 지원 역할을 하는 국가는 한국을 비롯하여 일본, 노르웨이, 멕시코, 터키, 이스라엘 등이 있다. 이 절에서는 산업부처 주도형 모델의 장단점을 살펴본다(손열·이재민·구민교, 2017).

산업부처 주도형의 가장 큰 장점은 대내적 이해관계자의 이해관계를 정책에 반영하기 쉽다는 점이다. 통상교섭 권한을 제조업과 에너지 산업을 전담하는 부처로 옮김으로써 대내적 이해관계자, 특히 한국의 주요 수출품을 구성하는 제조업의 이해관계를 좀 더 적극적으로 수용하고 보호할 수 있게 되었다. 2013년 이전 통상교섭본부 체제에서 가장 큰 논란은 주요 고객집단이 존재하지 않는 외교통상부(현 외교부)의 특성상 교역 상대국과의 외교적 관계를 중시한 나머지 국내 기업 및 산업집단의 이해관계를 소홀히 다룬다는 점이었다.

아울러 산업부처 주도형은 무역진흥 정책과 통상교섭 기능의 시너지 효과를 기대할 수 있는 장점이 있다. 수출의존도가 높은 한국 경제구조의 특성상 산업 및 무역진흥 정책과 통상교섭이 동일 부서에서 이루어질 때 더 큰 시너지 효과를 낼 수 있다는 것이다. 외교통상부는 아무래도 국내 기업의 구체적인 사정에는 어두울 수밖에 없다는 점에서 산업진흥정책을 담당하는 산업부서로 통상교섭 기능을 통합해야 한다는 논리가 설득력을 얻게 되었다. 또한 통상진흥, 외국인투자 등을 포함하는 광의의 통상기능 수행에 있어 통상과 무역의 개념 구분 자체가 모호해, 통상교섭본부와 지식경제부(현 산업통상자원부) 내 무역투자실의 기능중복 문제를 해결할 수 있다는 장점이 있다.

이러한 장점에도 불구하고 산업부처 주도형 통상조직에는 여러 한계가 있다.

첫째, 산업부처 주도형 모델은 유관 기능의 여러 부처 간 분절적 통합 및 배분으로 부처 간 협업을 더욱 어렵게 만들었다. 2013년 「정부조직법」 개편에 따라 현행 경제·통상 기능은 대외적인 협상기능(통상교섭 제외, 외교부)과 대내적인 조정기능(기획재정부), 통상진흥 및 교섭(산업통상자원부)을 분리·운영하는 체제이다. 즉 외교부는 대외경제에 관한 외교정책 수립·시행 및 총괄·조정을 담당하고, 기획재정부는 경제·재정정책 수립 및 총괄, 협상에 따른 국내대책 총괄 등을 담당한다. 산업통상자원부는 무역 및 무역진흥, 통상진흥, 외국인 투자 등을 담당하고, 농림축산식품부와 과학기술정보통신부 등 소관 부처 역시 통상 업무에 직간접적으로 관여한다. 2013년 이전의 통상협상 및 정책과 관련된 권한이 여러 부처에 걸쳐 이합집산되는 과정에서 부처 간의 골은 더 깊어진 것으로 평가된다.

〈표 14.4〉 한국의 통상협상 거버넌스

	기획재정부	외교부	산업통상자원부
2013년 정부 조직 개편 (2017년 추가 개편)	국제경제 및 통상전략 및 정책 거대경제권과의 FTA 및 투자협정 관련 국내협상 및 정책조정 WTO 도하라운드 협상 관련 국내협상 및 정책조정	경제외교 국제 및 지역경제협력 (WTO, APEC, ASEM, ASEAN+3 등) 동아시아, 유럽, 북미 국가들과의 양자 경제협력	FTA 협상 WTO, 북미, 유럽, 동아시아, 중동, 아프리카 국가들과의 통상정책 동아시아 자유무역협력 통상 및 산업촉진
	국회		
2011년 통상 절차법	통상협상 개시부터 협상타결 및 이행에 관한 결정과 관련된 행정부와 국회가 준수해야 할 일련의 절차적 규정 주요 통상의제에 관한 국회와 행정부 간의 광범위한 협의 및 이해관계자 집단의 참여를 제도적으로 보장		

둘째, 「정부대표 및 특별사절의 임명과 권한에 관한 법률」(법률 제11687호, 2013. 3. 23., 일부개정)은 통상조약 체결을 위한 교섭 시의 정부대표 임명 및 통상교섭에 관한 지휘·감독 권한의 일부를 산업통상자원부 장관에게 부여한다. 그럼에도 동법상 정부대표는 여전히 외교부 장관이 임명하고(제5조 1항), 정부 대표에게 발급하는 전권(全權) 위임장 또는 신임장에는 외교부 장관이 서명해야 한다(제

5조 3항). 산업통상자원부 입장에서는 외교부의 협조를 얻어야 하는 구차스러운 구조이다. 더 나아가 동법 제6조는 정부대표가 진행하는 외교교섭을 외교부 장관이 지휘·감독하도록 한다. 이로 인해 산업통상자원부가 실질적인 정부대표 역할을 하지 못한다는 불만이 지속적으로 제기되었다.

셋째, 산업통상자원부는 대기업과 제조업 중심의 부처 이기주의로 인해 부처 간 이해관계를 효과적으로 조정하는 데 한계가 있었다. 아울러 산업계의 여러 고객집단을 갖는 부처인 만큼 특수이해관계자 그룹에 의해 포획될 개연성이 높고, 따라서 무역자유화에 적극적이지 않다는 비판에 직면했다. 같은 맥락에서 국가 전체 차원에서의 전략적·외교적 고려는 뒷전으로 밀리고 국내 산업계의 이해관계만 우선시되었다는 평가를 받았다. 한중 FTA 타결, 뒤늦은 TPP 참여 협상, 그리고 지지부진한 한중일 FTA 협상 과정에서 산업부가 보여준 수동적이고 방어적인 태도가 이를 방증한다. 기왕에 체결된 협정의 이행과 관리 역시 국내 업계의 이해관계에 휘둘려 수동적으로 대응함으로써 FTA 상대국가와 외교문제를 야기했다는 비판도 존재한다.[17]

넷째, 외교부가 갖고 있는 재외공관 네트워크를 활용할 수 없다는 점도 한계로 지적된다. 통상문제의 경우 재외공관과 다양한 이슈에 대한 협의 및 협조가 필요하지만, 외교부와 산업부 간의 오래된 알력과 갈등으로 인해 원활한 협의와 협조가 이루어지지 못했고, 결국 산업부의 대외적 위상과 정보수집 능력이 떨어지는 결과를 초래했다.

다섯째, 2017년 차관급으로 격상되었지만, 그 이전의 장관급에서 차관보급으로 제도적 위상이 격하됨으로써 통상정책 입안능력이 퇴보했다는 평가를 받았다. "일개 부처의 곁가지 조직에 맡겨진 총괄·조정 기능은 약할 수밖에 없다"는 과거의 교훈을 확인해 준 셈이다. 또한 통상교섭의 제도적인 수장인 산업통상자원부 장관의 정책 우선순위가 산업진흥, 통상, 에너지 등으로 분산됨에 따라 국내 협상, 특히 대국회 업무에 차질이 생기고, 국제협상 테이블에서 교섭대표의 낮은

---

17) 이러한 맥락에서 '발전주의적 자유주의'가 지속될 수 있을지에 관해서 논란이 있다. 산업부처의 특성상 '발전국가'의 특성은 유지할 수 있지만 산업계의 여러 고객집단을 갖는 부처인 만큼 특수이해관계자 그룹에 의해 포획될 개연성이 높고, 따라서 자유주의 기조가 쇠퇴할 수 있기 때문이다. 예를 들어 통상교섭본부 관료들에 비해 산업통상자원부 내의 통상관료들의 자유주의적 정책이념은 다소 후퇴한 것으로 평가된다(홍석빈, 2014).

격이 문제가 되곤 했다. 박근혜 정부 초기 전력대란이 발생하자 산업통상자원부 장관이 에너지 정책에 매몰된 나머지 통상문제에 적절히 대응하지 못한 것으로 평가된 것이 좋은 예이다. 또한 정기적·부정기적으로 열리는 국제 통상 관계장관 회의에서도 산업통상자원부 장관의 위상과 존재감은 낮았던 것으로 평가되었다. 이 문제는 본부장의 직급이 차관급으로 격상된 현 통상교섭본부 체제에서도 근본적으로 해결되었다고 보기 어렵다.

4.3 향후 전망과 과제

이상에서 살펴본 바와 같이 한국은 2000년대 이후 동시다발적인 FTA 협상 추진 등을 통한 통상전략의 변신에 성공한 듯 보인다. 동시에 통상교섭본부 체제의 도입은 통상관료들의 대외협상력을 비약적으로 향상시켰다는 점에서 대외적으로 주목을 받기도 했다. 그러나 대내적으로는 2008년 한미 FTA, 그리고 쇠고기 협상을 거치면서 "통상관료들의 고삐 풀린 독주를 막아야 한다"거나 대외협상의 대내적 민주성을 확보할 수 있도록 통상정책 결정시스템을 바꿔야 한다는 지적을 피하지 못했다. 이해당사자들과 국민의 의견수렴을 거쳐야 협상 후유증을 최소화할 수 있고, 부처 간 의견수렴도 더 원활히 이뤄질 수 있도록 해야 한다는 것이다. 이 문제는 통상전담부처 설치에 따른 문제만이 아니고 의회의 역할 강화 측면에서도 고려되고 검토되어야 할 사항이었다. 「2011년 통상절차법」의 제정은 이런 맥락에서 이루어졌다.

한국과는 달리 헌법이 무역정책에 대한 궁극적 권한과 책임을 명백히 의회에 부여한 미국에서는 의회가 행정부로 하여금 관세인하 협상을 추진하고 그 결과를 공표할 수 있도록 하면서도, 협상 대상품목의 범위나 관세 인하폭, 협상 관세율의 적용기간 등은 의회가 정하고 다만 그에 관한 협상권한만을 행정부에 위임한다. 또한 국내 산업의 이익을 보호하기 위해 협상개시 이전에 민간부문과 협의하고 자문을 거쳐야 하는 협상전 절차(pre-negotiation procedures)도 갖고 있다. 더 나아가 미 의회는 연방정부기관에 수입구제제도, 무역조정지원제도 등의 시행권한을 부여하면서도 관련 법률을 수시로 개정하고, 기관의 제도운영 지침을 심사하며, 이들 기관의 고위 관리 임명에 대한 승인이나 예산배정을 통해 기관의 정책방향에 지대한 영향력을 행사한다. 미 의회는 성격상 행정부가 수행할 수밖에 없는 무역협상 업무를 통제하고 무역제도의 운영 전반에 대한 의회의 궁극적 권한과 책임을 적절히 행사할 수 있도록 하기 위해 각종 제도적 장치를 마련해 두었다(〈박스 14.1〉 참조).

한국에서의 통상협상 절차와 결과에 관한 일련의 제도화 과정은 '효율성'의 차원을 넘어서 '민주성'의 확보가 중요한 시대적 과제가 되었음을 시사한다. 「통상절차법」 제정은 이런 의미에서 입법부와 이해관계자 집단의 적절한 역할 수행을 통해 대외협상 과정에서 국익을 적극적으로 추구하고, 국내적으로 사회의 요구를 협상 내용에 반영할 수 있는 제도적 장치를 마련했다는 측면에서 획기적인 일로 평가된다. 민주주의의 핵심인 책임성을 실현하고 대외협상에 민주적 정당성을 부여하기 위해서는 대내협상에서 입법부의 역할이 더욱 강화되어야 함은 자명하다. 한국의 국회가 무역협정의 마지막 단계인 비준단계에서 대외협상의 거부권자 역할이나 하던 기존의 소극적 기능에서 벗어나, 정책형성 초기단계에서부터 적극적인 역할을 하는 것은 분명 바람직한 변화로 볼 수 있다. 이렇게 국회가 적극적 역할을 수행하게 되면 대외경제정책이 최종단계에서 정치적 저항에 직면해 좌초될 가능성을 감소시켜 정책결정과정에 투입되는 시간과 자원의 낭비를 줄일 수 있기 때문이다.

그러나 「통상절차법」의 구체적인 내용과 범위에 관해서는 여전히 논란의 소지가 남아 있다. 주요국의 사례를 볼 때 통상협상의 전 과정에 걸쳐 입법부의 권한이 지나치게 커질 때 입법부 내 당파적 투쟁이 대외협상을 볼모 삼아 '나누어 먹기식(pork barrelling)' 대내협상을 조장하거나, 대외적 통상협상의 문제가 대내적으로 지나치게 정치화될 가능성도 적지 않다. 시장개방의 비용을 지불하는 보호무역집단의 조직적 로비에 행정부 내의 관료집단이 포획될 수 있는 것처럼, 입법부도 정치적으로 큰 목소리를 내는 집단의 이익만을 대변하고 분산된 다수의 이익을 외면하는 오류를 범할 수 있다. 특히 한국의 국회와 같이 주요 정책결정 과정에서 주변부 위치에 머물러 있고, 사회 구성원의 이익을 집약해 정책결정과정에 투입하고 정책의 형성과 집행 과정에서 발생하는 갈등을 제도권 내에서 조정하는 역할이 대단히 미흡할 때 그런 개연성은 더욱 커진다.

그간 대외협상력이 떨어진다는 이유로 정보를 독점해 온 한국의 행정부도 문제이지만, 무역협정과 관련된 비준 동의권을 정당하게 행사하기보다는 이를 정쟁의 수단으로 삼으려 한 입법부에도 그에 못지않은 책임이 있다. 따라서 향후 통상절차의 민주성 확보 논쟁의 핵심은 행정부의 대외 협상권한에 민주적 정당성을 부여하면서도, 입법부에 의한 각종 보호무역 압력과 정치적 이해득실에 따른 근시안적 통제를 최소화할 수 있는 제도적 안전장치를 마련하는 것에 모아져야 한다.

통상전담부처의 조직적 위상과 개편 문제는 통상문제가 상시화, 보편화되면서 앞으로도 계속 논란이 될 전망이다. 통상협상의 효율성과 민주성은 어느 하나를 위해 다른 하나를 포기할 수 없는 가치들이다. 따라서 효율성과 민주성 간의 최적화된 균형점을 찾는 것이 숙제다. 양면게임이론(two-level game theory)이 잘 보여주듯이, 국외 부문에서 각국의 대표자, 정책결정자 간의 상호작용(Level 1)과 국내 부문에서 정책결정자, 정당, 이익집단, 시민단체 간의 상호작용(Level 2) 사이의 균형이 중요하다는 말이다(Putnam, 1988).

이런 시각에서 보면, 우선 미중 간의 첨예한 무역전쟁의 여파로 전 세계적으로 보호무역주의가 확산되면서 수출시장 확보에 빨간불이 켜지고, 미국과 중국 등 한국의 주요 교역국으로부터 전방위적 수입규제 압력이 증가하는 상황에서 변화에 능동적으로 대응할 수 있는 통상전담부처의 역량 강화가 절실해 보인다.[18] 지금까지와는 전혀 다른 방식과 형태의 통상협상이 전개될 것이기 때문이다. 국제적인 흐름과 무역 상대국의 정치경제적 상황과 특성을 심도 있게 파악하고 이해하지 않는 한 무역이득을 호혜적으로 두리지 못할 가능성이 그 어느 때보다 커지고 있다. 양면게임의 1단계(Level 1)를 소홀히 할 수 없는 이유이다.[19]

---

18) 당장 통상 전문인력의 양성과 유치가 시급하다. 2021년 1월 기준 통상교섭본부는 307명의 인력으로 구성된다(https://www.motie.go.kr/motie/mi/on/headquarters/organizationUser/headquartersView.do 참조). 세계 7대 교역국으로서의 위상과 도전에 걸맞은 인력과 조직으로 볼 수 없다. 이러한 인력과 조직으로는 통상문제를 둘러싼 국내의 이해관계를 제대로 조정할 수도 없고 세계의 통상질서 변화의 흐름을 이해하고 주요 교역국의 동향 파악이나 이들과의 교역 리스크를 관리할 수 없음이 분명하다(이재민, 2010).

19) 한편, 1단계에서의 협상력을 높이기 위해서라도 한국의 수출입 구조를 좀 더 다양화할 필요가 있다. 위의 〈표 14.3〉에서 보는 바와 같이 5대 교역국이 한국의 전체 무역에서 차지하는 비중이 72.5%나 된다. 특히 중국에 대한 의존도는 26%가 넘는다. 무역에 대한 민감성(sensitivity)과 취약성(vulnerability)이 높을 수밖에 없는 구조이다. 대한무역투자진흥공사(KOTRA)의 조사에 따르면 한국의 대중국 수출품 가운데 10% 정도가 다시 미국으로 재수출된다. 대중국 수출품의 약 80%가 중간재이다 보니 생기는 현상이다(KOTRA, 2018). 이처럼 중국에 대한 의존도가 지나치

동시에 양면게임의 2단계(Level 2)에서의 민주성 확보도 날로 그 중요성이 커지고 있다. 통상전담부처는 좀 더 적극적으로 국내 유관 부처, 국회, 업계, NGO 등 모든 이해집단과의 협조를 강화하고 이해관계의 조정체제를 구축해야 한다. 각 부처에서도 통상업무의 중요성에 대한 인식을 제고하고 부처 간 네트워크를 강화할 필요가 있다. 그동안 각 부처의 통상담당 직원은 한직이라는 인식이 강하고, 승진이나 보직에 불이익을 받는 사례가 많아 대부분의 부처에서 통상업무를 기피했고, 이에 따라 전문가 육성이 지극히 어려웠다. 이는 더 나아가 통상전담부처와 각 부처 간의 원활한 정책 네트워크 형성에도 지장을 주었다. 따라서 대내외를 포괄하는 전방위적 통상외교가 중시되는 오늘날 통상전담부처뿐만 아니라 유관 부처 내의 통상업무 담당자의 역량 강화가 그 어느 때보다도 중요해지고 있다(손열·이재민·구민교, 2017).

〈박스 14.1〉 독립기관형 사례: 미국의 USTR

독립기관형 통상전담부처를 두고 있는 대표적 사례로 미국과 유럽연합을 들수 있다. 미국은 대통령 직속기구인 무역대표부(USTR, 장관급)가 국제통상, 해외 직접투자 정책수립과 조정 및 외국과의 통상협상은 물론 통상정책의 집행과 관련된 부처 간 조정도 총괄한다. 유럽연합은 EU 집행위원회의 통상총국(Directorate General for Trade)이 공동통상정책(common commercial policy)을 입안하고 통상교섭을 실시한다. 여기서는 미국의 USTR 체계에 대해 자세히 살펴본다.

(1) 의회중심주의

미국 헌법 제1조는 "외국과의 통상을 규제하는 권한(power to regulate commerce with foreign nations)은 의회에 속한다"고 규정함으로써 무역정책에 대한 궁극적 권한과 책임이 의회에 있음을 명백히 한다. 이처럼 의회가 무역정책의 궁극적 권한과 책임을 갖는 것은 미국만의 독특한 제도라 할 수 있다. 따라서 미행정부의 각종 무역협정 프로그램의 이행이나 관세부과를 비롯한 모든 수입제한

게 높고, 대중국 무역구조도 가공무역 비중이 지나치게 높다 보니 '사드 무역보복'과 같은 중국의 일방적인 압력이나 미중 무역전쟁에 취약할 수밖에 없다. 어찌 보면 그간 한국의 수출산업이 중국과 미국이라는 거대시장에만 안주해 온 탓이 크다. 지금이라도 늦지 않았으니 수출시장 다변화·다양화 정책을 펼쳐야 한다.

조치는 각종 무역관련법의 범위 내에서 또는 의회로부터의 명시적으로 위임된 권한의 범위 내로 제한된다. 의회는 행정부의 법 적용과 무역정책 권한의 행사가 의회의 의사와 괴리되지 않도록 보장하려는 뜻에서 각종 무역법 속에 행정부에 대한 권한위임의 내용과 범위, 의회에 대한 행정부의 보고 및 승인 등과 관련된 매우 세부적인 규정과 절차를 둔다.

(2) 무역대표부의 위상 강화

미 의회는 「1974년 무역법」 제정을 계기로 무역대표부의 위상을 한층 강화했다. 동 무역법 Section 141에 의거 무역대표부를 대통령실 내의 법적 기관(statutory agency)으로 승격시키고, 특별무역대표(Special Trade Representative: STR)의 임무도 「1930년 관세법」, 「1962년 무역확장법」, 그리고 「1974년 무역법」에 기초한 모든 무역협상 프로그램으로 확대하는 한편, 직급을 각료급으로 격상시킴과 동시에 STR이 대통령과 의회에 직접적으로 책임지도록 했다. 1980년 초부터 특별무역대표부는 미무역대표부(Office of United States Trade Representative)로, 특별무역대표(STR)는 미무역대표(USTR)로 각각 개칭되었다. 미무역대표는 항구적으로 무역정책의 개발 및 조정 전반에 걸쳐 폭넓은 권한을 행사하고 책임지는 최고의 무역정책 담당자, 또 무역정책에 관한 대통령의 최고 참모와 대변인으로서의 위상을 확립할 수 있게 되었다.

(3) USTR 권한과 책임 요약

「1988년 종합무역법」 Section 1601에 규정된 무역대표의 권한과 책임을 정리하면 다음과 같다. 무역대표는 ① 미국의 무역정책을 개발하고, 그것의 집행을 조정한다. ② 대통령에게 무역과 관련된 정부정책에 대해 자문하는 등 최고 참모로서 역할한다. ③ 상품무역과 직접투자 협상을 포함하는 모든 국제협상에서 미국을 대표해 협상을 주도한다. ④ 여러 기관에 걸친 무역정책을 조정한다. ⑤ 무역문제에 관한 대통령의 최고대변인으로 기능한다. ⑥ 모든 무역협상 프로그램의 이행과 관련해 대통령과 의회에 보고한다. ⑦ 최고 무역정책조정기구인 무역정책위원회(Trade Policy Committee)를 주재한다. ⑧ WTO, OECD, UNCTAD 등 모든 국제기구의 무역·상품·직접투자와 관련된 정책문제나 협상을 주관한다. ⑨ 미국의 반덤핑법 및 상계관세법, 관세법 Section 337, 종합무역법 Section 301 등에 의거 외국의 불공정 무역행위를 조사하고 보복조치를 취하는 등의 권한과 책임을 갖는다.

참고문헌

[국내 학술지 논문 및 단행본] (신문기사 등 기타 참고문헌은 507쪽 QR코드 참조)

강지혜 (2016), "유전자원 '특허'와 WTO TRIPS '비차별 주의'에 대한 소고: 나고야협정 11.1조를 중심으로," 『환경법과 정책』 16, pp. 133–185.

고준성 외 (2006), 『국제경제법』, 서울: 박영사.

곽동철·안덕근 (2016), "아날로그 체제 하의 디지털무역: 디지털무역 자유화와 무역협정의 역할," 『통상법률』 131, pp. 51–90.

구민교 (2011), "지속가능한 동북아시아 해양질서의 모색: 우리나라의 해양정책과 그 정책적 함의를 중심으로," 『국제지역연구』 20(2), pp. 1–36.

구민교 (2021), "무역−안보 연계 관점에서 본 한일 무역 갈등: GATT 제21조 안보상의 예외를 중심으로," 『일본비평』 24, pp. 212–237.

김기수(편) (1996), 『미국 통상정책의 이해: 국제정치경제적 접근』, 서울: 세종연구소.

김민정 (2018), "무역기술장벽 관련 국제통상규범의 발전," 안덕근·김민정(편), 『국제통상체제와 무역기술장벽』, 서울: 박영사.

김성원 (2014), "국제통상과 국제환경의 관계에 관한 일고찰," 『한양법학』 25, pp. 131–153.

김일영 (2001), "한국에서 발전국가의 기원, 형성과 발전 그리고 전망," 『한국정치외교사논총』 23(1), pp. 87–126.

김일중 (2008), 『법경제학 연구: 핵심이론과 사례분석』, 서울: 한국법제연구원.

김준석 (2018), 『국제정치의 탄생: 근세 초 유럽 국제정치사의 탐색, 1494−1763』, 서

울: 북코리아.

김현정 (2018), "한－EU FTA 발효 이후 한국 내 지리적 표시제 적용 및 변화 분석," 『세계지역연구논총』 36(1), pp. 153－177.

김혜선 (2014), "지식재산권법상 유전자원 관련 전통지식 보호에 관한 연구," 『법학논 문집』 38(3), pp. 173－205.

김화진 (2017), 『국제법이론』, 서울: 박영사.

나태준·윤이숙·윤경준·구민교·조윤직·정장훈·노성민 (2013), 『국제환경협약의 이 해』, 서울: 대영문화사.

남경수·안병일·임희선 (2019), "GMO 표시 확대가 식품산업에 미치는 효과," 『바이 오경제연구』 2(2), pp. 135－168.

류병운 (2017). 생물유전자원에 대한 접근 및 이익의 공유. 『홍익법학』 18(2), pp. 59－88.

류예리·박문숙 (2020), "합성생물학 적용 LMO에 부합하는 새로운 위해성평가 및 위 해성관리 체계 도입의 필요성에 관한 소고," 『환경법연구』 42(2), pp. 267－291.

박경진 (2015), "나고야 의정서의 국제통상법적 접근," 『국제경제법연구』 13(2), pp. 133－156.

박덕영·이일호 (2009), 『국제저작권과 통상문제』, 서울: 세창출판사.

박은솔 (2019), 『전자상거래의 국제규범 논의동향 및 국내법과의 정합성 분석: 전자 적 전송물에 대한 국내법 적용에 관하여』, 서울대학교 대학원 석사학위 논문.

성재호·채은선 (2010), "자유무역협정에 따른 세이프가드 조치의 차별적 적용과 최 혜국대우," 『통상법률』 91, pp. 10－49.

손열 (2014), "일본의 TPP 교섭참가결정 분석: 지역경제질서 건축전략의 맥락에서," 『일본연구논총』 39, pp. 235－254.

손열 (2016), "TPP의 국제정치경제: 무역질서 건축 경쟁과 한국," 『국제정치논총』 56(1), pp. 143－173.

신윤길 (2004), "영국의 대외무역과 동인도회사 연구," 『서양사학연구』 10, pp. 69－86.

심영규 (2015), "WTO 다자간 무역규범체제에서의 환경보호의 규범적 실효성," 『국제 경제법연구』 13, pp. 77－99.

심영섭·고준성 (1997), 『무역정책과 경쟁정책의 조화』, 서울: 산업연구원.

안덕근 (2018), "국제통상체제와 무역기술장벽," 안덕근·김민정(편), 『국제통상체제 와 무역기술장벽』, 서울: 박영사.

양재진 (2005), "발전이후 발전주의론: 한국 발전국가의 성장, 위기, 그리고 미래,"
『한국행정학보』 39(1), pp. 1-18.

양재진 (2006), "한국의 대안적 발전모델의 설정과 민주적 국가자율성 및 국가능력의
복원을 위하여,"『국가전략』 12(2), pp. 119-146.

윤영관 (1999),『21세기 한국정치경제모델: 좌(左), 우(右), 그리고 집중구조를 넘어
서』, 서울: 신호서적.

이로리 (2009), "TRIPS 협정상 의약품 특허의 강제실시에 대한 최근 동향,"『통상법
률』 90, pp. 118-141.

이부하 (2014), "리스본 조약 이후 유럽연합 기관의 역할 변화,"『유럽헌법연구』 15,
pp. 27-46.

이병우 (2005), "미국의 철강 세이프가드 조치에 대한 WTO 분쟁 해결 사건,"『국제
경제법연구』 3, pp. 7-31.

이승주 (2015), "경제·안보 연계와 동아시아 지역질서의 변화: FTA의 사례를 중심으
로,"『한국동북아논총』 77, pp. 51-76.

이신규 (2004), "WTO/DDA 농업협상의 평가와 과제,"『관세학회지』 5(1), pp.
69-93.

이재민 (2012), "우리나라의 통상절차법과 향후 과제: 주요 조항에 대한 법리적 평가
및 실무적 함의,"『서울국제법연구』 19(1), pp. 31-62.

이재민 (2016), "공기업 지원조치 규제를 위한 새로운 국제규범의 모색: '비상업적 지
원'의 법적 쟁점 및 함의를 중심으로,"『국제거래법연구』 25(2), pp. 177-204.

이주윤 (2008), "WTO 체제하의 통상과 인권의 연계,"『법학연구』 18(3), pp.
433-457.

이헌희 (2017), "FTA에서 지리적 표시보호에 관한 고찰,"『법학논총』 34(1), pp.
437-460.

임정빈 (2003), "미국과 케언즈 그룹의 WTO 농업협상 전략과 시사점,"『농업경영·
정책연구』 30(2), pp. 239-269.

임정빈·김정호 (2005), "한국 쌀 농업의 대내외 여건변화 동향과 대응과제,"『농업생
명과학연구』 39(3), pp. 33-46.

장하준 (2009),『나쁜 사마리아인들: 장하준의 경제학 파노라마』, 서울: 부키.

전수미 (2004),『감자: 잘 먹고 잘 사는 법』, 서울: 김영사.

정영진·이재민 (2012),『글로벌 시대를 위한 신 통상법 및 통상정책』, 서울: 박영사.

정창화 (2004), "초국가공동체로서 유럽연합(EU) 형성에 관한 연구: 유럽연합(EU)법

의 수용에 대한 이론과 실제,"『행정논총』, 42(1), pp. 53-80.

조성제·박현희 (2009), "WTO/DDA 농업협상 세부원칙 주요내용과 향후과제,"『무역학회지』34(3), pp. 117-142.

조수정 (2015), "GATS 내국민대우 분석,"『국제경제법연구』13(2), pp. 101-129.

조영진 (2012), "WTO 수산보조금 협상에 대한 고찰,"『국제경제법연구』10(2), pp. 69-95.

조영진 (2017), "WTO 한미 세탁기 분쟁(US-Washers)에 대한 고찰,"『국제경제법연구』15(1), pp. 57-88.

조영진 (2020), "WTO 반덤핑협정 상 표적덤핑에서의 제로잉에 대한 고찰: 최근 분쟁을 중심으로,"『통상법률』146, pp. 204-236.

조형석 (2005), "국제인권법의 WTO협정에의 적용가능성,"『한양법학』18, pp. 249-279.

조화순·이효원 (2007), "지적 재산권과 국제레짐의 세계정치: TRIPS의 형성과 한계,"『21세기 정치학회보』17(3), pp. 383-404.

주경철 (2000), "네덜란드 동인도 회사의 설립 과정,"『서양사연구』25, pp. 1-34.

최병선 (1992),『정부규제론: 규제와 규제완화의 정치경제』, 서울: 법문사.

최병선 (1998), "규제완화의 정치: 정책사상, 이해관계, 제도의 역학," 진창수(편),『규제완화의 정치: 비교연구』, 서울: 세종연구소.

최석영 (2015),『최석영의 FTA 협상노트』, 서울: 박영사.

최영진 외 (1995),『뉴 라운드: UR 이후의 새로운 경제이슈들』, 서울: 지식산업사.

최원목 (2015), "바이오안정성의정서와 LMO 교역의 국제법적 쟁점,"『법학논집』20(1), pp. 241-278.

최원목·박경진 (2016), "생물다양성 관련 협약과 통상조약 간의 충돌과 조화,"『국제경제법연구』14(3), pp. 135-156.

최원목·이규옥 (2016), "TPP협정의 환경보호 및 생물다양성 보전 관련 조항의 해석 및 적용,"『법학논집』21(2), pp. 351-386.

최장우 (2006), "글로벌 B2C 전자상거래 수입물품의 관세부과에 관한 연구,"『e-비지니스 연구』7(3), pp. 315-335.

최태욱 (2007), "한미 FTA 와 동아시아 지역주의의 미래,"『사회비평』37, pp. 12-26.

한택환·고동수 (1995), "미국의 무역환경정책에 관한 고찰,"『한국정책학회보』4(1), pp. 234-255.

허원순 (2019), "한국 농업, 정부 보조금만으로는 선진화 못 하죠," 『한국경제』, 5월 13일자.

홍석빈 (2014), "우리나라 통상정책의 변화와 지속 방향 연구: 박근혜 정부의 통상행정체계 개편을 중심으로," 『무역학회지』 39(3), pp. 261－292.

황태연·김종록 (2015), 『공자, 잠든 유럽을 깨우다』, 서울: 김영사.

[2000년 이후 국외문헌] (2000년 이전 국외문헌은 507쪽 QR코드 참조)

Aggarwal, Vinod K., and John Ravenhill (2001), "Undermining the WTO: The Case Against 'Open Sectoralism'," *Analysis from the East－West Center*, No. 50.

Aggarwal, Vinod K. and Min Gyo Koo (2006), "The Evolution and Implications of Bilateral Trade Agreements in the Asia－Pacific," in Vinod K. Aggarwal and Shujiro Urata, eds., *Bilateral Trade Agreements in the Asia－Pacific: Origins, Evolution, and Implications*, London: Routledge.

Aggarwal, Vinod K. and Min Gyo Koo (2008), "Asia's New Institutional Architecture: Evolving Structures for Managing Trade, Financial, and Security Relations," in Vinod K. Aggarwal and Min Gyo Koo, eds., *Asia's New Institutional Architecture: Evolving Structures for Managing Trade, Financial, and Security Relations*, New York: Springer.

Ahn, Dukgeun (2014), "Systemic Issues for the Post MC－9 WTO System," *Asian Journal of WTO & International Health Law and Policy* 9, pp. 367－383.

Ajmani, Manmeet, P. K. Joshi, Avinash Kishore and Devesh Roy (2018), "How Did Sanctions Impact Myanmar?" *The Diplomat*, January 6.

Aklin, Michael (2015), "Re－exploring the Trade and Environment Nexus through the Diffusion of Pollution," *Environmental and Resource Economics* 64(4), pp. 663-682.

Athanasakou, K. Konstantina (2007), "China IPR Enforcement: Hard as Steel or Soft as TOFU－Bringing the Question to the WTO under TRIPS," *Georgetown Journal of International Law* 39, pp. 217－245.

Awokuse, Titus O. (2008), "Trade Openness and Economic Growth: Is Growth Export－led or Import－led?" *Applied Economics* 40(2), pp. 161－173.

Bernstein, William (2008), A Splendid Exchange: How Trade Shaped the World,

New York: Grove Atlantic, Ltd.

Bøas, Morten (2000), "The Trade-Environment Nexus and the Potential of Regional Trade Institutions," *New Political Economy* 5(3), pp. 415−432.

Cameron, Rondo E. (2003), *A Concise Economic History of the World: From Paleolithic Times to the Present* (4th edition), Oxford: Oxford University Press.

Choi, Byung−il and Jennifer Sejin Oh (2017), "Reversed Asymmetry in Japan's and Korea's FTAs: TPP and Beyond," *Pacific Focus* 32(2), pp. 232−258.

Choi, Byung−il (2016), "Whither the TPP? Political Economy of Ratification and Effect on Trade Architecture in East Asia," *East Asian Economic Review* 20(3), pp. 311−338.

Cooter, Robert and Thomas Ulen (2008), *Law and Economics* (5th edition), Boston: Pearson Addson Wesley.

Copeland, Brian R. and M. Scott Taylor (2003), "Trade, Growth and the Environment," NBER Working Paper No. 9823.

Correa, M. Carlos (2000), *Intellectual Property Rights, the WTO and Developing Countries: The TRIPS Agreement and Policy Options*, London: Zed Books.

Dasgupta, Susmite, Benoit Laplate, Hua Wang, and David Wheeler (2002), "Confronting the Environmental Kuznets Curve," *The Journal of Economic Perspectives* 16(1), pp. 147-168.

De Vries, Catherine E. (2018), *Euroscepticism and the Future of European Integration*, Oxford: Oxford University Press.

Dore, Ronald (2000), *Stock Market Capitalism: Welfare Capitalism: Japan and Germany versus the Anglo−Saxons*, Oxford: Oxford University Press.

Droege, Susanne, Harro van Asselt, Kasturi Das, and Michael Mehling (2016), "The Trade System and Climate Action: Ways Forward Under the Paris Agreement," Working Paper, London: Climate Strategies.

Eliason, Antonia (2015), "The Trade Facilitation Agreement: A New Hope for the World Trade Organization," *World Trade Review* 14(4), pp. 643−670.

Esty, Daniel. (1994), *Greening the GATT*, Washington, D.C.: Institute for International Economics.

European Commission (2017), "Press Release: Commission Fines Google € 2.42 Billion for Abusing Dominance as Search Engine by Giving Illegal Advantage to Own Comparison Shopping Service," June 27.

European Commission (2018), "Press Release: Commission Fines Google €4.34 Billion for Illegal Practices Regarding Android Mobile Devices to Strengthen Dominance of Google's Search Engine," July 18.

Evans, Andrew (2002), "Taming the Counterfeit Dragon: The WTO, TRIPS, and Chinese Amendments to Intellectual Property Laws," *The Georgia Journal of International and Comparative Law* 31, pp. 587−618.

Everts, Steven (2000), "Introduction: New Priorities for EU Trade Policy," in Dick Cunningham, Peter Lichtenbaum, and Julie Wolf, eds., *The EU and World Trade*, Brussels: The Center for European Reform of the European Union.

Fergusson, Ian F. (2008), "World Trade Organization Negotiations: The Doha Development Agenda," CRS Report for Congress, RL32060.

Froese, Marc D. (2020), "The Doctrine of Universal Economy and the Regulation of International Trade," https://ssrn.com/abstract=3137150.

Gadbaw, R. Michael (2016), "Competition Policy," in Cathleen Cimino−Isaacs and Jeffrey J. Schott, eds., *Trans−Pacific Partnership: An Assessment*, Washington, D.C.: Peterson Institute for International Economics.

Gainsborough, Martin (2009), "The (Neglected) Statist Bias and the Developmental State: The Case of Singapore and Vietnam," *Third World Quarterly* 30(7), pp. 1317−1328.

Gao, Henry (2018), "Digital or Trade? The Contrasting Approaches of China and U.S. to Digital Trade," *Journal of International Economic Law* 21(2), pp. 297−321.

Goodman, Peter S. (2016), "More Wealth, More Jobs, but Not for Everyone: What Fuels the Backlash on Trade," *New York Times*, September 28.

Haas, Peter M. (2003). "Lessons from Environmental Governance for Debt−forgiveness," in Vinod K. Aggarwal and Brigitte Granville, eds., *Sovereign Debt: Origins, Management, and Restructuring*, London: Royal Institute of International Affairs.

Harari, Yuval Noah (2014), *Sapiens: A Brief History of Human Kind*, New York: Harper.

Harashima, Yohei (2008), "Trade and Environment Negotiations in the WTO:

Asian Perspectives," *International Environmental Agreements: Politics, Law and Economics* 8(1), pp. 17−34.

Hillman, Arye L. (2013), *The Political Economy of Protection*, London: Harwood Academic Publishers.

Hoekman, Bernard M. (2016). "The Bali Trade Facilitation Agreement and Rulemaking in the WTO: Milestone, Mistake or Mirage?," Jagdish N. Bhagwati, Pravin Krishna, and Arvind Panagariya, eds., *The World Trade System: Trends and Challenges*, Cambridge: MIT Press.

Hoekman, Bernard M. and Michel M. Kostecki (2009), *The Political Economy of the World Trading System: The WTO and Beyond*, Oxford: Oxford University Press.

Holzinger, Katharina and Christopher Knill (2008), "The Interaction of Competition, Cooperation and Communication: Theoretical Analysis of Different Sources of Environmental Policy Convergence," *Journal of Comparative Policy Analysis: Research and Practice* 10(4), pp. 403−425.

Hoshiro, Hiroyuki (2011), "Building an 'East Asian Community' in Vain: Japan's Power Shift and Economic Regionalism in the New Millennium," Paper presented at a workshop on "Democratic Accountability and Diplomacy in Asia," organized by the Yale−Todai Initiative at the University of Tokyo, Tokyo, September 16.

Hossain, Md. Shakib (2018), "Does the WTO Accession Stimulate Inward FDI in Developing Countries? Accentuate on TRIMS, TRIPS or Trade Liberalization," *International Journal of Accounting and Financial Reporting* 8(1), pp. 277−293.

Intellectual Property Watch (2018), "EU Files WTO Case against China over IP Rights Protection," June 6.

International Monetary Fund (2012), *The Direction of Trade Statistics*, Washington, D.C.: International Monetary Fund.

Ip, Greg (2018), "For U.S. to Stay in WTO, China May Have to Leave," *The Wall Street Journal*, August 22.

Irwin, Douglas A. (2005), "The Rise of U.S. Anti−dumping Activity in Historical Perspective," *The World Economy* 28(5), pp. 651−668.

Javorcik, Beata Smarzynska (2004), "The Composition of Foreign Direct Investment and Protection of Intellectual Property Rights: Evidence from Transition Economies," *European Economic Review* 48(1), pp. 39−62.

Joshi, Devin K. (2012), "Varieties of Development States: Three Non−Western Pathways to the Millennium Development Goals," *Journal of Developing Societies* 28(3), pp. 355−378.

Kang, David C. (2002), *Crony Capitalism: Corruption and Development in South Korea and the Philippines*, Cambridge: Cambridge University Press.

Koo, Min Gyo (2010), "Embracing Free Trade Agreements, Korean Style: From Developmental Mercantilism to Developmental Liberalism," *Korean Journal of Policy Studies* 25(3), pp. 101−123.

Koo, Min Gyo (2011), "The U.S. Approaches to the Trade−Security Nexus in East Asia: From Securitization to Re−securitization," *Asian Perspective* 35(1), pp. 37−57.

Koo, Min Gyo (2013), "Trade Policy for Development: Paradigm Shift from Mercantilism to Liberalism," in Huck−ju Kwon and Min Gyo Koo, eds., *The Korean Government and Public Policies in a Development Nexus*, New York: Springer.

Koo, Min Gyo and Seok−Bin Hong (2014), "Varieties of East Asian Developmentalist Trade Policy: The Trade Liberalization−Industrial Policy Nexus in Thailand and South Korea," *Journal of International and Area Studies* 21(2), pp. 1−25.

Koo, Min Gyo (2017), "South Korea's Policy Responses to the Changing Trade Environment in the Post−Uruguay Round Period," in Jongwon Choi, Huck−ju Kwon, and Min Gyo Koo, eds., *The Korean Government and Public Policies in a Development Nexus: Sustaining Development and Tackling Policy Changes*, New York: Springer.

Koo, Min Gyo and Seo Young Kim (2018), "East Asian Way of Linking the Environment to Trade in Free Trade Agreements," *Journal of Environment and Development*, 27(4), pp. 382−414.

Krugman, Paul R., Maurice Obstfeld, and Marc J. Melitz (2018), *International Economics: Theory and Policy* (11th edition), Boston: Pearson.

Kwon, Huck−ju (2005), "Transforming the Developmental Welfare State in East Asia," *Development and Change* 36(3), pp. 477−497.

Lardy, Nicholas R. (2001), "Issues in China's WTO Accession," *Brookings Testimony*, May 9.

Lee, Gaeun, Min Gyo Koo, and Eunhee Kim (2021), "When Text Mining Meets WTO's Trade Policy Review: The Cases of South Korea, Japan, and China," unpublished manuscript.

Lee, Eun−sup and Feng Dongxu (2013), "The WTO's Response to International Trade and Environment," 『통상법률』 110, pp. 46−98.

Lee, Jaemin (2014), "Looking for a Panacea in the SCM Agreement? Systemic Challenges for Post−Bali Fisheries Subsidies Discussion and Some Food for Thought to Overcome Them," *Asian Journal of WTO & International Health Law and Policy* 9(2), pp. 477−524.

Lee, Jaemin and Youngjeen Cho (2016), "Back Door Wide Open? Targeted Dumping and Continued Application of Zeroing," *Journal of Korea Trade* 20(3), pp. 202−228.

Lee, Seungjoo (2011), "FTA and Traditional Security in East Asia," Paper presented at a conference on "Linking Trade, Traditional Security, and Human Security: Lessons from Europe and the Americas for Asia," organized by the Berkeley APEC Study Center and the East−West Center, Honolulu, Hawaii, August 11−12.

Lee, Seungjoo (2016a), "Institutional Balancing and the Politics of Mega−FTAs in East Asia," *Asian Survey* 56(6), pp. 1055−1076.

Lee, Seungjoo (2016b), "The Political Economy of FTAs in Northeast Asia," *Global Asia* 11(4), pp. 119−123.

Leidy, Michael P. and Bernard Hoekman (1993), "What to Expect from Regional and Multilateral Trade Negotiations: A Public Choice Perspective," CEPR Discussion Papers 747.

Lesser, William (2002), "The Effects of Intellectual Property Rights on Foreign Direct Investment and Imports in Developing Countries in the Post−TRIPS Era," *IP Strategy Today* 4, pp. 1−16.

Lippoldt, Douglas (2006), "Intellectual Property Rights, Pharmaceuticals and

Foreign Direct Investment," *Group d'Economie Mondale de Sciences Po*, pp. 1－10.

Loungani, Prakash, Saurabh Mishra, Chris Papageorgiou, and Ke Wang (2017), "World Trade in Services: Evidence from A New Dataset," IMF Working Paper WP/17/77.

Martin, Will (2018), "100,000 Americans Could Have Their Jobs Destroyed by Trump's Trade War," *Business Insider*, June 28.

Mavroidis, Petros C. and Damien J. Neven (2019), "Greening the WTO Environmental Goods Agreement, Tariff Concessions, and Policy Likeness", *Journal of International Economic Law* 22(3), pp. 373-388.

McDonald, Tim (2020), "What is the Regional Comprehensive Economic Partnership (RCEP)?", *BBC News*, 16 November.

Mearsheimer, John J. (2001), *The Tragedy of Great Power Politics*, New York: Norton.

Mo, Jongryn and Chung－in Moon (2003), "Business－Government Relations under Kim Dae－jung," in Stephan Haggard, W. Lim, and E. Kim, eds., *Economic Crisis and Corporate Restructuring in Korea: Reforming the Chaebol*, New York: Cambridge University Press.

Molina, Ana C. and Vira Khoroshavina (2015), "TBT Provisions in Regional Trade Agreements: To What Extent Do They Go Beyond the WTO TBT Agreement?", WTO Staff Working Paper, No. ERSD－2015－09, Geneva: World Trade Organization.

Neufeld, Nora (2014), "Trade Facilitation Provisions in Regional Trade Agreements: Traits and Trends," Working Paper ERSD－2014－01, Geneva: World Trade Organization.

Parviz, Odilov (2017), "Are Developed and Developing Countries in a Legal Stalemate over the WTO TRIPS Agreement? A Study on Whether the TRIPS Agreement Impedes the Transfer of Environmentally Sound Technologies to Developing Countries," *Yonsei Law Review* 27(1), pp. 293－335.

Peet, Richard (2003), *Unholy Trinity: The IMF, World Bank, and WTO*, New York: Zed Books.

Pempel, T. J. and Shujiro Urata (2006), "Japan: A New Move toward Bilateral

Trade Agreement," in Vinod K. Aggarwal and Shujiro Urata, eds., *Bilateral Trade Agreements in the Asia−Pacific: Origins, Evolution, and Implications*, London: Routledge.

Polanyi, Karl (2001 [1944]), *The Great Transformation: The Political and Economic Origins of Our Time*, Boston: Beacon Press (2nd edition).

Porter, Michael E. (1990), *The Competitive Advantage of Nations*, New York: Free Press.

Prakash, Aseem and Matthew Potoski (2006), "Racing to the Bottom? Trade, Environmental Governance, and ISO 14001," *American Journal of Political Science* 50(2), pp. 350-364.

Prusa, Thomas J. and Edwin Vermulst (2013), "United States-Definitive Anti−Dumping and Countervailing Duties on Certain Products from China: Passing the Buck on Pass−Through," *World Trade Review* 12(2), pp. 197−234.

Qu, Difan and Yahong Li (2012), "Challenges for the Enforcement against Copyright Violations in China under the TRIPS Agreement," *Frontiers Law in China* 7(2), pp. 244−268.

Raworth, Kate (2017), *Doughnut Economics: Seven Ways to Think Like a 21st Century Economist*, White River Junction: Chelsea Green Publishing.

Rodrik, Dani (2001), *Has Globalization Gone Too Far?* Washington, D.C.: Institute for International Economics.

Rodrik, Dani (2008), *One Economics, Many Recipes: Globalization, Institutions, and Economic Growth*, Princeton: Princeton University Press.

Rodrik, Dani (2018), "What Do Trade Agreements Really Do?" NBER Working Paper No. 24344.

Rothschild, Emma (2002), *Economic Sentiments: Adam Smith, Condorcet, and the Enlightenment*, Cambridge: Harvard University Press.

Smith, Adam (2007[1776]), *An Inquiry of the Nature and Causes of the Wealth of Nations*, 김수행 (역), 『국부론』, 서울: 비봉출판사.

Sohn, Yul (2006), "The Political Economy of FTA in Korea: An IPE Perspective," *Journal of World Politics* 27(2), pp. 93−133.

Sohn, Yul and Min Gyo Koo (2011), "Securitizing Trade: The Case of the

Korea—U.S. Free Trade Agreement," *International Relations of the Asia—Pacific* 11(3), pp. 433—460.

Solis, Mireya and Saori Katada (2007), "The Japan—Mexico FTA: A Cross—Regional Step in the Path towards Asian Regionalism," *Pacific Affairs* 80(2), pp. 279—302.

Solis, Mireya, Barbara Stallings, and Saori N. Katada, eds. (2009), *Competitive Regionalism: FTA Diffusion in the Pacific Rim*, New York: Palgrave Macmillan.

Steffek, Jens (2006), *Embedded Liberalism and Its Critics: Justifying Global Governance in the American Century*, New York: Palgrave Macmillan.

Steil, Benn and Benjamin Della Rocca (2018), "Trump Said the Trade Deficit Hands Jobs and Wealth to Other Countries: Here's Why That's Wrong," *Business Insider*, June 7.

Terada, Takashi (2019), "Japan and TPP/TPP—11: Opening Black Box of Domestic Political Alignment for Proactive Economic Diplomacy in Face of 'Trump Shock'," *The Pacific Review* 32(6), pp. 1041—1069.

The Economist (2009), "Boeing and Airbus Argue about Subsidies Trading Blows," August 13.

The Economist (2018a), "A Plan to Save the WTO," July 19.

The Economist (2018b), "Trade Blockage: The World Trading System is Under Attack," July 19.

Trebilcock, Michael J., Robert Howse, and Antonia Eliason (2013), *The Regulation of International Trade*, New York: Routledge.

UNEP—WTO(United Nations Environment Program—World Trade Organization) (2009), "Trade and Climate Change" WTO—UNEP Report, https://unfccc.int/files/adaptation/adverse_effects_and_response_measures_art_48/application/pdf/part_iv_trade_and_climate_change_report.pdf.

USITC(United States International Trade Commission) (2018), "Understanding Antidumping & Countervailing Duty Investigations," https://www.usitc.gov/press_room/usad.htm.

Vogel, David (2013), "Global Trade Linkages: National Security and Human Security," in Vinod K. Aggarwal and Kristi Govella, eds., *Linking Trade and*

Security: Evolving Institutions and Strategies in Asia, Europe, and the United States, New York: Springer.

Walker, Marcus (2019), "U.K.'s Tortuous EU Exit Is a Lesson to Bloc's Members: Don't Try This at Home," *The Wall Street Journal*, December 15.

Wolf, Martin (2008), *Fixing Global Finance*, Baltimore: Johns Hopkins University Press.

World Bank (2017), *World Development Report 2017: Governance and the Law*, Washington, D.C.: World Bank.

WHO(World Health Organization) (2016), *Plain Packaging of Tobacco Products: Evidence, Design and Implementation*, Geneva: WHO.

WHO(World Health Organization) (2017), "TRIPS, Intellectual Property Rights and Access to Medicines," http://apps.who.int/iris/bitstream/handle/10665/258915/ TRIPS. pdf?sequence=1&isAllowed=y.

WTO(World Trade Organization) (2016), *World Trade Statistical Review 2016*, https://www.wto.org/english/ res_e/statis_e/wts2016_e/wts2016_e.pdf.

WTO(World Trade Organization) (2017), "Note on the Meeting of 15 November 2016," Committee on Trade and Development Sixth Dedicated Session on the Monitoring Mechanism on Special and Differential Treatment (WT/COMTD/MMSDT/M/6), January 11.

WTO(World Trade Organization) (2018), "Ministerial Conferences," https://www. wto.org/english/thewto_e/ minist_e/minist_e.htm.

WTO(World Trade Organization) (2020), "Brexit, EU's Carbon Border Adjustment Mechanism Take Centre Stage at Market Access Committee," https://www.wto. org/english/news_e/news20_e/mark_16nov20_e.htm.

WTO(World Trade Organization) Committee for Trade and Development (2018), "Aid−for−Trade Program 2018−2019: Supporting Economic Diversification and Empowerment for Inclusive, Sustainable Development through Aid for Trade," May 7, WT/COMTD/AFT/W/75.

WTO(World Trade Organization) Ministerial Conference Eleventh Session (2017), "Joint Statement on Electronic Commerce," WT/MIN(17)/60.

WTO(World Trade Organization) Secretariat (2020), "Twenty−fifth Annual Review of the Implementation and Operation of the TBT Agreement," G/TBT/44,

February 19.

Yang, Jae—jin (2006), "Corporate Unionism and Labor Market Flexibility in South Korea," *Journal of East Asian Studies* 6(2), pp. 205−231.

Yanikkaya, Halit (2003), "Trade Openness and Economic Growth: A Cross−country Empirical Investigation," *Journal of Development Economics* 72(1), pp. 57−89.

Zachmamm, Georg and Ben McWilliams (2020), "A European Carbon Border Tax: Much Pain, Little Gain," *Policy Contribution*, Issue n˚5, March.

---

* 이 QR코드를 스캔하면 **국내 연구 보고서, 신문기사, 기타 인터넷 자료**의 참고문헌을 열람할 수 있습니다.

* 이 QR코드를 스캔하면 **2000년 이전 국외문헌**의 참고문헌을 열람할 수 있습니다.

색   인

경제적 지대   102, 103, 357

경제제재   57, 437, 438, 439

경제협력개발기구(OECD)   241, 295,
    300, 301, 304, 359, 361 – 364, 378,
    393, 394, 430, 447, 457, 459, 464,
    491

고대 그리스   3, 27, 28, 30

고정환율제   147

곡물법   3, 132

    – 폐지   20, 129, 132 – 136, 141

공격적 일방주의   61

공공선택이론   10, 119

공공재   13, 101, 391, 405, 471, 480

공동농업정책(CAP)   214, 218, 254, 293,
    402

공동역외관세   131, 214

공리주의   66

공정 및 생산방법(PPM)   327, 425, 434

공정무역   48, 50, 51, 61, 140, 188, 307,
    336, 431, 472

과학적 증거   321 – 323, 332

관료적 권위주의 국가   466

관리무역   1, 50 – 54, 190, 224

        거시경제적 –   51

        결과지향적 –   52

        규칙지향적 –   52

        미시적 또는 부문별 –   52, 53,
        253

관세   97 – 102, 104, 106, 107, 109, 112,
    113, 116

    – 고정   208, 216, 283

    – 구조 조화방식   206

    – 동맹   131, 166, 175, 176, 180,
        181, 195, 213, 237, 280

    – 양허 계획   307

    – 율 쿼터(TRQ)   109, 275, 290

    – 인하 협상   103, 155, 173, 174,
        202, 203, 206 – 209, 212,
        215, 218, 219, 367

    – 장벽   130, 131, 148, 156, 230,
        288, 300, 303

    – 구조 조화방식   206

    – 평가 규약   219, 353

    – 폭탄   53

관세 및 무역에 관한 일반협정(GATT)
    5, 20, 153 – 168, 164 – 166, 173-188,
    190, 191, 194

    – 1947   20, 236, 238, 242, 245,
        257, 278, 279, 283, 298, 317,
        455

    – 1994   182, 199, 236, 244, 245,
        254, 262, 263, 269, 278, 297,
        353, 454

    – 각료회의   223

    – 법률구조 협상   222

    – 분쟁해결절차   190

    – 제20조(일반적 예외)   178, 373,
        417, 418, 420, 425, 428, 436,
        437, 438

    – 제21조(안보상의 예외)   56, 58,
        60, 178, 437, 439

    – 제23조(무효화 또는 침해)   177,
        190, 208, 250, 255, 264, 401,
        445

    – 제24조(관세동맹 및
        자유무역지대)   166, 176,
        179, 181, 182, 237, 239, 309,
        316, 317

    – 체약국단   222, 251

저자 소개

구민교는 서울대학교 행정대학원 교수 및 서울대학교 학생처장이다. 서울대학교 국제협력본부 부본부장 및 본부장직도 수행했다. 서울대학교 외교학과 및 행정대학원 졸업 후 미국 존스홉킨스대학교에서 국제정치경제 석사학위를, UC 버클리에서 동아시아 무역의 상호의존성과 영토분쟁을 주제로 정치학 박사학위를 취득했다. 이후 남가주대학교(USC) 박사후연구원, 연세대학교 행정학과 조교수로 근무했고 하버드−옌칭연구소 방문학자를 역임했다. 연구 및 교육 관심 분야는 동아시아 정치경제, 국제통상, 산업정책, 해양안보 등이다. 주요 저서로 *The Korean Government and Public Policies in a Development Nexus: Sustaining Development and Tackling Policy Changes − Volume 2* (편저, 2017, Springer), *Island Disputes and Maritime Regime Building in East Asia: Between a Rock and a Hard Place* (2009, Springer) 등이 있다. 주요 학술지 논문으로 "Who Embraces Technical Barriers to Trade? The Case of European REACH Regulations," *World Trade Review* (Volume 20, Issue 1, 2021, Yoojin Cha와 공저), "The Hegemonic Competition in the Indo−Pacific Region and the Making of South Korea as a Middle Sea Power," *Korean Journal of Defense Analysis* (Volume 32, Iusse 1, 2020), "East Asian Way of Linking the Environment to Trade in Free Trade Agreements," *Journal of Environment & Development* (Volume 27, Issue 4, 2018, Seo Young Kim과 공저), "Japan and the Identity Politics of East Asian Maritime Disputes," *Korean Social Science Journal* (Volume 44, Issue 1, 2017) 등이 있다.

이 책은 서울대학교 아시아개발연구소(ADI)와 대한민국 교육부/한국연구재단의 지원을 받아 수행된 연구임(NRF-2017S1A3A2067636).

개정판
국제무역의 정치경제와 법 – 자유무역 이상과 중상주의 편향 사이에서

초판발행   2019년 3월 10일
개정판발행   2021년 2월 25일

지은이   구민교
펴낸이   안종만·안상준

편 집   황정원
기획/마케팅   이영조
표지디자인   박현정
제 작   고철민·조영환

펴낸곳   ㈜ **박영사**
               서울특별시 금천구 가산디지털2로 53, 210호(가산동, 한라시그마밸리)
               등록 1959. 3. 11. 제300-1959-1호(倫)
전 화   02)733-6771
f a x   02)736-4818
e-mail   pys@pybook.co.kr
homepage   www.pybook.co.kr
ISBN   979-11-303-1247-7   93300

* 파본은 구입하신 곳에서 교환해 드립니다. 본서의 무단복제행위를 금합니다.
* 저자와 협의하여 인지첩부를 생략합니다.

정 가   26,000원